TRATADO DE

DIREITO ADMINISTRATIVO ESPECIAL

VOLUME IV

TRATADO DE DIREITO ADMINISTRATIVO ESPECIAL

VOLUME IV

COORDENADORES

PAULO OTERO
Professor da Faculdade de Direito de Lisboa

PEDRO GONÇALVES
Professor da Faculdade de Direito de Coimbra

ALMEDINA

TRATADO DE DIREITO ADMINISTRATIVO ESPECIAL – Vol. IV

COORDENADORES
PAULO OTERO E PEDRO GONÇALVES

EDITOR
EDIÇÕES ALMEDINA, SA
Av. Fernão Magalhães, n.° 584, 5.° Andar
3000-174 Coimbra
Tel.: 239 851 904
Fax: 239 851 901
www.almedina.net
editora@almedina.net

PRÉ-IMPRESSÃO | IMPRESSÃO | ACABAMENTO
G.C. – GRÁFICA DE COIMBRA, LDA.
Palheira – Assafarge
3001-453 Coimbra
producao@graficadecoimbra.pt

Outubro, 2010

DEPÓSITO LEGAL
301261/09

Biblioteca Nacional de Portugal – Catalogação na Publicação

TRATADO DE DIREITO ADMINISTRATIVO ESPECIAL

Tratado de direito administrativo
especial / coord. Paulo Otero, Pedro
Gonçalves. – v.
4º v. : p. - ISBN 978-972-40-4313-5

I – OTERO, Paulo, 1963-
II – GONÇALVES, Pedro

CDU 342

NOTA DE ABERTURA

1. Num sistema jurídico cada vez mais administrativizado, observando-se a progressiva intervenção do Direito Administrativo em todos os sectores do ordenamento jurídico, enquanto expressão da multiplicidade de tarefas confiadas ao Estado nos mais diversos domínios, pode bem afirmar-se que o Direito Administrativo é um ramo de Direito expansivo e colonizador de todas as restantes disciplinas da ciência jurídica, mostrando uma intrínseca vocação imperialista.

Não existem hoje quaisquer ramos de Direito imunes à "contaminação" gerada pelo Direito Administrativo: se, em 1956, Marcello Caetano afirmava, no prefácio à 4.ª edição do seu *Manual*, já não ser lícito ignorar o Direito Administrativo, senão aos ignorantes, pode dizer-se agora, passado mais de meio século, que nem aos ignorantes é lícito ignorar esta disciplina.

E não se trata apenas de verificar que hoje mais de noventa e nove por cento dos diplomas publicados no jornal oficial dizem respeito a matérias de Direito Administrativo, nem de se registar que existem centenas de entidades públicas e entidades privadas que exercem poderes públicos emanando actos jurídico-administrativos: o Direito Administrativo é um mundo dentro do mundo do Direito e, apesar da tradição ainda fazer do Direito Civil o repositório dos grandes princípios jurídicos, a verdade é que aquele assume hoje uma dimensão quantitativamente mais importante.

Todas as áreas do Direito, desde o Direito Privado até ao Direito Constitucional, surgem hoje influenciadas pelo Direito Administrativo, senão pelas suas regras, ao menos pelos seus valores e princípios: o próprio declínio do dogma liberal da autonomia da vontade em Direito Privado, tal como a progressiva invasão de normas de natureza injuntiva na regulação de relações jurídico-privadas, substituindo as tradicionais normas dispositivas, visando tutelar interesses de ordem pública e a própria vinculação das entidades privadas aos direitos fundamentais, revelam uma paulatina, embora consistente, tendência para a publicização do Direito Privado.

Num outro domínio, por paradoxal que possa parecer, a dita "fuga" da Administração Pública para o Direito Privado acabou por gerar, num momento subsequente, um novo e distinto fenómeno de publicização ou administrativização do Direito Privado aplicado por estruturas administrativas. Neste último sentido, a presença do Direito Administrativo contribuiu também para colocar em causa a tradicional dicotomia que, oriunda do Direito Romano, separava o Direito Privado e o Direito Público: é que o Direito Privado Administrativo já não é Direito Privado típico mas ainda não é Direito Administrativo, revelando a transversalidade e a pluralidade de matizes reguladoras da moderna Administração Pública que não se esgota no Direito Administrativo, apesar de fazer do Direito Administrativo o seu Direito comum.

Se o Estado Social do século XX se assemelhou à lenda do Rei Midas, administrativizando ou publicizando tudo aquilo que tocava, a verdade é que o recente fracasso económico das teses neoliberais adeptas da desregulação, prognosticando um regresso desejado ao Estado mínimo, faz esperar nova cruzada administrativadora dos mercados económicos e financeiros: uma nova geração de normas jusadministrativas já está a nascer, provocando um novo surto de administrativização da sociedade deste século XXI.

Depois de algumas décadas de ilusório engano, apresenta-se hoje claro que a própria efectividade da Constituição e do modelo político-social de Estado nela definido dependem mais da intervenção administrativa do que de qualquer esforço dos poderes legislativo e judicial: as promessas eleitorais feitas pelos políticos são quase todas de natureza administrativa e relativas à sociedade de bem-estar, além de que a materialização dos direitos fundamentais envolve o conferir à Administração Pública um protagonismo que a torna senhora do sucesso ou fracasso da própria ordem constitucional.

Na verdade, a Constituição está hoje, neste sentido, refém do poder administrativo: é assim que o Direito Administrativo se impõe como Constituição em movimento, tornando-se claro que só através da Administração Pública a Constituição ganha efectividade.

O Direito Privado, tendo perdido o senhorio maioritário das normas do sistema jurídico, encontra-se obnubilado pela expansão quantitativa do Direito Administrativo e surge nos nossos dias como vítima silenciosa de uma progressiva colonização que o vai contaminando e descaracterizando ao nível dos valores da liberdade e da autonomia da vontade: se exceptuarmos alguns princípios gerais de Direito que, por mera tradição histórica, ainda se localizam geograficamente no Direito Civil, apesar de serem repositório de um verdadeiro Direito Comum a todos os ramos institucionalizados da ciência jurídica, afigura-se nítido que, no jogo de influências recíprocas, a primazia indiscutível pertence hoje ao Direito Administrativo. Nascido sob o signo do desvio em relação a uma matriz jus-privatista, o Direito Administrativo impôs a sua autonomia e, na sua idade adulta, irradia os seus próprios valores para todo o ordenamento jurídico, incluindo, claro, o Direito Civil.

Em suma, recorrendo a uma ideia que tem vindo a ser generalizadamente aplicada em campos muito diversos, a noção de *Direito Administrativo Global* pode surgir, em termos adequados, como a representação simbólica do Direito Administrativo enquanto sistema de valores e de princípios jurídicos que se têm difundido com sucesso por todas as províncias do Direito.

2. Num sistema jurídico em que o Direito Administrativo não é mais um simples ramo, antes deve ser encarado como um hemisfério da ciência jurídica, urge clarificar que se recortam no seu âmbito dois distintos grupos de normas:

(i) Existem normas que, atendendo à sua dimensão reguladora de toda a Administração Pública, consubstanciando um repositório de princípios gerais comuns à organização e funcionamento da Administração e suas relações com os administrados, integram aquilo que se pode designar como o *Direito Administrativo geral* ou comum, desempenhando uma função sistémica de verdadeira teoria geral do ordenamento jusadministrativo;

(ii) Regista-se, por outro lado, a existência de uma pluralidade indeterminada de normas reguladoras de sectores específicos de intervenção administrativa, dotadas de princípios que alicerçam uma unidade interna própria de cada um desses sectores, constituindo o denominado *Direito Administrativo especial*, o qual compreende todo um conjunto de pequenos ramos autónomos do ordenamento jusadministrativo.

Sem prejuízo da necessária intercomunicabilidade científica entre os dois grupos de normas, nunca podendo o Direito Administrativo especial deixar de tomar em consideração o enquadramento legislativo e dogmático das soluções adiantadas pelo Direito Administrativo geral, nem a evolução dogmática deste na reconstrução da teoria geral do ordenamento jusadministrativo se alhear dos progressos alcançados pelos diversos Direitos Administrativos especiais, o presente *Tratado* versa, única e exclusivamente, estudar e apresentar o Direito Administrativo especial.

3. O *Tratado de Direito Administrativo Especial*, nascido da conjugação das vontades dos seus coordenadores, se, por um lado, parte da impossibilidade de uma só pessoa ser hoje capaz de abarcar a totalidade dos diversos sectores em que se desdobra o moderno Direito Administrativo especial, arranca do reconhecimento da indispensabilidade de uma tal obra no panorama científico português. Há muito que se sentia essa ausência: a ciência jusadministrativista portuguesa tinha aqui uma maioridade diminuída face às suas congéneres europeias.

Sem se correr o risco de exagero, pode dizer-se que a presente obra comporta, à partida, três inovações:

(i) Trata-se da primeira tentativa de estudar e sistematizar, à luz do ordenamento jurídico português, os diversos ramos especiais em que se desdobra hoje o Direito Administrativo: apesar de um tal intento já há muito ter sido realizado em ordenamentos jurídicos estrangeiros de língua alemã, espanhola, francesa e italiana, poderá estar-se aqui diante do primeiro Tratado de Direito Administrativo Especial escrito em língua portuguesa, desconhecendo-se a existência de algo semelhante no Brasil;

(ii) Expressa um grande esforço de participação de uma nova geração de especialistas nos diversos sectores específicos destes ramos de Direito Administrativo, provenientes de diversas escolas do país, todos integrados num projecto de construção dogmática plural e aberta de um novo Direito Administrativo para o século XXI: a própria sistemática de publicação dos diversos volumes do *Tratado*, sem obedecer a um plano fechado, recolhe os contributos já entregues e está aberta a novos estudos;

(iii) Traduz, por último, um projecto conjunto de coordenação entre dois professores de duas diferentes Universidades, comprovando que só a convergência entre os cientistas faz a ciência progredir, isto depois de já se terem perdido tantos anos de estéreis antagonismos: o *Tratado* junta, neste sentido, as tradições da Escola de Direito Administrativo de Lisboa e da Escola de Direito Administrativo de Coimbra.

Quanto ao resto, a tudo aquilo que se lerá, a partir daqui, e ao longo dos vários volumes que fazem parte deste *Tratado de Direito Administrativo Especial*, o mérito é dos Autores que, a convite dos coordenadores, elaboraram os seus textos, segundo um modelo de dimensões tendencialmente uniforme.

Se, depois da publicação deste *Tratado*, algo mudar na ciência do Direito Administrativo Português, estará justificada a sua existência e, numa outra dimensão, homenageados os fundadores de ambas as Escolas de Direito Administrativo.

Oxalá, por último, a presente iniciativa produza frutos dentro e fora do Direito Administrativo!

Os coordenadores
Paulo Otero e *Pedro Gonçalves*

DIREITO DAS AUTARQUIAS LOCAIS

INTRODUÇÃO, PRINCÍPIOS E REGIME COMUM

JOSÉ DE MELO ALEXANDRINO

INTRODUÇÃO

1. PRELIMINARES

1.1. DIREITO DAS AUTARQUIAS LOCAIS: DENOMINAÇÃO E RECORTE LIMINAR

1.1.1. Sendo o município o mais relevante e o mais central dos entes locais[1], não é de estranhar que a doutrina tenda muitas vezes a centrar-se no direito municipal[2]. Todavia, a menos que o município se apresente como o ente local autárquico exclusivo (como sucede em Cabo Verde e no Brasil[3] ou sucedia entre nós até à revolução liberal) daquela centralidade não decorre necessariamente a fixação da fórmula "direito municipal"[4].

De resto, as designações tradicionalmente usadas pela doutrina dos diversos países apresentam significativas variações: em Espanha, é

---

[1] Para uma recente reafirmação, José Casalta Nabais, *A autonomia financeira das autarquias locais*, Coimbra, 2007, pp. 20-25.

[2] Franz-Paul Langhans, *Estudos de direito municipal. As posturas*, Lisboa, 1937; André Gonçalves Pereira, *Contribuição para uma teoria geral do Direito Municipal*, diss. dactilografada [inédito], Lisboa, 1959; André Folque, *A Tutela Administrativa nas relações entre o Estado e os Municípios (condicionalismos constitucionais)*, Coimbra, 2004.

[3] Hely Lopes Meirelles, *Direito Municipal Brasileiro*, 6.ª ed., São Paulo, 1993; Regina Maria Macedo Nery Ferrari, *Direito Municipal*, 2.ª ed., São Paulo, 2005; Nelson Nery Costa, *Direito Municipal Brasileiro*, 3.ª ed., Rio de Janeiro, 2006.

[4] Diversamente, Franz-Paul Langhans, *Estudos...*, p. 401.

comum (ainda que não exclusiva) a de "derecho local"[5], na França é frequente a designação de "droit des collectivités locales"[6], na Alemanha reina a designação de "Kommunalrecht"[7], ao passo que na Itália tem alguma tradição a designação "diritto degli enti locali"[8]; já no Reino Unido, a designação fixada há muito é a de "local government"[9].

Seja como for, entre nós, há boas razões – desde logo as que decorrem das indicações constitucionais e da observação das dificuldades alheias[10] – para não confundir direito local (ou direito das autarquias locais) com direito municipal, uma vez que este é componente (ainda que a principal componente) daquele[11].

1.1.2. Na formulação proposta por Eberhard Schmidt Aßmann e Hans Christian Röll, entende-se por direito das autarquias locais o «conjunto de princípios jurídicos que se ocupam do estatuto, organização, atribuições e formas de acção dos entes locais» (*Kommunalkörperschaften*)[12].

---

[5] Assim, *v. g.*, F. Sosa Wagner, *Manual de derecho local*, Madrid, 7.ª ed., 2004; Jose Luis Rivero YSern, *Manual de derecho local*, 5.ª ed., Madrid, 2005; Francisco Vellasco Caballero, *Derecho local – Sistema de fuentes*, Madrid, 2009; em sentido diverso, veja-se o *Tratado de derecho municipal* dirigido por Santiago Muñoz Machado, 2.ª ed., Madrid, 2003.

[6] Assim, Jean-Bernard Auby / Jean-François Auby / Rozen Noguellou, *Droit des collectivités locales*, 4.ª ed., Paris, 2008.

[7] Assim, Heinrich Scholler / Siegfried Broß, *Grundzüge des Kommunalrechts in der Bundesrepublik Deutschland*, 2.ª ed., Heidelberg / Karlsruhe, 1979 [1990[4]]; Peter J. Tettinger, *Besonderes Verwaltungsrecht*, vol. 1 – *Kommunalrecht, Polizei- und Ordnungsrecht*, Heidelberg, 2001; Eberhard Schmidt-Aßmann / Hans Christian Röll, «Kommunalrecht», in Eberhard Schmidt-Aßmann (org.), *Besonderes Verwaltungsrecht*, 13.ª ed., Berlin, 2005, pp. 9-120; Martin Burgi, *Kommunalrecht*, München, 2006.

[8] Assim, *v. g.*, Francesco Staderini, *Diritto degli enti locali*, 4.ª ed., Padova, 1993; Giancarlo Rolla, *Diritto regionale e degli enti locali*, Milano, 2002; Silvio Gambino (ed.), *Diritto regionale e degli enti locali*, Milano, 2003; Eugenio Mele, *Manuale di diritto degli enti locali*, 2.ª ed., Milano, 2007.

[9] Assim, William Wade, *Administrative Law*, 6.ª ed., London, 1988, pp. 102 ss.; P. P. Craig, *Administrative Law*, 5.ª ed., London, 2003, pp. 167 ss.; David Wilson / Chris Game, *Local Government in the United Kingdom*, 4.ª ed., Basingstoke, 2006.

[10] Pietro Virga, *Diritto Amministrativo*, vol. III – *L'amministrazione locale*, 3.ª ed., Milano, 1998, pp. 3 ss.; Jean-Bernard Auby / Jean-François Auby / Rozen Noguellou, *Droit des collectivités...*, pp. 40 s.

[11] Assim também, Eberhard Schmidt-Aßmann / Hans Röll, «Kommunalrecht», p. 9.

[12] Eberhard Schmidt-Aßmann / Hans Röll, «Kommunalrecht», p. 9.

Saber em que medida esse conjunto de regras, princípios e instituições ganhou já suficiente autonomia para se poder afirmar como um novo ramo do direito público (e não um subsector do direito administrativo ou um direito administrativo especial) é uma questão deixada aqui em aberto (v. *infra*, n.° 2.2.1.), sem prejuízo dessa ideia estar a fazer há muito o seu percurso, quer em Portugal[13], quer sobretudo no Brasil (onde depois da Constituição de 1988 tem fundadas razões para prosperar)[14].

1.1.3. Para André Gonçalves Pereira, a expressão direito municipal pode entender-se em dois sentidos: «[o] Direito municipal externo é o conjunto de regras brotadas do poder legislativo ou do poder regulamentar central e que têm por objecto a regulamentação dos diversos aspectos da vida da instituição municipal»[15]; «[o] Direito municipal próprio ou interno é o conjunto de normas jurídicas emanadas dos órgãos próprios do Município, incorporadas pelo Estado no seu ordenamento Jurídico e por este asseguradas coercivamente»[16].

Ainda que possa ser objecto de reparos (em especial, pela omissão da referência às normas provenientes de fontes não-voluntárias)[17] e de complementos (nomeadamente em virtude do lugar que entretanto veio a ser ocupado pelas regras provenientes de fontes externas ao próprio Estado)[18], podemos também nós partir desta distinção básica entre *direito local externo* (conjunto de normas resultantes de processos de formação externos aos municípios e às freguesias) e *direito local interno* (como conjunto de normas emanadas dos órgãos próprios dos municípios ou das freguesias).

---

[13] Assim, Franz-Paul Langhans, *Estudos*..., p. 401.

[14] Nelson Nery Costa, *Direito Municipal*..., pp. 39 ss., 42, com outras indicações.

[15] André Gonçalves Pereira, *Contribuição*..., p. 238.

[16] André Gonçalves Pereira, *Contribuição*..., p. 239; a este universo de normas Paulo Otero designa de "subordenamento municipal", parcela do subordenamento autárquico, que por seu lado «se subdivide em tantos "sub-ordenamentos" quantos os municípios e as freguesias existentes» (cfr. *Legalidade e Administração Pública – A vinculação administrativa à juridicidade*, Coimbra, 2003, p. 406).

[17] V. *infra*, n.° 2.3.

[18] Por todos, Paulo Otero, *Legalidade*..., pp. 398 ss.

1.2. Algumas indicações sobre o método

A respeito do método a utilizar no estudo do direito das autarquias locais[19], haveria à partida diversas opções: a escolha de um método jurídico (ou dogmático)[20], a escolha de um método misto (designadamente com recurso a elementos históricos, políticos e económicos) ou a escolha de um método descritivo (ou exegético)[21].

1.2.1. Antes porém de decidir sobre essas escolhas, há três distinções preliminares, nem sempre recortadas com nitidez, a fazer a este respeito: uma é a distinção entre recursos e métodos; outra é a distinção entre método científico (do direito local) e métodos de interpretação; uma terceira é a distinção entre método de construção e método de exposição.

(i) A metodologia da ciência do direito administrativo (ou do direito local) tem um primeiro plano de realidades que lhe servem de pressuposto: os problemas com os quais tem de lidar e os recursos[22] a utilizar. Este conjunto de realidades heterogéneas de modo nenhum se resume às impropriamente designadas fontes de direito (v. *infra*, n.° 2.3.), nem às correspondentes normas; pelo contrário, além dos textos e das normas (dimensão jurídico-positiva), envolve também valores, decisões, dados, factos e acontecimentos (dimensão estrutural), envolve ainda o reconhecimento das necessidades, dos processos e dos resultados da produção científica (dimensão doutrinária) e não pode deixar de compreender o conhecimento das orientações resultantes de uma série relevante de decisões dos tribunais (dimensão jurisprudencial). Para usar uma famosa fórmula de síntese, podería-

---

[19] Para uma síntese sobre os problemas do método, por último, José de Melo Alexandrino, «Prólogo a um Curso de Ciência da Administração», in *Revista de Direito Público*, n.° 01 (2009), pp. 206 ss. [191-218].

[20] Para uma visão das respectivas transformações, A. Castanheira Neves, «O sentido actual da metodologia jurídica», in AAVV, *Volume comemorativo do 75.° tomo do Boletim da Faculdade de Direito*, Coimbra, 2003, pp. 115-150.

[21] Em termos tendenciais, poderia talvez dizer-se que a primeira opção é mais comum na Alemanha, a segunda em Portugal (Espanha, Itália e Brasil) e a terceira na França.

[22] Com este sentido, Melo Alexandrino, «Prólogo a um Curso...», pp. 203, 205.

mos dizer que, uma vez admitida a consideração dos elementos implicados na dimensão estrutural do Direito (ou *contexto*)[23], permanece válida, logo neste plano dos recursos a utilizar, a referência à tríade "textos, dogmática e precedentes" (Peter Häberle)[24].

(ii) Em todo o caso, no universo dos dados e dos recursos a utilizar pelo cientista do Direito, há um *conjunto destacado de realidades* relativamente homogéneas: as que resultam do apuramento das normas jurídicas efectivamente em vigor. Ora, apesar da intercomunicabilidade existente entre a metódica da ciência do direito e a metodologia da interpretação jurídica, trata-se de mundos diferentes: (1) em primeiro lugar, porque a interpretação das normas (e a integração das lacunas) traduz mera operação do conhecimento jurídico[25], ao passo que a metódica da ciência do direito envolve um trabalho de construção ordenada e sistematizada, levado a cabo segundo uma racionalidade própria, tendo em vista não só uma explicação de conjunto mas também uma teoria geral dos fenómenos estudados; (2) em segundo lugar, como referimos, a construção científica do Direito tem como pressuposto o conhecimento das normas (o que, por sua vez, pressupõe a prévia utilização das correspondentes metodologias de interpretação) – «isto é, convenciona-se que se conhecem o conteúdo da generalidade das normas do ordenamento ou dos ordenamentos considerados, bem como as soluções que para as respectivas lacunas é imperioso fixar»[26]; (3) em terceiro lugar, se os métodos de interpretação envolvem essencialmente a articulação entre os tradicionais elementos de interpretação e um conjunto de *topoi*[27] (ou, como preferimos, uma articulação entre

---

[23] Sobre o uso e sentido desta expressão, José de Melo Alexandrino, *A estruturação do sistema de direitos, liberdades e garantias na Constituição portuguesa*, vol. I – *Raízes e contexto*, Coimbra, 2006, pp. 92 ss.

[24] Com indicações, Melo Alexandrino, *A estruturação*..., vol. I, pp. 31, 103.

[25] Afonso Rodrigues Queiró, *Lições de Direito Administrativo*, vol. I, policopiado, Coimbra, 1976, p. 263.

[26] Afonso Queiró, *Lições*..., vol. I (1976), p. 263.

[27] Neste sentido, em termos paradigmáticos, Afonso Queiró, *Lições*..., vol. I (1976), pp. 563 ss., *maxime* 574, 579.

o programa normativo e o domínio normativo)[28], a metódida da ciência do direito utiliza sobretudo os conceitos, os modelos (conceitos de ordem ou categorias) e as teorias (parcelares ou gerais)[29].

(iii) Por fim, e esta distinção é por assim dizer mais evidente[30], não se confunde o método *de construção* da ciência do direito com o método *de exposição* do conhecimento no contexto de uma determinada obra[31].

1.2.2. Uma vez aclarados estes diversos níveis, *quanto aos recursos*, visando o conhecimento mais amplo possível das normas de direito local (Afonso Queiró)[32] e seguindo ainda o conselho de Peter Häberle, a observação incidirá particularmente sobre os textos (e também a prática), a doutrina e a jurisprudência.

Em segundo lugar, quanto ao *método de construção*, uma vez postulada a complexidade como pano de fundo de todos os sistemas e em particular do sistema jurídico (que é um subsistema específico do sistema social)[33], de onde deriva uma crescente imposição da interdisciplinaridade[34], podemos enunciar aqui algumas linhas orientadoras:

---

[28] José de Melo Alexandrino, «Como ler a Constituição – Algumas coordenadas», in *Estudos em Homenagem ao Prof. Doutor Paulo de Pitta e Cunha*, Coimbra, 2010 [no prelo].

[29] Sobre o assunto, por último, Melo Alexandrino, «Prólogo a um Curso...», pp. 214 ss.

[30] Para um exemplo do carácter não-evidente das duas distinções anteriores, numa das escassas obras de direito administrativo que entre nós se pronuncia explicitamente sobre o problema do método, Marcelo Rebelo de Sousa / André Salgado de Matos, *Direito Administrativo Geral*, tomo I – *Introdução e princípios fundamentais*, 3.ª ed., Lisboa, 2008, pp. 95 s.

[31] Sobre o sentido e o uso desta distinção, Afonso Queiró, *Lições...*, vol. I (1976), pp. 274 ss.; Marcello Caetano, *Manual de Direito Administrativo*, vol. I, 10.ª ed. [revista e actualizada por Diogo Freitas do Amaral], Coimbra, reimp., 1980, pp. 74 s.

[32] Nas palavras do Mestre de Coimbra, «nesse sentido ajudará muito tudo quanto represente reporteirização do direito positivo, comentários, dicionários e monografias» [cfr. *Lições...*, vol. I (1976), p. 264].

[33] Assim, Melo Alexandrino, *A estruturação...*, vol. I, pp. 72 s., 79, 82 ss., 89 ss.

[34] Ainda que, a nosso ver, esta exigência actue mais sobre o *sujeito* do que sobre o *objecto*, ou seja, respeite mais ao alargamento dos horizontes culturais do jurista do que ao trabalho de construção jurídica; por sua vez, para uma demonstração das relações multidimensionais entre a ciência do direito e a ciência da administração, Melo Alexandrino, «Prólogo a um Curso...», pp. 200 ss.

(i) Na medida em que o Direito deixou de ser apenas norma e decisão (sendo também hoje reconhecidamente estrutura, função e sistema)[35], as dimensões axiológica, histórica e estrutural constituirão o permanente *contexto* da análise[36];

(ii) Todavia, perante a insuficiência da construção técnico-científica do direito local no nosso país, há uma necessidade evidente do trabalho de formalização, razão pela qual, sempre que possível, o tratamento das matérias será feito a partir de conceitos, funções e modelos próprios da ciência do direito;

(iii) Pese embora o constante ir e vir entre o contexto e a construção técnico-científica, é pela dogmática que passa o nervo central de toda a construção jurídica – no sentido de que onde não haja dogmática dificilmente pode progredir o conhecimento jurídico.

Por fim, tratando-se esta de uma obra de divulgação, não poderia deixar de existir uma preocupação também a esse nível, razão pela qual o *método de exposição* tentará fornecer uma adequada articulação entre as partes (partindo do complexo e do comum para o mais simples e particular) e, sempre que isso se mostrar relevante, não deixando de referir as dimensões políticas subjacentes, bem como as dinâmicas reveladas pela prática.

Em qualquer dos planos (construção e exposição), abster-nos-emos porém por completo da sugestão de modificações legislativas, não só pelo facto de nesse caso se estar já fora da ciência do direito[37], como por considerarmos esse um vício que ataca o progresso do direito público português.

---

[35] Melo Alexandrino, «Prólogo a um Curso...», p. 217.

[36] Há muito que na doutrina portuguesa foi justificada a necessidade de combinação do método dogmático com outras componentes: assim, especialmente, Marcello Caetano, «O problema do método no Direito Administrativo Português» (1948), in *Estudos de Direito Administrativo*, Lisboa, 1974, pp. 117-158; Id., *Manual*..., vol. I, pp. 65 ss., 71 ss.; Afonso Queiró, *Lições*..., vol. I (1976), pp. 263 ss.; Paulo Otero, *Direito Administrativo – Relatório de uma disciplina apresentada no concurso para professor associado na Faculdade de Direito da Universidade de Lisboa*, Lisboa, 1998, pp. 306 s.; Marcelo Rebelo de Sousa / Salgado de Matos, *Direito Administrativo*..., tomo I^3, pp. 94 ss.; Melo Alexandrino, «Prólogo a um Curso...», pp. 212 ss.; diversamente, por considerar óbvia a utilização do método jurídico, João Caupers, *Introdução ao Direito Administrativo*, 9.ª ed., Lisboa, 2007, p. 56.

[37] Sobre esta *recusa do pragmatismo* (e a tendência contrária que se tem verificado no âmbito da ciência da administração), Melo Alexandrino, «Prólogo a um Curso...», p. 209.

1.2.3. A utilização da análise histórica e do direito comparado, quer no âmbito da construção dogmática quer no da exposição das matérias, carece de uma explicação adicional, na medida em que, sempre que tal se mostre necessário e útil para o esclarecimento das normas aplicáveis ou para o apuramento do sentido de um conceito (ou até de uma expressão ou designação), não se desdenhará o apoio da história e do direito comparado.

Além de se considerar a *análise histórica* condição indispensável para a compreensão institucional, cultural e jurídica da administração, entendemos que a génese, a modelação, as continuidades, as rupturas e as transformações dificilmente podem ser apreciadas prescindindo da dimensão diacrónica dos fenómenos[38].

Quanto ao *direito comparado*, importa apenas referir que os ordenamentos seleccionados (Espanha, Itália, França e Brasil) o foram com base num critério de *efectiva proximidade*: no caso da Espanha, Itália e França, proximidade geográfica e político-cultural; no caso do Brasil, proximidade histórica e afectiva.

1.2.4. Centrados por isso no perfil institucional e organizativo das autarquias locais e vivamente interessados na desocultação dos múltiplos problemas que se colocam ao direito e no direito das autarquias locais, quando à identificação de um *objectivo geral* da análise, usando aqui as palavras de Luciano Vandelli, também nós teremos em vista «descrever a disciplina do modo de ser e de funcionar das autonomias locais, procurando captar os traços de fundo, os significados substantivos, bem como o sentido da sua evolução. Sem esquecer (se se puder usar uma grande palavra) os *valores* que lhe estão (ou que, no meu entender, deveriam) na base: os valores de uma autonomia que não é um fim em si mesma e autoreferencial, mas, precisamente, componente de um *sistema*, cooperativo e coeso; autonomia como esteio de um autogoverno da comunidade local, baseado num circuito forte e imediato de legitimação e de responsabilidade; autonomia como capacidade das instituições de colherem e de darem resposta a solicitações e exigências dos cidadãos, fornecendo com a maior eficácia e adequação possíveis serviços, actividades, garantias para a realização dos direitos das pessoas»[39].

---

[38] Melo Alexandrino, *A estruturação*..., vol. I, pp. 78 s., 406 ss.

[39] Luciano Vandelli, *Il sistema delle autonomie locali*, 3.ª ed., Bologna, 2007, p. 10.

1.3. Delimitação e sequência da exposição

Naturalmente não nos propomos aqui analisar todo o direito local: se pensarmos no âmbito material do direito administrativo[40], é sobre o ordenamento local e sobre o quadro institucional da administração local que nos pretendemos fixar. Muito em particular: sobre os princípios fundamentais do ordenamento local (capítulo I) e o regime comum da administração local (capítulo II). Relativamente à organização administrativa local, uma vez que a mesma tem sido habitualmente integrada nos planos dos cursos de direito administrativo geral, acabámos por removê-la do plano de trabalho, dada aliás também a extensão que foi necessário conceder àquelas dimensões estruturantes.

Por outro lado, compreende-se perfeitamente que, no contexto desta obra, tenham sido de algum modo sacrificadas dimensões como a do funcionamento ou dos processos de formação das decisões dos entes locais[41] e aqueles domínios que, apresentando embora especial ligação com a administração local (como é o caso da disciplina respeitante à função pública, ao urbanismo e ambiente), constituem capítulos de direitos administrativos especiais e que por essa razão são objecto de tratamento aprofundado noutras partes deste Tratado.

2. O DIREITO DAS AUTARQUIAS LOCAIS

2.1. Natureza do direito das autarquias locais

De certo modo à semelhança do que sucedeu no paradigma inglês, o direito administrativo nasceu entre nós em torno do direito local, à sombra do qual viveu durante mais de um século: como sintetizou Marcello Caetano, «[o] Direito Administrativo no século XIX é uma espécie de Direito Municipal, um sistema de normas reguladoras da participação dos cida-

---

[40] Marcelo Rebelo de Sousa / Salgado de Matos, *Direito Administrativo...*, tomo I^3, p. 56.

[41] Que caem de pleno no âmbito do direito administrativo geral (por último, Marcelo Rebelo de Sousa / André Salgado de Matos, *Direito Administrativo Geral*, tomo III – *A actividade administrativa*, 2.ª ed., Lisboa, 2009).

dãos na gestão dos interesses colectivos das comunidades locais em que a residência os integra»[42].

O fenómeno era verdadeiramente transversal: desde logo, a administração pública era essencialmente constituída pela administração local; em segundo lugar, são as instituições locais que constituem o objecto central do direito administrativo, justamente codificado num Código Administrativo, que vai conhecendo várias versões ao sabor da oscilação entre as tendências descentralizadora e centralizadora; em terceiro lugar, também as normas adjectivas numa primeira grande fase estão exclusivamente centradas no contencioso administrativo local; por fim, no plano da ciência do direito, algo de muito similar se passa com a generalidade das primeiras obras de direito administrativo[43].

Escrevem Marcelo Rebelo de Sousa e André Salgado de Matos[44] «[que o] direito administrativo é susceptível de divisão entre um tronco comum – o direito administrativo geral – e disciplinas especializadas – os direitos administrativos especiais»[45]. «O direito administrativo geral compreende os princípios fundamentais da organização e da actividade administrativa, bem como a disciplina comum das matérias da organização, do procedimento, da actividade e da responsabilidade civil administrativos. As normas do direito administrativo geral aplicam-se em todos os sectores do direito administrativo que não sejam, ou na medida em que não sejam, objecto de regulação especial»[46]. Ora ao lado do direito administrativo geral existem os direitos administrativos especiais, que «contêm regimes divergentes, e em alguns casos mesmo antagónicos, em relação àqueles que resultariam do direito administrativo geral, em razão dos seus objectos»[47].

---

[42] Marcello Caetano, *Princípios Fundamentais do Direito Administrativo* (1977), reimp., Coimbra, 2003, p. 28.

[43] Paulo Otero, *Direito Administrativo – Relatório...*, p. 42.

[44] Por último também, Paulo Otero / Pedro Gonçalves, «Nota de abertura», in Paulo Otero / Pedro Gonçalves (coord.), *Tratado de Direito Administrativo Especial*, vol. I, Coimbra, 2009, pp. 7 s. [5-9].

[45] Marcelo Rebelo de Sousa / Salgado de Matos, *Direito Administrativo...*, tomo I^3, p. 56.

[46] Marcelo Rebelo de Sousa / Salgado de Matos, *Direito Administrativo...*, tomo I^3, pp. 56 s.

[47] Marcelo Rebelo de Sousa / Salgado de Matos, *Direito Administrativo...*, tomo I^3, p. 57.

Ainda segundo os autores, embora não sejam em regra uniformes os critérios de autonomização dogmática dos direitos administrativos especiais[48], no caso do direito das autarquias locais, «o critério de autonomização é eminentemente institucional, decorrendo das especificidades da regulação de determinados sectores da organização administrativa ou do estatuto dos seus agentes»[49].

Deixando propositadamente em aberto a questão da natureza do direito das autarquias locais, nas páginas seguintes procurar-se-á um recorte das características desse direito local, particularmente as especificidades que apresenta em matéria de fontes.

2.2. Caracteres do direito das autarquias locais

Se, em conformidade com o precedente plano de análise, considerarmos o direito das autarquias locais um ramo especial do direito administrativo[50], ele partilhará em princípio dos caracteres do seu tronco comum, a saber: ser *direito público*, ser *conjunturalmente mutável*, ser *recente*, ser *fragmentário*, ser *intencionalmente lacunar e aberto* e ser *parcialmente codificado*[51]. Mas, além dessas[52], que características específicas apresenta o direito das autarquias locais?

Segundo o Professor André Gonçalves Pereira, a principal marca do direito municipal (externo ou interno) reside no facto de se tratar de um *direito institucional*, ou seja, «[de] um conjunto de normas de estrutura diversa que são objecto de uma deformação teleológica, moldando-se às

---

[48] Marcelo Rebelo de Sousa / Salgado de Matos, *Direito Administrativo...*, tomo I^3, p. 57.

[49] Marcelo Rebelo de Sousa / Salgado de Matos, *Direito Administrativo...*, tomo I^3, p. 57.

[50] Sobre as potenciais reservas a esta ideia, v. *supra*, n.º 1.1.2.

[51] Marcelo Rebelo de Sousa / Salgado de Matos, *Direito Administrativo...*, tomo I^3, pp. 58 ss.

Para outras propostas, Diogo Freitas do Amaral, *Curso de Direito Administrativo* [em colab. com Luís Fábrica, Carla Gomes e J. Pereira da Silva], vol. I, 3.ª ed., Coimbra, 2006, pp. 162 ss.

[52] Com a excepção do carácter recente e talvez do carácter intencionalmente lacunar e aberto (v. *infra*, n.º 2.3.).

características próprias da instituição municipal»[53]; em segundo lugar, trata-se de um direito que «levanta problemas gravíssimos de política e de administração geral»[54]; em terceiro lugar, o principal valor que incumbe ao direito municipal realizar são os interesses locais, desde logo pelo facto de serem estes interesses que, uma vez determinados em função do território, definem os fins e as atribuições legais desses entes; por último, esses entes têm na autonomia, ou seja, na ideia de que os interesses locais devem ser regulados pelos órgãos locais, a sua razão de ser[55].

Volvido meio século sobre esta síntese, que outros caracteres poderemos assinalar ao direito das autarquias locais?

(i) Tendo como norma de base o princípio da *autonomia local*[56], o direito das autarquias locais apresenta hoje em dia uma ligação muito especial com o princípio democrático[57] e com a forma de Estado em concreto instituída (constituindo ainda suas dimensões estruturantes os princípios do pluralismo[58], da descentralização e da subsidiariedade)[59];

(ii) Projecção da norma de base, do pluralismo democrático e da concretização do exercício dos poderes locais, é o importante corolário segundo o qual o direito das autarquias locais se apresenta como factor de realização do *princípio da diferença*[60];

(iii) Quer devido a uma mais acentuada dependência do direito constitucional[61], quer em virtude da complexificação crescente dos

[53] André Gonçalves Pereira, *Contribuição*..., p. 239; em termos próximos, José de Oliveira Ascensão, *O Direito – Introdução e Teoria Geral*, 13.ª ed., Coimbra, 2009, p. 291.

[54] André Gonçalves Pereira, *Contribuição*..., p. 236.

[55] André Gonçalves Pereira, *Contribuição*..., pp. 239 s.

[56] Tendo ainda como *pressuposto necessário* a dimensão territorial (cfr. Jorge Miranda, *Manual de Direito Constitucional*, tomo III – *Estrutura constitucional do Estado*, 5.ª ed., Coimbra, 2004, p. 252).

[57] V. *infra*, n.º 5.3.

[58] Paulo Otero, *O poder de substituição em Direito Administrativo – Enquadramento dogmático-constitucional*, vol. II, Lisboa, 1995, pp. 544 ss.; Id., *Legalidade*..., pp. 149 s., 407.

[59] Paulo Otero, *Legalidade*..., pp. 863 ss.; Jean-Bernard Auby / Jean-François Auby / / Rozen Noguellou, *Droit des collectivités*..., pp. 34 ss.

[60] Já neste sentido se defendeu que as posturas constituíram uma linha de resistência à uniformização (cfr. Franz-Paul Langhans, *Estudos*..., p. 384).

[61] Sobre a situação em que se encontra o direito administrativo geral, Marcelo Rebelo de Sousa / Salgado de Matos, *Direito Administrativo*..., tomo I[3], p. 96.

interesses, das atribuições, da estrutura organizativa e de todo o inerente sistema de instituições e relações, o direito das autarquias locais afirma-se cada vez mais como um "direito transversal"[62], estando em curso um processo de aprofundamento da *especialização* face ao direito administrativo geral e de *conjunção* face ao direito constitucional[63];

(iv) O direito das autarquias locais está inequivocamente centrado no município (ou comuna)[64], tendo o seu núcleo no *direito municipal*[65];

(v) Numa época de acelerada transformação[66], o direito das autarquias locais está especialmente atravessado[67] pelo triplo fenómeno da europeização, da economização (de que é subcaso a empresarialização[68]) e da privatização[69].

---

[62] Sobre o conceito, Marcelo Rebelo de Sousa / Salgado de Matos, *Direito Administrativo...*, tomo I^3, p. 85; sobre esta *transversalidade* do direito local (identificando uma relação íntima com o direito constitucional, uma relação directa com o direito administrativo, múltiplos contactos com o direito penal e uma relação indirecta com o direito privado), Franz-Paul Langhans, *Estudos...*, pp. 399 ss.; na doutrina brasileira, Nelson Nery Costa, *Direito Municipal...*, p. 41; para uma demonstração prática desta transversalidade, veja-se o disposto no artigo 2.° da Lei n.° 53-E/2006, de 29 de Dezembro (em matéria de legislação subsidiária do regime geral de taxas das autarquias locais); por último, sobre a transversalidade das matizes da moderna Administração Pública, Paulo Otero / Pedro Gonçalves, «Nota de abertura», p. 6.

[63] Sobre o papel destes processos na autonomização das disciplinas, Melo Alexandrino, «Prólogo a um Curso...», p. 211.

[64] É esta expressão que parece resultar mais adequada para traduzir as realidades dos entes locais de base existentes designadamente na França (*commune*), na Itália (*comune*) ou na Alemanha (*Gemeinde*), ainda que as mesmas se possam genericamente descrever como realidades municipais e, de algum modo, correspondam ainda ao sentido histórico da nossa expressão *concelho*.

[65] Franz-Paul Langhans, *Estudos...*, p. 401; Eberhard Schmidt-Aßmann / Hans Röll, «Kommunalrecht», p. 11.

Por seu lado, em Portugal, desde o século XIII até ao século XX, o direito das posturas esteve na base do direito municipal (cfr. Franz-Paul Langhans, *Estudos...*, p. 401).

[66] Por todos, Paulo Otero, *Legalidade...*, pp. 304 ss.; Pedro Gonçalves, *Entidades Privadas com Poderes Públicos*, Coimbra, 2005, pp. 13 ss.; Paulo Otero / Pedro Gonçalves, «Nota de abertura», p. 6.

[67] Quanto ao direito administrativo geral, o fenómeno parece menos evidente (cfr. Marcelo Rebelo de Sousa / Salgado de Matos, *Direito Administrativo...*, tomo I^3, p. 67).

[68] Para uma síntese reflexiva, José Joaquim Gomes Canotilho, «O Direito constitu-

Particularmente *em termos de influências*, o direito das autarquias locais em Portugal (em menor medida do que sucede na Espanha, na Itália ou na Bélgica) tem algumas marcas da matriz revolucionária francesa[70], em especial: a generalização do regime municipal, a correspondência de um município a uma comunidade local, a uniformidade do regime, o carácter electivo dos órgãos próprios, os poderes de controlo conferidos ao Estado para protecção do interesse geral[71].

Afasta-se, porém, dessa matriz em numerosos aspectos: a maior dependência da norma constitucional[72]; a centralidade política do órgão executivo colegial (corpo administrativo), quase sempre acompanhado de um órgão executivo singular (fosse ele nomeado ou eleito)[73]; a muito menor importância do prefeito (e da correspondente estrutura departamental); a tendência para a codificação, sem estabilização, embora na fase actual pareça verificar-se o inverso (registando-se hoje na França um fenómeno da codificação, sem estabilização, ao passo que em Portugal se perdeu a dinâmica de mais de um século de intento codificador); a inexistência na tradição local portuguesa da fórmula das atribuições delegadas[74] (embora no último quarto de século se tenha assistido a um processo de grande paralelismo com a França, no que respeita a *momentos* de transferência de atribuições)[75]; por fim, a reforma territorial (que nem a França, nem a Espanha, nem a Itália conseguiram levar por diante até hoje) foi realizada em Portugal há 170 anos.

---

cional passa; o direito administrativo também passa», in *Estudos em Homenagem ao Prof. Doutor Rogério Soares*, Coimbra, 2001, pp. 720 ss. [705-722].

[69] Paulo Otero, *Legalidade...*, pp. 304 ss.; Pedro Gonçalves, *Entidades Privadas...*, *per totum*; Luciano Vandelli, *Il sistema...*, p. 12.

[70] Luciano Vandelli, *Il sistema...*, p. 12; sobre o essencial da influência francesa, Marcelo Rebelo de Sousa / Salgado de Matos, *Direito Administrativo...*, tomo I^3, p. 125.

[71] Sobre estas e outras marcas francesas em síntese transalpina, Luciano Vandelli, *Il sistema...*, pp. 12-17; sobre a evolução dessas estruturas no ordenamento de origem, Jean-Bernard Auby / Jean-François Auby / Rozen Noguellou, *Droit des collectivités...*, pp. 3 ss.

[72] Em França o fenómeno apenas ocorre verdadeiramente a partir de 2003 (cfr. Jean-Bernard Auby / Jean-François Auby / Rozen Noguellou, *Droit des collectivités...*, pp. 16 s., 29).

[73] V. *infra*, n.º 8.3.1.

[74] Para o confronto com a situação francesa, António Cândido de Oliveira, *Direito das Autarquias Locais*, Coimbra, 1993, pp. 62 s., 77 s.

[75] Esses momentos são, na França, 1983 e 2004 (cfr. Jean-Bernard Auby / Jean-François Auby / Rozen Noguellou, *Droit des collectivités...*, pp. 217 ss.) e, em Portugal, 1984, 1999-2009.

2.3. As "fontes" do direito das autarquias locais

2.3.1. Remetendo em geral para o tratamento dado a essa matéria pela doutrina do direito administrativo[76] e sem pretender, por isso, um aprofundamento do problema das impropriamente designadas fontes do Direito[77], afigura-se útil começar com uma nota preliminar sobre essa distinção entre fonte, texto e norma.

Por comodidade de expressão (e em relação com o sentido tradicional), "fonte" pode ser entendida como *o modo tradicional de produção e de revelação* dos textos normativos[78] ou, em alternativa, como modo de constituição e manifestação do direito vigente[79]; "texto" *é o enunciado* produzido e revelado por uma fonte; "norma" é o resultado do processo de concretização, que articula o texto (*programa normativo*) com a realidade regulada (*domínio normativo*), traduzindo por conseguinte o sentido vinculativo resultante dessa ordenação. No entanto, norma pode ainda ser entendida (v. *supra*, n.° 1.2.1.) num plano puramente abstracto[80].

---

[76] Para um aprofundamento, entre nós, Afonso Queiró, *Lições*..., vol. I (1976), pp. 289 ss.; Mário Esteves de Oliveira, *Direito Administrativo*, vol. I, Coimbra, 1980, pp. 82 ss.; José Manuel Sérvulo Correia, *Noções de Direito Administrativo*, vol. I, Lisboa, 1982, pp. 78 ss.; José Carlos Vieira de Andrade, «O ordenamento jurídico administrativo português», in AAVV, *Contencioso Administrativo*, Braga, 1986, pp. 48 ss. [33-70]; Rogério Ehrhardt Soares, *Direito Administrativo*, Porto, 1992, pp. 91 ss.; Paulo Otero, *Legalidade*..., pp. 349 ss., 411 ss.; Marcelo Rebelo de Sousa / Salgado de Matos, *Direito Administrativo*..., tomo I³, pp. 63 ss.

[77] Sobre a impropriedade da designação, A. Castanheira Neves, «Fontes do Direito – Contributo para a revisão do seu problema», in *Digesta – Escritos acerca do Direito, do Pensamento Jurídico, da sua Metodologia e Outros*, Coimbra, vol. 2.°, 1995, pp. 9 ss. [7-94]; David Duarte, *A Norma da Legalidade Procedimental Administrativa – A teoria da norma e a criação de normas de decisão na discricionariedade administrativa*, Coimbra, 2006, pp. 56 ss., 870; José de Melo Alexandrino, *A estruturação do sistema de direitos, liberdades e garantias na Constituição portuguesa*, vol. II – *A construção dogmática*, Coimbra, 2006, pp. 29 ss., 156 ss.; Id., «Como ler a Constituição...», *loc. cit.*; Marcelo Rebelo de Sousa / Salgado de Matos, *Direito Administrativo*..., tomo I³, pp. 63 s.

Procedemos, na epígrafe, como Jörn Ipsen (cfr. *Allgemeines Verwaltungsrecht*, 5.ª ed., Köln, 2007, p. 31).

[78] Marcelo Rebelo de Sousa / Salgado de Matos, *Direito Administrativo*..., tomo I³, p. 63.

[79] A. Castanheira Neves, «Fontes do Direito...», p. 7.

[80] Como aliás é aquele que subjaz ao controlo abstracto de constitucionalidade (preventivo e sucessivo), previsto nos artigos 278.° e 279.° e 281.° e 282.° da CRP.

Para além de apontar um quadro geral das fontes do direito das autarquias gerais, as páginas seguintes limitam-se a justificar o sentido da inclusão ou exclusão de determinadas categorias de fontes, a assinalar facetas especiais de algumas categorias e sobretudo a mencionar a existência, bem como a recortar doutrinariamente um modo de produção próprio do direito das autarquias locais (as *posturas*).

2.3.2. Em termos de uma *sistematização geral* das fontes do direito das autarquias locais, na linha de Afonso Queiró e Paulo Otero[81], uma primeira distinção a estabelecer é entre fontes não-voluntárias e fontes voluntárias[82].

a) Entre as *fontes não-voluntárias*[83], a principal categoria é sem dúvida o costume, seja ele costume interno (de grau constitucional ou infraconstitucional) ou costume internacional (o qual pode ser de âmbito universal, regional ou local). Já mais discutida é a relevância a dar aos princípios jurídicos fundamentais, bem como o lugar a conceder aos princípios gerais de Direito.
b) Por seu lado, quanto às *fontes voluntárias*, as principais categorias são as seguintes: (i) na esfera do *direito local externo*: a Constituição, as leis constitucionais, os tratados de direito comunitário e europeu constitucional (Tratado da União Europeia e Tratado sobre o funcionamento da União Europeia), as fontes de direito derivado da União Europeia (regulamentos, decisões-quadro e directivas), as convenções internacionais (tratados e acordos internacionais), os actos legislativos (leis, decretos-leis e decretos legislativos regionais) e os regulamentos (emanados do Governo, dos órgãos das regiões autónomas e das autarquias de grau superior, nas suas mais variadas espécies); (ii) na esfera do *direito*

---

[81] Na doutrina italiana, a distinção básica tradicional é a que distingue entre as *fontes-facto* e as *fontes-acto* (*v. g.*, Livio Paladin, *Diritto Costituzionale*, reimp., Padova 1994, pp. 154 ss., 232 ss.; Fausto Cuocolo, *Istituzioni di Diritto Pubblico*, 8.ª ed., Milano, 1994, pp. 18 ss.).

[82] Paulo Otero subdistingue depois, no âmbito das segundas, as resultantes de processos de formação internos ao Estado das resultantes de processos externos ao Estado (cfr. *Legalidade...*, p. 388).

[83] Em termos similares, Paulo Otero, *Legalidade...*, p. 389.

local interno: as posturas e as diversas formas[84] de regulamentos aprovados pelas autarquias locais e pelos demais entes a elas equiparados ou funcionando no seu âmbito (v. *infra*, n.os 7.1. e 7.8.).

A) Fontes não-voluntárias

2.3.3. (a) Se em geral não se pode deixar de admitir a relevância do *costume* como fonte principal de direito público[85], a projecção desta fonte é particularmente visível no direito das autarquias locais, quer na feição negativa da revogação por desuso, quer nas implicações que importa em termos institucionais, organizativos e até materiais[86].

Como veremos oportunamente, o costume não só constituiu uma fonte primária do direito local em todo o período pré-liberal (v. *infra*, n.° 4.1.1.), como ainda hoje se afirma como decididamente relevante na configuração do sistema de governo local (v. *infra*, n.° 8.3.), na definição das atribuições dos entes locais (v. *infra*, n.° 9.4.) e até na modelação de uma fonte exclusiva do direito local (v. *infra*, n.° 2.3.10.).

---

[84] Integrando os estatutos e os regimentos (tal como os demais regulamentos internos) na categoria dos regulamentos, Marcelo Rebelo de Sousa / Salgado de Matos, *Direito Administrativo...*, tomo III[2], pp. 246, 247.

[85] Sobre a relevância do costume nos planos do direito constitucional e do direito administrativo, António A. Vieira Cura, «O Costume como Fonte de Direito em Portugal», in *Boletim da Faculdade de Direito*, vol. 74.° (1998), pp. 266 ss., 270 ss. [241-272]; admitindo expressamente o costume como fonte de direito administrativo, Vieira de Andrade, «O ordenamento...», p. 69; Rogério Soares, *Direito Administrativo* (1992), pp. 105 s.; Paulo Otero, *Direito Administrativo – Relatório...*, p. 344; Id., *Legalidade...*, pp. 377 ss., 394 s.; Marcelo Rebelo de Sousa / Salgado de Matos, *Direito Administrativo...*, tomo I[3], p. 68.

[86] Na verdade, a relevância do costume tem sido reconhecida pela jurisprudência (como sucedeu no Acórdão do Tribunal Constitucional n.° 57/97, em matéria de derramas), pela doutrina (como sucede em geral em matéria do sistema de governo local) e decorre ainda de dinâmicas político-constitucionais (como se verificou, por exemplo, ao nível da neutralização das organizações populares de base e das regiões administrativas ou do sucessivo adiamento da morte dos distritos). De resto, o fenómeno é de tal modo visível que não pode deixar de observar-se a pertinência da explicação fornecida pelos quadros da "normatividade não-oficial" (por todos, Paulo Otero, *Legalidade...*, pp. 418 ss.).

2.3.4. (b) A respeito dos *princípios jurídicos fundamentais*[87], devido à natureza dessas realidades, preferimos referi-las com a designação de "valores jurídicos fundamentais"; por outro lado, devido à função e ao modo de operação desses elementos no sistema[88], não vemos como seja necessário, ou sequer possível, considerá-los como modo de produção e revelação de textos normativos[89].

2.3.5. (c) Do mesmo modo, e sem prejuízo de reconhecer a relevância crescente dos princípios gerais de Direito[90], algo de similar acontece com os princípios de direito internacional e com os princípios gerais de direito público (nomeadamente de direito administrativo) e de direito privado[91], por três ordens de razões:

(i) Antes de mais porque se trata de normas e não de modos produção ou de revelação de textos[92];
(ii) Pelo contrário, estas normas em geral deduzem-se do direito positivo[93] (traduzindo *emanações* deste[94]) e de outras fontes

[87] Com essa designação e pronunciando-se favoravelmente à admissão dessa fonte de direito administrativo, ainda que com operatividade diferenciada, Afonso Queiró, *Lições*..., vol. I (1976), pp. 291 ss.; Vieira de Andrade, «O ordenamento ...», p. 49; Rogério Soares, *Direito Administrativo* (1992), p. 96; Paulo Otero, *Legalidade*..., pp. 389 ss., 412 ss.

[88] Sobre a alocação, natureza e função destes valores, José de Melo Alexandrino, *Direitos Fundamentais – Introdução geral*, Estoril, 2007, p. 34, nota 68; Id., «Perfil constitucional da dignidade da pessoa humana: um esboço traçado a partir da variedade de concepções», in *Estudos em Honra do Professor Doutor José Oliveira Ascensão*, vol. I, Coimbra, 2008, pp. 488 s. [481-511]; em sentido materialmente distinto, Paulo Otero, *Legalidade*..., pp. 389 s., 412 ss.

[89] Em especial, sobre o lugar e a função reconhecida neste plano às normas da Declaração Universal dos Direitos do Homem, Melo Alexandrino, *A estruturação*..., vol. II, pp. 328 ss.

[90] Neste sentido, Luciano Parejo Alfonso, *Derecho Administrativo – Instituciones generales: bases, fuentes, organización y sujetos, actividad y control*, Barcelona, 2003, pp. 226 s.

[91] Em termos similares, Marcello Caetano, *Manual*..., vol. I, pp. 135 ss.

[92] Recusando em todo o caso entendê-las como fontes não-voluntárias, Sérvulo Correia, *Noções*..., vol. I, p. 81.

[93] Paulo Otero, *Legalidade*..., p. 392.

[94] Neste sentido, Sérvulo Correia, *Noções*..., vol. I, p. 81.

principais (como o costume) e mesmo de fontes secundárias ou mediatas (como a doutrina e a jurisprudência), *adscrevendo-se* implicitamente a outras fontes e normas resultantes dos diversos ordenamentos jurídicos (princípios gerais de Direito comuns às nações civilizadas) e a outras fontes e normas do ordenamento interno (princípios gerais de Direito);

(iii) Estando estes princípios, além disso, na maior parte dos casos, positivados (quer no plano internacional, quer no plano interno)[95], eles relevam sobretudo pelas funções que desempenham[96], estando especialmente reservado à doutrina um papel preponderante na ordenação e delimitação destas normas[97].

B) Fontes voluntárias

2.3.6. Relativamente às fontes voluntárias, a Constituição é relevante para o direito das autarquias locais pelo menos por três ordens de razões (v. *infra*, n.° 5.1.).

A primeira porque é na Constituição que estão definidos os valores e os princípios estruturantes do direito local (sobretudo na sua dimensão política), quer a respeito dos respectivos elementos basilares (princípio democrático, princípio da autonomia local, princípio electivo), quer de outros elementos constitutivos (princípio da subsidiariedade, princípio da responsabilidade, princípio da suficiência de meios, etc.).

A segunda porque a Constituição de 1976 teve uma clara intenção de definir expressamente a organização do poder político ao nível local, elevando por isso os órgãos do poder local a órgãos constitucionais e revestindo-os de um sistema de garantias constitucionais similares às aplicáveis aos órgãos de soberania e aos órgãos das regiões autónomas, ainda que o resultado final não corresponda exactamente ao modelo idealizado.

A terceira porque a Constituição regulou exaustivamente inúmeras outras facetas da administração e do regime local, naquilo que podemos

---

[95] Para um elenco significativo, Sérvulo Correia, *Noções...*, vol. I, pp. 82 s.

[96] Sobre estas funções (conferir unidade ao ordenamento, limitar a discricionariedade, fundamentar outras normas, servir de critério interpretativo e servir à integração de lacunas), com outras indicações, Paulo Otero, *Legalidade...*, pp. 393 s.

[97] Marcello Caetano, *Manual...*, vol. I, p. 137; Sérvulo Correia, *Noções...*, vol. I, p. 82.

qualificar como *direito constitucional local*[98] (e que alguns autores designaram de direito administrativo sob forma constitucional)[99], revelando com isso um nível de preocupação com a administração local que outros ordenamentos só viriam a descobrir já no século XXI (v. *infra*, n.° 3.6.).

2.3.7. Em segundo lugar, relativamente aos *actos legislativos*, sendo manifesto residir aí a principal fonte do direito das autarquias locais, importa talvez referir, além da pletora de actos legislativos e do ainda relevante Código Administrativo[100], a presença de um conjunto significativo de leis reforçadas (artigo 112.°, n.° 3, da CRP) e de um conjunto de zonas particulares de reserva de lei[101].

Assim, quanto às *principais leis reforçadas*, no âmbito da reserva absoluta de competência legislativa da Assembleia da República, destacam-se:

- A lei eleitoral das autarquias locais (que constitui uma lei orgânica)[102];
- A lei relativa ao sistema e método de eleição dos órgãos das autarquias locais (que carece de aprovação por maioria de dois terços dos deputados presentes, desde que superior à maioria absoluta)[103];
- A lei que determina os limites à renovação sucessiva de mandatos dos titulares de cargos políticos executivos (que também carece de aprovação por idêntica maioria)[104];
- A lei de criação das regiões administrativas[105] (e as sucessivas leis de instituição em concreto de cada uma delas)[106];

---

98 Neste sentido, Jean-Bernard Auby / Jean-François Auby / Rozen Noguellou, *Droit des collectivités...*, p. 29.

99 Afonso Queiró, *Lições...*, vol. I (1976), p. 166.

100 Neste duplo sentido, Vital Moreira, *Organização Administrativa (Programa, conteúdos e métodos de ensino)*, Coimbra, 2001, p. 72.

101 Isto além da existência de domínios materiais cobertos por certas leis de bases, como é o caso das bases do sistema de protecção da natureza, do equilíbrio ecológico e do património cultural e das bases do ordenamento do território e do urbanismo [artigo 165.°, n.° 1, alíneas *g*) e *z*), da CRP] e de outros domínios materiais cobertos por reserva de lei parlamentar.

102 Artigos 164.°, alínea *l*), primeira parte, e 166.°, n.° 2, da CRP.

103 Artigo 168.°, n.° 6, alínea *d*), da CRP.

104 Artigo 168.°, n.° 6, alínea *b*), da CRP.

105 Artigo 255.° da CRP.

106 Artigo 256.°, n.° 1, da CRP.

- A lei que define o regime de criação, extinção e modificação das autarquias locais[107];
- A lei que define o estatuto dos titulares dos órgãos do poder local[108];
- A lei reguladora do referendo local[109].

Por sua vez, no âmbito da reserva relativa de competência, destaca-se a lei (ou as diversas leis) sobre o "estatuto das autarquias locais"[110], lei funcionalmente reforçada que compreende: (i) a definição do quadro de atribuições, competências e organização das autarquias locais[111] (e dos respectivos serviços)[112], (ii) o regime da tutela administrativa[113]; e (iii) o regime das finanças locais[114].

Constituem, por seu lado, *domínios particulares de reserva de lei* (no sentido designadamente de estar aí totalmente vedada a intervenção do regulamento ou do acto administrativo): a reserva de lei na criação, extinção e modificação de autarquias locais[115]; a reserva de lei quanto à divisão administrativa do território[116]; a reserva de lei na definição do estatuto das autarquias locais[117]; a reserva de lei na definição do estatuto dos titulares dos órgãos do poder local[118].

2.3.8. Relativamente às fontes de *direito internacional*, o acto mais importante a considerar[119] é a Carta Europeia da Autonomia Local (abre-

---

107 Artigo 164.°, alínea *n*), da CRP.

108 Artigo 164.°, alínea *m*), da CRP.

109 Artigo 240.° da CRP.

110 Artigo 165.°, n.° 1, alínea *q*), da CRP.

111 Artigo 237.°, n.° 1, da CRP.

112 Assim, por último, o Decreto-Lei n.° 305/2009, de 23 de Outubro, aprovado no uso da autorização legislativa conferida pela Lei n.° 86/2009, de 28 de Agosto.

113 Artigo 242.° da CRP.

114 Artigos 165.°, n.° 1, alínea *q*), 2.ª parte, e 238.°, n.° 2, da CRP.

115 V. *infra*, § 10.

116 V. *infra*, § 10.

117 V. *infra*, n.° 6.3.

118 V. *infra*, § 11.

119 Foi ainda proclamada, pela União das Cidades e dos Poderes Locais (IULA), reunida no seu 31.° Congresso Mundial em Toronto, em 13 de Junho de 1993, a Declaração Universal da Autonomia Local – largamente inspirada na CEAL, trata-se naturalmente de um texto sem carácter jurídico vinculativo.

viadamente, CEAL) de 15 de Outubro de 1985, ratificada pelo decreto do Presidente da República n.° 58/90, de 23 de Outubro[120-121].

2.3.9. No plano do *direito local interno*, se até à entrada no século XX o papel proeminente foi ocupado pelas posturas, pelo menos a partir da segunda metade desse século o lugar passou a ser ocupado pelos regulamentos autárquicos[122], os quais podem aliás ser de variadas espécies (autónomos e de execução, nomeadamente), podendo, além disso, estar ou não sujeitos a determinados pressupostos e limitações (como os que defluem do artigo 241.° da CRP)[123].

Dispensados de um tratamento mais alongado, relativamente à categoria dos regulamentos autónomos das autarquias locais, valem também aqui, com as devidas adaptações, as notas alinhadas em seguida sobre a

[120] A CEAL entrou em vigor, na ordem internacional, a 1 de Setembro de 1988 e, na ordem interna, a 1 de Abril de 1991.

[121] Para uma perspectiva geral, Luciano Parejo Alfonso, «La autonomía local en la Constitución», in Santiago Muñoz Machado (dir.), *Tratado de Derecho Municipal*, tomo I, 2.ª ed., Madrid, 2003, pp. 32 ss. [25-155].

[122] Em especial, cfr. Afonso Queiró, *Lições...*, vol. I (1976), pp. 461 ss.; José Manuel Sérvulo Correia, *Legalidade e autonomia contratual nos contratos administrativos*, Coimbra, 1987, pp. 261 ss.; José Carlos Vieira de Andrade, «Autonomia regulamentar e reserva de lei», in *Estudos em Homenagem ao Prof. Doutor Afonso Rodrigues Queiró*, vol. I, Coimbra, 1987, pp. 1-35; Vital Moreira, *Administração Autónoma e Associações Públicas*, Coimbra, 1997, pp. 180 ss.; J. J. Gomes Canotilho, *Direito Constitucional e Teoria da Constituição*, 7.ª ed., Coimbra, 2003, pp. 842 ss.; Paulo Otero, *Legalidade...*, pp. 750 ss.; Ana Raquel Gonçalves Moniz, «A titularidade do poder regulamentar no Direito administrativo português», in *Boletim da Faculdade de Direito*, vol. 80.° (2004), pp. 538 ss. [483-562]; Rui Medeiros, «Artigo 241.°», in Jorge Miranda / Rui Medeiros, *Constituição Portuguesa Anotada*, tomo III – *Organização do poder político, Garantia e revisão da Constituição, Disposições finais e transitórias*, Coimbra, 2007, pp. 483 ss.; Joaquim Freitas da Rocha, *Constituição, Ordenamento e Conflitos Normativos – Esboço de uma teoria analítica da ordenação normativa*, Coimbra, 2008, pp. 705 s.; Luís Pereira Coutinho, *O problema das atribuições e competências das autarquias locais (e do seu possível esvaziamento...)* [inédito], Lisboa, 2009, acessível a partir de www.icjp.pt/papers?page=1 (20.10.2009).

Neste plano, no entanto, as autarquias locais não dispõem entre nós (ao contrário do que sucede na Itália, na Alemanha ou no Brasil) de autonomia estatutária: sugerindo esse passo, por último, Vital Moreira, «O poder local na Constituição da República Portuguesa de 1976», in António Cândido de Oliveira (coord.), *30 Anos de Poder Local na Constituição da República Portuguesa – Ciclo de conferências*, Braga, 2007, p. 296 [279-299].

[123] Ana Gonçalves Moniz, «A titularidade...», pp. 543, 544.

caracterização e regime das posturas (v. *infra*, n.° 2.3.10.), remetendo no mais para o conteúdo da garantia constitucional da autonomia local (v. *infra*, n.° 6.2.2.).

2.3.10. Finalmente, há então uma forma intencional de criação de Direito[124] exclusiva do direito das autarquias locais – as *posturas* – , fonte essa que tem não só a particularidade de vir desde os primórdios da nacionalidade[125] como a não menor virtualidade[126] de ainda persistir nos países de antiga dominação portuguesa (em especial no Brasil[127], em Cabo Verde[128] e em Moçambique[129]).

Ofuscadas nos últimos 100 anos pela omnipresença da lei[130] e nas últimas décadas pelo protagonismo dos regulamentos[131], as posturas foram quase por completo abandonadas pela doutrina publicista[132], relati-

---

[124] Oliveira Ascensão, *O Direito*..., p. 291.

[125] Pelo menos desde o século XIII (cfr. Franz-Paul Langhans, *Estudos*..., pp. 15 ss.; Marcello Caetano, *Manual*..., vol. I, p. 101; António Francisco de Sousa, *Direito Administrativo das Autarquias Locais*, 3.ª ed., Lisboa, 1993, p. 371; Nuno J. Espinosa Gomes da Silva, *História do Direito Português – Fontes do Direito*, 3.ª ed., Lisboa, 2000, pp. 160 s.).

[126] Segundo alguns autores, as posturas municipais terão mesmo contribuído para a consolidação do Estado português [cfr. Maria Ângela de Almeida Souza, *Posturas do Recife Imperial*, Recife, 2002, p. 233 [tese de doutoramento inédita, acessível em pdf a partir de www.bdtd.ufpe.br (20.10.2009)].

[127] Existe mesmo em S. Paulo uma "associação dos fiscais de posturas municipais".

[128] Havendo diversos municípios (como os de Ribeira Brava ou do Sal) que dispõem dos seus Códigos de Posturas, pode dar-se também o exemplo do Município do Tarrafal de S. Nicolau, que colocou em discussão pública em 2009 o novo Código de Posturas Municipais, para substituir o Código de 1916, que esteve em vigor até 2005 (cfr. www.cmtsn.cv).

[129] Veja-se, por exemplo, o disposto nos artigos 7.°, n.° 1, e 8.°, n.° 1, do Decreto do Governo n.° 35/2006 (que aprova o regulamento de criação e funcionamento da polícia municipal), publicado no *Boletim da República*, n.° 36, de 6 de Setembro de 2006.

[130] Por seu lado, já durante o século XIX, tinham sido difíceis as relações com o direito civil (cfr. Franz-Paul Langhans, *Estudos*..., pp. 402 s.).

[131] Já para não referir a concorrência (equivalente, em número, à da lei) das normas de direito comunitário derivado (cfr. Maria Lúcia Amaral, *A Forma da República – Uma introdução ao estudo do direito constitucional*, Coimbra, 2005, p. 412, nota 497).

[132] Como derradeiras excepções, Marcello Caetano, *Manual*..., vol. I, pp. 101 ss., 104, 106; Sérvulo Correia, *Noções*..., vol. I, p. 112; António Francisco de Sousa, *Direito Administrativo*..., pp. 33 ss., 58 ss., 370 ss.; Aires de Jesus Ferreira Pinto, «Postura», in *DJAP*, vol. VI (1994), pp. 417-419; Marcelo Rebelo de Sousa / Salgado de Matos, *Direito Administrativo*..., tomo III^2 p. 253; quanto aos privatistas, Oliveira Ascensão, *O Direito*..., pp. 289 ss.

De facto, mesmo nas duas obras que desde a Constituição de 1976 mais aprofunda-

vamente ignoradas pela jurisprudência[133] e em boa parte esquecidas pelas próprias autarquias locais[134], ainda que o mesmo não se possa dizer totalmente dos historiadores do Direito[135] nem do legislador. Quanto a este, as posturas têm sido sistematicamente referidas, ao lado dos regulamentos, em todas as leis fundamentais do ordenamento local[136].

Mas não sendo este decerto o lugar para narrar a extraordinária história desta instituição jurídica do direito local português, antes de esclarecer o conceito, o regime, a forma e a natureza jurídica dessa fonte de direito no actual ordenamento, justifica-se uma nota de enquadramento histórico.

a) Em termos do *perfil histórico* das posturas no ordenamento português, matéria sobre a qual não foi ainda retomado entre nós o

---

ram o problema das fontes de direito administrativo (as *Lições* de 1976 de Afonso Rodrigues Queiró e a monografia *Legalidade e Administração Pública* de Paulo Otero), não foi dispensada atenção particular a essa fonte do direito local.

[133] Não é talvez esse o caso do Brasil, uma vez que a base electrónica JusBrasil (cfr. www.jusbrasil.com.br) *devolveu* mais de uma centena de decisões (recentes) dos tribunais superiores relativas a infracções a posturas municipais. Já quanto a Portugal, o Supremo Tribunal de Justiça neste século nunca se pronunciou sobre as posturas; o Supremo Tribunal Administrativo apenas a título incidental se tem pronunciado sobre a figura (relevando, em menos de uma dezena de pronúncias, essencialmente o cumprimento do dever de citação da lei habilitante); coube por isso ao Tribunal Constitucional produzir as mais relevantes sentenças sobre posturas na nova ordem constitucional democrática.

[134] Entre algumas das excepções, regista-se a aprovação pelo Município de Cabeceiras de Basto, em 19 de Fevereiro de 2009, do Código de Posturas Municipais (cfr. o respectivo edital em www.cm-cabeceiras-basto.pt/files/27/2758.pdf) ou a recente publicação, para discussão pública, do Projecto de Código de Posturas do Município de Amares (in *Diário da República*, 2.ª série, n.° 156, de 13 de Agosto de 2009, pp. 32974 ss. [sob a epígrafe Regulamento n.° 357/2009]).

[135] Em especial, cfr. Franz-Paul Langhans, *Estudos...*, cit.; Paulo Merêa, Recensão crítica a «Estudos de direito municipal. As posturas», de Franz-Paul Langhans, in *Boletim da Faculdade de Direito*, vol. 15.° (1938-1939), pp. 239-240; Ângela Souza, *Posturas do Recife Imperial* (com amplas indicações bibliográficas, pp. 240 ss.); Maria José Lopes, «Posturas municipais: uma fonte para o estudo da história local», in *Africana* [revista editada pela Universidade Portucalense], n.° 24 (2002), pp. 95-102; Armando Luís de Carvalho Homem / Maria Isabel N. Miguéns de Carvalho Homem, «Lei e poder concelhio: as posturas. O exemplo de Lisboa (sécs. XIV-XV)», in *Revista da Faculdade de Letras, História*, Porto, III série, vol. 7 (2006), pp. 35-50 (com indicações bibliográficas, pp. 48-50).

[136] Veja-se, por exemplo, o disposto nos artigos 17.°, n.° 2, alínea *j*), 53.°, n.° 2, alínea *a*), e 64.°, n.° 7, alínea *a*), da Lei das Autarquias Locais ou nos artigos 17.°, alínea *d*), e 55.°, n.° 1, da Lei n.° 2/2007, de 15 de Janeiro.

esforço levado a cabo há setenta anos por Franz-Paul Langhans, arrolamos os seguintes traços:

(i) Depois de ter sido usada com o sentido de *lei civil geral*, de *lei geral do rei* ou de *lei geral*[137], a partir de finais do século XIII (reinado de D. Dinis), a expressão "postura" vai passar definitivamente[138] a designar a lei municipal[139], vindo a substituir progressivamente, nos dois séculos seguintes, outras designações de actos normativos até então em uso (como a de degredo)[140];

(ii) No final do período liberal, tanto em Portugal como nos seus domínios coloniais[141], as posturas designavam as *normas gerais e abstractas de fins preventivos aprovadas pelos corpos administrativos*[142];

(iii) Numa primeira fase, traduzindo talvez um esforço de codificação das regras costumeiras em matéria de polícia administrativa[143], as posturas estavam dependentes do consenso popular[144], expresso tradicionalmente através de formas de democracia directa (como nas assembleias de homens bons)[145];

(iv) Com o surgimento dos vereadores, em meados do século XIV, e a prática de os mesmos reunirem numa sala (*câmara*)[146], as deli-

---

137 António Francisco de Sousa, *Direito Administrativo*..., p. 370; Ângela Souza, *Posturas do Recife*..., p. 23.

138 Com efeito, já Marcello Caetano dera nota de que o *concilium* conimbricence em 1145 aparece a elaborar *posturas* em várias matérias de polícia económica [cfr. Marcello Caetano, «A administração municipal de Lisboa durante a 1.ª dinastia (1179-1383)» (1951), in *Estudos de História de Administração Pública Portuguesa* (organizados por Diogo Freitas do Amaral), Coimbra, 1994, p. 199 [191-266]].

139 Sobre a evolução do conceito de postura na Idade Média, por todos, Franz-Paul Langhans, *Estudos*..., pp. 15 ss.

140 António Francisco de Sousa, *Direito Administrativo*..., p. 371.

141 Com dados relativos a outros ordenamentos europeus, Armando Carvalho Homem / Maria Isabel Homem, «Lei e poder concelhio...», pp. 36 s.

142 Em termos próximos, Franz-Paul Langhans, *Estudos*..., p. 383.

143 Franz-Paul Langhans, *Estudos*..., pp. 15 ss., 32 ss.; Ângela Souza, *Posturas do Recife*..., pp. 20 ss., 233 (vendo aí a Autora alguma influência da tradição romana e visigótica da lei escrita).

144 Ângela Souza, *Posturas do Recife*..., p. 25.

145 Sobre as quais, Marcello Caetano, «A administração municipal...», pp. 211 ss., 215 ss.

146 Sobre este processo, Marcello Caetano, «A administração municipal...», pp. 256 ss.

berações sobre as posturas passaram também elas a ser tomadas pela câmara de vereadores (com outros magistrados e eventualmente algum público) ou por uma assembleia mais alargada[147] – ou seja, pelos órgãos representativos do concelho[148];

(v) As posturas desde sempre estiveram intimamente ligadas às atribuições municipais de almotaçaria (ou polícia económica[149]), quer no período pré-liberal[150], quer no período liberal[151], mas vieram a abranger também outros domínios materiais, nomeadamente o sanitário e o urbanístico[152], registando-se uma grande estabilidade até aos nossos dias quanto ao leque de matérias passível de ser objecto de posturas;

(vi) No período constitucional, se é um facto que as autarquias locais perderam as atribuições jurisdicionais, tanto em Portugal como no Brasil conservaram «as prerrogativas de formularem as suas leis próprias»[153] (ainda que essas deliberações pudessem estar sujeitas a aprovação tutelar)[154], ideia de que aliás dá prova o artigo 223.°, I, da Constituição de 1822[155], ao reconhecer que pertence às câmaras "fazer posturas ou leis municipais".

---

[147] Marcello Caetano, «A administração municipal...», pp. 259, 260.

[148] Em todo o caso, só a partir do século XVI terão começado a ser registadas sistematicamente (cfr. Armando Carvalho Homem / Maria Isabel Homem, «Lei e poder concelhio...», p. 40), processo que veio a sofrer clara perturbação com o grande terramoto de 1755 e que, já depois da revolução liberal, viria a justificar o decreto de 18 de novembro de 1836, que ordenou a codificação e reforma das posturas (sobre a importância desta lei, Ângela Souza, *Posturas do Recife...*, p. 107).

[149] Marcello Caetano, «A administração municipal...», pp. 199 ss.

[150] Franz-Paul Langhans, *Estudos...*, pp. 32 ss., 124 ss., 137 ss.

[151] Franz-Paul Langhans, *Estudos...*, pp. 173 ss., 251 ss., 302 ss.

[152] Franz-Paul Langhans, *Estudos...*, pp. 302-374; António Francisco de Sousa, *Direito Administrativo...*, pp. 58 ss.; Ângela Souza, *Posturas do Recife...*, pp. 54 ss., 235 s.; Armando Carvalho Homem / Maria Isabel Homem, «Lei e poder concelhio...», pp. 42 ss.

[153] Ângela Souza, *Posturas do Recife...*, p. 234.

[154] Como sucedeu no Brasil com a aprovação da Lei Regulamentar de 1 de Outubro de 1828 (cfr. Ângela Souza, *Posturas do Recife...*, pp. 104 ss., 234; Nelson Nery Costa, *Direito Municipal...*, pp. 49-51) ou, em Portugal, com os Códigos Administrativos de 1842 (artigo 121.°, § 1.°), de 1867 (artigo 84.°, n.° 16), de 1886 (artigo 116.°) ou de 1895 (artigo 62.°, n.° 5) ou mesmo como acontecia no período pré-liberal (cfr. Franz-Paul Langhans, *Estudos...*, p. 386).

[155] Sobre a fase da revolução liberal, Franz-Paul Langhans, *Estudos...*, pp. 152 ss.

b) Quanto ao *conceito*, postura significa antes de mais[156] "o acto de pôr"[157]. Em termos jurídicos, na lição de Marcello Caetano, as posturas são regulamentos autónomos que contêm disposições preventivas de carácter genérico e execução permanente[158]: «[o]s regulamentos autónomos, locais, de polícia, provindos dos corpos administrativos»[159]. Na mesma linha, Sérvulo Correia define posturas como "os regulamentos autónomos, locais, de polícia, provindos das assembleias de freguesia, [das câmaras municipais] ou das assembleias municipais"[160].
Pela nossa parte, definimos postura como o acto normativo geral e abstracto auto-qualificado como tal, proveniente de um órgão colegial democrático-representativo, emanado em matéria de polícia e em áreas de atribuições próprias das autarquias locais[161]. Sem prejuízo de uma reflexão mais profunda (v. *infra*), constituem traços caracterizadores fundamentais das posturas:

– A qualidade de acto *normativo geral e abstracto*[162];
– A inserção do acto numa esfera de *normação primária* reservada às autarquias locais[163], na base de um poder próprio reco-

---

[156] Também no sentido de *posto* ou feito de novo (cfr. Marcello Caetano, *Manual*..., vol. I, p. 101).

[157] Assim também, António Francisco de Sousa, *Direito Administrativo*..., p. 371.

[158] Assim o relevou o Acórdão n.° 446/91 do Tribunal Constitucional (in *Acórdãos do Tribunal Constitucional*, vol. 20.°, pp. 217 ss.).

[159] Marcello Caetano, *Manual*..., vol. I, p. 101.

[160] Sérvulo Correia, *Noções*..., vol. I, p. 112; propondo um conceito mais elaborado, mas com diversas contra-indicações, Franz-Paul Langhans, *Estudos*..., p. 383.

[161] Relevando justamente neste campo a distinção entre as esferas de atribuições próprias e as das atribuições conferidas, José de Melo Alexandrino, «A determinação das atribuições das autarquias locais», in *Estudos em Homenagem ao Prof. Doutor Sérvulo Correia*, vol. II, Coimbra, 2010, pp. 431-458 [no prelo].

[162] Sobre a distinção entre a postura e o acto administrativo, veja-se o Acórdão do Supremo Tribunal Administrativo de 24 de Setembro de 2009 (P.° 549/2005), acessível em www.dgsi.pt.

[163] Sobre a reserva de normação autárquica, Rui Medeiros, «Artigo 241.°», pp. 491 s.

Negativamente, as posturas estão afastadas naquelas matérias de clara reserva de lei, como é o caso da definição de crimes ou da restrição de direitos liberdades e garantias – sobre o problema, num caso de inconstitucionalidade pretérita, veja-se o já citado Acórdão do Tribunal Constitucional n.° 446/91 (in *Acórdãos do Tribunal Constitucional*, vol. 20.°, pp. 217 ss.).

nhecido (artigo 241.°) ou pressuposto directamente pela Constituição[164] e oponível desde logo ao legislador[165];
- A dupla incidência do acto: em *matéria de polícia*[166] e em áreas de *atribuições próprias* das autarquias locais[167];
- A especial *legitimidade democrática*[168] do órgão autárquico colegial[169];
- Ainda segundo a jurisprudência constitucional[170], a sujeição à exigência de *invocação*, pelo menos no respectivo edital[171], *da lei* que define a respectiva competência objectiva e subjectiva (artigo 115.°, n.° 7, da CRP)[172] – no caso, as pertinentes disposições da Lei das Autarquias Locais (abreviadamente, LAL)[173].

c) Quanto ao respectivo *regime jurídico* no ordenamento em vigor, o primeiro traço a reter é o de que o recurso à postura constitui um privilégio reservado às autarquias locais[174], sendo nessa medida reconhecido expressamente às três espécies de autarquias locais[175].

---

[164] Referindo a ampla legitimação constitucional para a edição desses regulamentos autónomos, Acórdão do Tribunal Constitucional n.° 394/2002 (acessível em www.tribunalconstitucional.pt).

[165] Insistindo no fundamento directo e na oponibilidade, Rui Medeiros, «Artigo 241.°», pp. 486 s., com outras indicações.

[166] Sobre as atribuições municipais de polícia, veja-se o Parecer n.° 28/2008 do Conselho Consultivo da Procuradoria Geral da República, de 8 de Fevereiro de 2008 (acessível em www.dgsi.pt).

[167] Aqui residia a distinção feita no artigo 163.°, § 2.°, do Código Administrativo de 1936-40 entre posturas e regulamentos policiais (preceito revogado pelo artigo 14.° da Lei n.° 32/94, de 29 de Agosto).

[168] Sérvulo Correia, *Legalidade*..., pp. 263 s.

[169] Daí, correctamente, a solução imposta no artigo 65.°, n.° 1, da Lei das Autarquias Locais da indelegabilidade, no presidente da câmara, dessa competência da câmara municipal (em lapso, Ana Gonçalves Moniz, «A titularidade...», p. 545).

[170] Em termos críticos, Rui Medeiros, «Artigo 241.°», pp. 492 ss., com outras indicações.

[171] Neste sentido, veja-se o Acórdão do Supremo Tribunal Administrativo, de 18 de Outubro de 2006 (P.° 264/2006), acessível em www.dgsi.pt.

[172] Por todos, veja-se o Acórdão do Tribunal Constitucional n.° 457/94 (in *Acórdãos do Tribunal Constitucional*, vol. 28.°, pp. 131 ss.).

[173] Artigos 17.°, n.° 2, alínea *j*), 53.°, n.° 2, alínea *a*), e 64.°, n.° 7, alínea *a*), da Lei n.° 169/99, de 18 de Setembro, alterada pelas Leis n.os 5-A/2002, de 11 de Janeiro, e 67/2007, de 31 de Dezembro.

[174] Há assim duas importantes diferenças relativamente ao período pré-liberal e rela-

Em segundo lugar, com a Constituição de 1976, ainda que o órgão competente para a aprovação das posturas pareça ser o órgão deliberativo (artigo 239.°, n.° 1, da CRP)[176], em relação ao município, a LAL reconhece hoje à câmara municipal o poder de elaboração e aprovação das posturas que se situem "em matérias da sua competência exclusiva"[177]. Esta solução legal tem uma justificação histórica (uma vez que, durante mais de 500 anos[178], a aprovação desses actos esteve confiada ao corpo administrativo do concelho)[179] e também uma justificação democrática (uma vez que a legitimidade e representatividade da câmara municipal é idêntica, senão superior, à da assembleia municipal)[180].

Em terceiro lugar, dentro dos domínios materiais de polícia que lhes correspondem (podendo servir aqui de referência a norma costumeira)[181], as posturas só podem ser aprovadas nas esferas de *atribuições próprias* das autarquias locais, com exclusão portanto das áreas de atribuições conferidas ou delegadas (v. *infra*, n.° 9.5.)[182].

Em quarto lugar, do regime instituído não resulta que, no domínio da polícia e nas esferas de atribuições próprias, as autarquias

---

tivamente à fase do regime autoritário: (i) em relação ao primeiro, porque então apenas os concelhos tinham o poder de elaborar posturas; (ii) em relação à segunda, porque o Código Administrativo de 1936-40 estendeu esse poder a entidades como as federações obrigatórias (artigo 195.°, n.° 5.°), que não eram autarquias locais, (cfr. Marcello Caetano, *Manual*..., vol. I, p. 104).

[175] Artigos 17.°, n.° 2, alínea *j*), 53.°, n.° 2, alínea *a*), e 64.°, n.° 7, alínea *a*), da LAL e artigo 25.°, n.° 2, alínea *g*), da Lei n.° 56/91, de 13 de Agosto.

[176] Até à revisão de 1982, essa regra era imposta no artigo 242.° da CRP.

[177] Artigo 64.°, n.° 7, alínea *a*), da LAL.

[178] No Código Administrativo de 1936-40, era esta aliás a primeira competência das câmaras municipais de Lisboa e do Porto (artigo 99.°, n.° 1).

[179] Já no Brasil, a situação é diversa, uma vez que a câmara municipal se transformou, no último século, em verdadeiro "corpo legislativo" (cfr. Regina Ferrari, *Direito Municipal*, pp. 88, 107 ss., 97; Nelson Nery Costa, *Direito Municipal*..., pp. 60 ss., 128 ss., 163 ss.).

[180] V. *infra*, n.° 11.2.

[181] Franz-Paul Langhans, *Estudos*..., pp. 32 ss., 141 ss., 172 ss., 303 ss., 411 ss.; Maria Teresa Campos Rodrigues, «Nota Prévia», in Câmara Municipal de Lisboa (ed.), *Livro das Posturas Antigas*, Lisboa, 1974, pp. vii-x.

[182] Sobre a distinção, relevante nesta matéria, entre *postura* (que é um regulamento autónomo) e *regulamento policial* (que é um regulamento de execução), na vigência do Código Administrativo de 1936-40, Marcello Caetano, *Manual*..., vol. I, p. 102.

devam forçosamente aprovar posturas, gozando por isso de liberdade de decisão quanto ao *se* e quando ao *modo*[183] (com a ressalva da reserva dos poderes hoje reconhecidos à câmara municipal). Em quinto lugar, se na vigência do Código Administrativo a legalidade das posturas podia ser impugnada a todo o tempo (artigo 828.°, § único, n.° 2.°), salvo melhor estudo, também hoje as posturas podem ser objecto de impugnação, através de acção administrativa especial (artigos 46.°, n.° 1, e 72.° a 76.° do Código de Processo nos Tribunais Administrativos).
Por último, sem prejuízo da insuficiente demarcação legal dos limites ao exercício do poder de polícia pelos entes locais[184], o artigo 55.°, n.° 1, da Lei das Finanças Locais (aprovada pela Lei n.° 2/2007, de 15 de Janeiro) estabelece o princípio geral[185] segundo o qual a violação de posturas constitui contra-ordenação sancionada com *coima* (sendo esta a designação secular do direito público português para as sanções pecuniárias aplicáveis por violação das posturas)[186].

d) Relativamente à *forma do acto*, as posturas são aprovadas por deliberação da assembleia da autarquia local ou da câmara municipal[187], deliberações que devem ser obrigatoriamente publicadas em edital afixado nos lugares de estilo durante 5 dos 10 dias subsequentes à tomada das mesmas, devendo ainda serem publicadas no boletim da autarquia local, se existir, e divulgadas nos jornais regionais editados na área do respectivo município[188].

---

[183] Era já esta, ao que pensamos, a solução do Código Administrativo (cfr. Marcello Caetano, *Manual*..., vol. I, p. 102).

[184] Para um elenco doutrinário desses limites, Franz-Paul Langhans, *Estudos*..., pp. 396 ss. – em termos essencialmente equilibrados, mesmo em Estado constitucional, e daí talvez a acusação de excesso por parte de Marcello Caetano (cfr. *Manual*..., vol. I, p. 102, nota 1).

[185] Antevendo esta evolução, numa fase de transição em que a postura era ainda uma norma penal, Franz-Paul Langhans, *Estudos*..., p. 390.

[186] Franz-Paul Langhans, *Estudos*..., p. 389.

[187] No Brasil, as posturas eram tradicionalmente aprovadas por lei municipal, mesmo antes da Constituição federal de 1988.

[188] Artigo 91.°, n.os 1 e 2, da LAL, na redacção dada pela Lei n.° 5-A/2002, de 11 de Janeiro.

Em homenagem aos princípios gerais, não há razão para que esses actos não sejam

e) Por último, pode dizer-se que é tudo menos evidente a *natureza jurídica* da postura. Na ausência de indicações constitucionais e mesmo legais[189] sobre as relações entre as postura, a constituição e a lei, podíamos ser tentados a indagar o costume[190].
O apoio do costume, porém, envolve pelo menos três tipos de dificuldades. A primeira prende-se com negação da autonomia local durante o regime corporativo e com a correspondente reserva ao Estado do estabelecimento da ordem jurídica (artigo 6.°, n.° 1.°, da Constituição de 1933)[191], o que importaria uma ruptura na subsistência das eventuais normas costumeiras sobre a hierarquia e natureza das posturas[192]. A segunda resulta da manifesta escassez de elaboração doutrinária[193]. A terceira resulta ainda da escassez de elementos da prática das autarquias locais[194].
Ora, sem prejuízo de deixar em aberto uma resposta definitiva a esse problema, tendo presente que o poder de elaborar posturas não parece resultar originariamente das leis do Estado[195], bem como o facto de nelas se exprimir a natureza mista das autarquias

adequadamente divulgados na página electrónica da respectiva autarquia, embora a regra esteja apenas formulada expressamente em matéria de regime geral de taxas (artigo 13.° da Lei n.° 53-E/2006, de 29 de Dezembro).

[189] Alguns códigos do século XIX referiam-se expressamente ao assunto: assim, por exemplo, o Código Administrativo de 1836 admitia as posturas "nos limites da Constituição e das leis para regular a polícia interior e bom regime do Concelho" (artigo 82.°, § 27.°); já o Código Administrativo centralizador de 1842 prescrevia que "a Câmara faz posturas e regulamentos municipais, nos termos das leis e dos regulamentos do governo, sobre os diversos objectos que, na conformidade deste Código, são das suas atribuições" (artigo 116.°).

[190] A jurisprudência, ainda que sem se debruçar *ex professo* sobre a questão, tende a qualificar as posturas como regulamentos: assim, os Acórdãos do Tribunal Constitucional n.os 444/91, 457/94, 110/95, 394/2002 (acessíveis em www.tribunalconstitucional.pt); quanto ao Supremo Tribunal Administrativo, veja-se especialmente o Acórdão de 10 de Fevereiro de 2004 (P.° 1761/2003), bem como o Acórdão de 14 de Dezembro de 2005 (P.° 1467/2003), ambos acessíveis em www.dgsi.pt.

[191] Nesse plano, afigura-se lógica a submissão das posturas à lei e aos regulamentos superiores (cfr. Franz-Paul Langhans, *Estudos*..., pp. 383, 395 ss.).

[192] Sobre as inovações introduzidas pelo Código Administrativo de 1936, Franz-Paul Langhans, *Estudos*..., pp. 377 s., 411 ss.

[193] Para um juízo de uma não-jurista, Ângela de Souza, *Posturas do Recife*..., p. 63.

[194] Assim, nos dois exemplos citados, os municípios invocam o artigo 241.° da Constituição, a Lei n.° 2/2007, de 15 de Janeiro, e diversas disposições da LAL.

[195] Neste sentido, Marcello Caetano, *Manual*..., vol. I, p. 101.

locais (enquanto entes políticos[196] e administrativos[197]), podem talvez servir de linha de orientação uma série de prismas:

(i) Quanto à origem e evolução histórica, estamos perante um acto *afim da lei*[198] – um acto normativo (1) que, numa primeira fase, terá tido a função de codificar o costume local, (2) que, durante muitos séculos, constituiu a "manifestação mais típica do direito local português"[199] e (3) que, ainda hoje, exprime a autonomia normativa tradicional dos concelhos e das freguesias, mais do que um fenómeno de descentralização normativa induzido pelo moderno Estado social[200];

(ii) Em termos jurídico-positivos, na ausência de um quadro legislativo de referência e de uma (re)elaboração do assunto pela doutrina publicista[201], a postura pode considerar-se um regulamento (artigo 112.° da CRP), ou, talvez melhor (artigos 235.° e 241.° da CRP), uma figura *afim do regulamento*[202];

(iii) Em termos técnico-jurídicos, a postura assume pelo menos a natureza de *regulamento autónomo*[203], estando-lhe vedada a in-

---

[196] Por último, José de Melo Alexandrino, «O défice de protecção do poder local: defesa da autonomia local perante o Tribunal Constitucional?», in *Direito Regional e Local*, n.° 05 (2009), p. 13 [12-27].

[197] Daí a impraticabilidade de reconduzir a postura ao mero exercício da função administrativa, enquanto elemento do conceito de regulamento (cfr. Ana Gonçalves Moniz, «A titularidade...», p. 485, com indicações; Marcelo Rebelo de Sousa / Salgado de Matos, *Direito Administrativo*..., tomo I^3, p. 67). Em nosso entender, relativamente à comunidade política de referência e no âmbito espacial correspondente, as posturas incorporam decisões essenciais para essa comunidade, não só devido ao carácter inovador e primário, mas também devido a uma total independência relativamente à lei (quer quanto ao fundamento do poder exercido, quer a respeito do conteúdo do acto).

[198] Para um ponto de contacto, Sérvulo Correia, *Legalidade*..., pp. 263 s.

[199] Franz-Paul Langhans, *Estudos*..., p. 383.

[200] Em contraponto, Ana Gonçalves Moniz, «A titularidade...», p. 561.

[201] Na doutrina privatista, João Baptista Machado, *Introdução ao Direito e ao Discurso Legitimador*, 12.ª reimp, Coimbra, 2000, p. 160; Oliveira Ascensão, *O Direito*..., pp. 291 s.

[202] Só dessa forma se foge também ao argumento da redundância, uma vez que as sucessivas leis das autarquias locais, entre outras, se referem sempre às posturas e regulamentos.

[203] Franz-Paul Langhans, *Estudos*..., pp. 384, 386; Marcello Caetano, *Manual*..., vol. I, p. 102; Sérvulo Correia, *Noções*..., vol. I, p. 112.

tromissão nos aspectos pertencentes aos domínios nucleares da reserva de lei (como em matéria penal[204] ou de restrições aos direitos, liberdades e garantias)[205];

(iv) Em termos de legitimidade política e em termos funcionais, a postura pode considerar-se uma *lei local*[206];

(v) Por fim, sendo embora a postura hierarquicamente inferior à Constituição, bem como às fontes de direito internacional e do direito estatutário das autarquias locais (considerando aí a definição dos limites positivamente fixados aos poderes de polícia)[207], uma vez que a mesma configura um espaço de normação autónomo e originário, em caso de colisão com outras leis[208], não se estará verdadeiramente perante um fenómeno de invalidade (uma vez que o fundamento das posturas reside nos interesses locais normativizados sob a forma de atribuições próprias e não nessas leis ou regulamentos)[209], mas tão-só de ineficácia (dando-se então, se for o caso, a *preferência aplicativa* do Direito do Estado ou da região autónoma, desde que o mesmo não ofenda os efeitos de protecção da norma de base[210] da autonomia local)[211].

---

[204] Jorge Miranda, *Funções, Órgãos e Actos do Estado*, policopiado, Lisboa, 1990, pp. 280 ss.; Acórdãos do Tribunal Constitucional n.os 19/83 e 146/85.

[205] Embora não necessariamente noutras dimensões da regulação (neste sentido, Vieira de Andrade, «Autonomia...», p. 22; Sérvulo Correia, *Legalidade*..., p. 267; Ana Gonçalves Moniz, «A titularidade...», p. 540; Rui Medeiros, «Artigo 241.°», pp. 487 ss.).

[206] Concluindo neste sentido, no dealbar da vigência do Código Administrativo de 1936, Franz-Paul Langhans, *Estudos*..., p. 383; em termos próximos, ainda que sem uma referência expressa às posturas, Baptista Machado, *Introdução ao Direito*..., p. 160; Sérvulo Correia, *Legalidade*..., p. 264; Vital Moreira, *Administração Autónoma*..., p. 182; Id., «O poder local...», p. 286; Rui Medeiros, «Artigo 241.°», p. 484.

[207] João Baptista Machado, «Participação e descentralização», in *Revista de Direito e de Estudos Sociais*, ano 22 (1975), n.os 1 a 4, p. 10 [1-108].

[208] Recusando justamente, em matéria de normação autónoma, a existência de uma hierarquia entre regulamentos autárquicos e regulamentos governamentais, Sérvulo Correia, *Legalidade*..., pp. 276 ss.; Ana Gonçalves Moniz, «A titularidade...», pp. 543 ss.

[209] Daí a não-subordinação das correspondentes normas (cfr. Baptista Machado, «Participação e Descentralização», p. 8; Id., *Introdução ao Direito*..., 168).

[210] V. *infra*, n.° 6.2.

[211] Sobre a linha de resistência que a descentralização representa face ao Estado totalitário, Baptista Machado, «Participação e Descentralização», pp. 69, 95 ss.

3. RELANCE COMPARATIVO

3.1. PRELIMINARES

A respeito da configuração dada ao principal ente local (o município), tem sido habitual entre nós referir a existência de dois grandes modelos (*arquétipos* ou *sistemas*)[212] no direito comparado: o correspondente à matriz britânica (de *município independente*) e o correspondente à matriz francesa (de *município dependente*)[213]. A estes dois modelos corresponderiam depois distintos regimes jurídico-administrativos de concretização: 1) o *regime de município dependente vertical*; 2) o *regime de município dependente horizontal* ; 3) o *regime de município dotado de autonomia plena*; 4) o *regime de município dotado de autonomia semi-plena*; e 5) o *regime de município dotado de autonomia restrita*[214].

Sem pôr em causa o acerto nem a utilidade pedagógica e heurística desta síntese, julgamos necessária uma percepção *mais alargada*, perante a complexidade, a variedade e sobretudo as profundas transformações sofridas pelos ordenamentos de Estado constitucional nas últimas décadas. Para o efeito, centrados identicamente no plano europeu, recorreremos ao apoio particularmente informado de Luciano Vandelli[215].

Como ponto de partida prévio, para além da observação da grande heterogeneidade de soluções ao nível da organização territorial[216], terá de relevar-se antes de mais a *forma de Estado* (unitário ou composto), bem como a presença de *configurações especiais do Estado unitário* (com Estados, total ou parcialmente, regionalizados e mesmo com Estados regionalizados a caminho de formas federais, como sucede na Itália[217]): tanto os Estados compostos como os Estados regionalizados (em termos de descentralização política, naturalmente) pressupõem a existência de

---

[212] Marcelo Rebelo de Sousa, *Lições de Direito Administrativo*, vol. I, 3.ª ed., Lisboa, 1999, p. 352; Freitas do Amaral, *Curso...*, vol. I^3, pp. 532 ss., 536.

[213] Marcelo Rebelo de Sousa, *Lições...*, p. 352.

[214] Marcelo Rebelo de Sousa, *Lições...*, pp. 352 s.

[215] Luciano Vandelli, *Il sistema...*, pp. 239-250 (com outras indicações, p. 262).

[216] Luciano Vandelli, *Il sistema...*, pp. 241, 242 ss.

[217] Sobre a situação da Inglaterra, na última década, David Wilson / Chris Game, *Local Government...*, pp. 82 ss.

poderes legislativos descentralizados (por parte dos estados federados, dos *Länder*, dos cantões, das regiões e até de certas províncias dotadas de estatuto especial).

3.2. Tendências comuns e singularidades

A primeira das referências marcantes na Europa é a afirmação generalizada (pelo menos desde os anos 90 do século XX) do princípio da autonomia local (v. *infra*, n.° 6.1.), adoptado expressamente nas Constituições e muitas vezes assistido de mecanismos de protecção directa junto do Tribunal Constitucional[218].

Por seu lado, perante problemas e necessidades semelhantes, os ordenamentos europeus reagiram através da adopção de soluções similares, dando lugar a *grandes tendências* e fases paralelas[219]:

(i) Movimentos de *descentralização de atribuições* (na Itália, na Bélgica, na França, em Portugal, no Reino Unido);

(ii) Processos de *regionalização*, tanto política como apenas administrativa (nos anos 70 na Itália, Espanha e Portugal; nos anos 80 na França; nos anos 90 na Escócia, País de Gales e Irlanda do Norte);

(iii) Esforços de *fusão de municípios* (bem sucedidos na Dinamarca, na Holanda, na Bélgica, na Grã-Bretanha, na Alemanha e na Áustria; mal sucedidos na França);

(iv) Procura do *reforço da estabilidade, autoridade e responsabilização dos governos locais* (em especial, na Itália, em certas cidades inglesas e em certos *Länder* alemães, nos países de Leste[220], mas também na península ibérica);

(v) Uma crescente perda de uniformidade no regime local (como comprova a evolução registada, por exemplo, na Itália, em 1993, na Grã-Bretanha em 1998 ou na Espanha em 2003).

Entre as *singularidades* destacam-se particularmente as que nos dizem respeito: (1) «a condição de Portugal, onde se reconhecem robustas

---

[218] Luciano Vandelli, *Il sistema...*, p. 240.
[219] Luciano Vandelli, *Il sistema...*, p. 240.
[220] Luciano Vandelli, *Il sistema...*, p. 240.

autonomias às ilhas dos Açores e da Madeira, mas a regionalização do território do continente, apesar de prevista na Constituição, ter sido bloqueada pelo resultado negativo de um referendo (1998)»[221]; e (2) o facto de apenas Portugal (e, em parte, Inglaterra e País de Gales)[222] dispor de uma autarquia local (a freguesia) de nível infra-comunal, quando a regra na Europa é a de que o nível de base seja constituído pela comuna ou município[223].

3.3. Alguns dados relevantes

À luz dos elementos disponíveis[224], é possível observar um primeiro conjunto de dados a ter em atenção:

(i) Há ordenamentos apenas com *dois níveis* locais (o municipal e o regional), como é o caso da Dinamarca, da Grécia, da Letónia, da Holanda, da República Checa, da Eslováquia, da Suécia ou da Hungria[225];

(ii) Há outros ordenamentos que apresentam um *terceiro nível* territorial, ora apenas dotado de poderes administrativos (como na França, na Irlanda e na Polónia), ora dotado de poderes político-legislativos (como na Áustria, na Bélgica, na Itália, na Alemanha, na Espanha e, em parte, em Portugal e no Reino Unido);

(iii) Apenas Portugal *não dispõe do nível intermédio da região ou da província*[226], mas, ainda assim, apresenta um *sistema territorial multinível atípico* (com freguesias, municípios e duas regiões autónomas na periferia)[227];

---

[221] Luciano Vandelli, *Il sistema...*, pp. 241 e 250.

[222] David Wilson / Chris Game, *Local Government...*, pp. 50, 80 ss.

[223] Luciano Vandelli, *Il sistema...*, pp. 249, 250.

[224] Segundo o último relatório do Conselho dos Municípios e das Regiões da Europa [cfr. CCRE, *The state of Europe's local and regional government - 2008*, documento acessível em http://www.ccre.org/docs/nuancier_2008_FR.pdf (29.10.2009)].

[225] Luciano Vandelli, *Il sistema...*, p. 249.

[226] Por referência ao último grupo, as designações para esses entes são: *provinces*, *départements*, *county councils*, *province*, *Kreisen*, *powiaty*, *counties*, *provincias*.

[227] Sobre os níveis territoriais em Portugal, Jorge Miranda, «Artigo 6.°», in Jorge Miranda / Rui Medeiros, *Constituição Portuguesa Anotada*, tomo I – *Introdução e Princípios Fundamentais*, Coimbra, 2005, p. 79.

(iv) Comparativamente, a dimensão média dos municípios portugueses é apreciável, com 34 400 habitantes (sendo essa média de 1 700 habitantes na França, 5 500 na Espanha, 6 600 na Alemanha e de 140 000 no Reino Unido); já quanto à dimensão territorial, a superfície média do município português é de 299 km^2 (sendo de 15 km^2 na França, de 62 km^2 na Espanha, de 29 km^2 na Alemanha e de 562 km^2 no Reino Unido)[228].

3.4. O dualismo entre sistemas competitivos e sistemas cooperativos

Ainda que se trate de *modelos tendenciais*[229], cujas arestas se têm aliás desgastado nas duas últimas décadas, atendendo à respectiva matriz filosófica e histórico-cultural, bem como ao tipo de relação predominante com o Estado, tem interesse a *distinção* entre sistemas "competitivos ou duais" e "sistemas cooperativos"[230]: os *primeiros* partem de uma concepção reducionista da intervenção pública e do próprio poder central – típica do primeiro liberalismo – , concebendo os entes locais como figuras separadas do centro, independentes e que desenvolvem a sua acção em âmbitos distintos e separados; ao invés, os *sistemas cooperativos*, baseados em ideias de "leal cooperação" e recorrendo a elementos de conexão entre as fontes centrais, regionais e locais[231], porque destinadas a conviver nos mesmos domínios, concebem as instituições (centrais, regionais e locais) como intercomunicantes[232], podendo estas dinâmicas de colaboração serem configuradas segundo distintos desenhos (*lineares*, *estelares* e mistos ou *bifrontes*)[233].

---

228 Segundo os dados actualizados, relativos a 2008 (cfr. CCRE, *The state of Europe's local*..., p. 4).

229 Luciano Vandelli, *Il sistema*..., p. 243.

230 Luciano Vandelli, *Il sistema*..., p. 242.

231 Sobre uma primeira identificação das matérias onde, entre nós, tem de ocorrer essa concertação e cooperação, Jorge Miranda, «Artigo 6.°», p. 79.

232 Luciano Vandelli, *Il sistema*..., p. 242.

233 Luciano Vandelli, *Il sistema*..., p. 243.

3.5. Modelos de administração local e sistemas de governo

Ainda segundo Luciano Vandelli, há cinco grandes modelos de administração local: o francês, o anglo-saxónico, o germânico, o nórdico e o centro-oriental[234].

Já quanto aos sistemas de governo[235], a tendência que se regista nos ordenamentos europeus aponta no «sentido do reforço da legitimação e da autoridade dos órgãos locais a partir dos presidentes da câmara», podendo referir-se a presença de diversos sistemas de governo: (i) de tipo parlamentar (França, Espanha, parte da Alemanha, Dinamarca, Irlanda, Lituânia); (ii) de tipo presidencial (como na cidade de Londres[236]); (iii) sistemas atípicos (como é certamente o caso português e também o italiano, após a reforma de 1993); e (iv) sistemas de governo de tipo directorial (como na Suíça e no Reino Unido, pelo menos até 1972).

3.6. Alguns traços marcantes dos ordenamentos mais próximos

Relativamente aos ordenamentos oportunamente considerados mais próximos (v. *supra*, n.° 1.2.3.), importa talvez registar alguns dos respectivos traços mais marcantes, esboçando um conjunto de linhas de aproximação e de contraste relativamente ao ordenamento português, tomando para o efeito[237] como elementos relevantes de comparação o histórico-político-institucional, o material, o organizativo, bem como o relativo ao perfil do direito local.

3.6.1. Começando pela Espanha, durante quase um século, são palpáveis as diferenças face a Portugal: pela inefectividade da administração local; pela grande instabilidade política e jurídica (esta contudo minorada

---

[234] Luciano Vandelli, *Il sistema...*, pp. 244 s.

[235] Sobre este ponto, entre nós, João Caupers, «Governo municipal – na fronteira da legitimidade com a eficiência?», in *Themis*, V, 8 (2004), pp. 251-281; António Cândido de Oliveira, *A Democracia Local (alguns aspectos)*, Coimbra, 2005, pp. 67-124.

[236] Sobre o qual, por último, David Wilson / Chris Game, *Local Government...*, pp. 73 ss.

[237] Cingindo-nos naturalmente ao período moderno, posterior à Revolução Francesa.

com a aprovação da lei municipal de 1877)[238]; pela estabilidade e supremacia da divisão provincial; pela menorização dos municípios[239] (algo que nunca ocorreu nem na Alemanha nem em Portugal); pela clara edificação de um regime municipal centralizado[240], ainda que com tentativas de estabelecer uma ampla autonomia em 1873 e 1924[241].

Justamente a partir da aprovação do estatuto de Calvo Sotelo, dá-se uma mais nítida aproximação à experiência republicana portuguesa (visível designadamente na reserva aos tribunais dos poderes de tutela da legalidade sobre os municípios); esse processo de aproximação à experiência portuguesa acentua-se no Franquismo, em virtude do carácter centralista e não-democrático do regime político[242] (com negação da essência da autonomia local[243] e com a livre nomeação e destituição dos alcaldes[244]) e consolida-se com a aprovação da Constituição de 1978.

Além da fragmentação ao nível da divisão territorial, constituem actualmente *linhas de contraste*: o carácter sintético da regulação constitucional da administração local; o carácter principialista da Lei de bases do regime local (Lei n.° 7/1985)[245]; o consenso existente em torno do sistema de governo local (que é parlamentar e, desde 2003, diferenciado) e o seu bom funcionamento; a progressiva erosão da uniformidade do regime jurídico; a previsão de um mecanismo jurisdicional de protecção da autonomia local[246].

3.6.2. A respeito da França, tendo já notado algumas influências e zonas de afastamento (v. *supra*, n.° 2.2.2.), a principal linha de contraste

---

238 Que vigorou durante meio século (cfr. António Cândido de Oliveira, *Direito das Autarquias...*, p. 88).

239 António Cândido de Oliveira, *Direito das Autarquias...*, p. 87.

240 António Cândido de Oliveira, *Direito das Autarquias...*, p. 88.

241 António Cândido de Oliveira, *Direito das Autarquias...*, pp. 88 ss., 90.

242 António Cândido de Oliveira, *Direito das Autarquias...*, p. 92.

243 Num exemplo do que hoje constituiria uma clara ofensa ao limite material definido no artigo 288.°, alínea *n*), da CRP.

244 Em Portugal, todavia, a destituição não era livre (ainda que se admitisse o regime de tutela).

245 Um tipo de lei de que nem Portugal, nem a França nem a Itália dispõem (sobre a discussão recente deste tópico, nas propostas de reforma neste último país, Vittorio Italia, *Per l'autonomia degli enti locali*, Milano, 2007, pp. 7 ss., 13 ss.).

246 Sobre o qual, por último, Melo Alexandrino, «O défice de protecção...», pp. 12 s., 21 ss.

talvez se possa resumir na ideia de que a perspectiva dominante em França sempre foi a da centralização, de que são manifestações a preponderância do prefeito e do departamento, a utilização das autarquias pelo Estado, por via da delegação (que em Portugal sempre foi um mecanismo residual), bem como a resistência ao reconhecimento de uma cláusula geral das atribuições municipais (justificando-se assim o peso alcançado pela doutrina da transferência de poderes)[247]; contrastes existem ainda no perfil e no funcionamento do sistema de governo, na abolição da tutela (em 1982), bem como ao nível da constitucionalização tardia do poder local (na revisão constitucional de 2003).

Por seu lado, além da oscilação entre fases de maior e de menor centralização[248], duas linhas de aproximação recente são a criação em 1982 da região (que já era instituto público desde 1972) como autarquia local (o que parece ter algum paralelo na evolução portuguesa posterior a 2005) e a intensificação da transferência legal de atribuições a partir de 1983 (com paralelo português, a partir de 1984).

3.6.3. Quanto à Itália, as principais marcas até à II Guerra Mundial são a grande estabilidade do modelo organizativo da administração local, o estatismo, a escassa autonomia, a subordinação das comunas às províncias, o maior protagonismo do prefeito, bem como a maior uniformidade do regime[249].

Já no último meio século, avultam como linhas de contraste uma declarada diferenciação dos entes locais, a reforma do sistema de governo (desde 1993 subdividido em dois regimes), um aprofundamento da constitucionalização das autonomias (na revisão constitucional de 2001) e a aprovação de uma série de reformas legislativas visando um elevado patamar de descentralização (1990, 1997).

3.6.4. Por último, quanto ao Brasil, importa talvez reter as seguintes marcas fundamentais: o carácter exclusivo do município (em linha de continuidade com a história pré-constitucional comum); a recepção de ele-

---

[247] António Cândido de Oliveira, *Direito das Autarquias...*, pp. 77 ss.

[248] Há também um evidente contacto entre 1940 e 1944, uma vez que nesse período ("Estado-francês") também desaparecem por completo (como no "Estado Novo") as liberdades locais (cfr. António Cândido de Oliveira, *Direito das Autarquias...*, p. 75).

[249] António Cândido de Oliveira, *Direito das Autarquias...*, pp. 96 ss.

mentos provenientes do ordenamento português, do francês e do norte-americano; a progressiva federalização do município, a que foram reconhecidos na Constituição de 1988 amplos poderes estatutários e legislativos; a cuidada regulação constitucional do município; a fixação de um sistema de governo municipal de matriz presidencialista (na base da eleição por sufrágio universal da câmara municipal e do prefeito); a inexistência de tutela administrativa.

Havendo cerca de 5600 municípios no Brasil (naturalmente de dimensões muito diferentes), há aí um grau de fragmentação relativamente contido; por seu lado, ao contrário do que sucede em Portugal e à semelhança do que ocorre nos demais ordenamentos, está prevista a existência de estruturas desconcentradas ao nível infra-municipal (os chamados *distritos*)[250].

4. BASES HISTÓRICAS DA ADMINISTRAÇÃO LOCAL PORTUGUESA

Demos oportunamente nota das marcas que assinalam a origem revolucionária do nosso actual direito da administração local (v. *supra*, n.° 2.2.2.), nomeadamente a generalização e a uniformidade do regime, o carácter electivo dos órgãos próprios e a sujeição a tutela do Estado[251]. Todavia, essas notas apenas em parte, e muito deficientemente, resumem o perfil histórico das autarquias locais no ordenamento português, razão pela qual, após um ensaio de periodificação[252], se justifica também um

---

[250] Regina Ferrari, *Direito Municipal*, pp. 95 ss., 97; Nelson Nery Costa, *Direito Municipal...*, pp. 105 ss.; Hely Lopes Meirelles, *Direito Administrativo Brasileiro* [actualiz. por Eurico de Andrade Azevedo, Délcio Balestero Aleixo, José Emmanuel Burle Filho], 35.ª ed., São Paulo, 2009, p. 780.

[251] Em sentido muito próximo, Rui Machete, «O Poder Local e o conceito de autonomia institucional» (1988), in *Estudos de Direito Público e Ciência Política*, Lisboa, 1991, pp. 568 s. [559-585]; António Cândido de Oliveira, *Direito das Autarquias...*, pp. 17, 57 ss., 95 ss.; Paulo Bonavides, *Curso de Direito Constitucional*, 21.ª ed., São Paulo, 2007, pp. 347 ss.

[252] Antes ainda desse exercício, independentemente de termos de deixar os correspondentes problemas em aberto, podíamos talvez aqui evocar as três teses fundamentais subscritas pelo Professor Marcello Caetano a propósito da formação histórica do município português: a de que *é duvidoso que o actual concelho possa ser considerado directo sucessor do município medieval* (cfr. *Manual...*, vol. I, p. 316); a de que é *hoje ponto*

esboço de caracterização de cada uma das grandes épocas em que essa evolução histórica se deixa decompor[253].

4.1. Periodificação

À semelhança do que ocorre na história do direito em geral e, em particular, na história constitucional, são de recortar, antes de mais, *dois grandes períodos históricos* desde a fundação da nacionalidade: o *pré-liberal* e o *moderno* (de 1820 em diante). Com efeito, independentemente dos traços de continuidade (mesmo no plano constitucional)[254], é consensual a ideia de que em 1820 ocorre um momento de *quebra de sincronia*, que importa uma mutação dramática no direito público[255], logo seguramente também no direito local.

O *primeiro período* apresenta as seguintes características: o concelho ou município[256] é o único ente local existente[257] e que nunca deixou de

---

assente que o município romano se extinguiu durante a monarquia visigótica e que dele nenhum vestígio se encontra sob a denominação muçulmana, a partir do século VIII (*ibidem*, p. 317); e a de que, no período da formação do Reino, *os concelhos devem ter surgido por imposição das circunstâncias num ambiente histórico propício* (*ibidem*, p. 318).

[253] Hesitante quanto a esse esboço, António Cândido de Oliveira, *Direito das Autarquias...*, pp. 11 s.; diversamente, Marcelo Rebelo de Sousa, *Lições...*, pp. 347 ss.; Freitas do Amaral, *Curso...*, vol. I^3, pp. 541 ss.

[254] Sobre o conceito de "constituição histórica", no duplo sentido de *constituição dos antepassados* e de *constituição que atravessa a Constituição formal*, José de Melo Alexandrino, «Reforma constitucional – lições do constitucionalismo português», in *Estudos em Homenagem ao Prof. Doutor Martim de Albuquerque*, vol. II, Coimbra, 2010, pp. 9 ss. [9-35].

[255] Melo Alexandrino, *A estruturação...*, vol. I, p. 297, com amplas indicações; neste domínio em concreto e nos quadros da sociologia política, por último, António Rebordão Montalvo, *O processo de mudança e o novo modelo da gestão pública municipal*, Coimbra, 2003, pp. 28 ss.

[256] Assim igualmente, Jorge Miranda, *Manual...*, tomo III, p. 212.

[257] Sobre a forte nota histórica da ausência de uma estrutura regional ao longo dos séculos, Nuno Gonçalo Monteiro, in José Mattoso (dir.), *História de Portugal*, 4.° vol., *O Antigo Regime (1620-1807)*, coord. António Manuel Hespanha, Lisboa, 1993, pp. 304, 309 s.; até às reformas liberais, as *províncias* constituíam tão-somente circunscrições administrativas para efeitos de organização militar (cfr. Jorge Miranda, *Manual...*, tomo III, p. 213, nota 1); já para efeitos do exercício da função de controlo por parte do corregedor, os concelhos agrupavam-se em *comarcas* (cfr. Franz-Paul Langhans, *Estudos...*, p. 406).

Em todo o caso, sobre a preexistência de outras estruturas comunais, no plano infra-

existir[258] (embora durante alguns séculos tenha convivido com o regime senhorial[259], o qual impediu uma inteira generalização do sistema municipal)[260]; o sistema local nascente está estrutural e funcionalmente dependente do poder central (num primeiro momento, porque este lhe garante atribuições, privilégios e imunidades, depois pelo incremento dos poderes de intervenção, finalmente em resultado do processo de centralização); o número de concelhos manifesta uma tendência para aumentar[261]; para além de uma certa *garantia de existência*[262], as leis fundamentais do reino só difusamente asseguram garantias efectivas das instituições, da autonomia ou das liberdades municipais.

Já o *segundo período* pode ser recortado pelas seguintes notas: correspondendo a um corte abrupto, a configuração da administração local é, num primeiro momento, profundamente influenciada pela *matriz francesa*; passam por isso mesmo a ser permanentes as *tensões*[263] ou o *movimento pendular*[264] entre a centralização e a descentralização; ao contrário

-municipal, José Artur A. Duarte Nogueira, «A estrutura administrativa dos municípios medievais. Alguns aspectos», in *RFDUL*, vol. XXV (1984), pp. 258 ss., 310 ss. [247-317]; sobre a existência de circunscrições desse tipo (*juízos das aldeias* ou de *vintena*), ainda no final do período pré-liberal, Franz-Paul Langhans, *Estudos*..., p. 406.

[258] Marcello Caetano, *História do Direito Português*, Lisboa, 1981, pp. 219 ss., 320 ss.; Id., *Manual*..., vol. I, pp. 318 ss.; António Cândido de Oliveira, *Direito das Autarquias*..., pp. 27 ss.

[259] Haveria ainda terras directamente subordinadas à Coroa (cfr. José H. Saraiva, «Evolução histórica dos municípios portugueses», in AAVV, *Problemas de Administração Local*, Lisboa, 1957, p. 79 [63-120]).

[260] José Mattoso, in José Mattoso (dir.), *História de Portugal*, 2.° vol., *A Monarquia Feudal (1096-1480)*, coord. José Mattoso, Lisboa, 1993, pp. 171 ss., 280 ss.; Joaquim Romero de Magalhães, in José Mattoso (dir.), *História de Portugal*, 3.° vol., *No Alvorecer da Modernidade (1480-1620)*, coord. Joaquim Romero de Magalhães, Lisboa, 1993, pp. 165 ss.

[261] No final do século XVIII existiam, segundo Marcello Caetano, 826 concelhos (cfr. *Manual*..., vol. I, p. 321).

[262] Aí está a demonstrá-la a continuidade efectiva, em nove séculos, da instituição municipal (demonstração evidente do relevo do conceito lato de constituição histórica, do relevo da dimensão estrutural do Direito, mas já não da presença de um declarado elemento *metaconstitucional* – trata-se de elemento, quando muito, *imanente* à Constituição portuguesa).

[263] Marcelo Rebelo de Sousa, *Lições*..., p. 350; Marcelo Rebelo de Sousa / Salgado de Matos, *Direito Administrativo*..., tomo I^3, p. 105.

[264] António Cândido de Oliveira, *Direito das Autarquias*..., p. 26.

da França, porém, opera-se nessa fase em Portugal uma redução acentuada do número de concelhos; além do concelho, que permanece, assiste-se, por sua vez, ao surgimento e a várias tentativas de implantação de outras autarquias locais (como as províncias, as freguesias, os distritos ou as regiões administrativas), das quais só a freguesia logrou subsistir efectivamente com essa qualidade; pautado por sucessivas reformas políticas e legislativas, regista-se um apreciável esforço de codificação[265] do direito das autarquias locais (com a publicação no século XIX de uma série de Códigos Administrativos e, no século XX, de um Código Administrativo ainda hoje parcialmente em vigor)[266]; por último, todas as Constituições portuguesas (oscilando também elas entre um pendor mais descentralizador ou mais centralizador) tiveram o cuidado de definir um quadro mínimo de garantias a favor dos entes locais[267].

Em cada um desses dois grandes períodos, definidos por esse lote de traços distintivos, é ainda possível destrinçar três fases relativamente nítidas, o que nos obrigará a uma especificação suplementar.

4.1.1. No primeiro período – e acompanhando aqui uma arrumação similar proposta pelo Professor Diogo Freitas do Amaral – , podemos identificar as seguintes fases:

(i) *Fase da fundação e reconquista* (*séculos XII e XIII*): os municípios surgem mais ou menos espontaneamente[268], existindo uma grande heterogeneidade de estatuto e de organização, a que tam-

---

[265] Sobre os primórdios, Marcello Caetano, «Os antecedentes da Reforma Administrativa de 1832 (Mouzinho da Silveira)», in *RFDUL*, vol. XXII (1968-1969), pp. 7-110.

[266] Marcello Caetano, «A Codificação administrativa em Portugal (Um século de experiência: 1836-1935)» (1935), in *Estudos de História*..., pp. 371-448; Franz-Paul Langhans, *Estudos*..., pp. 162 ss.

[267] António Cândido de Oliveira, *Direito das Autarquias*..., pp. 12 ss., 25 s., 33 ss., 211 ss.; Gomes Canotilho, *Direito Constitucional e Teoria*..., pp. 198 s.; Jorge Miranda, *Manual*..., tomo III, pp. 212 ss.

[268] Com distintos acentos, e cingidos ao último meio século, José H. Saraiva, «Evolução histórica...», pp. 78 ss.; Marcello Caetano, *Manual*..., vol. I, pp. 318 s.; Artur Duarte Nogueira, «A estrutura administrativa...», pp. 310 ss.; José Mattoso, *História de Portugal*, 2.° vol., pp. 80 ss., 216 ss.; Marcelo Rebelo de Sousa, *Lições*..., pp. 347 ss.; Freitas do Amaral, *Curso*..., vol. I^3, p. 541; Maria Helena da Cruz Coelho/ Joaquim Romero de Magalhães, *O poder concelhio, das origens às Cortes Constituintes – Notas de História Social*, 2.ª ed., Coimbra, 2008.

bém não é alheia a importância do costume e a diversidade de cartas, estatutos e forais[269];

(ii) Fase da monarquia limitada (de meados do século XIII a finais do século XV): com a multiplicação dos municípios[270], torna-se também mais complexa e institucionalizada a respectiva organização[271], aumenta o poder de intervenção (nomeadamente através dos corregedores e dos juízes de fora)[272] por parte do poder central, ocorrendo ainda nessa fase o *triplo fenómeno* (1) da centralização do Direito[273], (2) da progressiva uniformização do estatuto dos concelhos e (3) da perda de importância do costume e dos forais[274];

(iii) Fase da monarquia absoluta (de finais do século XV até à revolução liberal): sendo ao longo desta fase que se consolida a personificação jurídica do Estado[275], é também nela que se consuma a centralização do poder político, o que necessariamente acarretou um relativo apagamento dos concelhos[276] (apesar do seu número crescer significativamente)[277], mas também a uni-

---

[269] José Mattoso, *História de Portugal*, 2.° vol., pp. 216 ss.

[270] Marcello Caetano, *Manual...*, vol. I, pp. 319 s.; Freitas do Amaral, *Curso...*, vol. I³, p. 541.

[271] Marcelo Rebelo de Sousa, *Lições...*, p. 349.

[272] Entre os documentos marcantes desta fase podem referir-se o *Regimento dos corregedores* de 1340 (sobre o problema da datação deste regimento, bem como de um outro que o terá precedido, Henrique da Gama Barros, *História da Administração Pública em Portugal nos séculos XII a XV*, 2.ª ed. dirigida por Torquato de Sousa Soares, tomo XI, Lisboa, 1954, p. 171), bem como a *ordenação dos pelouros* (de 1391).

[273] Franz-Paul Langhans, *Estudos...*, pp. 42 ss.

[274] Joaquim Romero de Magalhães, *História de Portugal*, 3.° vol., pp. 170 ss.; Marcelo Rebelo de Sousa / Salgado de Matos, *Direito Administrativo...*, tomo I³, p. 123.

[275] António Cândido de Oliveira, *Direito das Autarquias...*, p. 12.

[276] Afirmando o vigor relativo das autonomias locais, contra a tese ainda dominante, Nuno Monteiro, *História de Portugal*, 4.° vol., p. 303, com outras indicações; matizando justamente o sentido da unidade política e jurídica na idade moderna em Portugal, Maria da Glória Ferreira Pinto Dias Garcia, *Da Justiça Administrativa em Portugal – Sua origem e evolução*, Lisboa, 1994, pp. 162 s.; sobre a vitalidade do município brasileiro no período pré-constitucional, Nelson Nery Costa, *Direito Municipal...*, pp. 45 ss.; ainda no sentido da orientação tradicional, Marcelo Rebelo de Sousa / Salgado de Matos, *Direito Administrativo...*, tomo I³, p. 124.

[277] Entre 1641 e 1820, ou seja, em menos de dois séculos, quadruplicou o número de municípios, que passaram de 200 a mais de 800 (cfr. António Francisco de Sousa, *Direito Administrativo...*, p. 28).

formização da administração municipal (bem patente no *Regimento dos oficiais das cidades, vilas e lugares deste reino*, de 1504, posteriormente incorporado nas Ordenações Manuelinas e Filipinas)[278] e a desvitalização definitiva dos forais[279].

4.1.2. No período moderno, as fases correspondem integralmente à subdivisão tradicionalmente feita no âmbito do direito constitucional[280] (distinguindo-se as fases liberal, autoritária e democrática)[281].

(i) Fase liberal: pautada por um grande activismo político e legislativo (com sucessivas reformas administrativas, de âmbito territorial, institucional e organizativo) e sob uma evidente influência do modelo francês[282], esta fase pode resumir-se nos seguintes traços: criação de novos entes locais; redução acentuada do número de municípios (redução compensada pela instituição das freguesias), estabilizando no final nas três centenas; correspondente modificação do perfil (espacial, económico, organizativo e jurídico) dessa principal estrutura comunal (o que corresponde a novo sinal de afastamento relativamente ao modelo francês); constante oscilação entre a centralização (Carta Constitucional de 1826, decretos de 1832 e Códigos Administrativos de 1842, 1886, 1895 e 1896) e a descentralização (Constituições de 1822, de 1838 e de 1911, Códigos Administrativos de 1836

---

278 Marcelo Rebelo de Sousa / Salgado de Matos, *Direito Administrativo...*, tomo I^3, pp. 123 s.

279 Nesses trezentos anos, apenas serão concedidos quatro novos forais (cfr. Marcello Caetano, *Manual...*, vol. I, p. 320).

280 Por último, seguindo Marcelo Rebelo de Sousa, Melo Alexandrino, *A estruturação...*, vol. I, pp. 294 s.

281 Se não vemos razões que apontem a necessidade de autonomizar a fase da revolução liberal (diversamente, Freitas do Amaral, *Curso...*, vol. I^3, pp. 541 e 542) de toda a fase liberal (monárquica e republicana), admitimos todavia a possibilidade de identificar, pelos seus traços particulares, a *subfase da 1.ª República*, perante a forte intenção descentralizadora, de que são manifestações, entre outras, (1) o desaparecimento da tutela do Estado, (2) a representação das minorias, (3) a consagração do *referendum* e (4) a autonomia financeira dos entes locais (cfr. António Cândido de Oliveira, *Direito das Autarquias...*, pp. 33 ss.; Gomes Canotilho, *Direito Constitucional e Teoria...*, p. 174).

282 Para uma desconstrução essencial, Paulo Otero, *Direito Administrativo – Relatório...*, pp. 300, 301.

e de 1878 e Lei n.° 88, de 7 de Agosto de 1913), com claro predomínio da primeira[283]; evidente esforço de codificação do direito local; tentativas de introdução de algumas diferenciações de regime[284] (sobretudo nos Códigos Administrativos de 1886 e 1895)[285].

(ii) Fase autoritária: cinzelada pela centralização autoritária[286] directamente decorrente do regime político instituído[287], esta fase fica assinalada designadamente: pela adopção de um modelo de integração orgânica dos entes autárquicos (que, apesar de chegar à participação em estruturas do Estado[288], perdem quase por completo a autonomia, às mãos de um processo de centralização e governamentalização de toda a administração local, transformados por isso numa forma de administração indirecta do Estado[289] ou em "meros desdobramentos do Estado"[290]); pela estabilização do número de municípios; pela grande estabilidade também do ordenamento local (garantida pela qualidade do Código Administrativo de 1936-40)[291], que apesar de tudo

---

283 Jorge Miranda, *Manual...*, tomo III, p. 212; Marcelo Rebelo de Sousa / Salgado de Matos, *Direito Administrativo...*, tomo I^3, p. 105.

284 Marcello Caetano, *Manual...*, vol. I p. 322; António Cândido de Oliveira, *Direito das Autarquias...*, pp. 32 s.

285 Sobre toda esta fase, e aí com outras indicações, Marcello Caetano, *Manual...*, vol. I, pp. 321 ss.; António Cândido de Oliveira, *Direito das Autarquias...*, pp. 11-34; Marcelo Rebelo de Sousa, *Lições...*, pp. 350 s.; Freitas do Amaral, *Curso...*, vol. I^3, pp. 541 s.

286 António Cândido de Oliveira, *Direito das Autarquias...*, p. 35.

287 Melo Alexandrino, *A estruturação...*, vol. I, pp. 442 ss., 451 ss.

288 Estamos a referir-nos à presença na Câmara Corporativa de representantes das autarquias locais (artigo 102.° da Constituição de 1933).

289 Qualificação aliás corroborada tanto pela doutrina da época [com indicações, José Casalta Nabais, «A autonomia local (Alguns aspectos gerais)», in *Estudos em Homenagem ao Prof. Doutor Afonso Rodrigues Queiró*, vol. II, Coimbra, 1993, p. 157, nota 97 [107-221]; Vital Moreira, *Administração Autónoma...*, p. 102], como pela de hoje (cfr. Casalta Nabais, *A autonomia financeira...*, p. 10), sem prejuízo, no entanto, do reconhecimento de que Marcello Caetano sempre preservou uma «concepção diferencial para a autonomia local» (cfr. Vital Moreira, *ibidem*, p. 101; em sentido próximo, Casalta Nabais, *A autonomia financeira...*, p. 12).

290 Marcelo Rebelo de Sousa / Salgado de Matos, *Direito Administrativo...*, tomo I^3, p. 126.

291 Jorge Miranda, «A Administração Pública nas Constituições Portuguesas», in *RFDUL*, vol. XLIII (2002), pp. 969 s. [963-986].

consagra soluções jurídicas flexíveis e não totalmente uniformizadoras; pela concessão do estatuto de órgão autárquico ao presidente da câmara[292] (nomeado pelo Governo), que passa a desempenhar também as funções de órgão do Estado[293]; pela dificuldade na fixação de uma autarquia supramunicipal (com o fracasso da experiência das províncias, mas também dos distritos); enfim, pela perda (ou nominalização[294]) das garantias da autonomia local[295].

(*iii*) *Fase democrática:* com a Constituição de 1976[296], ocorre uma alteração substantiva no ordenamento local, com a afirmação solene do princípio da autonomia local, enquanto expressão directa do novo fundamento democrático do edifício constitucional (e também enquanto expressão do vector da descentralização e da subsidiariedade), com a consequente exigência de formas democráticas na legitimação, organização, funcionamento e controlo dos entes locais, com o reconhecimento de poderes de normação autónomos, com a delimitação clara dos poderes de intervenção do Estado[297], com a definição de um acervo de garantias (materiais e formais) da autonomia local e, por fim,

---

[292] Admitindo aí uma rotura com a tradição anterior, António Cândido de Oliveira, *Direito das Autarquias...*, pp. 309, 315, nota 652.

[293] Segundo Marcello Caetano, a cumulação das duas funções «[é] conforme à nossa tradição dos *juízes de fora*, e à prática seguida na maioria dos países europeus» (cfr. *Manual...*, vol. I, p. 334). Por outro lado, olhando à evolução posterior, temos de reconhecer que, pelo menos após 1991, salvo no importante papel de magistrado administrativo, o actual estatuto do presidente da câmara corresponde em boa medida ao perfil do órgão singular executivo previsto sob Constituição de 1933 (v. *infra*, n.° 8.3.1.).

[294] Casalta Nabais, *A autonomia financeira...*, p. 11.

[295] Sobre o esvaziamento do conceito de autarquia na doutrina, Vital Moreira, *A Administração Autónoma...*, pp. 95 ss.

[296] Sobre o tratamento dado ao poder local na fase constituinte, António Cândido de Oliveira, *Direito das Autarquias...*, pp. 197 ss., 204 ss.; António Barbosa de Melo, «O poder local na Constituição da República Portuguesa de 1976», in António Cândido de Oliveira (coord.), *30 Anos de Poder Local...*, pp. 11-27; Jorge Miranda, «O poder local na Assembleia Constituinte», *ibidem*, pp. 177-188; relevando ainda os desenvolvimentos subsequentes, Vital Moreira, «O poder local...», pp. 279-299.

[297] Porém, sobre a inadequação desse sistema, José de Melo Alexandrino, «A problemática do controlo na administração local», in *Direito Regional e Local*, n.° 08 (2009), pp. 22-32.

também em resultado de uma reconhecida abertura ao direito internacional (e depois também ao direito comunitário e ao direito da União Europeia).

4.2. A DIFÍCIL AFIRMAÇÃO DE UMA AUTARQUIA SUPRAMUNICIPAL

Uma das notas que por certo impressiona, no período moderno, é a observação da dificuldade da instituição de um nível autárquico supramunicipal, não obstante os grandes esforços feitos logo de início, tendo chegado a existir, entre 1832 e 1835, dois níveis supramunicipais. A partir de então, ao longo de mais de um século, travou-se um duelo entre as províncias e os distritos. No último meio século, depois de uma aparente vitória sobre a província (em 1959), o distrito foi ainda forçado a combater novos adversários[298]: as regiões-plano, as regiões administrativas e as próprias formas de associativismo municipal.

A Constituição de 1822, a Carta Constitucional e o decreto n.° 23, de 16 de Maio de 1832, pretendem institucionalizar as províncias como autarquias locais (no último caso, ao lado das comarcas)[299]; mas logo, pela Carta de Lei de 25 de Abril de 1835, é o distrito que irrompe[300] (passando as províncias a meras áreas de enquadramento espacial dos distritos); em todo o caso, entre 1835 e 1878, o distrito não passa de circunscrição administrativa, vindo a constituir ente local apenas entre 1872 e 1892 (e, mais tarde, ainda, entre 1913 e 1917 e entre 1959 e 1974); por sua vez, a província apenas em 1933 (e até 1959), voltará a ser considerada "autarquia local"[301], regressando, mais uma vez, o distrito à condição de mera cir-

---

[298] Sobre essa vida atribulada dos distritos, António Cândido de Oliveira, *Direito das Autarquias...*, pp. 48 ss.

[299] As províncias (onde dominava um órgão singular, o *Prefeito*) eram oito, as comarcas quarenta.

Na explicação de Diogo Freitas do Amaral, pela Lei de Rodrigo da Fonseca, de 18 de Julho de 1835, foi possível chegar a um compromisso genuinamente português, surgindo então o distrito, sendo o seu número (17 distritos) ainda uma prova daquele compromisso entre a província e a comarca (cfr. *Curso...*, vol. I^3, p. 549).

[300] Marcelo Rebelo de Sousa, *Lições...*, p. 384.

[301] Uma espécie de autarquia a título experimental (cfr. Franz-Paul Langhans, *Estudos...*, p. 408).

cunscrição administrativa[302]; a verdade, no entanto, é a de que, entre 1933 e 1959, «[a] *experiência provincial* é *paupérrima*, por *carência de atribuições e de meios*, contrastando com o *papel essencial dos governadores civis*, como órgãos políticos e administrativos de um Estado e centralizador»[303].

No final, o distrito foi ente local durante 39 anos (entre 1872-1892, 1913-1917 e entre 1959-1974), no melhor dos casos, como estrutura de coordenação económica dos concelhos; a província foi também ente local durante 39 anos (entre 1822-1835 e entre 1933-1959), neste caso, ainda com menores atribuições (que, segundo Marcello Caetano, se resumiram, sob a Constituição de 1933, à divulgação de iniciativas e concessão de subsídios)[304] – num caso como no outro, dificilmente terão chegado o distrito e a província, por uma vez sequer, a constituir autarquia local no sentido estrito em que hoje a entendemos (v. *infra*, n.° 7.2.)[305].

Deste primeiro duelo resultou: (1.°) que apenas o município atravessou incólume o período antigo e o moderno sem perder o cariz de *ente local paradigmático*; (2.°) que nem a província nem o distrito foram bem sucedidos como entes locais; (3.°) que houve uma terceira realidade a beneficiar de algum modo deste duplo insucesso: as *regiões de planeamento* (até 1974) e as *regiões administrativas* (na Constituição de 1976)[306-307].

---

[302] Sobre esta nova queda do distrito, António Cândido de Oliveira, *Direito das Autarquias...*, pp. 54 s.

[303] Marcelo Rebelo de Sousa, *Lições...*, p. 385.

Daí que a Lei n.° 2100, de 29 de Agosto de 1959, suprima as províncias, regressando novamente os distritos «como pessoas morais de direito público» (António Cândido de Oliveira, *Direito das Autarquias...*, pp. 54 s.).

[304] Para uma descrição mais exaustiva, Freitas do Amaral, *Curso...*, vol. I[3], pp. 648 ss.

[305] Segundo João Paulo Cancella de Abreu, as províncias eram autarquias mortas (cfr. «O actual sistema de administração local», in AAVV, *Problemas de administração local*, Lisboa, 1957, pp. 144 [121-154]).

[306] Marcelo Rebelo de Sousa, *Lições...*, p. 386; António Cândido de Oliveira, *A Democracia...*, p. 24; Id., «40 anos de desconcentração territorial regional em Portugal», in *Direito Regional e Local*, n.° 01 (2008), pp. 9 ss. [5-24].

[307] Como é sabido porém, a instituição das regiões administrativas tem sido um dos capítulos mais atribulados de todo o nosso ordenamento local [para um relato, com outras indicações, Marcelo Rebelo de Sousa, *Lições...*, pp. 389 ss.; Jorge Miranda, *Manual...*, tomo III, pp. 218 ss.; Freitas do Amaral, *Curso...*, vol. I[3], pp. 666 ss.; para uma afirmação clara da necessidade das regiões, Luís Sá, *Regiões administrativas – o poder local que falta*, Lisboa, 1989; para uma recente denúncia crítica das dificuldades sucessivamente erguidas a esse processo, António Cândido de Oliveira, «A regionalização administrativa

O desfecho desses sucessivos confrontos (na verdade, ainda em curso)[308] comprova, a nosso ver, (1) o maior peso da dinâmica centralizadora[309], (2) a permanência do lastro de influência francesa, não no distrito mas, na preponderância do governador civil[310] e (3) a óbvia dificuldade de articular devidamente os elementos culturais, geográficos, económicos, demográficos, políticos, institucionais e jurídicos no desenho de uma, certamente desejada, autarquia supramunicipal.

4.3. A HISTÓRIA RECENTE DAS INSTITUIÇÕES LOCAIS: REMISSÃO

A história recente da administração local portuguesa apresenta-se já como um objecto a exigir um amplo tratamento, que nesta fase teremos de dispensar, na condição de, quando indispensável (v. *supra*, n.° 1.2.3.) para o esclarecimento de algum problema significativo, devermos atender à génese e à evolução próxima dos respectivos fenómenos.

---

na Constituição da República Portuguesa», in António Cândido de Oliveira (coord.), *30 Anos de Poder Local*..., pp. 301-308].

308 Para um relato, Marcelo Rebelo de Sousa, *Lições*..., pp. 383 ss.; para uma nota sobre as mais recentes intenções de reforma, Vital Moreira, «Associações intermunicipais e áreas metropolitanas», in *Direito Regional e Local*, n.° 0 (2007), pp. 17 ss. [5-19]; Id., «O poder local...», pp. 294 s.

309 Tem assim em parte razão Paulo Otero (cfr. *O poder de substituição*..., vol. II, pp. 686 ss.).

310 Já era assim no século XIX (cfr. António Cândido de Oliveira, *Direito das Autarquias*..., pp. 48 ss.).

Sobre a capacidade de resistência (ou *resiliência*) do distrito, cuja sentença de morte foi *lavrada* no texto constitucional de 1976, mas ainda não *executada*, veja-se o parecer da Procuradoria-Geral da República n.° 162/2003, de 18 de Dezembro de 2003, in *Diário da República*, 2.ª série, de 27 de Março de 2004, pp. 4915-4921.

CAPÍTULO I
Princípios fundamentais do ordenamento local

5. BASES CONSTITUCIONAIS DO ORDENAMENTO LOCAL

5.1. A PLURALIDADE DE REFERÊNCIAS CONSTITUCIONAIS

Uma das primeiras dificuldades na construção científica do direito das autarquias locais, mais ainda perante uma constituição complexa e minuciosa, situa-se logo ao nível da ordenação das múltiplas referências constitucionais respeitantes ao fenómeno da administração local autárquica[311].

Assim, por exemplo, para Gomes Canotilho, autor que começa por apresentar a garantia da administração local autónoma como um dos pressupostos do Estado de Direito (ao lado da juridicidade, da constitucionalidade, do sistema de direitos fundamentais e da divisão de poderes)[312], a autonomia das autarquias locais (ou descentralização territorial) é afirmada pela Constituição "como dimensão da organização do Estado unitário", sendo a existência das autarquias locais referida "como componente da organização democrática do Estado": «[a] autonomia das autarquias locais é, assim, um princípio estruturante da organização política e da organização territorial do Estado»[313]. Jorge Miranda, por seu lado,

---

[311] Para uma nota do tratamento da administração pública nas Constituições portuguesas, Jorge Miranda, «A Administração Pública...», pp. 965 ss.; sobre os princípios constitucionais hoje relevantes, José Manuel Sérvulo Correia, «Princípios constitucionais do Direito Administrativo», in Jorge Miranda (org.), *Estudos sobre a Constituição*, vol. III, Lisboa, 1977, pp. 661-688; Vital Moreira, «Constituição e direito administrativo», in AAVV, *Ab Uno ad Omnes – 75 anos da Coimbra Editora*, Coimbra, 1998, pp. 1145 ss. [1141-1166]; Jorge Miranda, «A Administração Pública...», pp. 971 ss.

[312] Gomes Canotilho, *Direito Constitucional e Teoria*..., pp. 253 s.

[313] Gomes Canotilho, *Direito Constitucional e Teoria*..., p. 361.

entende[314] que, ao inserir o poder local no âmbito do poder político, a Constituição «visa deslocar as autarquias locais da mera instância administrativa para a instância política e para a directa subordinação aos princípios e preceitos constitucionais»[315].

Já outros autores tendem a enquadrar sucessivamente a descentralização territorial autárquica no âmbito do princípio do Estado unitário (ora como dimensão organizativa, ora como qualificação, ora como limitação desse princípio)[316], no princípio democrático[317], como manifestação do princípio da divisão de poderes[318], no princípio pluralista (inerente ao Estado de direito democrático)[319], no princípio da liberdade ou autonomia da pessoa humana[320], no princípio da dignidade da pessoa humana[321] ou no princípio do Estado de direito democrático[322].

---

[314] O Autor procede ao estudo da descentralização territorial em sede de poder político, e não em sede da forma de Estado ou do princípio do Estado unitário (cfr. Jorge Miranda, *Manual*..., tomo III, pp. 210 ss., 227 ss.).

[315] Jorge Miranda, *Manual*..., tomo III, p. 229; ainda neste sentido, Vital Moreira, «O poder local...», p. 285; Melo Alexandrino, «O défice de protecção...», p. 13.

[316] Assim, no primeiro sentido, António Cândido de Oliveira, *Direito das Autarquias*..., p. 225; no segundo, Lúcia Amaral, *A Forma da República*..., p. 380; Jorge Bacelar Gouveia, *Manual de Direito Constitucional*, vol. II, 2.ª ed., Coimbra, 2007, pp. 962 ss.; Paulo Otero, *Direito Constitucional Português*, vol. I – *Identidade Constitucional*, Coimbra, 2010, pp. 141 ss.; no terceiro, Casalta Nabais, *A autonomia financeira*..., p. 16.

[317] Sérvulo Correia, *Legalidade*..., p. 263; Paulo Otero, *O poder de substituição*..., vol. II, p. 677; Luís Pereira Coutinho, *As Faculdades Normativas Universitárias no Quadro do Direito Fundamental à Autonomia Universitária – O caso das universidades públicas*, Coimbra, 2004, pp. 103 s., nota 191; Lúcia Amaral, *A Forma da República*..., p. 380.

[318] Nuno Piçarra, *A Separação dos Poderes como Doutrina e Princípio Constitucional – Um contributo para o estudo das suas origens e evolução*, Coimbra, 1989, p. 265; António Cândido de Oliveira, *Direito das Autarquias*..., pp. 180, 193; Paulo Otero, *O poder de substituição*..., vol. II, p. 676; André Folque, *A Tutela*..., pp. 17 ss.; Lúcia Amaral, *A Forma da República*..., p. 379.

[319] Paulo Otero, *O poder de substituição*..., vol. II, pp. 674, 695.

[320] Baptista Machado, «Participação e descentralização», pp. 94 s.

[321] António Cândido de Oliveira, *Direito das Autarquias*..., pp. 180, 227.

[322] Assim, Marcelo Rebelo de Sousa, «Distribuição pelos municípios da energia eléctrica de baixa tensão», in *Colectânea de Jurisprudência* (1988), tomo 5, p. 28 [27-39]; Id., «Introdução à Constituição da República Portuguesa», in Marcelo Rebelo de Sousa / / José de Melo Alexandrino, *Constituição da República Portuguesa – Comentada*, Lisboa, 2000, p. 59 [9-66].

É assim patente que a doutrina[323] tanto se pode referir nesta matéria a princípios abrangentes como o do Estado direito democrático, o da liberdade ou o da dignidade da pessoa humana, como a uma série de outros princípios constitucionais estruturantes (o princípio democrático, o princípio da unidade do Estado, o princípio da separação de poderes, o princípio da participação, o princípio da descentralização administrativa, etc.) – isto já sem referir a existência de outros princípios e subprincípios, como o princípio republicano e o princípio da subsidiariedade ou o princípio electivo e o princípio da responsabilidade (sobre estes, v. *infra*, n.os 11.2. e 11.5.).

Importa por isso, antes de descer à análise daquele que consideramos a específica norma de base do ordenamento local (v. *infra*, n.° 6) e de proceder à destrinça dessa realidade jurídica relativamente a um conjunto de figuras afins (v. *infra*, n.° 6.4.), tentar a identificação dos fundamentos constitucionais do ordenamento local, iniciando com um esclarecimento sobre o lugar e a relevância a conceder à ideia de Estado de direito democrático.

5.2. O PRINCÍPIO DO ESTADO DE DIREITO DEMOCRÁTICO

Postuladas a forma republicana de governo e a unidade da soberania (inerente à forma unitária do Estado)[324] e ainda que a Constituição tenha colocado a autonomia das autarquias locais no contexto do princípio do Estado unitário (artigo 6.°, n.° 1)[325], não é decerto este princípio a matriz do ordenamento local[326].

Há um princípio, porém, que em virtude do seu carácter primário[327], determinante[328] e compreensivo poderá sempre ser chamado a desempenhar esse papel: o do Estado de direito democrático (artigo 2.° da CRP).

---

[323] Quanto à jurisprudência constitucional, Artur Maurício, «A garantia constitucional da autonomia local à luz da jurisprudência do Tribunal Constitucional», in *Estudos em homenagem ao Conselheiro José Manuel Cardoso da Costa*, Coimbra, 2003, pp. 625-657.

[324] Artigo 288.°, alínea *b*), e artigos 3.°, n.° 1, e 6.° da CRP, respectivamente.

[325] Jorge Miranda, *Manual...*, tomo III, p. 232.

[326] Não é líquido que designadamente a autonomia das autarquias locais ou a descentralização constituam subprincípios do Estado unitário (neste sentido, porém, Gomes Canotilho, *Direito Constitucional e Teoria...*, p. 362).

[327] Defendendo ser esta a primeira decisão que o poder constituinte toma na CRP, Lúcia Amaral, *A Forma da República...*, p. 128.

[328] Lúcia Amaral, *A Forma da República...*, p. 129.

Numa explicação essencial, o conceito de Estado de direito democrático é «destinado a abranger o máximo possível de Estado de Direito e de democracia no conjunto das suas diferentes implicações substantivas e adjectivas»[329]: integrando por conseguinte dois pares de realidades (o do Estado de Direito e da democracia e o das correspondentes dimensões formais e materiais), aos quais veio ainda a somar-se a vertente da socialidade (ou da democracia, económica, social e cultural)[330], uma estrutura deste tipo tem naturalmente um conteúdo muito vasto[331], apresentando-se como um macro-conceito que sintetiza afinal todo o sistema da Constituição[332].

Em que medida pode então pedir-se o apoio deste princípio?

(i) Em primeiro lugar, quanto ao Estado de Direito, na medida em que a ideia de *separação vertical de poderes* (e o seu corolário da subsidiariedade)[333] constitui ainda um dos elementos da dimensão formal desse princípio[334], dimensão essa expressamente identificada na Constituição[335] com uma das "bases" do Estado de direito democrático (artigo 2.°);

---

[329] Jorge Miranda, *Ciência Política – Formas de Governo*, Lisboa, 1996, p. 187.

[330] Sobre as dificuldades dessa relação na doutrina portuguesa, Melo Alexandrino, *A estruturação...*, vol. II, pp. 284 s., nota 1184.

[331] Sobre o âmbito do princípio, entre outros, Jorge Miranda, *A Constituição de 1976 – Formação, Estrutura, Princípios Fundamentais*, Lisboa, 1978, pp. 473 ss.; Id. *Manual de Direito Constitucional*, tomo IV – *Direitos Fundamentais*, 4.ª ed., Coimbra, 2008, pp. 226 ss.; J. J. Gomes Canotilho / Vital Moreira, *Fundamentos da Constituição*, Coimbra, 1991, p. 82 ss.; Paulo Otero, *O poder de substituição...*, vol. II, pp. 523 ss., 528 ss.; Gomes Canotilho, *Direito Constitucional e Teoria...*, 254 ss.; Marcelo Rebelo de Sousa, «Introdução à Constituição...», pp. 53 ss.; Jorge Reis Novais, *Os princípios constitucionais estruturantes da República Portuguesa*, Coimbra, 2004, pp. 30 ss., 43 ss.; Lúcia Amaral, *A Forma da República...*, pp. 129 ss.; Melo Alexandrino, *A estruturação...*, vol. II, pp. 282 ss.; Pedro Machete, *Estado de Direito democrático e Administração paritária*, Coimbra, 2007, pp. 382 ss.; J. J. Gomes Canotilho / Vital Moreira, *Constituição da República Portuguesa – Anotada*, vol. I, 4.ª ed., Coimbra, 2007, pp. 204 ss.

[332] Neste sentido, Paulo Otero, *O poder de substituição...*, vol. II, p. 526; Lúcia Amaral, *A Forma da República...*, p. 130; Melo Alexandrino, *A estruturação...*, vol. II, pp. 283, 286, 287; Gomes Canotilho / Vital Moreira, *Constituição...*, vol. I, 4.ª ed., pp. 204, 205.

[333] V. *infra*, n.° 6.4.5.

[334] Lúcia Amaral, *A Forma da República...*, pp. 154 ss.

[335] Sobre o sentido da constitucionalização em 1997 desse elemento, Gomes Canotilho / Vital Moreira, *Constituição...*, vol. I, 4.ª ed., pp. 208 s.

(ii) Em segundo lugar, quanto à democracia, por ser manifesta a relevância da norma de base da soberania popular, bem como por ser manifesto o peso dessa componente (a *democracia*) na configuração e no estatuto constitucional das autarquias locais (v. *infra*, n.º 5.3.);

(iii) Em terceiro lugar, ainda quanto a uma dimensão (por assim dizer, *metodológica*)[336] da democracia, a administração territorial autárquica pressupõe uma particular activação da componente da democracia participativa (v. *infra*, n.º 5.3.3.);

(iv) Por seu lado, há diversos elementos institucionais constitucionalmente significativos que decorrem do pluralismo e dos direitos e liberdades fundamentais (particularmente dos direitos, liberdades e garantias de participação política e da vertente objectiva dos demais direitos e liberdades)[337];

(v) Por último, em termos de uma delimitação negativa, independentemente das conexões de sentido entre as diversas normas constitucionais e da pluralidade de funções do princípio da separação de poderes[338], não parece que deva ser assinalada uma relação directa entre a descentralização autárquica e a dignidade da pessoa humana[339] (ou seja, o núcleo da vertente material do princípio do Estado de Direito): como escreve Paulo Otero, «[n]ão há descentralização por natureza, nem se mostra prudente cair numa postura metodológica de fundamentação de qualquer fenómeno descentralizador numa ordem suprapositiva de valores»[340].

Em todo o caso, quer em virtude do carácter minucioso da regulação constitucional das autarquias locais[341] quer em virtude da macrocefalia da

---

[336] Reis Novais, *Os princípios...*, p. 36; Melo Alexandrino, *A estruturação...*, vol. II, p. 283, nota 1181.

[337] Gomes Canotilho / Vital Moreira, *Constituição...*, vol. I, 4.ª ed., p. 208.

[338] Gomes Canotilho / Vital Moreira, *Constituição...*, vol. I, 4.ª ed., p. 209.

[339] Neste sentido, Paulo Otero, *O poder de substituição...*, vol. II, pp. 678 ss.; Vital Moreira, *Administração Autónoma...*, p. 245; Jorge Miranda, *Manual...*, tomo III, pp. 210 s.; Luís Pereira Coutinho, *As Faculdades Normativas...*, pp. 103 s., nota 191; André Folque, *A Tutela...*, p. 42.

[340] Paulo Otero, *O poder de substituição...*, vol. II, p. 678.

[341] António Cândido de Oliveira, «A difícil democracia local e o contributo do Direito», in *Estudos em comemoração do 10.º aniversário da licenciatura em Direito da*

ideia de Estado de direito democrático na CRP, há que reconhecer a diminuta operatividade prática desta ideia[342].

5.3. O princípio da democracia

Afastado, pela sua excessiva abrangência, o princípio do Estado de direito democrático e sendo apenas mediato (e não directo) o contacto entre a descentralização autárquica e a norma de base da dignidade da pessoa humana[343], diversamente se passam as coisas com o princípio da democracia[344].

Universidade do Minho, Coimbra, 2004, p. 96 [95-113]; Jorge Miranda, «O poder local...», pp. 187, 189.

342 O mesmo sucede, por exemplo, no plano da respectiva relevância jurídica autónoma na CRP como princípio do *Estado social* (cfr. Melo Alexandrino, *A estruturação...*, vol. II, p. 288; em termos próximos, Gomes Canotilho / Vital Moreira, *Constituição...*, vol. I, 4.ª ed., p. 211).

343 Melo Alexandrino, *A estruturação...*, vol. II, p. 528.

344 Sobre a íntima conexão das autarquias locais com o princípio democrático, entre outros, Baptista Machado, «Participação e descentralização», p. 28; Jorge Miranda, *A Constituição de 1976...*, pp. 435 ss.; Id., «A Administração Pública...», p. 974; *Direito Constitucional III – Direito Eleitoral, Direito Parlamentar*, policopiado, Lisboa, 2003, p. 91; Id., *Manual...*, tomo III, pp. 229, 232; Id., «Artigo 6.°», p. 79; Sérvulo Correia, *Noções...*, vol. I, pp. 127, 193; Id., *Legalidade...*, p. 263; Marcelo Rebelo de Sousa, «Distribuição pelos municípios...», p. 29; José Carlos Vieira de Andrade, «Distribuição pelos municípios da energia eléctrica de baixa tensão», in *Colectânea de Jurisprudência*, ano 14 (1989), I, p. 18 [17-29]; Rui Machete, «O Poder Local...», pp. 567 ss.; J. J. Gomes Canotilho / Vital Moreira, *Constituição da República Portuguesa – Anotada*, 3.ª ed., Coimbra, 1993, pp. 881, 887, 891, 904; Paulo Otero, *Conceito e Fundamento da Hierarquia Administrativa*, Coimbra, 1992, pp. 353, 356; Id., *O poder de substituição...*, vol. II, pp. 677, 678 ss.; António Cândido de Oliveira, *Direito das Autarquias...*, pp. 230 s.; Id., «A difícil democracia...», p. 99; Id., «Democracia Local», in *Estudos em Memória do Professor Doutor António Marques dos Santos*, vol. II, Coimbra, 2005, pp. 33, 39 ss. [31-99]; Id., *A Democracia...*, pp. 14 ss., 27 ss., 50 ss.; Gomes Canotilho, *Direito Constitucional e Teoria...*, p. 361; Artur Maurício, «A garantia constitucional...», p. 656; Luís Pereira Coutinho, *As Faculdades Normativas...*, p. 103, nota 191; Lúcia Amaral, *A Forma da República...*, p. 380; Bacelar Gouveia, *Manual...*, vol. II, p. 987; Casalta Nabais, *A autonomia financeira...*, p. 18; Vital Moreira, «O poder local...», pp. 280 ss.; Melo Alexandrino, «O défice de protecção...», p. 13; André Folque, *A Tutela...*, pp. 38, 43 e *passim*; Id., «Indisciplina normativa na tutela das autarquias locais», in *Direito Regional e Local*, n.° 05 (2009), p. 38 [37-46].

A centralidade do princípio democrático nesta matéria[345] revela-se não só à luz da História (v. *supra*, n.° 4.1.), mas também à luz da observação de toda uma série de decisões tomadas pelo legislador constituinte:

(i) Desde logo, pelo reconhecimento pleno do princípio da autonomia local e das realidades que lhe estão subjacentes (v. *infra*, n.° 6);

(ii) Em segundo lugar, pela explícita afirmação de que "a organização democrática do Estado compreende a existência das autarquias locais" (artigo 235.°, n.° 1, da CRP), donde um triplo reconhecimento: (1) por um lado, o de que as autarquias locais (os concelhos *existentes*, como se dizia na versão originária do artigo 249.° da CRP, e as freguesias neles integradas)[346] constituem realidades históricas preexistentes à Constituição[347] e que esta decide integrar na esfera do poder político; (2) por outro lado, o reconhecimento de que, estando em presença de um "poder local" democraticamente legitimado[348], as autarquias locais deixaram de ser pensáveis como mero poder administrativo (seja nas vestes de administração indirecta, como sucedia sob a Constituição de 1933, ou como mera administração autónoma, como por vezes ainda se tem defendido[349]); (3) por último, o reconhecimento de uma patente aproximação às regiões autónomas[350];

[345] Sobre a definição de democracia, entre muitos, Giovanni Sartori, *Democrazia: Cosa è*, 5.ª ed., Milano, 1993, pp. 11 ss.; Robert Dahl, *On democracy* (1999), trad. de Teresa Braga, *Democracia*, Lisboa, 2000, pp. 47 ss.; Gomes Canotilho, *Direito Constitucional e Teoria*..., pp. 287 ss.

[346] António Cândido de Oliveira, *Direito das Autarquias*..., pp. 306, 337; Jorge Miranda, «Artigo 236.°», p. 449.

[347] Diversamente, José Eduardo Figueiredo Dias / Fernanda Paula Oliveira, *Noções Fundamentais de Direito Administrativo*, Coimbra, 2.ª reimp., 2008, p. 60.

[348] Insistindo na ideia das finalidades políticas dos entes locais, Jorge Miranda, *Manual*..., tomo III, p. 227; sobre o sentido do conceito de poder local, Melo Alexandrino, «O défice de protecção...», pp. 13 s.

[349] Neste sentido, Lúcia Amaral, *A Forma da República*..., pp. 380, 382, 384; porém, já no século XIX se concebia o poder administrativo local como um poder separado (cfr. Jorge Miranda, «A Administração Pública...», p. 966).

[350] Por todos, Jorge Miranda, *Manual*..., tomo III, pp. 227 ss.

(iii) Em terceiro lugar, a partir do conjunto de prerrogativas de que estão rodeadas as autarquias locais, nomeadamente: de disporem de órgãos directamente eleitos por sufrágio universal, directo e secreto da população residente; de poderem promover a realização de referendos no âmbito local; de beneficiarem (mesmo no confronto dos órgãos soberanos) de uma reserva de normação autónoma; de os seus órgãos representativos serem simultaneamente órgãos constitucionais; de disporem (mesmo no confronto do legislador de revisão) de uma garantia constitucional de existência; e de envolverem necessariamente diversas formas de participação popular de carácter político (v. *infra*, n.° 7.1.3.);

(iv) Em quarto lugar, a partir da minuciosa regulação constitucional (artigos 235.° e seguintes) de que as mesmas foram objecto e da consequente modelação que lhes foi dada (v. *infra*, capítulo II);

(v) E não menos, por fim, a partir da consideração de um conjunto vasto de outras normas constitucionais (como os artigos 117.° e 118.°)[351], jusinternacionais, legais e costumeiras definidoras do estatuto das autarquias locais.

Seja no plano dos pressupostos (v. *infra*, n.° 5.4.), seja no plano dos princípios[352], seja no plano da legitimidade[353], seja no plano da arquitectura e do funcionamento do sistema de governo[354], seja no plano das formas e dos critérios de decisão, seja no plano dos instrumentos de organização e representação da vontade popular (designadamente no papel dos partidos políticos), seja no plano do controlo (v. *infra*, n.° 12.2.), tudo, em suma, no regime das autarquias locais revela uma íntima dependência relativamente ao princípio democrático. Além disso, na Constituição de 1976, é de tal modo intensa essa relação, que chega a dar a impressão de não haver preceito constitucional relevante sobre as autarquias locais que não possa ser considerado como expressão do princípio democrático[355].

---

[351] V. *infra*, n.° 11.4.

[352] Por último, Jorge Miranda, *Manual de Direito Constitucional*, tomo VII – *Estrutura constitucional da democracia*, Coimbra, 2007, pp. 59 ss.

[353] Vejam-se os preâmbulos da Carta Europeia da Autonomia Local de 1985 e da Declaração Universal da Autonomia Local de 1993.

[354] Defendendo, há muito, a ideia de que o sistema de governo local acompanha o pendor do regime político, Marcelo Rebelo de Sousa, *Lições...*, p. 360.

[355] Por todos, Gomes Canotilho / Vital Moreira, *Constituição...*, 3.ª ed., pp. 881-918.

Por outro lado, nas autarquias locais, estão presentes mecanismos pertencentes a todas as principais feições da democracia, desde a democracia representativa, a democracia semidirecta e a democracia participativa, até à democracia directa.

5.3.1. Quanto à democracia *representativa*, estão presentes todos os seus aspectos mais salientes, a saber: a existência de órgãos representativos das comunidades locais (artigos 235.°, n.° 2, 244.°, 250.°, 259.° da CRP)[356]; a imposição da regra geral do sufrágio directo, secreto e periódico como modo de designação dos titulares desses órgãos (artigo 113.°, n.° 1, da CRP); o pluralismo partidário[357] e a possibilidade de apresentação de candidaturas não só pelos partidos, mas também por intermédio de grupos de cidadãos eleitores (artigo 239.°, n.° 4, da CRP)[358]; a previsão de diversos mecanismos de concretização do princípio da responsabilidade política[359].

Ainda que o estudo da matéria do sistema eleitoral, regime das candidaturas e do contencioso eleitoral caiba preferencialmente ao direito constitucional, no lugar próprio serão analisadas com algum detalhe as especificidades que decorrem do ordenamento local (v. *infra*, n.° 11.2.).

5.3.2. A democracia *semidirecta* tem a sua marcante expressão no instituto do referendo local[360] (designado até à revisão constitucional de 1997 "consultas directas aos cidadãos a nível local"): segundo o 240.°, n.° 1, da CRP, "as autarquias locais podem submeter a referendo dos respectivos cidadãos eleitores matérias incluídas nas competências dos seus órgãos, nos casos, nos termos e com a eficácia que a lei estabelecer"[361].

---

[356] V. *infra*, n.° 8.2.

[357] Envolvendo designadamente a institucionalização (artigo 46.°-B da LAL) e a protecção da oposição (Lei n.° 24/98, de 26 de Maio), bem como o financiamento dos partidos políticos e das campanhas eleitorais (Lei n.° 19/2003, de 20 de Junho).

[358] Sobre a matéria do sistema eleitoral e do regime das candidaturas aos órgãos das autarquias locais, António Cândido de Oliveira, *Direito das Autarquias*..., p. 262 ss.; Id., *A Democracia*..., pp. 50 ss.; Jorge Miranda, *Manual*..., tomo VII, pp. 230 s., 231 ss.

[359] V. *infra*, n.° 11.5.

[360] Sobre a aproximação dos conceitos de eleição e referendo, Jorge Miranda, *Ciência Política*..., pp. 156 s.; diversamente, considerando o referendo um instituto de dinamização da *democracia participativa*, Freitas do Amaral, *Curso*..., vol. I[3], p. 606, 615.

[361] Sobre a matéria, Ricardo Leite Pinto, *Referendo local e descentralização política: contributo para o estudo do referendo local no constitucionalismo português*, Coim-

Introduzido no ordenamento português em 1911[362] e admitido na Constituição de 1976 antes da consagração do referendo a nível nacional e regional, o instituto do referendo local tem conhecido entre nós algumas dificuldades de aplicação prática[363], podendo o respectivo regime, definido essencialmente pela Lei Orgânica n.° 4/2000, de 24 de Agosto (abreviadamente, LORL)[364], resumir-se nos seguintes traços:

(i) Tanto os municípios como as freguesias (salvo as freguesias em que o órgão deliberativo seja substituído pelo plenário dos cidadãos eleitores)[365] podem submeter a referendo questões de relevante interesse local[366] (sem prejuízo da existência de diversos limites formais, temporais e circunstanciais)[367];

(ii) Relativamente ao objecto do sufrágio popular, as matérias tanto podem ser respeitantes a atribuições próprias como a atribuições conferidas[368] e corresponder tanto a matérias de competência deliberativa como consultiva[369] (sem prejuízo da existência de matérias expressamente excluídas do referendo local)[370];

---

bra, s.d.; António Cândido de Oliveira, *Direito das Autarquias*..., pp. 272 ss.; Id., «Democracia local», pp. 71 ss.; Id., *A Democracia*..., pp. 61 ss.; Maria Benedita Urbano, «Referendo», in *DJAP*, vol. VII (1996), pp. 97, 102 ss., 106 s. [72-107]; Jorge Miranda, *Ciência Política*..., pp. 260 ss.; Id., *Manual*..., tomo VII, pp. 51, 333 ss.; Freitas do Amaral, *Curso*..., vol. I^3, pp. 606 ss.; Carla Amado Gomes, «Referendo local: o medo de existir?», in *Direito Regional e Local*, n.° 00 (2007), pp. 27-33; Cláudia Viana, «O instituto do referendo à luz da jurisprudência do Tribunal Constitucional», in *Direito Regional e Local*, n.° 05 (2009), pp. 27-36.

[362] Ricardo Leite Pinto, *Referendo local*...., pp. 66 ss.; Benedita Urbano, «Referendo», p. 97; Jorge Miranda, *Manual*..., tomo VII, p. 51; Freitas do Amaral, *Curso*..., vol. I^3, p. 607; Carla Gomes, «Referendo local...», p. 27.

[363] Sobre o assunto, em chave parcialmente distinta, António Cândido de Oliveira, *A Democracia*..., pp. 64 s.; Carla Gomes, «Referendo local...», pp. 27-33; Cláudia Viana, «O instituto do referendo...», pp. 35 s.

[364] Como direito supletivo, aplicam-se as disposições da lei eleitoral para a Assembleia da República (artigo 226.° da LORL).

[365] Artigo 2.°, n.° 1, da LORL.

[366] Artigo 3.°, n.° 1, da LORL.

[367] Artigos 6.° a 9.° da LORL.

[368] Sobre a relevância desta distinção, Melo Alexandrino, «A determinação das atribuições...», *loc. cit.*

[369] Jorge Miranda, *Manual*..., tomo VII, p. 335.

[370] Artigo 4.° da LORL.

Entre as hipóteses referidas no artigo 4.°, a alínea *b*) deve ser objecto de interpreta-

(iii) Quanto à participação no referendo, o princípio geral é o de que são chamados a pronunciar-se todos os cidadãos eleitores recenseados na área territorial correspondente à autarquia local onde se verifique a iniciativa[371] (ainda que este princípio sofra em concreto uma injustificada restrição no artigo 35.°, n.° 3, da LORL)[372];

(iv) A iniciativa do referendo local tanto pode ser representativa como popular[373], cabendo a deliberação sobre a realização do referendo sempre ao órgão deliberativo[374];

(v) No prazo de oito dias a contar da deliberação, o presidente do órgão deliberativo tem de submeter a correspondente decisão à fiscalização da constitucionalidade e da legalidade pelo Tribunal Constitucional, o qual se deve pronunciar no prazo de 25 dias[375];

(vi) As fases e subfases imediatas são: a marcação da data do referendo, a realização da campanha referendária, a efectivação da votação popular, o apuramento e a publicação oficial dos resultados[376];

(vii) Em matéria de efeitos do referendo, cuja vinculatividade depende da participação de mais de metade dos eleitores inscritos[377], por um lado, a não observância do resultado pelas assembleias implica a sua dissolução nos termos gerais[378]; por outro lado, se a resposta popular implicar a produção de um acto pela autarquia, o órgão autárquico competente deve aprovar o acto correspondente, no prazo de 60 dias[379];

ção conforme à Constituição, na medida em que se uma lei ou um regulamento estadual invadir ilegitimamente a reserva de normação das autarquias locais, não pode haver aí impedimento à realização de um referendo local (v. *infra*, n.° 6.3).

[371] Artigo 2.°, n.° 2, da LORL.

[372] V. *infra*, n.° 7.3.

[373] Respectivamente, artigos 11.° e 12.° e 13.° a 22.° da LORL.

[374] Artigo 23.° da LORL.

[375] Artigos 25.° e 26.° da LORL.

[376] Respectivamente, artigos 33.°, n.° 1, 37.° e seguintes, 96.° e seguintes, 127.° e seguintes e 145.° e 147.° da LORL.

[377] Artigo 219.° da LORL.

[378] Artigo 220.° da LORL.

[379] Artigo 221.° da LORL

(viii) Por fim, em termos da garantia da decisão referendária[380], acautela-se que o acto aprovado no seguimento do referendo não possa ser revogado ou alterado na sua definição essencial, proíbe-se a aprovação de acto de sentido oposto ao do resultado do referendo e impede-se a renovação de propostas de referendo objecto de resposta que implique a continuidade da situação anterior, tudo no decurso do mesmo mandato[381].

5.3.3. A ideia de *democracia participativa* tem em geral a ver com o envolvimento mais intenso dos cidadãos do que aquele que se traduz no periódico exercício do direito de voto[382], pressupondo por conseguinte uma *activação* ou produção de *inputs* por parte dos cidadãos, a título individual ou colectivo, na gestão da informação, no debate, no processo de decisão e na avaliação das decisões tomadas pelos órgãos do poder[383].

Sendo complementar relativamente à democracia representativa[384] e passível de envolver múltiplas formas[385] (desde a «participação consultiva até a formas de autoadministração e de autogoverno dos grupos interessados»[386]), há a salientar especialmente no âmbito da administração local os seguintes mecanismos de democracia participativa: o direito potestativo de

---

[380] Jorge Miranda, *Manual...*, tomo VII, p. 336.

[381] Respectivamente, artigos 222.°, n.° 1, 222.°, n.° 2, e 223.° da LORL.

[382] Jorge Miranda refere de há muito a presença de três dimensões da democracia participativa: o reforço da participação cívica, a atribuição de específicos direitos de intervenção no exercício da função administrativa e a específica relevância de grupos de interesses, de associações e instituições da sociedade civil (cfr. *Ciência Política...*, pp. 172 ss.; *Manual...*, tomo VII, pp. 33 ss.).

Por sua vez, Gomes Canotilho define democracia participativa como «[a] estruturação de processos que ofereçam aos cidadãos efectivas possibilidades de aprender a democracia, participar nos processos de decisão, exercer controlo crítico na divergência de opiniões, produzir *inputs* políticos democráticos» (cfr. *Direito Constitucional e Teoria...*, p. 288).

[383] Gomes Canotilho / Vital Moreira, *Constituição...*, vol. I, 4.ª ed., p. 212.

[384] Gomes Canotilho, *Direito Constitucional e Teoria...*, pp. 288, 289; António Cândido de Oliveira, *A Democracia...*, p. 29; Jorge Miranda, «Artigo 2.°», in Jorge Miranda / Rui Medeiros, *Constituição...*, tomo I, p. 64 s.; Gomes Canotilho / Vital Moreira, *Constituição...*, vol. I, 4.ª ed., p. 212.

[385] E ainda para além do exercício dos diversos direitos, liberdades e garantias de participação política (nomeadamente o direito de petição, o direito de informação política e o direito de acção popular, sobre os quais, Jorge Miranda, *Manual...*, tomo VII, pp. 99 ss.).

[386] Gomes Canotilho / Vital Moreira, *Constituição...*, vol. I, 4.ª ed., p. 212.

requerer a convocação de sessões extraordinárias do órgão deliberativo[387]; o direito de participação dos representantes dos requerentes nas sessões objecto de convocação popular[388]; o direito de intervenção nas reuniões públicas dos órgãos colegiais[389]; o direito de constituir organizações de moradores (artigo 263.°, n.° 1, da CRP); o direito de requerer junto da assembleia de freguesia a demarcação das áreas territoriais das organizações de moradores (artigo 263.°, n.° 2, da CRP); o direito de participação dos representantes das organizações de moradores na assembleia de freguesia [artigo 265.°, n.° 1, alínea *b*), da CRP]; eventualmente, até, a possibilidade de mobilizar formas de contratualização, quer em geral[390], quer em domínios particulares (como o do ordenamento do território)[391].

5.3.4. Por fim, ainda que a título residual[392], também a *democracia directa* tem o seu lugar na esfera da administração local autárquica: autorizando a Constituição que nas freguesias de população diminuta a assembleia de freguesia possa ser substituída pelo plenário dos cidadãos eleitores (artigo 245.°, n.° 2), a LAL prevê que essa substituição tenha lugar nas freguesias com menos de 150 eleitores[393].

5.4. *Idem*: o conceito de democracia local

Por declarada inspiração na reforma francesa de 1992, tem-se de algum modo insinuado, também entre nós, na última década o conceito de democracia local[394].

---

[387] Artigos 14.°, n.° 1, alínea *c*), e 50.°, n.° 1, alínea *c*), da LAL.

[388] Artigo 51.° da LAL.

[389] Artigo 84.°, n.os 2, 5 e 6, da LAL.

[390] Artigo 36.° da LAL, por exemplo.

[391] Artigos 6.°-A e 6.°-B do Decreto-Lei n.° 380/99, de 22 de Setembro, aditados pelo Decreto-Lei n.° 316/2007, de 19 de Setembro.

[392] António Cândido de Oliveira, *A Democracia...*, p. 30; Jorge Miranda, *Manual...*, tomo VII, p. 120.

[393] Em 2005, era de 127 o número destas freguesias (cfr. António Cândido de Oliveira, *A Democracia...*, p. 30, nota 62).

[394] António Cândido de Oliveira, «A difícil democracia local...», pp. 31 ss.; Id., «Democracia Local», pp. 39 ss.; Id., *A Democracia...*, pp. 5 ss., 14 ss.; Id., «Democracia Local: a organização, os poderes e o funcionamento dos "Plenos do Concello" na Galiza e das Assembleias Municipais no Norte de Portugal», in *Direito Regional e Local*, n.° 05

Segundo o Professor António Cândido de Oliveira, «deve entender-se por democracia local o direito dos cidadãos eleitores das comunidades locais (organizadas em autarquias locais, no âmbito do Estado de direito democrático) de deliberar directamente ou através de órgãos por eles eleitos e perante eles responsáveis, sobre os assuntos relativos às respectivas comunidades (de acordo com o princípio da subsidiariedade)»[395].

Colocando o acento tónico nas populações[396], a ideia de democracia local também surge associada ora a momentos (a eleição, a informação, a participação, a decisão)[397], ora a certas exigências ou prestações (implicando deveres, direitos, poderes e instituições)[398].

Ora, ainda que possa tomar-se como expressão e modelo descritivo para explicar um conjunto de fenómenos relativos ao papel dos cidadãos na esfera da administração local autárquica, sem prejuízo dessa função heurística, face aos dados do ordenamento português, não vemos que o conceito apresente virtualidades que superem o recurso às categorias, formas e mecanismos de democracia acabados de descrever. Por outro lado, uma certa ênfase em aspectos culturais e educativos prende-se, a nosso ver, não com a democracia como estrutura político-jurídica, mas sim com a ideia, não menos relevante, de *pressupostos da democracia*[399].

(2009), pp. 5-11; Rebordão Montalvo, *O processo de mudança*..., p. 73, 173, 187; Vital Moreira, «O poder local...», pp. 280, 281, 283, 285; Cláudia Viana, «O instituto do referendo...», p. 29.

[395] António Cândido de Oliveira, «Democracia Local», p. 39; Id., *A Democracia*..., p. 14.

[396] António Cândido de Oliveira, «A difícil democracia...», p. 95.

Segundo o Autor (*ibidem*, pp. 95-97), a tónica seria diferente nos conceitos de poder local (que a colocaria nos órgãos), de autonomia local (que a colocaria na não-dependência) e de descentralização administrativa (que a teria no movimento de transferência de atribuições e competências).

[397] António Cândido de Oliveira, «A difícil democracia...», pp. 103 ss.

[398] António Cândido de Oliveira, *A Democracia*..., pp. 29 ss.

[399] Sobre estes, Ernst-Wolfgang Böckenförde, «Demokratie als Verfassungsprinzip» (1987), trad. cast. de Rafael de Agapito Serrano, «La democracia como principio constitucional», in *Escritos sobre el Estado de Derecho y la democracia*, Madrid, 2000, pp. 98 ss. [47-131]; Josef Isensee, «Grundrechtsvoraussetzungen und Verfassungserwartungen an die Grundrechtsausübung», in Josef Isensee / Paul Kirchhof (eds.), *Handbuch des Staatsrecht der Bundesrepublik Deutschland*, tomo V – *Allgemeine Grundrechtslehren*, 2.ª ed., Heidelberg, 2000, *maxime* pp. 422 ss. [353-484]; Robert Dahl, *Democracia*, pp. 167 ss.; Melo Alexandrino, *A estruturação*..., vol. I, pp. 87, 92 ss., 493 ss.; Manoel Gonçalves Ferreira

6. O PRINCÍPIO DA AUTONOMIA LOCAL

6.1. Preliminares

A Constituição da República Portuguesa, numa fórmula há muito tida por pleonástica[400], enuncia no seu artigo 6.°, n.° 1, o princípio da *autonomia das autarquias locais*, estabelecendo que "o Estado é unitário e respeita na sua organização e funcionamento o regime autonómico insular e os princípios da subsidiariedade, da autonomia das autarquias locais e da descentralização democrática da administração pública"[401].

Tomando como sinónimas as expressões "autonomia das autarquias locais" e "autonomia local"[402], têm sido múltiplas as percepções desse *princípio basilar* da Constituição[403], ainda que sem suficiente consolidação de um quadro doutrinário de referência[404].

Na verdade, o recorte da figura da autonomia local num plano mais alargado deveria abranger perspectivas tão distintas como as da análise do

---

Filho, *Curso de Direito Constitucional*, 34.ª ed., São Paulo, 2008, pp. 104 ss.; pronunciando-se desfavoravelmente à relevância destes pressupostos, José Afonso da Silva, *Curso de Direito Constitucional Positivo*, 32.ª ed., São Paulo, 2009, pp. 126 ss.

[400] Casalta Nabais, «A autonomia local...», p. 157; Vital Moreira, *Administração Autónoma*..., p. 97; Jorge Miranda, «Artigo 6.°», p. 78.

[401] A fórmula "autonomia das autarquias locais" volta a surgir no artigo 288.°, alínea *n*), da CRP.

[402] Esta expressão é apenas utilizada uma vez, no artigo 242.°, n.° 2, da CRP; em contrapartida, é essa a expressão fixada no direito internacional (seja na CEAL, seja na Declaração Universal da Autonomia Local).

[403] Cfr. Baptista Machado, «Participação e descentralização», p. 10.

[404] Baptista Machado, «Participação e descentralização», pp. 10 ss.; Sérvulo Correia, *Noções*..., vol. I, pp. 125 ss.; Marcelo Rebelo de Sousa, «Distribuição pelos municípios...», pp. 28 ss.; Rui Machete, «O Poder Local...», pp. 559 ss.; Casalta Nabais, «A autonomia local...», pp. 107 ss.; Id., *A autonomia financeira*..., pp. 14 ss.; Gomes Canotilho / Vital Moreira, *Constituição*..., 3.ª ed., pp. 881 ss.; Gomes Canotilho / Vital Moreira, *Constituição*..., vol. I, 4.ª ed., p. 234; António Cândido de Oliveira, *Direito das Autarquias*..., pp. 121 ss., 177 ss.; Vital Moreira, *Administração Autónoma*..., pp. 142 ss.; Id., «Empréstimos municipais, autonomia local e tutela governamental», in *Direito Regional e Local*, n.° 03 (2008), pp. 37 s. [25-44]; Ana Gonçalves Moniz, «A titularidade...», pp. 538 ss.; André Folque, *A Tutela*..., pp. 51 ss., 111 ss.; Luís Pereira Coutinho, *As Faculdades Normativas*..., pp. 102 s.; Id., *O problema das atribuições*..., pp. 8 ss.; Jorge Miranda, «Artigo 6.°», p. 79; Freitas do Amaral, *Curso*..., vol. I^3, pp. 491 s.; Melo Alexandrino, «O défice de protecção...», pp. 13 ss.

respectivo *processo histórico* (não descurando aí as relações da ideia com os tipos históricos de Estado e a sucessão de formas políticas), da identificação dos elementos de *cultura jurídica* que lhe subjazem ou dos respectivos pressupostos, descendo finalmente aos planos jurídico-positivo e dogmático.

Cingidos às duas últimas perspectivas, retomaremos aqui uma síntese recentemente executada sobre o conceito, o âmbito, a natureza, a função e o regime jurídico da garantia constitucional da autonomia local[405], partindo do seguinte conjunto de observações liminares:

(i) A primeira observação a fazer é a de que o conceito de autonomia local foi construído na Europa em torno de uma série de *pontos de convergência*[406], elementos esses que conduziram necessariamente a um conceito compósito (ou *feixe de elementos*)[407];

(ii) Em segundo lugar, pelo menos no âmbito da matriz continental, dada a tendência histórica no sentido de o Estado dominar os entes locais[408], a luta pela autonomia foi também uma luta por esferas de poder perante o Estado[409];

(iii) Em terceiro lugar, quanto à *legitimidade*, o mais que se pode dizer é que (1) a legitimidade tradicional (monárquica, aristocrática ou mista)[410] não constitui necessariamente um obstáculo decisivo à autonomia local[411], (2) a legitimidade democrática a favorece, (3) as formas autoritárias a prejudicam[412] e

---

[405] Melo Alexandrino, «O défice de protecção...», pp. 12-20.

[406] António Cândido de Oliveira, *Direito das Autarquias*..., p. 121.

[407] Entre nós, já Lobo D'Ávila fazia depender o conceito da conjugação de um conjunto de elementos (cfr. António Cândido de Oliveira, *Direito das Autarquias*..., p. 127); sobre esse acervo de elementos na CEAL e na CRP, *ibidem*, pp. 188 e 237 ss., respectivamente.

[408] António Cândido de Oliveira, *Direito das Autarquias*..., p. 127.

[409] Num fenómeno portanto muito similar ao que ocorreu com os direitos fundamentais (cfr. Melo Alexandrino, *Direitos Fundamentais*..., pp. 29 ss.).

[410] Sobre o sentido e tipos de legitimidade, Jorge Miranda, *Ciência Política*..., pp. 41 ss., 47 ss.

[411] É isso que resulta da experiência de governo local britânica, pelo menos até meados do século XIX, e afinal da própria experiência alemã que naquela se inspirou.

[412] Isso foi evidente em Portugal e na Espanha (cfr. António Cândido de Oliveira, *Direito das Autarquias*..., pp. 35 ss. e 92, respectivamente).

(4) o totalitarismo (sobretudo nas suas formas genuínas)[413] a aniquila[414];

(iv) Em quarto lugar, se a autonomia local pressupõe necessariamente a descentralização, constituem ainda pressupostos materiais básicos um mínimo de território, um mínimo de população e um mínimo de património e de recursos (v. *infra*, § 7);

(v) Por fim, numa perspectiva integradora, parecem dever constituir elementos mínimos do conceito (1) o reconhecimento de uma *esfera de poderes normativos* próprios, (2) a *margem de livre orientação e decisão* (com formas de prestação de contas na esfera do próprio ente)[415], (3) a não-subordinação ou *independência*[416], (4) a *delimitação do controlo* (entendido em sentido estrito)[417] a um controlo objectivo[418] de mera tutela da legalidade, bem como (5) a disponibilidade ou suficiência de *meios financeiros*.

6.2. Dimensões nucleares: conceito, âmbito, natureza e função

6.2.1. Começando pelo conceito de autonomia (termo utilizado pelas Constituições em múltiplos sentidos[419] e com graduações e acentos distin-

---

[413] As duas formas genuínas são o nazismo e o estalinismo, formas que terminaram com a morte dos respectivos chefes [por todos, Hannah Arendt, *The Origins of Totalitarism* (1973[5]), trad. de Roberto Raposo, *As origens do totalitarismo*, 3.ª ed., Alfragide, 2008, pp. 405 ss., 520 ss., 609 ss.].

[414] Baptista Machado, «Participação e descentralização», pp. 72 ss.; para uma comprovação na Itália, na Alemanha e na França, António Cândido de Oliveira, *Direito das Autarquias*..., pp. 112, 101 e 75, respectivamente.

[415] A qual é imposta pela personalidade própria, pela reserva de auto-administração dos assuntos locais e pela natureza do vínculo político existente com a comunidade local (*autonomia de orientação*), estando ainda implicada na democracia, na liberdade-participação e na ideia de descentralização democrática.

[416] Dela decorrendo a recusa da menoridade e o impedimento de que os entes locais se possam transformar em puro instrumento nas mãos do Estado.

[417] V. *infra*, n.º 12.2.3.

[418] João Baptista Machado prefere o recurso ao conceito de "tutela *externa*" (cfr. «Participação e descentralização», p. 18).

[419] Cfr. Joaquín García Morillo, *La configuración constitucional de la autonomía local*, Madrid / Barcelona, 1998, pp. 20 s.

tos)[420], o mesmo significa, no seu sentido mais genérico, «o poder de se autodeterminar, de auto-regular os próprios interesses – ou o poder de se dar a própria norma»[421], estando nele essencialmente envolvida *uma certa capacidade de autoregulação ou autoadministração*[422].

Por sua vez, ainda segundo Luciano Parejo Alfonso, no conceito de autonomia local recebido em ordenamentos como o nosso, há uma série de extractos históricos e teóricos particularmente relevantes: por um lado, o sedimento comunitário, uma certa recuperação da instituição medieval, a conversão revolucionária e as sucessivas teorizações do Estado; por outro, o pouvoir municipal francês, a doutrina da associação comunal de von Stein, a doutrina da descentralização, sobretudo de Hauriou, e o self-government inglês, por obra da incorporação feita por von Gneist[423].

Chegados à Constituição da República Portuguesa[424], aí a autonomia local é certamente mais do que a simples autonomia e é certamente mais do que a simples descentralização[425], uma vez que representa um *princípio jurídico ordenador e estruturante* de uma forma específica e constitucionalmente qualificada[426] de descentralização – simultaneamente, *terri-*

---

[420] Baste pensar na distinta intensidade da autonomia das regiões autónomas, das autarquias locais ou das universidades públicas (cfr. artigos 6.°, 76.°, n.° 2, 225.°, n.os 2 e 3, e seguintes da CRP), para não referir a distinta natureza da autonomia reconhecida às pessoas na generalidade das normas de direitos fundamentais.

[421] Baptista Machado, «Participação e descentralização», p. 8.

[422] Cfr. Luciano Parejo Alfonso, «La autonomía local...», p. 32.

[423] Luciano Parejo Alfonso, «La autonomía local...», pp. 34 s.; entre nós, António Cândido de Oliveira, *Direito das Autarquias...*, pp. 57-116; Gomes Canotilho, *Direito Constitucional e Teoria...*, p. 254.

[424] Segundo o artigo 3.°, n.° 1, da Carta Europeia da Autonomia Local, *entende-se por autonomia local o direito e a capacidade efectiva de as autarquias locais regulamentarem e gerirem, nos termos da lei, sob sua responsabilidade e no interesse das respectivas populações, uma parte importante dos assuntos públicos*.

[425] Sobre o alcance desta, Baptista Machado, «Participação e descentralização», pp. 89 ss.; Sérvulo Correia, *Noções...*, vol. I, pp. 125 ss.; Paulo Otero, *O poder de substituição...*, vol. II, pp. 673 ss.; Vital Moreira, *Administração Autónoma...*, pp. 142 ss.; Jorge Miranda, *Manual...*, tomo III, pp. 210 ss.; André Folque, *A Tutela...*, pp. 34 ss.; Marcelo Rebelo de Sousa / André Salgado de Matos, *Direito Administrativo Geral*, tomo III – *Actividade administrativa*, Lisboa, 2007, pp. 143 ss.

[426] Casalta Nabais, *A autonomia financeira...*, p. 19; Paulo Bonavides, *Curso...*, p. 353.

torial e *democrática*[427] e envolvendo, necessariamente, a participação no exercício do poder político (v. *supra*, n.° 5.1.).

Na doutrina portuguesa, o elemento talvez mais saliente reside no facto de nela ser dominante um conceito *forte* de autonomia local[428], de certo modo equiparável ao conceito que emerge da teorização alemã[429]; em contrapartida, bem distinto do conceito *débil* prevalecente na doutrina espanhola.

Já quanto à *jurisprudência*, em especial a do Tribunal Constitucional, o resultado é dúplice: por um lado, parece admitir-se um conceito forte, incluindo a remissão para as fórmulas alemãs, nomeadamente a *auto-responsabilidade* (veja-se como *leading case* o Acórdão n.° 432/93)[430], mas também a radicação axiológica elevada ou o reconhecimento de que se está perante estruturas do poder político[431]; por outro, o Tribunal Constitucional parece contentar-se com a invocação da garantia institucional e com a aferição da eventual lesão do seu núcleo ou conteúdo essencial, sem todavia enunciar claramente o correspondente critério, com a consequência de nunca o Tribunal Constitucional ter, até hoje, considerado directamente ofendida a garantia constitucional da autonomia local[432].

6.2.2. Quanto à determinação do *conteúdo* ou *âmbito de protecção* da garantia constitucional da autonomia local, podemos começar pela síntese

---

[427] Sobre a *não-evidente* correlação em abstracto entre descentralização e democracia (de resto há muito notada por Kelsen), por todos, André Gonçalves Pereira, *Contribuição...*, pp. 147 ss.; diversamente, Baptista Machado, «Participação e descentralização», pp. 28, 65 ss.; André Folque, *A Tutela...*, p. 39, nota 76; sobre a *evidente* correlação em concreto na CRP, v. *supra*, n.° 5.3.

[428] Neste sentido, em especial, Casalta Nabais, «A autonomia local...», pp. 107 ss.; Gomes Canotilho / Vital Moreira, *Constituição...*, 3.ª ed., pp. 881 ss.; António Cândido de Oliveira, *Direito das Autarquias...*, pp. 177 ss.; Jorge Miranda, *Manual...*, tomo III, pp. 227 ss.; André Folque, *A Tutela...*, pp. 60 ss.; Luís Pereira Coutinho, *As Faculdades...*, pp. 102 s.; Freitas do Amaral, *Curso...*, vol. I³, pp. 491 s.; Vital Moreira, «Empréstimos municipais...», pp. 37 s.; Melo Alexandrino, «O défice de protecção...», pp. 13 ss., 27.

[429] Por todos, António Cândido de Oliveira, *Direito das Autarquias...*, pp. 177 ss.

[430] In *Acórdãos do Tribunal Constitucional*, vol. 25.°, p. 37.

Inúmeros outros acórdãos se referiram a essa "responsabilidade própria" ou *auto-responsabilidade* (entre outros, os Acórdãos n.ºs 379/96, 602/99, 329/99, 602/99, 288/2004, 595/2005, 285/2006).

[431] Artur Maurício, «A garantia constitucional...», p. 635.

[432] Artur Maurício, «A garantia constitucional...», p. 656; Melo Alexandrino, «O défice de protecção...», p. 19; Luís Pereira Coutinho, *O problema das atribuições...*, p. 8.

do Professor Gomes Canotilho, segundo o qual a autonomia local constitucionalmente garantida inclui: «(1) um *núcleo estável e irrevisível* (cfr. art. 288.°/*n*, onde se estabelece a autonomia das autarquias locais como limite material das leis de revisão constitucional) fundamentalmente reconduzível ao *direito de existência*, não podendo o legislador eliminá-las, embora caiba na sua liberdade de conformação (pelo menos quanto às freguesias e municípios) a criação de extinção de autarquias; (2) o direito à *organização própria* e o direito às *competências próprias* para, através dos órgãos representativos, livremente eleitos (componente democrática) se prosseguirem os interesses próprios das populações. Esta prossecução pode ser feita de forma *autónoma* ou em *cooperação* com o poder político central e regional»[433-434].

O conteúdo da autonomia local é variável e susceptível de múltiplos graus[435] (por exemplo, entre nós, não pode comparar-se o grau de autonomia de que goza o município com o grau de autonomia que respeita à freguesia[436]).

Sistematizando então, num sentido próximo do que vem constituindo o paradigma alemão de exposição da matéria, numa parte que resulta genericamente transponível para o ordenamento português[437], a garantia (que, mais uma vez, não pode ser desentendida da sua evolução histórica)[438], compreende no seu âmbito as seguintes dimensões:

(1) A garantia de existência das autarquias locais como instituição[439], entre nós decorrente do disposto no artigo 288.°, alínea *n*), da CRP;

---

433 Gomes Canotilho, *Direito Constitucional e Teoria...*, pp. 361 s.

434 Em termos similares, segundo o Tribunal Constitucional Federal alemão, *deve considerar-se garantido não só o âmbito dos interesses próprios da comunidade local, mas também o poder de os realizar com responsabilidade própria nesse âmbito* [cfr. *BVerfGE*, 91, p. 236 [228 ss.], *apud* Jarass / Pieroth, *Grundgesetz für die Bundesrepublik Deutschland – Kommentar* (abreviadamente, *Kommentar*), 7.ª ed., München, 2004, p. 670].

435 Jarass / Pieroth, *Kommentar*, p. 673.

436 Não vemos, no entanto, vantagem nem necessidade de, por esse facto, recorrer a conceitos distintos, como "autonomia paroquial", "autonomia municipal" e "autonomia regional" (ou *provincial*).

437 Sobre as exigências de nacionalização da cultura jurídica e as cautelas a ter nas operações de transposição, Melo Alexandrino, *A estruturação...*, vol. I, pp. 36 s., 100 ss.

438 António Cândido de Oliveira, *Direito das Autarquias...*, pp. 105 ss.

439 Eberhard Schmidt-Aßmann / Hans Röll, «Kommunalrecht», pp. 15 s., 30 ss.; Michael Nierhaus, «Art. 28», in Michael Sachs (org.), *Grundgesetz, Kommentar*, 3.ª ed., München, 2003, pp. 1046 ss.

(2) A garantia institucional (na fórmula consagrada pelo Tribunal Constitucional federal alemão: uma garantia institucional *de todas as atribuições enraizadas na comunidade local ou a ela especificamente referidas e que a mesma seja capaz de levar a cabo de forma autónoma e sob a sua responsabilidade própria*)[440], que pressupõe[441]: (i) o reconhecimento de interesses próprios da comunidade local, entre nós decorrente do artigo 235.°, n.° 2, da CRP; (ii) a regra da generalidade[442] ou universalidade das atribuições[443], decorrente da cláusula geral presente no mesmo preceito; (iii) a responsabilidade própria (*Eigenveranwortlichkeit*)[444] pela forma como gere os seus assuntos próprios, decorrente, *a contrario*, do disposto no artigo 242.° da CRP[445]; (iv) a exigência da reserva de lei, decorrente de uma multiplicidade de regras, nomeadamente dos artigos 165.°, n.° 1, alínea *q*), e 237.°, n.° 1, da CRP; (v) a afirmação de uma série de poderes (*Gemeindenhoheiten*)[446], casos típicos de interesses próprios[447], ou competências (a exercer de forma independente e *exclusiva* ou em *coordenação* ou *sob delegação*), a saber[448]:

---

[440] Entre outras decisões, também citadas nas obras referidas na nota antecedente, *BVerfGE*, vol. 8, p. 123 [122 ss.].

[441] Eberhard Schmidt-Aßmann / Hans Röll, «Kommunalrecht», pp. 18 ss.

[442] Vital Moreira, *Administração Autónoma...*, pp. 122, 139; Casalta Nabais, «A autonomia local...», p. 162, nota 10; Jorge Miranda, *Manual...*, tomo III, pp. 228, 231; Id., «Artigo 237.°», in Jorge Miranda / Rui Medeiros, *Constituição Portuguesa...*, tomo III, p. 457; Pedro Gonçalves, *Regime Jurídico das Empresas Municipais*, Coimbra, 2007, pp. 73 ss., 135.

[443] Preferimos a adopção da expressão fixada no Código Administrativo de 1936-40 (*atribuições*), à tradução ("tarefas próprias") da expressão alemã *Aufgaben*, como faz, por exemplo, Vital Moreira (cfr. *Administração Autónoma...*, p. 81).

[444] Sobre este elemento, entre nós, Vital Moreira, *Administração Autónoma...*, pp. 83 s.

[445] De algum modo, parece ser este um dos vectores principais do sentido originário do termo "autarquia" (cfr. Casalta Nabais, «A autonomia local...», pp. 144 ss.; Vital Moreira, *Administração Autónoma...*, pp. 67 ss.; num sentido algo divergente, António Cândido de Oliveira, *Direito das Autarquias...*, pp. 99 s).

[446] Sobre o inerente carácter de "poder soberano derivado ou de segundo grau" (*abgeleitete Hoheitmacht*), Joaquim Freitas da Rocha, «Da Perequação Financeira em Referência aos Entes Locais (Contornos de um enquadramento jurídico-normativo)», in António Cândido de Oliveira (coord.), *30 Anos de Poder Local...*, p. 48 [41-77].

[447] Assim, Jarass / Pieroth, *Kommentar*, pp. 670 s.

[448] Eberhard Schmidt-Aßmann / Hans Röll, «Kommunalrecht», pp. 24 ss.

– a autonomia de programação geral[449];
– a autonomia no planeamento do espaço[450];
– a autonomia em matéria de pessoal[451];
– a autonomia organizatória[452];
– a autonomia normativa[453];
– a autonomia financeira[454].

(3) Garantia de situações jurídicas subjectivas na esfera jurídica dos entes autárquicos (sem excluir a titularidade de certos direitos fundamentais adjectivos)[455];
(4) O poder de conformação de programas de acção política (autonomia *de orientação*[456]).
(5) Um princípio de amizade e consideração para com a administração local (*Grundsatz des gemeindefreundlichen Verhaltens*), nomeadamente pelo favorecimento dos direitos de participação[457].
(6) Garantia da autonomia local no âmbito europeu[458].

---

[449] Artigos 6.°, n.° 1, e 237.° da CRP.
[450] Artigo 65.°, n.° 4, da CRP.
[451] Artigo 243.° da CRP.
[452] Artigos 237.° e seguintes da CRP.
[453] Artigo 241.° da CRP.
[454] Artigo 238.° da CRP.
Sobre este poder, por último, Marta Rebelo, «Reforma do sistema de financiamento local», in António Cândido de Oliveira (coord.), *30 Anos de Poder Local*..., pp. 29-40; Freitas da Rocha, «Da Perequação Financeira...», pp. 40 ss.; João Carvalho / Ana Teixeira, «O recurso ao crédito por parte das autarquias locais», in António Cândido de Oliveira (coord.), *30 Anos de Poder Local*..., pp. 117-123; José Casalta Nabais, «A autonomia financeira das autarquias locais», in António Cândido de Oliveira (coord.), *30 Anos de Poder Local*..., pp. 125-157; Id., *A autonomia financeira*..., pp. 27 ss.; Vital Moreira, «Empréstimos municipais...», pp. 25 ss.
[455] Melo Alexandrino, *Direitos Fundamentais*..., p. 69.
[456] Sérvulo Correia, *Noções*..., vol. I, pp. 193 ss.; Id., *Legalidade*..., pp. 262, 273, 279.
Temos por menos correcta a utilização feita a este propósito por certos autores (como Freitas do Amaral, Casalta Nabais ou André Folque) da expressão autonomia *política-administrativa*, por desde logo induzir em confusão face ao regime autonómico regional.
[457] Eberhard Schmidt-Aßmann / Hans Röll, «Kommunalrecht», p. 27.
[458] Eberhard Schmidt-Aßmann / Hans Röll, «Kommunalrecht», p. 28; sobre o plano da relação da garantia da autonomia local com o direito da União Europeia, Michael Nierhaus, «Art. 28», pp. 1044 s.; ainda entre nós, António Rebordão Montalvo, *O processo de mudança*..., pp. 64 ss., 68 ss.

6.2.3. Quanto à *natureza da figura*, ainda que, tal como outras[459], represente uma estrutura constitucional relativamente complexa, o princípio da autonomia local constitui uma realidade essencialmente objectiva, cuja natureza e conteúdo principal se moldam particularmente à qualificação como garantia institucional[460], mas que à mesma se não reduz, devendo qualificar-se preferencialmente como "garantia constitucional". Devido, porém, ao seu predominante carácter objectivo[461], o princípio da autonomia local não constitui "norma de garantia" para efeitos de afectação dos direitos, liberdades e garantias[462]. Todavia, tal como sucede noutras normas de carácter objectivo, esse facto não obsta à possibilidade de nele obterem apoio determinadas posições jurídicas subjectivas[463], uma vez que essa dimensão subjectiva não pode de todo afastar-se (devendo aliás proceder-se a uma devida coordenação com outros princípios e regras constitucionais, nomeadamente o artigo 12.°, n.° 2, da CRP).

6.2.4. Além disso, do ponto de vista material, no que traduz uma das suas funções mais salientes[464], o princípio da autonomia local pode ser entendido como o *alicerce* ou a *pedra angular*[465] do subsistema constitu-

---

[459] Sobre a estrutura complexa dos direitos fundamentais, no plano constitucional, cfr. Melo Alexandrino, *Direitos Fundamentais*..., pp. 23 s.

[460] Assim, Vieira de Andrade, «Distribuição...», p. 20; Rui Machete, «O Poder Local...», pp. 568 s.; Gomes Canotilho / Vital Moreira, *Constituição*..., 3.ª ed., p. 883; António Cândido de Oliveira, *Direito das Autarquias*..., pp. 237 ss.; Paulo Otero, *O poder de substituição*..., vol. II, pp. 547, 678; Vital Moreira, *Administração Autónoma*..., pp. 246 ss.; Gomes Canotilho, *Direito Constitucional*..., p. 361; André Folque, *A Tutela*..., pp. 51 ss.; Freitas da Rocha, «Da Perequação Financeira...», p. 50.

Sobre a utilidade da figura da *garantia institucional*, em geral, Melo Alexandrino, *A estruturação*..., pp. 155 s., nota 669 (com amplas indicações); em sentido algo divergente, Miguel Nogueira de Brito, *A Justificação da Propriedade Privada numa Democracia Constitucional*, Coimbra, 2007, pp. 754 ss.

[461] Uma vez que se trata de um *campo de regulação* essencialmente cunhado pelo Direito (*normgeprägt*), e não de um bem ou interesse pertencente a um *domínio existencial*, ou seja, à esfera da realidade física, social ou económica (cfr. Sérvulo Correia, *Direitos Fundamentais – Sumários*, Lisboa, 2002, pp. 87, 89 ss.).

[462] Sobre o conceito de norma de garantia, Melo Alexandrino, *A estruturação*..., vol. II, pp. 82, nota 337, 451, 479, nota 2067, 548, 602.

[463] Jarass / Pieroth, *Kommentar*, p. 669.

[464] Para um elenco de outras funções, Luciano Parejo Alfonso, «Comunicación», in García Morillo, *La configuración constitucional*..., pp. 63 ss. [53-77].

[465] Luciano Parejo Alfonso, «La autonomía local...», p. 26.

cional do *poder local*, componente do subsistema constitucional mais vasto da *organização do poder político* (v. *supra*, § 5).

6.3. Regime e garantias

6.3.1. A respeito do *regime* aplicável, ainda que não configure um direito fundamental (menos ainda um direito fundamental titulado pelos próprios entes autárquicos), pela proximidade que apresenta ao princípio democrático e aos direitos de participação política, a garantia constitucional da autonomia local acompanha, em termos muito próximos (*eines Grundrecht vergleichbar*)[466], o regime dos direitos, liberdades e garantias, nomeadamente:

(i) Ao nível do regime das restrições (artigo 18.°, n.os 2 e 3, da CRP), em especial pela presença de um "modelo de regra e excepção a favor das autarquias locais"[467] e pela necessidade do cumprimento das exigências da proibição do excesso[468] e da proibição do arbítrio[469];

(ii) Ao nível da essencial similitude do regime de competência legislativa (que envolve um princípio geral de reserva relativa de competência parlamentar, várias reservas absolutas e ainda uma reserva de lei particularmente agravada)[470];

---

[466] Jarass / Pieroth, *Kommentar*, p. 669 (reportando-se também à posição de Maurer).

[467] Sobre este modelo de "Regel-Ausnahme-Verhältnis zugunsten der Gemeinden", Jarass / Pieroth, *Kommentar*, p. 670 (com indicações da jurisprudência constitucional); implicitamente, por referência à Carta Europeia da Autonomia Local, Carlos Blanco de Morais, «A dimensão interna do princípio da subsidiariedade no ordenamento português», in *ROA*, ano 58, II (1998), pp. 801, 816 [779-821].

[468] Jarass / Pieroth, *Kommentar*, pp. 674 ss.; Michael Nierhaus, «Art. 28», pp. 1054 ss.

[469] Muito trabalhado, embora sem grandes resultados [aqui, como no domínio dos direitos fundamentais (por todos, Jorge Reis Novais, *As restrições aos direitos fundamentais não expressamente autorizadas pela Constituição*, Coimbra, 2003, pp. 780 ss.; Melo Alexandrino, *Direitos Fundamentais...*, pp. 129 s.)], tem sido o tema da garantia do *conteúdo essencial* da autonomia local: na doutrina alemã, de onde é originária a doutrina, entre muitos, Jarass / Pieroth, *Kommentar*, pp. 674 ss.; Michael Nierhaus, «Art. 28», pp. 1054 ss.; na espanhola, Joaquín García Morillo, *La configuración constitucional...*, pp. 24 ss.; Pablo Pérez Tremps, *La defensa de la autonomía local ante el Tribunal Constitucional*, Madrid / Barcelona, 1998, p. 22; Luciano Parejo Alfonso, «La autonomia local...», pp. 40 ss.; entre nós, por último, André Folque, *A Tutela...*, pp. 145 ss., com indicações.

[470] V. *supra*, n.° 2.3.7.

(iii) Ao nível do regime de revisão constitucional (artigo 288.° da CRP) que, num caso como no outro, deve ser habilmente entendido[471];

(iv) Ao nível da equivalente inaplicabilidade de um princípio geral de não-retrocesso[472] (salvo quanto ao respectivo conteúdo mínimo), o que, em homenagem aos princípios já referidos, supõe a «necessidade de justificação específica das medidas de retrocesso»[473].

6.3.2. Por fim, para além do acervo de garantias ao dispor da generalidade dos sujeitos jurídicos (incluindo naturalmente aí as vias contenciosas e graciosas, internas e externas)[474], poderíamos arrolar entre as *garantias* da autonomia local: (a) a atribuição, por razões lógicas e sistemáticas, ao estatuto das autarquias locais da *função* de lei de valor reforçado; (b) a proibição ao Governo do uso da via regulamentar na parte em que exceda o seu estatuto de entidade tutelar; (c) a garantia oferecida pela Carta de Europeia de Autonomia Local e pelas normas de costume internacional regional relevantes; e (d) ainda a garantia de uma estrita delimitação da tutela administrativa (v. *infra*, n.° 12.2.).

Em primeiro lugar, quanto ao *estatuto das autarquias locais*, ainda que fosse preferível elevar essa lei à categoria de lei orgânica ou colocá-la pelo menos na esfera da reserva absoluta de competência legislativa da Assembleia da República, deve entender-se que satisfaz o derradeiro critério referido no artigo 112.°, n.° 2, da CRP (leis que, por força da Cons-

---

[471] Por todos, Melo Alexandrino, *A estruturação...*, vol. II, pp. 335 ss.; Rui Medeiros, «Artigo 288.°», in Jorge Miranda / Rui Medeiros, *Constituição Portuguesa...*, tomo III, pp. 929-950.

[472] Assim, quanto à descentralização territorial autárquica, Rui Machete, «O Poder Local...», p. 571; Paulo Otero, *O poder de substituição...*, vol. II, pp. 679, 692 s.; André Folque, *A Tutela...*, pp. 42 s., 48 s.; Jorge Miranda, «Artigo 237.°», p. 457; contra, José Manuel Sérvulo Correia / Jorge Bacelar Gouveia, «Parecer» (1996), in Diogo Freitas do Amaral / *et al.*, *Direito do ordenamento do território e Constituição (a inconstitucionalidade do Decreto-Lei n.° 351/93, de 7 de Outubro)*, Coimbra, 1998, p. 139 [63-153]; Freitas do Amaral, *Curso...*, vol. I^2, p. 910; quanto aos direitos fundamentais, Melo Alexandrino, *A estruturação...*, vol. II, pp. 540, 607 ss.; Id., *Direitos Fundamentais...*, p. 148, com indicações; Jorge Miranda, *Manual...*, tomo IV, pp. 435 ss.

[473] Vital Moreira, *Administração Autónoma...*, p. 248.

[474] Sobre esta matéria, na doutrina alemã, Jarass / Pieroth, *Kommentar*, pp. 675 s.

tituição, "por outras devam ser respeitadas")[475] para se considerar uma lei de valor reforçado[476].

A evidente *função paramétrica* dessa disciplina legislativa reside na circunstância de, em caso de desrespeito ou de desvio à norma estatutária concretamente em vigor por parte de uma lei não-estatutária, ficar em crise a *configuração forte* que a Constituição pretendeu assegurar a esse estatuto[477], donde necessariamente o esvaziamento e a fraude à garantia constitucional da autonomia local. Na função, vai ainda envolvida uma *advertência* ao legislador para que não afecte inadvertidamente o estatuto das autarquias locais[478] (sob pena de se tornar mais grave ainda a omissão de mecanismos de impugnação da legalidade de leis por violação dos *direitos* das autarquias *consagrados no seu estatuto*)[479].

Em segundo lugar, a proibição ao Governo do uso da via regulamentar sempre que este possa ofender a autonomia de orientação das autarquias afigura-se uma inferência necessária dos princípios fundamentais do ordenamento local[480].

---

[475] E lei reforçada em *sentido impróprio* (por materialmente paramétrica), no sistema doutrinário de Carlos Blanco de Morais (por último, *Curso de Direito Constitucional*, tomo I, Coimbra, 2008, pp. 278 ss., 296 ss.); ainda sobre o sentido do preceito constitucional, Jorge Miranda, *Manual de Direito Constitucional*, tomo V – *Actividade constitucional do Estado*, 3.ª ed., Coimbra, 2004, pp. 356 segs.; Alexandre Sousa Pinheiro, «Artigo 112.°», in Paulo Otero (coord.), *Comentário à Constituição Portuguesa*, vol. III, 1.° tomo – *Princípios Gerais da Organização do Poder Político*, Coimbra, 2008, pp. 151 segs.

[476] Sérvulo Correia, *Legalidade...*, pp. 275 ss.; Melo Alexandrino, «O défice de protecção...», p. 19; Luís Pereira Coutinho, *O problema das atribuições...*, p. 10.

[477] Ou seja, *pelo menos*, à definição das atribuições, organização e competência dos órgãos (artigo 237.°, n.° 1), à definição do quadro patrimonial e financeiro (artigo 238.°) e à definição do regime da tutela administrativa (242.°).

Por razões sistemáticas, dada autonomização feita no artigo 164.° da CRP, nem a lei eleitoral nem o estatuto dos titulares dos órgãos reentram, enquanto tais, no âmbito do estatuto das autarquias locais.

[478] Esse sentido e essa função de advertência (*Warnfunktion*) são inteiramente corroborados pelo disposto no artigo 168.°, n.° 4, *in fine*, da CRP, mas não menos pela imposição geral constante do artigo 4.° da Carta Europeia da Autonomia Local.

[479] Como os que existem para a administração das regiões autónomas [artigo 281.°, n.° 1, alínea *d*), e n.° 2, alínea *g*), da CRP].

[480] Com esta sensibilidade, Sérvulo Correia, *Legalidade...*, pp. 276 s.; Paulo Otero, *O poder de substituição...*, vol. II, pp. 609 s.; Ana Gonçalves Moniz, «A titularidade...», pp. 544 s.; Mário Aroso de Almeida, «Os regulamentos no ordenamento jurídico português», in *Estudos Comemorativos dos 10 Anos da Faculdade de Direito da Universidade*

Por seu turno, à luz da preferência aplicativa sobre a lei ordinária posterior, as normas de direito internacional, sejam elas costumeiras ou convencionais, na medida em que concretizem garantias específicas da autonomia local[481], desempenham identicamente uma função de protecção, designadamente contra intervenções do legislador ofensivas do conteúdo da autonomia local garantido ao nível jusinternacional[482].

Justamente, num ponto capital[483] (embora não seja o único a revelar uma não inteira sintonia entre as soluções internas e as da CEAL)[484], a Carta Europeia de Autonomia Local não logrou ainda obter concretização no ordenamento interno: o da tutela jurisdicional.

Segundo o artigo 11.° da CEAL, "as autarquias locais devem ter o direito de recorrer judicialmente, a fim de assegurar o livre exercício das suas atribuições e o respeito pelos princípios de autonomia local que estão consagrados na Constituição ou na legislação interna"[485]. Como tentámos recentemente demonstrar[486], pressupondo que tanto o poder local como a autonomia local requerem um nível de tutela apropriado, designadamente perante ofensas perpetradas pelo legislador contra o núcleo das prerrogativas autárquicas, não pode deixar de concluir-se pela existência de um claro *défice de protecção do poder local*[487], uma vez que as autarquias

---

Nova de Lisboa, vol. I, Coimbra, 2007, p. 525 [503-527]; Rui Medeiros, «Artigo 241.°», in Jorge Miranda / Rui Medeiros, *Constituição Portuguesa*..., tomo III, p. 491, com amplas indicações; José Figueiredo Dias / Fernanda Paula Oliveira, *Noções Fundamentais*..., p. 72; Melo Alexandrino, «O défice de protecção...», p. 20.

Em compensação, não parece ser necessário partir da concepção restrita do universo das leis que podem servir de instrumento à tutela administrativa (como apenas as que fixarem as atribuições e competências), como defendeu Sérvulo Correia (cfr. *Legalidade*..., pp. 279 s.; em termos críticos, António Cândido de Oliveira, *Direito das Autarquias*..., pp. 250 ss.).

[481] Luciano Parejo Alfonso, «La autonomia local...», pp. 110 ss.

[482] Luciano Parejo Alfonso, «La autonomia local...», pp. 107 ss.

[483] Luciano Parejo Alfonso, «La autonomia local...», p. 115.

[484] Dois outros aspectos prendem-se com a insuficiente definição legal das atribuições fundamentais das autarquias locais (imposta pelo artigo 4.°, n.° 1, da CEAL) e com o facto de tanto a assembleia municipal como a assembleia regional não serem inteiramente eleitas por sufrágio directo (ao invés do que resulta do artigo 3.°, n.° 2, da CEAL) – sobre esses problemas, v. *infra*, n.os 9.3. e 11.2.

[485] Melo Alexandrino, «O défice de protecção...», pp. 20 ss., com outras indicações.

[486] Melo Alexandrino, «O défice de protecção...», pp. 13 ss., 25 ss.

[487] Melo Alexandrino, «O défice de protecção...», pp. 21, 25, 27.

locais portuguesas não dispõem de nenhum mecanismo próprio (mediato ou imediato) de acesso ao Tribunal Constitucional contra actos legislativos lesivos da autonomia local[488].

A situação não deixa aliás de ser contraditória, perante a valorização constitucional evidente da autonomia local, no confronto com outros ordenamentos (e mesmo no confronto com o período pré-constitucional e com a fase de vigência da Constituição de 1911), e pelo facto de em Portugal não se ter instituído (como na Alemanha ou na Espanha) nenhum mecanismo específico de protecção, nem se terem introduzido mecanismos alternativos compensatórios (como acabou por ocorrer na França ou na Itália), negligenciando assim por completo a protecção jurisdicional da dimensão política dos entes locais[489].

6.4. Autonomia local e conceitos afins

Foi Ortega y Gasset quem, em célebres lições, aludiu às estranhas aventuras que acontecem às verdades[490], mas também aos conceitos – que têm de ser afiados, reformados (e, por vezes, estreados)[491].

Vem isto a propósito de termos agora pela frente uma batalha entre conceitos, todos eles com "a sua carga própria" (Schmidt-Aßmann) e que pretendemos confrontar com o de autonomia local: *self-government*, autarquia, administração autónoma, descentralização e subsidiariedade são realidades que, por terem atravessado o espaço e o tempo, bem como as mais diversas formas políticas, são portadoras de uma história recheada de acidentes.

Reunindo por isso factores tão distintos como o espaço, o tempo, o regime político e a cultura jurídica e analisando essa fenomenologia ao longo de todo o processo de afirmação, migração e transformação, conceitos como os referidos podem ter passado por uma ou várias *vicissitu-*

---

[488] Sobre as soluções possíveis, perante as lições do direito comparado, Melo Alexandrino, «O défice de protecção...», pp. 26 s.

[489] Melo Alexandrino, «O défice de protecção...», p. 27.

[490] Ortega e Gasset, *Qué es filosofía?* (1929...), trad. de José Bento, *O que é a filosofia?*, s.l., 2007, pp. 15 ss.

[491] Ortega e Gasset, *O que é a filosofia?*, pp. 135, 141 e 161, respectivamente.

des, nomeadamente: a ampliação; a redução; a mutação; a novação; o esvaziamento; o abandono.

Foram objecto de *ampliação* designadamente os conceitos de "descentralização" (tanto na França[492], onde o facto é óbvio, como um pouco em todos os ordenamentos[493], ainda que hoje se verifique uma forte corrente doutrinária favorável a um regresso às origens)[494] e de "administração autónoma" (o fenómeno é marcante na Alemanha[495], sendo que a génese do conceito nesse país se deveu à importação da ideia de *self-government*, que já não era aliás a vigente à época na Inglaterra e que sofreu por assim dizer uma *mutação* à partida)[496].

O conceito de "autarquia", depois de *abandonado* pela pátria de origem (a Itália)[497] foi objecto de *redução*, por exemplo, na Espanha (que se ficou pelo conceito jurídico-formal de autarquia, ou seja, a capacidade de praticar actos definitivos e executórios)[498] e no Brasil (onde permanece com o sentido de mera autarquia institucional)[499], ao passo que em Portugal[500], na passagem da Constituição de 1933[501] para a de 1976, o conceito então em uso sofreu *novação*, restaurando-se o sentido forte de autarquia local[502].

Sofreram *mutações*, por exemplo, os conceitos de "descentralização" (em toda a Europa ocidental, até pelo menos ao final da II Guerra Mun-

---

[492] Vital Moreira, *Administração Autónoma*..., pp. 144 s.

[493] Falando a este propósito em "dilatação" do conceito de descentralização, Afonso Rodrigues Queiró, «Descentralização», in *DJAP*, vol. III (1990), p. 572 [569-574]; quanto ao fenómeno entre nós, Vital Moreira, *Administração Autónoma*..., pp. 153 ss.

[494] Entre nós, a purificação deve-se antes de mais a autores da Escola de Coimbra (Baptista Machado, Afonso Queiró, Casalta Nabais, Vital Moreira).

[495] Por todos, Vital Moreira, *Administração Autónoma*..., pp. 55-73, 146.

[496] André Gonçalves Pereira, *Contribuição*..., pp. 130 ss.; Casalta Nabais, «A autonomia local...», pp. 146 ss.; Vital Moreira, *Administração Autónoma*..., pp. 55 s., 67.

[497] Que, por seu lado, o gerara por transformação da doutrina alemã da *Selbstverwaltung* (cfr. Casalta Nabais, «A autonomia local...», p. 144).

[498] Vital Moreira, *Administração Autónoma*..., p. 69, nota 70.

[499] Vital Moreira, «O poder local...», p. 281.

[500] Sobre a primeira importação, Vital Moreira, *Administração Autónoma*..., p. 94.

[501] Nesta Constituição, os entes locais «receberam a designação quando justamente deixaram de ser verdadeiras autarquias» (cfr. Vital Moreira, *Administração Autónoma*..., p. 97).

[502] Casalta Nabais, «A autonomia local...», pp. 151 ss.; Vital Moreira, *Administração Autónoma*..., p. 97.

dial) e de "autarquia"[503] (na Itália durante o fascismo, em Portugal durante o Estado Novo)[504].

Foi objecto de *esvaziamento* (ou mesmo, de neutralização) o conceito de "descentralização" em Itália[505], tal como de algum modo se deu um progressivo esvaziamento do conceito de "administração autónoma" na Alemanha (onde uma forte corrente doutrinária chega a admitir alargamentos à auto-administração civil)[506].

Foi *abandonado*, há muitos séculos, o sentido originário da "autonomia" como característica essencial da *polis* (como soberania)[507], tal como, na doutrina italiana, se perdeu contacto há meio século com o conceito de "autarquia"[508].

6.4.1. O conceito de *self-government*

Escreve Vital Moreira que «[a] noção tradicional de "autogoverno local" na Grã-Bretanha designava o exercício de funções administrativas do *Estado* a nível local, por parte de residentes locais, primeiro nomeados pela Coroa (isto é, pelo Governo), depois eleitos, mas sempre a título honorário. Tratava-se no fundo de formas de *administração local do Estado* – e não de verdadeira administração municipal autónoma – por meio de funcionários honorários (e não por oficiais da coroa) dotados de poderes próprios, independentes face aos ministros e só controlados pelos tribunais»[509].

Se é um facto que este modelo tradicional contrasta com a noção continental de autarquia local (emergente no século XIX) e que a partir da *Municipal Reform Act* de 1836 se dá uma grande viragem no ordenamento local inglês[510], divergimos da explicação em dois aspectos.

---

503 José Casalta Nabais considera esse um caso de *esvaziamento* (cfr. «A autonomia local...», p. 150); Vital Moreira um caso de *neutralização* (cfr. «O poder local...», p. 281).

504 Vital Moreira, *Administração Autónoma*..., pp. 95 ss.; Id., «O poder local...», p. 280.

505 Vital Moreira, *Administração Autónoma*..., p. 152.

506 Vital Moreira, *Administração Autónoma*..., pp. 84 ss., com amplas indicações.

507 André Gonçalves Pereira, *Contribuição*..., pp. 123 ss.; Casalta Nabais, «A autonomia local...», pp. 112 ss.

508 Vital Moreira, *Administração Autónoma*..., pp. 68, 97 (com outras indicações).

509 Vital Moreira, *Administração Autónoma*..., pp. 66 s. [itálicos originais].

510 Vital Moreira, *Administração Autónoma*..., p. 67; Casalta Nabais, «A autonomia local...», p. 148.

Por um lado, por faltar aí «uma autêntica administração central»[511], não nos parece acertado dizer que se tratasse do desempenho de funções administrativas *do Estado* ou de formas de *administração local do Estado*: como escreveu André Gonçalves Pereira, «[n]o pensamento jurídico inglês a ideia de self-government desenvolveu-se como um atributo de entidades locais com direitos próprios, com faculdades não concedidas pelo poder central, embora progressivamente limitadas por este. Assim, a juridicidade da norma local não decorre de delegação do Estado, mas parte da periferia para o centro, do Povo para a Corôa, que representam dois centros da vida jurídica própria e separada, ao contrário do que sucede no Continente, em que se afirma o Estado como único centro de emanação do Direito, directamente ou por recepção de outras ordens por ele fundadas»[512].

Em segundo lugar, temos dúvidas de que o *local government*[513] se possa ter tornado referência da descentralização[514], por nos parecer que, no caso inglês, a autonomia local não corresponde, nem na sua matriz nem no seu desenvolvimento, a manifestação ou resultado da descentralização[515]: o governo local surgiu «[n]ão de uma qualquer descentralização em relação ao poder absoluto da Coroa, mas da democratização das autoridades locais que gozavam já de autonomia, mas não possuíam órgãos eleitos»[516].

Em suma, face ao conceito dado de autonomia local, o conceito de *self-government* distingue-se: (i) por ser um fenómeno *especificamente britânico* (ou melhor, anglo-galês), moldado segundo as grandes fases da respectiva experiência constitucional (maior controlo até à *Glorious Revolution*; maior liberdade das autoridades locais, mas sem suporte democrático representativo até 1836; introdução de mecanismos democrático-representativos a partir de então e com várias reformas, em especial as

---

[511] Casalta Nabais, «A autonomia local...», p. 148.

[512] André Gonçalves Pereira, *Contribuição*..., pp. 129 s.

[513] Como dissemos no início é esta a terminologia hoje corrente (assim também, Casalta Nabais, «A autonomia local...», p. 148, nota 75).

[514] Sobre a definição (e distinção entre) administração local, *self-government* e descentralização, David Wilson / Chris Game, *Local Government*..., pp. 25 s.

[515] Neste sentido, André Gonçalves Pereira, *Contribuição*..., pp. 129 s.; Casalta Nabais, «A autonomia local...», pp. 148 ss.; António Cândido de Oliveira, *A Democracia*..., pp. 101 ss.

[516] António Cândido de Oliveira, *A Democracia*..., p. 101.

promovidas no final do século XIX e também no final do século XX)[517]; (ii) pelo facto da autonomia local nesse sistema *não ter resultado da descentralização*, mas do desenvolvimento de um modelo dual ou competitivo[518]; (iii) pelo facto de a noção tradicional de *self-government* se apresentar afinal como contraposta à de autonomia[519]; (iv) todavia, sem esquecer que foi a noção de *self-government* que esteve na base do conceito alemão de administração autónoma (*Selbstverwaltung*)[520] e, através desse, também do conceito italiano de autarquia (*autarchia*), ao qual passamos.

6.4.2. O conceito de autarquia

Na sua raiz etimológica, o termo autarquia (αυτάρχεια) significa auto-suficiência, independência, a característica daquele que se basta a si próprio[521]; similarmente, «[o] termo autarquia tem na nomenclatura económica e sociológica um significado preciso – é a qualidade da comunidade que se basta a si própria – sinónimo de auto-suficiência. Na moderna doutrina italiana porém o termo toma um significado jurídico particular, referindo-se à faculdade de os entes descentralizados se administrarem a si próprios»[522].

---

[517] William Wade, *Administrative Law*, pp. 102 ss.; Paul Craig, *Administrative Law*, pp. 167 ss.; Ramón Parada, *Derecho Administrativo II – Organización y empleo publico*, 17.ª ed., Madrid, 2004, pp. 138 ss.; António Cândido de Oliveira, *A Democracia...*, pp. 100 ss.; David Wilson / Chris Game, *Local Government...*, pp. 49 ss.

[518] Por último, Jack Beermann, «The Law and Politics in the Local Government in the United States», in António Cândido de Oliveira (coord.), *30 Anos de Poder Local...*, pp. 331 ss. [330-351].

[519] Neste sentido, André Gonçalves Pereira, *Contribuição...*, p. 130.

[520] Vital Moreira, *Administração Autónoma...*, p. 67.

[521] António de Castro Caeiro, [Notas] in Aristóteles, *Ética a Nicómaco*, 2.ª ed., Lisboa, 2009, p. 287, nota 42.

[522] André Gonçalves Pereira, *Contribuição...*, p. 135.

Apesar do que sintetizamos no texto, o conceito originário de autarquia, cuja introdução parece dever-se a Santi Romano, parece descrever meras formas de administração indirecta; além disso, partindo da ideia de interesses sobrepostos, a autarquia é justamente definida como a «capacidade que tem um ente jurídico de administrar interesses que são, ao mesmo tempo, próprios e do Estado» (cfr. António Cândido de Oliveira, *Direito das Autarquias...*, pp. 99 s., com todas as indicações relevantes).

Na explicação de José Casalta Nabais, «[o] conceito de autarquia foi recebido entre nós a partir da elaboração que dele fez a doutrina italiana, elaboração essa que, por sua vez, teve como base a doutrina alemã da *Selbstverwaltung*»[523]. A doutrina alemã, por seu lado, tentara traduzir o sentido das reformas comunais de inícios do século XIX, nomeadamente a introdução do eleitorado local e a concessão aos entes locais de uma esfera de assuntos próprios (*eigene Angelegenheiten*), de onde resultara a ideia de *um espaço de auto-administração onde o Governo não poderia interferir*, salvo para tutela da mera legalidade[524-525]. Com o termo da II Guerra Mundial, foi possível um retorno ao conceito originário[526], vindo a autarquia «[a] ser concebida como a capacidade de uma comunidade para se administrar a si própria, mediante o desenvolvimento de uma actividade com a mesma natureza e eficácia jurídica da actividade administrativa do Estado»[527]. No final, o Professor de Coimbra entende que autonomia local e autarquia local são expressões sinónimas[528].

À luz dos dados históricos, culturais, linguísticos e jurídico-positivos[529] e olhando à fixação dada à expressão "autarquia [local]" pelo ordenamento português posterior a 1976, parece-nos haver lugar a uma distin-

---

[523] Casalta Nabais, «A autonomia local...», p. 144.

[524] Casalta Nabais, «A autonomia local...», pp. 144 s.

[525] Na evolução subsequente, em meados do século XIX, havia já um conceito jurídico e um conceito político de autarquia: «[em sentido jurídico a] autarquia consiste no reconhecimento pelo Estado de uma comunidade política não soberana; em sentido político, a autarquia tem a ver com uma dada organização interna das comunidades autárquicas» (Casalta Nabais, «A autonomia local...», p. 146).

[526] Casalta Nabais, «A autonomia local...», pp. 151 ss.

[527] Casalta Nabais, «A autonomia local...», p. 153, com amplas indicações.

[528] Casalta Nabais, «A autonomia local...», p. 155.

Ainda sobre o conceito doutrinário de autarquia, em sentido próximo do descrito, André Gonçalves Pereira, *Contribuição...*, pp. 135 s.; Vital Moreira, *Administração Autónoma...*, pp. 67 ss., 95 ss.; na doutrina italiana (onde o termo nem sequer figura nos manuais mais recentes), Enrico Gustapane, «Autarchia. Profilo storico di un termine in disuso», in *Rivista trimestrale di diritto pubblico*, 1, (1980), pp. 200-210; Francesco Staderini, *Diritto...*, pp. 16 ss.

[529] O conceito de "autarquia local" foi introduzido no ordenamento positivo português em 1933 (cfr. Marcello Caetano, *Manual...*, vol. I, p. 192; Jorge Miranda, «Artigo 235.°», p. 444), sendo então configurado em termos mínimos (cfr. Vital Moreira, «O poder local...», p. 281); com a Constituição de 1976, o conceito sofreu uma ampliação (não ao ponto de envolver as autarquias institucionais) e um aprofundamento (agora no sentido da democraticidade, da independência e da auto-responsabilidade).

ção entre autonomia local e autarquia local, que passa pelo seguinte: (i) o conceito de autarquia local é mais amplo do que o de autonomia local (uma vez que este constitui dimensão material[530] do primeiro); (ii) ao passo que a autonomia local descreve a essência do poder local, autarquia local descreve primariamente o suporte institucional e organizativo da primeira (ou seja, o *ente territorial autárquico*, afinal o primeiro beneficiário da autonomia local)[531]; (iii) por último, se a autarquia local pressupõe *necessariamente* a autonomia local (traduzindo os correspondentes poderes públicos elemento implícito daquela)[532], esta pode conhecer várias formas e distintos graus de realização (baste pensar nos desenvolvimentos registados nos últimos anos em Itália[533] ou na distinta medida de autonomia existente entre os municípios e as freguesias).

6.4.3. O conceito de administração autónoma

Fazendo nossa a lição de Vital Moreira, «[a] administração autónoma consiste na administração de interesses públicos, próprios de certas colectividades ou agrupamentos infra-estaduais (de natureza territorial, profissional ou outra), por meio de corporações de direito público ou outras formas de organização representativa, dotadas de poderes administrativos, que exercem sob responsabilidade própria, sem sujeição a um poder de direcção ou de superintendência do Estado nem a formas de tutela de mérito»[534].

Para o publicista de Coimbra, constituem elementos constitutivos do conceito: (*a*) a presença de uma colectividade infra-estadual (cujos membros partilhem uma característica relevante sob ponto de vista dos fins

---

[530] Vital Moreira, *Administração Autónoma*..., p. 68.

[531] Realçando esse traço da personificação, Jorge Miranda, *Manual*..., tomo III, pp. 224, 229.

[532] V. *infra*, n.º 7.6.

[533] Por último, Silvia Bolgherini, «Os presidentes de Câmara italianos: uma revolução de compromisso», in *Revista Crítica de Ciências Sociais*, 77 (2007), pp. 81-100; Luciano Vandelli, *Il sistema*..., pp. 28 ss., 35 ss., 50 s.

[534] Vital Moreira, *Administração Autónoma*..., pp. 78 s.; em termos próximos, Freitas do Amaral, *Curso*..., vol. I^3, pp. 419 s.; Luís Pereira Coutinho, *As Faculdades*..., pp. 61 s., nota 95; Id., *O problema das atribuições*..., pp. 3 ss.; André Folque, *A Tutela*..., p. 118.

administrativos)[535]; (*b*) os interesses próprios (ainda que este elemento tenha sofrido algum desgaste na doutrina)[536]; (*c*) o autogoverno (o que implica forçosamente o elemento democrático)[537]; (*d*) a responsabilidade própria (no sentido de serem esses entes que estabelecem a sua própria orientação, livres de orientações estaduais e de tutela de mérito)[538]; e (*e*) o facto de se situar forçosamente no âmbito da Administração Pública (excluindo por isso a ideia de administração autónoma privada)[539].

Quanto ao respectivo formato institucional, dentro da administração autónoma, há a distinguir desde logo entre a administração autónoma territorial (envolvendo, entre nós, a administração regional e a administração autárquica) e a não territorial (envolvendo as universidades públicas e as corporações públicas)[540].

Como distinguir então a administração autónoma da autonomia local? A resposta passa pelo seguinte[541]: (i) autonomia local traduz a [componente material da] forma mais qualificada de administração autónoma, mas não a esgota; (ii) sendo uma espécie dentro do género "administração autónoma", cujos elementos constitutivos tem de reunir, a administração territorial (autárquica) distingue-se das demais formas de administração autónoma por um conjunto de *traços particulares* (v. *infra*, n.° 7.1.1.).

6.4.4. O conceito de descentralização administrativa

Poucos conceitos têm tido uma vida tão atribulada como o de descentralização administrativa[542]. Muito trabalhado na doutrina[543] e tendo

---

[535] Vital Moreira, *Administração Autónoma*..., p. 79.

[536] Vital Moreira, *Administração Autónoma*..., p. 81.

[537] Vital Moreira, *Administração Autónoma*..., pp. 82 s.

[538] Vital Moreira, *Administração Autónoma*..., p. 83.

[539] Vital Moreira, *Administração Autónoma*..., p. 85.

[540] Vital Moreira, *Administração Autónoma*..., pp. 93 s., 137 ss.

[541] Cfr. Vital Moreira, *Administração Autónoma*..., p. 139 s.

[542] Com a utilização desta expressão, afastamos de imediato da análise uma outra modalidade de descentralização, a descentralização *político-administrativa* (cfr. Paulo Otero, *O poder de substituição*..., vol. II, p. 704). Entre as diferenças marcantes de cada uma dessas *duas modalidades* de descentralização, perspectivadas a partir da descentralização político-administrativa, podem referir-se (*ibidem*, pp. 705 ss.): 1) a mesma não está circunscrita à função administrativa (produzindo efeitos sobre a própria forma de Estado);

sido objecto de sucessivos e generalizados alargamentos, a noção de descentralização esvaziou-se quase totalmente em certos ordenamentos (como o italiano) e em certas utilizações, o que agravou a sua feição polissémica.

Passando adiante relativamente à génese, evolução e configuração da ideia no texto constitucional de 1976[544], é possível apesar de tudo trilhar um caminho de purificação conceptual[545], operação que tem de partir de uma distinção básica entre um *conceito estrito* e um *conceito impróprio* de descentralização[546]: «[e]m sentido estrito, a descentralização exige a sepa-

---

2) envolve poderes de iniciativa reservada, nomeadamente na alteração da norma estatutária; 3) o estatuto regional constitui uma lei hiper-reforçada, cuja violação por qualquer outro acto legislativo importa sempre pelo menos ilegalidade; 4) a autonomia regional envolve a garantia de acesso directo ao Tribunal Constitucional, em caso de violação dos direitos da região; 5) pressupõe um modelo de relacionamento horizontal com o Estado (neutralizando por isso os princípios da eficácia e da unidade de acção administrativa previstos no artigo 267.°, n.° 2, da CRP).

Com uma proposta distinta (no plano conceptual e terminológico) da que é apresentada entre nós pela generalidade da doutrina, partindo do superconceito de *descentração*, Casalta Nabais, «A autonomia local...», pp. 177 ss.; Id., *A autonomia financeira...*, pp. 16 ss. (o Autor vem a qualificar a descentralização política como *desconcentração política* e a administração indirecta como *desconcentração administrativa*).

[543] Baptista Machado, «Participação e descentralização», pp. 6 ss.; Sérvulo Correia, *Noções...*, vol. I, pp. 125 ss.; Paulo Otero, *O poder de substituição...*, vol. II, p. 711; Id., *Direito Administrativo – Relatório...*, pp. 319, 328 ss.; Vital Moreira, *Administração Autónoma...*, pp. 93 s., 122 ss., 137 ss.; Marcelo Rebelo de Sousa, *Lições...*, pp. 307 ss.; Ana Fernanda Neves, «Os institutos públicos e a descentralização administrativa», in *Estudos em Homenagem ao Professor Doutor Inocêncio Galvão Telles*, vol. V – *Direito Público e Vária*, Coimbra, 2003, pp. 533 ss. [495-539]; Marcelo Rebelo de Sousa / Salgado de Matos, *Direito Administrativo...*, tomo I[3], pp. 145 ss.; Jorge Miranda, *Manual...*, tomo III, p. 224; Id., «Artigo 235.°», in Jorge Miranda / Rui Medeiros, *Constituição Portuguesa...*, tomo III, p. 446; Rui Guerra da Fonseca, *Autonomia estatutária das empresas públicas e descentralização administrativa*, Coimbra, 2005, p. 89; António Cândido de Oliveira, «Democracia Local», pp. 41 s.; Lúcia Amaral, *A Forma da República...*, pp. 378 ss.; Gomes Canotilho / Vital Moreira, *Constituição...*, vol. I[4], pp. 234 ss.; Casalta Nabais, *A autonomia financeira...*, pp. 18, 19; Melo Alexandrino, «O défice de protecção...», p. 14.

[544] Destaca-se, quanto ao instante fundador do texto de 1976, a explicação apresentada por Paulo Otero (cfr. *O poder de substituição...*, vol. II, pp. 680-704); para uma nota crítica, Jorge Miranda, *Manual...*, tomo III, pp. 211 s.

[545] Sobre o percurso do conceito na doutrina mais significativa dos dois últimos séculos, Vital Moreira, *Administração Autónoma...*, pp. 142-161.

[546] Ao lado destes, seria ainda possível referir um conceito *ultra-restrito* e um conceito *amplíssimo*: (i) ultra-restrito, quando se reduza a descentralização à administração

ração de certos domínios da administração central e a sua entrega a entidades autónomas possuidoras de interesses colectivos próprios»[547]; num sentido impróprio a descentralização abrange «[t]odas as formas de transferência de poderes estaduais para outras entidades jurídicas públicas com ou sem base pessoal, com ou sem interesses próprios, incluindo as criadas sobretudo pelo Estado para melhor desempenho das suas tarefas, como é o caso dos institutos públicos e das empresas públicas»[548].

A "descentralização administrativa" em sentido estrito tem correspondência com o conceito de administração autónoma, envolvendo basicamente três categorias de entes públicos: as autarquias locais, as universidades públicas e as associações públicas[549]. Distingue-se do conceito de autonomia local[550] (1) por ser um conceito *mais abrangente*[551], (2) por ser a expressão mais directa do *pluralismo* exigido pelo princípio do Estado de direito democrático[552], (3) por ter um *conteúdo jurídico menos denso* do que o princípio da autonomia local[553] e (4), por último, pela importante função que lhe é conferida no artigo 237.°, n.° 2, da Constituição (na

---

territorial autárquica (*v. g.* Baptista Machado, «Participação e Descentralização», p. 6; Sérvulo Correia, *Noções*..., vol. I, p. 127; Jorge Miranda, *Manual*..., tomo III, pp. 231 s.); (ii) «numa noção amplíssima, exclusiva da doutrina italiana, descentralização é todo o exercício de funções administrativas por serviços ou organismos não integrados na administração central, mesmo sem personalidade jurídica» (cfr. Vital Moreira, *Administração Autónoma*..., p. 157).

O conceito proposto de descentralização em sentido estrito pode ser aplicável, no âmbito da administração autónoma territorial, com as devidas adaptações, a formas de *descentralização de 2.° grau* (a esse respeito, Rebordão Montalvo, *O processo de mudança*..., pp. 194 ss.; Marcelo Rebelo de Sousa / Salgado de Matos, *Direito Administrativo*..., tomo I³, pp. 146 s.).

[547] Gomes Canotilho / Vital Moreira, *Constituição*..., vol. I⁴, p. 234.

[548] *Ibidem*, p. 235.

[549] Considerando, na linha de Vital Moreira, que o poder local é a expressão mais acabada da administração autónoma, Lúcia Amaral, *A Forma da República*..., pp. 380, 382, 384; enfatizando, diversamente, a aproximação ao Estado e às regiões autónomas, Jorge Miranda, *Manual*..., tomo III, pp. 230 s.; Melo Alexandrino, «O défice de protecção...», pp. 13, 14 s., com indicações.

[550] André Folque, *A Tutela*..., pp. 45, 54.

[551] Segundo Marcelo Rebelo de Sousa, a autonomia local tem precedência lógica sobre a descentralização (cfr. «Distribuição pelos municípios...», p. 29).

[552] Por todos, Paulo Otero, *O poder de substituição*..., vol. II, pp. 544 ss., 673 ss., 711.

[553] Em sentido talvez excessivamente redutor, Jorge Miranda, *Manual*..., tomo III, pp. 232 ss.; Id., «Artigo 237.°», p. 457; André Folque, *A Tutela*..., pp. 34 ss.

medida em que a regulação das atribuições, da organização e das competências dos órgãos das autarquias locais deve ser feita *de harmonia* com o princípio da descentralização administrativa)[554].

6.4.5. O conceito de subsidiariedade

Nascido no domínio religioso (com a encíclica Quadragesimo Anno do Papa Pio XI)[555], o princípio da subsidiariedade progrediu depois para o domínio político e só mais tarde alcançou o terreno jurídico. Porém se, no primeiro plano, apresentava suficiente nitidez, no mundo do Direito, a ambiguidade, a problematicidade e a plasticidade do conceito têm sido a regra[556].

Curiosamente, foi no âmbito do direito internacional local que surgiu uma das suas primeiras e mais bem conseguidas expressões normativas, uma vez que foi a Carta Europeia da Autonomia Local a consagrar que "regra geral, o exercício das responsabilidades públicas deve incumbir, de preferência, às autoridades mais próximas dos cidadãos" e que "a atribuição de uma responsabilidade a uma outra autoridade deve ter em conta a amplitude e a natureza da tarefa e as exigências de eficácia e autonomia"[557].

---

[554] Jorge Miranda, «Artigo 237.°», pp. 453 ss.

[555] Maria Luísa Duarte, «A Constituição Portuguesa e o princípio da subsidiariedade – da positivação à sua concreta aplicação», in *Estudos de Direito da União Europeia e das Comunidades Europeias*, Coimbra, 2000, p. 108 [107-136]; Id., *União europeia e direitos fundamentais no espaço da Internormatividade,* Lisboa, 2006, pp. 236 ss.; Rute Gil Saraiva, *Sobre o Princípio da Subsidiariedade (Génese, evolução, interpretação e aplicação)*, Lisboa, 2001, pp. 19 ss.; Margarida Salema d'Oliveira Martins, *O princípio da subsidiariedade em perspectiva jurídico-política*, Coimbra, 2003, pp. 61 ss.; Marcelo Rebelo de Sousa / Salgado de Matos, *Direito Administrativo*..., tomo I^2, p. 148; Luís S. Cabral de Moncada, *Direito Económico*, 5.ª ed., Coimbra, 2007, pp. 280 ss.; Paulo Otero, *Legalidade*…, p. 864; Id., *Instituições Políticas e Constitucionais*, vol. I, Coimbra, 2007, p. 297; Blanco de Morais, *Curso*..., tomo I, p. 227.

[556] Fausto de Quadros, *O princípio da subsidiariedade no direito comunitário após o Tratado da União Europeia*, Coimbra, 1995; Alexandre de Sousa Pinheiro / Mário João de Brito Fernandes, *Comentário à IV revisão constitucional*, Lisboa, 1999, pp. 42 ss., 50 s.; Luísa Duarte, «A Constituição Portuguesa...», pp. 108, 135 s.; Margarida Salema d'Oliveira Martins, *O princípio da subsidiariedade*..., p. 17; Blanco de Morais, *Curso*..., tomo I, p. 227.

[557] Sobre a relevância desta previsão, Fausto de Quadros, *O princípio da subsidiariedade*..., pp. 64 ss.

Foi também no domínio do direito local que no plano interno surgiram as primeiras explicitações, nomeadamente[558] a do artigo 2.°, n.° 2, da Lei n.° 159/99, de 14 de Setembro (Lei quadro de transferência de atribuições e competências para as autarquias locais), nos termos do qual as atribuições e competências "devem ser exercidas pelo nível da administração melhor colocado para as prosseguir com racionalidade, eficácia e proximidade aos cidadãos".

Por seu lado, a Constituição, quando na revisão constitucional de 1997 explicitou esse princípio, numa técnica legislativa discutível[559], colocou-o no artigo 6.°, ao lado de uma série de outras realidades relativamente próximas (o regime autonómico, a autonomia das autarquias locais, a descentralização democrática da Administração Pública[560]); a isso acrescendo o facto de já na revisão constitucional de 1992 se ter previsto o princípio da subsidiariedade (na cláusula europeia então aditada ao artigo 7.°)[561], colocando-se desde logo a questão de saber se a Constituição acolhe um conceito unitário ou um conceito dualista da subsidiariedade[562].

Relativamente a esta questão, desde que se proceda a uma devida diferenciação entre o plano do *conceito* e o plano da *função* desempenhada pelas correspondentes regras constitucionais, não parece haver lugar para a construção de um conceito dualista do princípio da subsidiariedade[563]: se a função primária do artigo 7.°, n.° 6, é a de *limitar a transferência de poderes do Estado soberano* para a União Europeia (ou seja, a de garantir a soberania[564]), a função primária do artigo 6.°, n.° 1, é a de, no plano da distribuição vertical de poderes[565], *lembrar ao legislador o respeito por*

---

[558] Já anteriormente, veja-se o artigo 4.° da Lei n.° 56/91, de 13 de Agosto (Lei quadro das regiões administrativas).

[559] Assim, Blanco de Morais, «A dimensão interna...», p. 793; Id., *Curso*..., tomo I, pp. 232 ss.; Luísa Duarte, «A Constituição Portuguesa...», pp. 121 ss.

[560] De forma hesitante sobre o conceito de "descentralização democrática da Administração Pública", Gomes Canotilho / Vital Moreira, *Constituição*..., vol. I^{4}, pp. 234 s.

[561] Sobre o tema, Luísa Duarte, «A Constituição Portuguesa...», pp. 114 ss.; Margarida Salema d'Oliveira Martins, *O princípio da subsidiariedade*..., pp. 329 ss.

[562] Assim também, Luísa Duarte, «A Constituição Portuguesa...», p. 108.

[563] Diversamente, Margarida Salema d'Oliveira Martins, *O princípio da subsidiariedade*..., pp. 463, 474.

[564] Jorge Miranda, «Artigo 6.°», p. 78.

[565] Segundo Jorge Miranda, a cláusula do artigo 6.°, n.° 1, age a favor da descentralização (cfr. «Artigo 6.°», p. 78).

esse critério orientador (ou seja, a de garantir a poliarquia)[566]; por outro lado, a unidade deste conceito *relacional*[567] sempre poderia ser salva[568] por apelo às vertentes ou dimensões (interna e externa, especialmente)[569] do princípio[570] – seja como for, a diferente função dessas duas cláusulas constitucionais nada demonstra sobre a inexistência de um chão-comum.

Num plano mais vasto do que o da dimensão interna ou externa, a doutrina não tem deixado de referir as *duas vertentes principais* do princípio da subsidiariedade: (1) a limitação da esfera dos poderes públicos àquilo que não possa ser adequadamente deixado aos indivíduos e à sociedade (subsidiariedade *lato sensu*); (2) a limitação da esfera de competência do Estado central àquilo que não possa ser adequadamente confiado aos corpos públicos menores (ou subsidiariedade *stricto sensu*)[571]: num caso, a subsidiariedade não pressupõe sequer o poder público[572], pois respeita à delimitação das esferas da sociedade e do Estado; no outro, está

---

[566] No restante, aliás, as funções desses dois preceitos são idênticas: constituem *directivas permanentes*; constituem *critérios jurídico-políticos* de avaliação das decisões que envolvem transferência de atribuições soberanas ou distribuição vertical de poderes; em situações remotas, constituirão eventual *parâmetro de controlo* (com idênticas reservas, Luísa Duarte, «A Constituição Portuguesa...», pp. 115, 122, 136).

Sobre funções suplementares do princípio no âmbito europeu, Gomes Canotilho / Vital Moreira, *Constituição...*, vol. I[4], p. 246 (veja-se agora o disposto no *Protocolo relativo à aplicação dos princípios da subsidiariedade e da proporcionalidade*, anexos aos Tratados, na versão do Tratado de Lisboa).

[567] Gomes Canotilho, *Direito Constitucional e Teoria...*, p. 363.

[568] Como faz alguma doutrina (assim, Blanco de Morais, «A dimensão interna...», *passim*; Id., *Curso...*, tomo I, pp. 231 ss.).

[569] Há no entanto a referir que o princípio tem ainda uma dupla face (ou "duplo gume", na expressão de Blanco de Morais, ou "dupla dimensão", na expressão de Rebelo de Sousa e Salgado de Matos, ou ainda sentido ambivalente, na fórmula de Paulo Otero): uma dimensão limitadora e uma dimensão habilitadora (sobre o tópico, Luísa Duarte, «A Constituição Portuguesa...», pp. 109 s., 113, 121; Paulo Otero, *Legalidade...*, p. 866; Marcelo Rebelo de Sousa / Salgado de Matos, *Direito Administrativo...*, tomo I[3], p. 149).

[570] Por fim, na tese criticada, ao dualismo conceptual acresce uma inaceitável redução da operação do conceito às relações entre o Estado e a administração territorial autárquica (com exclusão da administração regional e com dúvidas relativamente à administração autónoma, institucional e corporativa).

[571] Vital Moreira, *Administração Autónoma...*, p. 249.

[572] Vital Moreira, *Administração Autónoma...*, pp. 249 s.

intimamente associada a todas as formas de descentralização, sem no entanto com ela se confundir[573].

A essas duas vertentes bem podemos então acrescentar uma *terceira*[574]: a limitação da esfera de poderes susceptíveis de atribuição à União Europeia àquilo que não possa ser adequadamente deixado aos Estados membros; nesta medida, se no artigo 7.°, n.° 6[575], está presente a terceira destas vertentes[576], no artigo 6.°, n.° 1, está presente a segunda[577]; seja como for, ambas exprimem uma ideia comum e ambas convergem no sentido da *limitação das esferas do poder mais distantes* das pessoas, em favor das estruturas democráticas de poder *mais próximas* do cidadão (*Bürgernähe*), sendo este o núcleo da noção jurídico-constitucional de subsidiariedade[578], mas também o chão-comum onde nasceu e sobrevive a referida primeira vertente conceito[579].

Na vertente que aqui mais interessa (a segunda)[580], o princípio da subsidiariedade distingue-se da garantia constitucional da autonomia local por diversos prismas: (*i*) *materialmente*, porque se trata de mero princípio «orientador do estatuto organizatório do Estado»[581], ao passo que a auto-

---

[573] Vital Moreira, *Administração Autónoma*..., p. 251; Jorge Miranda, «A Administração Pública...», p. 972 s.; Id., *Manual*..., tomo III, pp. 180 ss., 210 ss.; Margarida Salema d'Oliveira Martins, *O princípio da subsidiariedade*..., pp. 460 ss.; Marcelo Rebelo de Sousa / Salgado de Matos, *Direito Administrativo*..., tomo I³, p. 148.

[574] Falando expressamente numa "tripla área de incidência funcional", Paulo Otero, *Legalidade*..., p. 864.

[575] Por último, Jorge Miranda, «Artigo 7.°», in Jorge Miranda / Rui Medeiros, *Constituição Portuguesa*..., tomo I, p. 84; Gomes Canotilho / Vital Moreira, *Constituição*..., vol. I⁴, p. 245.

[576] A primeira está, apenas em parte, implícita no princípio, também implícito, da liberdade (cfr. Marcelo Rebelo de Sousa / Melo Alexandrino, *Constituição*..., pp. 72, 97; Jorge Miranda, *Manual*..., tomo III, 182; Melo Alexandrino, *A estruturação*..., vol. II, pp. 94, 525, 584); de forma mais restritiva, Vital Moreira, *Administração Autónoma*..., p. 250.

[577] Vital Moreira, *Administração Autónoma*..., p. 250.

[578] Jorge Miranda, «A Administração Pública...», p. 972; Gomes Canotilho, *Direito Constitucional e Teoria*..., pp. 362 s.; Gomes Canotilho / Vital Moreira, *Constituição*..., vol. I⁴, p. 234.

[579] Paulo Otero, *Legalidade*..., p. 866.

[580] Veja-se a definição proposta pelo Professor Jorge Miranda: «[p]rincípio segundo o qual o Estado só deve assumir as atribuições, as tarefas ou as incumbências que outras entidades existentes no seu âmbito e mais próximas das pessoas e dos seus problemas concretos – como os municípios ou as regiões – não possam assumir ou exercer mais eficazmente» (cfr. *Manual*..., tomo III, p. 180).

[581] Blanco de Morais, «A dimensão interna...», p. 790.

nomia local constitui um princípio basilar da Constituição; (*ii*) quanto à respectiva *força jurídica*, o princípio da subsidiariedade tem um carácter directivo[582] e *justamente* subsidiário[583], ao passo que a autonomia local, ainda que seja susceptível de afectações (artigo 242.°, n.° 2, da CRP)[584], reveste o carácter de garantia constitucional forte; (*iii*) no *plano formal*, não tem sentido aludir-se a um regime de protecção do princípio da subsidiariedade[585], ao passo que a garantia constitucional da autonomia local ocupa, por direito próprio, um lugar proeminente na arquitectura constitucional (estando protegida mesmo contra o poder de revisão constitucional); (*iv*) enfim, no *plano funcional*, a subsidiariedade serve sobretudo como *critério*[586] de avaliação das decisões políticas que envolvem transferência de atribuições e competências para os municípios e para as regiões administrativas (v. *infra*, n.° 9.5.), ao passo que a autonomia local, além de norma de base do ordenamento local, desempenha ainda importantes funções institucionais e de garantia.

---

[582] Luísa Duarte, «A Constituição Portuguesa...», p. 122; Gomes Canotilho / Vital Moreira, *Constituição...*, vol. I^4, p. 233; e ainda dependente de juízos circunstanciais (cfr. Jorge Miranda, *Manual...*, tomo III, p. 181).

[583] Blanco de Morais, «A dimensão interna...», p. 802; Id., *Curso...*, vol. I^3, p. 234; Luísa Duarte, «A Constituição Portuguesa...», p. 122; contra, Margarida Salema d'Oliveira Martins, *O princípio da subsidiariedade...*, p. 462; diversamente ainda, por admitir que toda a actividade administrativa se encontra subordinada a um critério de repartição de atribuições baseado no princípio da subsidiariedade, Paulo Otero, *Legalidade...*, pp. 865 s.

[584] Em geral, sobre o conceito e as modalidades de *afectação* de direitos fundamentais, Melo Alexandrino, *Direitos Fundamentais...*, pp. 105 ss.

[585] Sobre a dispensabilidade de uma consagração expressa, Alexandre Sousa Pinheiro / Mário João Fernandes, *Comentário...*, p. 43; Luísa Duarte, «A Constituição Portuguesa...», p. 136; Jorge Miranda, *Manual...*, tomo III, p. 182; referindo ser essa a orientação predominante na doutrina alemã, Vital Moreira, *Administração Autónoma...*, p. 250, nota 367.

[586] Sobre o alcance limitado desse critério, Alexandre Sousa Pinheiro / Mário João Fernandes, *Comentário...*, p. 43; Luísa Duarte, «A Constituição Portuguesa...», pp. 135 s.; Blanco de Morais, *Curso...*, tomo I, p. 234; em especial sobre a respectiva *invisibilidade* na jurisprudência constitucional, Luísa Duarte, «A Constituição Portuguesa...», p. 135.

CAPÍTULO II
Princípios e regime comuns

7. AUTARQUIA LOCAL: CONCEITO, ELEMENTOS E FIGURAS AFINS

7.1. AS AUTARQUIAS LOCAIS: CARACTERES DISTINTIVOS

Em virtude das características que lhes são próprias – as quais pressupõem desde logo a personalidade jurídica de direito público[587] – , as *autarquias locais* apresentam um conjunto de caracteres distintivos que permitem uma fácil diferenciação não só no confronto com as demais pessoas colectivas territoriais e as pessoas colectivas públicas autónomas que lhes estão mais próximas, como relativamente a um conjunto de entes afins (ainda que estejam eventualmente integrados na administração local).

7.1.1. Traduzindo uma forma específica de *administração autónoma*, as autarquias locais preenchem os requisitos básicos desta, a saber[588]: a presença de uma colectividade infra-estadual; os interesses próprios; o autogoverno; a responsabilidade própria; e o facto de se situarem forçosamente no âmbito da Administração Pública (v. *supra*, n.° 6.5.).

Mas se traduzem uma forma de administração autónoma, as autarquias locais distinguem-se das demais espécies do género por um conjunto de *traços particulares*: (1) por congregarem todos os membros da comu-

---

[587] Vital Moreira, *Administração Autónoma...*, pp. 257 ss.; por último, Jean-Marie Pontier, «La personnalité publique, notion anisotrope», in *Revue Française de Droit Administratif*, ano 23, 5 (2007), pp. 979-989.

[588] Assim, Vital Moreira, *Administração Autónoma...*, pp. 78 s.; em termos próximos, Luís Pereira Coutinho, *As Faculdades Normativas...*, pp. 61 s., nota 95; Freitas do Amaral, *Curso...*, vol. I^3, pp. 419 s.

nidade local respectiva (e não certos grupos sociais apenas); (2) por serem entes de fins múltiplos (e não de fins específicos); (3) por serem pessoas colectivas constitucionalmente necessárias (e não facultativas); (4) por terem uma configuração constitucional paralela à do Estado-colectividade e por apresentarem uma relação particularmente intensa com idênticos princípios e estruturas político-constitucionais, nomeadamente em termos do *carácter electivo* dos respectivos órgãos e da similar dependência do funcionamento do sistema de partidos (diversamente do que sucede com a restante administração autónoma); (5) consequentemente, por beneficiarem de uma densa regulação constitucional (diversamente da demais administração autónoma, cuja regulação depende essencialmente do legislador)[589].

7.1.2. Em segundo lugar, constituindo pessoas colectivas de *população e território*, nem por isso são passíveis de confusão com o Estado ou com as regiões autónomas[590], que integram o universo das pessoas colectivas com idêntico substracto (pessoal e territorial).

Não se confundem com o primeiro, uma vez que apenas o Estado é ente soberano[591], dispondo de um ordenamento originário e subordinante, representando toda a comunidade política, exercendo poderes de soberania em toda a extensão do território nacional, ao mesmo cabendo a prossecução e a tutela dos interesses nacionais, bem como a realização dos fins e das tarefas a ele expressamente reservados. Tão-pouco correriam o risco de confusão com o Estado-administração (se entendido como desdobramento personalizado do Estado-colectividade para o exercício de uma das funções do primeiro)[592], não só na medida da unicidade e supremacia, como na medida em que a arquitectura, organização e funcionamento do mesmo obedecem a um figurino substancialmente distintos, desde logo pela particularidade de ter por cúpula o Governo como órgão superior da administração pública (artigos 182.° e 199.° da CRP)[593].

---

[589] Em termos muito próximos destes, Vital Moreira, *Administração Autónoma...*, pp. 139 s.

[590] Para uma síntese da distinção entre o regime autonómico e a administração local, Lúcia Amaral, *A Forma da República...*, pp. 369 ss., 378 ss.

[591] Baptista Machado, «Participação e descentralização», p. 10.

[592] Marcelo Rebelo de Sousa, *Lições...*, p. 239; contra a ideia do desdobramento da personalidade do Estado, Jorge Miranda, *Manual...*, tomo III, p. 42 s.

[593] Sobre os caracteres do Estado-administração, Marcelo Rebelo de Sousa, *Lições...*, pp. 239 s.

Não se confundem com as regiões autónomas porque, embora estas não disponham de soberania (nem possam "afectar a integridade da soberania do Estado")[594], as mesmas beneficiam de determinadas vertentes das funções política e legislativa, em virtude de um processo de descentralização político-administrativa (ou regime autonómico), fundado numa opção constitucional e nas "características geográficas, económicas, sociais e culturais e nas históricas aspirações autonomistas das populações insulares" (artigo 225.°, n.° 1, da CRP).

7.1.3. Por outro lado, quando confrontadas com uma série de figuras afins, como as áreas metropolitanas, as assembleias distritais, as organizações de moradores, entre outras (v. *infra*, n.° 7.8.), as autarquias locais apresentam, logo no plano da norma constitucional, um notável conjunto de marcas distintivas, entre as quais se compreendem as seguintes prerrogativas[595]:

(i) Apenas as autarquias locais dispõem de órgãos *directamente eleitos* por sufrágio universal, directo e secreto da população residente na respectiva circunscrição territorial (artigos 239.°, n.° 2, da CRP, 3.°, n.° 2, da CEAL, e 11.° da respectiva lei eleitoral) ou, em alternativa, de órgãos directamente eleitos pela população residente (artigo 245.°, n.° 2, da CRP);

(ii) Apenas relativamente a elas está constitucionalmente prevista a acção popular para defesa dos respectivos bens [artigo 52.°, n.° 3, alínea *b*), da CRP];

(iii) Apenas as autarquias locais dispõem do poder de promover a realização de *referendos* no âmbito local, dotados de efeitos juridicamente vinculativos (artigo 240.° da CRP);

(iv) Apenas os órgãos representativos das autarquias locais[596] dispõem da prerrogativa de, na respectiva esfera de atribuições próprias (v. *infra*, n.° 9.5.), poderem aprovar *posturas* [artigos 17.°, n.° 2, alínea *j*), 53.°, n.° 2, alínea *a*), e 64.°, n.° 7, alínea *a*),

---

594 Artigo 225.°, n.° 3, da CRP (sobre a matéria, por último, pronunciou-se o Acórdão n.° 433/2009 do Tribunal Constitucional, in *Diário da República*, 1.ª série, n.° 180, de 16 de Setembro de 2009, pp. 6606 s.).

595 Com outros exemplos, Jorge Miranda, «Artigo 235.°», pp. 444, 445, 446; sobre a matéria, Antonio Fanlo Loras, «Las prerrogativas locales», in Santiago Muñoz Machado (dir.), *Tratado de Derecho Municipal*, tomo I^2, pp. 713-756.

596 Sobre o conceito de órgão representativo, v. *infra*, n.° 8.2.2.

da LAL][597] e de nelas fixarem coimas (artigo 55.°, n.° 1, da Lei das Finanças Locais), sem que se mostre aí necessária qualquer intermediação da lei[598];

(v) Apenas as autarquias locais beneficiam da prerrogativa de terem algumas das suas *atribuições e competências fixadas na Constituição* e de os seus órgãos representativos serem simultaneamente *órgãos constitucionais*;

(vi) Apenas as autarquias locais têm a legitimidade e relevância que justifica a sua participação no Conselho Económico e Social (artigo 92.°, n.° 2, da CRP)[599];

(vii) Apenas as autarquias locais dispõem de uma *garantia constitucional de existência* [artigos 235.°, n.° 1, e 288.°, alínea *n*), da CRP];

(viii) Apenas nelas se exprime directamente a relevância do *território* como *elemento essencial do substracto*, a começar pela garantia da reserva de lei quanto à respectiva divisão administrativa e a passar pela exigência de uma dupla lei, em matéria de criação, modificação e extinção [artigos 236.°, n.° 4, 164.°, alínea *n*), e 249.° da CRP];

(ix) Apenas nas autarquias locais estão envolvidas formas de *participação popular de carácter político*, seja por via dos partidos e também necessariamente dos grupos de cidadãos eleitores[600] ou apenas dos cidadãos, individual ou colectivamente considerados (artigos 14.°, n.° 1, 51.°, 84.°, n.° 5, da LAL);

(x) Apenas as autarquias locais dispõem de uma especial protecção constitucional no *domínio financeiro*[601], envolvendo pelo menos um regime das respectivas finanças locais (artigo 238.°, n.os 2 e 3, da CRP) e um conjunto de poderes públicos nessa matéria (artigo 3.° da Lei das Finanças Locais);

---

597 V. *supra*, n.° 2.3.10.

598 Como de certo modo decorria do artigo 223.° da Constituição de 1822 e ainda hoje está presente na Constituição brasileira de 1988, que nessa parte apenas prossegue o legado do ordenamento pré-constitucional comum (cfr. Nelson Nery Costa, *Direito Municipal...*, pp. 45 ss., 50, 57, 61 ss., 168 ss.).

599 Jorge Miranda, «Artigo 235.°», p. 446.

600 Christian Starck, *La Constitution – Cadre e Mesure du Droit*, Aix-en-Provence / Paris, 1994, pp. 152 s.

601 Christian Starck, *La Constitution...*, pp. 142 s.

(xi) Apenas as autarquias locais beneficiam de uma garantia institucional de um *domínio público* autárquico[602] (artigo 84.°, n.° 2, da CRP);

(xii) Apenas as autarquias locais dispõem de um *poder regulamentar* próprio directamente fundado no texto constitucional (artigo 241.° da CRP).

7.2. Conceito de autarquia local

Segundo o artigo 235.°, n.° 2, da CRP, *as autarquias locais são pessoas colectivas territoriais dotadas de órgãos representativos, que visam a prossecução de interesses próprios das populações respectivas*[603].

A existência de uma definição constitucional não dispensa o trabalho da doutrina, que terá necessariamente de socorrer-se de outros elementos de construção, desde os históricos aos teóricos, a começar pela determinação do sentido a extrair das demais estruturas normativas relevantes.

Reflectindo sobre os termos da fórmula constitucional, as autarquias locais sempre seriam *entes públicos* de população e território distintos do Estado (artigos 6.° da CRP)[604], tal como o *carácter representativo* dos respectivos órgãos sempre constituiria uma decorrência lógica necessária da organização pluralista e democrática do Estado (artigo 2.° da CRP) e do princípio de legitimidade que o enforma desde a base (artigo 1.° da CRP); por sua vez, quanto à ideia de prossecução dos *interesses próprios das populações* (expressão curiosamente não retomada em nenhuma disposição legal em vigor), a mesma carece de ser devidamente entendida no âmbito da Constituição como um todo.

---

[602] Diogo Freitas do Amaral, *Curso de Direito Administrativo* [colab. de Lino Torgal], vol. II, Coimbra, 2001, reimp., 2006, pp. 542 s., nota 1016; Ana Raquel Gonçalves Moniz, «O âmbito do domínio público autárquico», in *Estudos em Homenagem ao Professor Doutor Marcello Caetano no centenário do seu nascimento*, vol. I, Coimbra, 2006, pp. 161, 162 [153-182].

[603] Trata-se de uma fórmula que, durante duas décadas, foi identicamente acolhida na Lei das Autarquias Locais (artigo 2.°, n.° 2, da Lei n.° 79/77, de 25 de Outubro, e artigo 2.°, n.° 2, do Decreto-Lei n.° 100/84, de 29 de Março); a partir de 1999, a LAL deixou cair essa definição, do mesmo modo que deixou de prever as atribuições das autarquias locais.

[604] Vital Moreira, *Administração Autónoma*..., p. 265.

Na doutrina posterior à Constituição de 1976, ainda que inspirados em construções doutrinárias precedentes (sobretudo as de Marcello Caetano)[605], encontram-se os mais variados modelos de apresentação do conceito de autarquia local.

(i) Quanto ao número de elementos do conceito, há autores que apontam a presença de dois elementos essenciais (Jorge Miranda), de três elementos (André Folque), de quatro elementos (Freitas do Amaral, Bacelar Gouveia) e de cinco elementos (Marcelo Rebelo de Sousa, Paulo Otero, Vital Moreira)[606], sendo que, desses elementos, dois podem considerar-se *comuns* (a comunidade de residentes e o território), dois são *relativamente comuns* (os interesses próprios) e os demais variáveis: o poder (Jorge Miranda), a personalidade jurídica (Marcelo Rebelo de Sousa, Paulo Otero, Vital Moreira, Bacelar Gouveia), a autonomia (Marcelo Rebelo de Sousa), as atribuições e competências (Bacelar Gouveia)[607];

(ii) Quanto ao conceito propriamente dito, e para dar nota da proposta mais representativa[608], Diogo Freitas do Amaral define as autarquias locais como *pessoas colectivas públicas de população e território, correspondentes aos agregados de residentes em diversas circunscrições do território nacional e que asseguram a prossecução dos interesses comuns resultantes da vizinhança mediante órgãos próprios, representativos dos respectivos habitantes*[609].

---

[605] Em formulações próximas, Marcello Caetano, «Regiões e Municípios» (1967), in *Ensaios Pouco Políticos*, Lisboa, 1971, p. 207 [189-217]; Id., *Manual*..., vol. I, p. 193; Id., *Princípios Fundamentais do Direito Administrativo* (1977), 2.ª reimp., Coimbra, 2003, pp. 25, 29.

[606] Implicitamente, talvez seja ainda esse o caso de Maria Lúcia Amaral (cfr. *A Forma da República*..., p. 383).

[607] Bacelar Gouveia, *Manual*..., vol. II, p. 987, com outras indicações.

[608] Conceito que, por um lado, recebeu o essencial da elaboração de Marcello Caetano e que, por outro lado, recebeu posteriores adesões, designadamente da parte de António Cândido de Oliveira (cfr. *Direito das Autarquias*..., p. 258), de João Caupers (cfr. *Introdução*..., p. 113), de José Eduardo Figueiredo Dias e Fernanda Paula Oliveira (cfr. *Noções Fundamentais*..., p. 60).

[609] Freitas do Amaral, *Curso*..., vol. I^3, p. 481.

7.2.1. Pela nossa parte, definimos autarquia local como a *forma específica de organização territorial, na qual uma comunidade de residentes numa circunscrição territorial juridicamente delimitada dentro do território do Estado prossegue interesses locais, através do exercício de poderes públicos autónomos*[610].

Sem prejuízo dos elementos comuns (e sendo no mais de algum modo devedora à lição do Professor André Gonçalves Pereira)[611] e do desenvolvimento a fazer nos números seguintes, há um conjunto de ideias que pretendemos acentuar liminarmente com esta proposta:

(i) Em primeiro lugar, a ideia de que há (e houve) outras formas de organização territorial[612] (como as regiões autónomas, as áreas metropolitanas, a própria União Europeia ou as organizações de moradores);

(ii) Em segundo lugar, também a ideia de que a especificidade dessa organização se traduz desde logo no facto de a mesma constituir um "imperativo constitucional"[613] (ou do Estado constitucional)[614], seja ela objecto de recepção histórica, de reconhecimento explícito ou produto de criação legal[615];

(iii) Em terceiro lugar, não se deixa de assinalar a territorialidade como nota distintiva essencial do substracto (primeira razão pela qual a natureza destes entes não pode ser reduzida a um fenómeno de estrita administração pública, ainda que autónoma)[616];

---

610 Cfr. Melo Alexandrino, «A determinação das atribuições...», *loc. cit.*, nota 152.

611 Somos em especial devedores do conceito de município, entendido como *comunidade dos residentes num território juridicamente delimitado dentro do território do Estado, dotada de órgãos próprios que exercem funções de administração particular, prosseguindo autonomamente interesses locais, definidos como tais pela lei geral* (cfr. André Gonçalves Pereira, *Contribuição...*, p. 238).

612 A locução "outras formas de organização territorial [autárquica]" é utilizada no artigo 236.°, n.° 3, da CRP (v. *infra*).

613 Freitas do Amaral, *Curso...*, vol. I^3, p. 479.

614 Trata-se de uma entidade pública básica, superior e necessária (cfr. Vital Moreira, *Administração Autónoma...*, pp. 276 s.).

615 Hesitante entre estes dois últimos termos, Lúcia Amaral, *A Forma da República...*, p. 381.

616 Por último, no sentido do texto, Vital Moreira, «O poder local...», p. 295; no sentido aí criticado, Lúcia Amaral, *A Forma da República...*, p. 381.

(iv) Em quarto lugar, a particularidade de o substracto pessoal ser referido a todos os residentes, no limite, mesmo que não integrem o eleitorado activo[617];

(v) Por outro lado, ainda que pudéssemos tender, como fez a Carta Europeia da Autonomia Local, a afastar a menção aos interesses próprios, presta-se por essa via tributo tanto à modelação histórica da ideia de administração local autónoma como ao lastro de uma forte corrente doutrinária, ao contributo jurisprudencial[618] e ainda à intenção e ao texto constitucional;

(vi) Em sexto lugar, acentua-se o relevo e a inafastável feição política dos entes locais (v. *supra*, §§ 5 e 6);

(vii) Por último, como decorrência desta última dimensão, visa-se não apenas a ideia de um certo grau de *imediatividade* dos poderes públicos (dado pelo autogoverno inerente à legitimidade e representatividade democráticas dos órgãos), mas também a *independência* relativamente a orientações ou poderes condicionantes externos, nomeadamente estaduais.

7.2.2. Uma vez pressuposto o território, e para utilizar uma fórmula do Professor Jorge Miranda, os dois aspectos essenciais nas autarquias locais são a existência de uma *comunidade* (autarquia-comunidade) e de um *poder* (autarquia-poder)[619]: também aí o essencial é a ideia de *comunidade e de poder juridicamente organizados*[620]. E se são estes os aspectos nucleares dos entes públicos territoriais, o conceito de autarquia local absorve-os, por um lado, e especifica-os, por outro: absorve antes de mais a *comunidade de homens e mulheres concretos*, constituída numa *certa porção do território*, envolvendo assim dois âmbitos (um referido a uma comunidade política e outro referido ao território); esclarece, em segundo lugar, que se trata de uma forma específica de organização jurídica que envolve a prossecução de um certo âmbito de *interesses* e o exercício, em determinadas condições, de poderes públicos de um certo tipo (*poderes*

---

[617] Sobre a tendência subjacente, Jorge Miranda, *Manual...*, tomo VII, pp. 126 s.

[618] Artur Maurício, «A garantia constitucional...», p. 635 (referindo-se em especial ao Acórdão n.° 432/93 do Tribunal Constitucional).

[619] Em termos homólogos, para o Estado, Jorge Miranda, *Manual...*, tomo III, p. 25; Id., *Formas e Sistemas de Governo*, Rio de Janeiro, 2007, p. 2.

[620] Jorge Miranda, *Formas e Sistemas...*, p. 3.

locais) que, embora situados essencialmente no âmbito da função administrativa, são mais do que simples poderes administrativos[621].

A autarquia-*comunidade* é o conjunto de pessoas residentes numa determinada circunscrição definida por lei; a autarquia-*poder* corresponde à organização jurídica do poder que essa comunidade dispõe para prosseguir os seus interesses próprios, mas também para tomar decisões sobre as áreas (círculos, níveis ou esferas) de interesses que lhes tenham sido transferidos por lei ou delegados e ainda para participar na tomada de decisões relativamente a interesses ou áreas de interesses pertencentes a níveis superiores[622]; por seu lado, estes poderes (que tanto podem ser exercidos de forma *exclusiva*, como em *coordenação* ou sob as mais diversas formas de contratualização e parceria) são particularmente qualificados em razão dos princípios a que se reconduzem (o princípio democrático, o princípio da divisão vertical de poderes, o princípio da autonomia local, o princípio da descentralização e o princípio da colaboração entre entidades públicas ou mesmo da desconcentração).

Tendo enfim presente que, em sistemas de Estado Constitucional como o nosso, requisitos como a personalidade jurídica e a representatividade/ /legitimidade dos órgãos redundam em elementos implícitos[623], são para o nosso efeito elementos constitutivos do conceito: a *comunidade de residentes* (ou agregado populacional), a *circunscrição territorial*, os *interesses locais* (ou *interesses próprios* das populações) e os *poderes públicos autónomos* (definidos e exercidos em condições de auto-responsabilidade).

7.3. Os elementos constitutivos: a) comunidade de residentes

Ainda que sem pôr em causa a feição verdadeiramente determinante do território, até pelo facto de ser através deste que se individualiza a

---

[621] Por último, percorrendo esses distintos poderes, no quadro de uma reconstrução do sistema da autonomia, Vittorio Italia, *Per l'autonomia degli enti locali*, Milano, 2007.

Uma demonstração encontra-se também no mecanismo francês da experimentação (consagrado no artigo 72.° da Constituição e regulado nos artigos LO1113-1 e seguintes do Code Générale).

[622] Sobre este carácter gradativo, Vittorio Italia, *Per l'autonomia...*, pp. 26 ss.

[623] Segundo Gomes Canotilho e Vital Moreira, tanto a personalização é pressuposto da autonomia (cfr. *Constituição...*, 3.ª ed., p. 882), como o princípio democrático exige que os órgãos locais emanem das próprias comunidades locais (*ibidem*, p. 891).

população (v. *infra*, n.° 7.4.), o primeiro dos elementos constitutivos do conceito de autarquia local é a *comunidade de residentes*[624].

A este propósito, antes da caracterização deste elemento, talvez se deva começar por referir que na passagem da fase pré-constitucional para a fase constitucional se operou uma verdadeira mutação no estatuto do vizinho, na medida em que até então a qualidade de residente local assegurava toda uma série de direitos, imunidades e privilégios, inclusivamente contra o Estado[625], além do facto desse estatuto ser materialmente diferenciado no seio da própria comunidade de residentes[626]; com o advento do constitucionalismo, esse estatuto de privilégio local sofreu o natural embate do princípio da igualdade jurídica e do efeito da doutrina da lei geral e abstracta (ainda que o processo de uniformização já viesse de longe[627]); com o tempo, ao longo destes dois séculos, esse estatuto diferenciado foi inteiramente neutralizado, salvo onde eventualmente o direito local interno tenha sabido manter ou impor soluções particulares.

Deve ainda dizer-se que na vigência da Constituição de 1933 o apagamento do estatuto do vizinho foi ainda agravado não só pela total ausência de democracia local, mas ainda pelo facto de a comunidade de residentes não ser constituída por pessoas individuais ou cidadãos, mas sim por grupos sociais: «[a] freguesia não era um conjunto de indivíduos, mas antes um conjunto de famílias. O município era um conjunto de freguesias e de organismos corporativos, e o distrito era uma agregação de municípios»[628].

---

[624] Assim, André Gonçalves Pereira, *Contribuição*..., p. 244; Marcelo Rebelo de Sousa, *Lições*..., p. 324; hesitante, Marcello Caetano, *Manual*..., vol. I, p. 310; diversamente, Freitas do Amaral, *Curso*..., vol. I^3, pp. 483 ss. (que qualifica o agregado populacional como segundo elemento).

[625] Os cidadãos de Lisboa e do Porto sempre constituíram um caso elucidativo deste estatuto privilegiado do munícipe.

[626] Com importantes apontamentos, Marcello Caetano, *Manual*..., vol. I, pp. 319 s.; José Mattoso, in *História de Portugal*, 2.° vol., pp. 219 ss.; Nuno Monteiro, in José Mattoso (dir.), *História de Portugal*, 4.° vol., pp. 322 ss.

[627] Marcello Caetano, *Manual*..., vol. I, p. 320; Joaquim Romero de Magalhães, in José Mattoso (dir.), *História de Portugal*, 3.° vol., p. 180; Nuno Monteiro, in *História de Portugal*, 4.° vol., pp. 304, 305, 309.

[628] Vital Moreira, «O poder local...», p. 282.

7.3.1. A pertença à comunidade de residentes é ainda na sua essência (particularmente no caso do município)[629] um vínculo de natureza política, numa tripla medida: (1) na medida em que estes entes actuam por força de uma *representação política* dos cidadãos que compõem as comunidades regionais, municipais e paroquiais[630], (2) na medida em que os vizinhos constituem uma *comunidade politicamente organizada*[631], participando além disso activamente no exercício do poder local[632] e (3) na medida em que essa comunidade política é *diferenciada* face à comunidade nacional[633]. Mas se o vínculo é de natureza política, a pertença a essa comunidade afere-se pela ligação essencialmente fáctica (que não resulta sequer de uma adesão voluntária)[634] da residência estável[635].

7.3.2. Porém, logo aqui, diversamente do que ocorre por exemplo na Espanha[636] (ou do que sempre sucedeu entre nós, mesmo na vigência do Código Administrativo[637]), a determinação do agregado populacional nem decorre da aplicação das disposições da lei (pois esta não se refere aos habitantes ou residentes), nem é claro o sentido da aplicação do critério da residência.

---

[629] Veja-se, neste sentido, o disposto no artigo 2.°, n.° 2, da lei italiana n.° 142/90, de 8 de Junho (sobre o qual, Livio Paladin, *Diritto Costituzionale*, pp. 546 s.), disposição integrada no correspondente preceito do Testo Unico.

[630] Assim, ainda que aí referido ao território, Livio Paladin, *Diritto Costituzionale*, p. 543.

[631] Pietro Virga, *Diritto Amministrativo*, vol. III, p. 35.

[632] André Folque, *A Tutela...*, p. 32; Ramón Martín Mateo / Juan José Díez Sanchez, *Manual de Derecho Administrativo*, 26.ª ed., Cizur Menor, 2007, p. 178.

[633] Neste sentido, há muito, Sérvulo Correia, *Noções...*, vol. I, p. 146; Lúcia Amaral, *A Forma da República...*, p. 379; contra, André Folque, *A Tutela...*, p. 33.

[634] André Folque, *A Tutela...*, p. 33.

[635] Neste sentido, afastando da pertença à comuna as pessoas que nela tenham residência temporária, Pietro Virga, *Diritto Amministrativo*, vol. III, p. 35.

[636] Onde é obrigatória (cfr. artigo 15.° da Lei de Bases do Regime Local) para todas as pessoas vivas (sejam espanholas, estrangeiras ou apátridas) a inscrição no Censo municipal (*Padrón municipal*), constituindo o conjunto das pessoas inscritas no mesmo o agregado populacional [cfr. Juan Pemán Gavín, «La población municipal: la regulación de la vecinidad administrativa y de estatuto del vecino», in Santiago Muñoz Machado (dir.), *Tratado de Derecho Municipal*, tomo I², pp. 1219-1263].

[637] Nomeadamente, os respectivos artigos 1.° a 4.°, 12.° e 13.° ou o artigo 257.° (que se referia a "residência e a vida").

Tanto a Constituição[638] como a Lei das Autarquias Locais (ou as demais leis básicas do ordenamento local)[639] referem-se em geral apenas aos *eleitores*[640] (ou a "residentes inscritos no recenseamento", "cidadãos eleitores recenseados", "cidadãos eleitores inscritos no recenseamento eleitoral", "cidadãos eleitores"), ou seja, referem-se apenas à parcela da população residente que forma o colégio eleitoral[641].

Ora, apesar de habitualmente desconsiderada, esta primeira observação é de extrema importância:

(i) Em primeiro lugar[642], pela dificuldade de fixação do universo constitutivo do agregado populacional, agravado pelo crónico e

---

[638] Com excepção do disposto no artigo 245.° da CRP (quanto às freguesias de população diminuta).

[639] Tão-pouco a lei eleitoral, a lei do recenseamento ou a lei do regime do referendo local se referem à população residente ou ao número de habitantes.

[640] É esta também a fórmula usada nas Leis n.os 11/82, de 2 de Junho, 142/85, de 18 de Novembro, 29/87, de 30 de Junho, 8/93, de 15 de Março, 11/96, de 18 de Abril, entre outras.

[641] Não obstante, há ainda um conjunto limitado de outras leis para as quais a população residente continua a ser elemento relevante: veja-se especialmente o disposto no Decreto-Lei n.° 78/84, de 8 de Março (sem prejuízo do que diremos adiante), no artigo 2.°, n.° 2, do Decreto-Lei n.° 93/2004, de 20 de Abril (estatuto do pessoal dirigente), ou nos artigos 26.°, n.° 2, 27.°, n.os 2 a 6, e 28.°, n.° 1, da Lei das Finanças Locais.

[642] Descontados já os problemas colocados pelo empolamento do recenseamento eleitoral – que era estrutural até 1999, altura em que, com a construção da base de dados do recenseamento eleitoral, foram eliminadas cerca de 800 000 inscrições (cfr. Jorge Miguéis, *Lei do Recenseamento Eleitoral – anotada e comentada*, Lisboa, 2002, pp. 10 ss., 39) – , com os consequentes fenómenos, como o da abstenção técnica (cfr. José de Melo Alexandrino, *O recenseamento eleitoral*, separata de *O Direito*, Lisboa, 2001, pp. 190 ss.; Jorge Miranda, *Manual...*, tomo VII, p. 158).

Há hoje distritos (como o de Vila Real ou o de Bragança) onde na generalidade ou na maioria dos concelhos o número de eleitores é superior ao de residentes, o que aliás também sucede, por exemplo, no concelho de Lisboa (cfr., com base nos dados dos censos de 2001 e da base do recenseamento eleitoral também de 2001, António Cândido de Oliveira, *A Democracia...*, pp. 157-168); quanto às freguesias, a situação é naturalmente idêntica (*ibidem*, pp. 174-176).

Trata-se por conseguinte de um quadro muito diverso do que existia em 1982, onde não havia nenhum concelho nem nenhum distrito onde o número de eleitores fosse superior ao número de habitantes (cfr. Armando Pereira / M. Castro Almeida, *Conhecer as Autarquias Locais*, Porto, 1985, pp. 249-257), sendo, no total nacional, de 73% o número de eleitores (7 183 817) face à população residente (9 833 014); ora, em 10 de Julho de 2009, apesar do volume das eliminações operadas, o número de eleitores é de 9 338 669

efectivo desfasamento entre os dados relativos ao recenseamento eleitoral[643] e os dados estatísticos nacionais sobre população[644];

(ii) Em segundo lugar, pelo desfavor em que se encontram as autarquias com maior taxa de natalidade, as autarquias com uma população mais jovem e sobretudo as autarquias com maior número de não-nacionais (sejam ou não cidadãos de Estados membros da União Europeia)[645];

(iii) Consequentemente, pela irracionalidade e iniquidade de dar tratamento igual a realidades substancialmente diferentes (numa evidente ofensa às exigências do princípio da igualdade).

7.3.3. A comunidade de residentes tem assim entre nós de começar por ser definida pelo âmbito do colégio eleitoral para efeitos da eleição local, o qual integra: (1) os cidadãos portugueses residentes maiores de 18 anos, obrigatoriamente inscritos na base de dados do recenseamento eleitoral da área da respectiva autarquia local[646]; (2) desde que estejam igualmente inscritos no recenseamento (que neste caso é voluntário): os cidadãos dos Estados membros da União Europeia (sem necessidade de

---

[cfr. Mapa n.° 13-A/2009, in *Diário da Republica*, 2.ª série, n.° 134, de 14 de Julho de 2009, suplemento, pp. 27816-(2)], quando a população residente estimada pelo INE (no ano de referência 2008) ascende a 10 627 250 pessoas (cfr. *http:*//www.ine.pt/xportal/xmain?xpid=INE&xpgid=ine_princindic), número ao qual se devem ainda subtrair 413 700 estrangeiros residentes não recenseados (passando a percentagem de eleitores a ser superior a 90% do total da população).

643 Ao contrário do que se possa pensar, como temos reiteradamente defendido (em termos análogos, Jorge Miranda, *Manual*..., tomo VII, p. 158), não é certamente apenas na automatização do sistema do recenseamento (veja-se a reforma promovida pela Lei n.° 27/2008, de 27 de Agosto, em conjugação com o sistema da Lei n.° 7/2007, de 5 de Fevereiro) que estará a resposta mais adequada para esse e outros problemas de fundo.

644 Sobre a integração dos sistemas estatísticos, veja-se o disposto no artigo 12.° do Testo Unico italiano.

645 Apesar da população estrangeira com estatuto legal de residente (no ano de referência de 2007) ascender a 440 277 pessoas (cfr. Serviços de Estrangeiros e Fronteiras, *Relatório Anual – 2008*, anexo I, p. 146) apenas 27 570 dessas pessoas estão recenseadas [cfr. Mapa n.° 13-A/2009, in *Diário da Republica*, 2.ª série, n.° 134, de 14 de Julho de 2009, suplemento, p. 27816-(2)].

646 Artigo 4.° da Lei Orgânica n.° 1/2001, de 14 de Agosto.

qualquer tempo de residência)[647], os cidadãos dos países de língua oficial portuguesa com residência legal há mais de dois anos[648], quando de igual direito gozem os cidadãos portugueses no respectivo Estado de origem[649] (e de que constitui situação particular a dos cidadãos com estatuto de igualdade de direitos políticos)[650], outros cidadãos estrangeiros nacionais de países que reconheçam capacidade eleitoral activa aos portugueses neles residentes, em condições de reciprocidade[651] e ainda os apátridas, desde que tenham residência legal há mais de três anos[652].

Mas integram ainda essa comunidade os menores de idade (ainda que emancipados) que residam habitualmente junto de qualquer dos grupos de pessoas agora referidas, bem como os cidadãos da União Europeia, os cidadãos nacionais de países de língua oficial portuguesa e demais cidadãos estrangeiros residentes em Portugal que, dispondo do respectivo direito[653], não tenham promovido a respectiva inscrição no recenseamento

---

[647] Artigo 15.°, n.° 4, da CRP; artigo 2.°, n.° 1, alínea *b*), da Lei Orgânica n.° 1/2001, de 14 de Agosto; artigos 20.°, n.° 2, alínea *b*), e 22.°, n.° 1, do Tratado sobre o funcionamento da União Europeia (na versão do Tratado de Lisboa); artigo 40.° da Carta dos direitos fundamentais da União Europeia.

[648] Considerando, no confronto com os cidadãos da União Europeia, haver aqui ofensa ao artigo 7.°, n.° 4, da CRP, Jorge Miranda, *Manual*..., tomo VII, p. 128.

[649] Artigo 15.°, n.° 3, da CRP e artigo 2.°, n.° 1, alínea *c*), da Lei Orgânica n.° 1/2001, de 14 de Agosto: estão neste caso os cidadãos do Brasil e de Cabo-Verde (cfr. Jorge Miguéis, *Lei do Recenseamento*..., p. 31).

[650] Apenas se encontram nesta situação os cidadãos brasileiros que, com três anos de residência legal, requeiram o estatuto de igualdade de direitos, na base do disposto nos artigos 12.° e seguintes do Tratado de Amizade, Cooperação e Consulta de 2000, ratificado pelo decreto do Presidente da República n.° 79/2000, de 14 de Dezembro, e que entrou em vigor a 5 de Setembro de 2001 (cfr. Jorge Miguéis, *Lei do Recenseamento*..., pp. 32 s.; Jorge Miranda, *Manual*..., tomo VII, p. 128).

[651] Artigo 15.°, n.° 4, da CRP e artigo 2.°, n.° 1, alínea *d*), da Lei Orgânica n.° 1/2001, de 14 de Agosto.

Segundo dados de 2006, encontravam-se nesta situação os cidadãos da Argentina, do Chile, da Islândia, da Noruega, do Uruguai e da Venezuela (cfr. Jorge Miranda, *Manual*..., tomo VII, p. 128, nota 2; ainda Jorge Miguéis, *Lei do Recenseamento*..., p. 31).

[652] Artigo 2.°, n.° 1, alínea *d*), da Lei Orgânica n.° 1/2001, de 14 de Agosto – considerando aí a inaplicabilidade lógica da condição da reciprocidade e sem desconsiderar ainda o princípio da extensão do sufrágio (cfr. Jorge Miranda, *Manual*..., tomo VII, p. 129).

[653] Sobre a natureza jurídica do recenseamento eleitoral, Melo Alexandrino, *O recenseamento eleitoral*, pp. 177-186; em particular sobre a projecção subjectiva do mesmo, Jorge Miranda, *Manual*..., tomo VII, p. 157.

eleitoral[654] e ainda os demais cidadãos estrangeiros ou apátridas possuidores de um título de residência[655].

7.3.4. Sendo actualmente o direito de sufrágio a principal prerrogativa do residente local[656], o estatuto aplicável a cada um destes grupos de *pessoas residentes* é muito heterogéneo, podendo referir-se:

(i) O estatuto correspondente aos cidadãos portugueses e não-portugueses inscritos no recenseamento da área da respectiva autarquia local, estatuto pautado pela plenitude de direitos e deveres, nomeadamente os direitos de sufrágio (activo e passivo), o direito de participação no referendo local[657] e os direitos de informação, de consulta e de participação popular;

(ii) O estatuto aplicável aos cidadãos da União Europeia e aos cidadãos estrangeiros não inscritos no recenseamento (por não terem promovido a respectiva inscrição), os quais não podem exercer os direitos de sufrágio[658] e de participação referendária nem os poderes que derivam da inscrição no recenseamento;

(iii) O estatuto aplicável às demais pessoas residentes no âmbito da circunscrição territorial e que, por razões de menoridade ou por outras situações específicas, não possam estar inscritas ou não estejam efectivamente inscritas nos cadernos eleitorais da correspondente autarquia local.

---

[654] Segundo o artigo 4.° do Regime Jurídico do Recenseamento Eleitoral (Lei n.° 13/99, de 22 de Março, na versão da Lei n.° 27/2008, de 27 de Agosto), o recenseamento é nestes casos voluntário.

[655] Não está, por fim, excluído que, pelo menos para certos efeitos, a comunidade local não deva ainda estender-se a outros grupos de pessoas, como os residentes em lares, os doentes internados, os estudantes, etc. (sobre a relevância de alguns destes grupos de pessoas residentes, veja-se o disposto no artigo 28.°, n.° 1, da Lei das Finanças Locais).

[656] Freitas do Amaral, *Curso...*, vol. I[3], p. 484.

[657] A restrição constante do artigo 35.°, n.° 3, da Lei do referendo local, designadamente ao exigir aos cidadãos da União Europeia também a reciprocidade, não tem justificação atendível, sobretudo se se pensar que um cidadão da União Europeia possa convocar o referendo (por ter sido eleito para os órgãos da autarquia), mas esteja impedido de votar nesse referendo: quem pode o mais (votar e ser eleito), pode o menos (participar no referendo local)!

[658] Sem prejuízo das diferenciações aplicáveis, seja no plano do direito da União Europeia, seja no plano da lei da imigração [sobre o problema, por último, José de Melo Alexandrino, «A nova lei de entrada, permanência, saída e afastamento de estrangeiros», in *RFDUL*, vol. LXIX, n.os 1 e 2 (2008), pp. 69-100].

Mas, além do direito de sufrágio (em sentido lato)[659] e dos demais direitos de participação política e administrativa, o vizinho pode ainda ser titular ou destinatário de um conjunto de situações jurídicas activas e passivas, nomeadamente na esfera tributária, na da utilização de bens dominiais, na do acesso aos serviços públicos e mesmo na do acesso a informação[660].

7.4. *IDEM*: B) TERRITÓRIO

A *circunscrição territorial* traduz um elemento essencial da maior relevância[661], como se comprova entre nós designadamente pela expressa definição de competências operada pela Constituição a favor dos entes territoriais na matéria do ordenamento do território (no artigo 65.°, n.° 4, da CRP)[662], pela garantia constitucional da reserva de lei quanto à divisão administrativa (artigo 236.°, n.° 4, da CRP) ou pelas exigências constitucionais ditadas para a modificação de municípios ou para a instituição das regiões administrativas (artigos 249.° e 246.° da CRP); de resto, as "condições específicas" de que fala o artigo 236.°, n.° 3, da Constituição, para a possibilidade de o legislador vir a estabelecer "outras formas de organização territorial autárquica", são precisamente as determinantes ditadas pelo dado inultrapassável do espaço físico[663].

Por seu lado, uma observação das diversas leis fundamentais do ordenamento local permite identificar a relevância do território ainda sob outros prismas, como o *financeiro* (artigos 14.°, n.° 1, e 19.° da Lei das Finanças Locais), o da *política de gestão do território* (artigos 7.° e

---

[659] V. *supra*, n.° 5.3.

[660] Para uma lista de direitos em geral, António Cândido de Oliveira, *A Democracia...*, pp. 147-149; Id., «Democracia local», pp. 96 s.; em concreto, André Folque, *A Tutela...*, p. 32; para uma lista de direitos e deveres, artigo 18.° da Ley de Bases del Régimen Local espanhola.

[661] Sobre a maior incidência desse elemento no âmbito dos entes locais, de que é expressão o carácter estritamente territorial do direito de sufrágio, Jorge Miranda, *Manual...*, tomo VII, p. 125, com indicações.

[662] André Folque, *A Tutela...*, pp. 24 ss., *maxime* 30; Fernanda Paula Oliveira, *Portugal: Território e Ordenamento*, Coimbra, 2009.

[663] Sob a perspectiva histórica, José Mattoso, in *História de Portugal*, vol. 2.°, pp. 165 ss.

seguintes da Lei n.° 48/98, de 11 de Agosto), o da *prestação de serviços* (artigo 4.°, n.° 1, do Decreto-Lei n.° 194/2009, de 20 de Agosto) ou até o das *imunidades* dos eleitos locais (artigo 15.° da Lei n.° 29/87, de 30 de Junho)[664].

Segundo a doutrina germânica, a relevância territorial (*gebietmäßige Relevanz*) das autarquias locais mede-se sobretudo pelas respectivas consequências, as quais se situam tanto no âmbito da capacidade jurídica (com manifestações nos planos da capacidade contratual, judiciária, delitual e até na medida do exercício de direitos fundamentais), como no âmbito da titularidade de direitos (como o direito ao nome ou o direito ao feriado) e no âmbito organizativo.

Já, entre nós, a doutrina costuma referir tradicionalmente uma tripla função do território: a de identificar a autarquia local, a de permitir definir a população respectiva e a de delimitar as atribuições e as competências da autarquia e dos seus órgãos, em razão do lugar[665]. Ora, se as duas primeiras funções correspondem a dimensões reiteradas e, digamos assim, resultantes da natureza das coisas, a última, embora constitua uma regra (segundo a qual o ente autárquico e os respectivos órgãos apenas podem actuar no respectivo âmbito)[666], não tem esse carácter de evidência.

Como há muito, ainda que centrado no município, pôs em destaque o Professor André Gonçalves Pereira, «[a] verdadeira função do território municipal não é a de limite espacial dos poderes municipais, mas de elemento definidor dos interesses municipais»[667-668].

---

[664] No ordenamento brasileiro, a mais nobre das imunidades (a da liberdade de opinião) é reconhecida expressamente aos vereadores na esfera territorial do município; entre nós, há também a referir que até ao século XIX os eleitos locais, que nas principais cidades constituíam uma administração honorária, tinham no *status* decorrente das imunidades que lhes eram reconhecidas a principal compensação pelo exercício de funções (cfr. Nuno Monteiro, in *História de Portugal*, vol. 4.°, pp. 324 ss.).

[665] Gomes Canotilho / Vital Moreira, *Constituição...*, 3.ª ed., p. 882; Freitas do Amaral, *Curso...*, vol. I[3], p. 482.

[666] Veja-se o conceito próximo de "âmbito regional", em sede de poderes legislativos regionais [artigos 112.°, n.° 4, e 227.°, n.° 1, alíneas *a*) e *c*), da CRP], cujo alcance está aliás longe de ser inequívoco (por último, Blanco de Morais, *Curso...*, vol. I, pp. 498 ss.).

[667] André Gonçalves Pereira, *Contribuição...*, p. 244 (para um desenvolvimento, *ibidem*, pp. 226 ss.); no mesmo sentido, entre outros, Jorge Miranda, *Manual...*, tomo III, p. 251; André Folque, *A Tutela...*, pp. 22 s., 33, nota 51, 123; na doutrina italiana, para um apontamento, Livio Paladin, *Diritto Costituzionale*, p. 543.

[668] Como mais tarde constatou o Professor Vieira de Andrade, «[t]ratando-se, por

Nessa medida, ao contrário do que parece resultar do entendimento tradicional, não só não é em função da comunidade de residentes que são definidos os interesses a prosseguir (mas sim em função do território)[669], como pode perfeitamente admitir-se a existência de poderes extra-paroquiais e extra-municipais: sejam eles poderes de mera pronúncia sobre assuntos de relevância concelhia, regional ou nacional[670], sejam eles poderes públicos de administração agressiva (como o exercício de poderes de expropriação)[671].

Por outro lado, pode dizer-se que em certa medida é ainda no território que encontra fundamento a reserva de normação reconhecida às autarquias locais (artigo 241.° da CRP), na medida em que aí se expressa afinal a necessidade de «ponderar as circunstâncias específicas das diversas zonas do território»[672].

Como adverte o Professor Freitas do Amaral, em princípio, todo o território do Estado se encontra distribuído por territórios autárquicos, não havendo em regra parcelas do território nacional que não correspondam a uma determinada autarquia local (*no man's land*)[673]. Mas pode haver excepções a esta regra, de que a mais importante entre nós é a que diz respeito às zonas de administração de portos[674].

Diferente é a questão da concorrência, extensão e intensidade dos poderes públicos exercidos sobre o território; com efeito, os poderes

---

definição de pessoas colectivas de fins múltiplos, a referência territorial tem sido considerada decisiva para a definição dos interesses autárquicos» (cfr. «Autonomia...», p. 23).

[669] Há inúmeras manifestações desta ideia, como decorre, entre nós, por exemplo, do disposto no artigo 2.°, n.° 2, da Lei n.° 45/2008, de 27 de Agosto, ou no artigo 2.°, n.° 1, da Lei n.° 46/2008, da mesma data; como é o caso, no ordenamento italiano, do disposto no artigo 13.°, n.° 1, do Testo Unico (na versão de 2008) ou, no ordenamento espanhol, do disposto nos artigos 24.°, 30.° ou 45.°, n.° 1, da Ley de Bases del Régimen Local (na versão de 2003); ou, no francês, as duas Partes VI do Code Générale (consolidado a 05.03.2009).

[670] Artigo 53.°, n.° 1, alínea *o*), da LAL, por exemplo.

[671] André Gonçalves Pereira, *Contribuição*..., p. 244; notando precisamente o carácter apenas *prima facie* do *Territorialprinzip*, Pedro Gonçalves, *Regime Jurídico*..., pp. 136 s., com indicações; no mesmo sentido, André Folque, *A Tutela*..., pp. 33, 123; na doutrina francesa, Jean-Bernard Auby / Jean-François Auby / Rozen Noguellou, *Droit des collectivités*..., p. 89, com indicações jurisprudenciais.

[672] Vieira de Andrade, «Autonomia...», p. 22, nota 40.

[673] Freitas do Amaral, *Curso*..., vol. I^3, p. 483.

[674] Freitas do Amaral, *Curso*..., vol. I^3, p. 483.

públicos locais podem ser afastados da decisão em certos campos de acção e (nos termos da lei e no respeito pelos princípios fundamentais do ordenamento local) têm muitas vezes de comprimir-se ou de recuar quando se cruzem com específicos espaços do território (que podem ir do domínio público do Estado ou das regiões autónomas, à redefinição do destino de instalações ou construções), se a isso conduzir a aplicação de normas do direito interno e de direito internacional, ainda que sem prejuízo de uma garantia mínima de audição dos entes locais (sempre que a intervenção externa possa afectar a realização dos interesses locais); e detêm-se naturalmente perante os efeitos de protecção das normas de direitos fundamentais, nomeadamente das que protegem o domicílio e a propriedade privada[675].

Por fim, ainda que a regra geral seja a da correspondência entre os limites territoriais das regiões administrativas e dos municípios (que as venham a integrar) e dos municípios e das freguesias que os integram, pode haver lugar a desvios a esse esquema[676].

7.5. *Idem*: c) INTERESSES LOCAIS

O terceiro elemento (os *interesses locais*), apesar de lhe ser reconhecida a função de valor principal (André Gonçalves Pereira), de fundamento da existência das autarquias locais (Freitas do Amaral)[677] e de fundamento da autonomia local (Paulo Otero)[678], é o que levanta maiores dificuldades, desde logo pela inevitável e nem sempre clara relação com o problema das atribuições das autarquias locais[679].

---

[675] Historicamente, era esse também o efeito prático do regime senhorial (cfr. José Mattoso, in *História de Portugal*, vol. 2.°, pp. 171, 172 ss.; Joaquim Romero de Magalhães, in *História de Portugal*, vol. 3.°, pp. 165 ss.; Nuno Monteiro, in *História de Portugal*, vol. 4.°, pp. 333 ss., 353 ss.).

[676] O artigo 6.°, n.° 2, da Lei n.° 8/93, de 5 de Março, admite que a criação de uma freguesia pode excepcionalmente provocar alterações nos limites dos municípios, quando tal se revele indispensável por motivos de reconhecido interesse público, devidamente explicitado – e, naturalmente, depois de ouvidas todas as autarquias locais envolvidas por essas alterações (artigo 5.° da CEAL).

[677] Freitas do Amaral, *Curso*..., vol. I^3, p. 484.

[678] Paulo Otero, *Legalidade*..., p. 751.

[679] Sobrepondo os dois problemas, André Folque, *A Tutela*..., pp. 71 ss.; para uma resposta parcelar ao segundo tipo de problemas, Luís Pereira Coutinho, *O problema das*

No nosso ordenamento, o seu "ponto de referência"[680] reside na disposição constitucional segundo a qual as autarquias locais visam a *prossecução de interesses próprios das populações respectivas* (artigo 235.°, n.° 2, da CRP), cláusula geral essa que está ainda implicada na garantia constitucional da autonomia local e no princípio da subsidiariedade, na medida em que os mesmos pressupõem que os entes locais tenham uma capacidade geral para desempenhar todas as tarefas com incidência local[681].

7.5.1. A fórmula "interesses próprios das populações" não tem antecedentes na nossa história constitucional. De resto, ao contrário, por exemplo, do que sucedeu no Brasil (onde a partir da Constituição republicana de 1891 se passou a utilizar a expressão "peculiar interesse", substituída apenas na Constituição de 1988 por "interesse local")[682], as Constituições portuguesas nunca se fixaram especialmente sobre nenhuma expressão[683]; importa no entanto advertir que a Constituição de 1976 se refere a "interesses regionais" e "interesse regional" [artigos 225.°, n.° 2, e 227.°, n.° 1, alínea *o*)], a "interesse específico" [artigos 227.°, n.° 1, alínea *v*), e 232.°, n.° 2], bem como a "assuntos administrativos de interesse dos moradores" [artigo 265.°, n.° 1, alínea *a*)][684].

---

atribuições..., cit; distinguindo claramente o plano dos interesses próprios, por fazer dele critério de delimitação das atribuições autárquicas, Vital Moreira, «Organização, Atribuições, Poderes e Competências das Regiões Administrativas», in *Boletim da Faculdade de Direito*, vol. 74.° (1998), p. 664 [657-670].

[680] António Cândido de Oliveira, *Direito das Autarquias*..., p. 297.

[681] Vieira de Andrade, «Autonomia...», p. 21, nota 39; Gomes Canotilho / Vital Moreira, *Constituição*..., 3.ª ed., p. 887; João Miranda, «As relações entre planos territoriais – alguns problemas», in *Revista Jurídica*, n.° 22 (1998), p. 102 [95-138]; Margarida Salema D'Oliveira Martins, *O princípio da subsidiariedade*..., p. 463; José Figueiredo Dias / Fernanda Paula Oliveira, *Noções Fundamentais*..., p. 84; Pedro Gonçalves, *Regime jurídico*..., pp. 75, 135.

[682] Nelson Nery Costa, *Direito Municipal*..., pp. 85 ss.; Regina Nery Ferrari, *Direito Municipal*, pp. 114 ss.; José Afonso da Silva, *Curso*..., p. 641.

[683] Ainda assim, o artigo 77.° da Constituição de 1911 referia-se à existência de uma sessão do Congresso dedicada aos "interesses locais".

[684] Não deve tão-pouco ser ignorado que a Constituição, ao referir-se, como faz nos artigos 64.°, n.° 3, e 81.°, a incumbências prioritárias do Estado em certas matérias, ou ao referir-se (como fazia de 1997 a 2004, no artigo 228.°, n.° 2) a interesses exclusivamente regionais, está automaticamente a admitir a existência de áreas de exclusividade, de preponderância e de confluência, adoptando, ela própria, naquelas primeiras disposições o critério da preponderância (no caso, a favor do interesse estadual).

Isto para dizer que na variação de expressões utilizadas no texto constitucional (sendo aliás conhecidas múltiplas variantes na definição do requisito, presente na Constituição até 2004, do "*interesse específico* regional")[685] não se deve ler uma correspondente diversidade de sentido, uma vez que nenhum elemento decisivo de interpretação para isso aponta[686].

Descendo então ao plano da lei – onde acabou por não ser usada a fórmula constitucional ("interesses próprios das populações") – , encontra-se no entanto aí a expressão "relevante interesse local" (artigo 3.°, n.° 1, da Lei n.° 4/2000, de 24 de Agosto), "relevante interesse nacional, regional ou local" (artigo 8.° da Lei n.° 24/98, de 26 de Maio) e ainda a indicação que talvez melhor releve para o sentido constitucional dos interesses próprios (ou locais): interesses que revistam "natureza predominantemente regional" (artigo 7.° da Lei quadro das regiões administrativas) e "interesses predominantemente regionais" (artigo 116.°, n.° 2, do Estatuto Político-administrativo dos Açores, na versão da Lei n.° 2/2009, de 12 de Janeiro).

Segundo a jurisprudência constitucional, o poder autárquico funda-se numa ideia de consideração e representação aproximada de interesses, residindo justamente o espaço incompressível da autonomia local nos assuntos próprios do círculo local (Acórdão n.° 432/93); e estes, por seu lado, foram entendidos ora como assunto que esgote os seus efeitos no círculo local respectivo ou uma tarefa que se relacione específica e directamente com uma certa comunidade local e esta possa realizar em auto-responsabilidade e autonomia (Parecer n.° 3/82 da Comissão Constitucional)[687], ora como «aquelas tarefas que têm a sua raiz na comunidade local ou têm uma relação específica com a comunidade local e que por esta comunidade podem ser tratadas de modo autónomo e com responsabilidade própria» (Acórdão n.° 432/93)[688].

O que não implica, em todo o caso, que as autarquias locais não tenham legitimidade para uma actuação concorrente com o Estado na rea-

---

[685] Diversamente, André Folque, *A Tutela*..., pp. 88 s.

[686] Menos ainda se justificam construções ou ilações jurídicas pretensamente sustentadas em elementos textuais desinseridos (ou des-*integrados*) do todo constitucional (assim porém, André Folque, *A Tutela*..., pp. 88, 99).

[687] In *Pareceres da Comissão Constitucional*, vol. 18, p. 151.

[688] Neste caso por remissão para o *dictum* paradigmático de 1958 do Tribunal Constitucional federal alemão (vol. 8 da respectiva colectânea de decisões, p. 134) já anteriormente evocada pelo Professor Vieira de Andrade (cfr. «Autonomia...», pp. 24 s., nota 48).

lização de tarefas constitucionais, em espaços de intervenção comum (Acórdão n.° 548/97)[689].

7.5.2. Apesar da paradigmática dificuldade de definição de interesse, como ideia geral pretende-se com ele significar uma *realidade social que exprime uma estrutura relacional definida em termos funcionais*, expressando pelo menos uma relação entre bens e necessidades[690].

O que deve então entender-se por *interesses locais*?

Os interesses locais, sendo interesses e como interesses, constituem antes de mais realidades ou "exigências da vida" (Philip Heck)[691] de variada espécie. Esses dados e realidades, uma vez identificados e descritos pelas normas, apresentam-se como susceptíveis de definirem campos de actuação para o prosseguimento de tarefas ou fins cuja realização satisfaz diversas necessidades sociais.

Enquanto dados e realidades, os interesses locais são justamente determinados pela condição específica de uma certa parcela de território, sendo que o próprio tipo de ocupação humana, a centralidade ou interioridade, as condições geográficas, climáticas ou geológicas, a existência ou não de áreas ou de construções a salvaguardar[692], etc., tudo isso decorre dessa realidade fundamental. De onde aliás deriva uma primeira conclusão de altíssima importância: a *variabilidade dos interesses locais* relevantes para o mesmo tipo de autarquia local.

---

[689] Como zonas de intervenção concorrente entre o Estado e as autarquias foram, entre outras, consideradas a habitação (Acórdão n.° 432/93), as estradas (Acórdão n.° 379/96), o urbanismo (Acórdão n.° 548/97), o ordenamento do território (Acórdãos n.os 329/99 e 517/99), o turismo (Acórdão n.° 107/2003).

[690] Em geral, sobre a complexidade do conceito de "interesse", Paulo Mota Pinto, *Interesse Contratual Negativo e Interesse Contratual Positivo*, vol. I, Coimbra, 2009, pp. 481, 493 ss., 528 ss.; aderindo agora ao conceito esboçado por este Autor, António Menezes Cordeiro, *Tratado de Direito Civil*, II – *Direito das Obrigações*, tomo I, Coimbra, 2009, p. 294; até então, na linha de Pessoa Jorge, para António Menezes Cordeiro, *interesse*, «[e]m sentido objectivo, traduz a virtualidade que determinados bens têm para a satisfação de certas necessidades; em sentido subjectivo, o interesse exprime uma relação de apetência que se estabelece entre o sujeito carente e as realidades aptas a satisfazê-lo» (cfr. *Tratado de Direito Civil*, I – *Parte Geral*, tomo I, 3.ª ed., Coimbra, 2005, p. 316).

[691] Karl Engish, *Einführung in das juristische Denken* (1983), trad. de João Baptista Machado, *Introdução ao Pensamento Jurídico*, 8.ª ed., Lisboa, 2001, p. 368.

[692] Extraindo a conclusão inversa, no exemplo do monumento e da paisagem, André Folque, *A Tutela...*, p. 88.

Ora, ainda que por vezes a doutrina, em grande medida inspirada na lição francesa, tenda a negar a existência de interesses locais ou a possibilidade de os definir[693], perante a necessidade de um mínimo de segurança neste domínio[694], podemos aqui reunir um conjunto de índices ou elementos de apoio:

(i) Na medida em que são expressão de exigências da vida comuns a um conjunto de pessoas concretas, são desde logo inequívocos interesses locais as realidades sociais que *resultem unicamente das relações de vizinhança ou do esforço comum* dos membros dessa comunidade (de que são exemplos clássicos os referidos nos n.os 3.°, 4.°, 6.°, 7.°, 9.°, 11.°, 12.°, 15.° do artigo 253.° do Código Administrativo);

(ii) Em segundo lugar, sem prejuízo da existência de esferas de interesses exclusivos[695] (como é claramente o caso dos acabados de citar)[696], o reconhecimento da existência de interesses locais não significa que eles sejam necessariamente exclusivos (o que, nas sociedades complexas de hoje, nem sequer se pode presumir);

(iii) Em terceiro lugar, tão-pouco está excluído (antes ficou amplamente demonstrado ao longo de todo o século XX) que possam ocorrer fenómenos de perda do carácter (exclusivo ou predominantemente) local (*Entörtlichung*) de certos interesses[697] – conclusão que ficou de certo modo confirmada na revisão constitucional de 1997[698], ao explicitar que o ordenamento do terri-

---

[693] Ou, em alternativa, de os reconduzir à auto-orientação, identificando interesses próprios com interesses *imunes* à orientação (cfr. André Folque, *A Tutela...*, p. 107).

[694] Sem prejuízo do carácter aberto, relativo e diferenciado do conceito e sem prejuízo de um regresso, quando nos for dado apreciar em maior detalhe o problema das atribuições, ou seja, das necessidades e dos interesses públicos cuja realização foi cometida pelo direito às autarquias locais (v. *infra*, § 9).

[695] Afirmando reiteradamente a ideia, Paulo Otero, *O poder de substituição...*, vol. II, pp. 806, 836, 838.

[696] Com outros exemplos, Vieira de Andrade, «Autonomia...», p. 24, nota 46.

[697] Cfr. Joachim Burmeister, *Verfassungstheoretische Neukonzeption der kommunalen Selbstverwaltungsgarantie*, München, 1977, pp. 72 ss., 145 ss.; António Cândido de Oliveira, *Direito das Autarquias...*, pp. 223 ss.; Luís Pereira Coutinho, *O problema das atribuições...*, pp. 5 ss.

[698] Quanto à jurisprudência do Tribunal Constitucional, cfr. Artur Maurício, «A garantia constitucional...», pp. 635 ss.; Luís Pereira Coutinho, *O problema das atribuições...*,

tório e o urbanismo não constituem interesses exclusivos (nem do Estado nem das autarquias), mas sim áreas confluentes entre interesses estaduais e interesses municipais (artigo 65.°, n.os 2 e 4, da CRP)[699];

(iv) Ora, é precisamente a existência de interesses ou áreas de interesses contrapostos aos interesses estaduais (artigo 235.°, n.° 2, da CRP) que impõe «[a]o legislador que concretize o âmbito desses interesses próprios através da demarcação de áreas de atribuições específicas dos entes públicos autárquicos e da delimitação de zonas de competência própria ou exclusiva dos órgãos respectivos, segundo a directriz descentralizadora reafirmada no artigo 239.°»[700];

(v) Por idênticas razões, e por não ser a doutrina mais favorável à defesa da autonomia local, não deve ser acolhida a tese segundo a qual as autarquias locais estariam circunscritas à realização dos interesses locais[701];

(vi) Ainda negativamente, importa acentuar a ideia de que os interesses locais não se confundem com os fins nem com as atribuições das autarquias locais[702], na medida em que estes conceitos exprimem realidades jurídicas construídas sobre os primeiros[703];

---

pp. 7 ss.; quanto à jurisprudência dos tribunais administrativos, André Folque, *A Tutela...*, p. 154, nota 435.

[699] Fernando Alves Correia, *O Plano Urbanístico e o Princípio da Igualdade*, Coimbra, 1989, pp. 108 ss.; Id., *As grandes linhas da recente reforma do Direito do urbanismo português*, Coimbra, 1993, p. 39, nota 19; Id., *Estudos de Direito do Urbanismo*, Coimbra, 1998, pp. 40, 108 s.; Id., *Manual de Direito do Urbanismo*, vol. I, 4.ª ed., Coimbra, 2008, pp. 142 ss.; João Miranda, «As relações entre planos...», pp. 100 ss.; Maria da Glória Ferreira Pinto Dias Garcia, *Direito do Urbanismo – Relatório*, Lisboa, 1999, pp. 64 ss., 74 s.; Fernando Condesso, *Direito do Urbanismo – Noções fundamentais* [em colaboração], Lisboa, 1999, pp. 78 s.; André Folque, *A Tutela...*, p. 153, nota 433, com amplas indicações; Luís Pereira Coutinho, *O problema das atribuições...*, p. 9.

[700] Cfr. Vieira de Andrade, «Autonomia...», p. 21.

[701] Esta tese chegou a ser defendida pela Comissão Constitucional (no já citado Parecer n.° 3/82, sobre o Gabinete da Área de Sines).

[702] V. *infra*, n.° 9.3.

[703] Sobre a distinção entre normas e interesses, por último, José de Melo Alexandrino, *Valores, bens e normas no domínio dos direitos fundamentais*, conferência [inédita], São Paulo, 2009.

(vii) Por outro lado, importa reafirmar também que, por regra, os interesses locais são-no apenas numa área, vertente ou dimensão, não só devido à já referida ideia da confluência de interesses com o Estado e as regiões autónomas, mas também pelo facto de também estes serem entes de fins múltiplos;

(viii) No final, tal como decorre hoje claramente da lição brasileira e não deixa de estar presente na doutrina[704] e no direito positivo português (v. *supra*), o sentido e o critério dos interesses locais vem afinal a ser o da *predominância* do interesse[705].

7.6. *Idem*: d) Poderes públicos autónomos

O quarto e último elemento, teoricamente passível de desdobramento, é aquele que remete para a generalidade dos elementos implícitos, por estar intrinsecamente referido ao sentido de poder local democrático e ao conceito constitucionalmente configurado de autonomia local[706] (v. *supra*, §§ 5 e 6).

7.6.1. Deste elemento decorre, em primeiro lugar, que não há autarquia local sem poderes locais, quer estes sejam entendidos como a concretização, num determinado tipo de ente local, da parcela de poder político que lhe corresponde no sistema, quer sejam entendidos como conjuntos de competências, poderes instrumentais e recursos[707] necessários e adequados à plena realização das atribuições correspondentes, quer sejam vistos como "capacidade efectiva" de regular e gerir uma parcela importante de assuntos públicos[708].

---

[704] Vieira de Andrade, «Autonomia...», p. 29, nota 55; Rui Machete, «O poder local...», p. 573; João Miranda, «As relações entre planos...», p. 102; Freitas do Amaral, *Curso...*, vol. I³, p. 485; admitindo pelo menos a ideia da predominância, Jorge Miranda, *Manual...*, tomo III, p. 233; na doutrina espanhola, Luciano Parejo Alfonso, *Garantia Institucional...*, pp. 161 s.; contra, André Folque, *A Tutela...*, p. 89.

[705] Nelson Nery Costa, *Direito Municipal...*, pp. 85 ss.; Regina Nery Ferrari, *Direito Municipal*, pp. 114 ss.; José Afonso da Silva, *Curso...*, p. 641.

[706] Defendendo que é o *princípio da autonomia* que rege a definição dos poderes públicos específicos das autarquias locais, Vital Moreira, «Organização, Atribuições...», p. 667.

[707] Artigo 9.° da CEAL.

[708] Artigo 3.°, n.° 1, da CEAL.

Dele decorre, em segundo lugar, que o exercício desses poderes públicos pressupõe um certo grau[709] de *imediatividade*[710] (quer do ponto de vista do seu reconhecimento, *maxime* pela norma constitucional, quer do ponto de vista da relação entre a comunidade e os órgãos dela representativos, quer do ponto de vista da relação estreita com o território local, quer do ponto de vista da própria configuração dada ao exercício dos poderes), significando ainda que a organização (democrática) local depende e responde directamente perante a comunidade de residentes pela forma como exerce os poderes e prossegue a realização dos interesses locais[711], podendo a comunidade accionar os mecanismos de prestação de contas correspondentes (sem excluir a possibilidade de redefinir a direcção sobre o modo de prossecução dos assuntos locais)[712].

7.6.2. Em termos práticos, é normal que seja com a eleição por sufrágio universal, directo e secreto (artigo 113.°, n.° 1, da CRP) dos órgãos dos entes locais[713] que se revele este elemento essencial[714]; todavia, ainda que

---

[709] Esse grau de imediatividade é mais intenso em Portugal do que em Espanha, onde existe uma autarquia local (*provincia*) sem órgãos directamente eleitos por sufrágio universal (cfr. Juan Alfonso Santamaría Pastor, *Principios de Derecho Administrativo*, vol. I, 4.ª ed., Madrid, 2002, pp. 64 ss.; Parejo Alfonso, *Derecho Administrativo*..., p. 191; Ramón Parada, *Derecho Administrativo*..., pp. 209 ss.; António Cândido de Oliveira, *A Democracia*..., pp. 81, 88 s.; Ramón Martín Mateo / Díez Sanchez, *Manual*..., pp. 188, 191 ss.); é mais intenso no Brasil do que em Portugal, onde alguns dos titulares dos órgãos representativos das autarquias locais não são *directamente* eleitos pelos cidadãos (casos da assembleia municipal, da junta de freguesia, da assembleia regional e da junta regional).

[710] No direito municipal brasileiro, o nome dado a este elemento é o da *electividade* (cfr. Nelson Nery Costa, *Direito Municipal*..., pp. 128 ss.).

[711] Já relativamente às áreas e às esferas de interesses que lhes tenham sido delegados ou atribuídos pelo Estado ou por outros entes públicos, a responsabilidade deve ser aferida antes de mais pelos termos da atribuição e delegação concretamente definidos (no ordenamento espanhol, veja-se o disposto no artigo 27.° da Lei de Bases do Regime Local).

[712] Sobre a acepção de responsabilidade política aqui subjacente, Jorge Miranda, «Artigo 117.°», in Jorge Miranda / Rui Medeiros, *Constituição*..., tomo II, p. 320; Pedro Lomba, «Artigo 117.°», in Paulo Otero (coord.), *Comentário à Constituição Portuguesa*, vol. III, 1.° tomo, *Princípios gerais da organização do poder político*, Coimbra, 2008, pp. 448, 456.

[713] André Folque, «Indisciplina normativa...», p. 38.

[714] Como comprova, por exemplo, a transformação das regiões ocorrida em França em 1983 (cfr. Jean-Bernard Auby / Jean-François Auby / Rozen Noguellou, *Droit des collectivités*..., p. 51), processo muito similar ao que está em vias de ocorrer entre nós, com diferença de que na França apenas em 2003 foi constitucionalizada a região (*ibidem*, p. 24).

no sistema português[715] esse grau de representatividade dos órgãos se afigure um elemento necessário, nem o mesmo é por si só suficiente[716] (como se comprova pelas organizações de moradores), nem no direito comparado ele se revela indispensável (como se comprova pelas províncias espanholas).

Mas este elemento pressupõe ainda a *independência*, enquanto nota particularmente qualificadora da autonomia local, a qual, no plano material, se define nomeadamente pela autonomia de orientação (*maxime* na reserva e no exercício de uma esfera de poderes normativos autónomos) e tem como principal corolário uma estrita delimitação dos poderes de controlo (no sentido de nunca poderem envolver apreciação de mérito sobre a forma de realização dos interesses locais)[717].

Quanto ao exercício de *outras* atribuições (ou domínios de atribuições), em especial as que foram objecto de expressa fixação ou transferência legal (zona particularmente regida pelo critério da subsidiariedade)[718], desse elemento decorre ainda o dever de *consideração e amizade* para com o poder local[719], bem como uma regra de *devida cooperação* por parte da administração local (implicando, num caso como no outro, a adopção de instrumentos de participação, cooperação e articulação das intervenções, mas não menos a atenção a parâmetros de justiça, eficiência e avaliação)[720].

7.6.3. Os poderes públicos autónomos (afinal as expressões concretizadas do poder local)[721] já foram de algum modo sistematizados, quer a propósito da definição do conteúdo da autonomia local (v. *supra*, § 6), quer a propósito da enumeração das prerrogativas das autarquias locais (v. *supra*, n.° 7.1.3.).

---

[715] É também esta a regra, segundo o artigo 3.°, n.° 2, da CEAL.

[716] Para uma demonstração da essencialidade da ideia de auto-responsabilidade, Lúcia Amaral, *A Forma da República*..., p. 383.

[717] Artigos 3.°, n.° 1, e 8.° da CEAL.

[718] José Figueiredo Dias / Fernanda Paula Oliveira, *Noções Fundamentais*..., p. 84.

[719] V. *supra*, n.° 6.2.

[720] Maria da Glória Garcia, in AAVV, «Debate sobre o anteprojecto de lei de bases do ordenamento do território», in *Revista Jurídica*, n.° 22 (1998), pp. 40-42 [37-78].

[721] Jorge Miranda, «O conceito de poder local...», pp. 317 ss.

Reitere-se apenas que a existência de alguns desses poderes, em especial o de autonormação[722], dá lugar a uma verdadeira *reserva de administração autónoma* (ou seja, à garantia institucional de um certo núcleo material de funções preservado à administração territorial local, mesmo contra o legislador)[723].

7.7. Os elementos implícitos

Além dos elementos constitutivos ou essenciais, há então a referir a presença de pelo menos dois importantíssimos elementos implícitos do conceito de autarquia local, a *personalidade jurídica* e a *representatividade democrática*. Deles derivam posteriormente outros corolários (ou elementos implícitos *de 2.° grau*).

A personalidade jurídica é um elemento implícito porque a mesma representa uma decorrência lógica da autonomia[724] e da descentralização[725]. Por outras palavras, na ausência de personalidade, não haveria sequer organização autónoma, mas sim fusão ou integração no Estado. Da personalidade jurídica decorre, por sua vez, não só a existência necessária de um património como a inerente *capacidade de direito público*[726].

Por seu lado, a representatividade dos órgãos das autarquias locais (v. *infra*, n.° 8.2.2.) está pressuposta[727] no primeiro dos princípios fundamen-

---

[722] Acórdão n.° 452/87 do Tribunal Constitucional (in *Acórdãos do Tribunal Constitucional*, vol. 10.°, pp. 169 ss.).

[723] Gomes Canotilho / Vital Moreira, *Constituição...*, 3.ª ed., p. 895; Gomes Canotilho, *Direito Constitucional e Teoria...*, p. 740; Paulo Otero, *Legalidade...*, pp. 750, 751; Freitas da Rocha, *Constituição...*, p. 705.

[724] André Gonçalves Pereira, *Contribuição...*, p. 140.

[725] Sérvulo Correia, *Noções...*, vol. I, p. 129; Lúcia Amaral, *A Forma da República...*, pp. 382 ss.; José Figueiredo Dias / Fernanda Paula Oliveira, *Noções Fundamentais...*, p. 82; Marcelo Rebelo de Sousa / Salgado de Matos, *Direito Administrativo...*, tomo I³, p. 145; Melo Alexandrino, «O défice de protecção...», p. 16, nota 25.

[726] Melo Alexandrino, «O défice de protecção...», p. 16.

[727] Veja-se a demonstração da redundância no disposto nos artigos 1.° e 2.°, n.° 1, da Lei n.° 24/98, de 26 de Maio (estatuto do direito de oposição), que se refere a "autarquias locais de natureza representativa"; além disso, como o carácter representativo pode conhecer distintos graus, pode o mesmo existir sem a electividade dos órgãos (confronte-se, neste sentido o disposto nos artigos 140.° e 141.°, n.° 2, da Constituição espanhola).

tais do ordenamento local (em especial na inafastável dimensão da democracia representativa)[728], constituindo seus naturais corolários a regra da *electividade*[729] dos respectivos órgãos (pelo menos de uma assembleia ou órgão colegial)[730], a *autodeterminação* (com a correspondente *limitação do controlo*), bem como a dependência relativamente ao *papel dos partidos políticos*[731].

7.8. Autarquias locais e figuras afins

Com base na caracterização acabada de apresentar, não é agora difícil de proceder à distinção das autarquias locais face a um conjunto de estruturas organizativas afins.

A utilidade do exercício é manifesta, quer perante as dificuldades sentidas na doutrina, quer perante as exigências mínimas de segurança jurídica na aplicação do direito legislado (sempre que este se refere a "autarquias locais"), quer perante a necessidade de enquadrar devidamente realidades que venham a ser criadas no futuro, quer pelo facto de muitas vezes a própria lei se referir a "entidades equiparadas"[732], postulando dessa forma um nível de diferenciação, mas também de aproximação, relevante.

7.8.1. Começando pelas *áreas metropolitanas* – que constituem entes legalmente obrigatórios[733] – , as mesmas não são entre nós[734] autarquias

---

[728] V. *supra*, n.º 5.3.1.

[729] V. *infra*, n.º 11.2.

[730] Assim, o artigo 239.º, n.º 2, da CRP, o artigo 3.º, n.º 2, da CEAL e o artigo 11.º da Lei Orgânica n.º 1/2001, de 14 de Agosto.

[731] Sobre as funções e o papel dos partidos, em geral, Marcelo Rebelo de Sousa, *Os partidos políticos no Direito Constitucional português*, Braga, 1983, pp. 444 ss.; Lúcia Amaral, *A Forma da República...*, p. 243 ss.; em concreto, Christian Starck, *La Constitution...*, pp. 152 s.

[732] Assim, por exemplo, o artigo 1.º, n.º 1, da Lei n.º 27/96, de 1 de Agosto, ou o artigo 2.º do Decreto-Lei n.º 54-A/99, de 22 de Fevereiro.

[733] Pelo menos entre 1991 e 2003 e desde 2008 (Lei n.º 46/2008, de 27 de Agosto): de certo modo, estamos aí perante o regresso das federações obrigatórias do Código Administrativo de 1936-40.

[734] Sobre o caso italiano, por último, Riccardo Lanza / Flavio Spalla, «Area Metropolitana: esperienze italiane», in *Amministrare*, n.os 1 e 2 (2008), pp. 105-172.

locais essencialmente pelo facto de, por opção do legislador, não disporem de poderes públicos autónomos[735], definidos e exercidos em condições de auto-responsabilidade (por ausência do requisito da representatividade democrática na designação dos titulares[736] dos respectivos órgãos)[737].

Na verdade, quanto aos demais elementos, além da personalidade e da capacidade de direito público, as mesmas traduzem uma forma de organização territorial[738], prosseguem ou podem prosseguir interesses locais distintos dos das autarquias que as integram[739] e não deixam de dispor de um acervo poderes públicos (locais e supra-locais)[740].

7.8.2. Quanto às *associações de municípios* – que correspondem a entes legalmente facultativos, que podem ser de "fins múltiplos" (constituindo nesse caso pessoas colectivas de direito público)[741] ou de "fins específicos" (constituindo então pessoas colectivas de direito privado e

---

[735] Diversamente, ainda que em referência à lei de 1991, indicando como factor decisivo a especificidade dos fins, Marcelo Rebelo de Sousa, *Lições*..., p. 224; André Folque, *A Tutela*..., p. 137, nota 388; considerando as grandes áreas metropolitanas e as comunidades urbanas, aqui por referência à lei de 2003, entes de fins gerais, Marcelo Rebelo de Sousa / Salgado de Matos, *Direito Administrativo*..., tomo I[3], p. 147.

[736] Marcelo Rebelo de Sousa / Melo Alexandrino, *Constituição*..., p. 370.

[737] Em tese, temos de reconhecer que a mera eleição indirecta dos respectivos órgãos não constitui obstáculo decisivo à presença de uma autarquia local, como se comprova em Espanha pelas províncias, sendo aí decisiva a continuidade histórica do ente e o sentido da decisão constituinte; no caso das áreas metropolitanas portuguesas (já não as italianas, por exemplo), apesar da abertura constitucional (artigo 236.°, n.° 3), o que torna decisiva a natureza não autárquica desses entes é a opção do legislador (artigo 2.°, n.° 1, e, *a contrario*, artigos 6.°, n.° 1, 23.°, 28.° e 29.° da Lei n.° 45/2008, de 27 de Agosto), *em conexão* com a legitimidade e representatividade dos respectivos órgãos (artigos 9.°, n.os 2 a 5, e 13.°, n.os 1 e 2, da Lei n.° 45/2008, de 27 de Agosto).

[738] Artigo 1.° do Decreto-Lei n.° 68/2008, de 14 de Abril (ainda que o artigo 2.° da Lei n.° 46/2008, de 27 de Agosto, as qualifique como "forma específica de associação dos municípios abrangidos"); na doutrina, José Manuel Sérvulo Correia / Jorge Bacelar Gouveia, «O financiamento das assembleias distritais e a Constituição», in *RFDUL*, vol. 38.°, 1 (1997), p. 243 [233-263].

[739] Artigo 4.° da Lei n.° 46/2008, de 27 de Agosto.

[740] Artigos 8.°, 11.°, 14.°, 20.°, 25.° e 28.° da Lei n.° 46/2008, de 27 de Agosto; daí aliás o sentido de disposições como as do artigo 1.°, n.° 3, do Decreto-Lei n.° 209/2009, de 3 de Setembro, ou do artigo 2.°, n.° 2, do Decreto Regulamentar n.° 18/2009, de 4 de Setembro.

[741] Artigos 2.° e seguintes da Lei n.° 45/2008, de 27 de Agosto.

regime misto) – , distinguem-se das autarquias locais por não disporem de poderes definidos e exercidos em condições de auto-responsabilidade (todas elas) nem de personalidade de direito público (neste caso, apenas as associações de municípios de fins específicos)[742].

Contudo, as associações de municípios de fins múltiplos (ou comunidades intermunicipais), tal como as áreas metropolitanas[743], não só dispõem de personalidade e de capacidade de direito público (traduzindo uma certa forma de organização territorial)[744], como também prosseguem interesses locais[745], dispondo para o efeito de um conjunto de poderes públicos[746].

7.8.3. Já os "*órgãos representativos das ilhas*" (sucessores dos *Conselhos de Ilha* existentes nos Açores até 2009)[747] não são autarquias locais por se resumirem a meros órgãos consultivos[748], por não disporem de poderes públicos[749] e por não possuírem sequer personalidade jurídica[750].

Admitindo que, em face das atribuições que recebiam, as grandes áreas urbanas (criadas pela Lei n.° 10/2003, de 13 de Maio) eram verdadeiras autarquias locais, Jorge Miranda, «Artigo 236.°», p. 450; em termos próximos, e pela inconstitucionalidade da figura, Jorge Miranda / Joana Colaço, «Artigo 253.°», in Jorge Miranda / Rui Medeiros, *Constituição*..., tomo III, p. 528; Freitas do Amaral, *Curso*..., vol. I[3], pp. 632 s.; diversamente, Marcelo Rebelo de Sousa / Salgado de Matos, *Direito Administrativo*..., tomo I[3], pp. 146, 147; João Caupers, *Introdução*..., pp. 116; Vital Moreira, «Associações intermunicipais...», pp. 5 ss.

[742] Diversamente das associações de freguesias, que constituem pessoas colectivas de direito público, mas de fins e poderes limitados.

[743] Daí também as recentes disposições do artigo 1.°, n.° 3, do Decreto-Lei n.° 209/2009, de 3 de Setembro, ou do artigo 2.°, n.° 2, do Decreto Regulamentar n.° 18/2009, de 4 de Setembro.

[744] Artigo 1.° do Decreto-Lei n.° 68/2008, de 14 de Abril, e artigos 4.°, n.° 1, e 33.°, n.° 1, da Lei n.° 45/2008, de 27 de Agosto (pelo menos no que se refere às CIM).

[745] Artigo 253.° da CRP e artigo 5.° da Lei n.° 45/2008, de 27 de Agosto.

[746] Artigo 253.° da CRP e artigo 13.° da Lei n.° 45/2008, de 27 de Agosto.

[747] Artigo 128.° do Estatuto Político Administrativo dos Açores, na versão que lhe foi dada pela Lei n.° 2/2009, de 12 de Janeiro (artigo 87.° na versão anterior), bem como o artigo 1.° do decreto legislativo regional n.° 21/99/A, de 10 de Julho (provisoriamente em vigor por força do disposto no artigo 10.°, n.° 2, da Lei n.° 2/2009, de 12 de Janeiro).

[748] António Cândido de Oliveira, *Direito das Autarquias*..., p. 357.

[749] André Folque, *A Tutela*..., p. 137, nota 388.

[750] Jorge Miranda, «Artigo 236.°», p. 450.

7.8.4. As *organizações de moradores*, podendo ser vistas como entidades ou substractos não personalizados[751] (ou como meros órgãos, estruturas ou formas de organização local[752]), distinguem-se ainda das autarquias locais por não poderem dispor de poderes públicos, não terem personalidade nem capacidade própria de direito público.

7.8.5. Por sua vez, os *distritos*, apesar das raízes e da evolução histórica (de constante oscilação entre autarquia local e circunscrição administrativa)[753], apesar da regulação que numa primeira fase lhes foi dispensada em sede da Lei das Autarquias Locais[754] e apesar de algumas dúvidas na doutrina[755], são essencialmente circunscrições da Administração periférica do Estado, com a dupla particularidade de constituírem uma realidade sobre a qual pende uma sentença de extinção ainda por executar[756] e de disporem de uma assembleia deliberativa composta por representantes dos municípios[757].

Para além da situação de precariedade em que se encontram, os distritos distinguem-se por isso das autarquias locais porque nem dispõem de personalidade jurídica[758], nem de um verdadeiro agregado populacional

---

[751] Freitas do Amaral, *Curso*..., vol. I³, p. 523.

[752] Gomes Canotilho /Vital Moreira, *Constituição*..., 3.ª ed., p. 918; Bacelar Gouveia, *Manual*..., vol. II, p. 989; Marta Machado Dias, «Crimes de responsabilidade dos eleitos locais: alguns aspectos», in António Cândido de Oliveira / Marta Machado Dias, *Crimes de Responsabilidade dos Eleitos Locais*, Braga, 2008, p. 41 [23-93]).

[753] Logo no plano constitucional, os distritos foram autarquias locais nas Constituições de 1838, 1911 e 1933 (após 1959); por seu lado, no texto originário da Constituição de 1976, os distritos estavam previstos no artigo 263.°, tendo na revisão de 1982 passado para as disposições finais e transitórias (actualmente, artigo 291.°).

[754] Artigos 82.° a 90.° da Lei n.° 79/77, de 25 de Outubro – disciplina que não foi objecto de revogação pelo Decreto-Lei n.° 100/84, de 29 de Março (como resulta do respectivo artigo 97.°), mas apenas pelo artigo 23.° do Decreto-Lei n.° 5/91, de 8 Janeiro (sobre o tópico, Sérvulo Correia / Bacelar Gouveia, «O financiamento...», pp. 234 s.).

[755] Diogo Freitas do Amaral, *Direito Administrativo*, lições policopiadas, vol. I, Lisboa, 1984, pp. 824 ss.; Id., *Curso*..., vol. I¹, p. 534; Id., *Curso*..., vol. I³, pp. 655, 657; António Cândido de Oliveira, *Direito das Autarquias*..., p. 359; Gomes Canotilho / Vital Moreira, *Constituição*..., 3.ª ed., p. 1074.

[756] Na medida em que a divisão distrital apenas subsiste enquanto as regiões administrativas não estiverem concretamente instituídas (artigo 291.°, n.° 1, da CRP).

[757] Artigo 291.°, n.° 2, da CRP.

[758] Sérvulo Correia / Bacelar Gouveia, «O financiamento...», pp. 243, 248, 249.

de referência, nem de poderes públicos autónomos[759], nem realizam interesses locais (mas sim interesses estaduais).

Relativamente diverso é já o caso das *assembleias distritais*[760], que alguma doutrina admite incluir na administração autárquica[761]; ora, se bem se que trate de realidade atípica, dotada de representatividade (indirecta), exercendo alguns poderes públicos na esfera da circunscrição territorial[762] (dispondo para o efeito do auxílio da mesa da assembleia distrital, funcionando como verdadeiro órgão executivo)[763], tão-pouco constituem autarquias locais: por não terem personalidade, nem verdadeiras atribuições[764], nem agregado populacional de referência, nem poderes definidos em condições de auto-responsabilidade.

7.8.6. Por fim, as *Comissões de coordenação e desenvolvimento regional* (CCDR)[765], sendo serviços periféricos da Administração directa do Estado com funções de administração desconcentrada[766], distinguem-se das autarquias locais por não disporem de personalidade, nem de agregado populacional de referência[767], nem consequentemente de poderes públicos autónomos (mas sim de poderes públicos estaduais)[768].

---

[759] António Cândido de Oliveira, *Direito das Autarquias...*, p. 359; Sérvulo Correia / / Bacelar Gouveia, «O financiamento...», pp. 248 ss.; Freitas do Amaral, *Curso...*, vol. I[3], pp. 657 s.; Jorge Miranda, «Artigo 291.°», in Jorge Miranda / Rui Medeiros, *Constituição...*, tomo III, p. 970.

[760] Reguladas pelo disposto no Decreto-Lei n.° 5/91, de 8 de Janeiro.

[761] António Cândido de Oliveira, *Direito das Autarquias...*, p. 359; em termos de ordenamento positivo, veja-se, por último, o disposto no artigo 27.° do Decreto Regulamentar n.° 18/2009, de 4 de Setembro.

[762] Estando por isso sujeita a tutela administrativa (artigo 11.° do Decreto-Lei n.° 5/91, de 8 de Janeiro) e também ao regime do contencioso administrativo (artigo 12.° do mesmo diploma).

[763] Artigos 6.° e 7.° do Decreto-Lei n.° 5/91, de 8 de Janeiro.

[764] Salvo as referidas no artigo 5.°, alíneas *c*), *f*) e *g*), do Decreto-Lei n.° 5/91, de 8 de Janeiro.

[765] Para uma visão geral deste tipo de estruturas, António Cândido de Oliveira, «40 anos de desconcentração...», pp. 5-13.

[766] Preâmbulo e artigo 1.° do Decreto-Lei n.° 134/2007, de 27 de Abril.

[767] Quanto ao território, as CCDR exercem as suas atribuições ao nível das respectivas "áreas geográficas de actuação" ou "no âmbito das circunscrições territoriais respectivas" (cfr. artigo 2.°, n.os 1 e 2, do Decreto-Lei n.° 134/2007, de 27 de Abril), correspondendo a área geográfica de actuação de cada CCDR "à circunscrição territorial de nível II da Nomenclatura das Unidades Territoriais para Fins Estatísticos (NUTS)" (artigo 3.°, n.° 1,

A conclusão não impede o reconhecimento de as mesmas terem sido moldadas (durante a X legislatura) como embriões das futuras regiões administrativas[769], nem de constituírem importantíssimos instrumentos de coordenação dos entes territoriais autárquicos (com participação dos presidentes das câmaras municipais e dos representantes das freguesias da área geográfica de actuação abrangida num dos órgãos dessas estruturas desconcentradas)[770].

8. ORGANIZAÇÃO DAS AUTARQUIAS LOCAIS

8.1. Categorias de autarquias locais

8.1.1. Segundo a Constituição, no continente as autarquias locais são as freguesias, os municípios e as regiões administrativas (artigo 236.°, n.° 1), podendo a lei estabelecer, nas grandes áreas urbanas e nas ilhas, de acordo com as suas condições específicas, outras "formas de organização territorial autárquica" (artigo 236.°, n.° 3).

À luz destas indicações, podem recortar-se dois grupos de autarquias: as autarquias locais constitucionalmente *impostas* e as autarquias locais constitucionalmente *consentidas*[771].

Ora, a doutrina tem admitido que o artigo 236.°, n.° 3, encerra três possibilidades: (1) o estabelecimento de *outras* autarquias locais, *para além* das existentes; (2) o estabelecimento de *outras* autarquias locais, *em vez* das existentes; e (3) o estabelecimento de *outras realidades* (que não sejam autarquias locais)[772].

---

do mesmo diploma) e sendo inclusivamente essas áreas geográficas designadas pelo mesmo diploma por "regiões" (artigo 3.°, n.° 2).

[768] Artigo 4.° do Decreto-Lei n.° 134/2007, de 27 de Abril.

[769] Artigo 3.°, n.os 3 e 4, do Decreto-Lei n.° 134/2007, de 27 de Abril; anexo I ao Decreto-Lei n.° 68/2008, de 14 de Abril.

[770] Artigo 9.°, n.° 2, alíneas *a*) e *b*), do Decreto-Lei n.° 134/2007, de 27 de Abril.

[771] Jorge Miranda, *As Associações Públicas no Direito Português*, Lisboa, 1985, p. 23; Id., *Manual*..., tomo III, p. 450; Marcelo Rebelo de Sousa / Melo Alexandrino, *Constituição*..., p. 371; Bacelar Gouveia, *Manual*..., vol. II, p. 988.

[772] Ainda que dubitativamente, Gomes Canotilho / Vital Moreira, *Constituição*..., 3.ª ed., p. 884.

Consentindo também nessa abertura[773] (embora talvez com o limite de, nas grandes áreas urbanas, não ser removido o município[774], a menos que o mesmo seja convertido num ente territorial superior), à mesma podem ser aditadas duas novas possibilidades: (*i*) por um lado, a criação de bairros, secções, circunscrições ou distritos[775] dos concelhos, uma vez que nada na Constituição impõe que a forma de organização a estabelecer nas grandes áreas urbanas apenas se cinja ao nível da *macro*-organização, podendo também reflectir-se no plano das formas infra-municipais de organização territorial; (*ii*) por outro lado, precisamente a este nível, tanto pode vir a ter lugar a *supressão* como a *fusão*, *incorporação*, *transformação* ou *conversão* destas freguesias urbanas (no todo ou parte)[776].

Uma vez esclarecida a natureza não-autárquica das entidades efectivamente criadas nas áreas urbanas (v. *supra*, n.° 7.8.1.) e nas ilhas (v. *supra*, n.° 7.8.3.), importa observar as relações entre as diversas categorias de autarquias e ainda atentar no problema da classificação das autarquias locais.

8.1.2. Em geral, a doutrina posterior à Constituição de 1976 tende pelo menos a afirmar que as *relações entre as diversas categorias de autarquias locais* se pautam pela independência[777], salientando quer a autonomização constitucional das freguesias relativamente ao município (contrastando assim com a solução da Constituição de 1933, que as declarava parcelas dos concelhos)[778], quer a inexistência de relações de hierar-

---

[773] Abertura que aliás é muito mais ampla nos ordenamentos que nos são próximos, como é, por exemplo, o caso do disposto nos artigos 24.°, 45.° ou 128.° da Lei de Bases do Regime Local espanhola, nos artigos 15.°, n.° 4, 16.°, n.° 1, 17.° ou 21.° do Testo Unico italiano, nos artigos L24111-1 e seguintes do Code Générale francês ou do disposto no artigo 30.°-IV da Constituição brasileira.

[774] Ente territorial que goza por assim dizer de uma *reserva de existência*, não só no sentido de perenidade dessa dimensão principial da correspondente instituição (artigo 288.° da CRP), mas também no da necessária generalização em todo o território.

[775] Na expressão dos artigos 219.° e 222.° da Constituição de 1822 (afinal a que está ainda em uso no Brasil e na Espanha).

[776] Na Carta Estratégica de Lisboa apresentada para discussão pública em 3 de Julho de 2009, uma das quatro orientações básicas é justamente a da definição de uma nova divisão administrativa, o bairro (cfr. *http://cartaestrategica.cm-lisboa.pt/index.php?id=393*).

[777] Gomes Canotilho / Vital Moreira, *Constituição*..., 3.ª ed., p. 885.

[778] Jorge Miranda, «Artigo 236.°», p. 449, 451; Vital Moreira, «O poder local...», p. 288.

quia, superintendência ou tutela[779]; por vezes, afirma-se mesmo que, em Portugal, a freguesia tem, a nível constitucional, "a mesma dignidade que o município"[780].

Numa perspectiva um pouco distinta, José Casalta Nabais tem qualificado a freguesia como um *submúltiplo* do município e a região administrativa como um *sobremúltiplo* do município[781] (este sim, ente local paradigmático ou de base, no sentido de as demais unidades autárquicas apenas serem pensáveis a partir dele[782]).

Sem prejuízo da autonomização pretendida pela Constituição de 1976 e da ausência de relações hierárquicas ou tutelares entre as diversas categorias de autarquias locais, não parece que possa merecer acolhimento a ideia de igual dignidade constitucional entre as mesmas.

(i) Na verdade, a Constituição reconhece explicitamente a existência de "*autarquias de grau superior*", ao definir os limites do poder de auto-normação das autarquias locais (artigo 241.°).

(ii) Por outro lado, a Constituição, em matéria de *atribuições, tarefas e serviços*, não deixa de assinalar, por diversas vias, o lugar destacado conferido ao município, quer no confronto com as freguesias (v. *infra*, n.° 9.4.), quer no confronto com as regiões administrativas (algo que aliás já resultava do reconhecimento inicial dos concelhos *existentes*[783], diante de uma estrutura autárquica criada em abstracto por opção do legislador constituinte e que não foi sequer ainda objecto de criação efectiva).

(iii) Fora da Constituição, abundam ainda mais as provas do *ascendente dos municípios* (quer sobre as freguesias, quer sobre as regiões administrativas), nomeadamente ao nível: (1) da reserva ao município da possibilidade de delegação de competências noutros entes locais[784]; (2) da expressa delimitação negativa da

---

[779] Gomes Canotilho / Vital Moreira, *Constituição...*, 3.ª ed., p. 885; Jorge Miranda, «Artigo 236.°», p. 451.

[780] António Cândido de Oliveira, «Democracia Local», pp. 43, 45.

[781] Casalta Nabais, *A autonomia financeira...*, p. 22.

[782] Casalta Nabais, *A autonomia financeira...*, p. 21.

[783] Artigo 249.° da CRP (na sua versão originária).

[784] Artigo 13.°, n.° 2, da LQTA, artigo 37.° da LAL, artigo 5.°, n.° 3, 2.ª parte, da Lei n.° 45/2008, de 27 de Agosto, e artigo 4.°, n.° 3, 2.ª parte, da Lei n.° 46/2008, de 27 de Agosto.

autonomia das regiões administrativas pela esfera de atribuições e competências dos municípios e dos seus órgãos[785]; (3) da reserva ao município da integração em comunidades de fins gerais, dotadas de extensas atribuições e prerrogativas de direito público[786]; (4) da diferente medida de intervenção económica permitida aos municípios[787]; (5) da diferente medida de autonomia financeira dos municípios (com implicações na titularidade de verdadeiros poderes tributários, nas formas e volume de financiamento e no controlo financeiro)[788]; (6) da diferente medida de autonomia organizativa dos municípios (com reserva a estes de um estrutura interna dotada de direcção estratégica e de um amplo quadro de pessoal dirigente[789]); (7) da maior visibilidade da intervenção dos municípios no plano da cooperação transfronteiriça[790]; (8) da progressiva parlamentarização do órgão deliberativo do município[791]; (9) da nomeação pela câmara municipal da comissão instaladora da freguesia[792].

(iv) Por fim, e aí o consenso é maior, apesar de nem os concelhos serem agregados de freguesias, nem as regiões agregados de municípios, existem diversas *formas de articulação*[793], como a participação nas assembleias municipais dos presidentes das juntas de freguesia e a participação nas assembleias regionais de membros eleitos pelas assembleias municipais[794] ou a influência dos municípios ao nível da delegação de tarefas nas fregue-

---

[785] Artigo 4.°, n.° 2, da Lei n.° 56/91, de 13 de Agosto.

[786] Artigos 5.° e 16.° da Lei n.° 45/2008, de 27 de Agosto.

[787] Artigos 174.° a 176.° do Código Administrativo e Lei n.° 53-F/2006, de 29 de Dezembro, designadamente.

[788] Artigos 10.° e seguintes, 17.° e seguintes, 35.° e seguintes, 40.°, 41.° e 44.° da Lei n.° 2/2007, de 15 de Janeiro.

[789] Decreto-Lei n.° 305/2009, de 23 de Outubro.

[790] Decreto-Lei n.° 161/2009, de 15 de Julho.

[791] Artigo 46.°-B da LAL, na redacção da Lei n.° 5-A/2002, de 11 de Janeiro.

[792] Artigo 9.° da Lei n.° 8/93, de 15 de Março.

Não referimos aqui os poderes conferidos pelos artigos 6.°, n.° 6, e 29.° n.° 2, da LAL, de marcação pela câmara municipal de novas eleições, por inconstitucionalidade e ilegalidade dessas disposições (v. *infra*, n.° 11.2.1.).

[793] Gomes Canotilho / Vital Moreira, *Constituição...*, 3.ª ed., p. 885.

[794] Jorge Miranda, «Artigo 236.°», pp. 451 s.

sias e na atribuição dos respectivos meios, designadamente financeiros[795].

Ao invés, além daqueles que decorrem da universalidade[796] e das diferentes raízes históricas, bem como da sedimentação sociocultural ímpar da estrutura comunal[797], são múltiplos os planos em que o direito positivo impõe verdadeiramente o reconhecimento de um *princípio de diferenciação*: é isso que ocorre ao nível do sistema de governo definido para cada uma das categorias de autarquia local (v. *infra*, n.° 8.2.4.); é isso que ocorre ao nível do sistema de eleição dos respectivos titulares (v. *infra*, n.° 11.2.1.); é isso que ocorre ao nível dos interesses públicos postos a cargo de cada categoria de autarquia local (v. *infra*, n.° 9.4.); é ainda isso que acontece afinal ao nível da intensidade do princípio da autonomia local (v. *supra*, n.° 6.2.2.), ao nível da (in)aplicabilidade do princípio da especialidade (v. *infra*, n.° 9.1.), bem como ao nível da operação do princípio da subsidiariedade (v. *infra*, n.° 9.4.3.).

Deste modo, a manifesta e tantas vezes reiterada centralidade do município[798] implica que a independência das várias espécies de autarquias locais não possa ser concebida segundo uma ideia de igualdade (geométrica), mas sim segundo uma lógica de adequação (proporcional) à importância relativa e ao perfil diferenciado de cada autarquia local[799].

8.1.3. Pondo de lado outras classificações históricas (como a célebre distinção feita por Alexandre Herculano entre municípios perfeitos, imperfeitos e rudimentares), tem sido hábito, desde o século XIX, a *classifica-*

---

[795] António Cândido de Oliveira, *Direito das Autarquias*..., p. 348; Id., «Democracia Local», p. 45.

[796] António Cândido de Oliveira, «Democracia Local», p. 40.

[797] Marcelo Rebelo de Sousa, *Lições*..., p. 347.

[798] Segundo Freitas do Amaral, a importância do município pode ser observada no plano internacional, histórico, político, económico, administrativo, financeiro, jurídico e doutrinário (cfr. *Curso*..., vol. I^3, pp. 526 ss.); na jurisprudência constitucional, veja-se em especial o Acórdão n.° 358/92 (in *Acórdãos do Tribunal Constitucional*, vol. 23.°, pp. 109 ss.), sobre o qual António Cândido de Oliveira, *Direito das Autarquias*..., pp. 257 s.

[799] Como já se escreveu, «[a] Constituição não impõe estatuto igualitário para cada modalidade de autarquia local» (cfr. Marcelo Rebelo de Sousa / Melo Alexandrino, *Constituição*..., p. 372).

ção legal dos concelhos e das freguesias, segundo critérios normalmente centrados na população[800].

A partir de 1936, o legislador adoptou o *critério da população*, temperado com o da *índole social* e da *capacidade fiscal*[801], tendo promovido sucessivos ajustamentos em 1953, 1959 e 1969[802]: (i) os concelhos pertenciam a uma classe (podendo o concelho ser *urbano* ou *rural*) e, dentro dessa classe, a uma de três ordens, havendo ainda a relevar o caso especial dos concelhos de Lisboa e Porto; (ii) por seu lado, as freguesias (*urbanas* ou *rurais*, conforme incluídas na área de um município urbano ou rural), eram ordenadas em freguesias de *1.ª ordem* (as freguesias com 5 000 ou mais habitantes e as das cidades de Lisboa e Porto), *2.ª ordem* (as freguesias com 800 a 5 000 habitantes) e de *3.ª ordem* (as demais).

Após a Constituição de 1976, ainda que essas disposições não tenham sido objecto de revogação expressa[803], foram sobre as mesmas dados distintos sinais por parte do legislador: por um lado, a classificação do Código Administrativo não deixou nenhum traço na estruturação do novo regime da administração local; por outro, o legislador, pelo menos até 1984[804], procurou dar cumprimento ao artigo 6.° do Código Administrativo[805] (que incumbia o Governo de actualizar a classificação no ano seguinte ao do apuramento de cada censo da população); por fim, da observação do ordenamento positivo como um todo, resulta que ao *desuso* do procedimento legal de classificação dos municípios parece ter acrescido a *revogação implícita* dessas regras[806].

A apontada conclusão resulta particularmente nítida após a leitura das principais leis do ordenamento local: nem na Lei das Autarquias Locais, nem na Lei Quadro de Transferência de Atribuições e Competências, nem no Estatuto dos Eleitos Locais, nem na Lei das Finanças Locais subsiste qualquer alusão, mesmo implícita, a essas classificações; pelo

---

[800] Para um quadro geral, Marcello Caetano, *Manual*..., vol. I, pp. 325 ss.

[801] Artigos 2.°, 3.° e 4.° do Código Administrativo de 1936-40.

[802] Marcello Caetano, *Manual*..., vol. I, p. 327, nota 1.

[803] Quanto ao disposto no artigo 2.°, § 1.°, n.° 2, do Código Administrativo, Freitas do Amaral, *Curso*..., vol. I^3, p. 548, nota 476.

[804] A última classificação (abrangendo o território do Continente e o das regiões autónomas) foi promovida pelo Decreto-Lei n.° 78/84, de 8 de Março, com base no recenseamento geral da população de 1981.

[805] Veja-se o teor do preâmbulo do Decreto-Lei n.° 78/84, de 8 de Março.

[806] Neste sentido, Marcelo Rebelo de Sousa, *Lições*..., p. 354.

contrário, o regime legal nelas previstos (pautado pela *uniformidade*)[807] e alguns dos seus princípios estruturantes, como o princípio da universalidade na transferência de atribuições e competências[808], apontam no sentido da insubsistência daquelas disposições do Código Administrativo[809]; ainda assim, até 2006, persistiu a excepção decorrente do disposto no artigo 9.°, n.° 2, do Decreto-Lei n.° 93/2004, de 20 de Abril[810] (que definia, em função dessas classes e ordens, a área de recrutamento para cargos de direcção intermédia de apoio instrumental, nos municípios)[811], mas esse dispositivo foi substancialmente alterado pelo artigo 1.° do Decreto-Lei n.° 104/2006, de 7 de Junho[812] (fazendo desaparecer aquela menção). Removida essa derradeira excepção[813], duas conclusões são admissíveis: (1.ª) a de que a classificação dos municípios e das freguesias perdeu toda a relevância operativa[814]; (2.ª) a de que, depois um desuso de um quarto de século, a classificação dos municípios e das freguesias prevista do Código Administrativo foi finalmente objecto de revogação implícita.

---

[807] Marcelo Rebelo de Sousa, *Lições...*, pp. 355, 356; Marcelo Rebelo de Sousa / / Melo Alexandrino, *Constituição...*, p. 372.

[808] Artigo 6.° da Lei n.° 159/99, de 14 de Setembro (LQTA).

[809] No preâmbulo do Decreto-Lei n.° 116/84, de 6 de Abril (sobre organização e funcionamento dos serviços das autarquias locais) chegou-se a afirmar o abandono da classificação; não obstante, o diploma não só não opera uma revogação expressa da classificação administrativa dos municípios como ainda a tem presente no respectivo Mapa II.

[810] Diploma que procedeu à adaptação à administração local da Lei n.° 2/2004, de 15 de Janeiro (que aprovara o estatuto do pessoal dirigente dos serviços e organismos da administração central, regional e local do Estado), por sua vez alterada pela Lei n.° 51/2005, de 30 de Agosto.

[811] Até 1987, a distinção era ainda relevante em matéria de carreiras e categorias (cfr. António Cândido de Oliveira, *Direito das Autarquias...*, p. 307), mas com a publicação do Decreto-Lei n.° 247/87, de 17 de Junho (veja-se o respectivo preâmbulo), só para efeitos de recrutamento do pessoal dirigente se manteria a utilização da classificação (artigo 5.°, n.° 2, do Decreto-Lei n.° 198/91, de 29 de Maio, e, finalmente, artigo 9.°, n.° 2, do Decreto-Lei n.° 93/2004, de 20 de Abril).

[812] Diploma que promoveu a adaptação à administração local do estatuto do pessoal dirigente, após a alterações introduzidas pela Lei n.° 51/2005, de 30 de Agosto.

[813] Não está por agora em causa a distinção dos Municípios de Lisboa e do Porto relativamente aos restantes, nem a subsistência de alguma previsão residual de classes ou ordens de municípios em diplomas secundários (designadamente regulamentares).

[814] Referindo-se à situação existente há 17 anos, António Cândido de Oliveira, *Direito das Autarquias...*, p. 307.

Em compensação, a partir de dado momento, o legislador entendeu que pelo menos para efeitos financeiros se impunha a definição de uma *nova tipologia das freguesias*: assim, através do discutível expediente da legalização de uma deliberação de um órgão administrativo[815], o artigo 32.°, n.° 1, da Lei n.° 2/2007, de 15 de Janeiro (Lei das Finanças Locais) veio a estabelecer que as freguesias passaram a estar integradas (1) em áreas predominantemente urbanas, (2) em áreas medianamente urbanas ou (3) em áreas predominantemente rurais.

Se bem que a importância da classificação seja *essencialmente variável*[816], no Código Administrativo de 1936-40, ela era fundamental, pois dela dependiam «importantes diferenças na organização, atribuições e competências»[817] e sobretudo porque, a partir dela, se escapava afinal à uniformidade do regime aplicável aos diversos entes locais autárquicos (v. *supra*, n.° 4.1.2.), nomeadamente a respeito do respectivo sistema de governo[818].

8.2. Os órgãos das autarquias locais

8.2.1. De harmonia com o *princípio fundamental* enunciado no artigo 239.°, n.° 1, da Constituição[819], "a organização das autarquias locais compreende uma assembleia eleita dotada de poderes deliberativos e um órgão executivo colegial perante ela responsável"[820]; por seu turno, ainda segundo o texto constitucional, são órgãos representativos da freguesia a assembleia de freguesia e a junta de freguesia (artigo 244.°), órgãos repre-

---

[815] Deliberação n.° 158/98, de 11 de Setembro, do Conselho Superior de Estatística (cfr. artigo 32.°, n.° 2, da Lei n.° 2/2007, de 15 de Janeiro).

[816] Em função do que dispuser o direito positivo (cfr. Marcello Caetano, *Manual...*, vol. I, p. 326).

[817] Marcello Caetano, *Manual...*, vol. I, p. 328.

[818] Franz-Paul Langhans, *Estudos...*, p. 408; Marcello Caetano, *Manual...*, vol. I, pp. 328, 336.

[819] António Cândido de Oliveira, *A Democracia...*, p. 126.

[820] Importa referir que, na versão originária da CRP, se previa ainda um órgão consultivo (o Conselho Municipal), que pretendia ser "um órgão representativo da comunidade municipal sem intromissão dos partidos" (cfr. Barbosa de Melo, «O poder local...», p. 24); tornado facultativo na revisão constitucional de 1982 (artigo 253.°), a revisão de 1989 veio a eliminar qualquer referência a esse órgão.

sentativos do município a assembleia municipal e a câmara municipal (artigo 250.°) e órgãos representativos da região administrativa a assembleia regional e a junta regional (artigo 259.°); já nas freguesias de população diminuta[821], a assembleia de freguesia pode ser substituída pelo plenário dos cidadãos eleitores (artigo 245.°, n.° 2, da CRP), havendo nesse caso apenas um órgão representativo (a junta de freguesia).

a) Quanto ao *modo de designação da assembleia*, o artigo 239.°, n.° 2, estabelece aparentemente a regra geral[822] segundo a qual "a assembleia é eleita por sufrágio universal, directo e secreto dos cidadãos recenseados na área da respectiva autarquia, segundo o sistema de representação proporcional"; contudo, esta regra apenas é aplicável à assembleia de freguesia, na medida em que a assembleia municipal é constituída ainda por membros por inerência (artigo 251.° da CRP)[823] e a assembleia regional é ainda integrada por membros das assembleias municipais designados por eleição indirecta (artigo 260.° da CRP)[824].

b) Quanto ao *modo de designação do órgão executivo colegial*[825], há que tomar em atenção o disposto no artigo 294.° da CRP, nos termos do qual "até à entrada em vigor da lei prevista no n.° 3 do artigo 239.°, os órgãos das autarquias locais são constituídos e funcionam nos termos de legislação correspondente ao texto da Constituição na redacção que lhe foi dada pela Lei Constitucional n.° 1/92, de 25 de Novembro"; dispõe, por sua vez, o artigo 239.°, n.° 3, que "o órgão executivo colegial é constituído por um número adequado de membros, sendo designado presidente o primeiro candidato da lista mais votada para a assembleia ou para o executivo, de acordo com a solução adoptada na lei, a qual regu-

---

821 V. *supra*, n.° 5.3.4.

822 Que tem o seu correspondente no artigo 3.°, n.° 2, da CEAL e no (imprestável) artigo 11.° da Lei Orgânica n.° 1/2001, de 14 de Agosto.

823 Sobre um alegado *princípio senatorial* na composição do órgão deliberativo municipal e sobre a justificação da solução acolhida na Assembleia Constituinte, Barbosa de Melo, «O poder local...», p. 25.

824 V. *infra*, n.° 11.2.

825 No momento constituinte esta matéria foi considerada constitucionalmente relevante pelo Partido Socialista (cfr. Barbosa de Melo, «O poder local...», p. 22) – 20 anos mais tarde, a matéria viria porém a ser desconstitucionalizada (v. *infra*, n.° 8.3.4.).

lará também o processo eleitoral, os requisitos da sua constituição e destituição e o seu funcionamento". Dito isto, não tendo sido ainda aprovada a referida lei[826], segundo as disposições legais em vigor[827], verifica-se que a constituição do órgão executivo colegial é variável consoante a autarquia local em causa[828]: (1) nas freguesias, o presidente é o cabeça de lista na eleição para a assembleia de freguesia (ou o cidadão eleito pelo plenário dos cidadãos eleitores), sendo os vogais eleitos pela assembleia de freguesia (ou pelo plenário dos cidadãos eleitores), de entre os seus membros, mediante proposta do presidente da junta[829]; (2) nos municípios, toda a câmara municipal é eleita por sufrágio universal, directo e secreto, sendo presidente da câmara o respectivo cabeça de lista[830]; (3) nas regiões administrativas, a junta regional é eleita pela assembleia regional de entre os seus membros, pelo sistema de representação maioritária e por listas plurinominais, sendo presidente o primeiro da lista mais votada[831].

c) Quanto à *composição dos órgãos deliberativos*, começando pela assembleia de freguesia, a mesma tem, por regra, entre 7 e 19 membros (sendo composta por 19 membros quando o número de eleitores for superior a 20 000, por 13 quando for igual ou inferior a 20 000 e superior a 5 000, por 9 membros quando for igual ou inferior a 5 000 e superior a 1000 e por 7 membros quando for igual ou inferior a 1000)[832]; nas freguesias com mais de 30 000 eleitores, o número de membros é aumentado de mais um por cada 10 000 eleitores[833]. Na assembleia municipal, o número de

---

[826] Lei que carece de uma maioria de dois terços dos deputados presentes, desde que superior à maioria absoluta dos deputados em efectividade de funções (v. *supra*, n.° 2.3.7.).

[827] E ainda o disposto nos artigos 247.°, 252.° e 261.° da Constituição, na redacção dada pela Lei Constitucional n.° 1/92, de 25 de Novembro.

[828] Referindo e criticando esta falta de simetria, Vital Moreira, «O poder local...», p. 289.

[829] Artigo 24.°, n.° 1, da LAL.

[830] Artigos 56.°, n.° 1, e 57.°, n.° 1, da LAL e artigo 11.° da Lei Orgânica n.° 1/2001, de 14 de Agosto.

[831] Artigo 27.° da Lei n.° 56/91, de 13 de Agosto.

[832] Artigo 5.°, n.° 1, da LAL.

[833] Artigo 5.°, n.° 2, da LAL.

Caso o resultado seja par, o número de membros obtido é aumentado de mais um (artigo 5.°, n.° 3, da LAL).

membros eleitos directamente não pode ser inferior ao triplo do número de membros da respectiva câmara municipal[834], variando por conseguinte a composição do órgão não só em função do número de eleitores[835], mas também em função do número de freguesias da área do município[836], podendo daí resultar um órgão com mais de uma centena de titulares[837]. A assembleia regional é composta por 31 ou 41 membros directamente eleitos e por 15 ou 20 representantes das assembleias municipais, consoante se trate de região com menos ou mais de 1,5 milhões de eleitores[838].

d) Quanto à *composição dos órgãos executivos colegiais*, o número de vogais da junta de freguesia varia entre 2 e 6 (sendo de 2 nas freguesias com 5 000 ou menos eleitores, de 4 nas freguesias com mais de 5 000 e menos de 20 000 eleitores e de 6 nas freguesias com 20 000 ou mais eleitores)[839]. O número de vereadores, salvo em Lisboa e no Porto (que é de 16 e 12, respectivamente), varia entre 4 e 10 vereadores, em função do número de eleitores (sendo de 4 nos municípios com 10 000 ou menos eleitores, de 6 nos municípios com mais de 10 000 e até 50 000 eleitores, de 8 nos municípios com mais de 50 000 e menos de 100 000 eleitores e de 10 nos municípios com 100 000 ou mais eleitores)[840]. Os vogais da junta regional são em número de 6 nas regiões com 1,5 milhões ou mais de eleitores e em número de 4 nas regiões restantes[841].

e) Deste conjunto de indicações[842], decorrem pelo menos quatro relevantes questões: (i) o que deve entender-se por órgão representativo[843]; (ii) até que ponto decorre da Constituição uma definição exaustiva da estrutura orgânica das autarquias locais[844];

---

834 Artigo 42.°, n.° 2, da LAL.
835 Artigo 57.°, n.° 2, da LAL.
836 Artigo 251.° da CRP e artigo 42.°, n.° 1, da LAL.
837 António Cândido de Oliveira, *A Democracia...*, pp. 133 s., 157.
838 Artigo 22.°, n.° 1, da Lei n.° 56/91, de 13 de Agosto.
839 Artigo 24.°, n.° 2, da LAL, na redacção da Lei n.° 5-A/2002, de 11 de Janeiro.
840 Artigo 57.°, n.° 2, da LAL.
841 Artigo 26.°, n.° 1, da Lei n.° 56/91, de 13 de Agosto.
842 Sobre a matéria, António Cândido de Oliveira, *A Democracia...*, pp. 125 ss.
843 Artigos 235.°, n.° 2, 244.°, 250.° e 259.° da CRP.
844 Artigo 239.°, n.° 1, da CRP.

(iii) juízo sobre a assimetria na arquitectura orgânica das autarquias locais; (iv) como deve ser lida a regra enunciada no artigo 294.° da CRP. A elas passamos.

8.2.2. Para Jorge Miranda, é representativo aquele órgão em que a eleição constitui o vínculo de representação política[845], sendo representação política em sentido restrito «a representação do povo, e do povo todo, fundada num acto de vontade (a eleição) e destinada a institucionalizar, com variável amplitude, a sua participação no poder»[846]; também segundo Diogo Freitas do Amaral, um órgão é representativo se for eleito pela população residente e emanar democraticamente desta, não sendo hoje aceitável um conceito não-democrático de representação[847]; ainda para um sector da doutrina, a expressão "órgão representativo" não seria utilizada na Constituição num sentido juridicamente rigoroso[848].

Em nosso entender, tal como o conceito de representação (em direito público)[849] é relativo, também o conceito de órgão representativo é variável e relativo: desde logo, por se tratar de um conceito referido a um princípio de representação necessariamente vinculado a um determinado regime político (ou forma de governo)[850] – de outro modo, estaria aí em

---

[845] Jorge Miranda, *Manual*..., tomo III, p. 66.

No entanto, em termos algo diversos, segundo o Autor, «[d]izem-se *representativas* as assembleias compostas por representantes, seja em moldes de representação política moderna (representação de todo o povo, baseada na eleição política), seja em moldes de representação estamental, corporativa ou de interesses (representação parcelada de fracções da comunidade política ou de instituições nela existentes), seja ainda em moldes de representação institucional (conexa, o mais das vezes, com a representação corporativa)» (cfr. *Manual*..., tomo III, p. 80).

[846] Jorge Miranda, *Manual*..., tomo VII, p. 71.

[847] Freitas do Amaral, *Curso*..., vol. I³, p. 563.

[848] Luís Fábrica / Joana Colaço, «Artigo 239.°», in Jorge Miranda / Rui Medeiros, *Constituição*..., tomo III, p. 471.

[849] Por último, Lúcia Amaral, *A Forma da República*..., pp. 230 ss.

[850] Nesta medida, só a partir de 1982 se pode falar entre nós em "democracia representativa de partidos" (com esta qualificação, Jorge Miranda, *Manual*..., tomo III, p. 402), mas já se pode dizer que os concelhos dispõem de órgãos representativos muito anteriormente (admitindo implicitamente a ideia, Diogo Freitas do Amaral, «A função presidencial nas pessoas colectivas de Direito Público», in *Estudos de Direito Público em honra do Professor Marcello Caetano*, Lisboa, 1973, p. 14 [9-46]).

causa a sobreposição entre representação e legitimidade[851]; em segundo lugar, se a representação nas autarquias locais não é, nem pode ser, a representação de todo o povo (mas tão-só da comunidade local menor em questão)[852], a mesma não deixa de ser, no nosso sistema e em geral nos de Estado constitucional, uma forma de representação política[853] – a questão é aqui a da sobreposição das realidades representadas; tão-pouco o conceito de representação está forçosamente ligado ao conceito de auto-administração[854], na medida em que mesmo a eleição política pode, dependendo da natureza do regime político e da normatividade imperante, conduzir à constituição de órgãos nominais (ou a que, na prática, sejam negadas condições de conformação efectiva) – estaria então em causa a sobreposição entre representação e autonomia[855].

De resto, a não ser no *sentido amplo* de órgão representativo aqui defendido, dificilmente se poderiam considerar órgãos representativos a junta de freguesia ou a junta regional (para já não referir o conselho municipal, que também era tido como órgão representativo na CRP)[856], tal como seria muito difícil de entender que a Constituição tivesse omitido o presidente da câmara no elenco dos órgãos representativos, quando o mesmo é eleito por sufrágio universal.

Por fim, deve entender-se que os órgãos das autarquias locais são representativos das respectivas comunidades de residentes, e não – como se chegou a defender para tentar escapar a uma outra dificuldade[857] – representativos da autarquia[858].

8.2.3. Em face da omissão ou da ambiguidade do texto constitucional[859] relativamente ao presidente da câmara[860], tem sido largamente dis-

---

[851] Sobre a distinção, Jorge Miranda, *Ciência Política...*, p. 75 ss. e 41 ss., respectivamente.

[852] Lúcia Amaral, *A Forma da República...*, p. 379.

[853] Sobre a articulação entre os dois conceitos, v. *supra*, n.° 7.7.

[854] Assim porém, Freitas do Amaral, *Curso...*, vol. I^3, p. 563.

[855] V. *supra*, n.° 6.2.

[856] Luís Fábrica / Joana Colaço, «Artigo 239.°», p. 471.

[857] Luís Fábrica / Joana Colaço, «Artigo 239.°», p. 471.

[858] Sem prejuízo de, na esfera da administração autárquica, existirem ainda órgãos representativos das *ilhas* (v. *supra*, n.° 7.8.3.) e órgãos representativos das *câmaras municipais* da respectiva área metropolitana (artigo 13.° da Lei n.° 46/2008, de 27 de Agosto).

[859] Pondo a tónica na *omissão*, António Cândido de Oliveira, *Direito das Autarquias...*, p. 309; Id., «Democracia local...», p. 81; Id., *A Democracia...*, p. 129; Marcelo

cutida a questão de saber se este pode ou não considerar-se um órgão do município, sendo claramente dominante na doutrina a resposta afirmativa[861], na base dos seguintes argumentos fundamentais:

(i) Como há muito ensina entre nós Diogo Freitas do Amaral, «não impressiona a circunstância de por vezes a lei não indicar, entre os órgãos dirigentes de certas pessoas colectivas de direito

---

Rebelo de Sousa, *Lições*..., p. 367; João Caupers, «Governo municipal...», p. 256; Id., *Possibilidades de reforma das actuais estruturas municipais e do respectivo regime jurídico*, conferência [inédita], Braga, 2008, p. 3; Freitas do Amaral, *Curso*..., vol. I³, p. 564; Vital Moreira, «O poder local...», p. 296; pondo a tónica na *ambiguidade*, Luís Fábrica / Joana Colaço, «Artigo 239.°», p. 470; diversamente, defendendo que o presidente da câmara surge, no texto da Constituição de 1976, claramente como chefe do executivo camarário, Carla Amado Gomes, «A eleição do presidente da Câmara municipal em Portugal», in *O Direito*, ano 133 (2001), IV, p. 904 [895-906].

[860] Idêntica questão se coloca também, ainda que com distinta intensidade, relativamente ao presidente da junta de freguesia (assim, no sentido favorável ao reconhecimento desse órgão, Marcelo Rebelo de Sousa, *Lições*..., p. 342; António Cândido de Oliveira, *A Democracia*..., pp. 129 ss.; afirmando que o presidente da junta é "um *órgão executivo* das deliberações da própria junta", Freitas do Amaral, *Curso*..., vol. I³, p. 519; reconhecendo "em particular" o presidente da câmara como verdadeiro órgão, Luís Fábrica / Joana Colaço, «Artigo 239.°», p. 472; sem o reconhecimento do presidente da junta, José Figueiredo Dias / Fernanda Paula Oliveira, *Noções Fundamentais*..., p. 60).

Em nosso entender, não havendo embora obstáculo constitucional ao reconhecimento da qualidade de órgão ao presidente da junta (v. *infra*), essa qualidade nem é comparável à do presidente da câmara (cfr. Marcelo Rebelo de Sousa / Melo Alexandrino, *Constituição*..., p. 379), nem está dito que não possa ser removida, esvaziada ou intensificada pelo legislador no futuro.

[861] Neste sentido, António Cândido de Oliveira, *Direito das Autarquias*..., pp. 309, 313, 315 s.; Id., «Democracia local...», p. 81; Id., *A Democracia*..., p. 129; António Francisco de Sousa, *Direito Administrativo*..., pp. 182, 192, 422; Marcelo Rebelo de Sousa, *O sistema de governo municipal*, 2.ª ed., Santarém, 1997, p. 12; Id., *Lições*..., p. 367; Marcelo Rebelo de Sousa / Melo Alexandrino, *Constituição*..., pp. 383, 384; João Caupers, «Governo municipal...», pp. 256, 259, 262; Id., *Possibilidades de reforma*..., p. 3; Maria José Castanheira Neves, *Governo e administração local*, Coimbra, 2004, p. 120; José Figueiredo Dias / Fernanda Paula Oliveira, *Noções Fundamentais*..., p. 60; Freitas do Amaral, *Curso*..., vol. I³, pp. 564, 586 ss.; Luís Fábrica / Joana Colaço, «Artigo 239.°», pp. 470 ss.; Bacelar Gouveia, *Manual*..., vol. II, pp. 990, 991; Paulo Otero, *Direito Constitucional Português*, vol. II – *Organização do poder político*, Coimbra, 2010, p. 639; admitindo apenas como resultado de um desvio, Vital Moreira, «O poder local...», p. 296; em sentido contrário ao reconhecimento do órgão, Armando Pereira / Castro Almeida, *Conhecer as Autarquias*..., p. 19; Gomes Canotilho / Vital Moreira, *Constituição*..., 3.ª ed., pp. 891, 905.

público, um presidente como órgão singular autónomo», na medida em que «só a análise pormenorizada da competência conferida a este permitirá concluir se a sua posição é de verdadeiro chefe orientador da pessoa colectiva em causa ou tão-só a de um mero presidente do órgão colegial a que pertence»[862];

(ii) Ora, o direito ordinário, sobretudo a partir das alterações introduzidas pela Lei n.° 18/91, de 12 de Junho, na lei das autarquias locais então em vigor (v. *infra*, n.° 8.3.3.)[863], conferiu ao presidente da câmara um vasto conjunto de poderes próprios (nomeadamente os que hoje decorrem dos artigos 68.°, 69 e 72.° da LAL e de numerosa legislação avulsa)[864], transformando-o em "verdadeiro chefe da administração municipal"[865];

(iii) São de tal modo vastas as competências próprias do presidente da câmara que, mesmo sem possuir a qualidade de magistrado administrativo[866], ele dispõe hoje em dia de um acervo mais alargado de funções e poderes do que os que lhe eram cometidos nos artigos 76.° e seguintes do Código Administrativo[867], razão pela qual não poderia deixar de qualificar-se como órgão do município;

(iv) Além disso, o presidente da câmara (tal como de resto o presidente da junta de freguesia) retira do facto de ser eleito por sufrágio universal não só uma legitimidade democrática acrescida como um inerente acréscimo de poderes e de estatuto na orgânica da autarquia, o que seria «dificilmente conciliável com a privação do poder de exprimir para o exterior uma vontade imputável a esta»[868];

(v) Importa ainda notar, quanto ao elemento textual, que ao utilizar a expressão "compreende" o n.° 1 do artigo 239.° da CRP «não descreve de forma necessariamente exaustiva a estrutura orgâ-

---

[862] Freitas do Amaral, «A função presidencial...», p. 13; no mesmo sentido, *Curso...*, vol. I^3, pp. 586 s.

[863] Marcelo Rebelo de Sousa / Melo Alexandrino, *Constituição...*, p. 384.

[864] Veja-se, por último, em matéria de organização dos serviços, o disposto nos artigos 8.° e 10.°, n.os 3 e 4, do Decreto-Lei n.° 305/2009, de 23 de Outubro.

[865] Freitas do Amaral, *Curso...*, vol. I^3, p. 587.

[866] Freitas do Amaral, *Curso...*, vol. I^3, p. 589.

[867] Sobre estes, Freitas do Amaral, «A função presidencial...», pp. 16 ss.

[868] Luís Fábrica / Joana Colaço, «Artigo 239.°», p. 470.

nica dos entes autárquicos»[869], não excluindo que «outros órgãos venham igualmente a estar compreendidos na estrutura orgânica de todas ou de algumas espécies de autarquias locais»[870];

(vi) Em suma, não estando em causa o carácter representativo do presidente da câmara, o sentido e a razão de ser da omissão constitucional[871] residem no seguinte:

1) Tal como sucedeu nas anteriores Constituições portuguesas[872] e tal como também sucede na generalidade das Constituições dos ordenamentos mais próximos[873], o presidente da câmara não gozou na CRP do benefício da expressa previsão dessa qualidade de órgão;
2) Ora, a explicação para essa opção encontra-se na *reacção*[874] ao regime autoritário do Estado Novo (e à correspondente concentração de poderes no presidente da câmara)[875], reacção que se pautou: (1) pela introdução de um sistema de matriz parlamentarista, (2) pelo apagamento da figura do presidente da câmara e (3) pela previsão três colégios (assembleia municipal, câmara municipal e conselho municipal) como órgãos representativos do município;
3) O sentido da opção constitucional é por isso apenas este: não gozando da expressa qualificação como órgão por parte do texto constitucional e não estando em causa nem a legitimidade nem o carácter representativo, o presidente da câmara

---

[869] Luís Fábrica / Joana Colaço, «Artigo 239.°», p. 469.

[870] Luís Fábrica / Joana Colaço, «Artigo 239.°», p. 469.

[871] Ocasionalmente, as leis referem-se aos órgãos *executivos* do município (assim, o artigo 13.°, n.° 3, do Decreto-Lei n.° 116/84, de 6 de Abril, diploma recentemente revogado pelo Decreto-Lei n.° 305/2009, de 23 de Outubro).

[872] Notando essa tradição, António Cândido de Oliveira, *Direito das Autarquias...*, pp. 309, 315, nota 652.

[873] Sem que isso constitua aí obstáculo à autonomização do órgão (cfr. António Cândido de Oliveira, *A Democracia...*, p. 130).

[874] Sobre o padrão explicativo da dinâmica das mudanças constitucionais em Portugal, Melo Alexandrino, *A estruturação...*, vol. I, pp. 309 s., 505 s., 626 ss.

[875] Marcelo Rebelo de Sousa, *O sistema de governo...*, p. 10; Marcelo Rebelo de Sousa / Melo Alexandrino, *Constituição...*, p. 384; João Caupers, «Governo municipal...», p. 256; diversamente, Carla Gomes, «A eleição do presidente...», p. 898; aludindo a uma subalternização da estrutura política municipal no Estado Novo, António Rebordão Montalvo, *O processo de mudança...*, p. 145.

tem ou não a qualidade de órgão autónomo consoante a configuração que lhe seja dada pelo ordenamento como um todo.

8.2.4. Para Vital Moreira, a falta de simetria no desenho constitucional dos órgãos executivos traduz uma disparidade sem qualquer justificação, constituindo além disso um dos factores de perturbação da arquitectura e do funcionamento das autarquias locais, responsável designadamente pela presidencialização da vida municipal, pela ausência de responsabilidade política da câmara municipal perante a assembleia e pela desvalorização deste órgão[876].

A nosso ver, porém, a crítica não procede: por um lado, a diversidade de soluções está presente quer na história, quer no direito comparado; por outro lado, sendo distinto o perfil histórico, simbólico, político e económico de cada categoria de autarquia (v. *supra*, n.° 8.1.2.), é natural que essa diversidade de base conduza a uma diferenciação de regime, neste como noutros aspectos[877]; em terceiro lugar, não está provado que os diversos males apontados à falta de simetria não se verificassem acaso se adoptasse uma única estrutura de órgãos (fosse ela a do município, a da freguesia, a das regiões administrativas ou outra); em quarto lugar, o que tem de ser demonstrado é a inadequação da solução adoptada para uma ou várias categorias de autarquias locais em concreto, e aí parece, justamente, que a crítica deveria apontar no sentido inverso, ou seja, no da insuficiente diferenciação; por último, a assimetria não diz respeito apenas aos órgãos executivos, mas sim a todos os órgãos das autarquias locais (envolvendo o órgão deliberativo e o órgão executivo singular, onde existe).

8.2.5. A regra enunciada no artigo 294.° da CRP é, no seu teor literal, manifestamente infeliz, na medida em que, ao dizer "os órgãos das autarquias locais são constituídos e funcionam nos termos de legislação correspondente ao texto da Constituição na redacção que lhe foi dada pela Lei Constitucional n.° 1/92, de 25 de Novembro", dá a entender que haveria uma espécie de congelamento das normas sobre a constituição e o funcionamento dos órgãos das autarquias locais. Mais: que esse congelamento

---

[876] Vital Moreira, «O poder local...», p. 289.

[877] V. *infra*, n.os 9.3. e 9.4.

teria como referência as normas legais *correspondentes* ao texto da Constituição vigente à data da revisão constitucional de 1997.

Independentemente da inépcia da expressão "legislação *correspondente* ao texto da Constituição", na interpretação da apontada regra deve ter-se especialmente em conta o seguinte[878]: (i) o facto de o artigo 239.°, n.° 3, apenas respeitar a uma limitada dimensão da constituição e do funcionamento dos órgãos autárquicos (e de apenas essa dimensão estar em causa na norma interpretanda); (ii) o facto de as demais regras do estatuto das autarquias locais não carecerem de maiorias agravadas, o que conduz à presunção favorável à plena liberdade de conformação das correspondentes matérias pelo legislador ordinário; (iii) o facto de a intenção reconstituinte ter sido essencialmente a de clarificar, *em regra transitória*, o regime aplicável até à edição da nova lei sobre executivos autárquicos (declarando manter o *status quo ante*)[879]. A não se entender deste modo, toda a série de alterações introduzidas em 1999 e 2002 na LAL e em 2001 e 2005 na lei eleitoral para as autarquias locais correria o claro risco de inconstitucionalidade.

8.3. O SISTEMA DE GOVERNO

Para melhor perspectivar o sistema de governo local vigente (que tem constituído nas últimas décadas *o maior problema* do direito das autarquias locais em Portugal e um dos principais pomos de discórdia em termos de política legislativa[880]), teremos forçosamente de o analisar em sucessivos planos: a História, o direito comparado, a evolução recente, os caracteres básicos fixados no ordenamento, a qualificação doutrinária.

Eis a sequência, a terminar com um apontamento de síntese.

---

[878] Sobre o percurso a seguir, Melo Alexandrino, «Como ler a Constituição...», *loc. cit.*

[879] Vital Moreira, «O poder local...», p. 293; no mesmo sentido, Marcelo Rebelo de Sousa, *Lições*..., p. 240.

[880] De modo a assinalar a autonomia destas duas dimensões, cumprindo aliás um propósito inicialmente definido (v. *supra*, n.° 1.2.2.), abstemo-nos por completo da sugestão de soluções, nessa segunda dimensão.

8.3.1. a) No período pré-liberal e para os efeitos aqui relevantes, a *história do sistema governo local*, cingida naturalmente ao concelho ou município (v. *supra*, n.° 4.1.), pode ser resumida nos seguintes traços:

(i) Existe sempre, ao longo desse grande período, uma assembleia de vizinhos ou um órgão colegial representativo da comunidade de residentes[881];

(ii) Apesar de ser mais intensa na primeira fase (v. *supra*, n.° 4.1.1.), a heterogeneidade da organização municipal é uma constante (uma prova evidente é a orgânica privilegiada de que tradicionalmente sempre gozaram as cidades mais importantes e sobretudo as cidades de Lisboa e do Porto);

(iii) Na fase da *fundação e reconquista*, o sistema de governo local caracteriza-se pelo seu padrão variável, pela centralidade da assembleia e pela existência de uma multiplicidade de magistrados e de funcionários municipais[882]: segundo Marcello Caetano, a fórmula típica compreenderia «uma *assembleia de homens bons* (*concilium*) que julgava pleitos, elaborava posturas e degredos, elegia os *magistrados*, etc.; e os magistrados denominados *juízes*, *alvazis* ou *alcaldes*»[883];

(iv) Na fase da *monarquia limitada*, registam-se diversas alterações de grande significado[884]: o surgimento dos vereadores[885]; o aparecimento da câmara municipal[886]; a atribuição da função presidencial não só a juízes eleitos (*juízes ordinários*), mas agora também, nos concelhos mais importantes, a juízes letrados

---

[881] Marcello Caetano, *Manual*..., vol. I, pp. 318 s.

[882] Franz-Paul Langhans, *Estudos*..., pp. 28 ss.; Freitas do Amaral, «A função presidencial...», pp. 14 s.; Marcello Caetano, *Manual*..., vol. I, pp. 318 s.; António Francisco de Sousa, *Direito Administrativo*..., pp. 26 ss., 35; Marcelo Rebelo de Sousa, *Lições*..., p. 349; sobre a organização municipal de Lisboa, Marcello Caetano, «A administração municipal...», pp. 191 ss.; sobre as especificidades da organização dos municípios de riba-côa, Artur Duarte Nogueira, «A estrutura administrativa...», pp. 245 ss.

[883] Marcello Caetano, *Manual*..., vol. I, pp. 318 s. [itálicos no original].

[884] Cujo resultado final foi de certo modo trasladado, em meados do século XV, para o Livro I das Ordenações Afonsinas.

[885] Marcello Caetano, «A administração municipal...», pp. 238 ss.; Id., *Manual*..., vol. I, p. 319; Carla Gomes, «A eleição do presidente...», p. 896.

[886] V. *supra*, n.° 2.3.10.

nomeados pela coroa (*juízes de fora*)[887]; o alargamento a representantes dos mesteres de certas prerrogativas de participação nas deliberações do concelho que mais lhes pudessem interessar[888];

(v) Quanto ao momento terminal da longa terceira fase[889], Franz-Paul Langhans oferece-nos o seguinte quadro: «[o] órgão dos concelhos era a *Câmara*, composta de vereadores e dividida em pelouros. Havia também a representação dos mesteres nos concelhos mais importantes. Os vereadores eram designados por eleição pela Assembleia dos homens bons ou Concelho, como se chamava. A Assembleia não comportava todos os habitantes do concelho, mas só as pessoas gradas da terra e mais representativas do Clero, Nobreza, Povo e Mesteres. Presidia à Câmara o *juiz de fora*, nomeado pelo Rei. Nas reuniões magnas do Concelho presidia o juiz de fora ou o próprio corregedor da comarca. Os juízes da vintena ou pedâneos eram nomeados pela Câmara, que lhes conferia competência limitada para deliberar sôbre certos assuntos de interesse para as localidades. As Câmaras tinham larga competência, podendo deliberar sôbre variadíssimos assuntos, fazendo posturas. As posturas não podiam ser revogadas ou alteradas pelo corregedor, mas depois conferiu-se a este poder para as alterar ou revogar, devendo informar o Rei quando não servissem o bem comum»[890].

b) Já no período moderno e ainda cingidos ao município, segundo Marcelo Rebelo de Sousa, a nossa história administrativa revela que o sistema de governo compreende quase sempre três órgãos: «um *órgão colegial do tipo assembleia*, *deliberativo* ou de *controlo* (que, mais recentemente, se chama *Senado*, na *1.ª República*,

---

[887] Já os corregedores não devem ser integrados na órbita do sistema de governo local, uma vez que, na sua qualidade essencial de magistrados administrativos, desempenhavam sobretudo uma função de *controlo* sobre a acção dos concelhos (v. *infra*, n.° 12.2.).

[888] Marcello Caetano, *Manual*..., vol. I, pp. 320 s.

[889] Marcello Caetano, *Manual*..., vol. I, pp. 320 s.; António Pedro Manique, *Mouzinho da Silveira - Liberalismo e Administração Pública*, Lisboa, 1989, pp. 21 ss.; Nuno Monteiro, in *História de Portugal*, 4.° vol., pp. 304 ss., 324 ss.

[890] Franz-Paul Langhans, *Estudos*..., pp. 406 s.

e *Conselho Municipal*, durante o *Estado Novo*); um *órgão colegial de tipo colégio*, *executivo*, ou *corpo administrativo* (a *Câmara Municipal*, da *Monarquia* e do *Estado Novo*, e a *Comissão Executiva da 1.ª República*); um *órgão singular*, também *executivo* (o *Provedor*, depois *Presidente da Câmara*, apelidado de *Presidente da Comissão Executiva*, apenas no decurso da *1.ª República*)»[891].

Particularmente digna de nota é, por um lado, a circunstância de, salvo no período da 1.ª República (embora aí haja um desdobramento de um órgão colegial)[892], a presença de dois órgãos colegiais coincidir com as fases de centralização autoritária: Código Administrativo de 1842 (câmara municipal e conselho municipal), Código Administrativo de 1896 (câmara municipal e assembleia dos quarenta maiores contribuintes) e Código Administrativo de 1936-40 (câmara municipal e conselho municipal); ao invés, a supressão do segundo órgão colegial, com a assumida centralidade conferida ao corpo administrativo do concelho (a câmara municipal), coincide com as fases descentralizadoras[893]: Código Administrativo de 1836 e Código Administrativo de 1878[894]; por outro lado, ainda digna de nota é a justificação apresentada quanto à estrutura orgânica dos concelhos no regime do Estado Novo, uma vez que a mesma foi considerada uma espécie de regresso à antiga tradição municipal (nomeadamente na representação das corporações, na tradição dos juízes de fora e na variedade de soluções)[895].

Relativamente às demais autarquias locais, em primeiro lugar, independentemente de alguma contiguidade com os juízos das

---

[891] Marcelo Rebelo de Sousa, *Lições*..., p. 359 [itálicos no original].

[892] Tão-pouco se deve arrolar aqui o Senado existente no século XIX e na transição para o século XX em concelhos como o de Lisboa e do Porto.

[893] Talvez aí resida aliás a razão para, mesmo durante o período do Estado Novo, os dois maiores municípios não possuírem Conselho Municipal (cfr. João Paulo Cancella de Abreu, «O actual sistema...», p. 129).

[894] Com as indicações relevantes, Marcello Caetano, *Manual*..., vol. I, pp. 321 s.

[895] Franz-Paul Langhans, *Estudos*..., p. 408; João Paulo Cancella de Abreu, «O actual sistema...», p. 129; Marcello Caetano, *Manual*..., vol. I, p. 334; Carla Gomes, «A eleição do presidente...», p. 899.

aldeias ou de vintena[896], a organização das freguesias compreende a existência pelo menos de um órgão colegial representativo dos vizinhos ou das famílias (Código Administrativo de 1936-40); também os distritos (com o seu governador civil), nos curtos períodos em que foram autarquia local, mostraram alguma semelhança com a precedente comarca (e seu corregedor)[897]; já quanto às províncias, talvez se possa dizer que as mesmas, até no plano organizativo, não chegaram a passar de uma autarquia a título experimental[898]; por fim, uma observação posta em relevo na vigência do Código Administrativo de 1936-40 respeita à natureza da função presidencial: ao passo que nos concelhos o presidente do órgão executivo colegial assumia a *dupla função* de órgão autárquico e de órgão do Estado, nas freguesias e nos distritos assumia a *função* (*simples*) de mero titular do órgão colegial[899].

c) Em jeito de síntese, no que respeita ao município ou concelho, pode dizer-se que à chegada da Constituição de 1976: (1) é essencialmente recebido o sistema de órgãos do Código Administrativo de 1936-40; (2) que o presidente da câmara continuará a ser órgão autárquico, mas sem acumular as funções de magistrado administrativo[900]; (3) se rompe com a tradição autoritária de nomeação do presidente da câmara[901], restabelecendo-se o princípio electivo; (4) o sistema de governo local emergente apresenta uma escassa ligação com as raízes históricas do direito local português[902], salvo talvez na efectiva presença de um executivo dualista (que todavia se deve essencialmente à acção da normatividade não-oficial).

---

[896] Franz-Paul Langhans, *Estudos...*, p. 407.

[897] Franz-Paul Langhans, *Estudos...*, pp. 407 s.

[898] Com este juízo quanto ao Código Administrativo de 1936-40, Franz-Paul Langhans, *Estudos...*, p. 408.

[899] João Paulo Cancella de Abreu, «O actual sistema...», p. 129; Freitas do Amaral, «A função presidencial...», pp. 27 ss., 31 s.

[900] A CRP não segue por isso nenhum dos dois modelos básicos apontados por Freitas do Amaral nessa matéria (cfr. «A função presidencial...», pp. 14 ss.).

[901] Que se manifestou, no período moderno, entre 1832 e 1835, entre 1842 e 1878, entre 1895 e 1913 (nos concelhos de 3.ª ordem) e entre 1927 e 1976.

[902] Marcelo Rebelo de Sousa, *Lições...*, p. 360.

8.3.2. Tendo já salientado como elementos comuns o reforço da estabilidade, autoridade e responsabilização dos governos locais (v. *supra*, n.° 3.2.), a que poderemos aditar a existência de diversos elementos de atipicidade[903], bem como o predomínio do sistema de governo parlamentar[904], há um conjunto de traços fundamentais a extrair da *observação do direito comparado* (fazendo nossa a síntese executada por João Caupers em torno do sistema de governo municipal):

(i) Em todos os ordenamentos considerados existe um órgão colegial eleito por sufrágio universal, directo e secreto[905];
(ii) Em todos os ordenamentos «existe um órgão com competências de gestão, umas vezes escolhido no âmbito daquele, outras vezes eleito também por sufrágio universal, directo e secreto»[906];
(iii) Não há «casos de eleição por sufrágio universal, directo e secreto de órgãos de gestão de natureza colegial; quando existe tal tipo de designação, o órgão de gestão é singular (Itália, Grécia, Albânia, Bulgária, Macedónia, Eslovénia, Roménia)»[907];
(iv) É rara a existência de dois órgãos «com competências de gestão – um singular e um colegial (República Checa e Áustria) – mas em nenhum caso são ambos eleitos directamente»[908];
(v) A possibilidade de destituição do órgão de gestão pelo órgão deliberativo «é regra nos casos em que aquele é escolhido por este (República Checa, Dinamarca, Suécia)»[909];
(vi) Por regra, «nos casos em que dois órgãos do município são eleitos por sufrágio universal, directo e secreto, nenhum deles pode fazer cessar o mandato do outro»[910].

A partir destes elementos, João Caupers constatou sem dificuldade a presença de duas grandes singularidades da organização municipal portuguesa: (1.ª) a de nenhum outro sistema municipal dispor de três órgãos

[903] António Cândido de Oliveira, *A Democracia...*, pp. 68 ss.
[904] Marcelo Rebelo de Sousa, *Lições...*, p. 361.
[905] João Caupers, «Governo municipal...», p. 261.
[906] João Caupers, «Governo municipal...», p. 261.
[907] João Caupers, «Governo municipal...», p. 261.
[908] João Caupers, «Governo municipal...», p. 261.
[909] João Caupers, «Governo municipal...», p. 261.
[910] João Caupers, «Governo municipal...», p. 261.

eleitos por sufrágio universal, directo e secreto; (2.ª) a de o ordenamento português «estabelecer a responsabilidade política dos órgãos de gestão perante o órgão com funções de regulamentação e condicionamento, num quadro legal que determina a eleição directa de todos eles»[911].

8.3.3. A evolução registada desde o momento constituinte pode ser resumida nas seguintes três fases: (1.ª) fase de *pendor parlamentar temperado*, com centralidade da câmara municipal (1977-1991); (2.ª) formalização legislativa da *autonomização do presidente da câmara municipal*[912], designadamente através da transformação em poderes próprios das competências que até então lhe estavam delegadas e da recuperação do instituto dos poderes extraordinários anteriormente previsto no Código Administrativo (1991-1999); (3.ª) aprofundamento do *pendor presidencialista* (de funcionamento) do sistema[913], num quadro de complexificação crescente da arquitectura autárquica, de empresarialização, de modernização da gestão e da introdução de novos modelos de organização dos serviços (1999-2010).

Naturalmente, não pode ignorar-se a flexibilização permitida pela revisão constitucional de 1997 (artigo 239.°, n.° 3, da CRP), o que se mostra relevante pelo menos sob três aspectos:

(i) Por um lado, porque permite terminar com a uniformização forçada essencialmente vigente desde o século XIX, permitindo à lei ordinária que preveja sistemas eleitorais e sistemas de governo diversos, mesmo para autarquias da mesma categoria[914];
(ii) Por outro lado, porque, apesar de a respectiva concretização não ter visto ainda a luz do dia, suscitou a apresentação de múltiplas iniciativas legislativas em várias legislaturas[915], bem como a sugestão pela doutrina de distintos quadros de possibilidades[916];

---

[911] João Caupers, «Governo municipal...», p. 262.

[912] Marcelo Rebelo de Sousa, *Lições...*, p. 367.

[913] António Rebordão Montalvo, *O processo de mudança...*, pp. 155 ss.

[914] Marcelo Rebelo de Sousa, *O sistema de governo...*, p. 3; Id., «Introdução à Constituição...», p. 60.

Segundo Vital Moreira, passou inclusivamente a admitir-se um indesejado hiperpresidencialismo autárquico (cfr. «O poder local...», pp. 290, 294).

[915] Assim, na VIII legislatura, entre outras iniciativas parcelares, foi apresentada pelo Governo a proposta de lei n.° 34/VIII e pelo PSD o projecto de lei n.° 357/VIII [publi-

(iii) Por fim, porque não sendo total (deixando essencialmente em aberto o modo de eleição e a composição dos órgãos executivos)[917], essa flexibilização deixa afinal intocados múltiplos *pontos fixos*, em especial:

- O dualismo orgânico: com a existência de uma assembleia eleita dotada de poderes deliberativos e a existência de um órgão executivo colegial;
- A responsabilidade do órgão executivo colegial perante a assembleia deliberativa;
- A eleição por sufrágio universal do presidente do órgão executivo no seio da lista mais votada (para a assembleia ou para o órgão executivo);
- A integração dos presidentes da junta na assembleia municipal;
- A eleição indirecta de parte dos titulares da assembleia regional.

---

cados respectivamente em *Diário da Assembleia da República*, II série A, n.° 52, 1.° suplemento, de 28 de Junho de 2000, pp. 1728-(11)-1728-(45); e *Diário da Assembleia da República*, II série A, n.° 30, de 1 de Fevereiro de 2001, pp. 1259-1262].

Na IX legislatura, o PS apresentou o projecto de lei n.° 218/X (in *Diário da Assembleia da República*, II série A, n.° 91, de 6 de Maio de 2003, pp. 3766-3801).

Já na X legislatura, foi apresentado inicialmente pelo PSD o projecto de lei n.° 5/X (in *Diário da Assembleia da República*, II série A, n.° 4, de 2 de Abril de 2005, pp. 23-28), a que se seguiram, mais tarde, o projecto de lei n.° 81/X, apresentado pelo partido Os Verdes, o projecto de lei n.° 431/X, pelos grupos parlamentares do PS e do PSD, o projecto de lei n.° 438/X, pelo grupo parlamentar do PCP, os projectos de lei n.ºs 440/X e 441/X, pelo grupo parlamentar do CDS-PP, e o projecto de lei n.° 445/X, pelo grupo parlamentar do Bloco de Esquerda (para uma apresentação sumária destas diversas iniciativas, cfr. *Diário da Assembleia da República*, II série A, n.° 43, de 18 de Janeiro de 2008, pp. 2-9; sobre o texto do projecto de lei n.° 431/X, cfr. *Diário da Assembleia da República*, II série A, n.° 34, de 22 de Dezembro de 2007, pp. 34 ss.).

[916] Marcelo Rebelo de Sousa, *O sistema de governo...*, pp. 18 ss.; Id. *Lições...*, pp. 364 ss.; João Caupers, «Governo municipal...», pp. 268 ss.; Id., *Possibilidades de reforma...*, pp. 4 ss.; António Cândido de Oliveira, «Democracia Local», pp. 98 s.; Id., *A Democracia...*, pp. 137 s., 150 s.; Jorge Miranda, «O poder local...», p. 189; Luís Fábrica / / Joana Colaço, «Artigo 239.°», pp. 474 ss.; em perspectiva crítica relativamente aos projectos de reforma, Vital Moreira, «O poder local...», pp. 290, 293 s.; Id., «Ainda o sistema de governo autárquico», in *Público*, de 29 de Janeiro de 2008.

[917] António Cândido de Oliveira, *A Democracia...*, pp. 137 s.; Luís Fábrica / Joana Colaço, «Artigo 239.°», pp. 468 s.

8.3.4. Num cenário de prolongada transição, e onde, apesar de tudo, prevalecem ainda os factores de rigidez, importa recortar os *caracteres básicos do modelo* vigente.

a) Em termos do *regime comum* às várias categorias de autarquias locais, constituem elementos básicos do sistema de governo local os apontados elementos fixos (v. *supra*, n.° 8.3.3.), com destaque para o *elenco* dos vários órgãos representativos (v. *supra*, n.° 8.2.1.) e para a *responsabilidade* do órgão executivo perante o órgão deliberativo (v. *infra*).
No entanto, há-de notar-se que a concretização legal e o significado prático deste último elemento variam consoante a autarquia local, uma vez que, nos municípios e nas freguesias, a votação de uma moção de censura à câmara municipal ou à junta de freguesia[918] não implica a demissão desses órgãos[919], ao passo que, nas regiões administrativas, a aprovação de uma moção de censura por maioria absoluta dos deputados regionais implica a demissão da junta regional e a realização de nova eleição[920].

b) Quanto a *elementos específicos*, os mesmos têm a ver: (1) com o modo de designação do presidente do órgão executivo, que pode ser eleito por sufrágio universal como cabeça de lista para o órgão deliberativo (nas freguesias) ou como cabeça de lista para o órgão executivo (municípios) e ainda ser eleito no seio do órgão deliberativo como cabeça de uma lista plurinominal (regiões administrativas); (2) com a correspondente forma de designação do órgão colegial (v. *supra*, n.° 8.2.1.), que pode ser parcialmente eleito pelo órgão deliberativo (nas freguesias), directamente eleito pelos cidadãos (nos municípios) ou totalmente eleito pelo órgão deliberativo (nas regiões administrativas); e (3) com a presença forçada no executivo municipal de vereadores da maioria e de vereadores da oposição (enquanto se mantiver para o efeito o recurso ao sistema de representação proporcional)[921].

---

[918] Figura introduzida no ordenamento local pela Lei n.° 18/91, de 12 de Junho.

[919] Artigo 17.°, n.° 1, alínea *p*), e artigo 53.°, n.° 1, alínea *l*), da LAL, na redacção e numeração da Lei n.° 5-A/2002, de 11 de Janeiro.

[920] Artigos 29.°, n.° 2, e 30.°, alínea *d*), da Lei n.° 56/91, de 13 de Agosto.

[921] É hoje significativamente mais clara a percepção de que, como órgão executivo, a câmara municipal não tem necessariamente de ser eleita segundo o sistema de represen-

c) Uma vez que constitui um dos nódulos problemáticos, como deve ser lida então a regra do artigo 239.° da CRP, que prescreve a *responsabilidade do órgão executivo* perante o órgão deliberativo? A este respeito confrontam-se na doutrina basicamente duas posições: para a orientação dominante, a regra não tem de implicar o poder de destituição do órgão executivo pelo órgão deliberativo[922]; para a corrente minoritária, trata-se de uma relação de responsabilidade política que, como tal, deve envolver forçosamente a possibilidade de destituição do órgão executivo[923].
Embora o problema conheça na lei e na prática uma resposta distinta para cada uma das categorias de autarquia local, a nosso ver, pelo menos relativamente aos municípios, só a primeira orientação merece acolhimento, pela série de razões seguintes:

(i) Em primeiro lugar, porque a legitimidade democrática da câmara municipal é igual ou superior à da assembleia municipal (uma vez que a primeira é na sua totalidade directamente eleita pela população, constituindo além disso, em termos de legitimidade histórica, o centro nevrálgico da instituição municipal)[924];

---

tação proporcional, solução que não é sequer imposta pela Constituição [sobre o problema, Jorge Miranda, «O direito eleitoral na Constituição», in *Estudos sobre a Constituição*, 2.° vol., Lisboa, 1978, pp. 481-482 [461-492]; Id., *Manual*..., tomo VII, p. 230; Mário João de Brito Fernandes, «A representação proporcional na Constituição da República Portuguesa», in AAVV, *Estudos vários de Direito Eleitoral*, Lisboa, 1996, pp. 103-237; João Caupers, «Governo municipal...», p. 256; António Cândido de Oliveira, *A Democracia*..., p. 138, 150; Luís Fábrica / Joana Colaço, «Artigo 239.°», p. 476; Vital Moreira, «Ainda o sistema...», *loc. cit.* (revendo neste caso anterior posição, expressa em Gomes Canotilho / / Vital Moreira, *Constituição*..., 3.ª ed., p. 907)].

[922] Neste sentido, Marcelo Rebelo de Sousa, *O sistema de governo*..., p. 13; Id. *Lições*..., p. 365; António Rebordão Montalvo, *O processo de mudança*..., p. 147; João Caupers, «Governo municipal...», pp. 266 ss.; Jorge Miranda, *Manual*..., tomo III, p. 403; António Cândido de Oliveira, *Direito das Autarquias*..., pp. 311 ss.; Id., «Democracia Local», pp. 78, 79; Bacelar Gouveia, *Manual*..., vol. II, p. 991; notando pelo menos a dificuldade que constituiria a destituição da câmara municipal, Gomes Canotilho / Vital Moreira, *Constituição*..., 3.ª ed., p. 891; considerando esse um resultado imposto pelo legislador, embora constitucionalmente questionável, Luís Fábrica / Joana Colaço, «Artigo 239.°», pp. 467, 473.

[923] Por todos, Freitas do Amaral, *Curso*..., vol. I^{3}, pp. 578 s.

[924] Sobre a efectiva secundarização da assembleia municipal, órgão considerado sem grandes tradições no nosso sistema, António Cândido de Oliveira, «A difícil democracia...», pp. 108, 112.

(ii) Em segundo lugar, nem o conceito de responsabilidade política[925] implica necessariamente a destituição[926], nem sequer a votação de uma moção de censura teria necessariamente de produzir esse resultado (como se demonstra na solução acolhida no texto originário da Constituição de 1976)[927];

(iii) Em terceiro lugar, além de possuir uma legitimidade paralela, a câmara municipal nem sai do órgão deliberativo[928], nem tão-pouco se compara a um Governo[929];

(iv) Finalmente, uma vez que entre os dois órgãos autárquicos inexiste uma relação de responsabilidade política em sentido estrito e uma vez que o poder de destituição (salvo nas regiões administrativas) não foi estabelecido pelo legislador, a conclusão a extrair não pode ser outra que a da inexistência dessa possibilidade[930].

d) Questão diferente é a de saber se este modelo, nos termos em que se encontra configurado, merece ou não, do ponto de vista da consistência jurídica e da respectiva capacidade de prestação funcional, uma avaliação positiva.
Ora, sob esse prisma, não há dúvida de que sobretudo o sistema de governo municipal existente encerra um impressionante conjunto de entorses, contradições e ambiguidades, que têm sido justamente assinaladas na doutrina[931].

---

[925] Sobre o carácter aberto, plurisignificativo e relacional do conceito, v. *infra*, n.° 11.5.

[926] Sobre o tema da responsabilidade política, por último, Lúcia Amaral, *A Forma da República*..., pp. 250 ss.; Jorge Miranda, *Manual*..., tomo VII, pp. 78 ss.; José de Matos Correia / Ricardo Leite Pinto, «A responsabilidade política», in *Estudos jurídicos em Homenagem ao Professor António Motta Veiga*, Coimbra, 2007, pp. 785-867; Pedro Lomba, *Teoria da responsabilidade política*, Coimbra, 2008, pp. 107 ss.; Id., «Artigo 117.°», pp. 456 ss.; Paulo Otero, *Direito Constitucional*, vol. II, pp. 32 ss.

[927] Assim, António Cândido de Oliveira, *Direito das Autarquias*..., p. 311.

[928] Marcelo Rebelo de Sousa, *O sistema de governo*..., pp. 12-13.

[929] António Cândido de Oliveira, *Direito das Autarquias*..., p. 312.

[930] João Caupers, «Governo municipal...», pp. 267-268.

[931] Segundo Marcelo Rebelo de Sousa, o sistema de governo, além de confuso e equívoco, envolveria ainda cinco absurdos, a saber: (1.°) a incoerência do executivo, uma vez que a câmara municipal é ao mesmo tempo governo e parlamento (havendo dois parlamentos no município e obrigando os vereadores da oposição a hesitar na sua dupla soli-

8.3.5. Talvez devido a todas essas dificuldades, raros são os domínios que têm produzido um proliferação de posições doutrinárias tão acentuada como o da *qualificação a dar ao sistema de governo das autarquias locais* (em especial ao sistema de governo municipal).

Começaremos para o efeito pelo arrolamento das posições expressas por aqueles Autores que não procedem à distinção entre o sistema de governo segundo os textos e segundo a prática.

a) Para Marcelo Rebelo de Sousa, «[t]emos um sistema de governo que não é presidencialista, nem parlamentarista, nem semi-presidencialista. É um sistema híbrido, misto, confuso, em larga medida equívoco, feito de mistura entre a Constituição, a lei e a prática»[932]; noutra passagem: «[o] sistema de governo autárquico ainda vigente é híbrido – misto de parlamentarismo imperfeito (sem possibilidade de demissão dos órgãos executivos pelos deliberativos) e de presidencialismo (sobretudo a nível municipal, com eleição directa da câmara municipal, com relevo, na prática, para o seu presidente)»[933]; Bacelar Gouveia, reconhecendo embora que o sistema não é parlamentar, nem presidencial, nem semipresidencial, conclui que, «por exclusão de partes, o sistema de governo autárquico deva ser qualificado como directorial»[934]. Em termos todavia mais próximos de Marcelo Rebelo de Sousa, um conjunto de vozes qualifica o sistema de governo local como

---

dariedade); (2.°) o problema da dissonância entre a assembleia municipal e a câmara municipal, que pode resultar do voto ou, pior ainda, das inerências; (3.°) trata-se ainda de um sistema onde há membros a tempo inteiro, membros a tempo parcial, membros com pelouro mas sem tempo, e membros sem pelouro; (4.°) em princípio, não é possível remodelar o governo municipal; e (5.°) existe uma fronteira entre os autarcas eleitos e os serviços municipais (cfr. *O sistema de governo*..., pp. 14-15).

Para Luís Fábrica e Joana Colaço, há também cinco ambiguidades no sistema de governo, numa série de pontos-chave: (i) no relacionamento entre a assembleia municipal e a câmara municipal; (ii) no estatuto da câmara municipal eleita segundo o sistema proporcional; (iii) na caracterização do presidente da câmara municipal; (iv) na configuração da própria assembleia deliberativa; e (v) quanto ao modelo de sistema de governo assumido como referência inspiradora (cfr. «Artigo 239.°», pp. 466-467).

932 Marcelo Rebelo de Sousa, *O sistema de governo*..., p. 12.

933 Marcelo Rebelo de Sousa, «Introdução à Constituição...», p. 60.

934 Bacelar Gouveia, *Manual*..., vol. II, p. 991.

935 Freitas do Amaral, *Curso*..., vol. I^3, p. 577.

sui generis[935], contraditório[936], peculiar e estranho[937] ou ambíguo[938]; para outros autores, algo inversamente, no sistema de governo municipal dá-se a «[a] confluência de elementos do sistema de governo parlamentar e do sistema de governo directorial»[939].

Pondo o acento na prática desenvolvida, segundo Gomes Canotilho e Vital Moreira, a lei veio permitir, à margem da Constituição, "transições silenciosas de um regime de colegialidade para um regime de *presidencialismo municipal*"[940]; já outros autores referem-se apenas ao presidencialismo[941], à presidencialização[942] ou à concentração de poderes no presidente da câmara municipal[943].

b) Para Jorge Miranda, o sistema de governo municipal é teoricamente directorial e na prática presidencial[944]. Para Paulo Otero, o sistema de governo nas freguesias é convencional na Constituição e *sui generis* na prática, ao passo que o sistema de governo municipal é *sui generis* na Constituição e presidencial na prática[945].

8.3.6. Importa então reunir um conjunto de ideias-força sintetizadoras da *posição adoptada* quanto à configuração do sistema de governo autárquico vigente, não sem registar um conjunto de condicionantes teóricas e de observações prévias.

---

[936] António Rebordão Montalvo, *O processo de mudança*..., p. 147.

[937] António Cândido de Oliveira, «Democracia local», pp. 78, 79.

[938] Luís Fábrica / Joana Colaço, «Artigo 239.°», p. 467.

[939] Carla Gomes, «A eleição do presidente...», pp. 900, 904.

Numa fórmula distinta, Luís Fábrica e Joana Colaço entendem que se dá «uma problemática conjugação de elementos presidencialistas – eleição directa do executivo – com elementos parlamentaristas – responsabilidade do executivo perante a assembleia» (cfr. «Artigo 239.°», p. 467).

[940] Gomes Canotilho / Vital Moreira, *Constituição*..., 3.ª ed., p. 908; no mesmo sentido, Vital Moreira, «O poder local...», p. 296.

[941] António Francisco de Sousa, *Direito Administrativo*..., p. 192; António Cândido de Oliveira, «Democracia local», pp. 95 ss.; Id., *A Democracia*..., pp. 145 ss.

[942] António Cândido de Oliveira, *Direito das Autarquias*..., pp. 313 s.; Id., «A difícil democracia...», p. 107.

[943] Jorge Miranda, «A administração pública...», p. 970.

[944] Jorge Miranda, *Manual*..., tomo III, p. 403; Id., «O poder local...», p. 188.

[945] Paulo Otero, *Direito Constitucional*; vol. II, p. 643.

a) Nesta matéria do sistema de governo[946], a primeira das observações a fazer prende-se com o facto de, tendo de lidar com tipos ideais[947], dever ser tido em conta o conselho de não aproximar excessivamente a comparação do sistema de governo local com os modelos de sistema de governo em geral[948].
Uma segunda observação prende-se com a distinção a estabelecer entre aquilo que um sistema de governo *é* (ou seja, a sua definição) e a forma como um sistema de governo *funciona* (ou padrão de funcionamento), na medida em que ao passo que a definição do sistema é dada pelo ordenamento jurídico[949], o padrão de funcionamento pode variar em função de factores de ordem conjuntural[950].
Como oportunamente assinalámos, este é um dos domínios materiais onde mais se tem feito notar a presença do costume (v. *supra*, n.° 2.3.2.) ou da normatividade informal[951]; todavia, em homenagem à concepção do Direito e à metódica da interpretação constitucional perfilhadas, não vemos que devam ser separadas as dimensões da normatividade positiva e da normatividade informal, à luz da circularidade entre o plano da positividade das regras (programa normativo) e o plano da realidade por elas regulada (domínio normativo).
Uma última nota respeita à observação da relação entre os modernos paradigmas da administração local como organização (nomeadamente os colocados nas últimas duas décadas pelo *New Public Management*) e o sistema de Governo; segundo Gomes Canotilho, compreende-se que a modernização empresarial dos serviços locais deva ser acompanhada de um novo sistema político-democrático local, assente nos seguintes traços: «(1) separação mais

---

[946] Sobre o conceito, por último, Jorge Reis Novais, *Semipresidencialismo*, vol. I – *Teoria do sistema de governo semipresidencial*, Coimbra, 2007, pp. 21 ss.

[947] António Cândido de Oliveira, «Democracia local», p. 76.

[948] Neste sentido, João Caupers, «Governo municipal...», p. 254.

[949] Em especial, pela Constituição (o que é forçoso no sistema de governo nacional e no regional autonómico), mas também pela lei (como é tradicional relativamente aos sistemas de governo local no direito comparado) e pelo costume (na medida em que esta fonte seja relevante).

[950] Reis Novais, *Semipresidencialismo*, vol. I, pp. 36, 42 ss., 55, 86 ss.

[951] António Cândido de Oliveira, *A Democracia...*, p. 146, com outras indicações.

rigorosa entre administração local autónoma e representação municipal; (2) transformação do órgão representativo municipal em parlamento municipal com tarefas de deliberação política e de controlo; (3) evolução da Câmara para um verdadeiro executivo municipal, dotado de um chefe de vereação (Presidente da Câmara) directamente eleito; (4) alargamento dos instrumentos de democracia directa a nível local (referendos locais)»[952].

b) Tendo em consideração todos os sucessivos planos de análise a respeito dos elementos caracterizadores do sistema de governo local vigente, podemos traçar agora a seguinte síntese:

1.ª) A reacção constituinte ao quadro autoritário precedente, traduzida no reforço da colegialidade e no apagamento do presidente do órgão executivo, não conseguiu, na prática, vencer o efeito conjugado da preponderância dos órgãos executivos, da partidarização e da personalização do poder também ao nível local.

2.ª) Na realidade, o sistema de governo idealizado na CRP para as autarquias locais apenas obteve consagração efectiva na autarquia região administrativa, pela razão simples de que, como essa estrutura autárquica ainda não foi criada, aquele desenho ainda não teve de medir forças com a realidade.

3.ª) O sistema de governo local não só é diferente (ou assimétrico) nas três autarquias locais constitucionalmente impostas e nos três grupos de pessoas colectivas públicas territoriais (Estado, regiões autónomas e autarquias locais) como se afasta dos sistemas existentes no direito comparado.

4.ª) Relativamente ao princípio da electividade, há a salientar que nenhum dos órgãos representativos das regiões administrativas é afinal directamente eleito na sua totalidade pela população residente, ao passo que nos municípios apenas a câmara municipal o é e nas freguesias apenas o é a assembleia deliberativa.

5.ª) Dos diversos elementos fixos ainda presentes na Constituição tem duvidosa justificação a existência de membros por inerência na assembleia municipal (sobretudo pelo efeito de debilitação da responsabilidade de um órgão executivo integralmente

---

[952] Gomes Canotilho, «O direito constitucional passa...», p. 721.

eleito pela população), tal como se revela afinal perturbadora a exigência de que o presidente do órgão executivo continue a ser o cabeça de lista mais votado (quer pelo entrave que provoca na relação de responsabilidade política, quer pela ambiguidade que empresta ao modelo).

6.ª) Quanto à câmara municipal, tratando-se de um órgão colegial com raízes profundas no nosso direito local, que tem tido entre as suas funções primárias a de servir de área de recrutamento para a constituição do núcleo do poder executivo, não deriva da Constituição que a mesma deva ser necessariamente constituída segundo o sistema proporcional (com a consequente duplicidade da maioria e da oposição no seio de um órgão executivo).

7.ª) Quanto à responsabilidade do órgão executivo perante o órgão deliberativo, a relatividade e abertura do conceito constitucional de responsabilidade permitem acomodar diversas soluções legislativas.

8.ª) Quanto ao presidente da câmara (e, em parte, ao presidente da junta de freguesia), foi ainda devido às debilidades estruturais e funcionais do modelo que acabou por vir a ser plenamente autonomizado como órgão executivo singular.

9.ª) Por todas as razões apontadas, o sistema de governo local, enquanto não é definida por lei a sua nova configuração, apresenta-se como um sistema híbrido ou *sui generis*, salvo no que toca às regiões administrativas (onde é parlamentar):

(i) Não *é* parlamentar, porque não se verifica o apagamento do presidente e porque foi mitigada a responsabilidade política do órgão executivo perante o deliberativo;
(ii) Não *é* presidencial, porque o presidente é eleito numa lista, porque o executivo é dualista e por não deixar de estar prevista a responsabilidade do órgão executivo perante o deliberativo;
(iii) Não *é* semipresidencial, porque o presidente é eleito numa lista e por via da limitação da responsabilidade política do executivo;
(iv) Não *é* directorial, porque, apesar da existência de dois colégios eleitos e de na prática ter sido neutralizada a possibilidade de recíproca destituição, não só essa destituição pode vir a ser prevista na lei (como já sucede com as regiões administrativas), como pela existência de um órgão executivo singular autónomo.

10.ª) Por seu lado, quanto ao respectivo *padrão de funcionamento*, o sistema de governo local tem apresentado, nas últimas duas décadas, um acentuado pendor presidencialista, tanto nos municípios como em menor medida nas freguesias.

8.4. A ORGANIZAÇÃO INTERNA

8.4.1. Entende-se nesta sede por organização interna as estruturas e os serviços próprios das autarquias locais encarregados de assegurar o funcionamento permanente dos entes locais como organização e, em especial, de assegurar a preparação e a execução das decisões e deliberações dos órgãos autárquicos.

A respeito da organização interna das autarquias locais[953], um breve registo da *memória histórica*, permite descortinar algumas coordenadas fundamentais:

(i) Durante um longo período de oito séculos, a organização dos concelhos repousou numa multiplicidade de órgãos, magistrados e funcionários, num contexto de exercício predominantemente honorário dos cargos superiores das instituições municipais (v. *supra*, n.º 4.1.1.);

(ii) Mantendo embora o carácter honorário da administração autárquica[954], o Código Administrativo de 1936-40 terá pretendido conceder um papel preponderante aos funcionários[955]:

1) Por um lado, através da criação do lugar de chefe de secretaria, quadro superior a quem foi confiada a direcção dos serviços municipais e que, no final, veio a assumir-se como verdadeiro gestor municipal (com ascendente inclusivamente sobre os membros da câmara municipal)[956];

---

[953] Segundo o artigo 4.º do Decreto-Lei n.º 305/2009, de 23 de Outubro, "a estrutura interna da administração autárquica consiste na disposição e organização das unidades e subunidades orgânicas dos respectivos serviços".

[954] Tanto o presidente da câmara como o vice-presidente da câmara não eram remunerados nem exerciam esses cargos em regime de permanência (cfr. João Paulo Cancella de Abreu, «O actual sistema...», p. 128).

[955] Neste sentido, Marcello Caetano, «Prefácio», in AAVV, *Problemas de Administração Local*, Lisboa, 1957, p. 14 [13-23].

[956] António Rebordão Montalvo, *O processo de mudança*..., p. 167; propondo a recriação do cargo, Marcelo Rebelo de Sousa, *O sistema de governo*..., pp. 23 ss.

2) Por outro, através da previsão da existência de um duplo quadro de pessoal: o quadro de pessoal privativo do município e o quadro geral administrativo (constituído por funcionários externos ao município recrutados por concurso público e dependentes do Ministério do Interior)[957].

(iii) Quanto ao mais, o Código Administrativo, inspirado num modelo de forte cultura burocrática[958], organizava os serviços locais na base de uma estrutura orgânica simples e uniforme, salvo nos municípios de Lisboa e do Porto e por via das adaptações decorrentes da classificação administrativa dos concelhos[959].

(iv) Deste modo, só em 1977 foi legalmente consagrada a profissionalização dos presidentes de câmara municipal[960] (e só 20 anos mais tarde seria em parte consagrado o princípio da profissionalização dos presidentes de junta de freguesia)[961], consolidando desta forma a preponderância dos eleitos locais (em especial do presidente do órgão executivo colegial), já decorrente da nova arquitectura constitucional (v. *supra*, n.os 5.3. e 8.3.2.)[962].

(v) Na vigência da Constituição de 1976, há por fim a considerar três fases: (1.ª) fase de transição, em que persiste ainda pelo menos formalmente o quadro geral administrativo (de 1976 até 1984); (2.ª) fase de reconhecimento e institucionalização da autonomia organizativa e do reforço da profissionalização da gestão (de 1984 até 2009); (3.ª) fase de modernização das estruturas organizativas autárquicas (2010/...).

8.4.2. A *autonomia organizatória* das autarquias locais é um dos elementos integrantes da garantia constitucional da autonomia local (v. *supra*,

---

957 Sobre a administração municipal no Estado Novo, António Rebordão Montalvo, *O processo de mudança...*, pp. 164 ss.

958 António Rebordão Montalvo, *O processo de mudança...*, p. 164.

959 Armando Pereira / Castro Almeida, *Conhecer as Autarquias...*, p. 211.

960 António Rebordão Montalvo, *O processo de mudança...*, p. 154.

961 Lei n.° 11/96, de 18 de Abril.

962 Quanto è evolução posterior, com a maior visibilidade alcançada pela estrutura técnica nos últimos anos, António Rebordão Montalvo, *O processo de mudança...*, p. 175.

n.° 6.2.)[963], expressamente reconhecido no artigo 6.°, n.° 2, da CEAL nos seguintes termos: "sem prejuízo de disposições gerais estabelecidas por lei, as autarquias locais devem poder definir as estruturas administrativas internas de que entendam dotar-se, tendo em vista adaptá-las às suas necessidades específicas, a fim de permitir uma gestão eficaz".

Esta autonomia organizatória compreende em especial: (1) o direito dispor de estruturas administrativas e de serviços próprios; (2) o direito de criar, de reorganizar e de extinguir serviços[964]; (3) o direito de definir a organização, a estrutura e o funcionamento dos serviços; e (4) o direito de gerir com autonomia e de definir, nos quadros da lei, os modos de gestão mais adequados.

Em princípio, tanto a criação como a reorganização e a regulamentação fundamental dos serviços das autarquias competem ao órgão deliberativo, sob proposta do órgão executivo colegial[965]; no entanto, desde 2010 também o órgão executivo está habilitado a criar certas unidades orgânicas[966] (acrescendo, nos municípios, a criação de equipas de projecto e equipas multidisciplinares)[967].

Por seu lado, ainda relativamente aos municípios, continuam em vigor as disposições do Código Administrativo que lhes permitem explorar sob forma industrial certos serviços públicos de interesse local (que tenham por objecto um ou alguns dos domínios previstos no artigo 164.°): concebíveis teoricamente como serviços municipais em sentido amplo[968], os *serviços municipalizados* constituem uma organização autónoma, ainda que não personalizada, dentro da administração municipal[969]; são geridos por um conselho de administração privativo[970] e o município usufrui

---

[963] Ainda neste sentido, António Cândido de Oliveira, «Empresas municipais e intermunicipais: entre o público e o privado», in AAVV, *Os Caminhos da Privatização da Administração Pública – IV Colóquio Luso-espanhol de Direito Administrativo*, Coimbra, 2001, p. 134 [131-146].

[964] Sobre o conceito de reestruturação de serviços, veja-se o artigo 5.° do Decreto-Lei n.° 305/2009, de 23 de Outubro.

[965] Artigos 17.°, n.° 2, alínea *n*), 53.°, n.° 2, alínea *n*), 64.°, n.° 6, alínea *a*), da LAL e artigos 6.° e 13.° do Decreto-Lei n.° 305/2009, de 23 de Outubro.

[966] Artigos 7.°, alínea *a*), e 14.°, alínea *a*), do Decreto-Lei n.° 305/2009, de 23 de Outubro.

[967] Artigo 7.°, alíneas *b*) e *c*), do Decreto-Lei n.° 305/2009, de 23 de Outubro.

[968] Neste sentido, Freitas do Amaral, *Curso...*, vol. I^3, p. 593.

[969] Artigo 168.° do Código Administrativo.

[970] Artigos 169.° a 171.° do Código Administrativo.

quanto a eles de uma larga autonomia normativa e organizativa, o que talvez explique a perenidade dessa estrutura organizativa local (materialmente empresarial), bem como a rara resistência e estabilidade demonstrada, por um punhado de regras do Código Administrativo[971].

Também neste domínio se manifesta, de forma particularmente impressiva, a necessidade de diferenciação entre os municípios e as freguesias (v. *supra*, n.° 8.1.2.), quer em termos da medida de autonomia organizativa de que dispõem, quer em termos das necessidades e das atribuições às quais a respectiva estrutura administrativa tem de dar resposta, quer em termos dos recursos que para o efeito podem mobilizar.

8.4.3. O *diploma fundamental* e verdadeiro marco nesta matéria[972] foi o Decreto-Lei n.° 116/84, de 6 de Abril, diploma que modificou sem dúvida o perfil funcional, bem como a capacidade de prestação da generalidade dos municípios portugueses.

Ao lado de outras inovações e de outras consequências[973], a consagração do princípio da autonomia organizativa do município, foi também acompanhada:

(i) Pela extinção formal[974] do quadro geral administrativo[975];
(ii) Pela formulação de um conjunto de princípios orientadores (como os princípios da adequação da estrutura interna às atribuições legalmente cometidas e aos objectivos de carácter permanente do município, da interligação funcional, da prioridade das actividades operativas sobre as instrumentais ou o da gestão por projectos)[976];

---

[971] Artigos 164.° a 175.° do Código Administrativo, sem prejuízo da derrogação ou da invalidade material de um ou outro preceito.

[972] Neste sentido, Armando Pereira / Castro Almeida, *Conhecer as Autarquias*..., p. 211; António Rebordão Montalvo, *O processo de mudança*..., pp. 168 ss.; diversamente, António Cândido de Oliveira, «Empresas municipais...», p. 133.

[973] Armando Pereira / Castro Almeida, *Conhecer as Autarquias*..., pp. 211 ss.; António Rebordão Montalvo, *O processo de mudança*..., pp. 168 ss.

[974] Sobre o desuso em que caíra logo em 1974, António Rebordão Montalvo, *O processo de mudança*..., pp. 167-168.

[975] Artigo 13.° do Decreto-Lei n.° 116/84, de 6 de Abril.

[976] Artigos 2.° e 3.° do Decreto-Lei n.° 116/84, de 6 de Abril.

(iii) Pelo reforço dos poderes de superintendência cometidos ao presidente da câmara e aos vereadores[977], consagrando ainda, pela primeira vez, a possibilidade[978] de os presidentes de câmara constituírem gabinetes de apoio pessoal[979];

(iv) Pela extensão a muitos municípios do poder de criarem novas unidades e subunidades orgânicas e de as prover com cargos dirigentes de que só dispunham até aí os municípios de Lisboa e Porto (abrindo assim uma nova tipologia para os cargos de direcção, tendo o chefe de secretaria transitado para a categoria de assessor autárquico);

(v) Pela permissão do recurso à gestão por projectos (podendo então a câmara municipal designar um director de projecto municipal)[980];

(vi) Pela fixação de duas importantes regras em matéria de limites dos encargos com o pessoal: 1) a regra segundo a qual as despesas efectuadas por pessoal do quadro não podem exceder 60% das receitas correntes do ano económico anterior; e 2) a regra segundo a qual as despesas efectuadas por pessoal fora do quadro não podem dar origem a encargos superiores a 25% dos suportados com o pessoal do quadro[981].

8.4.4. O Decreto-Lei n.° 116/84, de 6 de Abril, viria a ser revogado pelo Decreto-Lei n.° 305/2009, de 23 de Outubro (que estabelece o *regime jurídico da organização dos serviços das autarquias locais*), fixando este diploma às câmaras municipais e às juntas de freguesia o prazo de 31 de Dezembro de 2010 para promoverem a revisão dos seus serviços em conformidade com as novas regras (artigo 19.°).

Este novo quadro jurídico (que integra materialmente o estatuto das autarquias locais)[982] consagra os seguintes princípios e orientações essenciais:

---

977 Artigo 4.° do Decreto-Lei n.° 116/84, de 6 de Abril.

978 Mais tarde alargada pela Lei n.° 96/99, de 17 de Julho, e pelos artigos 73.°, n.° 2, e 74.°, n.° 4, da LAL.

979 Artigo 8.° do Decreto-Lei n.° 116/84, de 6 de Abril.

980 Sobre o surgimento de subunidades orgânicas atípicas, António Rebordão Montalvo, *O processo de mudança...*, pp. 174.

981 Artigo 10.°, n.ºs 1 e 2, do Decreto-Lei n.° 116/84, de 6 de Abril.

982 Sobre o âmbito do estatuto das autarquias locais, v. *supra*, n.° 6.3.

(i) Cingido, como o anterior, à administração local directa (com exclusão dos serviços municipalizados), o diploma de 2009 centra-se nos serviços colocados na directa dependência dos órgãos executivos (câmara municipal, presidente da câmara e junta de freguesia)[983], tendo como principal objectivo o de dotar as autarquias locais de condições para o cumprimento do seu leque de atribuições[984];

(ii) Esse objectivo assentou, por seu lado, num conjunto de linhas de base: (1) diminuição das estruturas e níveis decisórios; (2) recurso a modelos flexíveis de funcionamento; (3) simplificação, racionalização e reengenharia de procedimentos administrativos; e (4) lógica de racionalização dos serviços e de estabelecimento de metodologias de trabalho transversal[985].

(iii) São objecto de considerável alargamento os princípios orientadores a observar, aludindo-se agora também aos princípios da "unidade e eficácia da acção, da aproximação dos serviços aos cidadãos, da desburocratização, da racionalização de meios e da eficiência na afectação de recursos públicos, da melhoria quantitativa e qualitativa do serviço prestado e da garantia de participação dos cidadãos" (artigo 3.°)

(iv) Parte-se do princípio segundo o qual a organização interna dos serviços municipais deve ser adequada às atribuições do município (artigo 9.°, n.° 1) e a organização interna dos serviços das juntas de freguesia deve ser adequada às atribuições das mesmas e também ao respectivo pessoal (artigo 15.°, n.° 1).

(v) Quanto aos *serviços municipais*, a organização interna pode obedecer a um de dois modelos básicos: (1) a estrutura hierarquizada (constituída por unidades orgânicas nucleares e flexíveis)[986]; (2) e a estrutura matricial (adoptada sempre que as

---

[983] O presidente da câmara é equiparável (no artigo 8.°) não ao presidente da junta, mas sim à junta de freguesia [artigo 14.°, alínea *b*), do Decreto-Lei n.° 305/2009, de 23 de Outubro].

[984] Referindo expressamente o preâmbulo: "[atribuições] respeitantes quer à prossecução de interesses locais por natureza, quer de interesses gerais que podem ser prosseguidos de forma mais eficiente pela administração autárquica".

[985] Preâmbulo do Decreto-Lei n.° 305/2009, de 23 de Outubro.

[986] Artigos 9.°, alínea *a*), e 10.°, n.° 1, do Decreto-Lei n.° 305/2009, de 23 de Outubro.

áreas operativas dos serviços se possam desenvolver essencialmente por projectos, visando assegurar a constituição de equipas multidisciplinares com base na mobilidade funcional)[987]; pode ainda existir (3) um modelo estrutural misto (devendo então distinguir-se as áreas de actividades por cada um dos dois precedentes modelos)[988]; (4) e serem criadas equipas de projecto temporárias com objectivos especificados[989].

(vi) Em termos de repartição de competências:

1) Compete à *assembleia municipal*: aprovar o modelo de estrutura orgânica; aprovar a estrutura nuclear, definindo as correspondentes unidades orgânicas nucleares; definir o número máximo de unidades orgânicas flexíveis; definir o número máximo total de subunidades orgânicas; definir o número máximo de equipas multidisciplinares, bem como o estatuto remuneratório dos chefes de equipa; definir o número máximo de equipas de projecto[990];

2) Compete à *câmara municipal*: criar unidades orgânicas flexíveis e definir as respectivas atribuições e competências, dentro dos limites fixados pela assembleia municipal; criar equipas de projecto, dentro dos limites fixados pela assembleia municipal; criar equipas multidisciplinares, dentro dos limites fixados pela assembleia municipal, e determinar o estatuto remuneratório do respectivo chefe de equipa[991]; criar equipas de projecto temporárias[992]; criar, alterar e extinguir unidades orgânicas flexíveis[993]; proceder à constituição e designação dos membros das equipas multidisciplinares e respectivas chefias[994];

---

[987] Artigos 9.°, alínea *b*), e 12.°, n.° 1, do Decreto-Lei n.° 305/2009, de 23 de Outubro.

[988] Artigo 9.°, n.° 2, do Decreto-Lei n.° 305/2009, de 23 de Outubro.

[989] Artigos 9.°, n.° 3, e 11.° do Decreto-Lei n.° 305/2009, de 23 de Outubro.

[990] Artigo 6.° do Decreto-Lei n.° 305/2009, de 23 de Outubro.

[991] Artigo 7.° do Decreto-Lei n.° 305/2009, de 23 de Outubro.

[992] Artigo 9.°, n.° 3, do Decreto-Lei n.° 305/2009, de 23 de Outubro.

[993] Artigo 10.°, n.° 3, do Decreto-Lei n.° 305/2009, de 23 de Outubro.

[994] Artigo 12.°, n.° 3, do Decreto-Lei n.° 305/2009, de 23 de Outubro.

3) Compete ao *presidente da câmara municipal*: a conformação da estrutura interna das unidades orgânicas e das equipas de projecto e multidisciplinares, cabendo-lhe a afectação ou reafectação do pessoal do respectivo mapa; a criação, a alteração e a extinção de subunidades orgânicas[995]; afectação ou reafectação do pessoal do mapa das unidades orgânicas flexíveis[996]; a criação de subunidades orgânicas coordenadas por um coordenador técnico[997]; cometer aos chefes de equipa as competências fixadas para os titulares de cargos de direcção intermédia[998].

(vii) Relativamente às *freguesias*, a respectiva organização interna pode incluir unidades orgânicas, chefiadas por um dirigente intermédio de segundo grau, na condição de disporem, no mínimo, de cinco funcionários, dos quais dois técnicos superiores (artigo 15.°, n.° 2).

(viii) Por sua vez, quanto à repartição de competências neste domínio, tudo se passa entre a assembleia de freguesia e a junta de freguesia: (1) cabendo à primeira aprovar o modelo de estrutura orgânica e definir o número máximo de unidades e de subunidades orgânicas[999]; (2) cabendo à segunda criar unidades e subunidades orgânicas flexíveis, proceder à conformação da estrutura interna das unidades orgânicas e ainda criar, alterar e extinguir subunidades orgânicas[1000].

9. ATRIBUIÇÕES DAS AUTARQUIAS LOCAIS

9.1. RAZÃO DE ORDEM

Muitos são os problemas jurídicos envolvidos no recorte das atribuições[1001] das autarquias locais, a começar pela já referida erosão da ideia

---

[995] Artigo 8.° do Decreto-Lei n.° 305/2009, de 23 de Outubro.

[996] Artigo 10.°, n.° 3, parte final, do Decreto-Lei n.° 305/2009, de 23 de Outubro.

[997] Artigo 10.°, n.° 5, parte final, do Decreto-Lei n.° 305/2009, de 23 de Outubro.

[998] Artigo 12.°, n.° 4, do Decreto-Lei n.° 305/2009, de 23 de Outubro.

[999] Artigo 13.°, do Decreto-Lei n.° 305/2009, de 23 de Outubro.

[1000] Artigo 14.° do Decreto-Lei n.° 305/2009, de 23 de Outubro.

[1001] Por "atribuições", na linha de Afonso Queiró, entendemos os interesses públi-

de "interesses próprios"[1002], sobretudo quando tomada no sentido de interesses locais por natureza ou exclusivamente locais (v. *supra*, n.° 7.5.2.).

Postulando, também aqui, a relevância político-constitucional, jurídica e prática da determinação das atribuições das autarquias locais[1003] e sem prejuízo de algumas das considerações feitas nesta rubrica serem aproveitáveis para o apuramento das atribuições de entes não-autárquicos, como as associações de municípios e as áreas metropolitanas (que beneficiam de atribuições fixadas na lei, transferidas pelo Estado e delegadas pelo município, mas que não dispõem, como as autarquias locais, de um acervo de atribuições próprias, nem da assistência de idênticas cláusulas gerais), vamos seguidamente cingir-nos a algumas notas sobre o *princípio da especialidade*, o *sistema de definição das atribuições* das autarquias locais presente no ordenamento português, o *critério* de definição das atribuições e a *classificação* das atribuições.

9.2. O PRINCÍPIO DA ESPECIALIDADE

No espírito do Código Administrativo, que todavia o não explicitava dessa forma, o artigo 82.° da Lei das Autarquias Locais, sob a epígrafe "princípio da especialidade", estabelece que *os órgãos das autarquias locais só podem deliberar no âmbito da sua competência e para a realização das atribuições cometidas às autarquias locais*.

A ideia é ainda retomada em diversos outros diplomas legais, nomeadamente quando a lei delimita negativamente os poderes municipais (como sucede no artigo 10.° da Lei n.° 159/99, de 14 de Setembro, e no artigo 5.°, n.° 2, da Lei n.° 53-F/2006, de 29 de Dezembro) ou, em geral,

---

cos postos a cargo de uma pessoa colectiva pública ou eventualmente de um órgão ou estrutura orgânica dessa pessoa [cfr. Afonso Rodrigues Queiró, «Atribuições», in *DJAP*, vol. I (1965), p. 588 [587-591]; em termos similares, Sérvulo Correia, *Legalidade...*, pp. 265, 276, 564; Paulo Otero, *A Competência Delegada no Direito Administrativo Português – Conceito, natureza e regime*, Lisboa, 1987, p. 25].

[1002] Para uma discussão do tema, entre nós, António Cândido de Oliveira, *Direito das Autarquias...*, pp. 125-196; André Folque, *A Tutela...*, pp. 70-110.

[1003] Sobre o *uso* da expressão "atribuições", sobre a *noção* e a *relevância jurídica* do conceito de atribuições em geral, bem como sobre a relevância transversal da determinação das atribuições dos entes locais autárquicos, Melo Alexandrino, «A determinação das atribuições...», *loc. cit.*

quando a lei comina a nulidade para a prática de actos estranhos às atribuições das pessoas colectivas públicas [artigo 133.°, n.° 2, alínea *b*), do CPA][1004]; é ainda aflorada quando, em matéria de recursos financeiros, se enuncia o princípio da coerência entre o regime financeiro e o quadro de atribuições e competências legalmente cometido aos municípios e freguesias (artigo 2.° da Lei das Finanças locais) ou, em matéria de estrutura interna, se define o princípio da adequação entre a organização interna dos serviços e as atribuições dos municípios e das freguesias (artigo 15.°, n.° 1, do regime jurídico da organização dos serviços das autarquias locais)[1005].

Parecendo embora, à luz destas indicações, um parâmetro inquestionável do ordenamento local[1006], não é evidente o sentido do princípio da especialidade, sobretudo quando aplicado aos municípios.

De facto, como já escrevemos, «[se] a regra fazia todo o sentido na vigência do Código Administrativo, na medida em que o "apertado círculo" (Marcello Caetano) dos poderes e atribuições de cada uma das autarquias locais estava rigorosa e taxativamente traçado, em sistema de Estado constitucional, e perante uma cláusula de universalidade das atribuições, é de perguntar se o princípio ainda tem cabimento e em que medida»[1007].

9.3. O SISTEMA DE DEFINIÇÃO DAS ATRIBUIÇÕES

Dada a envergadura da dificuldade assim colocada, teremos de indagar um pouco melhor o sistema de definição das atribuições das autarquias locais, antes de identificar o critério que possa verdadeiramente servir de apoio geral (v. *infra*, n.° 9.4.)[1008].

[1004] Para uma aplicação recente, veja-se o Acórdão do Tribunal de Contas n.° 23/09, de 9 de Junho de 2009 (1.ª secção – Plenário), aplicando a doutrina de que *é nula a deliberação da câmara municipal sobre assunto que não se enquadre nas atribuições do respectivo município* [sumário in *Direito Regional e Local*, n.° 07 (2009), pp. 54 s.].

[1005] Aprovado pelo Decreto-Lei n.° 305/2009, de 23 de Outubro.

[1006] Antes da Constituição de 1976, Marcello Caetano, *Manual*..., vol. I, p. 202; posteriormente, Maria José Castanheira Neves, *Governo e administração*..., p. 20; admitindo que em maior ou menor grau também as autarquias lhe estejam submetidas, Jean-Marie Pontier, «La personnalité publique...», p. 983.

[1007] Melo Alexandrino, «A determinação das atribuições...», *loc. cit*.

[1008] Retomamos, neste número e no próximo, o essencial do que escrevemos recentemente (cfr. Melo Alexandrino, «A determinação das atribuições...», pp. 431 ss.).

9.3.1. No direito comparado, a definição das atribuições das autarquias locais, em especial as dos municípios, faz-se, em regra, por recurso a cláusulas gerais (como acontece designadamente na Alemanha[1009], na Itália[1010], no Brasil[1011] e até certo ponto na França[1012]).

Olhando em seguida às Constituições portuguesas, as três constituições monárquicas, além de atribuírem em geral às Câmaras o governo económico e municipal dos concelhos[1013], utilizaram técnicas distintas: a Constituição de 1822 enunciava no artigo 223.° as atribuições da Câmara (a começar pela de "fazer posturas ou leis municipaes"), a Carta Constitucional estabelecia no artigo 135.° que "todas as particulares e úteis atribuições serão decretadas por uma Lei Regulamentar" e a Constituição de 1838 limitava-se à remissão para as leis[1014].

Por sua vez, a Constituição de 1911 dizia apenas no artigo 66.° que as atribuições dos corpos administrativos "serão reguladas por lei especial", ao passo que a Constituição de 1933, confiando embora às autarquias locais atribuições concorrentes com o Estado no domínio da defesa da família (artigo 13.°), omitia qualquer outra alusão às atribuições dos entes locais[1015].

[1009] Entende-se aí que no âmbito da garantia institucional protegida pelo artigo 28.° da Constituição estão compreendidas *todas as atribuições enraizadas na comunidade local ou a ela especificamente referidas e que a mesma seja capaz de levar a cabo de forma autónoma e sob a sua responsabilidade própria*.

[1010] Neste país, a lei ordinária há muito estabelece que *pertencem à comuna todas as atribuições que respeitam à população e ao território comunal, nomeadamente nos sectores orgânicos dos serviços à pessoa e à comunidade, do ordenamento e utilização do território e do desenvolvimento económico, a menos que não esteja expressamente atribuída a outros sujeitos pela lei estatal ou regional, de acordo com as respectivas competências* (artigo 13.°, n.° 1, do Testo Unico, na redacção que vem da lei n.° 142/90).

[1011] No Brasil, o sistema de repartição de atribuições dos municípios é afinal similar ao utilizado para as regiões autónomas portuguesas (cfr. Jorge Miranda, *Manual...*, tomo III, p. 290).

[1012] Quanto à situação francesa, Jean-Bernard Auby / Jean-François Auby / Rozen Noguellou, *Droit des collectivités...*, pp. 66 s., 209 ss., 217 ss.

[1013] Artigo 218.° da Constituição de 1822, artigo 133.° da Carta Constitucional (posteriormente revogado pelo artigo 11.° do Acto Adicional de 1852) e artigo 130.° da Constituição de 1838.

[1014] No que veio a ser seguida pelo artigo 11.° do Acto Adicional de 1852.

[1015] O artigo 126.° dizia apenas que "leis especiais regularão a organização, funcionamento e competência dos corpos administrativos", sendo por isso ostensiva a ausência do termo "atribuições", no confronto com o artigo 1.° da Lei n.° 88, de 7 de Agosto de 1913.

Na lei, a técnica utilizada foi acompanhando as oscilações entre as fases de centralização e de descentralização. Em especial na vigência da Constituição de 1976, vigorou, durante mais de duas décadas, um *sistema misto* (artigos 1.° e 2.° da Lei n.° 79/77, de 25 de Outubro, e artigo 2.° do Decreto-Lei n.° 100/84, de 29 de Março).

Na doutrina, uma primeira corrente regista o facto de em 1999 se ter abandonado o sistema de cláusula geral, a favor da técnica da enumeração taxativa[1016-1017]; um segundo sector doutrinário admite a continuidade do *sistema de cláusula geral*[1018]; outro sector, enfim, reconhece e aplaude o regresso ao *sistema de enumeração taxativa*[1019].

9.3.2. Não pondo de parte a essencial função heurística[1020] da técnica utilizada na lei-quadro de transferência de atribuições e competências para as autarquias locais [Lei n.° 159/99, de 14 de Setembro (abreviadamente, LQTA)], há diversas ilações fundamentais a retirar da reforma legislativa empreendida em 1999 no estatuto das autarquias locais.

Em primeiro lugar, essa lei-quadro estabelece e delimita o "quadro *de transferência* de atribuições", e não o "quadro *das* atribuições"[1021], tendo por função delimitar os poderes legislativos de concretização dessa transferência de atribuições e competências e garantir em especial o valor da segurança jurídica.

Em segundo lugar, uma vez que a Lei n.° 169/99, de 18 de Setembro (LAL), deixou de contemplar um preceito expresso sobre atribuições[1022],

---

[1016] Margarida Salema D'Oliveira Martins, *O princípio da subsidiariedade...*, p. 475; Maria José Castanheira Neves, *Governo e administração...*, p. 28; Freitas do Amaral, *Curso...*, vol. I^3, p. 560; João Caupers, *Introdução...*, p. 116; aparentemente assim, Pedro Gonçalves, *Regime Jurídico...*, p. 73.

[1017] Admitindo todavia a existência de uma *cláusula habilitativa implícita de atribuições*, fundada em razões de eficácia e proximidade, Freitas do Amaral, *Curso...*, vol. I^3, pp. 560 s.

[1018] Neste sentido, Marcelo Rebelo de Sousa, *Lições...*, p. 355; Jorge Miranda, *Manual...*, tomo III, pp. 228, 231; Id., «Artigo 237.°», p. 457; Id., «Artigo 257.°», *ibidem*, p. 539; Melo Alexandrino, «O défice de protecção...», pp. 16 ss.

[1019] André Folque, *A Tutela...*, pp. 71 ss., 88 ss., 105 ss.

[1020] De certo modo também, Pedro Gonçalves, *Regime Jurídico...*, p. 74, nota 35.

[1021] Pedro Gonçalves, *Regime Jurídico...*, p. 74.

[1022] Na doutrina, sempre existiram percepções diferentes sobre a relevância jurídica da cláusula do artigo 2.° da Lei das Autarquias Locais de 1977 e de 1984, podendo observar-se a presença de posições favoráveis à *relevância absoluta* (Diogo Freitas do Amaral

tem de entender-se forçosamente que, tal como acontece no Estado[1023], também relativamente às autarquias locais as respectivas atribuições se encontram afinal definidas[1024] de *forma dispersa*, havendo então a considerar: (i) normas e princípios enunciados na Constituição e na Carta Europeia da Autonomia Local; (ii) normas costumeiras sobre atribuições; (iii) uma série relevante de normas de competência (designadamente as que se encontrem fixadas na Constituição e nos diplomas fundamentais do ordenamento local) das quais se devam inferir as correspondentes áreas de atribuições; e (iv) ainda algumas das normas enunciadas nos actos legislativos concretizadores das transferências legais de atribuições.

Por conseguinte, nem a lei-quadro de transferência de atribuições e competências define verdadeiramente as atribuições das autarquias locais, nem a mesma poderia deixar de ser interpretada em conformidade com a Constituição e o direito internacional.

A esta luz, não havendo sequer a necessidade de reclamar a existência de uma *cláusula habilitativa implícita de atribuições*[1025], devemos concluir que os actos dos entes autárquicos, sempre que sejam praticados no que se tenha entendido ser a prossecução de interesses locais e desde que não invadam uma esfera legal reservada a outros órgãos, gozam de uma *presunção de validade*[1026]. Por seu lado, em virtude desta presunção (e do correspondente ónus) e por se tratar ainda da determinação do âmbito da garantia constitucional da autonomia local, em caso de dúvida

---

ou André Folque), defensoras da *irrelevância* (Gomes Canotilho e Vital Moreira) ou da *relevância relativa* (Vieira de Andrade, Cândido de Oliveira, Marcelo Rebelo de Sousa, Pedro Gonçalves).

[1023] Cfr. Freitas do Amaral, *Curso*..., vol. I^{3}, p. 233.

[1024] Na doutrina, em termos similares, José Carlos Vieira de Andrade, «Autonomia...», p. 28, nota 53; Armando Pereira / Castro Almeida, *Conhecer as Autarquias*..., p. 45; António Cândido de Oliveira, *Direito das Autarquias*..., pp. 248, 251 s., 333 s.; na jurisprudência, veja-se o Acórdão do Tribunal Constitucional n.° 110/95, aludindo no caso (gestão dos resíduos sólidos) à conjugação da LAL com disposições do Código Administrativo, da Lei das Finanças Locais e ainda de um Decreto-Lei (cfr. *Acórdãos do Tribunal Constitucional*, vol. 30.°, pp. 627 ss.).

[1025] Não parece tão-pouco evidente a violação do princípio da subsidiariedade (diversamente, Margarida Salema D'Oliveira Martins, *O princípio da subsidiariedade*..., pp. 473-487).

[1026] Por maioria de razão, tão-pouco se pode presumir a nulidade (cfr. Margarida Salema d'Oliveira Martins, *O princípio da subsidiariedade*..., p. 463).

ou de conflito positivo de atribuições, a última palavra sobre a validade dos actos praticados caberá não só aos tribunais administrativos[1027], mas também ao Tribunal Constitucional[1028].

9.3.3. Resta perguntar se a regra da universalidade das atribuições deve ser estendida a *todas as autarquias locais* ou se pode e deve ser reconhecida em exclusivo aos municípios, como parece resultar da observação do direito comparado.

Começando pela freguesia, a mesma sempre teve atribuições limitadas[1029] (e progressivamente esvaziadas)[1030], vivendo na maior parte do seu percurso na órbita da câmara municipal e estando ainda hoje integrada no município por via da assembleia municipal[1031].

Quanto aos demais entes locais autárquicos, se uns não chegaram a criar raízes em torno de um acervo mínimo de atribuições (como as províncias[1032] e os distritos[1033]), outros não chegaram sequer a ser instituídos (como as regiões administrativas).

No caso das regiões administrativas, para as quais serão fundamentalmente transferidas atribuições e competências do Estado[1034], foi o próprio texto constitucional (revelando nesse aspecto sensibilidade à lição histórica) a proceder a uma delimitação restritiva das atribuições[1035], tendo o cuidado de por três vias acentuar que as regiões administrativas estão ao serviço do município, respeitam a autonomia deste e não limitam os respectivos poderes[1036].

[1027] Assim, Freitas do Amaral, *Curso...*, vol. I³, p. 561.

[1028] Artigos 204.° e 280.° da CRP.

[1029] António Cândido de Oliveira, *Direito das Autarquias...*, pp. 38 ss.

[1030] Para um exemplo recente, veja-se o disposto no artigo 78.° do Decreto-Lei n.° 194/2009, de 20 de Agosto.

[1031] António Cândido de Oliveira, *A Democracia...*, p. 22.

[1032] Para uma justificação das atribuições previstas no Código Administrativo, Marcello Caetano, «Regiões e Municípios», pp. 203 s.; Id., *Manual...*, vol. I, p. 293.

[1033] António Cândido de Oliveira, *Direito das Autarquias...*, pp. 48 ss.

[1034] Casalta Nabais, *A autonomia financeira...*, pp. 24 s.

[1035] Sobre o problema, em perspectiva económica, Eduardo Paz Ferreira, «Problemas da Descentralização Financeira», in *RFDUL*, vol. 38.°, 1 (1997), pp. 121-131.

[1036] Discutindo o alcance, neste âmbito, do princípio da subsidiariedade, enunciado no artigo 4.° da Lei n.° 56/91, de 13 de Agosto, Margarida Salema d'Oliveira Martins, *O princípio da subsidiariedade...*, pp. 448 ss.

Considerando finalmente os demais elementos textuais[1037], os princípios fundamentais, bem como a sinépica e toda a teleologia desse subsistema normativo, podemos concluir que no ordenamento português a regra da universalidade das atribuições – constituindo embora uma *directriz* assinalada na Constituição para as autarquias em geral[1038] – tem e deve ter a sua *projecção máxima* no município.

Ora, uma das principais consequências a extrair desta conclusão é a da inaplicabilidade *prima facie* (ou a presunção de não aplicabilidade) aos municípios do princípio da especialidade[1039] (quando considerado o plano das atribuições)[1040]. Já relativamente às regiões administrativas e às freguesias, na medida da maior nitidez do círculo externo das respectivas atribuições, essa estrutura de delimitação da capacidade poderá ter algum campo de aplicação útil.

Uma segunda consequência projecta-se ao nível do princípio da subsidiariedade: tendo-se já evidenciado a distinta importância de cada uma das três espécies de autarquias locais, a centralidade inequívoca do município no plano dos interesses públicos cuja realização o ordenamento pôs a seu cargo não poderia deixar de conduzir a um sistema assimétrico (ou diferenciado)[1041] de concretização da descentralização de poderes e da operação do princípio da subsidiariedade. Nesta medida, nem é de censurar inteiramente o disposto no artigo 4.°, n.° 1, da lei-quadro das regiões administrativas[1042],

---

[1037] Artigos 244.° a 248.° da CRP, designadamente.

[1038] Gomes Canotilho / Vital Moreira, *Constituição...*, 3.ª ed., p. 883; Vital Moreira, *Administração Autónoma...*, pp. 122, 139; Jorge Miranda, «Artigo 237.°», p. 457; Melo Alexandrino, «O défice de protecção...», p. 16.

[1039] Neste sentido, por via da elasticidade das normas definidoras de atribuições, Paulo Otero, *Legalidade...*, pp. 863 ss., 867.

[1040] Diferente é já o plano da competência dos órgãos, a qual é sempre necessariamente definida por lei (entre muitos, cfr. Sérvulo Correia, *Noções...*, vol. I, p. 174; Id., *Legalidade...*, pp. 562 ss., 714; Marcelo Rebelo de Sousa, *Lições...*, p. 327; Paulo Otero, *O poder de substituição...*, vol. II, pp. 395, 397 ss., 424, 451; Maria Luísa Duarte, *Teoria dos Poderes Implícitos: do conceito à sua aplicação*, Lisboa, 1997, p. 26; Fausto de Quadros, *Direito da União Europeia*, Coimbra, 2004, pp. 194 s.; Pedro Gonçalves, *Entidades Públicas...*, p. 254).

[1041] A fórmula ideal é, a nosso ver, a que se encontra, após a revisão de 2001, no primeiro parágrafo do artigo 118.° da Constituição italiana, que acrescenta à subsidiariedade a diferenciação e a adequação.

[1042] Contra, Freitas do Amaral, *Curso...*, vol. I^3, p. 647; admitindo a formulação imperfeita, Vital Moreira, «Organização, Atribuições...», p. 663; a favor da norma, Margarida Salema d'Oliveira Martins, *O princípio da subsidiariedade...*, p. 455.

por défice de comprometimento, nem é de censurar a lei-quadro de transferência de atribuições, por não ter envolvido as freguesias na lógica do princípio da subsidiariedade: num caso como no outro, o que é necessário demonstrar não é a distribuição equitativa dos benefícios da subsidiariedade por todas as autarquias locais, mas sim que, numa lógica de diferenciação e adequação, não foi lesado o princípio da subsidiariedade.

9.3.4. A Constituição não parece deixar dúvida sobre a entrega ao legislador de um poder/dever de determinação e delimitação das atribuições das autarquias locais (artigo 237.°, n.° 1), ainda que, como em tantas regras desse título VIII, se trate de um enunciado equívoco[1043].

Na verdade, a existência deste preceito não serviu de indicação bastante para levar o Estado, durante mais de três décadas, a cumprir a correspondente responsabilidade[1044] de definir claramente as atribuições fundamentais das diferentes espécies de autarquias locais. Definição essa cuja função garantística é evidente, tanto nas relações das autarquias com o Estado como nas relações das autarquias com os poderes legislativos das regiões autónomas[1045]; tão-pouco deixa de interessar ao próprio Estado, na medida em que, à luz do princípio da universalidade, a presunção de partida é a de que as autarquias prosseguem todos os interesses próprios das populações respectivas[1046].

Ora, é justamente pela defesa da garantia constitucional da autonomia local que passa a linha de fronteira que marca o poder de conformação do legislador: (i) essa linha de fronteira deve ter sob particular atenção todos os fenómenos que se traduzam em erosão do âmbito de protecção daquela garantia, nomeadamente os que derivam da pulverização dos centros de decisão, da ilegítima ocupação pelo legislador de todo o espaço de normação primária relevante para efeito de prossecução das atribuições[1047] ou do sobrepeso das tendências igualitárias no plano do discurso

---

[1043] Sobre a falta de sentido do preceito, Gomes Canotilho / Vital Moreira, *Constituição...*, 3.ª ed., p. 886.

[1044] Atribuindo ainda a causa desta desresponsabilização a um efeito (a *elasticidade das atribuições*) da subsidiariedade, Paulo Otero, *Legalidade...*, p. 868.

[1045] Livio Paladin, *Diritto Costituzionale*, p. 545.

[1046] António Francisco de Sousa, *Direito Administrativo...*, p. 109.

[1047] Considerando que o principal obstáculo à autonomia local deriva da amplitude da reserva de lei, Joaquín García Morillo, *La configuración...*, pp. 46 s.

político e das respostas jurídicas para os diversos problemas sociais; (ii) a mesma não pode deixar de passar pela ideia de "modelo de regra e excepção"[1048]; (iii) em termos práticos, talvez possa ser acolhida a sugestão formulada por Joaquín García Morillo, nos termos da qual *a lei deveria demarcar não o que a administração local pode fazer, mas exclusivamente aquilo que não pode fazer*[1049]; (iv) por fim, devem ter-se por intocáveis os núcleos de reservas de administração territorial autónoma, em especial as reservas de autonormação e de auto-orientação (Sérvulo Correia).

9.4. Os critérios de definição das atribuições

Tendo sempre presentes a referência e as pautas constitucionais[1050], o critério de definição das atribuições locais, construído necessariamente de *baixo para cima*, tem de levar especialmente em conta a *diversidade de fundamentos normativos* das distintas atribuições e a inescapável necessidade de *diferenciação* das diversas autarquias locais[1051].

Afirmar que as atribuições são definidas de *baixo para cima* significa que, no nosso ordenamento, a identificação do quadro de atribuições é resultado de um processo de indução mais do que de um processo de dedução, que passa necessariamente pela consideração de distintos patamares.

[1048] V. *supra*, n.° 6.3.1.

[1049] Joaquín García Morillo, *La configuración...*, p. 48.

[1050] Ou seja, o reconhecimento do princípio da generalidade (ou universalidade) e dos princípios da descentralização e da subsidiariedade (assim, cfr. Vital Moreira, «Organização, Atribuições...», p. 663; Id., *Organização Administrativa...*, p. 72).

[1051] Ainda sobre a distinção entre titularidade e exercício das atribuições, Melo Alexandrino, «A determinação das atribuições...», *loc. cit.*

Como aí sustentámos, atendendo às várias espécies de atribuições, a distinção projecta-se da seguinte forma: (i) relativamente às áreas de atribuições *próprias* das autarquias locais, a regra é a de não ter lugar a distinção entre titularidade e exercício; (ii) relativamente às áreas de atribuições fixadas ou transferidas por lei (ou atribuições *conferidas*), admite-se a relevância da distinção, na medida em que em geral o domínio abstracto da atribuição não deixa de manter-se na titularidade do Estado, que transfere ou pode transferir apenas uma certa medida do título e uma certa medida do exercício; (iii) por fim, quanto às atribuições (ou tarefas) *delegadas*, embora o ordenamento português não tenha ainda produzido uma resposta satisfatória para essa necessidade regulativa, a regra que decorre do direito internacional e da observação do direito comparado é a de que deve ser o instrumento de delegação a definir os termos do exercício das tarefas e atribuições.

(i) Num primeiro patamar, as atribuições das autarquias locais inferem-se das diversas normas constitucionais sobre funções, tarefas, meios ou serviços locais (como as que resultam dos artigos 65.°, n.° 4, 84.°, n.° 2, 237.°, n.° 3, 238.°, 241.° ou 243.°, n.° 1, da CRP)[1052].

(ii) Numa segunda zona de inferência, as atribuições das autarquias locais identificam-se a partir das normas de costume, *maxime* das que têm manifestação nos preceitos ainda em vigor do Código Administrativo[1053] (como as que resultam, por exemplo, dos artigos 44.° a 50.°, 62.°, 99.°, 163.°, 164.°, 165.°, 253.° e 254.° desse diploma, na medida da sua não incompatibilidade com a Constituição e com as disposições de perfil estatutário em vigor).

(iii) Mas é sobretudo a partir da observação de *certas* normas de competência[1054] definidas na lei (e nas sucessivas leis) das autarquias locais que se infere um *vasto quadro* de esferas de atribuições dos municípios e de *algumas* esferas de atribuições das freguesias[1055] [vejam-se as atribuições que defluem de toda a série de competências enunciadas no artigo 17.°, n.° 1, alíneas *f*), *i*) e *j*), e n.° 2, alíneas *o*) e *p*), artigo 34.°, n.° 1, alínea *e*), n.° 3, alínea *f*), n.° 4, n.° 5, alínea *b*), e n.° 6, alíneas *a*), *f*), *g*), *l*), *m*), *o*) e *p*), artigo 53.°, n.° 1, alíneas *n*) e *o*), n.° 2, alíneas *a*) e *f*), n.° 3, alíneas *b*) e *c*), ou no artigo 64.°, n.° 1, alíneas *s*), *t*), *u*), *v*), *x*) e *z*), n.° 2, alíneas *f*), *l*) e *m*), n.° 4, alíneas *d*), *e*) e *f*), e n.° 7, alíneas *a*) e *b*), da Lei n.° 169/99, de 18 de Setembro]; mas o mesmo se pode dizer ainda de um conjunto significativo de normas de outras leis relativas à actividade da administração

---

[1052] Com outros exemplos, Jorge Miranda, «Artigo 237.°», p. 456; André Folque, *A Tutela...*, p. 135, nota 383.

[1053] Admitindo expressamente nesta matéria a vigência do Código Administrativo, Gomes Canotilho / Vital Moreira, *Constituição...*, 3.ª ed., p. 888; Marcelo Rebelo de Sousa, *Lições...*, p. 334; André Folque, *A Tutela...*, p. 92; Freitas do Amaral, *Curso...*, vol. I³, p. 776.

[1054] Considerando em geral a competência como "uma concretização das atribuições", Jorge Miranda, *Manual...*, tomo V, p. 55.

[1055] Quanto às regiões administrativas, as respectivas atribuições e domínios de atribuições estão, por agora, definidos nos artigos 257.° e 258.° da Constituição e no artigo 17.° da Lei n.° 56/91, de 13 de Agosto.

local, tais como: da lei de bases do ordenamento do território e do urbanismo (artigos 1.°, n.° 2, 3.° e 4.° da Lei n.° 48/98, de 11 de Agosto), do regime do sector empresarial (artigos 5.°, n.° 1, e 21.°, n.° 2, da Lei n.° 53-F/2006, de 29 de Dezembro), do regime geral das taxas das autarquias locais (artigo 6.°, n.° 1, da Lei n.° 53-E/2006, de 29 de Dezembro), da lei das finanças locais (artigos 16.°, n.° 3, e 22.°, n.° 4, da Lei n.° 2/2007, de 15 de Janeiro) ou das leis sobre o associativismo municipal e as áreas metropolitanas de Lisboa e do Porto (artigo 5.°, n.° 2, da Lei n.° 45/2008, de 27 de Agosto, e artigo 4.°, n.° 2, da Lei n.° 46/2008, de 27 de Agosto).

(iv) Em contrapartida, são raras as situações em que a lei identifica expressamente uma determinada atribuição como própria de um tipo de autarquia local[1056]; ainda assim, são disso exemplo os artigos 93.° a 95.° da Lei n.° 107/2001, de 8 de Outubro[1057], ou o disposto no artigo 6.°, n.° 1, do Decreto-Lei n.° 194/2009, de 20 de Agosto.

(v) Só depois tem sentido apelar aos artigos 13.° e 14.° da Lei n.° 159/99, de 14 de Setembro, e aos respectivos artigos 16.° a 31.° (ou aos sucessivos diplomas de concretização de transferências de atribuições e competências)[1058]. Por uma dupla razão: porque se trata não de atribuições, mas de *domínios abstractos* de atribuições[1059], e porque essa lei-quadro não define sequer *prima facie* atribuições das autarquias locais, mas sim domínios de

---

[1056] Esse era, no entanto, o caso do disposto no artigo 1.° da Lei n.° 32/94, de 29 de Agosto: tendo operado a revogação do artigo 163.° do Código Administrativo (atribuições dos municípios em matéria de polícia), a Lei n.° 32/94, de 29 de Agosto, foi posteriormente revogada pela Lei n.° 140/99, de 28 de Agosto, e esta segunda, por sua vez, pelo artigo 22.° da Lei n.° 19/2004, de 20 de Maio, diplomas que todavia acabaram por esvaziar a definição daquelas atribuições.

[1057] A justificação da tese de que uma lei avulsa pode definir as atribuições das autarquias locais foi expressamente defendida nos trabalhos preparatórios desta lei de bases [cfr. Ministério da Cultura (ed.), *Relatório Intercalar da Comissão Encarregada de Apresentar uma Proposta de Lei de Bases do Património Cultural*, Lisboa, 1998].

[1058] André Folque admite que é em alguns destes preceitos da lei-quadro da transferência de atribuições (e não no artigo 13.°) que se encontram algumas das atribuições municipais (cfr. *A Tutela...*, p. 93, nota 259) – é questão para perguntar: onde está afinal a enumeração das atribuições?

[1059] André Folque, *A Tutela...*, p. 93, nota 259.

atribuições do Estado (identificando e delimitando áreas e vertentes de atribuições *a transferir* para os municípios)[1060].

(vi) Por fim e subsidiariamente, uma atribuição local pode ainda ser identificada e justificada por recurso aos princípios fundamentais do ordenamento local, à cláusula geral do artigo 235.°, n.° 2, da CRP e à cláusula residual do artigo 4.°, n.° 2, da Carta Europeia da Autonomia Local (embora aí, mais uma vez, em termos diferenciados).

Podemos pois constatar que, no patamar *constitucional*, se situam os princípios da generalidade, da descentralização e da subsidiariedade (que norteiam a definição das atribuições e a resolução dos casos duvidosos), encontrando-se, além disso, também aí algumas atribuições directamente fixadas na Constituição[1061], bem como atribuições inferidas.

No patamar da norma de *costume* (corroborada ou não expressamente afastada por lei), situam-se as principais esferas de *atribuições próprias* (ou tradicionais) dos dois entes locais efectivamente existentes (o município e a freguesia).

Por seu lado, no patamar da *norma legal*, situam-se as áreas de *atribuições fixadas* por lei (em especial pelas leis fundamentais do ordenamento local) e áreas de *atribuições transferidas* por lei (ou seja, transferidas ao abrigo de uma lei-quadro de transferência de atribuições e posteriormente concretizadas através de uma série de diplomas avulsos[1062])[1063].

[1060] Ainda que certas vertentes desses domínios já constituíssem *velhas* atribuições municipais, como no caso do urbanismo (cfr. Fernando Alves Correia, *O Plano Urbanístico...*, pp. 162 s.).

[1061] Vital Moreira, «Organização, Atribuições...», p. 662.

[1062] Vejam-se, nos anos mais recentes, o Decreto-Lei n.° 115/2006, de 14 de Junho (*rede social*), a Lei n.° 65/2007, de 12 de Novembro (*enquadramento da protecção civil no âmbito municipal*), o Decreto-Lei n.° 144/2008, de 1 de Agosto (*transferência de atribuições e competências em matéria de educação*), o Decreto-Lei n.° 197/2008, de 7 de Outubro (*adaptação do regime das polícias municipais*), a Lei n.° 64-A/2008, de 31 de Dezembro (*Lei do orçamento de Estado para 2009*), a Lei n.° 1/2009, de 5 de Janeiro (*autoridades metropolitanas de transportes*), a Lei n.° 8/2009, de 18 de Fevereiro (*regime jurídico dos conselhos municipais de juventude*), o Decreto-Lei n.° 81/2009, de 2 de Abril (*reestruturação da organização dos serviços operativos de saúde pública a nível regional e local*), o Decreto-Lei n.° 90/2009, de 9 de Abril (*regime das parcerias entre o Estado e as autarquias locais para a exploração e gestão de sistemas municipais nos sectores do abastecimento de água, águas residuais e gestão de resíduos urbanos*), a Lei n.° 20/2009, de 12 de

De tudo isto resulta por conseguinte o escasso préstimo do disposto nos artigos 13.° e 14.° da Lei n.° 159/99, de 14 de Setembro, para a resolução do problema das atribuições, do mesmo modo de que tão-pouco, até 1999, se encontraria apoio substancial no disposto no artigo 2.° da Lei das Autarquias Locais[1064]: num caso como no outro, esses preceitos não definem nem definiam as atribuições locais, mas sim e apenas domínios de atribuições (diversamente do que fizera o Código Administrativo), com a agravante de, no caso da Lei n.° 159/99, de 14 de Setembro, se tratar de domínios de atribuições *estaduais* que foram objecto de um processo político descentralizador[1065-1066].

9.5. A CLASSIFICAÇÃO DAS ATRIBUIÇÕES

Uma vez desaparecida do nosso ordenamento a distinção entre atribuições de exercício obrigatório e de exercício facultativo (artigo 57.° do Código Administrativo), tendo em conta os dados do ordenamento positivo, a classificação das atribuições locais pode ser feita designadamente

---

Maio (*transferência de atribuições para os municípios em matéria de gabinetes técnicos florestais e protecção da floresta*), o Decreto-Lei n.° 139/2009, de 15 de Junho (*regime jurídico de salvaguarda do património imaterial*), o Decreto-Lei n.° 140/2009, de 15 de Junho (*regime jurídico dos estudos, projectos, relatórios, obras ou intervenções sobre bens culturais classificados*), o Decreto-Lei n.° 267/2009, de 29 de Setembro (*regime jurídico da gestão de óleos alimentares usados*), ou o Decreto-Lei n.° 307/2009, de 23 de Outubro (*regime jurídico da reabilitação urbana*).

[1063] Artigo 4.° da Lei n.° 159/99, de 14 de Setembro, e artigo 45.°, n.° 4, da Lei n.° 64-A/2008, de 31 de Dezembro.

[1064] Considerada por Gomes Canotilho e Vital Moreira uma "disposição genérica de discutível alcance normativo" (cfr. *Constituição*..., 3.ª ed., p. 888); quanto ao precedente artigo 2.° da Lei n.° 79/77, de 25 de Outubro, Sérvulo Correia considerou tratar-se de uma "[especificação] bastante rudimentar..." (cfr. *Noções*..., vol. I, p. 171).

[1065] Marcelo Rebelo de Sousa/ Salgado de Matos, *Direito Administrativo*..., tomo I^3, p. 145.

[1066] Exemplificando o funcionamento do critério proposto (com as atribuições em matéria de *administração dos bens próprios ou comuns* do município, que deixaram de estar mencionadas no estatuto das autarquias locais a partir de 1999), Melo Alexandrino, «A determinação das atribuições», *loc. cit.*; para um exemplo similar (atribuições no âmbito da construção, concessão e exploração de redes viárias), veja-se o Parecer n.° 46/2002, de 16 de Janeiro de 2003, do Conselho Consultivo da Procuradoria-Geral da República.

com base nos critérios do *fundamento normativo*, do *modo do exercício* e do *espectro de actuação*.

(i) Quanto ao fundamento normativo, há a distinguir entre atribuições próprias, atribuições conferidas (fixadas ou transferidas) por lei e atribuições delegadas[1067].

(ii) Quanto ao modo do exercício, as atribuições podem ser de exercício *exclusivo* (o que constituirá a regra nas áreas de atribuições próprias), de exercício *partilhado* (será essa a regra nas vertentes de atribuições fixadas ou transferidas por lei) e de exercício *delegado*.

(iii) Por fim, quanto ao espectro de actuação, ainda se pode distinguir entre o quadro de atribuições *principais* das autarquias locais (o que acabou de ser descrito) e as seguintes duas zonas de atribuições *complementares*: a participação das autarquias locais no exercício das atribuições estaduais (pressuposta pelo princípio democrático e pelo princípio da descentralização)[1068] e o apoio a dar pelas autarquias locais ao exercício de competências do Estado[1069] (expressão ainda do princípio da cooperação entre entidades públicas e, afinal ainda, do princípio fundamental da prossecução do interesse público).

[1067] Relevando a distinção em geral, Vital Moreira, *Administração Autónoma...*, pp. 81, 88 s.; Jorge Miranda, *Manual...*, tomo III, pp. 232, 233; Freitas do Amaral, *Curso...*, vol. I^3, p. 554; Melo Alexandrino, «A determinação das atribuições...», *loc. cit.*; na esfera da normação autárquica, Vieira de Andrade, «Autonomia...», p. 32; Sérvulo Correia, *Legalidade...*, pp. 272 ss.; Gomes Canotilho, *Direito Constitucional...*, p. 738; na delimitação dos poderes de controlo, João Baptista Machado, «Participação e descentralização», pp. 15 ss.; Casalta Nabais, «A autonomia local...», p. 174; Paulo Otero, *O poder de substituição...*, vol. II, pp. 806, 838; Melo Alexandrino, «A problemática do controlo...», pp. 32 s.

[1068] Gomes Canotilho / Vital Moreira, *Constituição...*, 3.ª ed., p. 887.

Certa doutrina pretende reduzir a garantia da autonomia local a esta dimensão complementar das atribuições locais (para uma crítica, António Cândido de Oliveira, *Direito das Autarquias...*, pp. 177 ss.; Freitas do Amaral, *Curso...*, vol. I^3, p. 491, nota 440).

[1069] Artigo 64.°, n.° 4, alínea *e*), da LAL.

10. CRIAÇÃO, MODIFICAÇÃO E EXTINÇÃO DAS AUTARQUIAS LOCAIS

10.1. Razão de ordem

Diversamente do que sucedia no Código Administrativo, onde a matéria da criação, modificação e extinção das autarquias locais dispunha de uma disciplina unitária e coerente, na vigência da Constituição de 1976, a falta de uma base unitária leva a que não seja fácil sequer identificar um regime comum, tal é a diversidade de regras aplicáveis às regiões administrativas, aos municípios e às freguesias. No entanto e justamente por isso, importa reunir e sistematizar a série de elementos comuns, que permitam um enquadramento das soluções especificamente aplicáveis a cada autarquia local, bem como a identificação de algumas insuficiências dessa regulação.

Por seu lado, importa referir que, para efeitos de administração local autárquica, uma vez desaparecidos os bairros administrativos[1070] e desvitalizados os distritos (v. *supra*, n.° 7.8.5.)[1071], a divisão administrativa do território envolve neste momento apenas a circunscrição paroquial (circunscrição-base) e a circunscrição concelhia (que podemos considerar circunscrição nuclear ou principal)[1072]. Ou seja, o território nacional, tanto no continente como nas ilhas, conhece apenas as duas circunscrições correspondentes à freguesia e ao município[1073].

[1070] Sobre os quais, Marcello Caetano, *Manual*..., vol. I, pp. 290 s.

[1071] Os distritos persistem no entanto (para além da relevância no plano eleitoral ou no político-partidáro) como circunscrição administrativa básica para efeitos de administração geral do Estado (cfr. Marcelo Rebelo de Sousa, *Lições*..., 3.ª ed., p. 266; Freitas do Amaral, *Curso*..., vol. I^3, p. 322; Vital Moreira, «O poder local...», p. 292), tal como anteriormente (cfr. Marcello Caetano, *Manual*..., vol. I, p. 294).

[1072] Hesitando sobre a identificação da circunscrição-base no ordenamento anterior, Marcello Caetano, *Manual*..., vol. I, pp. 290, 309.

[1073] Quanto à área territorial de intervenção das organizações de moradores, não se pode aí falar de verdadeira circunscrição, quer pela ausência do exercício de poderes de autoridade (artigo 248.° da CRP), quer pelo facto de a respectiva área ser *demarcada* por deliberação da assembleia de freguesia (artigo 263.°, n.° 2, da CRP) – não sendo, por conseguinte, objecto de *divisão administrativa do território* necessariamente operada por lei (artigo 236.°, n.° 4, da CRP).

Fixados nos elementos comuns e nos traços problemáticos da disciplina sobre a modificação (criação, desmembramento, extinção, incorporação, fusão)[1074] das autarquias locais, teremos de deixar relativamente à margem o tratamento do problema da criação das regiões administrativas, uma vez que não tendo sido sequer objecto de criação legal, pela natureza das coisas, não pode a respeito das mesmas falar-se em modificação ou extinção.

10.2. A SITUAÇÃO DE FACTO

Existem em Portugal neste momento 308 municípios[1075] e 4259 freguesias e, embora não tenham ainda sido instituídas, tudo aponta a que venha no futuro a ser adoptado o modelo das cinco regiões administrativas.

A divisão administrativa do território teve, como é sabido, o seu momento decisivo em 1836[1076], com a supressão de dois terços dos concelhos então existentes[1077], o que permitiu que Portugal se tornasse o único dos países do Sul da Europa a conseguir escapar ao modelo fragmentado francês (ainda persistente na França, na Itália e na Espanha)[1078]; nos finais do século XVIII existiriam no país 826 concelhos[1079], em 1911 existiam 291 e em 1974 o número de concelhos era de 304[1080]; em todo o

---

[1074] Sobre o sentido destas várias hipóteses, em especial no direito brasileiro, Nelson Nery Costa, *Direito Municipal...*, p. 105; Regina Nery Ferrari, *Direito Municipal*, pp. 97 s.

[1075] Desses concelhos, 278 situam-se no continente e 30 nas ilhas adjacentes (19 nos Açores e 11 na Madeira).

[1076] António Cândido de Oliveira, «A criação de municípios em Portugal: as razões de um veto do Presidente da República», in *Estudos em Homenagem ao Professor Doutor Marcello Caetano no centenário...*, vol. I, pp. 222 ss. [219-228]; Id., *As condições necessárias para uma autonomia efectiva dos municípios: a importância da população e do território*, comunicação [inédita], Braga, 2008.

[1077] E até certo ponto para compensar as populações, como refere o Professor Jorge Miranda, instituíram-se então entidades inframunicipais, as freguesias (cfr. «Artigo 235.°», p. 444).

[1078] António Cândido de Oliveira, «A criação de municípios...», pp. 224, 225.

[1079] Marcello Caetano, *Manual...*, vol. I, p. 321; referindo as dificuldades de contabilização exacta dos concelhos no período pré-constitucional, Nuno Monteiro, *História de Portugal*, vol. 4.°, p. 306.

[1080] Na síntese do Professor Diogo Freitas do Amaral, «[a] Revolução liberal, em 1820, veio encontrar em Portugal nada menos de 826 concelhos. Passos Manuel, em 1836,

caso, se o número de concelhos no século XIX sofreu uma redução significativa (mantendo-se estável ao longo de todo o século XX), o número de freguesias não sofreu até hoje alteração significativa, dado que no início do liberalismo o número de freguesias já rondava as 4000[1081].

A Constituição de 2 de Abril de 1976, por um fenómeno de recepção histórica (v. *supra*, n.° 5.3), consagrou como autarquias locais os concelhos e as freguesias então existentes[1082]; em segundo lugar, abandonou o distrito como autarquia local (mantido embora como circunscrição administrativa)[1083]; em terceiro lugar, no plano abstracto da norma constitucional, criou uma nova espécie de autarquia local: a região administrativa (autarquia essa que carece todavia de um processo de criação legal, ainda no plano abstracto, e de um processo de instituição em concreto); por último, a Constituição admite ainda[1084] que, além das três espécies de autarquias expressamente previstas (freguesia, município e região administrativa), a lei possa vir a criar outras figuras, nas áreas metropolitanas e nas ilhas[1085].

Na vigência da Constituição de 1976 foram criados *ex-novo* apenas 4 municípios[1086], não tendo ocorrido nenhuma extinção (seja por desmembramento[1087], incorporação ou fusão); aliás, durante doze anos, esteve mesmo proibida a criação de novos municípios antes de instituídas as regiões administrativas[1088] e, nos distritos de Lisboa, Porto e Setúbal, antes da criação das áreas metropolitanas[1089] (tendo a primeira dessas dis-

---

extinguiu 498 e criou 21, pelo que ficaram 351. A seguir à Regeneração novas reduções baixaram o número total para 268. No início da 1.ª República, em 1911, havia 291 concelhos, dos quais 262 no Continente e 29 nos Açores e na Madeira. Em 25 de Abril de 1974, eram 274 no continente e 30 nas ilhas adjacentes» (cfr. *Curso*..., vol. I³, p. 543).

[1081] António Cândido de Oliveira, *Direito das Autarquias*..., p. 337.

[1082] Como aliás resultava da aparentemente enigmática formulação do artigo 249.° da CRP, nos termos do qual "os concelhos existentes são os municípios previstos na Constituição, podendo a lei criar outros ou extinguir os que forem manifestamente inviáveis".

[1083] V. *supra*, n.° 7.8.

[1084] Artigo 236.°, n.° 3, da CRP (na numeração actual).

[1085] Sobre a natureza jurídica das estruturas efectivamente criadas pelo legislador, v. *supra*, n.° 7.8.

[1086] O primeiro dos quais (o da Amadora) em 1979 (Lei n.° 45/79, de 11 de Setembro) e os três últimos (os de Vizela, Trofa e Odivelas) em 1998 (Leis n.ºs 63/98, de 1 de Setembro, 83/98, de 14 de Dezembro, e 84/98, de 14 de Dezembro, respectivamente).

[1087] Jorge Miranda, «Artigo 236.°», p. 451.

[1088] Artigo 14.°, n.° 4, da Lei n.° 142/85, de 18 de Novembro.

[1089] Artigo 14.°, n.° 3, da Lei n.° 142/85, de 18 de Novembro.

posições-travão sido revogada em 1998[1090] e a segunda caducado em 1991); por seu lado, com o veto presidencial de 2003 à alteração legislativa que visava flexibilizar o regime de criação de municípios (num momento em que havia 18 processos pendentes)[1091], ficou de algum modo reforçada a tendência restritiva quanto à criação de novos municípios, tendência compensada de certo modo com a criação de duas centenas de freguesias[1092] e sobretudo com o incremento da elevação a vila e a cidade de numerosas povoações[1093].

Pode aliás dizer-se que, tal como de algum modo ocorreu na vigência das Constituições de 1911 e de 1933, constitui um traço político-cultural relevante a tendência restritiva quanto à criação de autarquias locais[1094], o que se verifica não só ao nível dos municípios, mas também ao nível das freguesias[1095] e sobretudo ao nível das regiões administrativas, que não chegaram sequer a ser instituídas legalmente, tal a natureza dos travões colocados à respectiva criação, quer na versão originária da Constituição[1096], quer posteriormente à revisão constitucional de 1997[1097].

10.3. Elementos comuns do regime

Uma vez excluídas as regiões administrativas, exclusão como se vê inteiramente justificada pela diferente situação material de partida, ainda que aí tenham projecção alguns dos princípios comuns a seguir referidos (como o da reserva de lei e o do dever de audição), há um conjunto de traços comuns ao regime de criação, modificação e extinção das autarquias

---

[1090] Artigo único da Lei n.º 124/97, de 27 de Novembro.

[1091] António Cândido de Oliveira, «A criação de municípios...», p. 227.

[1092] Entre 1975 e 2009, foram criadas 238 freguesias e extintas 8 (cfr. www.dgai.mai.gov.pt).

[1093] Veja-se o exemplo das múltiplas leis aprovadas nesse sentido pela Assembleia da República, em Julho de 2009.

[1094] Sobre as perspectivas de evolução, António Cândido de Oliveira, *Direito das Autarquias...*, pp. 359 s.; Id., «A criação de municípios...», pp. 226 ss.

[1095] António Cândido de Oliveira, *Direito das Autarquias...*, p. 337.

[1096] António Barbosa de Melo, «Portugal: que Regiões?», in *Scientia Iuridica*, tomo 33.º, n.os 187/188 (1984), p. 84 [63-86]; António Cândido de Oliveira, *Direito das Autarquias...*, p. 353; Id., «A regionalização administrativa...», pp. 302, 303.

[1097] Marcelo Rebelo de Sousa, *Lições...*, p. 401; António Cândido de Oliveira, «A regionalização administrativa...», pp. 303 ss.

locais, pressupondo naturalmente que a garantia de existência estabelecida no artigo 288.°, alínea *n*), da CRP (v. *supra*, n.° 6.5.) não protege cada autarquia local contra modificações territoriais nem lhe garante um concreto direito à existência[1098].

(i) Presente em todas as Constituições portuguesas, o primeiro desses elementos é a garantia da *reserva de lei* na divisão administrativa do território (artigo 236.°, n.° 4, da CRP e artigo 7.° do Código Administrativo)[1099];

(ii) O segundo elemento traduz-se na imposição constitucional de uma *reserva absoluta de competência legislativa do Parlamento* acerca do *regime* de criação, extinção e modificação das autarquias locais [artigo 164.°, alínea *n*), da CRP], ainda que desde a revisão constitucional de 1997[1100] não seja totalmente evidente (v. *infra*) a extensão da ressalva feita nesse preceito aos poderes das regiões autónomas[1101];

(iii) O terceiro elemento traduz-se na exigência de que a criação, modificação ou extinção das autarquias locais se faça também por *acto legislativo* (no continente, por lei da Assembleia da República[1102] e, nas regiões autónomas, por decreto legislativo regional[1103]);

[1098] António Cândido de Oliveira, *Direito das Autarquias*..., p. 261; Jorge Miranda / / Joana Colaço, «Artigo 249.°», in Jorge Miranda / Rui Medeiros, *Constituição*..., tomo III, p. 518.

[1099] Ainda que a mesma em princípio se deva circunscrever à esfera da administração local autárquica (neste sentido, Jorge Miranda, «Artigo 236.°», p. 451), tudo aponta a que a mesma regra valha na divisão do território para efeitos de administração *geral* do Estado (na verdade, a substituição dos distritos só poderá ser feita por intermédio da lei – a lei de criação das regiões administrativas).

[1100] A anterior alínea *n*) do artigo 164.° apenas referia "criação, extinção e modificação territorial das autarquias locais", não se colocando até então nenhuma dúvida de que o respectivo *regime* envolvia uma *reserva absoluta de competência legislativa*, sem qualquer desvio.

[1101] Cfr. artigos 164.°, alínea *n*), e 227.°, n.° 1, alínea *l*), da CRP.

[1102] Segundo Jorge Miranda, por via da formação de um costume constitucional nesse sentido (cfr. «Artigo 164.°», in Jorge Miranda / Rui Medeiros, *Constituição*..., tomo II, p. 522).

[1103] Artigos 164.°, alínea *n*), 232.°, n.° 1, 249.°, 255.° e 256.° da CRP, artigo 37.°, n.° 1, alínea *g*), do Estatuto Político-Administrativo da Madeira, artigo 49.°, n.° 3, alínea *e*), do Estatuto Político-Administrativo dos Açores, artigos 2.° e 13.°, n.° 1, da Lei n.° 8/93, de 5 de Março, e artigos 2.°, 3.° e 13.° da Lei n.° 60/99, de 30 de Junho.

(iv) Traço importantíssimo (de algum modo reforçado na revisão constitucional de 1997, com a imposição do referendo para a instituição em concreto das regiões administrativas)[1104] é o da *garantia da consulta prévia* a todas as autarquias locais envolvidas[1105] em qualquer processo que possa implicar alteração aos respectivos limites territoriais, nomeadamente por via da criação, modificação, fusão, incorporação ou extinção[1106], no que vai envolvida a consideração do princípio democrático[1107];

(v) Em quinto lugar, respeitados os princípios fundamentais do ordenamento local (*supra*, capítulo I), constitui inequívoco limite material ao poder de modificação das autarquias locais o respeito pelo princípio da proporcionalidade, nas suas diversas dimensões, enquanto exigência nuclear do princípio do Estado de Direito[1108];

(vi) Em sexto lugar, para a criação de autarquias locais, além da vontade das populações abrangidas e da satisfação das exigências da proporcionalidade, o órgão de decisão política deve ainda ponderar, nos termos da lei: (1) a *viabilidade* da autarquia a criar, (2) os *interesses de ordem nacional, regional ou local* em causa, (3) bem como *razões de ordem histórica, geográfica, demográfica, económica, social e cultural* [artigo 2.° da Lei n.° 142/85, de 18 de Novembro, artigo 3.°, alínea *c*) da Lei n.° 8/93, de 5 de Março, e artigo 3.°, alínea *b*) da Lei n.° 60/99, de 30 de Junho] – sendo que relativamente às freguesias a lei se refere à viabilidade político-financeira, ao passo que relativa-

---

[1104] Admitindo que designadamente os municípios envolvidos possam recorrer ao referendo local, no âmbito da criação, alteração e extinção, mesmo tratando-se de competência consultiva, Jorge Miranda / Joana Colaço, «Artigo 249.°», p. 521.

[1105] Artigo 249.° da CRP, artigo 5.° da CEAL, artigo 3.°, alínea *d*), da Lei n.° 11/82, de 2 de Junho, artigo 5.° da Lei n.° 142/85, de 18 de Novembro, artigo 3.°, alínea *a*), da Lei n.° 8/93, de 5 de Março, e artigo 3.°, alínea *a*), da Lei n.° 60/99, de 30 de Junho.

[1106] Com a explicitação correspondente, Jorge Miranda / Joana Colaço, «Artigo 249.°», p. 520.

[1107] Gomes Canotilho / Vital Moreira, *Constituição*..., 3.ª ed., p. 904.

[1108] Neste sentido, Gomes Canotilho / Vital Moreira, *Constituição*..., 3.ª ed., p. 904; em termos ampliativos, Jorge Miranda / Joana Colaço, «Artigo 249.°», pp. 519 s.

mente aos municípios a lei estabelece uma *condicionante financeira* como limite da própria ponderação[1109];

(vii) Ainda nos termos da lei, a criação de autarquias locais deve também respeitar uma série de *requisitos materiais* (envolvendo a área territorial, a população e certos equipamentos colectivos), *processuais* e *formais* (artigos 4.°, 5.°, 7.°, 8.° e 9.° da Lei n.° 142/85, de 18 de Novembro, artigos 4.° ao 8.° da Lei n.° 8/93, de 5 de Março, e artigo 7.° da Lei n.° 60/99, de 30 de Junho)[1110];

(viii) Relevante é ainda a existência de *limites temporais* à criação, modificação e extinção de autarquias locais que, no caso dos municípios, envolvem os 6 meses anteriores ao período em que legalmente devam realizar-se eleições gerais para qualquer órgão de soberania, das regiões autónomas e do poder local (artigo 6.°, n.° 1, da Lei n.° 142/85, de 18 de Novembro) e, no caso das freguesias, os 5 meses que antecedem a data marcada para a realização de quaisquer eleições de nível nacional (artigo 11.°, n.° 1, da Lei n.° 8/93, de 5 de Março, na redacção dada pela Lei n.° 51-A/93, de 9 de Julho, e artigo 11.°, n.° 1, da Lei n.° 60/99, de 30 de Junho)[1111];

(ix) À criação de uma autarquia local segue-se necessariamente um *regime de instalação*, que implica pelo menos a nomeação de uma comissão instaladora, poder que, no caso das freguesias, compete à câmara municipal (artigo 9.°, n.° 3, da Lei n.° 8/93, de 5 de Março, e artigo 9.°, n.° 3, da Lei n.° 60/99, de 30 de Junho) e, nos municípios, ao Ministro do Equipamento, do Planeamento e da Administração do Território (artigo 3.°, n.° 2, da Lei n.° 48/99, de 16 de Junho); durante esse período de instala-

---

[1109] Nos termos do artigo 3.° da Lei n.° 142/85, de 18 de Novembro, "não poderá ser criado nenhum município se se verificar que as suas receitas, bem como as do município ou municípios de origem, não são suficientes para a prossecução das atribuições que lhes estiverem cometidas".

[1110] Segundo o artigo 48.°, n.° 5, alínea *d*), do Estatuto Político-Administrativo dos Açores, na respectiva região autónoma a criação ou extinção de autarquias locais exige votação por maioria absoluta dos deputados.

[1111] Há ainda limites temporais especiais para a hipótese de eleições intercalares (artigo 6.°, n.° 2, da Lei n.° 142/85, de 18 de Novembro, e artigo 11.°, n.° 2, da Lei n.° 8/93, de 5 de Março).

ção, as autarquias locais ficam sujeitas a uma autonomia limitada (artigo 3.°, n.° 2, da Lei n.° 48/99, de 16 de Junho), limitação que é mais severa no caso das freguesias, devido à inexistência de eleições intercalares para os novos órgãos (artigo 11.°, n.° 3, da Lei n.° 8/93, de 5 de Março)[1112];

(x) Princípio porventura relevante, ainda que apenas esteja explicitado na lei para os municípios, é o da *continuidade do ordenamento local interno* (no sentido em que, por regra e até deliberação em contrário do órgão competente, se devem considerar em vigor na área da nova autarquia os regulamentos locais que aí vigoravam à data da criação da mesma)[1113];

(xi) Por fim, deve ainda ter-se presente o princípio segundo o qual tem de haver autarquias locais em todo o território (ao contrário do que durante vários séculos sucedeu nas zonas dominadas pelo regime senhorial), ainda que não seja forçoso que em todo o território existam as mesmas espécies de autarquias locais[1114] (nem há regiões administrativas nas ilhas adjacentes[1115], nem está excluída a hipótese de uma ou várias regiões administrativas não serem instituídas em concreto, no território da circunscrição correspondente).

10.4. Insuficiências do regime jurídico

O regime da criação, modificação e extinção das autarquias locais, do estrito ponto de vista jurídico, denota uma série de insuficiências e de elementos problemáticos, aqui apenas enumerados.

Um dos aspectos que salta imediatamente à vista é o da existência de uma pluralidade de regimes de criação, extinção e modificação, impressão que se agrava com a diversidade e a própria heterogeneidade das fontes[1116]:

[1112] O que não ocorre por regra nos municípios (artigo 11.° da Lei n.° 142/85, de 18 de Novembro, na redacção da Lei n.° 32/98, de 18 de Julho).

[1113] Artigo 10.°, n.° 5, da Lei n.° 142/85, de 18 de Novembro.

[1114] Jorge Miranda, «Artigo 235.°», p. 446.

[1115] Com algum paralelo, no regime autoritário, as freguesias não eram impostas nas ilhas, tendo existido apenas nos Açores.

[1116] António Cândido de Oliveira, *Direito das Autarquias*..., p. 261.

por um lado, a cada autarquia corresponde na lei um distinto regime (com a particularidade de haver um regime de criação de freguesias na Região Autónoma dos Açores[1117], paralelo ao regime de criação de freguesias), havendo ainda a referir a presença de algumas disposições relevantes em vigor do Código Administrativo e de outras leis avulsas[1118]; por outro lado, as sucessivas leis ora se apresentam como lei de princípios (a Lei n.° 11/82, de 2 de Junho)[1119], ora como regime geral (a Lei n.° 8/93, de 5 de Março, bem como a Lei n.° 60/99, de 30 de Junho), ora como lei-quadro ou lei de enquadramento (Lei n.° 142/85, de 18 de Novembro)[1120].

Não menos problemática vem a ser a determinação dos poderes legislativos reconhecidos às regiões autónomas neste domínio: por um lado, ainda que a doutrina[1121] e a jurisprudência[1122] vejam no disposto no artigo 164.°, alínea *n*), da CRP uma reserva absoluta de competência legislativa a favor da Assembleia da República – ideia de algum modo corroborada pelo disposto no artigo 227.°, n.° 1, alínea *l*), da CRP (nos termos do qual as regiões autónomas têm o poder, *a definir nos respectivos estatutos*, de "criar e extinguir autarquias locais, bem como modificar a respectiva área, nos termos da lei"), uma vez que sendo esse poder definido nos Estatutos ainda se traduz em competência reservada ao Parlamento – , a verdade é que não só o artigo 164.°, alínea *n*), ressalva desde 1997 os poderes das regiões autónomas, como as Leis n.os 8/93, de 5 de Março, e 142/85, de 18 de Novembro, acabaram por reenviar para diploma regional (e não para os Estatutos) a definição de um regime que tenha em conta as especificidades

---

[1117] A já citada Lei n.° 60/99, de 30 de Junho.

[1118] Como é o caso, relativamente aos poderes das comissões administrativas, do disposto no artigo 4.° da Lei n.° 47/2005, de 29 de Agosto (que estabelece o regime de gestão limitada dos órgãos das autarquias locais e seus titulares).

[1119] Expressamente invocada como tal no artigo 1.° da Lei n.° 142/85, de 18 de Novembro.

[1120] Segundo a doutrina, deveria ser esta a categoria de acto legislativo que o regime de criação, modificação e extinção das autarquias locais deveria assumir (por último, Jorge Miranda / Joana Colaço, «Artigo 249.°», p. 519).

[1121] Por último, Jorge Miranda, «Artigo 164.°», p. 521; Rui Medeiros, «Artigo 227.°», in Jorge Miranda / Rui Medeiros, *Constituição*..., tomo III, p. 328.

[1122] Nos termos do Acórdão n.° 496/97, quanto ao regime de criação, modificação e extinção o legislador regional não poder invadir, ainda que apenas em parte, mesmo que por delegação, um domínio totalmente reservado à Assembleia da República (com esse apontamento, Rui Medeiros, «Artigo 227.°», p. 329).

geográficas e populacionais dos arquipélagos[1123]; por outro lado, os Estatutos nada dispõem de relevante sobre o *regime* de criação e extinção, salvo cometerem o poder de criação, modificação ou extinção às assembleias legislativas regionais[1124]; em compensação, foi aprovado pela Assembleia da República a Lei n.° 60/99, de 30 de Junho (regime jurídico de criação de freguesias na Região Autónoma dos Açores). Como deverá pois ser interpretado o segmento final da alínea *n*) do artigo 164.° da CRP, introduzido em 1997[1125]? Como têm feito a doutrina e a jurisprudência? Ou como fez (salvo em 1999) o legislador ordinário[1126]? Não deveria o diploma regional resumir-se a definir os aspectos processuais e formais relevantes?[1127]

Um problema de outra natureza – que aliás traduz uma insuficiência transversal a todo o ordenamento local português – é o que se prende com os requisitos ditos geodemográficos (mas que na realidade não respeitam

---

[1123] Artigo 14.°, n.° 2, da Lei n.° 142/85, de 18 de Novembro, e artigo 13.°, n.° 2, da Lei n.° 8/93, de 5 de Março.

[1124] Artigo 37.°, n.° 1, alínea *g*), do Estatuto da Madeira e artigo 49.°, n.° 3, alínea *e*), do Estatuto dos Açores (neste caso, como vimos, exigindo ainda a maioria absoluta dos deputados).

[1125] Segundo Luís Marques Guedes, a alteração teve em vista «colocar na reserva absoluta não só o regime mas também a própria criação em concreto de autarquias, naturalmente que com salvaguarda das competências das regiões autónomas já previstas na Constituição» (cfr. *Uma Constituição Moderna para Portugal*, s.l., 1997, p. 166).

[1126] Seja como for, à luz do texto e da estrutura constitucional então em vigor, os citados reenvios para os diplomas regionais sobre aspectos de regime de criação padecem de inconstitucionalidade material por desvio de poder, não tendo a revisão de 1997 a virtualidade de sanar a nulidade correspondente (artigo 282.°, n.° 1, da CRP).

Em relação a leis posteriores a 1997, a questão poderá pôr-se, quer em resultado de uma determinação do programa normativo da nova alínea *n*) do artigo 164.° da CRP, quer de um actualização do sentido resultante do princípio do Estado unitário, quer da ponderação das especificidades do domínio normativo.

[1127] Segundo Rui Medeiros – o Autor que mais se aproxima do problema, ainda que sem apreciar a legitimidade constitucional ou a racionalidade das concretas soluções legais – , se o regime de criação, extinção e modificação de autarquias locais constitui matéria sobre a qual as Regiões Autónomas não podem legislar, «já a *aplicação em concreto da legislação nacional às autarquias locais insulares* – designadamente através da criação ou extinção em concreto de municípios ou freguesias ou da modificação da respectiva área – deve ser realizada, no quadro do Estado autonómico, não pelos órgãos de soberania, mas pelos órgãos de governo das Regiões Autónomas» (cfr. Rui Medeiros, «Artigo 227.°», p. 329 [ênfase original]).

à população residente e sim ao número de eleitores), mais uma vez, com a dupla agravante da dissociação entre o censo da população e o recenseamento eleitoral e da menor fidelidade justamente do recenseamento eleitoral.

Uma outra insuficiência prende-se com a falta de regulação de certas hipóteses de modificação e extinção (como a incorporação de autarquias locais ou mesmo a simples alteração dos limites territoriais), pelas repercussões que pode ter em elementos relevantes como o nome da nova autarquia (em princípio, se a fusão dá lugar a um novo nome, na incorporação permanece o nome da autarquia incorporante), pela conveniência de incentivar certas formas de modificação, agrupamento ou extinção de autarquias locais[1128] ou pela conveniência do aproveitamento em novos moldes das instituições locais objecto de extinção[1129].

Há também a referir que a Lei n.° 11/82, de 2 de Junho (com as alterações introduzidas pela Lei n.° 8/93, de 5 de Março), alegadamente em vigor, contém um regime totalmente inaplicável em matéria de regime de criação e extinção de autarquias locais[1130], ora por revogação expressa, ora por revogação implícita, ora por razões de constitucionalidade[1131] ou de legalidade[1132]; utilidade teve sim o disposto no respectivo artigo 17.°, ao revogar os artigos 8.°, 9.° e 12.° do Código Administrativo (deixando no entanto de pé preceitos tão importantes como os artigos 7.°, 10.° e 11.° desse mesmo Código).

Por último, algumas das insuficiências pontuais das diversas leis sobre o regime de criação, modificação e extinção podem ser supridas por recurso à aplicação dos princípios ou das regras enunciadas na CEAL

[1128] Para além do disposto no artigo 5.°, n.° 3, da Lei n.° 8/93, de 5 de Março (cfr. António Cândido de Oliveira, *Direito das Autarquias*..., p. 339), só em 2007 veio a ser prevista, no artigo 33.° da Lei das Finanças Locais, uma majoração do FEF na fusão de freguesias.

[1129] Como se fez na Itália (com os *municipi*) desde a reforma de 1990 (artigo 16.° do actual Testo Unico).

[1130] Já aliás tinha sido notado que esta lei nada dispunha sobre o regime de extinção ou de modificação territorial (cfr. António Cândido de Oliveira, *Direito das Autarquias*..., p. 340).

[1131] É esse aliás o caso do artigo 1.°, por inconstitucionalidade superveniente, face ao disposto no artigo 164.°, alínea *n*), da CRP.

[1132] É esse o caso do artigo 2.°, por ilegalidade superveniente, face ao disposto no artigo 49.°, n.° 3, alínea *e*), 2.ª parte, do Estatuto dos Açores.

(caso do artigo 6.° da Lei n.° 8/93, de 5 de Março)[1133], por recurso à interpretação conforme à Constituição (caso do artigo 2.° da Lei n.° 8/93, de 5 de Março)[1134] ou por recurso a uma interpretação actualista [casos do artigo 4.°, alínea *b*), da mesma lei[1135] ou do artigo 8.°, alínea *d*), da Lei n.° 142/85, de 18 de Novembro].

11. ELEITOS LOCAIS

11.1. PRELIMINARES

Segundo o artigo 1.°, n.° 2, do Estatuto dos Eleitos Locais[1136] (abreviadamente, EEL), "consideram-se eleitos locais, para efeitos da presente lei, os membros dos órgãos deliberativos e executivos dos municípios e das freguesias". É assim fácil de ver que seria erróneo lidar apenas com semelhante conceito legal de eleito local ou circunscrever o respectivo estatuto ao regime definido neste diploma[1137], não só pelo facto de a noção

---

[1133] Por ser clara, nessa hipótese, a necessidade de ouvir todas as autarquias locais envolvidas.

[1134] A interpretação conforme restringe a norma resultante desse enunciado ao território do continente, uma vez que o regime de classificação das povoações «não integra matéria da reserva da Assembleia da República e, por isso, desde que com observância dos limites ao poder legislativo regional, nada impede, à partida, que os estatutos possam, atendendo às especificidades geográficas e populacionais, permitir a intervenção neste domínio de um decreto legislativo regional» (cfr. Rui Medeiros, «Artigo 227.°», p. 329).

[1135] Neste caso, devido à reforma do sistema do recenseamento operada em 1999, que introduziu a possibilidade de actualização permanente do mesmo.

[1136] Aprovado pela Lei n.° 29/87, de 30 de Junho, alterado por oito vezes, a penúltima das quais de forma profunda (pela Lei n.° 52-A/2005, de 10 de Outubro) e a última pela Lei n.° 53-F/2006, de 29 de Dezembro.

Recomenda-se, muito particularmente sobre a matéria deste parágrafo, a colectânea *Legislação de Direito Regional e Local*, organizada por António Cândido de Oliveira, Cláudia Viana e Joaquim Freitas da Rocha, Braga, 2008.

[1137] Segundo António Cândido de Oliveira, o que deve entender-se por estatuto dos eleitos locais resultaria da leitura conjugada dos artigos [na numeração actual] 117.°, 118.° e 164.°, alínea *m*), da CRP (cfr. *Direito das Autarquias*..., p. 261); diversamente ainda, entendendo não serem seguras as indicações constitucionais, nomeadamente quanto ao estatuto deste subtipo de titulares de cargos políticos, Pedro Lomba, «Artigo 117.°», p. 471.

aí apresentada se circunscrever ao próprio EEL, mas também por outras razões[1138].

Em primeiro lugar, quanto ao conceito, porque, sendo o eleito local o principal actor político na esfera local (constituindo um *titular de órgão do poder local*)[1139], o mesmo integra também o conceito constitucional de "titular de cargo político"[1140]; em segundo lugar, quanto ao estatuto, surgindo o eleito local enquadrado, logo no plano constitucional, por toda uma série de princípios gerais sobre a organização do poder político[1141], não poderiam ficar sem referência esses aspectos essenciais da disciplina constitucional[1142], nem a concretização que aos mesmos[1143] foi dada no plano da lei ordinária, nas suas múltiplas expressões.

Entre os princípios gerais de organização do poder político particularmente relevantes no *estatuto do eleito local* são de assinalar: o princípio democrático, o princípio do Estado de Direito [artigos 2.° e 9.°, alíneas *b*) e *c*), da CRP], o princípio republicano [artigo 288.°, alínea *b*), da CRP], o princípio electivo (artigos 10.°, n.° 1, 113.°, n.° 1, e 239.°, n.° 2, da CRP), o princípio da responsabilidade (artigo 117.°, n.° 1, da CRP), o princípio da necessária existência de um regime de deveres e de incompatibilidades

---

[1138] Neste sentido também, António Cândido de Oliveira, *Direito das Autarquias...*, pp. 279, 280; Gomes Canotilho / Vital Moreira, *Constituição...*, 3.ª ed., p. 666.

[1139] Na expressão do artigo 164.°, alínea *m*), da CRP.

[1140] Poderíamos aliás ir mais além e descortinar a relevância do conceito de "cargos públicos" (artigo 53.° da CRP), cujo âmbito normativo envolve também os cargos políticos (por último, cfr. Gomes Canotilho / Vital Moreira, *Constituição...*, vol. I, 4.ª ed., pp. 675 s.; Jorge Miranda, «Artigo 117.°», in Jorge Miranda / Rui Medeiros, *Constituição...*, tomo II, p. 319; Pedro Lomba, «Artigo 117.°», p. 454; Marta Dias, «Crimes de responsabilidade...», pp. 34 ss.).

[1141] Jorge Miranda, «Artigo 235.°», p. 444.

[1142] Lembrando igualmente o disposto no artigo 7.° da CEAL, que enuncia três princípios fundamentais: (i) o de que o estatuto dos eleitos locais deve assegurar o livre exercício do mandato; (ii) o de que deve permitir uma compensação adequada e a correspondente protecção social; e (iii) o de que o regime de incompatibilidade só pode ser definido por lei ou por princípios jurídicos fundamentais.

[1143] Entre alguns dos princípios gerais recentemente seriados pela doutrina, para este subtipo de cargo político não soberano, destacam-se: (i) o princípio da exigência de uma *compensação material compatível* com as funções exercidas; (ii) o princípio de uma relativa sujeição a um *regime de incompatibilidades e de exclusividade* no exercício das funções; ou (iii) o princípio da necessária inerência ao estatuto dos titulares de cargos políticos de *direitos, regalias e deveres* (cfr. Pedro Lomba, «Artigo 117.°», p. 472).

e da definição de crimes de responsabilidade (artigo 117.°, n.os 2 e 3, da CRP) e o princípio da renovação dos mandatos (artigo 118.° da CRP)[1144].

11.1.1. A respeito do *conceito de titular de cargo político* aplicado aos eleitos locais, há pelo menos duas observações relevantes a fazer.

A primeira é a de que constitui reserva absoluta de competência da Assembleia da República legislar sobre o estatuto dos titulares dos órgãos do poder local [artigo 164.°, alínea *m*), da CRP], tal como constitui reserva de lei orgânica a lei eleitoral dos titulares dos órgãos do poder local (artigo 166.°, n.° 2, da CRP), residindo a explicação para essas opções constitucionais na importância da ideia de governo local democrático[1145] e na tutela da expressão da vontade popular ao nível local[1146].

A segunda observação serve para dar nota da abertura e relatividade do conceito, tanto no plano constitucional[1147] como, mais ainda, no do ordenamento infra-constitucional; com efeito, neste segundo plano é muito distinto o âmbito subjectivo do conceito de titular cargo político nas diversas leis aplicáveis aos eleitos locais: (*i*) a Lei n.° 64/93, de 26 de Agosto (regime jurídico de incompatibilidades e impedimentos dos titulares de cargos políticos e altos cargos públicos)[1148], apenas abrange directamente o presidente da câmara municipal e os vereadores a tempo inteiro[1149] (excluindo portanto do respectivo âmbito os vereadores a meio

---

[1144] Entre muitos, cfr. Vital Moreira, *Administração Autónoma...*, pp. 222 ss.; Gomes Canotilho, *Direito Constitucional e Teoria...*, pp. 224 ss., 544 ss.; Jorge Miranda, *Manual...*, tomo VII, pp. 59 ss., 142; Id., «Artigo 117.°», pp. 320; Id., «Artigo 235.°», p. 444; Pedro Lomba, «Artigo 117.°», p. 448; Id., «Artigo 118.°», in Paulo Otero (coord.), *Comentário à Constituição...*, vol. III, 1.° tomo, pp. 484 s., 496 s.; António Cândido de Oliveira, «A responsabilidade criminal dos eleitos locais: a prisão não é a pena mais adequada», in António Cândido de Oliveira / Marta Dias, *Crimes de Responsabilidade...*, pp. 5 ss. [5-21]; Paulo Otero, *Direito Constitucional*, vol. II, pp. 77 ss.

[1145] Vital Moreira, «O poder local...», p. 285.

[1146] Jorge Miranda, «Artigo 235.°», p. 446.

[1147] Pedro Lomba, «Artigo 117.°», p. 452.

[1148] Alterada pelas Leis n.os 39-B/94, de 27 de Dezembro, 28/95, de 18 de Agosto, 12/96, de 18 de Abril, 42/96, de 31 de Agosto, 12/98, de 24 de Fevereiro, e pelo Decreto-Lei n.° 71/2007, de 27 de Março.

Importa referir que compete ao Tribunal Constitucional fiscalizar o cumprimento das obrigações em matéria de incompatibilidades e impedimentos (artigo 10.° da Lei n.° 64/93, de 26 de Agosto, e artigos 111.° a 113.° da Lei do Tribunal Constitucional).

[1149] Artigo 1.°, n.° 2, alínea *f*).

tempo ou em regime de não permanência, bem como todos os titulares dos órgãos deliberativos das autarquias)[1150]; (*ii*) a Lei n.° 11/96, de 18 de Abril (regime aplicável ao exercício do mandato dos membros das juntas de freguesia), abrange apenas[1151] os membros da junta de freguesia; (*iii*) em termos igualmente restritivos, a Lei n.° 46/2005, de 29 de Agosto (sobre limites à renovação sucessiva dos mandatos), apenas se aplica aos presidentes dos órgãos executivos das autarquias locais (presidente da câmara municipal e presidente da junta de freguesia); (*iv*) em termos intermédios, a Lei n.° 4/83, de 2 de Abril (sobre controlo público da riqueza dos titulares de cargos políticos)[1152], aplica-se ao presidente e aos vereadores de câmara municipal[1153]; (*v*) por último, em termos ampliativos (coincidindo assim com o conceito de eleito local do artigo 1.°, n.° 2, do EEL), a Lei n.° 34/87, de 16 de Julho (sobre crimes de responsabilidade de titulares de cargos políticos)[1154], abrange no conceito de cargo político o "membro de órgão representativo de autarquia local"[1155] (ou seja, todos os titulares dos órgãos deliberativos ou executivos das autarquias, sem exclusão dos membros das comissões administrativas[1156], mas com exclusão naturalmente dos membros das organizações de moradores[1157]).

11.1.2. Por seu lado, quanto ao *âmbito* do estatuto dos eleitos locais, apesar de alguma indeterminação, devem ser relevadas as sucessivas dimensões da Constituição, do direito internacional e da lei[1158]: (1) no

---

1150 Já quanto aos membros da junta de freguesia em regime de permanência, o artigo 12.° da Lei n.° 11/96, de 18 de Abril, estendeu-lhes o regime de incompatibilidades da Lei n.° 64/93, de 26 de Agosto.

1151 Salvo o disposto no respectivo artigo 8.°, n.° 2.

1152 Com sucessivas alterações, a última das quais pela Lei n.° 19/2008, de 21 de Abril.

1153 Artigo 4.°, n.° 1, alínea *n*).

1154 Alterada pela Lei n.° 108/2001, de 28 de Novembro.

1155 Artigo 3.°, n.° 1, alínea *i*).

1156 António Cândido de Oliveira, *Direito das Autarquias*..., pp. 279, 280 s.; Id., «A responsabilidade criminal...», p. 8; Marta Dias, «Crimes de responsabilidade...», p. 41.

1157 Neste sentido, Marta Dias, «Crimes de responsabilidade...», p. 41; mais problemática é a extensão aos membros do plenário dos cidadãos eleitores (no sentido afirmativo, António Cândido de Oliveira, *Direito das Autarquias*..., p. 281).

1158 Segundo Jorge Miranda, o costume constitucional também é relevante, referindo que a norma de exclusividade relativamente a certos cargos (extensível aos presidentes de câmara municipal) teria sido firmada por essa via (cfr. «Artigo 117.°», p. 325).

plano da Constituição, o mesmo envolve pelo menos o princípio da responsabilidade, um regime de deveres e de incompatibilidades, um regime sobre direitos e regalias e um regime de crimes de responsabilidade; (2) no plano da CEAL, envolve as garantias do livre exercício do mandato, do direito a uma compensação adequada (e à correspondente protecção social) e da reserva de lei na definição do regime de incompatibilidades; (3) no plano da lei, no estatuto dos eleitos locais reentra ainda o controlo público da riqueza desses titulares de cargos políticos[1159].

Por conexão material, admite-se ainda que reentre no âmbito do estatuto dos eleitos locais o regime dos limites à renovação dos mandatos (previsto na Constituição e na lei), sendo de referir que se deve a razões pragmáticas a inclusão neste parágrafo da matéria relativa à eleição[1160] e ao regime do mandato (v. *infra*, n.os 11.2. e 11.3.).

11.1.3. Uma vez delimitados sumariamente os conceitos operativos – e sem esquecer, mais uma vez, que pertence ao direito constitucional o estudo da dimensão político-constitucional do estatuto do eleito local, nomeadamente no que respeita à avaliação jurídica da concretização dada aos respectivos princípios gerais – , depois de uma visita aos aspectos relativos à eleição e ao mandato do eleito local, serão identificadas as modalidades do regime de exercício de funções para, num derradeiro momento, descer à estrita dimensão legal do respectivo estatuto.

11.2. Eleição, inelegibilidades e incompatibilidades

A Constituição parece enunciar como primeiro dos princípios gerais de direito eleitoral o princípio segundo o qual "o sufrágio directo, secreto e periódico constitui a regra geral de designação dos titulares dos órgãos electivos da soberania, das regiões autónomas e do poder local" (artigo 113.°, n.° 1).

Ora, literalmente entendido, ao prescrever a regra do sufrágio para os órgãos electivos, o princípio é redundante; por outro lado, face ao princí-

---

[1159] Quanto aos cargos políticos em geral, Jorge Miranda, «Artigo 117.°», p. 325.

[1160] Na verdade, o direito eleitoral político constitui um segmento ou "região específica" do direito constitucional (neste sentido, Jorge Miranda, *Direito Constitucional III*..., pp. 17 ss.).

pio electivo já anteriormente reconhecido no artigo 10.°, n.° 1, da CRP, a norma do artigo 113.°, n.° 1, tem escasso ou nulo sentido útil[1161].

E, no entanto, parece que a razão de ser para a existência dessa regra geral se encontra justamente no regime das autarquias locais, na medida em que se pretenderia deixar espaço para justificar a eleição indirecta da junta de freguesia e da junta regional[1162], bem como para a substituição da assembleia de freguesia pelo plenário dos cidadãos eleitores, nas freguesias de população diminuta[1163].

Na verdade, o princípio fundamental nesta matéria parece ser antes o que resulta da confluência de duas outras normas: a de que as autarquias dispõem necessariamente de *órgãos representativos* (artigos 235.°, n.° 2, 244.°, 250.° e 259.° da CRP)[1164] e a de que *a assembleia deliberativa é eleita por sufrágio universal, directo e secreto dos cidadãos* recenseados na área da respectiva da autarquia local (artigo 239.°, n.° 1, da CRP, artigo 3.°, n.° 2, da CEAL e artigo 11.° da Lei Orgânica n.° 1/2001, de 14 de Agosto)[1165].

Infelizmente, tão-pouco este princípio constitui a regra geral no ordenamento jurídico português, uma vez que, no seio das três categorias de autarquias locais existentes, apenas a assembleia de freguesia é eleita *integralmente* por sufrágio *directo* dos cidadãos eleitores (artigo 4.° da LAL)[1166].

Ora, apesar de não haver aí ofensa da Constituição[1167], uma vez que

---

[1161] Anotando esta e ainda outra incongruência, Jorge Miranda, «Artigo 113.°», in Jorge Miranda / Rui Medeiros, *Constituição*..., tomo II, p. 281.

[1162] Gomes Canotilho / Vital Moreira, *Constituição*..., 3.ª ed., p. 518; Alexandre Sousa Pinheiro, «Artigo 113.°», in Paulo Otero (coord.), *Comentário à Constituição*..., vol. III, 1.° tomo, p. 304.

[1163] Alexandre Sousa Pinheiro, «Artigo 113.°», p. 304.

[1164] Segundo Jorge Miranda, «[e]m democracia, todos os cargos relativos à definição do interesse público e à direcção política devem assentar no princípio da representação política. Mas não é necessário que sejam todos de eleição directa; basta que, não o sendo, os seus titulares sejam designados por quem seja directamente eleito pelo povo» (cfr. «Artigo 117.°», p. 319).

[1165] V. *supra*, n.° 8.2.

[1166] António Cândido de Oliveira, «Democracia local», p. 85; admitindo a compatibilidade das soluções com a ideia de sufrágio directo, Alexandre Sousa Pinheiro, «Artigo 113.°», p. 319; pressupondo, nas autarquias locais, o carácter electivo de pelo menos um órgão representativo, Vital Moreira, *Administração Autónoma*..., p. 236.

[1167] Apesar da incongruência de um princípio tão enfaticamente enunciado (nos artigos 10.°, n.° 1, 113.°, n.° 1, 239.°, n.° 2, da CRP e no artigo 11.° da Lei Orgânica n.° 1/2001, de 14 de Agosto) ser objecto de uma restrição tão clamorosa.

os artigos 251.° e 260.° da CRP excepcionam os desvios àquele princípio (v. *supra*, n.° 8.2.)[1168], a verdade é que, no caso dos municípios e das regiões administrativas, parece haver ofensa à norma internacional segundo a qual a autonomia local pressupõe a existência de "conselhos ou assembleias compostos de membros eleitos por sufrágio livre, secreto, igualitário, directo e universal"[1169]. Ainda assim, importa dizer que, no caso do municípios, existe um conselho eleito integralmente por sufrágio universal e directo (a câmara municipal), o que satisfaz a exigência da Carta Europeia (embora com alguma subversão das relações de responsabilidade política), e que, no caso das regiões administrativas, a ofensa é por enquanto inefectiva.

Assinaladas estas dissonâncias, que se repercutem sobretudo ao nível do sistema de governo das autarquias locais (v. *supra*, n.° 8.3.), interessa aqui resumir um conjunto de traços sobre o regime da eleição, as inelegibilidades e as incompatibilidades aplicáveis aos titulares dos órgãos das autarquias locais.

11.2.1. Enquadrada substancialmente pelo regime dos direitos políticos dos cidadãos, por toda uma série de princípios gerais e por um conjunto de regras e princípios constitucionais e jusinternacionais[1170], a matéria da *eleição dos titulares dos órgãos das autarquias locais* é ainda objecto de uma detalhada regulação legal, em especial através da lei que regula a eleição dos titulares dos órgãos das autarquias locais[1171] (abreviadamente, LEOAL), extraindo-se de todo esse regime os seguintes traços fundamentais:

(i) Uma vez que a democracia, mais do que a descentralização[1172], pressupõe a eleição (v. *supra*, n.° 7.7.), o *carácter electivo* dos

---

[1168] Tudo se resume a um fenómeno de *limites directos* aos efeitos de protecção emergentes daquele princípio.

[1169] Trata-se, ao que parece também, de uma norma de costume regional europeu (cfr. João Caupers, «Governo municipal...», p. 261).

[1170] Sobre o assunto, por todos, Jorge Miranda, *Manual*..., tomo VII, pp. 99 ss., 59 ss., 201 ss., 204 ss., respectivamente.

[1171] Lei Orgânica n.° 1/2001, de 14 de Agosto, com as alterações introduzidas pela Lei Orgânica n.° 3/2005, de 29 de Agosto.

[1172] Algo diversamente, Baptista Machado, «Participação e Descentralização», p. 28.

titulares dos órgãos das autarquias locais é assumido[1173] tanto pelo direito interno (constitucional e ordinário) como pelo direito internacional, embora no ordenamento português às três autarquias locais constitucionalmente previstas correspondam três diferentes sistemas de eleição[1174].

(ii) Devido a essas diferenciações, na perspectiva dos órgãos, há órgãos das autarquias locais que integram membros eleitos por sufrágio universal, directo e secreto, ao lado de membros por inerência ou eleitos indirectamente[1175]; noutra perspectiva porém, *todos os titulares dos órgãos representativos das autarquias locais são eleitos por sufrágio universal, directo e secreto* (ainda que venham a integrar, por inerência, a assembleia municipal ou, por eleição indirecta, a junta de freguesia, a assembleia regional e a junta regional)[1176].

(iii) As eleições gerais para os órgãos das autarquias locais[1177] são marcadas por decreto do Governo[1178], com a antecedência mínima de 80 dias, entre 22 de Setembro e 14 de Outubro do

---

[1173] É discutível saber se está ou não plenamente assumido (no sentido afirmativo, António Cândido de Oliveira, *Direito das Autarquias*..., p. 262).

[1174] António Cândido de Oliveira, *Direito das Autarquias*..., p. 317.

[1175] Sobre a distinção das duas eleições (para a freguesia e para o município), mas também a relação entre as mesmas, veja-se o Acórdão do Tribunal Constitucional n.° 445/2009 (acessível em www.tribunalconstitucional.pt).

[1176] Até 1984/89, o conselho municipal não resultava nem de eleição directa, nem de eleição indirecta, sendo constituído designadamente por representantes das organizações económicas, sociais, culturais e profissionais (artigo 69.° da Lei n.° 79/77, de 25 de Outubro).

[1177] Segundo o artigo 12.°, n.° 2, da LEOAL (disposição inovadora face à lei eleitoral de 1976), o número de mandatos de cada órgão autárquico será definido de acordo com os resultados do recenseamento eleitoral, obtidos através da base de dados central do recenseamento eleitoral e publicados com a antecedência de 120 dias relativamente ao termo do mandato: assim, para efeitos das eleições de 11 de Outubro de 2009, e com referência à data de 10 de Julho de 2009 (registando um número total de 9 338 669 eleitores), foi publicado o Mapa n.° 13-A/2009, in *Diário da Republica*, 2.ª série, n.° 134, de 14 de Julho de 2009, suplemento, pp. 27816-(2)-27816-(160); sobre o problema, vejam-se os Acórdãos do Tribunal Constitucional n.os 599/2001, 7/2002, 436/2005, 434/2009 (acessíveis em www.tribunalconstitucional.pt).

[1178] Defendendo, de *iure condendo*, que deveria caber ao Presidente da República essa marcação, Jorge Miranda, *Manual*..., tomo VII, p. 266.

ano correspondente ao termo do mandato[1179]; já a marcação do dia de votação suplementar a que haja lugar compete ao governador civil[1180] (cabendo, nas regiões autónomas, ao Representante da República)[1181].

(iv) Em matéria de *eleições intercalares* (que se devem realizar, sem prejuízo de disposição especial e de outros limites temporais à respectiva realização, nos 60 dias posteriores à verificação do facto de que resultam)[1182], importa referir as seguintes regras: (1) sempre que haja lugar à realização de eleições intercalares é nomeada uma comissão administrativa cuja designação cabe ao Governo, no caso do município, e ao governador civil no caso da freguesia[1183]; (2) até à designação da comissão administrativa, o funcionamento do órgão executivo é assegurado pelos membros em exercício[1184]; (3) quanto à comissão administrativa, a mesma é composta por três membros, no caso da freguesia, e por cinco membros no do município, devendo para o efeito serem considerados os últimos resultados eleitorais para o órgão deliberativo[1185].

(v) As listas[1186] (que, entre nós, são plurinominais e bloqueadas[1187]) tanto podem ser apresentadas por partidos políticos (isolada-

---

[1179] Artigo 15.°, n.os 2 e 3, da LEOAL.

[1180] Artigos 15.°, n.° 2, 37.°, n.° 3, e 222.°, n.° 2, da LEOAL.

É por isso patente a ilegalidade e a inconstitucionalidade orgânica do disposto no artigo 6.°, n.° 6, da LAL; diga-se aliás que toda a matéria regulada no artigo 6.° da LAL (impossibilidade de eleição da assembleia de freguesia) não só é matéria de reserva de lei orgânica, como está integralmente regulada pelos artigos 37.°, 223.° e 224.° da Lei Orgânica n.° 1/2001, de 14 de Agosto; por essa dupla razão, mesmo que não fosse inconstitucional e ilegal, essa disciplina da Lei n.° 169/99, de 18 de Setembro, sempre teria sido objecto de revogação pela Lei Orgânica n.° 1/2001, de 14 de Agosto.

[1181] Artigos 15.°, n.° 2, da LAL.

[1182] Artigo 222.°, n.° 1, da LEOAL.

[1183] Artigo 223.°, n.° 1, da LEOAL (é por isso, também aqui, patente a ilegalidade do disposto no artigo 6.°, n.° 2, da LAL).

[1184] Artigo 223.°, n.° 2, da LEOAL.

[1185] Artigo 224.° da LEOAL.

[1186] Listas que, sempre que possível (em virtude das consequências que dessa falta podem resultar), devem ser acompanhadas da indicação de candidatos suplentes, de acordo com o artigo 23.°, n.° 9, da LEOAL (cfr., em especial, os Acórdãos do Tribunal Constitucional n.os 455/2009 e 463/2009, in www.tribunalconstitucional.pt).

[1187] Sobre estes conceitos, Jorge Miranda, *Manual*..., tomo VII, p. 248.

mente ou em coligação) como por grupos de cidadãos eleitores[1188] recenseados na área da autarquia local, em número variável (segundo a fórmula e as condições indicadas no artigo 19.° da LEOAL)[1189].

(vi) As candidaturas são apresentadas[1190] perante o juiz do tribunal de comarca competente em matéria cível com jurisdição na sede do município respectivo[1191], verificando o juiz a regularidade do processo, bem como a elegibilidade dos candidatos[1192], cabendo-lhe a rejeição dos candidatos inelegíveis[1193].

(vii) Em matéria de elegibilidade, a regra geral[1194] é a de que são elegíveis todos os cidadãos eleitores, mesmo que não estejam

---

[1188] Relativamente aos municípios, a admissão destas candidaturas apenas foi possível após a revisão constitucional de 1997, tendo sido concretizada com a LEOAL de 2001.

[1189] Acórdão do Tribunal Constitucional n.° 470/2009 (acessível em www.tribunalconstitucional.pt).

[1190] Importa ainda referir que, para efeito de eleição dos órgãos autárquicos, o território da respectiva autarquia local constitui um único círculo eleitoral (cfr. artigo 10.° da LEOAL), como recentemente relevou o Tribunal Constitucional, no Acórdão n.° 445/2009 (acessível em www.tribunalconstitucional.pt).

[1191] Artigo 20.°, n.° 1, da LEOAL.

[1192] Artigo 25.°, n.os 1 e 2, da LEOAL.

[1193] Artigo 27.°, n.° 1, da LEOAL.

Ainda em matéria de *contencioso eleitoral*: (i) pressuposto o esgotamento de prévia reclamação (artigo 29.° da LEOAL), como tem defendido reiteradamente o Tribunal Constitucional (por último, Acórdão n.° 437/2009), das decisões do juiz de comarca cabe recurso para o Tribunal Constitucional, a interpor no prazo de 48 horas, a contar da afixação das listas (artigo 31.° da LEOAL); (ii) o requerimento de interposição do recurso, acompanhado da respectiva fundamentação, é apresentado junto do tribunal que proferiu a decisão recorrida, acompanhado de todos os elementos de prova (artigo 33.°, n.° 1, da LEOAL); (iii) por seu lado, o Tribunal Constitucional decide, em plenário, no prazo de 10 dias (artigo 34.°, n.° 1, da LEOAL).

[1194] O ponto de partida nesta matéria é dado pelo direito fundamental enunciado no artigo 50.°, n.° 1, da CRP, segundo o qual "todos os cidadãos têm acesso, em condições de igualdade e liberdade, aos cargos públicos" (cfr. Jorge Miranda, *Manual*..., tomo VII, p. 132; Gomes Canotilho /Vital Moreira, *Constituição*..., vol. I, 4.ª ed., p. 678), constituindo as inelegibilidades restrições a esse direito, liberdade e garantia (por último, Acórdãos do Tribunal Constitucional n.os 443/2009 e 462/2009, in www.tribunalconstitucional.pt); na jurisprudência administrativa, o Acórdão do Tribunal Central Administrativo do Norte n.° 359/2007, 1.ª secção, de 28 de Fevereiro de 2008, ou o Acórdão do Acórdão do Tribunal Central Administrativo do Sul, 2.° Juízo, de 16 de Outubro de 2098, P.° 4185, acessíveis em www.dgsi.pt).

recenseados na área da autarquia[1195], na medida em que a lei em vigor não eleva a requisito de elegibilidade nem um tempo de residência, nem a residência (salvo residualmente para os cidadãos estrangeiros)[1196].

(viii) Os candidatos eleitos (ou seja, aqueles cujos lugares correspondam a mandatos obtidos pela respectiva candidatura) têm um direito subjectivo a tomarem posse do cargo correspondente[1197] e, simultaneamente, também o dever de comparecer ao acto de instalação do órgão colegial[1198].

11.2.2. Uma vez que a capacidade eleitoral activa (verificada através do recenseamento eleitoral, que cumpre aí uma das suas funções mais relevantes)[1199] constitui o primeiro pressuposto da capacidade eleitoral passiva, todas as situações que afectam a primeira constituem correspondentes inelegibilidades[1200].

Mas, além dessas situações, estão estabelecidas na lei múltiplas restrições à capacidade eleitoral passiva (ou *inelegibilidades*)[1201], inelegibilidades que tanto podem ser comuns ou específicas (consoante respeitem a todos os órgãos ou sejam específicas de alguns órgãos) e ainda gerais ou locais (consoante sejam aplicáveis a todo o território eleitoral ou limitadas a um círculo eleitoral)[1202].

[1195] A solução ficou estabelecida desde o Decreto-Lei n.° 778-E/76, de 27 de Outubro, encontrando-se hoje prevista no artigo 5.°, alínea *a*), da LEOAL, nada impedindo a lei de vir, no futuro, a restringir a elegibilidade aos cidadãos residentes na área da autarquia.

[1196] Artigo 2.°, n.° 1, alíneas *c*) e *d*), da LEOAL.

[1197] Jorge Miranda, *Manual*..., tomo VII, p. 262.

[1198] Artigo 76.°, n.° 5, da LAL.

[1199] V. *supra*, n.° 7.3.

[1200] Não gozam por isso de capacidade eleitoral activa nem passiva (nas condições aí descritas) as três categorias de pessoas referidas no artigo 3.° da LEOAL: os interditos, os notoriamente reconhecidos como dementes e os que estejam privados de direitos políticos.

[1201] Sobre o conceito, A. E. Duarte Silva, «As inelegibilidades nas eleições autárquicas», in AAVV, *Estudos sobre a jurisprudência do Tribunal Constitucional*, Lisboa, 1993, pp. 153 ss. [149-193]; Gomes Canotilho /Vital Moreira, *Constituição*..., vol. I, 4.ª ed., pp. 677 s.; Jorge Miranda, *Manual*..., tomo VII, p. 135, com amplas indicações.

[1202] Sobre estas distinções, Jorge Miranda, *Manual*..., tomo VII, pp. 137 s., que parece ainda admitir a distinção entre inelegibilidades expressas e implícitas, embora quanto a estas mereçam reservas *prima facie* os dois casos que apresenta (*ibidem*, pp. 138 s.); pre-

A possibilidade do *estabelecimento de restrições* à capacidade eleitoral passiva (e dessa forma ao direito de acesso à titularidade de cargos políticos) tem como base o preceito constitucional segundo o qual "no acesso a cargos electivos a lei só pode estabelecer as inelegibilidades necessárias para garantir a liberdade de escolha dos eleitores e a isenção e independência do exercício dos respectivos cargos" (artigo 50.°, n.° 3). Mas, além dessa cláusula geral, a Constituição considera ou admite ainda outras hipóteses de restrições específicas ao princípio da elegibilidade: relativamente a deputados (artigo 150.°); relativamente a militares e agentes equiparados (artigo 270.°); por via dos limites à renovação sucessiva de mandatos dos titulares de órgãos executivos (artigo 118.°, n.° 2)[1203].

a) Sobre a matéria, há desde há muito tempo[1204], tanto na doutrina como na jurisprudência, duas correntes relativamente contrapostas: (i) a primeira tende a circunscrever as hipóteses de restrição aos casos expressamente previstos na Constituição[1205]; (ii) a segunda tende a alargar as hipóteses de restrição[1206].
Nesta querela, o legislador, embora tenha tentado alargar o leque de restrições, no que foi até certo ponto travado pelo Tribunal Constitucional (em especial no Acórdão n.° 364/91), tem-se man-

---

conizando a distinção entre inelegibilidades gerais, especiais e específicas, A. Duarte Silva, «As inelegibilidades...», p. 155.

[1203] A nosso ver, ainda por via da concretização do estatuto dos titulares dos cargos políticos (artigo 117.°, 2.ª parte, e n.° 3, 2.ª parte, da CRP).

[1204] A divergência era ainda mais acentuada antes de 1989, pois só na revisão constitucional desse ano foi aditado o n.° 3 do artigo 50.° da CRP (cfr. A. Duarte Silva, «As inelegibilidades...», p. 152).

[1205] É essa, há muito, a orientação do Professor Gomes Canotilho (por último, Gomes Canotilho /Vital Moreira, *Constituição...*, vol. I, 4.ª ed., p. 678) e foi essa, particularmente no Acórdão n.° 364/91, a orientação do Tribunal Constitucional [sobre o assunto, J. J. Gomes Canotilho, «Anotação» ao Acórdão n.° 364/91, de 31 de julho, in *Revista de Legislação e de Jurisprudência*, ano 124.° (1991), n.° 3086, pp. 145-147; António Cândido de Oliveira, *Direito das Autarquias...*, p. 267; A. Duarte Silva, «As inelegibilidades...», pp. 156 ss., 165 ss., 171 ss.].

[1206] Tem sido essa a posição há muito defendida pelo Professor Jorge Miranda, que admite restrições impostas por outros princípios ou interesses constitucionalmente protegidos, dando como exemplos a idoneidade cívica, a preservação das instituições de soberania e o princípio da renovação dos titulares de cargos políticos (cfr. *Manual...*, tomo VII, p. 137).

tido numa linha intermédia, talvez mais próxima da primeira corrente[1207].

A nosso ver, a resposta tem de ser diferenciada, uma vez que há cinco distintas situações pensadas pelo legislador constituinte: (1) a do Presidente da República, onde a Constituição define um *limite directo* (artigo 130.°, n.° 2)[1208]; (2) as dos militares e agentes equiparados, onde a Constituição, na base de um estatuto especial, consente em *restrições especiais* fundadas nas exigências próprias das funções (artigo 270.°); (3) a dos titulares de cargos políticos executivos em funções, onde a Constituição admite *restrições à renovação de mandatos*; (4) a dos titulares de cargos políticos em funções que desrespeitem o regime legal de deveres, responsabilidades e incompatibilidades, e em especial que pratiquem crimes de responsabilidade, onde a Constituição admite a *imposição de uma série aberta de consequências jurídicas e sanções*; (5) por fim, a do cidadão que não se encontre em nenhuma das situações anteriores, onde a Constituição, através de uma *reserva qualificada*, apenas admite as restrições fundadas nos interesses expressamente identificados (artigo 50.°, n.° 3)[1209].

Nesta medida, uma vez que no plano constitucional as três primeiras situações não levantam hoje dificuldades de maior, na quarta hipótese, no quadro do que deva ser considerado o estatuto dos titulares dos cargos políticos, teremos sem dúvida de admitir a possibilidade de consideração de outros interesses (aproximando-nos, por essa via, da lição de Jorge Miranda); já na última das situações consideradas, que é a situação normal[1210], só podemos aderir à

[1207] Para uma visão de conjunto relativamente à doutrina das restrições utilizada pelo Tribunal Constitucional, Melo Alexandrino, *A estruturação...*, vol. II, pp. 629-653.

[1208] Algo de similar acontece com os juízes em exercício (artigo 213.°, n.° 3, da CRP).

[1209] Parecendo admitir uma diferenciação no âmbito de aplicação subjectivo desta regra, António Cândido de Oliveira, «A responsabilidade criminal...», p. 18.

[1210] Até certo ponto, em todas as demais hipóteses, há pelo menos uma dimensão de estatuto especial, a justificar as correspondentes compressões (cfr. José de Melo Alexandrino, «A greve dos juízes – segundo a Constituição e a dogmática constitucional», in *Estudos em Homenagem ao Professor Doutor Marcello Caetano...*, vol. I, pp. 770 ss. [747--788]), no respeito estrito pelos princípios da interpretação constitucional.

lição de Gomes Canotilho, aplicando-se aí plenamente a ideia de que o direito é a regra e a restrição a excepção[1211].

b) No plano das soluções consagradas pelo direito positivo, o artigo 6.° da lei eleitoral dos órgãos das autarquias locais (com a epígrafe "inelegibilidades gerais") enumera as seguintes inelegibilidades comuns:

1 – São inelegíveis para os órgãos das autarquias locais:

a) O Presidente da República;
b) O Provedor de Justiça;
c) Os juízes do Tribunal Constitucional e do Tribunal de Contas;
d) O Procurador-Geral da República;
e) Os magistrados judiciais e do Ministério Público;
f) Os membros do Conselho Superior da Magistratura, do Conselho Superior do Ministério Público, da Comissão Nacional de Eleições e da Alta Autoridade para a Comunicação Social[1212]*;*
g) Os militares e os agentes das forças militarizadas dos quadros permanentes, em serviço efectivo, bem como os agentes dos serviços e forças de segurança, enquanto prestarem serviço activo[1213]*;*
h) O inspector-geral e os subinspectores-gerais de Finanças, o inspector-geral e os subinspectores-gerais da Administração do Território e o director-geral e os subdirectores-gerais do Tribunal de Contas;
i) O secretário da Comissão Nacional de Eleições;
j) O director-geral e os subdirectores-gerais do Secretariado Técnico dos Assuntos para o Processo Eleitoral;
l) O director-geral dos Impostos.

[1211] Recusando, por conseguinte, aí a tese de Jorge Miranda e o fundamento teórico numa alegada *reserva de ponderação* (Jorge Reis Novais), doutrina que temos vivamente contestado (cfr. Melo Alexandrino, *A estruturação*..., vol. II, pp. 451 ss.).

[1212] Deve hoje ler-se Entidade Reguladora para a Comunicação Social (Lei n.° 53/2005, de 8 de Novembro).

[1213] Sobre a flexibilização desta regra, Jorge Miranda, *Manual*..., tomo VII, p. 140.

2 — São igualmente inelegíveis para os órgãos das autarquias locais:

a) Os falidos e insolventes, salvo se reabilitados[1214]*;*
b) Os cidadãos eleitores estrangeiros que, em consequência de decisão de acordo com a lei do seu Estado de origem, tenham sido privados do direito de sufrágio activo ou passivo.

Por seu lado, o artigo 7.° da mesma lei (com a epígrafe "inelegibilidades especiais"), dispõe:

1 – Não são elegíveis para os órgãos das autarquias locais dos círculos eleitorais onde exercem funções ou jurisdição:

a) Os directores de finanças e chefes de repartição de finanças;
b) Os secretários de justiça;
c) Os ministros de qualquer religião ou culto;
d) Os funcionários dos órgãos das autarquias locais ou dos entes por estas constituídos ou em que detenham posição maioritária que exerçam funções de direcção, salvo no caso de suspensão obrigatória de funções desde a data de entrega da lista de candidatura em que se integrem.

2 – Não são também elegíveis para os órgãos das autarquias locais em causa:

a) Os concessionários ou peticionários de concessão de serviços da autarquia respectiva;
b) Os devedores em mora da autarquia local em causa e os respectivos fiadores;
c) Os membros dos corpos sociais e os gerentes de sociedades, bem como os proprietários de empresas que tenham contrato com a autarquia não integralmente cumprido ou de execução continuada.

3 – Nenhum cidadão pode candidatar-se simultaneamente a órgãos representativos de autarquias locais territorialmente integradas em muni-

---

[1214] Segundo Jorge Miranda, esta hipótese é de duvidosa constitucionalidade (cfr. *Manual*..., tomo VII, p. 140, nota 1).

cípios diferentes, nem a mais de uma assembleia de freguesia integradas no mesmo município.

Sobre estes sucessivos casos de inelegibilidade, a que acrescem duas outras hipóteses (a que decorre do princípio da limitação de mandatos[1215] e a que decorre da condenação definitiva dos membros dos órgãos autárquicos pela prática de crime de responsabilidade[1216]), tem-se pronunciado repetidamente o Tribunal Constitucional[1217]. Tomando unicamente em conta algumas das decisões mais recentes, o Tribunal Constitucional julgou, por exemplo, inelegível o chefe de repartição de finanças que se candidatava como cabeça de lista a uma assembleia de freguesia, explicitando a razão de ser dessa inelegibilidade (Acórdão n.° 445/2009); julgou igualmente inelegível, invertendo aqui o sentido de anterior jurisprudência (Acórdão n.° 675/97), um inspector da polícia judiciária, por entender tratar-se de agente de força de segurança ao qual é aplicável a inelegibilidade geral definida no artigo 6.°, n.° 1, alínea *g*), da LEOAL (Acórdão n.° 452/2009); não julgou, ao invés, inelegível o funcionário de autarquia local que não exercia funções de direcção (Acórdão n.° 444/2009) ou o chefe de divisão que, exercendo-as na câmara municipal, concorre em lugar elegível à assembleia de freguesia (Acórdão n.° 462/2009); apreciou ainda os requisitos da inelegibilidade relativa aos devedores em mora à autarquia local (Acórdão n.° 443/2009) ou os termos da tramitação deste tipo de recursos (Acórdão n.° 451/2009), reiterando particularmente a exigência de reclamação prévia (Acórdãos n.os 437/2009, 438/2009, 461/2009)[1218].

11.2.3. Diferente da inelegibilidade é a situação de *incompatibilidade*, na qual não ocorre um problema de incapacidade eleitoral, «mas sim a impossibilidade de ser designado ou eleito para certo cargo público se estiver a exercer outro, ou a simples impossibilidade de exercício simultâ-

---

[1215] Artigo 1.° da Lei n.° 56/2005, de 29 de Agosto.

[1216] Artigo 13.° da Lei n.° 27/96, de 1 de Agosto (problema sobre o qual, v. *infra*, n.° 11.5.5.).

[1217] Para a jurisprudência produzida até 1993, A. Duarte Silva, «As inelegibilidades...», pp. 165 ss., 171 ss.; com indicações posteriores, Maria José Castanheira Neves, *Governo e Administração...*, pp. 207 ss.

[1218] Todas estas decisões estão acessíveis a partir de www.tribunalconstitucional.pt.

neo de vários cargos»[1219]. Nesta medida, as incompatibilidades nem constituem uma modalidade de restrição ao direito de acesso aos cargos públicos, nem têm efeito invalidatório sobre o acto eleitoral (como sucede na inelegibilidade)[1220], impedindo apenas o exercício simultâneo de cargos ou funções julgados incompatíveis.

Segundo a LEOAL, o cidadão que se encontrar, após a eleição ou designação, em alguma das situações de incompatibilidade a seguir enumeradas "tem de optar pela renúncia a uma das duas funções autárquicas executivas ou pela suspensão das funções deliberativas ou de optar entre a função autárquica e a outra"[1221].

O artigo 221.° da LEOAL enumera as seguintes incompatibilidades[1222]:

1 – É incompatível, dentro da área do mesmo município, o exercício simultâneo de funções autárquicas nos seguintes órgãos:

a) Câmara municipal e junta de freguesia;
b) Câmara municipal e assembleia de freguesia;
c) Câmara municipal e assembleia municipal.

2 – O exercício de funções nos órgãos autárquicos é incompatível com o desempenho efectivo dos cargos ou funções de:

a) Governador e vice-governador civil e Ministro da República, nas Regiões Autónomas[1223]*;*
b) Dirigente na Direcção-Geral do Tribunal de Contas, na Inspecção-Geral de Finanças e na Inspecção-Geral da Administração do Território;

[1219] Gomes Canotilho /Vital Moreira, *Constituição...*, vol. I, 4.ª ed., p. 678.

[1220] Jorge Miranda, *Manual...*, tomo VII, p. 136.

[1221] Artigo 221.°, n.° 4, da LEOAL.

[1222] Há ainda a referir a existência de disposições de outras leis com incidência no exercício do mandato autárquico, como as que resultam do artigo 20.°, n.° 1, alínea *g*), do Estatuto dos Deputados (aprovado pela Lei n.° 7/93, de 1 de Março, na redacção dada pela Lei n.° 45/2006, de 25 de Agosto), que declara os cargos de presidente e vereador a tempo inteiro ou em regime de meio tempo das câmaras municipais incompatíveis com a função de Deputado à Assembleia da República (esse Estatuto foi alterado, por último, pela Lei n.° 43/2007, de 24 de Agosto).

[1223] A referência deve hoje ser feita ao Representante da República (artigo 233.° da CRP e Lei n.° 30/2008, de 10 de Julho).

c) Secretário dos governos civis;

d) Dirigente e técnico superior nos serviços da Comissão Nacional de Eleições e do Secretariado Técnico dos Assuntos para o Processo Eleitoral.

3 – O exercício de funções nos órgãos executivos das autarquias locais é incompatível com o exercício das funções de membro de governo da República ou de governo das Regiões Autónomas.

5 – É igualmente incompatível com o exercício de funções autárquicas a condenação, por sentença transitada em julgado, em pena privativa de liberdade, durante o período do respectivo cumprimento.

Verifica-se desta forma que, se algumas das incompatibilidades estão circunscritas ao exercício de funções na área do concelho (n.° 1), outras são gerais (n.os 2 e 3) e outras ainda têm relação com o *status* específico de certos cidadãos (n.° 5).

11.3. Mandato

A matéria relativa ao mandato vem regulada na lei eleitoral, no que concerne aos órgãos autárquicos[1224], e na Lei das Autarquias Locais, no que concerne aos titulares dos órgãos[1225], ainda que alguns domínios materiais tenham escapado a uma regulação expressa, como é o caso, por exemplo, de uma definição explícita do início e termo do mandato[1226].

Em alternativa, matérias como as da instalação ou da primeira reunião dos novos órgãos foram objecto de uma regulação circunstanciada (artigos 7.°, 8.°, 9.°, 43.°, 44.° e 45.° da LAL), regulação essa que veio a ser substancialmente integrada pelo disposto na Lei n.° 47/2005, de 29 de Agosto (que estabelece o regime de gestão limitada dos órgãos das autarquias locais e seus titulares).

[1224] Artigos 220.° e 221.° da LEOAL.

[1225] Artigos 75.° a 79.° da LAL.

[1226] Acaso se considerasse uma lacuna, sempre poderia ser aplicada a regra geral definida no artigo 153.°, n.° 1, da CRP (cfr. Jorge Miranda, *Direito Constitucional III...*, p. 237), pelo menos quanto ao início e termo colectivos dos mandatos dos titulares dos órgãos deliberativos e da câmara municipal.

Nos termos desta última lei, considera-se *período de gestão* "aquele que medeie entre a realização de eleições e a tomada de posse dos novos órgãos eleitos" (artigo 1.°, n.° 2); durante esse período, os órgãos das autarquias locais e os seus titulares apenas podem praticar actos correntes e inadiáveis, ficando impedidos de deliberar em relação à generalidade das matérias (as mais relevantes das quais expressamente enunciadas no artigo 2.°, n.° 1)[1227] e caducando, além disso, as delegações de competência que tenham sido aprovadas pelo órgão executivo colegial no respectivo presidente (artigo 3.°, n.° 1)[1228].

11.3.1. Quanto à *duração*, os membros dos órgãos das autarquias locais são titulares de um mandato de quatro anos (artigo 75.°, n.° 2, da LAL)[1229]; no entanto, apesar de se tratar de um único mandato (artigo 75.°, n.° 1, da LAL), no caso dos vogais da junta de freguesia, deve reter-se a particularidade de esses titulares manterem o direito de retomar o mandato na assembleia de freguesia, na eventualidade de deixarem (pelas mais variadas causas) de integrar o órgão executivo (artigo 75.°, n.° 3, da LAL)[1230].

Segundo o princípio da continuidade do mandato, "os titulares dos órgãos das autarquias locais servem pelo período do mandato e mantêm-se em funções até serem legalmente substituídos" (artigo 80.° da LAL).

[1227] Trata-se, por conseguinte, de regra diversa da aplicável ao Presidente da República ou ao Governo, que mantêm a plenitude dos respectivos poderes (cfr. Jorge Miranda, «Artigo 128.°», in Jorge Miranda / Rui Medeiros, *Constituição...*, tomo II, p. 361).

[1228] No entanto, o artigo 3.°, n.° 2, da Lei n.° 47/2005, de 29 de Agosto, prevê um *regime de actos precários* aplicável ao presidente da câmara ou ao presidente da junta de freguesia que se tenham recandidatado e sejam declarados vencedores do acto eleitoral, podendo os mesmos continuar a exercer as suas competências, nas estritas condições da 2.ª parte do n.° 2 e do n.° 3.

[1229] Do mesmo modo, é de 4 anos o mandato dos órgãos autárquicos (artigo 220.°, n.° 1, da LEOAL); todavia, na primeira fase de vigência da Constituição de 1976 e até à aprovação do Decreto-Lei n.° 100/84, de 29 de Março, o mandato era de três anos (artigo 43.° do Decreto-Lei n.° 701-/76, de 29 de Setembro).

[1230] Daí não deriva, como é óbvio, que sejam titulares de dois mandatos (diversamente, Maria José Castanheira Neves, *Governo e Administração...*, p. 163): na base do mandato em que foram investidos pelo voto popular, são eleitos pelos seus pares para ocupar o *cargo* de vogal da junta de freguesia (alcançando assim o direito de integrar esse órgão); algo de equivalente se passa com os presidentes da junta de freguesia (que integram dois órgãos autárquicos de duas pessoas jurídicas distintas), utilizando a lei a dado momento a expressão "titular *do cargo* com direito a integrar o órgão" (artigo 47.°, n.° 1, da LAL).

11.3.2. Em regra, o mandato dos eleitos locais pode no nosso ordenamento ser livremente renovado, salvo, desde 2005, para os presidentes dos órgãos executivos das autarquias locais.

Apesar dos sinais vindos do direito comparado (Itália e França, nomeadamente) e apesar de uma importante corrente doutrinária nesse sentido[1231], só após a revisão constitucional de 2004, e de forma tímida, foi possível concretizar alguns limites à renovação de mandatos autárquicos, realizando nessa medida uma irrecusável componente do princípio republicano[1232] – para não referir que na história pré-constitucional portuguesa a regra sempre foi a da não renovação e a da anualidade da eleição (apesar de formalmente a mesma ser trienal)[1233].

Segundo o artigo 1.°, n.° 1, da Lei n.° 46/2005, de 29 de Agosto, "o presidente de câmara municipal e o presidente de junta de freguesia só podem ser eleitos para três mandatos consecutivos, salvo se no momento de entrada em vigor da presente lei tiverem cumprido ou estiverem a cumprir, pelo menos, o 3.° mandato consecutivo, circunstância em que poderão ser eleitos para mais um mandato consecutivo"[1234].

11.3.3. Se o mandato tem o seu termo colectivo com a primeira reunião após as eleições subsequentes[1235] ou, a título excepcional, por virtude da dissolução do órgão[1236] (completando neste segundo caso o novo órgão

---

[1231] Por todos, cfr. Jorge Miranda, «Poder local e princípio republicano», in *O Direito*, ano 124 (1992), III, pp. 464 ss., em anotação justamente crítica ao Acórdão n.° 364/91 do Tribunal Constitucional [451-467]; Id., «República e limitação de mandatos» (2001), in Id., *Constituição e Cidadania*, Coimbra, 2003, pp. 439 s. [437-440]; Id., «Artigo 118.°», in Jorge Miranda / Rui Medeiros, *Constituição...*, tomo II, pp. 327 s.; Id., *Manual...*, tomo VII, pp. 143 s.], doutrina aliás já manifestada pelo ilustre publicista na Assembleia Constituinte (cfr. *Diário da Assembleia Constituinte*, n.° 109, 5 de Fevereiro de 1976, pp. 3535 ss.).

[1232] Cfr. Ricardo Leite Pinto, *Neo-Republicanismo, Democracia e Constituição*, Lisboa, 2006, pp. 86 ss.; Jorge Miranda, *Manual...*, tomo VII, p. 144; Id., «Artigo 118.°», p. 327; Pedro Lomba, «Artigo 118.°», pp. 490, 491 ss.

[1233] N. Gonçalo Monteiro, *História de Portugal*, vol. 4.°, pp. 304, 324.

[1234] Isto significa, em termos práticos, que nas eleições de 11 de Outubro de 2009 houve ainda presidentes de órgãos executivos eleitos – pela última vez – para um quarto mandato consecutivo.

[1235] Ou porventura com a tomada de posse dos novos órgãos eleitos (artigo 1.°, n.° 2, da Lei n.° 47/25, de 29 de Agosto).

[1236] Artigo 220.°, n.° 1, da LEOAL.

autárquico o mandato do anterior)[1237] ou por extinção da autarquia local (v. *supra*, § 10), o mandato individual do eleito local, além dessas causas, pode cessar antecipadamente[1238] em consequência de outras vicissitudes: morte, renúncia, perda do mandato, falta injustificada ao acto de instalação.

(i) A *renúncia* ao mandato[1239] vem regulada no artigo 76.° da LAL, que a configura como um acto livre e como um direito que assiste ao titular dos órgãos da autarquia local, dependente apenas de três requisitos: (1) uma declaração de vontade nesse sentido, a qual pode ser apresentada mesmo antes da instalação do órgão respectivo[1240]; (2) apresentação da pretensão de pôr termo ao mandato sob a forma escrita e dirigida, consoante o caso, a quem deve proceder à instalação ou ao presidente do órgão[1241]; (3) o carácter receptício da comunicação de renúncia[1242]. Nos termos gerais de direito público e em decorrência do princípio da representação democrática, a renúncia produz efeitos imediatos[1243], não dependendo da anuência do órgão colegial em que o titular se encontre integrado, nem da prévia designação do substituto[1244].

[1237] Artigo 220.°, n.° 2, da LEOAL.

[1238] Tal como pode ter um início subsequente, no caso de preenchimento de vaga deixada por outro eleito local (artigo 79.° da LAL).

[1239] Sobre a natureza jurídica da renúncia, em termos aqui identicamente pertinentes, Paulo Otero, *A Renúncia do Presidente da República na Constituição Portuguesa*, Coimbra, 2004, pp. 123 ss.

[1240] Artigo 76.°, n.° 1, da LAL.

[1241] Artigo 76.°, n.° 2, da LAL.

[1242] Parecer n.° 12/2004 do Conselho Consultivo da Procuradoria Geral da República e artigo 76.°, n.° 2 e n.° 4 (na parte em que se refere à "entrega do documento de renúncia")

[1243] Entre outros, Marcelo Rebelo de Sousa / Melo Alexandrino, *Constituição...*, p. 247; Paulo Otero, *A Renúncia do Presidente da República...*, p. 124; Jorge Miranda, «Artigo 131.°», in Jorge Miranda / Rui Medeiros, *Constituição...*, tomo II, p. 369.

[1244] Em sentido contrário, defendendo que, no caso dos vogais da junta de freguesia, a renúncia só produziria efeitos depois da prévia eleição na assembleia de freguesia, devendo o renunciante manter-se em funções de acordo com o princípio da continuidade do mandato, Maria José Castanheira Neves, *Governo e Administração...*, p. 165.

A tese é indefensável, não só por não ter nenhum apoio na lei, como por eludir a essência do direito de renúncia e por distorcer o limitado alcance do princípio da continuidade do mandato – ora porque, com a renúncia, o mandato já cessou, ora porque o artigo

(ii) A *perda do mandato* tanto pode ser decidida pelos tribunais administrativos, em especial no âmbito da lei da tutela administrativa (artigos 7.°, 8.° e 10.° a 14.° da Lei n.° 27/96, de 1 de Agosto) como pelos tribunais comuns, no âmbito da lei dos crimes de responsabilidade dos titulares de cargos políticos (v. *infra*, n.° 11.5.). As causas da perda do mandato são as que decorrem expressamente do artigo 8.° da Lei n.° 27/96, de 1 de Agosto, do artigo 29.° da Lei n.° 34/87, de 16 de Julho, bem como do artigo 3.°, n.os 1 e 2, da Lei n.° 4/83, de 2 de Abril, na redacção que lhe foi dada pela Lei n.° 25/95, de 18 de Agosto, e do artigo 12.°, n.° 1, da Lei n.° 64/93, de 26 de Agosto.

(iii) Por sua vez, a *falta do eleito local ao acto de instalação* do órgão (ou a falta do substituto, quando devidamente convocado para o acto de assunção de funções), não justificada por escrito no prazo de 30 dias ou considerada injustificada, equivale a renúncia (artigo 76.°, n.° 5, da LAL)[1245]; também a suspensão do mandato que ultrapasse 365 dias no decurso do mandato constitui, de pleno direito, renúncia ao mesmo (artigo 77.°, n.° 4, da LAL).

11.3.4. O mandato dos eleitos locais pode ainda ser objecto de *suspensão*[1246], mas apenas a solicitação dos interessados e não já, por exemplo, a título de medida cautelar num processo crime[1247] ou, menos ainda, por decisão de um órgão do poder político (v. *infra*, n.° 11.5.).

80.° da LAL se refere ao "período [normal] do mandato", ora porque a substituição tem como pressuposto o termo do mandato do anterior titular.

Sobre o problema, pronunciou-se recentemente o Supremo Tribunal Administrativo, no Acórdão da 1.ª subsecção, de 5 de Março de 2009 – P.° 0856/2008 (acessível a partir de www.dgsi.pt/jsta).

[1245] A lei presume aqui, por conseguinte, a existência de uma renúncia implícita, ainda que sujeita a requisitos e a um regime distintos: (i) por inaplicabilidade dos três pressupostos referidos no texto para a renúncia; (ii) pelo facto de uma eventual justificação da ausência ter de ser apreciada e decidida pelo órgão administrativo; (iii) por pressupor pelo menos um acto de verificação dos respectivos pressupostos.

[1246] Sobre a suspensão do mandato, António Francisco de Sousa, *Direito Administrativo...*, pp. 428 ss.; sobre a distinção entre renúncia e suspensão do mandato, e respectivo regime jurídico no ordenamento local português, Acórdão do Supremo Tribunal Administrativo (1.ª subsecção), de 5 de Março de 2009 – P.° 0856/2008.

[1247] Acórdão do Tribunal Constitucional n.° 41/2000 (in *Diário da República*, II série, n.° 243, de 20 de Outubro de 2000, pp. 16997-17001).

A Lei das Autarquias Locais é aliás particularmente generosa[1248] a propósito da suspensão, pese embora as exigências aparentes que formula quanto à necessidade de fundamentação do pedido e da imposição da apreciação em plenário do órgão (artigo 77.° da LAL). O mesmo se diga aliás da situação de ausência inferior a 30 dias, poder que não surge condicionado a nenhum requisito (artigo 78.°, n.° 1, da LAL), operando-se a substituição nos termos gerais do artigo 79.°, mediante simples comunicação por escrito, na qual são indicados os respectivos início e fim (artigo 78.°, n.° 2, da LAL)[1249].

11.3.5. Quanto ao critério de *preenchimento das vagas* que ocorrerem nos órgãos autárquicos, as mesmas "são preenchidas pelo cidadão imediatamente a seguir na ordem da respectiva lista ou, tratando-se de coligação, pelo cidadão imediatamente a seguir do partido pelo qual havia sido proposto o membro que deu origem à vaga" (artigo 79.° da LAL).

11.4. Regime de funções

Em termos de regime de funções, antes de mais, a *distinção fundamental* a retirar do regime jurídico aplicável, quer no plano constitucional[1250] quer sobretudo no da lei ordinária, é a que passa pela separação entre membros dos órgãos executivos (abrangendo aí os membros das comissões administrativas)[1251] e membros dos órgãos deliberativos (artigo 1.°, n.° 2, do EEL)[1252].

Qual a utilidade desta distinção?

[1248] Tão generosa como o Estatuto Político-Administrativo da Madeira (artigo 29.°, na redacção da Lei n.° 130/99, de 21 de Agosto).

[1249] Para um crítica a esta fungibilidade dos eleitos, cfr. Jorge Miranda, *Direito Constitucional III*..., pp. 242 ss.

[1250] Com destaque actualmente para o disposto no artigo 118.°, n.° 2, da CRP, cingido aos órgãos executivos.

[1251] Artigo 25.° do EEL e artigo 4.° da 47/2005, de 29 de Agosto, designadamente. Sobre as situações que desencadeiam a nomeação de uma comissão administrativa, vejam-se especialmente os artigos 6.°, 11.°, 29.°, 47.°, 59.° e 99.° da LAL, bem como os artigos 9.° e 14.° da Lei n.° 27/96, de 1 de Agosto.

[1252] Maria José Castanheira Neves, *Governo e Administração*..., p. 162.

A relevância da distinção reside no facto de os aspectos mais significativos do estatuto dos eleitos locais, pela sua importância política, jurídica, funcional ou remuneratória, estarem centrados no estatuto dos membros dos órgãos executivos (v. *supra*); já as disposições extensíveis aos membros dos órgãos deliberativos ou têm aplicabilidade residual (é o caso da Lei n.° 34/87, de 16 de Julho) ou respeitam a direitos ou deveres genéricos (caso do disposto nos artigos 4.° e 5.°, n.° 1, alíneas *c*), *d*), *g*) a *o*), do EEL) de escasso alcance estatutário.

Em segundo lugar, a respeito do regime de exercício de funções, apesar das dúvidas colocadas durante duas décadas em torno da aplicação do conceito de "regime de permanência", particularmente aos vereadores em regime de meio tempo[1253], depois das reformas introduzidas em 2004 e em 2005 no Estatuto dos Eleitos Locais, o problema parece ter sido superado[1254], na medida em que são hoje nítidas as *três modalidades*:

(iv) Há eleitos locais em *regime de permanência* (os presidentes das câmaras municipais, os vereadores em regime de tempo inteiro, com os limites e nas condições fixadas na LAL, e os membros das juntas de freguesia em regime de tempo inteiro)[1255];

(v) Há ou pode haver eleitos locais em *regime de meio tempo* (os vereadores e os membros das juntas de freguesia, nas condições fixadas na LAL)[1256];

(vi) Há ainda os eleitos locais em *regime de não permanência*[1257] ou eleitos locais que não se encontrem em regime de permanência ou de meio tempo[1258] (estando neste caso todos os membros dos órgãos deliberativos das freguesias e dos municípios, bem como

---

[1253] Dificuldades que deram azo a sucessivos pareceres do Conselho Consultivo da Procuradoria Geral da República (com amplas indicações a esse respeito, Maria José Castanheira Neves, *Governo e Administração*..., pp. 162, 169 s., 171, 182).

[1254] Sem prejuízo da presença de expressões equívocas, como as de "regime de permanência a tempo inteiro" (*v. g.*, artigo 12.° da Lei n.° 11/96, de 18 de Abril).

[1255] Artigo 2.°, n.os 1 e 2, do EEL, artigo 5.° da Lei n.° 11/96, de 18 de Abril, artigo 5.°-A da mesma lei (aditado pela Lei n.° 87/2001, de 10 de Agosto).

[1256] Artigos 27.° e 28.° da LAL, relativamente aos vogais das juntas de freguesia (tendo o artigo 100.°, n.° 2, da Lei n.° 169/99, de 18 de Setembro, revogado expressamente os artigos 1.° a 4.° da Lei n.° 11/96, de 18 de Abril, que dispunham sobre a matéria), e artigo 58.° da LAL, relativamente aos vereadores das câmaras municipais.

[1257] Na expressão dos artigos 11.°, n.° 2, ou 12.°, n.° 2, do EEL.

[1258] Na formulação do artigo 10.°, n.° 1, do EEL.

os vereadores e os membros das juntas de freguesias que não estejam em regime de permanência ou de meio tempo)[1259].

11.5. Crimes de responsabilidade

Segundo o n.° 1 do artigo 117.° da Constituição, "os titulares de cargos políticos respondem política, civil e criminalmente pelas acções e omissões que pratiquem no exercício das suas funções".

Tratando-se de relações de responsabilidade constitucionalmente autonomizadas, a primeira delas, a *responsabilidade política*[1260], tem forçosamente de ser entendida como um conceito aberto, plurisignificativo e relacional[1261], sob pena de conduzir a soluções inaceitáveis[1262]. Cabendo no entanto o respectivo estudo essencialmente ao direito constitucional, limitamo-nos a explicitar no lugar próprio os sentidos, as formas e as consequências mais relevantes que essa relação assume no quadro do sistema de governo das autarquias locais (v. *supra*, n.° 8.3.4.)[1263].

[1259] Em termos próximos, Maria José Castanheira Neves, *Governo e Administração...*, p. 161.

[1260] Com indicações doutrinárias, v. *supra*, n.° 8.3.4.

[1261] Pedro Lomba, «Artigo 117.°», pp. 456, 459, 461.

O Autor em questão acaba por definir a responsabilidade política como «uma particular relação jurídico-constitucional entre órgãos políticos, segundo a qual o órgão responsabilizador pode sujeitar os titulares do órgão responsável ao cumprimento de obrigações de conduta política» (*ibidem*, pp. 459 s. [nota omitida]), podendo essas obrigações de conduta consistir, designadamente, «na prestação de informações, esclarecimentos, na justificação de decisões, no contraditório perante os membros do órgão responsabilizador, na adopção de decisões rectificativas ou na obrigação de demissão» (*ibidem*).

[1262] Como as que, desatendendo outros significados, tendam a ver no artigo 239.°, n.° 1, da CRP a acepção restrita e corrente de responsabilidade política (sobre este subtipo, cfr. Pedro Lomba, «Artigo 117.°», pp. 456, 458, 463 ss.).

[1263] Para uma perspectiva de conjunto, Pinto Monteiro, «A responsabilidade política, civil e criminal do eleito municipal», in AAVV, *Manual do Eleito Local*, vol. I, Coimbra, 1994, pp. 119-150; António Cluny, «As diversas formas de responsabilidade das autarquias e dos seus órgãos e titulares», in *Revista de Administração Local*, ano 24, n.° 184 (Julho-Agosto de 2001), pp. 481-500; no ordenamento brasileiro, Nelson Nery Costa, *Direito Municipal...*, pp. 160-162; no ordenamento espanhol, Luis Martín Rebollo, «La responsabilidad patrimonial de la administración local», in Santiago Muñoz Machado (dir.), *Tratado de Derecho Municipal*, tomo I^2, pp. 794 ss. [773-871]; no ordenamento francês, Jean-Bernard Auby / Jean-François Auby / Rozen Noguellou, *Droit des collectivités...*, pp. 102 ss.,

Já a *responsabilidade civil* constitui uma relação de responsabilidade directamente implicada no princípio do Estado de Direito, e que, por isso mesmo, se afigurou ao legislador constituinte merecedora da norma de garantia enunciada no artigo 22.° da Constituição, nos termos da qual "o Estado e as demais entidades públicas são civilmente responsáveis, em forma solidária com os titulares dos seus órgãos, funcionários e agentes, por acções ou omissões praticadas no exercício das suas funções e por causa desse exercício, de que resulte violação dos direitos, liberdades e garantias ou prejuízo para outrem"[1264]; além disso, também a responsabilidade civil dos titulares de cargos políticos pode envolver diversas hipóteses, como é o caso da responsabilidade civil decorrente da prática de crimes de responsabilidade (regulada nos artigos 45.° a 48.° da Lei n.° 34/87, de 16 de Julho)[1265]. Ora, também aqui, pertence preferencialmente ao direito administrativo geral o estudo da responsabilidade civil dos titulares dos órgãos de entidades públicas (designadamente das autarquias locais)[1266].

Uma vez operadas essas duas remissões, a matéria da responsabilidade criminal dos titulares dos órgãos das autarquias locais não pode deixar de traduzir um núcleo relevante do direito das autarquias locais, dada a fisionomia transversal daquela e deste.

11.5.1. Tradicionalmente, as Constituições portuguesas tipificavam os crimes de responsabilidade praticados pelos titulares do Poder Executivo, através da identificação dos bens jurídicos lesados[1267]. A Constituição de 1976 inovou neste domínio em vários aspectos: (i) no potencial de alargamento do âmbito de aplicação subjectivo da responsabilidade criminal dos titulares de cargos políticos (envolvendo pela primeira vez, com

---

164 ss.; no ordenamento italiano, Francesco Staderini, *Diritto*..., pp. 471 ss.; Eugenio Mele, *Manuale*..., pp. 317-342.

[1264] Sobre a articulação entre as duas realidades, Pedro Lomba, «Artigo 117.°», pp. 469 s.

[1265] Sobre as dificuldades de imputação da responsabilidade civil decorrente da prática de actos políticos, apesar de tudo menos frequentes no universo da acção das autarquias locais, cfr. Pedro Lomba, «Artigo 117.°», p. 469.

[1266] Daí a inevitabilidade da revogação do disposto nos artigos 96.° e 97.° da LAL pela Lei n.° 67/2007, de 31 de Dezembro; com indicações de jurisprudência sobre a matéria, A. Francisco de Sousa, *Direito Administrativo*..., pp. 465 ss.

[1267] Artigo 159.° da Constituição de 1822, artigo 103.° da Carta Constitucional, artigo 116.° da Constituição de 1838, artigo 55.° da Constituição de 1911 e artigo 114.° (originariamente) da Constituição de 1933.

inteira razão, dada a inequívoca fisionomia política da administração local, os titulares de órgãos autárquicos); (ii) na opção pela remissão para a lei do elenco dos titulares dos cargos políticos e dos correspondentes crimes de responsabilidade; e (iii) na opção pela não identificação expressa dos interesses e dos bens jurídicos especialmente protegidos por essa forma de responsabilização criminal[1268].

No plano do direito comparado, as soluções são as mais variadas, como desde logo se pode observar no ordenamento do país vizinho[1269], que não dispõe de um regime especial de responsabilidade criminal dos titulares de cargos políticos[1270]. Em compensação, ao nível das penas aplicáveis, admite um leque muito aberto de hipóteses[1271], na medida em que, além das penas privativas de liberdade e de multa, consagra diversas modalidades de penas privativas de direitos (como as de inabilitação absoluta por um período de 6 a 20 anos, de inabilitação especial por um período de 3 meses a 6 anos, de suspensão de emprego ou cargo público, de privação de outros direitos, etc.), soluções aliás que alguma doutrina nacional tem recomendado como preferíveis[1272].

No plano do direito ordinário, apesar de já a Carta Constitucional mencionar, no seu artigo 104.°, que "uma lei particular especificará a natureza destes delitos, e a maneira de proceder contra eles", só em 1914 foi aprovada a primeira lei de responsabilidade (Lei n.° 266, de 24 de Julho)[1273], que se manteve na prática em vigor até à Lei n.° 34/87, de 16 de Julho[1274].

[1268] A possibilidade de destituição do cargo ou da perda do mandato já vinham de algum modo do artigo 55.° da Constituição de 1911 e do artigo 114.° da Constituição de 1933.

[1269] Sobre o assunto, Esteban Mestre Delgado / Gema Martínez Galindo, «Responsabilidad penal de los alcaldes y concejales», in Santiago Muñoz Machado (dir.), *Tratado de Derecho Municipal*, tomo I², pp. 873-956; António Cândido de Oliveira, «A responsabilidade criminal…», pp. 18 s.

[1270] Sobre o tema da ineficácia do direito penal como instrumento de controlo da acção do poder local, Esteban Mestre Delgado / Martínez Galindo, «Responsabilidad penal...», pp. 892 ss.

[1271] Sobre esse específico sistema de penas, Esteban Mestre Delgado / Martínez Galindo, «Responsabilidad penal...», pp. 949 s.

[1272] Neste sentido, António Cândido de Oliveira, «A responsabilidade criminal…», pp. 18-21.

[1273] Sobre o assunto, Jorge Miranda, «Imunidades constitucionais e crimes de responsabilidade», in *Direito e Justiça*, vol. XV (2001), tomo 2, pp. 27-48; Marta Dias, «Crimes de responsabilidade…», pp. 28 ss.

[1274] Jorge Miranda, «Artigo 117.°», p. 322.

Na verdade, a Lei n.° 34/87, de 16 de Julho, não só tardou a ser aprovada (apenas 11 anos depois do novo texto constitucional)[1275] como foi apressadamente aprovada, denotando imperfeições que têm levado a múltiplas e inevitáveis dificuldades de aplicação[1276].

Neste ensejo, importa sistematizar apenas um conjunto de traços significativos, na parte aplicável aos eleitos locais: recorte dos crimes de responsabilidade, especialidades face ao regime geral, possibilidade de imposição da suspensão de funções e efeitos das penas.

11.5.2. Os crimes de responsabilidade são os crimes, como tais identificados pelo legislador, cometidos pelos titulares de cargos políticos no exercício das respectivas funções[1277]. Segundo a definição legal, "consideram-se praticados por titulares de cargos políticos no exercício das suas funções, além dos como tais previstos na presente lei, os previstos na lei penal geral com referência expressa a esse exercício ou os que se mostrem terem sido praticados com flagrante desvio ou abuso da função ou com grave violação dos inerentes deveres" (artigo 2.° da Lei n.° 34/87, de 16 de Julho).

Trata-se, por conseguinte, em resultado de uma tradição e de uma opção constitucionais, de uma categoria diferenciada de responsabilidade criminal[1278], quer pelo estatuto dos agentes, quer pela especificidade e natureza dos bens jurídicos ofendidos[1279], quer pela indissociável relação com as funções exercidas[1280].

[1275] Marta Machado Dias refere-se-lhe como lei "tirada a ferros" (cfr. «Crimes de responsabilidade...», p. 90).

[1276] Jorge Miranda, «Artigo 117.°», p. 322; Marta Dias, «Crimes de responsabilidade...», p. 90.

[1277] A referência ao "exercício das suas funções" não é totalmente evidente, por dois motivos: (i) porque pode apenas haver desvio da função (artigo 2.°, parte final, da Lei n.° 34/87, de 16 de Julho); e (ii) por se mostrarem afinal redundantes múltiplas disposições da Lei n.° 34/87, de 16 de Julho (como os artigos 6.°, 8.°, 29.°, 30.°, 31.°, 42.°, 43.°, 44.°, 45.°, n.os 1 a 3, ou 47.°).

[1278] Sobre as relações entre a responsabilidade política e a responsabilidade criminal, reclamando que o Estado democrático requer uma distinção nítida entre essas duas formas de responsabilidade, Maria Fernanda Palma, «Responsabilidade política e responsabilidade penal – três casos controversos», in *Sub Judice*, n.° 6 (Maio-Agosto 1993), pp. 5-8; desenvolvidamente, José Matos Correia / Ricardo Leite Pinto, «A responsabilidade política», pp. 785 ss.

[1279] Acórdão do Tribunal Constitucional n.° 46/2009 (acessível em www.tribunalconstitucional.pt).

Numa primeira distinção a fazer, os crimes de responsabilidade contrapõem-se claramente aos crimes comuns (ou seja, àqueles que são estranhos ao exercício das funções)[1281].

Mas examinando o referido conceito legal, mostra-se devida uma segunda distinção: a que contrapõe os crimes *especialmente tipificados* nos artigos 7.° ao 27.° da Lei n.° 34/87, de 16 de Julho, aos crimes *previstos na lei penal* praticados pelos mesmos titulares e no exercício dessas funções que mostrem ter sido cometidos com flagrante desvio ou abuso da função ou com grave violação dos inerentes deveres: (i) no primeiro caso, por se inserirem no âmbito da responsabilidade criminal especial, têm sido designados pela doutrina como "*crimes próprios*"[1282]; (ii) no segundo caso, são designados como "*crimes impróprios*"[1283], inserindo-se na responsabilidade criminal geral dos titulares de cargos políticos (também ela naturalmente pressuposta pelo artigo 117.° da CRP).

Observada a lei aplicável, é patente que muitos dos crimes próprios foram construídos por transposição e transformação dos tipos previstos na lei geral cometidos por funcionários públicos[1284], havendo naturalmente outros que o não são (como é o caso da violação de normas de execução orçamental ou da suspensão ou restrição ilícitas de direitos, liberdades e garantias).

Porém, em todos os crimes de responsabilidade transparece a especificidade dos bens jurídicos em causa (bens jurídicos esses que podem ir desde a própria Constituição e o Estado de Direito, ao livre funcionamento dos órgãos constitucionais e ao livre exercício dos direitos e liberdades

---

[1280] Gomes Canotilho / Vital Moreira, *Constituição...*, 3.ª ed., p. 545; Jorge Miranda, «Imunidades constitucionais...», p. 31; Id., «Artigo 117.°», p. 322; Marta Dias, «Crimes de responsabilidade...», pp. 27 s.; em excesso, quanto à série de caracteres que associa ao conceito, Pedro Lomba, «Artigo 117.°», pp. 475 s.

[1281] Tomando ainda como base o disposto no artigo 130.°, n.° 4, da CRP, Jorge Miranda, «Artigo 117.°», p. 322.

[1282] Marta Dias, «Crimes de responsabilidade...», p. 44.

[1283] Marta Dias, «Crimes de responsabilidade...», p. 44.

No entanto, logo se esclarece, quanto aos crimes impróprios, «que nem sempre o crime cometido por um titular de cargo político no exercício das funções é um crime de responsabilidade pois a norma onde a infracção está prevista pode não fazer referência expressa àquele exercício ou o crime não revelar um flagrante desvio ou abuso da função ou grave violação dos deveres funcionais» (com exemplos, e outra indicação, *ibidem*, p. 45).

[1284] António Cândido de Oliveira, *Direito das Autarquias...*, p. 281; Marta Dias, «Crimes de responsabilidade...», p. 46.

fundamentais), estando aí presente «a necessidade de acautelar a protecção de bens jurídicos essenciais da comunidade politicamente organizada, relacionados com o exercício de funções políticas»[1285]. Por sua vez, quanto ao regime aplicável, salvo quanto à regra de agravação (enunciada no artigo 5.° da Lei n.° 34/87, de 16 de Julho)[1286], todos os crimes de responsabilidade, sejam próprios ou impróprios, seguem o regime especial da Lei n.° 34/87, de 16 de Julho.

11.5.3. Quais são então as especialidades estabelecidas na lei?

Tal como sucede nas situações jusfundamentais de estatuto especial – de que o fenómeno claramente se aproxima – , os desvios e especialidades de regime tanto podem ter uma feição desfavorável à esfera jurídica do visado como uma feição favorável[1287]: normas como as que resultam dos artigos 6.°, 40.°, 42.°, 43.° e 44.° da Lei n.° 34/87, de 16 de Julho, têm uma feição favorável ao agente; têm feição desfavorável as normas resultantes dos artigos 4.°, 5.°, 29.° e 41.° da mesma lei, além das que enunciam tipos criminais especificamente criados para o efeito.

Cingidos unicamente ao que interessa ao estatuto do eleito local, as diversas especialidades de regime observam-se essencialmente na parte geral, nos efeitos das penas e nas regras de processo[1288].

a) Quanto ao primeiro aspecto, a primeira derrogação do *regime geral* respeita à punibilidade da tentativa, na medida em que o artigo 4.° da Lei n.° 34/87, de 16 de Julho, estabelece que a tentativa é punível independentemente da medida legal da pena (excepcionando assim a regra do artigo 23.°, n.° 1, do Código Penal). Uma segunda regra respeita simultaneamente a colisões e à atenuação das penas, na medida em que o artigo 6.° da Lei n.° 34/87, de 16 de Julho, estabelece que a pena aplicável poderá ser especialmente atenuada "quando se mostre que o bem ou valor sacrificados o foram para a salvaguarda de outros constitucionalmente

[1285] Como se escreveu no Acórdão n.° 46/2009 do Tribunal Constitucional (acessível em www.tribunalconstitucional.pt).

[1286] Em equívoco, Marta Dias, «Crimes de responsabilidade...», p. 41; correctamente, *ibidem*, p. 47.

[1287] Sobre este paradigma, Melo Alexandrino, «A greve dos juízes...», pp. 777 ss.

[1288] Pedro Lomba, «Artigo 117.°», p. 476; Marta Dias, «Crimes de responsabilidade...», pp. 44 ss.

relevantes ou quando for diminuto o grau de responsabilidade funcional do agente e não haja lugar à exclusão da ilicitude ou da culpa, nos termos gerais"[1289].

Uma terceira regra, admitida pela jurisprudência, é a de que os titulares de cargos políticos podem ser acusados e processados pela prática de crimes de responsabilidade, mesmo depois de terem cessado o exercício de funções, sujeitando-se às correspondentes regras materiais e adjectivas[1290].

b) Em matéria de *efeitos das penas*[1291], a disposição nuclear é a do artigo 29.°, alínea *f*), da Lei n.° 34/87, de 16 de Julho, nos termos da qual "implica a perda do respectivo mandato a condenação definitiva por crime de responsabilidade cometido no exercício das funções dos seguintes titulares de cargos políticos: [...] membro de órgão representativo de autarquia local".

Ora, tanto a doutrina como a jurisprudência (comum e constitucional)[1292] admitem perfeitamente a legitimidade constitucional da solução legal, muito embora não haja pleno acordo quanto à qualificação da natureza (automática ou não) dessa consequência do crime[1293].

[1289] O critério parece-nos, em todo o caso, excessivamente redutor, quanto aos factores a ter em consideração (cfr. Melo Alexandrino, *Direitos Fundamentais...*, pp. 116 s.), devendo o mesmo ser interpretado e aplicado em conformidade com a Constituição.

[1290] Marta Dias, «Crimes de responsabilidade...», p. 47, com a indicação de jurisprudência.

[1291] Sobre as particularidades desta matéria, v. *infra*, n.° 11.5.5.

[1292] Quer antes, quer depois da revisão constitucional de 1989, que aditou não só o n.° 3 do artigo 50.°, como o n.° 3 do [actual] artigo 117.°, bem como a parte final do n.° 4 do mesmo artigo 117.° (em lapso, Pedro Lomba, «Artigo 117.°», p. 479).

[1293] No sentido de se tratar de uma regra especial face ao princípio enunciado no artigo 30.°, n.° 4, da CRP, traduzindo como tal, por força da Constituição e da lei, um efeito automático da condenação, pronunciou-se designadamente o Acórdão n.° 274/90, in *Acórdãos do Tribunal Constitucional*, vol. 17.°, pp. 139 ss.; para uma aparente hesitação, veja-se o Acórdão n.° 46/2009 (acessível em www.tribunalconstitucional.pt); em sentido diverso, pela não automaticidade, pronunciou-se designadamente o Supremo Tribunal de Justiça (cfr. António Cândido de Oliveira, «A responsabilidade criminal...», pp. 13 ss., com indicações).

c) Quanto ao *regime processual*, há especialidades nos planos da não intervenção do júri (artigo 40.°), do alargamento da legitimidade para promover a acção penal[1294], da instrução e julgamento dos processos em separado (artigo 42.°) e da liberdade de alteração do rol de testemunhas (artigo 43.°).

11.5.4. Tem sido entre nós discutida a questão da *possibilidade de suspensão do exercício de funções de eleitos locais*, enquanto medida cautelar ou de coacção proferida no âmbito do processo criminal[1295], questão sem dúvida conexa com o regime processual aplicável. O problema foi no entanto, quanto a nós, devidamente equacionado pelo Tribunal Constitucional no Acórdão n.° 41/2000[1296], que para o efeito assentou nas seguintes ideias:

(i) Uma vez que a Constituição diferencia claramente o regime da função pública do regime próprio dos titulares de cargos políticos, referindo-se o artigo 117.° especificamente aos segundos, não se pode entender que o conceito de funcionário para efeitos penais possa assumir um sentido lato;

(ii) Dispondo, pelo contrário, o próprio Código Penal, no [actual] n.° 4 do artigo 386.°, que "a equiparação a funcionário para efeito da lei penal, de quem desempenhe funções políticas é regulada por lei especial", daí decorre precisamente a exclusão da equiparação a funcionário, assim remetida para lei especial[1297];

(iii) Ora, não cabe dúvida de que aos titulares de órgãos autárquicos estão constitucionalmente confiadas funções políticas, sendo os mesmos «eleitos por sufrágio directo, revestindo também o seu mandato natureza electiva e representativa»[1298];

[1294] São particularmente relevantes na esfera da administração local as hipóteses referidas nas alíneas *a*), *b*) e *c*) desse preceito.

[1295] Para uma síntese, Marta Dias, «Crimes de responsabilidade...», pp. 84-89.

[1296] Acórdão tirado por unanimidade e luminosamente relatado pelo Conselheiro Luís Nunes de Almeida (cfr. *Diário da República*, II série, n.° 243, de 20 de Outubro de 2000, pp. 16997 ss.).

[1297] Cfr. *Diário da República*, II série, n.° 243, de 20 de Outubro de 2000, pp. 16999 e 17000.

[1298] *Ibidem*, p. 17000.

(iv) Atento, por isso, o âmbito do que deve ser entendido como o *estatuto dos titulares* [dos cargos políticos], a pretensa sujeição dos titulares de órgãos das autarquias à regra do artigo 199.°, n.° 1, alínea *a*), do Código de Processo Penal[1299] suscitaria desde logo a questão da inconstitucionalidade orgânica, por violação da alínea *m*) do artigo 164.° da Constituição[1300];

(v) Por seu lado, sendo o Estatuto dos Eleitos Locais omisso em relação à possibilidade de suspensão do mandato de autarca para efeitos de seguimento do processo criminal[1301] (admitindo a LAL apenas «os casos de suspensão do mandato a pedido do titular»[1302]), «daí não decorre necessariamente a conclusão de que aos titulares dos órgãos autárquicos se há-de aplicar o regime geral do CPP, equiparando-os aos funcionários públicos, no que se reporta à suspensão do respectivo mandato como medida de coacção»[1303];

(vi) Por fim, «[se] o sentido primordial das normas especiais dos artigos 34.° e seguintes da Lei n.° 34/87 consiste em fazer depender o seguimento do procedimento criminal contra os titulares de órgãos políticos neles indicados da existência de uma prévia decisão política»[1304], já relativamente aos titulares de órgãos das autarquias locais, «o legislador não considerou incompatível com o exercício das respectivas funções a existência de procedimento criminal contra esses titulares», razão pela qual a norma constante do artigo 199.° do Código de Processo Penal, sob pena de entrar em colisão com o artigo 164.°, alínea *m*), da CRP, «não pode ser interpretada no sentido de abranger

---

[1299] A alteração a este artigo, promovida pela Lei n.° 49/2007, de 29 de Agosto, não modificou os termos do problema, dispondo hoje o preceito que "se o crime imputado for punível com pena de prisão de máximo superior a 2 anos, o juiz pode impor ao arguido [...] a suspensão do exercício de profissão, função ou actividade, públicas ou privadas [...]".

[1300] *Ibidem*, p. 17000.

[1301] Diversamente do que a Constituição (artigo 157.°), o Estatuto dos Deputados (respectivos artigos 4.°, 5.°, 11.° e 20.° [na versão então vigor]) e a própria lei dos crimes de responsabilidade (artigos 34.° a 39.°) dispõem designadamente para os Deputados à Assembleia da República.

[1302] *Ibidem*, p. 17001.

[1303] *Ibidem*, p. 17001.

[1304] *Ibidem*, p. 17001.

os titulares de cargos políticos, *maxime* os titulares de órgãos representativos autárquicos»[1305].

Sufragando inteiramente esta doutrina[1306], há todavia duas observações complementares a fazer: a primeira é a de que nada impede o legislador parlamentar de, alterando o estatuto dos eleitos locais, vir no futuro a estabelecer um eventual mecanismo de suspensão ou impedimento ao exercício de funções[1307], mesmo a título de medida de coacção[1308]; a segunda é a de que a doutrina do acórdão é identicamente válida – aliás por maioria de razão, por se tratar de pena acessória e não de medida de coacção – para o disposto nos artigos 66.° e 67.° do Código Penal, que prevêem a possibilidade de proibição do exercício de funções como pena acessória aplicável ao titular de cargo público, funcionário público ou agente da administração que, no exercício da actividade para que foi eleito ou nomeado, cometer crime punido com pena de prisão superior a 3 anos[1309].

[1305] *Ibidem*, p. 17001.

[1306] Quanto à justificação da exclusão da aplicabilidade da referida regra do artigo 199.° do Código de Processo Penal, o Tribunal Constitucional sufragou-se ainda em parecer de Vital Moreira, designadamente nas seguintes passagens: «A imunidade dos titulares de cargos políticos face à referida medida de coacção tem plena justificação, sobretudo quando se trata, como é o caso, de *cargos electivos*. A razão de ser desse tratamento especial está justamente no facto de se tratar de cargos representativos, directa ou indirectamente saídos do sufrágio popular. A lógica da solução legislativa está em não permitir que um mandato emergente do mandato popular seja suspenso ou perdido *senão a título de pena, em virtude de sentença condenatória definitiva por crimes praticados no exercício de funções*. Na realidade, dificilmente seria congruente com a preeminência do princípio democrático que o exercício de um mandato popular pudesse ser suspenso a título de medida cautelar ou preventiva em processo penal, ainda para mais antes mesmo da pronúncia definitiva pela prática de um crime» (cfr. *Diário da República*, II série, n.° 243, de 20 de Outubro de 2000, p. 16999 [itálicos originais]).

[1307] Gomes Canotilho / Vital Moreira, *Constituição*..., vol. I, 4.ª ed., p. 678.

[1308] Os quais não estão imunes, por exemplo, à aplicação da prisão preventiva (veja-se o Acórdão do Tribunal Constitucional n.° 508/2005, acessível www.tribunalconstitucional.pt).

[1309] Mais uma vez, o disposto no artigo 29.°, alínea *f*), da Lei n.° 34/87, de 16 de Julho, constitui norma especial relativamente ao disposto nos dois preceitos referidos no texto, aos quais se pode ainda aditar o artigo 52.°, n.° 2, alínea *a*), do Código Penal.

11.5.5. Sobre a matéria dos *efeitos das penas*, são vários os problemas que a prática, a doutrina e a jurisprudência têm levantado a propósito de duas disposições: o já citado artigo 29.°, alínea *f*), da Lei n.° 34/87, de 16 de Julho, e o artigo 13.° da Lei n.° 27/96, de 1 de Agosto (regime jurídico da tutela administrativa), segundo o qual "a condenação definitiva dos membros dos órgãos autárquicos em qualquer dos crimes de responsabilidade previstos e definidos na Lei n.° 34/87, de 16 de Julho, implica a sua inelegibilidade nos actos eleitorais destinados a completar o mandato interrompido e nos subsequentes que venham a ter lugar no período de tempo correspondente a novo mandato completo, em qualquer órgão autárquico".

Podemos resumir essas questões a três: (1.ª) o que deve entender-se por [perda do] *respectivo* mandato; (2.ª) a *legitimidade constitucional* da inelegibilidade prevista no artigo 13.° da lei da tutela; e (3.ª) *quem deve decidir* sobre essa inelegibilidade.

a) A principal divergência que se regista a respeito da primeira subquestão é a seguinte[1310]: o *respectivo* mandato é o mandato que o eleito local exercia à data da prática dos factos ou o eventual mandato exercido à data da condenação?[1311]
Na doutrina, o Professor Cândido de Oliveira defendeu recentemente que a solução mais correcta, por ser a mais próxima do texto, é a que aponta para que a perda do mandato se refira ao mandato exercido no momento da prática do crime[1312]. Mas, se assim for, como logo adverte, «então, na prática, nunca há lugar à aplicação da perda de mandato como efeito da condenação nem a subsequente inelegibilidade para candidatura aos mandatos seguintes»[1313]. Mas, pelo contrário, se a interpretação correcta for

---

[1310] Por último, António Cândido de Oliveira, «A responsabilidade criminal...», pp. 10 ss.; Mário Ferreira Monte, «A perda de mandato e a inelegibilidade emergente de crimes praticados no exercício de cargos políticos, Ac. do Tribunal Constitucional de 23.09.2009, Proc. n.° 771/09», in *Direito Regional e Local*, n.° 08 (2009), pp. 62 ss. [56-68].

[1311] O Professor António Cândido de Oliveira coloca ainda outra(s) hipótese(s): nomeadamente a de o mandato respectivo ser o "mandato exercido no momento da condenação qualquer que ele seja de entre os constantes das alíneas do artigo 29.°" (cfr. «A responsabilidade criminal...», p. 17).

[1312] António Cândido de Oliveira, «A responsabilidade criminal...», pp. 10, 16, 17.

[1313] António Cândido de Oliveira, «A responsabilidade criminal...», p. 10.

no sentido de a perda do mandato se aplicar ao mandato porventura exercido pelo arguido no momento da condenação, então já as correspondentes sanções «teriam efeito prático e haveria uma efectiva penalização como consequência da prática de crimes de responsabilidade»[1314].

Quanto à jurisprudência[1315], tanto o Supremo Tribunal de Justiça[1316] como o Tribunal Constitucional[1317] têm admitido, pelo menos implicitamente, que a condenação em pena acessória de perda do mandato se possa referir ao mandato exercido no momento da condenação.

Para enfrentar a dificuldade, tanto mais por envolver dimensões político-constitucionais e jusfundamentais relevantes, o intérprete não pode certamente cingir-se ao elemento literal: (i) desde logo, tem de levar em linha de conta a *importância* dos princípios e o *peso* dos valores e dos interesses protegidos pelas imposições do artigo 117.°, n.os 2 e 3, da CRP, não se coibindo de descer à análise da realidade protegida pela norma (ou domínio normativo); (ii) tem de levar depois em linha de conta o princípio da segurança jurídica; (iii) e, por se tratar de matéria jusfundamental, não está inibido de recorrer ao apoio fornecido pelos princípios da Declaração Universal dos Direitos do Homem (artigo 16.°, n.° 2, da CRP). Nestes termos, não sendo sequer evidente o sentido da norma resultante do elemento literal (ou, de forma mais abrangente, de todo o programa normativo), a ponderação dos valores e interesses em presença requer que a norma interpretanda possa e deva ter um sentido útil[1318], tanto mais que, a não ser assim, poderá estar

---

[1314] António Cândido de Oliveira, «A responsabilidade criminal...», p. 11; para uma conclusão similar, Mário Ferreira Monte, «A perda de mandato...», p. 68.

[1315] Com indicações relevantes, António Cândido de Oliveira, «A responsabilidade criminal...», pp. 12 ss.

[1316] Designadamente no Acórdão de 28 de Outubro de 1993 (cfr. António Cândido de Oliveira, «A responsabilidade criminal...», pp. 14 s.).

[1317] Vejam-se, entre outros, os Acórdãos do Tribunal Constitucional n.os 274/90 (in *Acórdãos do Tribunal Constitucional*, vol. 17.°, pp. 139 ss.), 25/92 (in *Acórdãos do Tribunal Constitucional*, vol. 21.°, pp. 137 ss.) e, por último, os Acórdãos n.os 46/2009 e 473/2009 (acessíveis em www.tribunalconstitucional.pt).

[1318] Invocando o efeito útil (no caso, da regra do artigo 13.° da Lei n.° 27/96, de 1 de Agosto), aí onde ele já não é evidente (por estar esgotada a eficácia temporal – e assim

em causa o princípio da "igualdade perante a responsabilidade"; em segundo lugar, o princípio da segurança jurídica impõe que deva ser o juiz da condenação a dizer expressamente qual é o mandato perdido pelo agente (caso exista mandato e também no caso de já não existir um mandato[1319]), sob pena de se entender que era apenas o mandato ao tempo da prática dos factos (uma vez que deveria ser essa a situação ideal projectada pela norma); em terceiro lugar, da Declaração Universal dos Direitos do Homem decorre não só que o indivíduo tem deveres para com a comunidade (artigo 29.°, n.° 1), mas também que podem ser justificadas certas limitações aos direitos, *maxime* aos direitos de feição política, na medida em que as mesmas se mostrem exigidas pelas justas exigências do bem-estar geral numa sociedade democrática (artigo 29.°, n.° 2)[1320].

Em suma, na hipótese de ser outro o mandato existente à data da condenação, é esse outro mandato autárquico[1321] que o juiz deve declarar perdido, naturalmente se essa for a hipótese, à luz das circunstâncias do caso e do direito aplicável.

b) Quanto à segunda questão, a da *legitimidade constitucional* da inelegibilidade prevista no artigo 13.° da Lei n.° 27/86, de 1 de Agosto, têm-se suscitado diversas hesitações na doutrina[1322], havendo um sector que admite que o fenómeno tenha a natureza

---

também o efeito útil – da correspondente previsão), veja-se a declaração de voto dos quatro juízes dissidentes no Acórdão n.° 473/2009 (acessível em www.tribunalconstitucional.pt).

[1319] Veja-se a relevância desta hipótese na factualidade subjacente ao Acórdão n.° 473/2009 (sobre o qual, Mário Ferreira Monte, «A perda de mandato...», pp. 62 ss.).

[1320] Como defendemos acima (v. *supra*, n.° 11.2.), a autorização da restrição, neste caso, decorre não exclusivamente do artigo 50.°, n.° 3, da CRP, mas especialmente do artigo 117.°, n.ºs 3 e 4, da CRP.

[1321] Assim, António Cândido de Oliveira, «A responsabilidade criminal...», p. 17; Mário Ferreira Monte, «A perda de mandato...», p. 68.

[1322] J. J. Gomes Canotilho, in *Revista de Legislação e Jurisprudência*, ano 125.° (1993), n.° 3825, pp. 379-381; Gomes Canotilho /Vital Moreira, *Constituição*..., 3.ª ed., p. 274; Gomes Canotilho /Vital Moreira, *Constituição*..., vol. I, 4.ª ed., p. 678; António Cândido de Oliveira, *Direito das Autarquias*..., p. 268; Id., «A responsabilidade criminal...», pp. 13 ss.; Marta Dias, «Crimes de responsabilidade...», p. 89; Mário Ferreira Monte, «A perda de mandato...», pp. 67 s.; sem levantar qualquer dúvida, Freitas do Amaral, *Curso*..., vol. I^3, p. 641.

de *efeito da pena*[1323] (*sanção acessória* ou efeitos acessórios)[1324] e outro que admite que se esteja perante uma "condição material e procedimental de elegibilidade"[1325].

Quanto à jurisprudência, o Tribunal Constitucional, pronunciando-se embora sobre idêntica norma da anterior lei da tutela[1326], defendeu[1327], no Acórdão n.° 25/92[1328], que a inelegibilidade em causa se justifica pela necessidade de garantir a isenção e a independência no exercício de cargo autárquico; segundo o Tribunal, trata-se de tornar inelegível alguém que, tendo sido eleito membro de um órgão de uma autarquia local, não observou no exercício das suas funções as regras de isenção e de independência exigíveis ou de alguém que violou os deveres do cargo em termos tais cujo afastamento se tornou imperioso; por sua vez, a referida inelegibilidade não se mostra desproporcionada, dado abranger apenas o período de tempo correspondente a novo mandato completo, limitando-se por conseguinte ao necessário para salvaguardar os referidos valores da isenção e da independência[1329]. Por sua vez, no recente Acórdão n.° 473/2009, o Tribunal Constitucional, em apreciação de plena jurisdição, apenas se ocupou das questões da automaticidade dessa inelegibilidade e da eficácia temporal da correspondente previsão normativa, razão pela qual se deve entender

---

[1323] António Cândido de Oliveira, «A responsabilidade criminal...», p. 16; Paulo Pinto de Albuquerque, *Comentário do Código Penal à Luz da Constituição da República e da Convenção Europeia dos Direitos do Homem*, Lisboa, 2008, pp. 219 s.

[1324] Sobre estas hipóteses, Mário Ferreira Monte, «A perda de mandato...», pp. 64 ss.

[1325] Mário Ferreira Monte, «A perda de mandato...», pp. 67, 68.

[1326] Artigo 14.°, n.° 1, da Lei n.° 87/89, de 9 de Setembro.

Sobre a mesma norma e em sentido similar, evidenciando os valores subjacentes a essa inelegibilidade, pronunciou-se o Acórdão do Supremo Tribunal Administrativo, 1.ª subsecção, de 15 de Fevereiro de 1996 – P.° 39 429 (acessível em www.dgsi.pt).

[1327] Ainda que com três votos dissidentes [acompanhando o sentido de algumas dessas divergências, veja-se ainda a Anotação de J. J. Gomes Canotilho, in *Revista de Legislação e Jurisprudência*, ano 125.° (1993), n.° 3825, pp. 379 ss.].

[1328] O mesmo se defendeu posteriormente, por remissão e também com três votos de vencido, no Acórdão n.° 573/96 (in *Acórdãos do Tribunal Constitucional*, vol. 33.°, pp. 773 ss.).

[1329] Cfr. *Acórdãos do Tribunal Constitucional*, vol. 21.°, pp. 137 ss.

que, não censurando a constitucionalidade do artigo 13.° da Lei n.° 27/96, de 1 de Agosto, manteve a sua jurisprudência anterior[1330]. A nosso ver, sem questionar a bondade da solução (v. *supra*, n.° 11.2.2.)[1331], a principal zona de dúvida situa-se essencialmente no plano formal: essa previsão normativa está deslocada por pertencer não à matéria da tutela das autarquias locais, mas sim ao estatuto dos titulares dos órgãos do poder local [artigo 164.°, alí-

---

[1330] É assim duplamente equívoca e apressada a formulação ("juízo de inconstitucionalidade formulado quanto ao artigo 13.° da Lei n.° 27/96") utilizada na declaração de voto subscrita pelos juízes dissidentes no Acórdão do Tribunal Constitucional n.° 473/2009 (acessível em www.tribunalconstitucional.pt): (i) por um lado, o Tribunal Constitucional limitou-se a revogar a decisão recorrida (de declaração de inelegibilidade), por razões de eficácia temporal, isto é, por inaplicabilidade da norma ao período do mandato de 2009--2013 (3.° fundamento); (ii) por outro, quanto à pretensa inconstitucionalidade de decisão recorrida, por ter considerado a inelegibilidade consequência automática do crime, em violação do artigo 30.°, n.° 4, da CRP, apenas 5 dos 12 juízes apoiaram esse fundamento (4.° fundamento), não se tendo sequer formado um juízo de inconstitucionalidade sobre a decisão judicial do tribunal *a quo* (que, no caso, corresponderia a uma intervenção restritiva).

[1331] Segundo os juízes dissidentes no Acórdão do Tribunal Constitucional n.° 473/2009, a não inconstitucionalidade resulta de se «[tratar] de uma regra de direito eleitoral que, ao regular o regime das inelegibilidades para as candidaturas às autarquias locais, atribui relevância, como pressuposto de facto, à anterior prolação de uma sentença condenatória por crimes de responsabilidade dos titulares dos cargos políticos. Por não se tratar de uma sanção penal, encontra-se vedado ao juiz do respectivo processo a constituição por sentença desse efeito jurídico. Estamos perante um efeito *ex lege* que encontra credencial constitucional bastante no artigo 50.°, n.° 3, da Constituição, que apenas exclui que o legislador possa estabelecer inelegibilidades que não sejam necessárias para garantir *inter alia* "a isenção e independência dos respectivos cargos". Ora é incontroverso que a razão de ser da norma cabe na previsão do normativo constitucional no segmento referido. E a isto não se opõe o princípio consagrado no artigo 30.°, n.° 4. Na verdade, não estando vedado o estabelecimento de inelegibilidades por via geral e abstracta, em função dos objectivos que com tal previsão se procuram acautelar, não faria sentido que tal fosse excluído pela circunstância de a situação que conduz à inelegibilidade integrar, como pressuposto de facto, a existência de uma sentença penal condenatória. No mínimo, não se pode entender que a existência de uma tal sentença contrarie ou enfraqueça o valor indiciário dos factos tidos em consideração. Não pode assim dar-se ao artigo 30.°, n.° 4, um alcance tal que limite desta forma o exercício de uma competência legislativa constitucionalmente modelada» (cfr. www.tribunalconstitucional.pt).

Na doutrina, concluindo, a nosso ver correctamente, no sentido de a inelegibilidade em causa não ser pena acessória, nem efeito da pena, nem efeito crime (mas tão-só condição material e procedimental de elegibilidade, que não está limitada por regras penais), Mário Ferreira Monte, «A perda de mandato...», p. 68.

nea *m*), da CRP] e sobretudo por integrar, desde 1997, matéria de reserva de lei orgânica [artigo 166.°, n.° 2, da CRP][1332].

c) Segundo António Cândido de Oliveira, cabe ao tribunal que condenar o arguido por crime de responsabilidade pronunciar-se sobre a perda de mandato *e também sobre a inelegibilidade*, na medida em que «tudo será mais simples e claro se o juiz da condenação resolver todos estes problemas: o das penas e dos seus efeitos, quer eles estejam previstos na Lei n.° 34/97 ou noutra lei»[1333]. Por sua vez, no agora citado Acórdão n.° 473/2009, cinco dos doze juízes conselheiros também se pronunciaram nesse sentido. Contudo, por essa via, nem os problemas se resolvem definitivamente, nem está dito que a última decisão não caiba afinal sempre ao mesmo órgão (o Tribunal Constitucional[1334]): (i) por um lado, os problemas não ficam definitivamente afastados, na medida em que a inelegibilidade, caso venha a ter lugar uma futura candidatura, tem sempre de ser apreciada pelo juiz da comarca[1335]; além disso, ao passo que a decisão de perda do mandato – cujo proferimento pelo juiz constitui uma exigência do Estado de Direito (v. *supra*) – tem sempre um efeito útil, a decisão de inelegibilidade respeita a uma simples eventualidade, podendo nessa fase estar a ser criado um problema jurídico inútil, susceptível de afectar a validade da própria sentença; (ii) por outro lado, o tribunal que condenar o eleito local em crime de responsabilidade fará nesta matéria uma de três coisas: ou nada diz sobre o problema da ine-

---

[1332] Deveria por isso a previsão dessa inelegibilidade ter sido integrada pelo legislador reforçado, na Lei Orgânica n.° 1/2001, de 14 de Agosto (a primeira que se seguiu à revisão constitucional de 1997, que alargou o elenco das leis orgânicas).

[1333] António Cândido de Oliveira, «A responsabilidade criminal...», p. 16.

[1334] Por mais que este órgão ainda tenha de amadurecer o tratamento a dar ao assunto: sendo certo que o Tribunal não se pronunciou aí sequer sobre as questões fundamentais da constitucionalidade material ou formal da norma, o Acórdão n.° 473/2009 do Tribunal Constitucional revela, na verdade, um *grau extremo* de divisão nessa matéria, sendo identificáveis quatro grupos de opiniões: (i) a dos cinco juízes que subscreveram os diversos fundamentos da sentença; (i) a dos quatro juízes dissidentes; (iii) a do Conselheiro Fernandes Cadilha; e (iv) a dos Conselheiros Pamplona de Oliveira e Gil Galvão (cfr. www.tribunalconstitucional.pt).

[1335] Artigos 25.°, n.° 2, e 27.°, n.° 1, da LEOAL.

legibilidade[1336], ou se pronuncia pela inelegibilidade[1337] ou se recusa expressamente a aplicar a norma que prevê a inelegibilidade[1338]; em qualquer das três hipóteses, a decisão sobre o problema da inelegibilidade caberá sempre ao Tribunal Constitucional[1339], ora por força do recurso eleitoral da decisão final relativa à apresentação da candidatura[1340], ora por via do recurso de constitucionalidade (que, neste caso, é sempre obrigatório para o Ministério Público)[1341].

Nesta medida, ao contrário do que sucede com a decisão de perda de mandato, não se vê verdadeira vantagem em ser o tribunal que condenar o arguido em crime de responsabilidade a pronunciar-se também pela inelegibilidade[1342], vantagem que, a existir, se perde ainda mais com a suspeita de invalidade do artigo 13.° da Lei n.° 27/96, de 1 de Agosto[1343].

[1336] É este ao que parece o caso decidido pelo Acórdão do Tribunal da Relação do Porto, em 22 de Fevereiro de 2006 (e que veio a dar lugar à prolacção do Acórdão do Tribunal Constitucional n.° 46/2009), na medida em que foi decretada (e não suspensa) a perda do mandato, sem referência à inelegibilidade.

[1337] Para o Professor Cândido de Oliveira, esta deveria ser a regra, estranhando que na realidade ocorra o inverso (cfr. «A responsabilidade criminal...», p. 16).

[1338] Como fez o Supremo Tribunal Administrativo, no julgamento do recurso cuja decisão veio a ser objecto do já referido Acórdão do Tribunal Constitucional n.° 25/92; ou o Supremo Tribunal de Justiça, no Acórdão de 27 de Janeiro de 1998 (cfr. António Cândido de Oliveira, «A responsabilidade criminal...», pp. 13 s.).

[1339] Veja-se, mais uma vez, o Acórdão do Tribunal Constitucional n.° 473/2009, que decidiu o recurso eleitoral de uma decisão de rejeição de candidatura, proferida em 3 de Setembro de 2009 pelo Tribunal Judicial de Marco de Canaveses, considerando inaplicável no caso concreto a norma do artigo 13.° da Lei n.° 27/96, de 1 de Agosto (cfr. www.tribunalconstitucional.pt).

Aliás, neste caso, apesar de invocada (quer pela candidatura recorrente, quer na fundamentação da sentença) a orientação defendida pelo Professor Cândido de Oliveira, apenas uma minoria de juízes (cinco no total) a acompanhou (por via da doutrina da não-automaticidade desse efeito da pena, que não parece sequer ser defendida pelo Autor).

[1340] Artigo 31.°, n.° 1, da LEOAL e artigo 101.°, n.° 1, da Lei do Tribunal Constitucional.

[1341] Artigo 280.°, n.° 1, alínea *a*), e n.° 2, da CRP e artigo 72.°, n.° 3, da Lei do Tribunal Constitucional.

[1342] Não há aliás registo de que seja essa a prática seguida por qualquer tribunal.

[1343] Esta lei, ao regular esta matéria (tal como anteriormente a Lei n.° 87/89, de 9 de Setembro), nem tinha de revestir a forma de lei orgânica, nem invadiu a reserva de lei orgânica.

11.6. Deveres, direitos, regalias e imunidades

É no Estatuto dos Eleitos Locais que se concentra o essencial do regime de deveres, direitos, regalias e imunidades (para reunir as dimensões do artigo 117.° da CRP ainda não contempladas nas páginas precedentes) dos titulares dos órgãos das autarquias locais[1344].

Trata-se de matéria que, apesar do grande interesse que revela para os destinatários, não tem uma particular densidade jurídica, havendo no entanto a referir dois aspectos liminares: a acentuada instabilidade e politicidade dessas regras jurídicas, bem como o facto de, em 2005, terem sido efectivamente removidos do ordenamento múltiplos e injustificados privilégios[1345] (designadamente em matéria de contagem e bonificação do tempo de serviço, reforma antecipada, subsídio de reintegração) de que usufruíam os eleitos locais[1346].

Importa talvez distinguir os direitos e deveres *gerais* dos direitos e deveres *particulares* de certas categorias de titulares, em atenção às distintas autarquias e aos distintos regimes de funções (v. *supra*, n.° 11.4.).

11.6.1. O artigo 4.° do Estatuto dos Eleitos Locais, com a epígrafe "deveres", enuncia todo um conjunto de adstrições a que estão vinculados os eleitos locais nos planos da juridicidade, da probidade e da dedicação funcional.

Assim, em matéria de *legalidade e direitos dos cidadãos*, todo o eleito local está vinculado a: (i) observar escrupulosamente as normas legais e regulamentares aplicáveis aos actos por si praticados ou pelos órgãos a que pertence; (ii) cumprir e fazer cumprir as normas constitucionais e legais relativas à defesa dos interesses e direitos dos cidadãos no âmbito das suas competências; (iii) actuar com justiça e imparcialidade[1347]. Em matéria de *prossecução do interesse público*, o eleito local está vinculado a: (1) salvaguardar e defender os interesses públicos do Estado e da respectiva autarquia; (2) respeitar o fim público dos poderes

---

[1344] Sobre outros direitos dos eleitos locais, no âmbito da designada democracia local, António Cândido de Oliveira, «Democracia local», pp. 97 s.

[1345] Cfr. Melo Alexandrino, *A estruturação...*, vol. II, p. 579, nota 151.

[1346] Com destaque para a revogação dos artigos 13.°-A, 18.°, 18.°-A, 18.°-B, 18.°-C, 18.°-D e 19.° do EEL então em vigor, operada pela Lei n.° 52-A/2005, de 10 de Outubro.

[1347] Artigo 4.°, alínea *a*), do EEL.

em que se encontra investido; (3) não patrocinar interesses particulares, próprios ou de terceiros, de qualquer natureza, quer no exercício das suas funções, quer invocando a qualidade de membro de órgão autárquico; (4) não intervir em processo administrativo, acto ou contrato de direito público ou privado nem participar na apresentação, discussão ou votação de assuntos em que tenha interesse ou intervenção, por si ou como representante ou gestor de negócios de outra pessoa, ou em que tenha interesse ou intervenção em idênticas qualidades o seu cônjuge, parente ou afim em linha recta ou até ao 2.° grau da linha colateral, bem como qualquer pessoa com quem viva em economia comum; (5) não celebrar com a autarquia qualquer contrato, salvo de adesão; (6) não usar, para fins de interesse próprio ou de terceiros, informações a que tenha acesso no exercício das suas funções[1348].

Por fim, em matéria de *funcionamento dos órgãos* de que sejam titulares, os eleitos locais estão vinculados a participar nas reuniões ordinárias e extraordinárias dos órgãos autárquicos, bem como a participar em todos os organismos onde estão em representação do município ou da freguesia[1349].

Uma das funções dos deveres assinalada pela doutrina é a de servirem de enquadramento aos crimes de responsabilidade: «[n]o fundo, os crimes de responsabilidade dos eleitos locais reconduzem-se a violações graves dos deveres previstos na Lei n.° 29/87»[1350]. Não obstante essa observação, a violação dos deveres pode dar lugar a uma multiplicidade de consequências (desde logo, também no plano da responsabilidade política e da responsabilidade civil), estando em múltiplos casos previstas as sanções aplicáveis ou os efeitos correspondentes.

Por sua vez, em matéria de direitos, o artigo 5.°, n.° 1, do Estatuto dos Eleitos Locais (na redacção dada, por último, pela Lei n.° 52-A/2005, de 10 de Outubro), estabelece o seguinte:

1 – Os eleitos locais têm direito:

a) A uma remuneração ou compensação mensal e a despesas de representação;
b) A dois subsídios extraordinários anuais;
c) A senhas de presença;

[1348] Artigo 4.°, alínea *b*), do EEL.
[1349] Artigo 4.°, alínea *c*), do EEL.
[1350] António Cândido de Oliveira, *Direito das Autarquias...*, p. 281.

d) A ajudas de custo e subsídio de transporte;
e) À segurança social;
f) A férias;
g) A livre circulação em lugares públicos de acesso condicionado, quando em exercício das respectivas funções;
h) A passaporte especial, quando em representação da autarquia;
i) A cartão especial de identificação;
j) A viatura municipal, quando em serviço da autarquia;
l) A protecção em caso de acidente;
m) A solicitar o auxílio de quaisquer autoridades, sempre que o exijam os interesses da respectiva autarquia local;
n) À protecção conferida pela lei penal aos titulares de cargos públicos;
o) A apoio nos processos judiciais que tenham como causa o exercício das respectivas funções;
p) A uso e porte de arma de defesa;
q) Ao exercício de todos os direitos previstos na legislação sobre protecção à maternidade e à paternidade;
r) A subsídio de refeição, a abonar nos termos e quantitativos fixados para a Administração Pública.

O conteúdo destes direitos é depois concretizado nos artigos 6.° e seguintes do EEL, em especial: o regime remuneratório dos membros executivo municipal em regime de permanência (artigos 6.° e 7.°)[1351] e em regime de meio tempo (artigo 8.°)[1352], o direito a senhas de presença dos eleitos locais em regime de não permanência (artigo 10.°), o direito a ajudas de custo (artigo 11.°), o direito a subsídio de transporte (artigo 12.°), o direito a férias dos eleitos locais em regime de permanência ou de meio tempo (artigo 14.°)[1353], o direito à livre circulação em lugares públicos na

[1351] O valor base da remuneração destes eleitos locais é fixado por referência ao vencimento base atribuído ao Presidente da República, em índices variáveis consoante o número de eleitores, de 40% a 55% (no caso dos presidentes da câmara).

[1352] A regra é hoje a de que têm direito a *metade* das remunerações e subsídios fixados para os cargos em regime de tempo inteiro.

[1353] Os trinta dias de férias anuais devem ser contados de *forma contínua*, não havendo que proceder a nenhum tipo de aproximação ao regime aplicável aos funcionários públicos (neste sentido também, Maria José Castanheira Neves, *Governo e Administração...*, p. 189).

área da autarquia (artigo 15.°)[1354], o direito a um seguro de acidentes pessoais (artigo 17.°)[1355], o direito a apoio em processos judiciais (artigo 21.°)[1356] e a garantia a não ser prejudicado na respectiva colocação ou emprego (artigo 22.°).

Em todo o caso, diversamente do que sucede, por exemplo, no ordenamento brasileiro[1357], os eleitos locais não gozam entre nós de verdadeiras imunidades (salvo porventura o direito referido no artigo 15.° do EEL)[1358], ainda que possam ser arrolados a seu benefício diversos poderes funcionais[1359], direitos subjectivos[1360] e um regime especial em matéria de responsabilidade criminal (v. *supra*, n.° 11.5.3.)[1361].

11.6.2. Ora, se os deveres há pouco referidos são *prima facie* gerais (ou seja, vinculam todos os eleitos locais)[1362], como ficou já patente, alguns dos direitos do artigo 5.°, n.° 1, estão reservados aos eleitos locais em regime de permanência [é esse o caso dos direitos referidos nas alíneas *a*), *b*), *e*), *f*), *p*), *q*) e *r*)][1363] ou são exclusivos dos presidentes das câmaras municipais e dos seus substitutos legais [é esse o caso do direito referido na alínea *h*)][1364].

[1354] Direito regulamentado pela Portaria n.° 399/98, de 23 de Junho.

[1355] Neste caso, trata-se de um *direito condicionado* a deliberação do respectivo órgão, que fixará também o valor dos seguros; na realidade, tratando-se de assembleia autárquica, terá de existir ainda uma intervenção do órgão executivo.

[1356] Trata-se aqui de um *direito a prestações* (reembolso das despesas), sujeito a condição resolutiva.

[1357] Artigo 29.°, VIII, da Constituição de 1988.

[1358] Quanto ao regime do Protocolo de Estado, vejam-se as regras especialmente definidas nos artigos 31.°, 32.° e 33.° da Lei n.° 40/2006, de 25 de Agosto, ocupando os diversos eleitos locais as posições 41, 42, 51, 53, 54 e 55 (definidas no artigo 7.° do mesmo diploma).

[1359] Designadamente os que decorrem do disposto no artigo 46.°-B da LAL.

[1360] Como vimos ser o caso do direito de renúncia ao mandato (v. *supra*, n.° 11.3.3.).

[1361] Em contrapartida, não beneficiam hoje da protecção penal conferida pelo artigo 1.°, n.° 1, do Decreto-Lei n.° 65/84, de 24 de Fevereiro (aplicável por força do artigo 20.° do EEL), dada a revogação daquele diploma pelo Decreto-Lei n.° 48/95, de 15 de Março.

[1362] Exemplo de dever *particular* é o estabelecido no artigo 7.°, n.° 4, do EEL (na renumeração da Lei n.° 22/2004, de 17 de Junho), nos termos do qual "os presidentes de câmaras municipais e os vereadores em regime de permanência que não optem pelo exclusivo exercício das suas funções terão de assegurar a resolução dos assuntos da sua competência no decurso do período de expediente público".

[1363] Artigo 5.°, n.° 2, do EEL.

[1364] Artigo 5.°, n.° 3, do EEL.

a) Relativamente aos eleitos locais em *regime de não permanência*, os mesmos gozam de um direito a dispensa das respectivas actividades profissionais, nas condições do n.° 3 do artigo 2.° do EEL (para os membros dos órgãos executivos municipais), do artigo 9.° da Lei n.° 11/96, de 18 de Abril (para os membros das juntas de freguesia) e do n.° 4 do artigo 2.° do EEL (para os membros dos órgãos deliberativos e consultivos em geral)[1365].

b) Quanto aos demais eleitos locais (*em regime de permanência e de meio tempo*), há-de sempre partir-se de uma correcta determinação do âmbito subjectivo de aplicação de cada diploma (v. *supra*, n.° 11.1.) e da previsão de cada norma em concreto, dada a diversidade de hipóteses.
Importa então relembrar que as obrigações em matéria de *controlo público da riqueza* dos titulares de cargos políticos, estabelecidas na Lei n.° 4/83, de 2 de Abril, se estendem ao presidente e aos vereadores de câmara municipal; esses eleitos locais devem por isso apresentar no Tribunal Constitucional, no prazo de 60 dias contado da data do início do exercício das respectivas funções, declaração dos seus rendimentos, bem como do seu património e cargos sociais[1366], podendo incorrer, em caso de incumprimento faltoso, em declaração de perda do mandato[1367], devendo aliás dizer-se que se trata do mecanismo que tem revelado maiores potencialidades de afectação dos mandatos dos eleitos locais, como comprova o volume de decisões dos tribunais superiores[1368].

[1365] O artigo 2.°, n.° 5, consagra o direito subjectivo público das entidades empregadoras à compensação dos encargos resultantes destas dispensas.

[1366] Artigo 1.° da Lei n.° 4/83, na redacção dada pela Lei n.° 25/95, de 18 de Agosto. O regime deste diploma foi regulamentado pelo Decreto Regulamentar n.° 1/2000, de 9 de Março.

[1367] Artigo 3.°, n.° 1, da Lei n.° 4/83, na redacção da Lei n.° 25/95, de 18 de Agosto.

[1368] Entre outros, especialmente quanto ao pressuposto da culpa ("incumprimento culposo"), vejam-se os Acórdãos do Supremo Tribunal Administrativo, da 1.ª subsecção, de 22 de Agosto de 2007 – P.° 690/2007; da 1.ª subsecção, de 26 de Junho de 2008 – P.° 353/2008; da 2.ª subsecção, de 28 de Maio de 2008 – P.° 299/2008; o Acórdão da 1.ª secção do Tribunal Central Administrativo do Norte n.° 873/2007, de 29 de Novembro de 2007; quanto aos pressupostos da perda do mandato, o Acórdão da 1.ª secção do Tribunal Central Administrativo do Norte n.° 190/2007, de 29 de Maio de 2008; quanto aos valores que subjazem a essas obrigações, e à não-inconstitucionalidade da respectiva lei, o Acór-

Por sua vez, as vinculações em matéria de *incompatibilidades e impedimentos*, estabelecidas na Lei n.° 64/93, de 26 de Agosto, abrangem o presidente da câmara municipal e os vereadores a tempo inteiro e, também, os membros da junta de freguesia em regime de permanência[1369]; deve no entanto referir-se que, na prática, tanto o EEL como a Lei n.° 64/93, de 26 de Agosto, esvaziaram quase por completo o princípio da exclusividade[1370] no que se refere aos eleitos locais[1371].

Ainda assim, merece referência o facto de a Lei n.° 64/93, de 26 de Agosto, ter facultado a criação nas autarquias locais de um *registo de interesses*[1372] (estabelecendo que compete às assembleias autárquicas deliberar sobre a sua existência e regulamentar a respectiva composição, funcionamento e controlo), bem como o facto de ter imposto o depósito junto do Tribunal Constitucional de *declaração de inexistência de incompatibilidades ou impedimentos*, nos 60 dias posteriores à data da tomada de posse[1373].

Já a imposição do dever de comunicação ao Tribunal Constitucional e à assembleia municipal, na primeira reunião desta a seguir ao início do mandato ou previamente à entrada em funções nas actividades não autárquicas, do exercício de outras actividades está prevista nos dois diplomas[1374].

---

dão do Tribunal Central Administrativo do Sul, 2.° Juízo, de 8 de Novembro de 2007 – P.° 3014 (todos acessíveis a partir de www.dgsi.pt).

1369 Por força do artigo 12.° da Lei n.° 11/96, de 18 de Abril.

1370 Havendo portanto a possibilidade de acumulação, praticamente livre, de funções públicas ou privadas, o regime remuneratório correspondente (para os membros dos executivos municipais em regime de permanência) está hoje definido nas alíneas *a*), *b*) e *d*) do n.° 1 do artigo 7.° do EEL (após a alteração legislativa de 2005 e a revogação de uma alínea em 2006): (i) os que exerçam apenas funções autárquicas, ou em acumulação com o desempenho não remunerado de funções privadas, recebem a totalidade das remunerações do artigo 6.°; (ii) aqueles que exerçam funções privadas remuneradas recebem 50% do valor base da remuneração; (iii) aqueles que exerçam outras actividades em entidades públicas apenas podem perceber as remunerações previstas no artigo 6.°.

1371 Já neste sentido, António Cândido de Oliveira, *Direito das Autarquias...*, pp. 281, 319.

1372 Artigo 7.°-A, n.° 1, aditado pela Lei n.° 28/95, de 18 de Agosto (faculdade que todavia as autarquias não têm valorizado).

1373 Artigo 10.° da Lei n.° 64/93, de 26 de Agosto.

1374 No artigo 3.°, n.° 1, do EEL, na redacção dada pela Lei n.° 52-A/2005, de 10 de Outubro, e no artigo 6.° da Lei n.° 64/93, de 26 de Agosto (sendo que o artigo 6.° origina-

11.6.3. Uma nota final merece o estatuto especificamente aplicável aos *membros das juntas de freguesia*, dada a autonomização de algumas regras, dada a sucessão, nem sempre clara, de regimes jurídicos e dadas as respectivas implicações políticas e financeiras.

A revalorização das freguesias teve talvez o seu arranque com a aprovação da Lei n.° 11/96, de 18 de Abril[1375], que definiu o regime aplicável ao exercício do mandato dos membros das juntas de freguesia[1376].

Apesar disso, a nova lei começa por não definir tão claramente como devia as suas relações com o Estatuto dos Eleitos Locais, ao declarar este diploma subsidiariamente aplicável aos eleitos para os órgãos das juntas de freguesia (artigo 11.°)[1377]. Esta primeira dificuldade deve ser ultrapassada nos termos das seguintes linhas orientadoras: (i) o regime do EEL aplica-se directamente e na sua integralidade[1378] aos membros dos órgãos deliberativos das freguesias; (ii) o regime do EEL aplica-se ainda directamente aos membros dos órgãos executivos das freguesias, salvo em matéria de remunerações, abonos, dispensa de actividade profissional e incompatibilidades, aplicando-se aí o regime especial da Lei n.° 11/96, de 18 de Abril; (iii) o regime do EEL é subsidiariamente aplicável, com as necessárias adaptações, aos eleitos locais para os órgãos das juntas de freguesia apenas nas matérias agora indicadas.

A Lei n.° 11/96, de 18 de Abril, definia em termos inovadores nos seus primeiros artigos as regras gerais sobre o regime de funções dos membros das juntas de freguesia, mas essas disposições vieram a ser revo-

---

rio, revogado pela Lei n.° 28/95, de 18 de Agosto, foi repristinado pela Lei n.° 12/98, de 24 de Fevereiro).

[1375] Sobre as notas justificativas dos dois projectos de lei (do PCP e do PS) que lhe estiveram na origem, cfr. *Diário da Assembleia da República*, II série A, n.° 6/VII/1, suplemento, de 30 de Novembro de 1995, p. 158 (-11); *Diário da Assembleia da República*, II série A, n.° 9/VII/1, de 14 de Dezembro de 1995, pp. 184 s.

[1376] Esse processo prosseguiu depois com a aprovação da Lei n.° 23/97, de 2 de Julho, e, dois anos mais tarde, das Leis n.os 159/99, de 14 de Setembro, e 175/99, de 21 de Setembro.

[1377] Trata-se de uma disposição paradoxal (vejam-se as dificuldades em Maria José Castanheira Neves, *Governo e Administração...*, p. 177, nota 132), uma vez que o EEL era directamente aplicável aos membros dos órgãos executivos das freguesias (artigo 1.°, n.° 2).

[1378] Salvo o disposto artigo 8.°, n.° 2, da Lei n.° 11/96, de 18 de Abril (regra especial definida para os membros da assembleia de freguesia).

gadas pelo artigo 100.°, n.° 2, da Lei n.° 169/99, de 18 de Setembro (que em todo o caso incorporou materialmente aquelas soluções)[1379].

Com exclusão então desse domínio, a Lei n.° 11/96, de 18 de Abril, além de estender o regime de incompatibilidades (artigo 12.°), pretendeu autonomizar a disciplina relativa a remunerações e abonos[1380] e à dispensa do exercício da actividade profissional dos membros do órgão executivo paroquial: mas, ao passo que as regras sobre dispensa do exercício da actividade profissional se aplicam aos membros das juntas de freguesia em regime de não permanência (artigo 9.°), as regras sobre remunerações aplicam-se aos membros das juntas de freguesia em regime de permanência (artigos 5.°, 5.°-A, 6.° e 12.°).

Assim, em matéria de remunerações, a grande inovação introduzida foi a da fixação da remuneração do presidente da junta de freguesia em regime de permanência por referência ao vencimento base atribuído ao Presidente da República, em índices variáveis de 16%, 19%, 22% e 25%, consoante o número de eleitores (artigo 5.°). Mais tarde, os membros das juntas de freguesia em regime de permanência viram ainda ser-lhes reconhecido o direito a despesas de representação (artigo 5.°-A)[1381].

Para satisfazer esses novos encargos, a lei inovou também, determinando que "a verba necessária ao pagamento das remunerações e encargos com os membros da junta em regime de tempo inteiro ou de meio tempo será assegurada directamente pelo Orçamento do Estado" (artigo 10.°) – inovação que, por seu lado, parece ter levado à derrogação[1382] do disposto no artigo 24.°, n.° 1, do EEL (nos termos do qual "as remunerações, compensações, subsídios e demais encargos previstos na presente lei são suportados pelo orçamento da respectiva autarquia local").

Tendo este novo quadro vigorado durante mais de uma década, o mesmo veio a sofrer uma perturbação com a entrada em vigor da nova Lei das Finanças Locais de 2007, que passou a estabelecer novas receitas das freguesias[1383], criou um Fundo de Financiamento das Freguesias (FFF)[1384],

---

[1379] Artigos 26.°, 27.° e 28.° da LAL (quanto ao artigo 27.°, n.° 3, com a redacção da Lei n.° 5-A/2002, de 11 de Janeiro).

[1380] Neste caso, os artigos 5.°, 5.°-A, 6.°, 7.°, 8.° e 10.°.

[1381] Aditado pela Lei n.° 87/2001, de 10 de Agosto.

[1382] Revogação expressa e necessária houve, sim, dos artigos 9.° e 10.°, n.° 3, do EEL (cfr. artigo 13.° da Lei n.° 11/96, de 18 de Abril).

[1383] Artigo 17.° da Lei n.° 2/2007, de 15 de Janeiro.

[1384] Artigo 30.° da Lei n.° 2/2007, de 15 de Janeiro.

definiu novas regras sobre a transferência e a distribuição desse fundo de financiamento[1385] (em função de uma nova tipologia das freguesias)[1386] e sobretudo definiu que essa nova distribuição "deve assegurar a transferência das verbas necessárias para o pagamento das despesas relativas à compensação por encargos dos membros do órgão executivo da freguesia"[1387], estabelecendo ainda uma regra transitória até 2009[1388].

Uma vez terminado o regime transitório assim definido, a Lei n.° 64-A/2008, de 31 de Dezembro (Lei do Orçamento de Estado para 2009) determinou no respectivo artigo 42.°, n.ºs 6 a 10, o seguinte:

> *6 – No ano de 2009, o montante global do Fundo de Financiamento das Freguesias (FFF) é fixado em € 208 128 907, sendo o montante a atribuir a cada freguesia o que consta do mapa XX em anexo.*
>
> *7 – O montante global do FFF referido no número anterior integra, nos termos do n.° 5 do artigo 32.° da Lei n.° 2/2007, de 15 de Janeiro, as verbas necessárias para o pagamento das despesas relativas à compensação por encargos dos membros do órgão executivo da freguesia, bem como as senhas de presença dos membros do órgão deliberativo para a realização do número de reuniões obrigatórias, nos termos da lei.*
>
> *8 – O montante referido no número anterior engloba o pagamento de todos os montantes devidos aos membros dos órgãos das juntas de freguesia pelo exercício das suas funções, designadamente os devidos a título de remuneração.*
>
> *9 – Nas situações em que os encargos referidos no número anterior, respeitadas as condições previstas no artigo 27.° da Lei n.° 169/99, de 18 de Setembro, alterada pela Lei n.° 5-A/2002, de 11 de Janeiro, pelo Decreto-Lei n.° 268/2003, de 28 de Outubro, e pela Lei n.° 67/2007, de 31 de Dezembro, ultrapassem as receitas totais da freguesia, pode esta requerer, junto da Direcção-Geral das Autarquias Locais, o financiamento do montante em excesso.*

[1385] Artigos 31.° e 32.° da Lei n.° 2/2007, de 15 de Janeiro.

[1386] Artigo 32.°, n.° 2, da Lei n.° 2/2007, de 15 de Janeiro.

[1387] Artigo 32.°, n.° 5, da Lei n.° 2/2007, de 15 de Janeiro.

[1388] Artigo 60.°, n.° 2, da Lei n.° 2/2007, de 15 de Janeiro.

10 – É retida do FFF, de forma proporcional à dotação prevista no mapa XX, a verba necessária para fazer face à despesa referida no número anterior.

Por efeito conjugado destas duas leis, pode então constatar-se que, por um lado, foi objecto de revogação implícita o disposto no artigo 10.° da Lei n.° 11/96, de 18 de Abril, e que, por outro, reassumiu inteira vigência o princípio subjacente à regra enunciada no artigo 24.°, n.° 1, do EEL[1389]; neste contexto, não fora o desvio introduzido pelo artigo 39.°, n.° 1, da Lei n.° 3-B/2010, de 28 de Abril, poder-se-ia concluir que os encargos com as remunerações, compensações e outros abonos com os membros dos órgãos das freguesias (tanto do órgão deliberativo como do órgão executivo) tinham passado a ser suportados integralmente pelo orçamento da respectiva autarquia local.

12. O CONTROLO

12.1. PRELIMINARES

No último meio século, depois das tentativas de identificação de uma função estadual de controlo[1390], dois fenómenos relativamente observáveis nas esferas próximas da ciência do direito público e da ciência política[1391] são, por um lado, uma certa generalização do termo controlo (ou controlos)[1392] e, por outro, as tentativas de edificação de teorias gerais da função de controlo[1393].

Entre nós, André Gonçalves Pereira já em 1959 dava sinal da inevitabilidade da expressão para descrever a fenomenologia da intervenção do

---

[1389] Na redacção dada pela Lei n.° 52-A/2005, de 10 de Outubro.

[1390] Para um apontamento, André Folque, *A Tutela...*, p. 318.

[1391] Em cujo âmbito incluímos a ciência da administração (cfr. Melo Alexandrino, «Prólogo a um Curso...», pp. 191, 200 ss., 209).

[1392] Expressão que se generalizou designadamente na Itália: assim todas as obras referidas na nota bibliográfica sobre essa matéria por Luciano Vandelli (cfr. *Il sistema...*, p. 259).

[1393] Para um exemplo português, Pedro Bacelar de Vasconcelos, *Teoria geral do controlo do poder político*, Lisboa, 1996.

Estado na administração local[1394]. Mas nem por isso, com a revolução de 1974, o legislador constituinte ou o legislador ordinário[1395] deram mostras de querer abandonar a tão negativamente marcada expressão francesa "tutela"[1396]. Fê-lo porém a doutrina[1397]. Fizeram-no também os próprios franceses: sentindo a crise geral do modelo de tutela legado pela tradição napoleónica, também eles, na senda dos italianos, substituíram as referências ao sistema de tutela pelas referências aos controlos[1398]; já os

---

[1394] André Gonçalves Pereira, *Contribuição...*, p. 161; no mesmo sentido e no mesmo ano, também o Professor Afonso Rodrigues Queiró se referia a "tutela ou controlo do Estado" (cfr. *Lições de Direito Administrativo*, vol. I, Coimbra, 1959, p. 262).

[1395] Em todo o caso, nos anos mais recentes, acentuaram-se as referências ao controlo e às funções de controlo (veja-se, por exemplo, o disposto no artigo 1.° do Decreto-Lei n.° 276/2007, de 31 de Julho, que aprovou o *regime jurídico da actividade de inspecção, auditoria e fiscalização*).

[1396] Paulo Otero vê aliás no disposto no artigo 242.°, n.° 3, da CRP a *solução atómica* da instauração do "regime de tutela" (cfr. *O poder de substituição...*, vol. II, p. 805); sobre a distinção entre tutela e regime de tutela (artigo 382.° do Código Administrativo), Marcello Caetano, *Manual...*, vol. I, pp. 370 s.; Baptista Machado, «Participação e descentralização», p. 16; Sérvulo Correia, *Noções...*, vol. I, pp. 130, 211; Casalta Nabais, «A autonomia local...», p. 173, nota 135.

[1397] Baptista Machado, «Participação e descentralização», pp. 4, 9, 15, 20, 27, 29; Casalta Nabais, «A autonomia local...», pp. 171, 172 ss.; Id., *A Autonomia financeira...*, pp. 71 ss.; Paulo Otero, *Conceito e Fundamento...*, pp. 222 ss.; Id., *O poder de substituição...*, vol. II, pp. 788, 805, nota 296, 806; Gomes Canotilho / Vital Moreira, *Constituição...*, 3.ª ed., pp. 887, 897; António Cândido de Oliveira, *Direito das Autarquias...*, pp. 104, 127; Id., «Poderes paralelos ao ataque da autonomia municipal (anotação ao Acórdão do STA, Pleno da 1.ª secção, de 7-05-1996)», in *Cadernos de Justiça Administrativa*, n.° 0 (1996), pp. 46 ss. [40-48]; Id., «Tutela administrativa: por uma lei que fortaleça o Estado de Direito» (anotação ao Acórdão do STA, de 16-01-1997), in *Cadernos de Justiça Administrativa*, n.° 4 (1997), p. 49 [39-50]; Id., «A difícil democracia...», p. 96; António Francisco de Sousa, *Direito Administrativo...*, p. 162; Vital Moreira, *Administração Autónoma...*, pp. 206 ss., 239; Id., *Organização Administrativa...*, p. 66, 91; Marcelo Rebelo de Sousa, *Lições...*, p. 229; Ana Neves, «Os institutos públicos...», pp. 521, 522; André Folque, *A Tutela...*, pp. 296 ss.; Id., «Indisciplina normativa...», pp. 37, 39, 46; Lúcia Amaral, *A Forma da República...*, p. 283; José Figueiredo Dias / Fernanda Paula Oliveira, *Noções Fundamentais...*, p. 73; Freitas do Amaral, *Curso...*, vol. I^3, pp. 880, 891, 893, 894, 899 s., 903; Marcelo Rebelo de Sousa / Salgado de Matos, *Direito Administrativo...*, tomo I^3, p. 50; Maria da Glória Garcia / André Folque, «Artigo 242.°», in Jorge Miranda / Rui Medeiros, *Constituição...*, tomo III, pp. 501 ss.; Melo Alexandrino, «O défice de protecção...», p. 16, nota 25.

[1398] André Folque, *A Tutela...*, pp. 318 ss.; Luciano Vandelli, *Il sistema...*, pp. 171 ss.; Jean-Bernard Auby / Jean-François Auby / Rozen Noguellou, *Droit des collectivités...*, pp. 323 ss.

brasileiros e, em parte, os espanhóis parecem preferir o termo "supervisão"[1399].

Com isto, sem pretender entrar em querelas terminológicas nem desenvolver nenhuma teoria do controlo, há uma intenção: a de evidenciar que os mecanismos e as formas da tutela administrativa no ordenamento português constituem uma parcela de uma realidade mais ampla[1400], tomada aqui justamente como pano de fundo para situar a mais tradicional das modalidades de controlo exercidas entre nós sobre as autarquias locais (a tutela administrativa)[1401]; e também a de evidenciar que, devido ao

---

[1399] Antonio Jiménez-Blanco, depois de repudiar a expressão "tutela", não se satisfaz tão-pouco com as expressões "controlo" ou "inspecção", inclinando-se para a tradução ("supervisão") do termo alemão *Aufsicht* [cfr. «Las relaciones interadministrativas de supervisión y control», in Santiago Muñoz Machado (dir.), *Tratado de Derecho Municipal*, tomo I², p. 432, nota 12 [427-444]; outros autores não hesitam na escolha da expressão controlo [assim, José Santamaría Pastor, *Principios de Derecho*..., pp. 616 ss.; Ramón Parada, *Derecho Administrativo*..., pp. 63 ss., 227 ss. (referindo-se também aí a tutelas); Ramón Martín Mateo / Díez Sanchez, *Manual*..., p. 146].

Por seu lado, no Brasil, como informou ainda Marcello Caetano, a designação de tutela administrativa foi substituída na Reforma Administrativa de 1967 por "supervisão" (cfr. *Princípios Fundamentais*..., p. 72); por sua vez, o "controle" constitui um dos instrumentos da *supervisão ministerial* (cfr. Hely Lopes Meirelles, *Direito Administrativo*..., 35.ª ed., pp. 748 s., 754 ss.).

A doutrina portuguesa tem traduzido *Staatsaufsicht* ou *Aufsicht* por tutela (cfr. *v. g.* Vital Moreira, *Administração Autónoma*..., pp. 217, 218) e não por supervisão, como talvez fosse devido. Sobre a matéria, afirmando a impropriedade da expressão, Baptista Machado, «Participação e descentralização», p. 14; exprimindo reservas ao termo "tutela", António Francisco de Sousa, *Direito Administrativo*..., p. 160, nota 64; preconizando a substituição de "tutela" pelo termo "controlo", Casalta Nabais, «A autonomia local...», pp. 170 s., nota 128 (dando justamente os exemplos colhidos na Espanha, na França e na Itália); sem razão nesse ponto, Vital Moreira, *Administração Autónoma*..., p. 206, nota 298.

[1400] Com exemplos de utilização de um conceito de controlo em sentido amplo, Marcelo Rebelo de Sousa / Salgado de Matos, *Direito Administrativo*..., tomo I³, pp. 105, 106, 123 s., 125, 147, 165, 186; sobre o âmbito do poder de controlo, na relação hierárquica, Paulo Otero, *Conceito e Fundamento*..., pp. 135 ss.

[1401] Na verdade, se a tutela, como figura jurídica, não é universal (como sabemos, ela foi eliminada na 1.ª República e abandonada inclusivamente na pátria de origem), em todos os ordenamentos existem necessariamente mecanismos de controlo, mesmo nos anglo-saxónicos (cfr. Paulo Otero, *O poder de substituição*..., vol. II, p. 805, nota 296; André Folque, *A Tutela*..., p. 381); mesmo nas federações estão normalmente presentes poderes de intervenção federal ou estadual (com indicações, Nelson Nery Costa, *Direito Municipal*..., pp. 92 ss.): por exemplo, no Brasil, a Constituição (artigos 35.° e 36.°) admite excepcionalmente a intervenção dos estados nos municípios (*ibidem*, pp. 98 ss.).

carácter transversal da acção dos entes locais (que é política, é administrativa, é económica, é organizativa, é social), só uma perspectiva de conjunto permitiria captar o muito delimitado lugar que nessa esfera de acção é ocupado pela tutela administrativa[1402].

Ainda assim, mesmo a utilização de um conceito intencionalmente amplo de controlo[1403] deixa de fora fenómenos próximos, impostos por um conjunto de transformações mais recentes (como as que relevam da cooperação, da coordenação, do funcionamento em rede, etc.), talvez melhor enquadráveis no plano das relações interadministrativas[1404] (ou, eventualmente, no das figuras afins)[1405].

Com este reparo final, todas essas realidades (velhas e novas) serão consideradas neste parágrafo de algum modo sob a cobertura da ideia de controlo (que aliás deixou de ser entendido em termos unidireccionais e autoritários): (i) partindo assim de um conceito amplo de controlo e de uma tipologia das formas de controlo, (ii) examinar-se-á o que se considera o controlo administrativo em sentido estrito[1406], para (iii) terminar com uma referência aos fenómenos de co-administração no ordenamento português da última década.

[1402] Atente-se, por exemplo, na seguinte citação: «[o] *mérito* técnico, económico, ambiental e social das opções adoptadas pelos órgãos das autarquias locais, a salvo do controlo tutelar, como do controlo jurisdicional, apenas pode ser julgado pelo eleitorado ou internamente (*v. g.* oficiosamente ou sob petição, reclamação ou recurso hierárquico impróprio deduzidos pelos interessados)» (cfr. Maria da Glória Garcia / André Folque, «Artigo 242.°», p. 501).

[1403] Conceito já de si mesmo plurisignificativo: entre muitos, na doutrina italiana, Sabino Cassese (coord.), *I controlli nella pubblica amministrazione*, Bologna, 1993; Francesco Staderini, *Diritto...*, pp. 117 ss.; Renata Lombardi, *Contributo allo studio della funzione di controllo: Controlli interni e attività amministrativa*, Milano, 2003; Elio Caseta, *Manuale di diritto amministrativo*, 9.ª ed., Milano, 2008, pp. 134 ss.

[1404] Assim, Antonio Jiménez-Blanco, «Las relaciones interadministrativas...», pp. 427 ss.; Jean-Bernard Auby / Jean-François Auby / Rozen Noguellou, *Droit des collectivités...*, pp. 317 ss.; de algum modo ainda neste sentido, Paulo Otero, *O poder de substituição...*, vol. II, pp. 803 ss.

[1405] Assim, Freitas do Amaral, *Curso...*, vol. I^3, pp. 881 ss.; André Folque, *A Tutela...*, pp. 424 ss.; já Marcello Caetano se ocupava do problema em sede das "formas de intervenção do Governo na administração local autárquica" (cfr. *Manual...*, vol. I, p. 364).

[1406] Baptista Machado, «Participação e descentralização», pp. 27, 29; André Folque, *A Tutela...*, p. 322.

12.2. Conceito e tipologia das formas de controlo

12.2.1. Como noção geral de controlo e ponto de partida[1407] não dogmático, definimos o controlo como a aferição da conformidade de certos actos, omissões ou actividades com um parâmetro precedente, em virtude da qual possa resultar algum efeito relevante[1408].

O conceito compreende por isso três elementos essenciais e um elemento eventual. Constituem elementos essenciais: (i) uma *actuação* de alguém (em princípio, mas não necessariamente, externo à entidade controlada); (ii) um *conhecimento* sobre a conformidade de um certo objecto (acto, omissão ou actividade); e (iii) a existência de um *parâmetro* (de carácter variável e que pode ter um maior ou menor grau de objectivação). Já o elemento eventual traduz-se na possibilidade (é esse um resultado natural) de *produção de certos efeitos*.

Neste sentido, haverá controlo tanto na efectivação da responsabilidade política dos órgãos executivos perante os órgãos deliberativos[1409] como na fiscalização feita pelos vereadores da oposição no seio da câmara municipal[1410]; haverá controlo tanto nos poderes de intervenção das entidades reguladoras sectoriais[1411] como nas queixas ao Provedor de Justiça[1412]; haverá ainda controlo na realização de inquéritos e sindicâncias ou na fiscalização da riqueza dos eleitos locais[1413]; haverá ainda controlo, afinal, na intervenção dos tribunais, quer em geral, quer em especial (nomeadamente por via da aplicação das sanções tutelares[1414], por via da condenação em crimes de responsabilidade[1415] ou mesmo por via da fiscalização da legalidade de referendos locais[1416]).

[1407] Admitindo, com reservas, um similar ponto de partida, dando diversos exemplos dessas variadas formas de controlo no direito público, André Folque, *A Tutela*..., p. 297.

[1408] Admitindo nesta lógica uma pluralidade de tipos de controlo, Marcelo Rebelo de Sousa, *Lições*..., pp. 229 ss.; especificamente sobre os procedimentos administrativos de controlo, num sentido mais rigoroso, Marcelo Rebelo de Sousa / Salgado de Matos, *Direito Administrativo*..., tomo III, pp. 206 ss.

[1409] Artigo 239.° da CRP.

[1410] Artigo 3.° da Lei n.° 24/98, de 26 de Maio.

[1411] Artigos 8.°, n.° 2, 11.° e 39.°, n.° 2, da Lei n.° 53-F/2006, de 29 de Dezembro; artigo 11.° do Decreto-Lei n.° 194/2009, de 20 de Agosto.

[1412] Artigo 23.°, n.° 1, da CRP.

[1413] V. *supra*, n.os 11.1. e 11.6.

[1414] V. *infra*, n.° 12.3.

[1415] V. *supra*, n.° 11.5.

[1416] Artigos 25.° e seguintes da Lei n.° 4/2000, de 24 de Agosto.

Os exemplos poderiam facilmente multiplicar-se.

12.2.2. Pode então perguntar-se o que é que varia em cada um desses casos.

E a resposta é a de que, nos vários tipos de controlo, podem afinal variar o parâmetro do controlo, o órgão de controlo ou as sanções e efeitos do controlo.

Os *parâmetros de controlo* podem revestir feições políticas (como na moção de censura, na revogação popular do mandato, na institucionalização e funcionamento dos grupos municipais, etc.), feições jurídico-legais (como na participação ao Ministério Público, nas sentenças, nas autorizações ou aprovações tutelares, etc.), feições organizativas (como na avaliação dos serviços ou do desempenho dos funcionários), feições técnicas (como sucede em geral com a intervenção das entidades reguladoras) ou ainda feições mistas (como nas conferências de imprensa, por exemplo).

Quanto ao *órgão de controlo*, pode tratar-se da população (como sucede com a relação de responsabilidade política dos órgãos eleitos perante a comunidade local e, em geral, com o funcionamento dos meios de comunicação social[1417]), pode tratar-se da comunidade política de referência em sentido estrito (como sucede no referendo local ou na destituição através da *revocação* do mandato[1418]), pode tratar-se de outras estruturas políticas e sociais (partidos políticos, grupos de cidadãos, associações, etc.), pode tratar-se ainda de estruturas do próprio ente (é o que sucede com o papel das assembleias deliberativas, dos grupos municipais, das auditorias internas, dos provedores, etc.), pode naturalmente tratar-se de órgãos do Estado, das regiões autónomas e até de organizações internacionais (é esse o caso da tutela administrativa, da intervenção financeira[1419] e do controlo jurisdicional) e não está excluído o controlo exercido por entidades privadas (na fiscalização de obras[1420] ou na auditoria externa[1421], por exemplo).

[1417] Artigo 9.° da Lei n.° 24/98, de 26 de Maio.

[1418] Maria Benedita Urbano, «Referendo», pp. 86-87; Jorge Miranda, *Manual...*, tomo VII, p. 80.

[1419] Artigo 41.° da Lei das Finanças Locais e Decreto-Lei n.° 38/2008, de 7 de Março.

Admitindo ser este um dos domínios do controlo em expansão, André Folque, «Indisciplina normativa...», pp. 45 s.; Vital Moreira, «Empréstimos municipais...», pp. 40 ss.

[1420] Pedro Gonçalves, *Entidades Privadas...*, pp. 888 s.

[1421] Está aliás expressamente prevista no artigo 48.° da Lei das Finanças Locais.

Por fim, quanto às *sanções e efeitos do controlo*, os mesmos podem ser formais ou informais, estar tipificados na lei, previstos na lei ou não previstos na lei, podem ter ou não ter efeitos vinculativos, podem produzir ou não produzir consequências jurídicas predeterminadas, etc.

12.2.3. Quanto aos *tipos de controlo*, há uma primeira grande divisão a fazer entre o controlo exercido *sobre* as autarquias locais e o controlo exercido *pelas* autarquias locais (ou no seio das autarquias locais).

A) Controlo exercido sobre as autarquias locais

Tradicionalmente, a atenção está concentrada nas formas de controlo exercido sobre os actos, as actividades ou os órgãos das autarquias locais, o que se afigura, a todos os títulos, compreensível, por ser aí que se concentra o maior número de problemas. Ora, dentro deste grande compartimento, há ainda duas divisões fundamentais: a do controlo em sentido amplo e a do controlo em sentido estrito.

Consoante o órgão e o parâmetro, o controlo em sentido amplo pode ser um controlo *político* (o que envolve actores e formas políticas), um controlo *jurisdicional* (estando aqui naturalmente reservado aos tribunais), *técnico* (desenvolvido hoje essencialmente pelas entidades reguladoras sectoriais[1422], mas também por certas estruturas da administração central do Estado) ou *administrativo em sentido impróprio* (o que resulta, por exemplo, de sindicâncias, de fiscalização administrativa ou da acção do Provedor de Justiça)[1423].

Em sentido estrito, o controlo exercido sobre as autarquias locais traduz-se, entre nós, no controlo administrativo *stricto sensu*, ou seja, na tutela administrativa (v. *infra*, n.° 12.3.).

[1422] Veja-se o caso de *controlo indirecto*, através do controlo sobre os partidos políticos, feito pela entidade das contas (artigos 24.° e 25.° da Lei n.° 19/2003, de 20 de Junho).

[1423] Um exemplo de controlo administrativo exercido sobre os titulares dos órgãos é o levado a cabo pelo Ministério Público, nos termos do artigo 5.°-A do Decreto-Lei n.° 4/83, de 2 de Abril, aditado pela Lei n.° 25/95, de 18 de Agosto.

B) Controlo exercido pelas autarquias locais

Dada no entanto a complexidade crescente dos entes locais, enquanto organização e enquanto rede de relações (designadamente com estruturas e entidades criadas na esfera da autarquia local ou com entidades às quais foram por contrato ou outra via devolvidas funções autárquicas)[1424], importa deixar também uma nota sobre os tipos de controlo que podem desenvolver-se no seio da administração local, distinguindo entre: (i) o controlo exercido *sobre o próprio ente* local; (ii) o controlo exercido *sobre outras entidades*; e (iii) o controlo exercido *sobre serviços e estruturas* afectos ao ente local.

O primeiro subtipo de controlo pode ser *inter-orgânico* (como é o caso da fiscalização política exercida pelos órgãos deliberativos sobre os executivos[1425] ou pela câmara sobre o presidente da câmara) ou *intra-orgânico* (como o que é desenvolvido pelos vereadores no seio da câmara municipal ou em geral pelos titulares dos órgãos colegiais, isoladamente ou em grupos organizados[1426]).

O segundo subtipo de controlo tanto pode ser exercido sobre entidades privadas[1427], como sobre entidades públicas (freguesias, empresas municipais, empresas intermunicipais, fundações, etc.), chegando a envolver poderes de superintendência[1428] e poderes de tutela[1429].

Finalmente, o controlo exercido sobre serviços e estruturas orgânicas do ente local (serviços municipais, serviços municipalizados, estruturas de projecto, etc.)[1430] é em geral levado a cabo através de variadas formas de controlo administrativo em sentido impróprio[1431].

1424 Pedro Gonçalves, *Entidades Privadas...*, pp. 916 ss.

1425 Veja-se o exemplo que resulta do disposto no artigo 28.°, n.° 3, da Lei n.° 48/98, de 11 de Agosto.

1426 Artigo 46.°-B da LAL.

1427 Artigo 36.° da LAL.

1428 Artigo 16.° da Lei n.° 53-F/2006, de 29 de Dezembro.

1429 Artigo 39.° da Lei n.° 53-F/2006, de 29 de Dezembro.

1430 V. *supra*, n.° 8.4.

1431 No ponto 2.9 do Anexo ao Decreto-Lei n.° 54-A/99, de 22 de Fevereiro, bem como no artigo 26.°, n.° 3, do mesmo diploma estão previstos mecanismos específicos de *controlo interno*.

12.3. O CONTROLO ADMINISTRATIVO *STRICTO SENSU*: A TUTELA ADMINISTRATIVA

A configuração de um instituto jurídico concreto como a tutela administrativa sobre as autarquias locais, para além do plano da Constituição e da lei, não poderia deixar de levar na devida conta também a dimensão e o percurso histórico dessa estrutura.

Autonomizados aqueles dois planos (v. *infra*, n.os 12.3.1. e 12.3.2.), no período constitucional, a tutela administrativa surge substancialmente moldada pela tradição napoleónica, substituindo assim o sistema de *correição* (de que estavam incumbidos os corregedores)[1432] que vigorou entre nós pelo menos desde os finais do século XIII[1433].

Deste modo, a partir de 1836 e durante o restante século XIX, embora com períodos de maior e menor centralização (v. *supra*, § 4), sempre existiu marcada tutela administrativa[1434] (mesmo na vigência do Código Administrativo de 1878), donde a reacção que levou a República a eliminá-la, reservando o controlo da legalidade aos tribunais[1435].

Por sua vez, o regime corporativo reinstituiu a tutela[1436], que envolvia não só a legalidade mas também o mérito da actuação das autarquias locais[1437], num quadro de integração orgânica dos próprios entes locais, de forte centralização do poder administrativo[1438] e de outros mecanismos autoritários[1439].

A Constituição de 1976, em virtude da forma política adoptada e da consagração da autonomia local, implicou naturalmente uma redução da tutela (ainda que admitindo expressamente a dissolução dos órgãos e a

---

[1432] Sobre as funções dos corregedores na esfera da acção dos concelhos, Henrique da Gama Barros, *História da Administração*..., tomo XI, pp. 180 ss., 184 s.

[1433] Henrique da Gama Barros, *História da Administração*..., tomo XI, p. 169.

[1434] Por último, Marcelo Rebelo de Sousa / Salgado de Matos, *Direito Administrativo*..., tomo I^3, pp. 105, 124.

[1435] Vital Moreira, *Administração Autónoma*..., p. 216; André Folque, *A Tutela*..., p. 278.

[1436] Sobre a evolução da construção jurídica da figura da tutela na doutrina portuguesa, Vital Moreira, *Administração Autónoma*..., pp. 208 ss.

[1437] Marcello Caetano, *Manual*..., vol. I, pp. 230 ss., 364 ss.

[1438] Chegou a questionar-se se o acto de dissolução não revestiria a natureza de acto político (com apontamentos, Freitas do Amaral, *Curso*..., vol. I^1, p. 512, nota 1).

[1439] Para uma comparação perfunctória com o regime hoje vigente, André Folque, «Indisciplina normativa...», pp. 39 s.

subsistência de poderes de orientação sobre as autarquias locais[1440])[1441]. Em todo o caso, só em 1982 a tutela foi expressamente circunscrita no texto constitucional a um controlo da legalidade[1442].

Nestas três décadas de sistema democrático, o regime jurídico da tutela administrativa sobre as autarquias locais mostrou uma relativa contenção, por um lado, e sofreu vários ajustamentos, por outro: (i) contenção revelou-se designadamente na omissão de um princípio geral em matéria de prestação de informação[1443] (princípio comum aos ordenamentos que nos são mais próximos)[1444], na exclusão de verdadeiros controlos preventivos exercidos sobre actos[1445], na exclusão de formas de tutela substitutiva, revogatória e integrativa[1446] ou no facto de o regime de tutela estar

---

[1440] Artigo 229.°, alínea *g*), e artigo 202.°, alínea *d*), da CRP, na versão originária (sobre a dupla infelicidade deste preceito, Vital Moreira, *Administração Autónoma*..., pp. 209 ss.).

[1441] Todos os projectos de Constituição seguiam nesta parte a tradição do Código Administrativo, admitindo uma forte intervenção do Governo (cfr. António Cândido de Oliveira, *Direito das Autarquias*..., pp. 206 ss.), tendo a norma que previa o poder de superintendência do Governo sobre a administração autónoma sido aprovada por unanimidade (*ibidem*, p. 213), para ser revogada na revisão constitucional de 1982 (*ibidem*, pp. 220 s.).

[1442] Artigo 243.°, n.° 1, da CRP, na versão de 1982.

[1443] Veja-se, por exemplo, o disposto no artigo 56.° da Lei de Bases do Regime Local espanhola.

[1444] António Cândido de Oliveira, *Direito das Autarquias*..., p. 300; Id., «Tutela administrativa...», p. 49.

Assim, na Espanha, Antonio Jiménez-Blanco, «Las relaciones interadministrativas...», pp. 433 s.; na França, Jean-Bernard Auby / Jean-François Auby / Rozen Noguellou, *Droit des collectivités*..., pp. 324 ss.

[1445] Ao invés do que foi tradicional na Itália, pelo menos até às reformas de 1997 e 2001 [cfr. Antonio Brancasi, «I controlli sugli enti locali alla luce della legge n. 142 del 1990», in Sabino Cassese (coord.), *I controlli*..., pp. 157 ss.; Francesco Staderini, *Diritto*..., pp. 371 ss.; Pietro Virga, *Diritto Amministrativo*, vol. III, pp. 235 ss.; Eugenio Mele, *Manuale*..., p. 295; Luciano Vandelli, *Il sistema*..., pp. 172 ss.; Elio Caseta, *Manuale*..., pp. 277 ss.].

[1446] O artigo 55.° (em especial, os respectivos §§ 1.° a 6.°) do Código Administrativo foi expressamente revogado pelo artigo 114.°, n.° 1, da Lei n.° 79/77, de 25 de Outubro; na doutrina, António Cândido de Oliveira, *Direito das Autarquias*..., pp. 302 ss.; Id. «Poderes paralelos...», pp. 46, 47; Id., «Tutela administrativa...», p. 49; Id., «A EDP, os municípios e o Governo – Tutela administrativa – Reserva de jurisdição», in *Cadernos de Justiça Administrativa*, n.° 9 (1998), p. 22 [11-24]; na jurisprudência, vejam-se o Acórdão do Tribunal Constitucional n.° 260/98 ou o Acórdão do Supremo Tribunal Administrativo (Pleno da 1.ª secção), de 7 de Maio de 1996.

essencialmente centrado nas sanções tutelares (actuando, por conseguinte, essencialmente *a posteriori*)[1447]; (ii) por seu lado, numa primeira fase (até 1989)[1448], pese embora o carácter liberal do regime legal, algumas das soluções consagradas na lei não se afastavam muito das precedentes regras do Código Administrativo (como as respeitantes às causas de dissolução dos órgãos autárquicos)[1449]; numa segunda fase (de 1989 até 1996), houve um relativo reforço dos mecanismos de tutela, nomeadamente pela previsão de novas causas de perda do mandato e de dissolução dos órgãos autárquicos[1450] (preservando nas mãos do Governo o poder de dissolução)[1451]; finalmente, com a Lei n.° 27/96, de 1 de Agosto, mantendo e reforçando os habituais traços de contenção[1452], a aplicação das medidas tutelares foi retirada ao Governo e confiada em exclusivo à jurisdição administrativa.

Quanto a este derradeiro aspecto e às críticas que esta jurisdicionalização mereceu a um sector da doutrina[1453], subscrevemos inteiramente as palavras do Professor Diogo Freitas do Amaral, na medida em que nem o legislador procedeu ao completo esvaziamento dos poderes do Governo, «nem tão-pouco se verifica uma reserva específica de administração (a favor do Governo) no que concerne ao exercício da tutela sancionatória sobre os órgãos autárquicos, pois o n.° 1 do artigo 242.° da Constituição remete para a lei as formas de actuação do poder de tutela administrativa»[1454].

[1447] António Cândido de Oliveira, *Direito das Autarquias*..., p. 300; Id., «Tutela administrativa...», p. 49 (declarando que a lei se converteu "numa lei de perda de mandatos").

[1448] Até à aprovação da Lei n.° 87/89, de 9 de Setembro.

[1449] Diversamente, Freitas do Amaral, *Curso*..., vol. I[1], p. 508, nota 1.

[1450] Artigos 9.° e 13.° da Lei n.° 87/89, de 9 de Setembro, respectivamente.

[1451] Sobre o regime aplicável nesta subfase, António Cândido de Oliveira, *Direito das Autarquias*..., pp. 300 ss.; Id., «Tutela administrativa...», pp. 49-50; António Francisco de Sousa, *Direito Administrativo*..., pp. 160 ss.; José Tavares, «O quadro legal da tutela administrativa sobre as autarquias locais. Necessidade de mudança?», in *Revista do Tribunal de Contas*, n.° 25 (1996), tomo I, pp. 91-101; Freitas do Amaral, *Curso*..., vol. I[2], pp. 516 ss.

[1452] António Cândido de Oliveira, «Tutela administrativa...», pp. 49 s.

[1453] Por considerar a tutela um imperativo constitucional e uma reserva específica de administração, André Folque, *A Tutela*..., p. 235 ss., 241 ss.; Id., «Indisciplina normativa...», pp. 40 s. Paulo Otero, *Direito Constitucional*, vol. II, p. 646.

[1454] Freitas do Amaral, *Curso*..., vol. I[3], p. 638.

Acrescentando compreender ainda essa jurisdicionalização «quer como reacção aos excessos vividos sob a égide do Estado Novo, quer, e sobretudo, como forma de preservar

A essas razões, acrescem duas notas complementares: a primeira para referir que, no processo de jurisdicionalização da tutela, pode ver-se uma certa manifestação de *fundamentalização* da protecção da autonomia local (pela limitação dos limites e pela reserva de juiz), inteiramente compatível com as bases fundamentais do ordenamento e com os dados provenientes do direito comparado; a segunda para acentuar que as reservas ao modelo de tutela administrativa sobre as autarquias locais vigente em Portugal devem colocar-se sobretudo ao nível das garantias de exequibilidade prática dos mecanismos de controlo[1455]; ora, com jurisdicionalização ou sem ela, é no plano da harmonização de princípios[1456] e no da prevenção (e não tanto *a posteriori*, segundo um modelo sancionatório datado e manifestamente desajustado face à complexidade dos fenómenos) que essa efectividade deve ser assegurada.

12.3.1. Da regulação constitucional da tutela administrativa – que tem no princípio da autonomia local a sua primeira determinante normativa (v. *supra*, n.° 6.4.) e cuja justificação se encontra ainda no princípio democrático[1457] e no princípio da unidade do Estado[1458] – resulta um conjunto de princípios, o primeiro dos quais é o da limitação da tutela ao (*fim* ou *grau*)[1459] do controlo da legalidade.

Segundo o n.° 1 do artigo 242.° da Constituição – preceito que constitui norma especial quer relativamente ao disposto na parte final da alínea *d*) do artigo 199.°[1460], quer relativamente ao disposto na parte final do

---

os órgãos autárquicos designados por escolha popular de acções persecutórias do Governo relativamente a executivos autárquicos e autarcas de diferente cor política» (*ibidem*, p. 639).

[1455] Sobre o problema, Sabino Cassese, «Le disfunzioni dei controlli amministrativi», in Id. (coord.), *I controlli*..., pp. 13 ss.

[1456] Sobre a identificação desses princípios, André Folque, *A Tutela*..., pp. 151 ss., 235 ss.

[1457] Gomes Canotilho / Vital Moreira, *Constituição*..., 3.ª ed., p. 897.

[1458] Paulo Otero, *O poder de substituição*..., vol. II, p. 792; Lúcia Amaral, *A Forma da República*..., p. 386; Marcelo Rebelo de Sousa / Salgado de Matos, *Direito Administrativo*..., tomo I^3, pp. 151 s.

[1459] Freitas do Amaral, *Curso*..., vol. I^3, p. 882; Baptista Machado, «Participação e descentralização», p. 19, respectivamente.

[1460] Desatendendo, ao que julgamos, esta relação, André Folque, *A Tutela*..., pp. 235 ss., 334 ss.

artigo 267.°, n.° 2, da CRP[1461] – , "a tutela administrativa sobre as autarquias locais consiste na verificação do cumprimento da lei por parte dos órgãos autárquicos e é exercida nos casos e segundo as formas previstas na lei". Diga-se aliás que, mesmo anteriormente à revisão constitucional de 1982, apesar de não estar expressamente explicitada essa regra, em face da autonomia de orientação reconhecida às autarquias locais, já se deveria entender – como de resto fez o legislador ordinário – que as mesmas estariam necessariamente subtraídas a um controlo de mérito (v. *supra*, n.° 6.2.2.)[1462].

Ainda do n.° 1 do artigo 242.° decorrem outras importantes indicações: uma delas reside no facto de a tutela administrativa designar uma *função administrativa de controlo*, ou *conjunto de poderes de controlo*, e consistir justamente num *controlo*[1463]; outra reside no facto de se tratar de uma estrutura jurídica *cunhada* pelo legislador, a quem cabe uma margem de conformação do respectivo conteúdo (ou seja, das modalidades, dos procedimentos, das garantias e dos efeitos nela envolvidos), donde necessariamente o carácter *variável* e *relativo* da figura; ao mesmo tempo, dois outros princípios emergem: o princípio da reserva de lei e o princípio da tipicidade das formas de tutela[1464].

Quanto ao *princípio da reserva de lei*, tem necessariamente de se entender que o regime da tutela administrativa sobre as autarquias locais reentra no "estatuto das autarquias locais" [artigo 165.°, n.° 1, alínea *q*), da CRP][1465], aplicando-se-lhe inteiramente as considerações já feitas quanto à função garantística e à qualidade de lei reforçada que nessa medida lhe assiste (v. *supra*, n.° 6.3.).

O princípio da *tipicidade das formas de tutela* apresenta-se desde logo como uma concretização do princípio da reserva de lei, na medida em que nele se exprime a clássica ideia de que a *tutela administrativa não se*

[1461] Notando aqui o facto, André Folque, *A Tutela...*, pp. 261 s.

[1462] Segundo alguma doutrina, não teria sido a Constituição, mas sim a lei, a circunscrever a tutela a um controlo da legalidade (neste sentido, Freitas do Amaral, *Curso...*, vol. I[1], pp. 507, 509; Id., *Curso...*, vol. I[3], p. 637).

[1463] Assim, respectivamente, Gomes Canotilho / Vital Moreira, *Constituição...*, 3.ª ed., p. 897; Freitas do Amaral, *Curso...*, vol. I[3], p. 900; Maria da Glória Garcia / André Folque, «Artigo 242.°», p. 502.

[1464] Maria da Glória Garcia / André Folque, «Artigo 242.°», p. 506.

[1465] António Cândido de Oliveira, «A EDP, os municípios...», p. 22.

presume[1466], só existindo quando a lei expressamente a prevê, «nas modalidades que a lei consagrar e nos termos e dentro dos limites que a lei impuser»[1467]. O princípio pressupõe ainda o esclarecimento prévio da distinção entre tutela (ou regime jurídico da tutela administrativa[1468]) e medidas tutelares, das quais fala expressamente o artigo 242.°, n.° 2, da CRP ("as medidas tutelares restritivas da autonomia local são precedidas de parecer de um órgão autárquico, nos termos a definir por lei"); assim, ao passo que a tutela, configurada pelo legislador, constitui uma *estrutura jurídica* (susceptível de decomposição analítica em diversos poderes[1469] ou faculdades[1470]), as medidas tutelares são *acções* (necessariamente previstas e enquadradas por lei, isto é, pelo regime jurídico da tutela administrativa)[1471], que podem envolver ou não uma afectação desvantajosa da autonomia local (designando-se, no primeiro caso, "medidas tutelares restritivas" e podendo designar-se no segundo por "intervenções tutelares"[1472]). A mais importante das medidas tutelares é a sanção tutelar (ou seja, o acto administrativo ou jurisdicional que aplica uma sanção pela prática, pelo seu destinatário, de uma infracção tutelar)[1473].

Significa então a tipicidade das formas de tutela que tanto as medidas tutelares restritivas como as intervenções tutelares (ou medidas tutelares

---

[1466] Baptista Machado, «Participação e descentralização», pp. 21 s.; Paulo Otero, *Conceito e Fundamento*..., pp. 224, 381, com indicações jurisprudenciais; Fausto de Quadros, «Tutela Administrativa» [Anotação ao Acórdão do S.T.A, de 19 de Setembro de 1979], in *ROA*, ano 41.° (1981), III, p. 767 [753-773]; Vital Moreira, *Administração Autónoma*..., pp. 218 s.; Freitas do Amaral, *Curso*..., vol. I³, p. 888.

[1467] Freitas do Amaral, *Curso*..., vol. I³, p. 889.

[1468] Para empregar os termos utilizados no artigo 1.°, n.° 1, da Lei n.° 27/96, de 1 de Agosto (tal como pelo precedente artigo 1.° da Lei n.° 87/89, de 9 de Setembro), mas também para evitar a expressão "regime de tutela" conotada com as soluções impostas pelo Estado Novo.

[1469] Freitas do Amaral, *Curso*..., vol. I³, p. 900.

[1470] Marcelo Rebelo de Sousa, *Lições*..., p. 231.

[1471] Não constituem por isso medidas tutelares sanções como a da perda do mandato pela prática de crime de responsabilidade (cfr. Maria da Glória Garcia / André Folque, «Artigo 242.°», p. 502) ou por incumprimento das regras aplicáveis em matéria de incompatibilidades ou do controlo da riqueza dos titulares de cargos políticos (v. *supra*, n.° 11.6.).

[1472] Colhemos a expressão junto de António Cândido de Oliveira (cfr. *Direito das Autarquias*..., p. 299).

[1473] Cfr. Marcelo Rebelo de Sousa / Salgado de Matos, *Direito Administrativo*..., tomo III, p. 98 (cingindo porém a definição apresentada ao acto administrativo).

não-restritivas) têm de estar expressamente previstas na lei que estabelecer o regime jurídico da tutela administrativa, sob pena de se presumirem afectações inconstitucionais da garantia da autonomia local[1474]. Por exemplo, ainda que se considerasse mera intervenção tutelar, o recurso tutelar não é admissível na esfera da administração autárquica, por não estar expressamente previsto na lei de tutela[1475].

Convém no entanto referir que nem todas as sanções e medidas desvantajosas aplicáveis aos titulares dos órgãos das autarquias locais reentram necessariamente nas formas de tutela, uma vez que podem existir outros fundamentos constitucionais (artigo 117.° da CRP, designadamente) que as legitimem (v. *supra*, n.os 11.5. e 11.6.).

Enunciando ainda a Constituição a regra segundo a qual "a dissolução dos órgãos autárquicos só pode ter por causa acções ou omissões ilegais graves"[1476], resulta, por fim, que os n.os 2 e 3 do artigo 242.° enunciam ainda duas *garantias constitucionais* adjectivas a favor das autarquias locais: um direito especial de audição (concretizado por lei) e uma exigência especial de proporcionalidade.

12.3.2. A respeito da configuração legal da tutela administrativa sobre as autarquias locais, importa esclarecer agora, mais do que a natureza jurídica[1477], os respectivos âmbito (subjectivo e objectivo), parâme-

---

[1474] Sobre a distinção entre afectações legítimas e afectações inconstitucionais, aqui inteiramente aplicável, Melo Alexandrino, *Direitos Fundamentais*..., pp. 106 s.

[1475] Sem prejuízo, além disso, do disposto no artigo 177.°, n.° 2, do CPA (cfr. Mário Esteves de Oliveira / Pedro Costa Gonçalves / J. Pacheco de Amorim, *Código do Procedimento Administrativo – Comentado*, vol. II, Coimbra, 1995, p. 329; Marcelo Rebelo de Sousa / Salgado de Matos, *Direito Administrativo*..., tomo III, pp. 218 s.); pronunciando-se, *de iure condendo*, a favor dessa introdução, Diogo Freitas do Amaral, *Conceito e Natureza do Recurso Hierárquico*, Coimbra, 1981, pp. 137 ss.; Id., *Curso*..., vol. I[1], p. 510; Paulo Otero, *O poder de substituição*..., vol. II, p. 806; André Folque, *A Tutela*..., pp. 375 ss.; Maria da Glória Garcia / André Folque, «Artigo 242.°», p. 505.

[1476] Artigo 242.°, n.° 3.

[1477] Sobre a questão, Sérvulo Correia, *Noções*..., vol. I, pp. 202 ss.; Paulo Otero, *Conceito e Fundamento*..., pp. 222 ss.; Freitas do Amaral, *Curso*..., vol. I[3], pp. 890 ss.; André Folque, *A Tutela*..., pp. 289 ss.

Admitida a plurifuncionalidade da tutela, a mesma tanto pode ser perspectivada como complexo de poderes, como relação interadministrativa, como actividade ou como garantia de valores e interesses.

tro (ou bloco da legalidade relevante), objecto (ou realidades sobre que incide directamente), titularidade (e exercício), procedimento e efeitos[1478].

A) Âmbito

Segundo o artigo 1.° da Lei n.° 27/96, de 1 de Agosto (abreviadamente, LTA), a tutela estende-se às autarquias locais e a outras entidades equiparadas, considerando-se equiparadas as áreas metropolitanas, as assembleias distritais, as associações de municípios de direito público e também as associações de freguesias[1479]; ainda no plano subjectivo, a tutela incide não apenas sobre os órgãos (como pareceria resultar do artigo 242.°, n.° 1, da CRP), mas também sobre os serviços das autarquias locais e entidades equiparadas (artigo 2.° da LTA).

Quanto ao âmbito objectivo ("formas"[1480], "conteúdo"[1481], "modalidades"[1482]), importa referir que, por força da garantia constitucional da autonomia local, nem a tutela revogatória nem a tutela substitutiva cabem na margem de conformação do legislador, constituindo poderes de controlo liminarmente vedados[1483]. Ora, tendo respeitado esses limites[1484], a

---

[1478] Em geral, sobre o conceito, espécies e regime jurídico da tutela, Freitas do Amaral, *Curso*..., vol. I³, pp. 880 ss.

[1479] Artigo 16.° da Lei n.° 175/99, de 21 de Setembro.

[1480] Marcello Caetano, *Manual*..., vol. I, p. 231; Vital Moreira, *Administração Autónoma*..., p. 215.

[1481] Artigo 3.° da LTA.

[1482] Freitas do Amaral, *Curso*..., vol. I³, pp. 638, 883.

[1483] Ainda assim, no plano constitucional, não parece haver limite nem à tutela sancionatória (Acórdão do Tribunal Constitucional n.° 320/93) nem à tutela integrativa, o mesmo já não sucedendo, porém, com a tutela substitutiva (Acórdão do Tribunal Constitucional n.° 260/98, sobre o qual, António Cândido de Oliveira, «A EDP, os municípios...», pp. 21 ss.; Artur Maurício, «A garantia constitucional...», pp. 650, 956).

Na doutrina, defendendo a incompatibilidade da tutela substitutiva com a autonomia, André Gonçalves Pereira, *Contribuição*..., pp. 169 ss., 242; colocando reservas ao próprio conceito de tutela substitutiva, Fausto de Quadros, «Tutela Administrativa», p. 771; admitindo-a excepcionalmente, quando tenha por objectivo executar decisões judiciais, Casalta Nabais, «A autonomia local...», p. 173, nota 135; não excluindo totalmente certas dimensões de tutela substitutiva, em situações de necessidade ou de inércia indevida, Paulo Otero, *O poder de substituição*..., vol. II, pp. 807, 838 s., 845, 858; paradoxalmente, António Cândido de Oliveira, «A EDP, os municípios...», p. 23; admitindo outras formas de substituição, André Folque, *A Tutela*..., pp. 383 ss.

[1484] Sobre esses limites, André Folque, *A Tutela*..., pp. 364 ss.

lei em vigor apenas regulou expressamente a tutela inspectiva[1485]: por um lado, por ter eliminado a tutela sancionatória subsistente até 1996 (se bem que o Governo disponha ainda de um significativo poder de impulso na futura aplicação de medidas sancionatórias); por outro lado, por continuar a não prever nenhum mecanismo de tutela integrativa, razão pela qual, em homenagem aos princípios já referidos (v. *supra*, n.° 12.3.1.), se deve entender que a mesma não foi *legalmente* admitida[1486].

Questão inteiramente diversa é a de saber como enquadrar outros poderes e mecanismos de intervenção que, sendo porventura aceites pacificamente, não possam manifestamente reentrar na única modalidade de tutela administrativa sobre as autarquias locais prevista na lei: é o que ocorre, por exemplo[1487], com o exercício de poderes excepcionais pelo governador civil[1488], com os pareceres, autorizações e aprovações da administração central no âmbito do licenciamento urbanístico[1489], com a

---

[1485] Artigos 3.° e 6.° da LTA.

[1486] Na doutrina, pelo menos no plano da Constituição, há uma orientação favorável à admissão da tutela integrativa (assim, *v. g.*, Paulo Otero, *O poder de substituição...*, vol. II, pp. 806 ss.; Marcelo Rebelo de Sousa, *Lições...*, p. 233; José Figueiredo Dias / Fernanda Paula Oliveira, *Noções Fundamentais...*, p. 72; André Folque, *A Tutela...*, pp. 368 ss.; Id., «Indisciplina normativa...», pp. 44 s.; Freitas do Amaral, *Curso...*, vol. I^3, pp. 638, 887 ss.; Maria da Glória Garcia / André Folque, «Artigo 242.°», p. 504); defendendo, no entanto, não estar prevista, pelo menos na vigência da Lei n.° 87/89, de 9 de Setembro, a possibilidade de o Estado utilizar as modalidades de tutela *integrativa*, *revogatória* ou *substitutiva*, Freitas do Amaral *Curso...*, vol. I^2, p. 517; reconhecendo que algumas das formas de tutela aventadas na doutrina não cabem de facto no regime legal da tutela, António Cândido de Oliveira, *Direito das Autarquias...*, p. 303; Id., «Poderes paralelos...», pp. 46, 47; Id., «Tutela administrativa...», p. 49; reconhecendo que tanto a LAL de 1977 como a LTA de 1989 apenas se referem à tutela inspectiva, Casalta Nabais, «A autonomia local...», p. 173, nota 135; reconhecendo que a lei da tutela não «refere nenhuma das manifestações de controlo integrativo», André Folque, *A Tutela...*, p. 351, nota 1078; e admitindo que a tutela integrativa se encontra afinal em vias de extinção, André Folque, «Indisciplina normativa...», pp. 44 s.

[1487] Com outros tópicos, Fernanda Paula Marques de Oliveira, «A organização administrativa do planeamento urbanístico em Portugal», in AAVV, *Ab Uno Ad Omnes – 75 anos da Coimbra Editora*, Coimbra, 1998, pp. 896 s. [895-924]; André Folque, *A Tutela...*, pp. 433 ss.

[1488] Artigo 8.° do Decreto-Lei n.° 252/92, de 19 de Novembro.

[1489] Artigos 13.°, 13.°-A, 13.°-B.° e 15.° do Decreto-Lei n.° 555/99, de 16 de Dezembro, na versão da Lei n.° 60/2007, de 4 de Setembro.

decretação de embargos em matéria de ordenamento do território[1490] ou de património cultural[1491]. Trata-se de realidades a examinar e a delimitar caso a caso. Em regra, pressupõem determinados tipos de relações interadministrativas ditadas pela confluência ou sobreposição de atribuições[1492] ou pela necessidade de coordenação dos níveis de intervenção (v. *infra*, n.° 12.4.).

B) Parâmetro

Segundo a Constituição, a tutela administrativa consiste na "verificação do cumprimento da lei"; segundo o artigo 2.° da LTA, a tutela administrativa consiste na "verificação do cumprimento das leis e regulamentos".

Qual é então o parâmetro aplicável?

Parece não haver dúvida de que nesse bloco de legalidade (ou de juridicidade)[1493] valem as normas constitucionais, as normas de direito internacional recebidas na ordem interna, as normas de direito europeu derivado, os princípios gerais de direito público, bem como as normas de regulamentos emanados da própria autarquia, de autarquias de grau superior ou das autoridades com poder tutelar (embora neste caso cingidos apenas aos regulamentos emanados no exercício desse poder)[1494]. O parâmetro compreende naturalmente os actos legislativos, ainda que se possam suscitar diversas questões: deverá relevar neste domínio o acto legislativo de conteúdo individual e concreto? Deverá relevar neste domínio o acto legislativo proveniente do Governo ou das assembleias legislativas regionais que, fora da competência definida no artigo 165.°, n.° 1, alínea *q*), da CRP, ofenda as normas estatutárias das autarquias concretamente em

---

[1490] Artigo 105.°, n.° 1, alínea *b*), do Decreto-Lei n.° 380/99, de 22 de Setembro, alterado pelo Decreto-Lei n.° 46/2009, de 20 de Fevereiro.

[1491] Artigo 47.°, n.° 1, da Lei n.° 107/2001, de 8 de Setembro.

[1492] Não havendo, nesses casos, nem interesses exclusivos nem interesses predominantemente locais, não estará necessariamente em causa o exercício de uma função de controlo, mas um outro tipo de intervenção administrativa, com diverso fim e objecto.

[1493] Maria da Glória Garcia / André Folque, «Artigo 242.°», p. 501.

[1494] Sérvulo Correia, *Legalidade*..., p. 279; Aroso de Almeida, «Os regulamentos no ordenamento...», p. 525; José Figueiredo Dias / Fernanda Paula Oliveira, *Noções Fundamentais*..., p. 72.

vigor?[1495] Deverá relevar neste domínio o acto legislativo, qualquer que ele seja, na parte em que ofenda a reserva de normação autárquica?[1496]

Tão-pouco parece haver razão para alargar o parâmetro de controlo a actos de outra natureza, como as decisões dos tribunais transitadas em julgado, os actos administrativos consolidados ou os contratos administrativos[1497], ora por redundância, uma vez que a eventual ofensa aos efeitos jurídicos vinculativos emergentes desses actos envolve necessariamente violação de lei (além de incorrer em responsabilidade), ora em homenagem ao princípio da amizade para com as autarquias locais.

C) Objecto do controlo

Segundo um sector da doutrina, «[o] objecto do controlo tutelar é cada um dos actos, regulamentos, contratos administrativos e de direito privado ou omissões juridicamente relevantes imputadas aos órgãos autárquicos, o que não exclui, à partida, as operações materiais, em especial quando estas devessem ser precedidas de acto administrativo (*v. g.* esbulho por vias de facto, no caso de posse administrativa sem declaração de utilidade pública)»[1498]. Deveria desta forma ser afastada a ideia de controlo da *actividade* quer por não encontrar amparo literal, quer pelo facto de um controlo desse tipo se transformar necessariamente num controlo sobre o mérito da gestão e da orientação política que lhe preside, mostrando-se incompatível com a autonomia local[1499].

Todavia, não parece defensável semelhante doutrina.

Em primeiro lugar, diversamente do que ocorre, por exemplo, na Itália (onde sempre foi tradicional a tutela sobre actos) ou do que ocorria na vigência da Constituição de 1933 (onde se previa que certas deliberações das freguesias fossem submetidas a tutela integrativa do presidente da

[1495] Sérvulo Correia, *Legalidade...*, pp. 275 ss.

[1496] V. *supra*, n.º 6.5.

[1497] Em sentido contrário, Maria da Glória Garcia / André Folque, «Artigo 242.º», p. 502.

[1498] Maria da Glória Garcia / André Folque, «Artigo 242.º», p. 502; no mesmo sentido, desenvolvidamente, André Folque, *A Tutela...*, pp. 351 ss.

[1499] André Folque, *A Tutela...*, p. 351.

câmara)[1500], nunca foi essa a tradição portuguesa, nem esse sistema foi instituído depois da Constituição de 1976.

Como escreveu o Professor Marcello Caetano, é antiga «[a] ideia de uma *tutela inspectiva* destinada a permitir a informação do Governo sobre a actividade dos corpos administrativos e o funcionamento dos respectivos serviços»[1501]; de modo similar, Diogo Freitas do Amaral define a tutela inspectiva como "poder de fiscalização da organização e funcionamento da entidade tutelada"[1502].

E esta foi a ideia expressamente acolhida no artigo 92.°, n.° 2, da Lei n.° 79/77, de 25 de Outubro (que se referia a "actividade dos órgãos")[1503], transitando daí para a Lei n.° 87/89, de 9 de Setembro, e para a Lei n.° 27/96, de 1 de Agosto.

O facto de o artigo 3.° da LTA referir que a inspecção consiste na "verificação da conformidade dos actos e contratos dos órgãos e serviços com a lei", por um lado, não permite afastar a ideia de que uma série de actos não seja afinal uma actividade; por outro lado, acaso se não referisse ao funcionamento ou actividade, deixaria sem explicação a referência aos serviços ou tão-pouco justificaria que, por exemplo, uma inspecção patrimonial e financeira[1504] só tenha sentido se envolver toda a gestão financeira[1505]; além disso, como poderia uma actividade de inspecção concentrar-se num acto ou contrato ignorando o respectivo procedimento?[1506] E o procedimento não pressupõe, ele próprio, organização?[1507]

Por sua vez, o argumento baseado na ofensa da autonomia local não só desconsidera a função garantística e delimitadora do próprio regime jurídico da tutela administrativa, uma vez que os poderes inspectivos se

---

[1500] Artigo 225.°, § 1.°, do Código Administrativo (cfr. Marcello Caetano, *Manual*..., vol. I, p. 366).

[1501] Marcello Caetano, *Manual*..., vol. I, p. 366.

[1502] Cfr. Freitas do Amaral, *Curso*..., vol. I^3, p. 886.

[1503] No mesmo sentido, dispõe actualmente o artigo 42.°, n.° 2, alínea *a*), do Estatuto Político-Administrativo dos Açores que compete à Assembleia Legislativa "acompanhar a tutela do Governo Regional sobre a *actividade* das autarquias locais dos Açores".

[1504] Veja-se o disposto no artigo 9.° da Lei das Finanças Locais.

[1505] Já assim, Marcello Caetano, *Manual*..., vol. I, p. 366.

[1506] Reconhecendo, mais adiante, a extensão à "preparação procedimental" do acto, André Folque, *A Tutela*..., p. 362.

[1507] Residindo talvez aí a causa das hesitações na qualificação da tutela inspectiva (cfr. André Folque, *A Tutela*..., pp. 362 s.)

exercem no quadro da lei, como parece eludir toda a série de garantias materiais e adjectivas ao alcance das autarquias locais, em caso de abuso do exercício do poder tutelar[1508].

Mais relevante é a observação de que, no ordenamento português[1509], nenhum acto de nenhum órgão em concreto é submetido a qualquer modalidade de tutela, e de que o controlo sobre actos, onde é conhecido[1510], se situa normalmente não no âmbito da tutela inspectiva, mas sim no da tutela integrativa (que a lei portuguesa não prevê), não se estranhando por isso que a doutrina tenda entre nós a identificar a gestão, a actuação, o funcionamento ou a actividade como objecto do controlo[1511].

Por fim, o facto de a Constituição se referir aos órgãos autárquicos poderia eventualmente inculcar a ideia de que a tutela administrativa tivesse por objecto a conduta dos respectivos titulares[1512]; mas se o objecto do controlo consiste na actuação dos órgãos e dos serviços, são ainda os órgãos autárquicos que estão no centro dessa verificação, ainda que apenas em sentido geral e objectivo. Em suma, nem parece que a conduta dos titulares dos órgãos constitua o objecto imediato do controlo[1513], nem parece que a lei tenha cometido nessa parte qualquer ofensa ao programa normativo do artigo 242.° da CRP.

[1508] Baptista Machado, «Participação e descentralização», pp. 22 s.; em termos restritivos, André Folque, *A Tutela*..., pp. 395 ss.

[1509] Como escreve Cândido de Oliveira, na tradição portuguesa, a tutela não é dirigida em primeira linha aos actos, mas às pessoas e aos órgãos (cfr. *Direito das Autarquias*..., p. 299; Id., «Tutela administrativa...», p. 49); bem diversamente, na Itália, ao lado do controlo sobre actos (cfr. Francesco Staderini, *Diritto*..., pp. 371 ss.), sempre existiu um controlo sobre órgãos similar ao nosso (*ibidem*, p. 429), subsistindo ainda hoje outros tipos de controlo [cfr. Auretta Benedetti, «I controlli», in Silvio Gambino (dir.), *Diritto regionale*..., pp. 462 ss. [457-476]).

[1510] Franceso Staderini, *Diritto*..., pp. 412 ss.; Pietro Virga, *Diritto Amministrativo*, vol. III, pp. 236 s., 240 s.

[1511] Assim, Marcello Caetano, *Manual*..., vol. I, pp. 230, 366; Freitas do Amaral, «A função presidencial...», pp. 32, 33; Id., *Curso*..., vol. I³, pp. 880, 886; Marcelo Rebelo de Sousa, *Lições*..., p. 229; Ana Neves, «Os institutos públicos...», p. 521; José Figueiredo Dias / Fernanda Paula Oliveira, *Noções Fundamentais*..., p. 71.

[1512] Sobre a questão, André Folque, *A Tutela*..., pp. 351 s.

[1513] Nesse sentido, André Folque, *A Tutela*..., p. 352.

D) Titularidade

A tutela administrativa sobre as autarquias locais constitui uma atribuição do Estado e, no respectivo âmbito territorial, uma atribuição das regiões autónomas [artigo 227.°, n.° 1, alínea *m*), da CRP].

No continente, o exercício dos poderes de tutela compete ao Governo[1514] e, na área do distrito, ainda ao governador civil[1515], sendo esses os órgãos tutelares. Nos termos da lei, a tutela administrativa é assegurada de forma articulada pelo Ministro das Finanças e pelo Ministro responsável pela área da administração local (artigo 5.° da LTA), contando para o efeito com a assistência de dois órgãos inspectivos[1516]: a Inspecção-Geral de Finanças[1517] e a Inspecção-Geral da Administração Local[1518]; em especial, o serviço de tutela inspectiva levado a cabo pela Inspecção-Geral da Administração Local tem actualmente por objecto o controlo sobre os órgãos, a estrutura e funcionamento dos serviços, a gestão dos recursos humanos, o ordenamento do território, urbanização e edificação, as obras públicas, fornecimentos e concessões e o sector empresarial local[1519].

Já nas regiões autónomas, o órgão tutelar é o governo regional[1520]. Na região autónoma da Madeira, a tutela administrativa é assegurada pelos membros do governo regional que tenham a seu cargo os sectores das finanças e da administração local[1521]; na região autónoma dos Açores, a tutela administrativa é exercida pelo governo regional, sob acompanhamento da Assembleia Legislativa[1522].

[1514] Artigo 199.°, alínea *d*), da CRP.

[1515] Artigo 291.°, n.° 3, da CRP.

[1516] Sobre os quais, em geral, Freitas do Amaral, *Curso...*, vol. I^3, pp. 302-305.

[1517] Cuja lei orgânica foi aprovada pelo Decreto-Lei n.° 79/2007, de 29 de Março.

[1518] Cuja lei orgânica foi aprovada pelo Decreto-Lei n.° 326-A/2007, de 28 de Setembro.

Na X legislatura, a Inspecção-Geral da Administração Local encontrava-se integrada na Presidência do Conselho de Ministros (artigo 15.° do Decreto-Lei n.° 202/2006, de 27 de Outubro), sob a tutela do Secretário de Estado Adjunto e da Administração Local (por delegação do Primeiro-Ministro, de 5 de Julho de 2007, publicada no *Diário da República*, 2.ª Série, n.° 141, de 24 de Julho de 2007).

[1519] Veja-se o disposto no artigo 9.° da Lei das Finanças Locais, bem como nos artigos 8.°, n.° 2, e 26.°, n.° 2, da Lei n.° 53-F/2006, de 29 de Dezembro.

[1520] Artigo 49.°, alínea *e*), do Estatuto Político-Administrativo da Madeira e artigo 90.°, n.° 1, alínea *g*), do Estatuto Político-Administrativo dos Açores.

[1521] Artigo 1.° do decreto legislativo regional n.° 6/98/M, de 27 de Abril.

[1522] Artigo 42.°, n.° 2, alínea *a*), do Estatuto Político-Administrativo dos Açores.

E) Procedimento

Diversamente de outras formas de tutela administrativa, onde o procedimento de controlo se pode facilmente individualizar[1523], a tutela inspectiva é menos um procedimento do que uma actividade, donde talvez a explicação para o facto de o regime jurídico da actividade de inspecção[1524] se referir não ao procedimento, mas a procedimentos de inspecção[1525]. Seja como for, a actividade de inspecção não deixa de se desenvolver segundo um procedimento[1526], cujo esquema geral obedece às seguintes fases principais:

(i) A abertura de uma acção de inspecção (numa das formas legalmente previstas)[1527];
(ii) A instrução (que deve em princípio estar enquadrada por um regulamento do procedimento de inspecção, a aprovar pelo membro do Governo responsável pelo serviço de inspecção)[1528];
(iii) A elaboração de um relatório final[1529];
(iv) A homologação ministerial[1530];
(v) A comunicação ao órgão tutelar, bem como ao dirigente máximo da entidade objecto de inspecção[1531].

[1523] Assim, Pietro Virga, *Diritto Amministrativo*, vol. III, pp. 243 s.

[1524] Aprovado pelo Decreto-Lei n.° 276/2007, de 31 de Julho.

[1525] *Vide* a epígrafe da secção II do capítulo II do Decreto-Lei n.° 276/2007, de 31 de Julho.

[1526] Sobre a matéria, antes deste diploma de 2007, Freitas do Amaral, *Curso...*, vol. I³, pp. 640 s.

[1527] Artigo 3.°, n.° 1, da Lei n.° 27/96, de 1 de Agosto, e artigo 8.°, n.° 1, do Decreto-Lei n.° 276/2007, de 31 de Julho.

[1528] Artigo 9.° do Decreto-Lei n.° 276/2007, de 31 de Julho.

[1529] Artigo 15.°, n.° 1, do Decreto-Lei n.° 276/2007, de 31 de Julho.

[1530] Artigo 15.°, n.os 1 a 3, do Decreto-Lei n.° 276/2007, de 31 de Julho.

[1531] Artigo 15.°, n.° 5, do Decreto-Lei n.° 276/2007, de 31 de Julho.

Por seu lado, além do acompanhamento do resultado das recomendações e propostas, os serviços de inspecção podem ainda participar, nomeadamente ao Ministério Público, os factos com relevância penal ou contra-ordenacional (artigo 15.°, n.° 7, do Decreto-Lei n.° 276/2007, de 31 de Julho) e, com prévia decisão do ministro, devem enviar ao Tribunal de Contas os relatórios finais das acções de inspecção que contenham matéria de interesse para a acção deste Tribunal (artigo 15.°, n.° 8, do Decreto-Lei n.° 276/2007, de 31 de Julho).

A este esquema geral, colhido no regime jurídico da actividade de inspecção e que se ajusta à inspecção realizada aos órgãos e serviços das autarquias locais [artigo 3.°, n.° 2, alínea *a*), da LTA], acrescem especificações adicionais no caso do inquérito e da sindicância, bem como nas hipóteses em que as situações detectadas possam conduzir à perda do mandato dos titulares ou à dissolução dos órgãos: (1) no primeiro caso, a abertura do inquérito ou da sindicância só pode ser determinada pelo membro do Governo competente, uma vez verificados os pressupostos da sua realização (artigo 6.°, n.° 2, da LTA), o que implica forçosamente não apenas um subprocedimento prévio como a apresentação de uma prévia e fundada denúncia (no inquérito) ou a recolha de sérios indícios de ilegalidades graves (na sindicância)[1532]; (2) no segundo caso, se estiverem em causa situações susceptíveis de fundamentar a dissolução de órgãos ou a perda de mandato dos seus titulares, após a apresentação do relatório final, o membro do Governo deve ainda dar cumprimento ao princípio do contraditório, notificando os visados para se pronunciarem no prazo de 30 dias (artigo 6.°, n.° 4, da LTA) e, se estiver em causa a dissolução de um órgão executivo, solicitando parecer ao respectivo órgão deliberativo (artigo 6.°, n.° 5, da LTA); só depois de cumpridas estas formalidades, deverá ser proferida a decisão final e remetido, se for caso disso, o relatório ao Ministério Público (artigo 6.°, n.° 6, da LTA).

F) Efeitos

Em matéria de efeitos resultantes da actividade de controlo tutelar sobre as autarquias locais e entidades equiparadas, há a considerar três situações diferentes: o conteúdo e os *efeitos inerentes* à actividade de tutela inspectiva; as *medidas sancionatórias* reguladas no regime jurídico da tutela administrativa; e os *efeitos decorrentes* dessas medidas sancionatórias.

(i) A tutela inspectiva implica desde logo a adstrição dos órgãos e dos serviços tutelados a *deveres* de informação e cooperação (artigo 4.° da LTA), "designadamente fornecendo os elementos de informação necessários ao desenvolvimento da actividade de

[1532] Artigo 3.°, n.° 2, alíneas *b*) e *c*), da LTA.

inspecção, nos moldes, suportes e com a periodicidade e urgência requeridos"[1533]; implica ainda, pelo menos em princípio, o *ónus* de dar conhecimento das medidas adoptadas na sequência das acções de inspecção[1534], bem como a *sujeição* relativamente ao reconhecimento de um conjunto de garantias do exercício da actividade de inspecção[1535]. Mas os principais efeitos da realização das diversas formas de inspecção traduzem-se, por um lado, nas recomendações dirigidas pelo órgão tutelar ao órgão tutelado, nomeadamente quanto às medidas a adoptar, e, por outro, na remessa do relatório final ao Ministério Público ou ao Tribunal de Contas, de onde decorre a possibilidade de aplicação jurisdicional de sanções legais e financeiras.

(ii) Nos termos do disposto no artigo 7.° da LTA, a prática, por acção ou omissão, de ilegalidades no âmbito da gestão das autarquias ou no âmbito da gestão das entidades equiparadas pode determinar a perda do respectivo mandato do eleito local ou a dissolução do órgão autárquico. A aplicação das referidas sanções, cujas causas estão expressamente enunciadas nos artigos 8.° e 9.° da LTA, pressupõe em todo o caso a culpa do agente, não havendo lugar à aplicação das mesmas quando se verifiquem causas que justifiquem o facto ou excluam a culpa (artigo 10.° da LTA). Por seu lado, como já foi referido, as decisões de perda de mandato e de dissolução dos órgãos são hoje da competência dos tribunais administrativos, tendo legitimidade para as respectivas acções o Ministério Público (que tem o dever funcional de propor a acção no prazo de 20 dias após o conhecimento dos respectivos fundamentos), qualquer membro do órgão ou quem tenha interesse directo em demandar (artigo 11.°, n.° 2, da LTA). As sentenças finais proferidas nas acções de perda de mandato ou de dissolução do órgão são notificadas ao Governo (artigo 15.°, n.° 7, da LTA).

[1533] Artigo 4.°, n.° 1, 2.ª parte, do Decreto-Lei n.° 276/2007, de 31 de Julho.

[1534] Artigos 4.°, n.° 3, e 15.°, n.° 4, do Decreto-Lei n.° 276/2007, de 31 de Julho.

[1535] Artigo 16.° do Decreto-Lei n.° 276/2007, de 31 de Julho.

(iii) Por último, há três tipos de efeitos decorrentes de decisões de perda de mandato e de dissolução de órgãos[1536], consoante respeitem aos titulares do órgão, ao sistema de governo ou às consequências institucionais da dissolução.

– Em primeiro lugar, os membros do órgão dissolvido ou os que hajam perdido o mandato, a menos que não estejam envolvidos nos actos ou omitido os deveres a que estavam obrigados (artigo 12.°, n.° 2, da LTA) não podem fazer parte da comissão administrativa que virá a ser designada (artigo 12.°, n.° 1, da LTA); já a vaga deixada em aberto pela perda do mandato é preenchida nos termos gerais do artigo 79.° da LAL (v. *supra*, n.° 11.3.5.).
– Em segundo lugar, devido ao perfil do correspondente sistema de governo (v. *supra*, n.° 8.3.) no caso da freguesia [ou da região administrativa], a dissolução do órgão deliberativo envolve necessariamente a dissolução da respectiva junta (artigo 12.°, n.° 4, da LTA).
– Por último, em caso de dissolução do órgão deliberativo da freguesia [ou da região administrativa] ou do órgão executivo municipal[1537], é designada por decreto do Governo uma comissão administrativa, constituída por três a cinco membros, que assegurará as funções executivas até à realização de acto eleitoral que deve ter lugar no prazo máximo de 60 dias[1538] (artigo 14.°, n.os 1, 3 e 4, da LTA); em caso de dissolução da junta de freguesia ou de órgãos colegiais de outros

[1536] Sobre o horizonte diminuto deste regime, André Folque, «Indisciplina normativa...», pp. 41 s.

[1537] Diversamente, no caso de dissolução da assembleia municipal, não há lugar à designação de comissão administrativa, marcando-se apenas as novas eleições no prazo de 60 dias (artigo 113.°, n.° 6, da CRP).

[1538] Segundo o artigo 113.°, n.° 6, da CRP, as eleições devem realizar-se no prazo de 60 dias contados a partir do acto de dissolução, sob pena de inexistência jurídica (cfr. Jorge Miranda, *Manual*..., tomo V, p. 71); o preceito da LTA alude ainda a 90 dias, que era o prazo fixado no texto constitucional até à revisão de 1997 (artigo 116.°, n.° 6); face à inconstitucionalidade superveniente e ao carácter estrito da nova regra constitucional, não pode deixar de se proceder a uma aplicação directa da norma constitucional; sobre a matéria dispõe ainda o artigo 222.°, n.° 1, da LEOAL, preceito cuja parte final não pode deixar de ser interpretada em conformidade com a Constituição.

entes equiparados, nem há lugar à designação de comissão administrativa, nem tem de se realizar nenhum acto eleitoral, bastando proceder à designação dos titulares desses órgãos, pela forma prescrita na lei[1539].

12.4. NÍVEIS DA ADMINISTRAÇÃO E FENÓMENOS DE CO-ADMINISTRAÇÃO

No quadro do sistema de relações que se estabelecem entre as diversas pessoas colectivas públicas[1540], a individualização dos poderes e das formas de intervenção do Estado ou das regiões autónomas na actividade ou no funcionamento das autarquias locais não pode de modo algum circunscrever-se à dimensão do controlo administrativo *stricto sensu* (ou tutela administrativa). Aliás, relativamente à tutela administrativa, não só a expressão se mostra fora do tempo (sendo o nosso um dos raros ordenamentos que persiste na sua utilização), como o conceito de poder ou relação tutelar parece revelar-se afinal insuficiente para enquadrar inúmeros problemas do moderno direito administrativo[1541] – acaso não se deva dizer inadequado[1542], designadamente à luz das indicações provenientes do direito comparado (v. *supra*, 12.1.).

Na verdade, a natureza e a intensidade dos diversos instrumentos de controlo não podem deixar de tomar como ponto de partida a diversidade de interesses públicos em presença (e a necessidade da sua composição e hierarquização)[1543], bem como o perfil e fundamento jurídico das corres-

---

[1539] Freitas do Amaral, *Curso...*, vol. I^3, pp. 643 s.

[1540] Sobre o tema, na perspectiva dos poderes de intervenção intra-administrativa do Governo, Paulo Otero, *O poder de substituição...*, vol. II, pp. 785 ss.

[1541] Assim, no plano do direito do urbanismo, Maria da Glória Garcia, *Direito do Urbanismo...*, p. 72.

[1542] De certo modo neste sentido, António Cândido de Oliveira, «Poderes paralelos...», p. 48; «Tutela administrativa...», p. 49; Id., «A EDP, os municípios...», p. 23; sobre os paradoxos em que incorre a doutrina, para explicar os poderes de intervenção financeira do Estado, Vital Moreira, «Empréstimos municipais...», pp. 41 ss.; André Folque, «Indisciplina normativa...», pp. 45, 46.

[1543] O artigo 9.° do Decreto-Lei n.° 380/99, de 22 de Setembro, define critérios gerais de graduação de interesses com repercussão no território; sobre o tema na doutrina italiana, Giulia Milo, *Il potere di governo del territorio. Principi ricostruttivi*, Milano, 2005, *maxime* pp. 32 ss.

pondentes atribuições dos entes locais[1544], as quais podem ser próprias, conferidas ou delegadas (v. *supra*, n.° 9.5.); nessa medida, nas atribuições delegadas, nada impede a existência de poderes de orientação ou mesmo de substituição por parte do ente delegante, desde que essas formas de intervenção se mostrem necessárias e tenham sido expressamente previstas no acto de delegação[1545]; tal como nada impede, nas atribuições conferidas[1546], que o legislador reserve para si parte dos poderes de que anteriormente dispunha, delimitando devidamente as fronteiras do respectivo exercício[1547].

E porquê?

Porque a realidade dos ordenamentos mostra a existência de uma multiplicidade de mecanismos de intervenção interadministrativa, nomeadamente através de fenómenos de coordenação, cooperação e colaboração[1548].

[1544] Sobre a destrinça entre atribuições estaduais e as atribuições próprias das autarquias, neste domínio, Baptista Machado, «Participação e descentralização», pp. 15 ss.; Casalta Nabais, «A autonomia local...», p. 174; Paulo Otero, *O poder de substituição...*, vol. II, pp. 806, 836, 838; sobre esta última posição doutrinária, António Cândido de Oliveira, «Poderes paralelos...», pp. 47 s.

[1545] É o que aliás decorre claramente da 2.ª parte do artigo 8.°, n.° 2, da CEAL, ao admitir que a tutela possa "compreender um juízo de oportunidade exercido por autoridades de grau superior relativamente a atribuições cuja execução seja delegada nas autarquias locais"; sobre o problema no ordenamento italiano, Francesco Staderini, *Diritto...*, pp. 429 ss.

[1546] Expressando reservas a esta doutrina, António Cândido de Oliveira, «Poderes paralelos...», p. 47; Id., «A EDP, os municípios...», p. 23.

[1547] Neste sentido, Baptista Machado, «Participação e descentralização», p. 20; sem proceder a uma devida diferenciação das atribuições em causa, André Folque, *A Tutela...*, pp. 438 ss.; especificando tratar-se aí do plano das atribuições partilhadas, Maria da Glória Garcia / André Folque, «Artigo 242.°», pp. 505 s.; diversamente, por desconsideração da distinção preconizada no texto, Freitas do Amaral, *Curso...*, vol. I³, p. 645.

[1548] Sobre a matéria, entre muitos, João Caupers, *A Administração Periférica do Estado – Estudo de ciência da Administração*, Lisboa, 1994, pp. 276 ss.; AAVV, *Las relaciones interadministrativas de cooperación y colaboración*, Barcelona, 1993; Paulo Otero, *O poder de substituição...*, vol. II, p. 789, nota 270, com indicações bibliográficas; Alberto Palomar Olmela, «Los principios de la actividad administrativa y las relaciones entre las administraciones», in *Documentación Administrativa*, n.os 254/255 (1999), pp. 59-85; Santamaría Pastor, *Principios de Derecho...*, pp. 615 ss.; Antonio Jiménez-Blanco, «Las relaciones interadministrativas...», pp. 435 ss.; Ramón Parada, *Derecho Administrativo...*, pp. 65 ss., 70 ss.; Alexandra Leitão, «As formas contratuais de cooperação entre a Administração Central e a administração local», in *Estudos em Homenagem ao Prof. Doutor Armando M. Marques Guedes*, Coimbra, 2004, pp. 427-456; António Rebordão Montalvo,

Ora, no ordenamento local português, ao contrário do que revelam todos os ordenamentos que nos são mais próximos[1549], não só faltou a clara explicitação de um princípio básico de coordenação dos interesses e das intervenções aos vários níveis[1550], como faltou inclusivamente a percepção da importância da própria prestação de informação. Quanto a este segundo aspecto, só recentemente o legislador foi impondo de forma avulsa certas obrigações de informação, nomeadamente em matéria urbanística[1551] e de finanças locais[1552].

Quanto ao princípio de coordenação, o mesmo veio a merecer uma primeira consagração em 1998, em matéria das bases da política de ordenamento do território e de urbanismo[1553-1554]. Mas foi só com a aprovação da Lei n.° 159/99, de 14 de Setembro, que o legislador estatutário estabeleceu o princípio geral segundo o qual *a administração central e a administração local devem coordenar a sua intervenção no exercício de competências próprias, designadamente através de formas de parceria, de modo a assegurar a unidade na prossecução de políticas públicas e evitar sobreposição de actuações* (artigo 2.°, n.° 2)[1555]; na mesma lei-quadro afinal em que o legislador se declarava autovinculado à ideia de que a própria transferência de atribuições e competências do Estado para as autarquias locais se deve efectuar "sem prejuízo da respectiva articulação com a intervenção complementar dos serviços e organismos da administração central"[1556].

O processo de mudança..., pp. 88, 139 ss., 200, 202, 209; André Folque, *A Tutela...*, pp. 436 ss.; Luciano Vandelli, *Il sistema...*, pp. 219 ss.

[1549] Veja-se, por exemplo, o disposto nos artigos 57.° e 58.° da Lei de Bases do Regime Local.

[1550] Até porque o controlo administrativo das autarquias locais deve ser essencialmente uma *tutela* de coordenação (cfr. Baptista Machado, «Participação e descentralização», p. 21).

[1551] Artigo 120.° do Decreto-Lei n.° 555/99, de 16 de Dezembro, na redacção dada pela Lei n.° 60/2007, de 4 de Setembro.

[1552] Artigos 4.°, n.° 5, 40.°, n.° 4, e 50.° da Lei n.° 2/2007, de 15 de Janeiro.

[1553] Artigo 5.°, alínea *b*), da Lei n.° 48/98, de 11 de Agosto.

[1554] Por sua vez, a lei de bases da política e do regime de protecção e valorização do património cultural refere-se apenas à existência de "instrumentos de cooperação entre os diversos níveis da Administração Pública" [artigo 13.°, alínea *d*), da Lei n.° 107/2001, de 8 de Setembro].

[1555] Veja-se uma concretização da ideia no artigo 22.° do regime jurídico dos instrumentos de gestão territorial.

[1556] Artigo 3.°, n.° 4, da Lei n.° 159/99, de 14 de Setembro.

Por sua vez, na Lei das Finanças Locais, também se estabeleceu o princípio de que *a administração central e a administração local actuam de forma coordenada na prossecução do interesse público* (artigo 54.°, n.° 1) e, na recente alteração ao Estatuto Político-Administrativo dos Açores, previu-se que "a Região, através do Governo Regional, pode estabelecer relações especiais de coordenação, de colaboração ou de cooperação, incluindo através da celebração de acordos, com outras entidades públicas, nomeadamente a Região Autónoma da Madeira, as regiões administrativas e demais autarquias locais ou suas associações, aplicando-se o regime previsto para a celebração de acordos de cooperação com o Estado, com as devidas adaptações"[1557].

Simultaneamente, diversas leis passaram a referir-se ao conceito de "níveis da administração"[1558], querendo com isso designar a existência de diversos planos de decisão, consoante a respectiva proximidade ao cidadão, e exprimir a necessidade de regular as correspondentes relações e de articular as políticas definidas em cada nível.

Já sob o ponto de vista institucional, além da subsistência das Comissões de Coordenação e Desenvolvimento Regional (às quais compete em especial dinamizar a cooperação inter-regional e assegurar a articulação entre instituições da administração directa do Estado, autarquias locais e entidades equiparadas)[1559], foi ainda instituído, em matéria de finanças locais, um Conselho de Coordenação Financeira do Sector Público Administrativo[1560].

Por último, na ausência das regiões administrativas, às quais está constitucionalmente deferida uma tarefa de coordenação da acção dos municípios (artigo 257.° da CRP), o legislador entendeu por bem definir

---

[1557] Artigo 113.° do Estatuto, na redacção dada pela Lei n.° 2/2009, de 12 de Janeiro.

[1558] Artigos 2.°, alínea *b*), e 5.° alínea *d*), da Lei n.° 48/98, de 11 de Agosto, artigo 2.°, n.ºs 2 e 4, da Lei n.° 159/99, de 14 de Setembro, e artigo 4.°, n.° 4, da Lei n.° 2/2007, de 15 de Janeiro; na doutrina espanhola, Ramón Parada, *Derecho Administrativo...*, pp. 116, 130 ss.

[1559] Artigo 2.°, n.° 2, alínea *f*), do Decreto-Lei n.° 134/2007, de 27 de Abril.

[1560] Artigo 5.°, n.° 2, da Lei n.° 2/2007, de 15 de Janeiro.

Em matéria de património cultural, por seu lado, o artigo 96.°, alínea *a*), da Lei n.° 107/2001, de 8 de Setembro, prevê a existência de "uma estrutura de coordenação, a nível infra-governamental, das administrações estaduais do ambiente, do ordenamento do território, do equipamento, das obras públicas e da cultura".

como atribuição fundamental das associações de municípios de fins múltiplos e das áreas metropolitanas a de "assegurar a articulação das actuações entre os municípios e os serviços da administração central" numa dezena de âmbitos materiais de actuação[1561-1562].

[1561] Artigo 5.°, n.° 2, da Lei n.° 45/2008, de 27 de Agosto, e artigo 4.°, n.° 2, da Lei n.° 46/2008, de 27 de Agosto.

[1562] Ideia que não deixa de estar subjacente à criação de estruturas como as autoridades metropolitanas de transportes, criadas pela Lei n.° 1/2009, de 5 de Janeiro.

BIBLIOGRAFIA

AAVV, *Las relaciones interadministrativas de cooperación y colaboración*, Barcelona, 1993.

ABREU, João Paulo Cancella de, «O actual sistema de administração local», in AAVV, *Problemas de Administração Local*, Lisboa, 1957, pp. 121-154.

ALEXANDRINO, José de Melo, «A determinação das atribuições das autarquias locais», in *Estudos em Homenagem ao Prof. Doutor Sérvulo Correia*, vol. II, Coimbra, 2010, pp. 431-458 [no prelo].

ALEXANDRINO, José de Melo, «A nova lei de entrada, permanência, saída e afastamento de estrangeiros», in *RFDUL*, vol. LXIX, n.os 1 e 2 (2008), pp. 69-100.

ALEXANDRINO, José de Melo, «A problemática do controlo na administração local», in *Direito Regional e Local*, n.° 08 (2009), pp. 22-32.

ALEXANDRINO, José de Melo, «Como ler a Constituição – Algumas coordenadas», in *Estudos em Homenagem ao Prof. Doutor Paulo de Pitta e Cunha*, Coimbra, 2010 [no prelo].

ALEXANDRINO, José de Melo, «O défice de protecção do poder local: defesa da autonomia local perante o Tribunal Constitucional?», in *Direito Regional e Local*, n.° 05 (2009), pp. 12-27.

ALEXANDRINO, José de Melo, «Prólogo a um Curso de Ciência da Administração», in *Revista de Direito Público*, n.° 01 (2009), pp. 191-218.

ALEXANDRINO, José de Melo, «Reforma constitucional – lições do constitucionalismo português», in *Estudos em Homenagem ao Prof. Doutor Martim de Albuquerque*, vol. II, Coimbra, 2010, pp. 9-35.

ALEXANDRINO, José de Melo, *A estruturação do sistema de direitos, liberdades e garantias na Constituição portuguesa*, vol. I – *Raízes e contexto*, Coimbra, 2006; vol. II – *A construção dogmática*, Coimbra, 2006.

ALEXANDRINO, José de Melo, *Direitos Fundamentais – Introdução geral*, Estoril, 2007.

ALEXANDRINO, José de Melo, *O recenseamento eleitoral*, separata de *O Direito*, Lisboa, 2001.

ALMEIDA, Mário Aroso de, «Os regulamentos no ordenamento jurídico português», in *Estudos Comemorativos dos 10 Anos da Faculdade de Direito da Universidade Nova de Lisboa*, vol. I, Coimbra, 2007, pp. 503-527.

AMARAL, Diogo Freitas do, «A função presidencial nas pessoas colectivas de Direito Público», in *Estudos de Direito Público em honra do Professor Marcello Caetano*, Lisboa, 1973, pp. 9-46.

AMARAL, Diogo Freitas do, *Conceito e Natureza do Recurso Hierárquico*, Coimbra, 1981.

AMARAL, Diogo Freitas do, *Curso de Direito Administrativo* [colab. de Lino Torgal], vol. II, Coimbra, 2001, reimp., 2006.

AMARAL, Diogo Freitas do, *Curso de Direito Administrativo* [colab. de Luís Fábrica, Carla Gomes e J. Pereira da Silva], vol. I, 3.ª ed., Coimbra, 2006.

AMARAL, Diogo Freitas do, *Curso de Direito Administrativo*, vol. I, 1.ª ed., Coimbra, 1987 [1994²].

AMARAL, Diogo Freitas do, *Direito Administrativo*, lições policopiadas, vol. I, Lisboa, 1984.

AMARAL, Maria Lúcia, *A Forma da República – Uma introdução ao estudo do direito constitucional*, Coimbra, 2005.

ANDRADE, José Carlos Vieira de, «Autonomia regulamentar e reserva de lei», in *Estudos em Homenagem ao Prof. Doutor Afonso Rodrigues Queiró*, vol. I, Coimbra, 1987, pp. 1-35.

ANDRADE, José Carlos Vieira de, «Distribuição pelos municípios da energia eléctrica de baixa tensão», in *Colectânea de Jurisprudência*, ano 14 (1989), I, pp. 17-29.

ANDRADE, José Carlos Vieira de, «O ordenamento jurídico administrativo português», in AAVV, *Contencioso Administrativo*, Braga, 1986, pp. 33-70.

ASCENSÃO, José de Oliveira, *O Direito – Introdução e Teoria Geral*, 13.ª ed., Coimbra, 2009.

AUBY, Jean-Bernard / AUBY, Jean-François / NOGUELLOU, Rozen, *Droit des collectivités locales*, 4.ª ed., Paris, 2008.

BARROS, Henrique da Gama, *História da Administração Pública em Portugal nos séculos XII a XV*, 2.ª ed. dirigida por Torquato de Sousa Soares, tomo XI, Lisboa, 1954.

BEERMANN, Jack, «The Law and Politics in the Local Government in the United States», in António Cândido de Oliveira (coord.), *30 Anos de Poder Local na Constituição da República Portuguesa*, pp. 330-351.

BÖCKENFÖRDE, Ernst-Wolfgang, «Demokratie als Verfassungsprinzip» (1987), trad. cast. de Rafael de Agapito Serrano, «La democracia como principio constitucional», in *Escritos sobre el Estado de Derecho y la democracia*, Madrid, 2000, pp. 47-131.

BOLGHERINI, Silvia, «Os presidentes de Câmara italianos: uma revolução de compromisso», in *Revista Crítica de Ciências Sociais*, 77 (2007), pp. 81-100.

BONAVIDES, Paulo, *Curso de Direito Constitucional*, 21.ª ed., São Paulo, 2007.

BRITO, Miguel Nogueira de, *A Justificação da Propriedade Privada numa Democracia Constitucional*, Coimbra, 2007.

BURGI, Martin, *Kommunalrecht*, München, 2006.

BURMEISTER, Joachim, *Verfassungstheoretische Neukonzeption der kommunalen Selbstverwaltungsgarantie*, München, 1977.

CAETANO, Marcello, «A administração municipal de Lisboa durante a 1.ª dinastia (1179-1383)» (1951), in *Estudos de História de Administração Pública Portuguesa*, pp. 191-266.

CAETANO, Marcello, «A Codificação administrativa em Portugal (Um século de experiência: 1836-1935)» (1935), in *Estudos de História de Administração Pública Portuguesa*, pp. 371-448.

CAETANO, Marcello, «O problema do método no Direito Administrativo Português» (1948), in *Estudos de Direito Administrativo*, Lisboa, 1974, pp. 117-158.

CAETANO, Marcello, «Os antecedentes da Reforma Administrativa de 1832 (Mouzinho da Silveira)», in *RFDUL*, vol. XXII (1968-1969), pp. 7-110.

CAETANO, Marcello, «Prefácio», in AAVV, *Problemas de Administração Local*, Lisboa, 1957, pp. 13-23.

CAETANO, Marcello, «Regiões e Municípios» (1967), in *Ensaios Pouco Políticos*, Lisboa, 1971, pp. 189-217.

CAETANO, Marcello, *Estudos de História de Administração Pública Portuguesa* (organizados por Diogo Freitas do Amaral), Coimbra, 1994.

CAETANO, Marcello, *História do Direito Português*, Lisboa, 1981.

CAETANO, Marcello, *Manual de Direito Administrativo*, vol. I, 10.ª ed. [revista e actualizada por Diogo Freitas do Amaral], Coimbra, reimp., 1980.

CAETANO, Marcello, *Princípios Fundamentais do Direito Administrativo* (1977), reimp., Coimbra, 2003.

CANOTILHO, J. J. Gomes e MOREIRA, Vital, *Constituição da República Portuguesa – Anotada*, vol. I, 4.ª ed., Coimbra, 2007.

CANOTILHO, J. J. Gomes e MOREIRA, Vital, *Constituição da República Portuguesa – Anotada*, 3.ª ed., Coimbra, 1993.

CANOTILHO, J. J. Gomes e MOREIRA, Vital, *Fundamentos da Constituição*, Coimbra, 1991.

CANOTILHO, J. J. Gomes, «O Direito constitucional passa; o direito administrativo também passa», in *Estudos em Homenagem ao Prof. Doutor Rogério Soares*, Coimbra, 2001, pp. 705-722.

CANOTILHO, J. J. Gomes, *Direito Constitucional e Teoria da Constituição*, 7.ª ed., Coimbra, 2003.

CARVALHO, João e TEIXEIRA, Ana, «O recurso ao crédito por parte das autarquias locais», in António Cândido de Oliveira (coord.), *30 Anos de Poder Local na Constituição da República Portuguesa*, pp. 117-123.

CASETA, Elio, *Manuale di diritto amministrativo*, 9.ª ed., Milano, 2008.

CASSESE, Sabino (coord.), *I controlli nella pubblica amministrazione*, Bologna, 1993.

CAUPERS, João, «Governo municipal – na fronteira da legitimidade com a eficiência?», in *Themis*, V, 8 (2004), pp. 251-281.

CAUPERS, João, *A Administração Periférica do Estado – Estudo de ciência da Administração*, Lisboa, 1994.

CAUPERS, João, *Introdução ao Direito Administrativo*, 9.ª ed., Lisboa, 2007.

CAUPERS, João, *Possibilidades de reforma das actuais estruturas municipais e do respectivo regime jurídico*, conferência [inédita], Braga, 2008.

CCRE, *The state of Europe's local and regional government – 2008*, documento acessível em *http://www.ccre.org/docs/nuancier_2008_FR.pdf* (29.10.2009).

CLUNY, António, «As diversas formas de responsabilidade das autarquias e dos seus órgãos e titulares», in *Revista de Administração Local*, ano 24, n.° 184 (Julho-Agosto de 2001), pp. 481-500.

COELHO, Maria Helena da Cruz e MAGALHÃES, Joaquim Romero de, *O poder concelhio, das origens às Cortes Constituintes – Notas de História Social*, 2.ª ed., Coimbra, 2008.

CONDESSO, Fernando, *Direito do Urbanismo – Noções fundamentais* [em colab.], Lisboa, 1999.

CORREIA, Fernando Alves, *As grandes linhas da recente reforma do Direito do urbanismo português*, Coimbra, 1993.

CORREIA, Fernando Alves, *Estudos de Direito do Urbanismo*, Coimbra, 1998.

CORREIA, Fernando Alves, *Manual de Direito do Urbanismo*, vol. I, 4.ª ed., Coimbra, 2008.

CORREIA, Fernando Alves, *O Plano Urbanístico e o Princípio da Igualdade*, Coimbra, 1989.

CORREIA, José de Matos e PINTO, Ricardo Leite, «A responsabilidade política», in *Estudos jurídicos em Homenagem ao Professor António Motta Veiga*, Coimbra, 2007, pp. 785-867.

CORREIA, José Manuel Sérvulo e GOUVEIA, Jorge Bacelar, «O financiamento das assembleias distritais e a Constituição», in *RFDUL*, vol. 38.°, 1 (1997), pp. 233-263.

CORREIA, José Manuel Sérvulo e GOUVEIA, Jorge Bacelar, «Parecer» (1996), in Diogo Freitas do Amaral / *et al.*, *Direito do ordenamento do território e Constituição (a inconstitucionalidade do Decreto-Lei n.° 351/93, de 7 de Outubro)*, Coimbra, 1998, pp. 63-153.

CORREIA, José Manuel Sérvulo, «Princípios constitucionais do Direito Administrativo», in Jorge Miranda (org.), *Estudos sobre a Constituição*, vol. III, Lisboa, 1977, pp. 661-688.

CORREIA, José Manuel Sérvulo, *Direitos Fundamentais – Sumários*, policopiado, Lisboa, 2002.

CORREIA, José Manuel Sérvulo, *Legalidade e autonomia contratual nos contratos administrativos*, Coimbra, 1987.

CORREIA, José Manuel Sérvulo, *Noções de Direito Administrativo*, vol. I, Lisboa, 1982.

COSTA, Nelson Nery, *Direito Municipal Brasileiro*, 3.ª ed., Rio de Janeiro, 2006.

COUTINHO, Luís Pereira, *As Faculdades Normativas Universitárias no Quadro do Direito Fundamental à Autonomia Universitária – O caso das universidades públicas*, Coimbra, 2004.

COUTINHO, Luís Pereira, *O problema das atribuições e competências das autarquias locais (e do seu possível esvaziamento...)*, conferência [inédita], Lisboa, 2009, acessível a partir de www.icjp.pt.

CRAIG, P. P., *Administrative Law*, 5.ª ed., London, 2003.

CUOCOLO, Fausto, *Istituzioni di Diritto Pubblico*, 8.ª ed., Milano, 1994.

CURA, António A. Vieira, «O Costume como Fonte de Direito em Portugal», in *Boletim da Faculdade de Direito*, vol. 74.° (1998), pp. 241-272.

DAHL, Robert, *On democracy* (1999), trad. de Teresa Braga, *Democracia*, Lisboa, 2000.

DIAS, José Eduardo Figueiredo e OLIVEIRA, Fernanda Paula, *Noções Fundamentais de Direito Administrativo*, Coimbra, 2.ª reimp., 2008.

DIAS, Marta Machado, «Crimes de responsabilidade dos eleitos locais: alguns aspectos», in António Cândido de Oliveira / Marta Machado Dias, *Crimes de Responsabilidade dos Eleitos Locais*, pp. 23-93.

DUARTE, David, *A Norma da Legalidade Procedimental Administrativa – A teoria da norma e a criação de normas de decisão na discricionariedade administrativa*, Coimbra, 2006.

DUARTE, Maria Luísa, «A Constituição Portuguesa e o princípio da subsidiariedade – da positivação à sua concreta aplicação», in *Estudos de Direito da União Europeia e das Comunidades Europeias*, Coimbra, 2000, pp. 107-136.

DUARTE, Maria Luísa, *Teoria dos Poderes Implícitos: do conceito à sua aplicação*, Lisboa, 1997.

DUARTE, Maria Luísa, *União europeia e direitos fundamentais no espaço da Internormatividade,* Lisboa, 2006.

FANLO LORAS, Antonio, «Las prerrogativas locales», in Santiago Muñoz Machado (dir.), *Tratado de Derecho Municipal*, tomo I, pp. 713-756.

FERNANDES, Mário João de Brito, «A representação proporcional na Constituição da República Portuguesa», in AAVV, *Estudos vários de Direito Eleitoral*, Lisboa, 1996, pp. 103-237.

FERRARI, Regina Maria Macedo Nery, *Direito Municipal*, 2.ª ed., São Paulo, 2005.

FERREIRA, Eduardo Paz, «Problemas da Descentralização Financeira», in *RFDUL*, vol. 38.°, 1 (1997), pp. 121-131.

FILHO, Manoel Gonçalves Ferreira, *Curso de Direito Constitucional*, 34.ª ed., São Paulo, 2008.

FOLQUE, André, «Indisciplina normativa na tutela das autarquias locais», in *Direito Regional e Local*, n.° 05 (2009), pp. 37-46.

FOLQUE, André, *A Tutela Administrativa nas relações entre o Estado e os Municípios (condicionalismos constitucionais)*, Coimbra, 2004.

FONSECA, Rui Guerra da, *Autonomia estatutária das empresas públicas e descentralização administrativa*, Coimbra, 2005.

GAMBINO, Silvio (dir.), *Diritto regionale e degli enti locali*, Milano, 2003.

GARCÍA MORILLO, Joaquín, *La configuración constitucional de la autonomía local*, Madrid / Barcelona, 1998.

GARCIA, Maria da Glória Dias, *Da Justiça Administrativa em Portugal – Sua origem e evolução*, Lisboa, 1994.

GARCIA, Maria da Glória, *Direito do Urbanismo – Relatório*, Lisboa, 1999.

GOMES, Carla Amado, «A eleição do presidente da Câmara municipal em Portugal», in *O Direito*, ano 133 (2001), IV, pp. 895-906.

GOMES, Carla Amado, «Referendo local: o medo de existir?», in *Direito Regional e Local*, n.° 00 (2007), pp. 27-33.

GONÇALVES, Pedro, *Entidades Privadas com Poderes Públicos*, Coimbra, 2005.

GONÇALVES, Pedro, *Regime Jurídico das Empresas Municipais*, Coimbra, 2007.

GOUVEIA, Jorge Bacelar, *Manual de Direito Constitucional*, vol. II, 2.ª ed., Coimbra, 2007.

GUSTAPANE, Enrico, «Autarchia. Profilo storico di un termine in disuso», in *Rivista trimestrale di diritto pubblico*, 1 (1980), pp. 200-210.

HOMEM, Armando Luís de Carvalho e HOMEM, Maria Isabel N. Miguéns de Carvalho, «Lei e poder concelhio: as posturas. O exemplo de Lisboa (sécs. XIV-XV)», in *Revista da Faculdade de Letras, História*, Porto, III série, vol. 7 (2006), pp. 35-50.

IPSEN, Jörn, *Allgemeines Verwaltungsrecht*, 5.ª ed., Köln, 2007.

ITALIA, Vittorio, *Per l'autonomia degli enti locali*, Milano, 2007.

JARASS / PIEROTH, *Grundgesetz für die Bundesrepublik Deutschland – Kommentar* 7.ª ed., München, 2004 (abreviadamente, *Kommentar*).

JIMÉNEZ-BLANCO, Antonio, «Las relaciones interadministrativas de supervisión y control», in Santiago Muñoz Machado (dir.), *Tratado de Derecho Municipal*, tomo I, pp. 427-444.

LANGHANS, Franz-Paul, *Estudos de direito municipal. As posturas*, Lisboa, 1937.

LANZA, Riccardo e SPALLA, Flavio, «Area Metropolitana: esperienze italiane», in *Amministrare*, n.os 1 e 2 (2008), pp. 105-172.

LEITÃO, Alexandra, «As formas contratuais de cooperação entre a Administração Central e a administração local», in *Estudos em Homenagem ao Prof. Doutor Armando M. Marques Guedes*, Coimbra, 2004, pp. 427-456.

LOMBA, Pedro, *Teoria da responsabilidade política*, Coimbra, 2008.

LOMBARDI, Renata, *Contributo allo studio della funzione di controllo: Controlli interni e attività amministrativa*, Milano, 2003.

LOPES, Maria José, «Posturas municipais: uma fonte para o estudo da história local», in *Africana* [Universidade Portucalense], n.° 24 (2002), pp. 95-102.

MACHADO, João Baptista, «Participação e descentralização», in *Revista de Direito e de Estudos Sociais*, ano 22 (1975), n.os 1 a 4, pp. 1-108.

MACHADO, João Baptista, *Introdução ao Direito e ao Discurso Legitimador*, 12.ª reimp, Coimbra, 2000.

MACHETE, Pedro, *Estado de Direito democrático e Administração paritária*, Coimbra, 2007.

MACHETE, Rui, «O Poder Local e o conceito de autonomia institucional» (1988), in *Estudos de Direito Público e Ciência Política*, Lisboa, 1991, pp. 559-585.

MAGALHÃES, Joaquim Romero de, in José Mattoso (dir.), *História de Portugal*, 3.° vol., *No Alvorecer da Modernidade (1480-1620)*, coord. Joaquim Romero de Magalhães, Lisboa, 1993.

MANIQUE, António Pedro, *Mouzinho da Silveira – Liberalismo e Administração Pública*, Lisboa, 1989.

MARTÍN MATEO, Ramón e DÍEZ SANCHEZ, Juan José, *Manual de Derecho Administrativo*, 26.ª ed., Cizur Menor, 2007.

MARTÍN REBOLLO, Luis, «La responsabilidad patrimonial de la administración local», in Santiago Muñoz Machado (dir.), *Tratado de Derecho Municipal*, tomo I, pp. 773-871.

MARTINS, Margarida Salema d'Oliveira, *O princípio da subsidiariedade em perspectiva jurídico-política*, Coimbra, 2003.

MATTOSO, José, in José Mattoso (dir.), *História de Portugal*, 2.° vol., *A Monarquia Feudal (1096-1480)*, coord. José Mattoso, Lisboa, 1993.

MAURÍCIO, Artur, «A garantia constitucional da autonomia local à luz da jurisprudência do Tribunal Constitucional», in *Estudos em homenagem ao Conselheiro José Manuel Cardoso da Costa*, Coimbra, 2003, pp. 625-657.

MEIRELLES, Hely Lopes, *Direito Administrativo Brasileiro* [actualiz. por Eurico de Andrade Azevedo, Délcio Balestero Aleixo, José Emmanuel Burle Filho], 35.ª ed., São Paulo, 2009.

MEIRELLES, Hely Lopes, *Direito Municipal Brasileiro*, 6.ª ed., São Paulo, 1993.

MELE, Eugenio, *Manuale di diritto degli enti locali*, 2.ª ed., Milano, 2007.

MELO, António Barbosa de, «O poder local na Constituição da República Portuguesa de 1976», in António Cândido de Oliveira (coord.), *30 Anos de Poder Local na Constituição da República Portuguesa*, pp. 11-27.

MELO, António Barbosa de, «Portugal: que Regiões?», in *Scientia Iuridica*, tomo 33.°, n.os 187/188 (1984), pp. 63-86.

MERÊA, Paulo, Recensão crítica a «Estudos de direito municipal. As posturas», de Franz-Paul Langhans, in *Boletim da Faculdade de Direito*, vol. 15.° (1938-1939), pp. 239-240.

MESTRE DELGADO, Esteban e MARTÍNEZ GALINDO, Gema, «Responsabilidad penal de los alcaldes y concejales», in Santiago Muñoz Machado (dir.), *Tratado de Derecho Municipal*, tomo I, pp. 873-956.

MIGUÉIS, Jorge, *Lei do Recenseamento Eleitoral – anotada e comentada*, Lisboa, 2002.

MILO, Giulia, *Il potere di governo del territorio. Principi ricostruttivi*, Milano, 2005.

MIRANDA, João, «As relações entre planos territoriais – alguns problemas», in *Revista Jurídica*, n.° 22 (1998), pp. 95-138.

MIRANDA, Jorge e MEDEIROS, Rui, *Constituição Portuguesa Anotada*, tomo I – *Introdução e Princípios Fundamentais*, Coimbra, 2005.

MIRANDA, Jorge e MEDEIROS, Rui, *Constituição Portuguesa Anotada*, tomo II – *Organização Económica, Organização do Poder Político*, Coimbra, 2005.

MIRANDA, Jorge e MEDEIROS, Rui, *Constituição Portuguesa Anotada*, tomo III – *Organização do poder político, Garantia e revisão da Constituição, Disposições finais e transitórias*, Coimbra, 2007.

MIRANDA, Jorge, «A Administração Pública nas Constituições Portuguesas», in *RFDUL*, vol. XLIII (2002), pp. 963-986.

MIRANDA, Jorge, «Imunidades constitucionais e crimes de responsabilidade», in *Direito e Justiça*, vol. XV (2001), tomo 2, pp. 27-48.

MIRANDA, Jorge, «O direito eleitoral na Constituição», in *Estudos sobre a Constituição*, 2.° vol., Lisboa, 1978, pp. 461-492.

MIRANDA, Jorge, «O poder local na Assembleia Constituinte», in António Cândido de Oliveira (coord.), *30 Anos de Poder Local na Constituição da República Portuguesa*, pp. 177-188.

MIRANDA, Jorge, «Poder local e princípio republicano», in *O Direito*, ano 124 (1992), III, pp. 451-467.

MIRANDA, Jorge, «República e limitação de mandatos» (2001), in *Constituição e Cidadania*, Coimbra, 2003, pp. 437-440.

MIRANDA, Jorge, *A Constituição de 1976 – Formação, Estrutura, Princípios Fundamentais*, Lisboa, 1978.

MIRANDA, Jorge, *As Associações Públicas no Direito Português*, Lisboa, 1985.

MIRANDA, Jorge, *Ciência Política – Formas de Governo*, Lisboa, 1996.

MIRANDA, Jorge, *Direito Constitucional III – Direito Eleitoral, Direito Parlamentar*, policopiado, Lisboa, 2003.

MIRANDA, Jorge, *Formas e Sistemas de Governo*, Rio de Janeiro, 2007.

MIRANDA, Jorge, *Funções, Órgãos e Actos do Estado*, policopiado, Lisboa, 1990.

MIRANDA, Jorge, *Manual de Direito Constitucional*, tomo III – *Estrutura constitucional do Estado*, 5.ª ed., Coimbra, 2004.

MIRANDA, Jorge, *Manual de Direito Constitucional*, tomo IV – *Direitos Fundamentais*, 4.ª ed., Coimbra, 2008.

MIRANDA, Jorge, *Manual de Direito Constitucional*, tomo V – *Actividade constitucional do Estado*, 3.ª ed., Coimbra, 2004.

MIRANDA, Jorge, *Manual de Direito Constitucional*, tomo VII – *Estrutura constitucional da democracia*, Coimbra, 2007.

MONCADA, Luís S. Cabral de, *Direito Económico*, 5.ª ed., Coimbra, 2007.

MONIZ, Ana Raquel Gonçalves, «A titularidade do poder regulamentar no Direito administrativo português», in *Boletim da Faculdade de Direito*, vol. 80.° (2004), pp. 483-562.

MONIZ, Ana Raquel Gonçalves, «O âmbito do domínio público autárquico», in *Estudos em Homenagem ao Professor Doutor Marcello Caetano no centenário do seu nascimento*, vol. I, Coimbra, 2006, pp. 153-182.

MONTALVO, António Rebordão, *O processo de mudança e o novo modelo da gestão pública municipal*, Coimbra, 2003.

MONTE, Mário Ferreira, «A perda de mandato e a inelegibilidade emergente de crimes praticados no exercício de cargos políticos, Ac. do Tribunal Constitucional de 23.09.2009, Proc. n.° 771/09», in *Direito Regional e Local*, n.° 08 (2009), pp. 56-68.

MONTEIRO, Nuno Gonçalo, in José Mattoso (dir.), *História de Portugal*, 4.° vol., *O Antigo Regime (1620-1807)*, coord. António Manuel Hespanha, Lisboa, 1993.

MONTEIRO, Pinto, «A responsabilidade política, civil e criminal do eleito municipal», in AAVV, *Manual do Eleito Local*, vol. I, Coimbra, 1994, pp. 119-150.

MORAIS, Carlos Blanco de, «A dimensão interna do princípio da subsidiariedade no ordenamento português», in *ROA*, ano 58, II (1998), pp. 779-821.

MORAIS, Carlos Blanco de, *Curso de Direito Constitucional*, tomo I, Coimbra, 2008.

MOREIRA, Vital, «Ainda o sistema de governo autárquico», in *Público*, de 29 de Janeiro de 2008.

MOREIRA, Vital, «Associações intermunicipais e áreas metropolitanas», in *Direito Regional e Local*, n.° 0 (2007), pp. 5-19.

MOREIRA, Vital, «Constituição e direito administrativo», in AAVV, *Ab Uno ad Omnes – 75 anos da Coimbra Editora*, Coimbra, 1998, pp. 1141-1166.

MOREIRA, Vital, «Empréstimos municipais, autonomia local e tutela governamental», in *Direito Regional e Local*, n.° 03 (2008), pp. 25-44.

MOREIRA, Vital, «O poder local na Constituição da República Portuguesa de 1976», in António Cândido de Oliveira (coord.), *30 Anos de Poder Local na Constituição da República Portuguesa*, pp. 279-299.

MOREIRA, Vital, «Organização, Atribuições, Poderes e Competências das Regiões Administrativas», in *Boletim da Faculdade de Direito*, vol. 74.° (1998), pp. 657-670.

MOREIRA, Vital, *Administração Autónoma e Associações Públicas*, Coimbra, 1997.

MOREIRA, Vital, *Organização Administrativa (Programa, conteúdos e métodos de ensino)*, Coimbra, 2001.

MUÑOZ MACHADO, Santiago (dir.), *Tratado de Derecho Municipal*, tomo I, 2.ª ed., Madrid, 2003.

NABAIS, José Casalta, «A autonomia financeira das autarquias locais», in António Cândido de Oliveira (coord.), *30 Anos de Poder Local na Constituição da República Portuguesa*, pp. 125-157.

NABAIS, José Casalta, «A autonomia local (Alguns aspectos gerais)», in *Estudos em Homenagem ao Prof. Doutor Afonso Rodrigues Queiró*, vol. II, Coimbra, 1993, pp. 107-221.

NABAIS, José Casalta, *A autonomia financeira das autarquias locais*, Coimbra, 2007.

NEVES, A. Castanheira, *DIGESTA – Escritos acerca do Direito, do Pensamento Jurídico, da sua Metodologia e Outros*, Coimbra, vol. 2.°, 1995.

NEVES, A. Castanheira, «O sentido actual da metodologia jurídica», in AAVV, *Volume comemorativo do 75.° tomo do Boletim da Faculdade de Direito*, Coimbra, 2003, pp. 115-150.

NEVES, Ana Fernanda, «Os institutos públicos e a descentralização administrativa», in *Estudos em Homenagem ao Professor Doutor Inocêncio Galvão Telles*, vol. V – *Direito Público e Vária*, Coimbra, 2003, pp. 495-539.

NEVES, Maria José Castanheira, *Governo e administração local*, Coimbra, 2004.

NIERHAUS, Michael, «Art. 28», in Michael Sachs (org.), *Grundgesetz, Kommentar*, 3.ª ed., München, 2003.

NOGUEIRA, José Artur A. Duarte, «A estrutura administrativa dos municípios medievais. Alguns aspectos», in *RFDUL*, vol. XXV (1984), pp. 247-317.

NOVAIS, Jorge Reis, *Os princípios constitucionais estruturantes da República Portuguesa*, Coimbra, 2004.

NOVAIS, Jorge Reis, *Semipresidencialismo*, vol. I – *Teoria do sistema de governo semipresidencial*, Coimbra, 2007.

OLIVEIRA, António Cândido de (coord.), *30 Anos de Poder Local na Constituição da República Portuguesa – Ciclo de conferências*, Braga, 2007.

OLIVEIRA, António Cândido de e DIAS, Marta Machado, *Crimes de Responsabilidade dos Eleitos Locais*, Braga, 2008.

OLIVEIRA, António Cândido de, «40 anos de desconcentração territorial regional em Portugal», in *Direito Regional e Local*, n.° 01 (2008), pp. 5-24.

OLIVEIRA, António Cândido de, «A criação de municípios em Portugal: as razões de um veto do Presidente da República», in *Estudos em Homenagem ao*

Professor Doutor Marcello Caetano no centenário do seu nascimento, vol. I, pp. 219-228.

OLIVEIRA, António Cândido de, «A difícil democracia local e o contributo do Direito», in *Estudos em comemoração do 10.° aniversário da licenciatura em Direito da Universidade do Minho*, Coimbra, 2004, pp. 95-113.

OLIVEIRA, António Cândido de, «A EDP, os municípios e o Governo – Tutela administrativa – Reserva de jurisdição», in *Cadernos de Justiça Administrativa*, n.° 9 (1998), pp. 11-24.

OLIVEIRA, António Cândido de, «A regionalização administrativa na Constituição da República Portuguesa», in António Cândido de Oliveira (coord.), *30 Anos de Poder Local na Constituição da República Portuguesa*, pp. 301-308.

OLIVEIRA, António Cândido de, «A responsabilidade criminal dos eleitos locais: a prisão não é a pena mais adequada», in António Cândido de Oliveira / Marta Dias, *Crimes de Responsabilidade dos Eleitos Locais*, pp. 5-21.

OLIVEIRA, António Cândido de, «Democracia Local: a organização, os poderes e o funcionamento dos "Plenos do Concello" na Galiza e das Assembleias Municipais no Norte de Portugal», in *Direito Regional e Local*, n.° 05 (2009), pp. 5-11.

OLIVEIRA, António Cândido de, «Democracia Local», in *Estudos em Memória do Professor Doutor António Marques dos Santos*, vol. II, Coimbra, 2005, pp. 31-99.

OLIVEIRA, António Cândido de, «Empresas municipais e intermunicipais: entre o público e o privado», in AAVV, *Os Caminhos da Privatização da Administração Pública – IV Colóquio Luso-espanhol de Direito Administrativo*, Coimbra, 2001, pp. 131-146.

OLIVEIRA, António Cândido de, «Poderes paralelos ao ataque da autonomia municipal (anotação ao Acórdão do STA, Pleno da 1.ª secção, de 7-05-1996)», in *Cadernos de Justiça Administrativa*, n.° 0 (1996), pp. 40-48.

OLIVEIRA, António Cândido de, «Tutela administrativa: por uma lei que fortaleça o Estado de Direito» (anotação ao Acórdão do STA, de 16-01-1997), in *Cadernos de Justiça Administrativa*, n.° 4 (1997), pp. 39-50.

OLIVEIRA, António Cândido de, *A Democracia Local (alguns aspectos)*, Coimbra, 2005.

OLIVEIRA, António Cândido de, *As condições necessárias para uma autonomia efectiva dos municípios: a importância da população e do território*, comunicação [inédita], Braga, 2008.

OLIVEIRA, António Cândido de, *Direito das Autarquias Locais*, Coimbra, 1993.

OLIVEIRA, Fernanda Paula, «A organização administrativa do planeamento urbanístico em Portugal», in AAVV, *Ab Uno Ad Omnes – 75 anos da Coimbra Editora*, Coimbra, 1998, pp. 895-924.

OLIVEIRA, Fernanda Paula, *Portugal: Território e Ordenamento*, Coimbra, 2009.

OLIVEIRA, Mário Esteves de, *Direito Administrativo*, vol. I, Coimbra, 1980.

OTERO, Paulo (coord.), *Comentário à Constituição Portuguesa*, vol. III, 1.° tomo – *Princípios Gerais da Organização do Poder Político*, Coimbra, 2008.

OTERO, Paulo e GONÇALVES, Pedro, «Nota de abertura», in Paulo Otero / Pedro Gonçalves (coord.), *Tratado de Direito Administrativo Especial*, vol. I, pp. 5-9.

OTERO, Paulo e GONÇALVES, Pedro (coord.), *Tratado de Direito Administrativo Especial*, vol. I, Coimbra, 2009.

OTERO, Paulo, *A Competência Delegada no Direito Administrativo Português – Conceito, natureza e regime*, Lisboa, 1987.

OTERO, Paulo, *A Renúncia do Presidente da República na Constituição Portuguesa*, Coimbra, 2004.

OTERO, Paulo, *Conceito e Fundamento da Hierarquia Administrativa*, Coimbra, 1992.

OTERO, Paulo, *Direito Administrativo – Relatório de uma disciplina apresentada no concurso para professor associado na Faculdade de Direito da Universidade de Lisboa*, Lisboa, 1998.

OTERO, Paulo, *Direito Constitucional Português*, vol. I – *Identidade Constitucional*, Coimbra, 2010.

OTERO, Paulo, *Direito Constitucional Português*, vol. II – *Organização do poder político*, Coimbra, 2010.

OTERO, Paulo, *Instituições Políticas e Constitucionais*, vol. I, Coimbra, 2007.

OTERO, Paulo, *Legalidade e Administração Pública – A vinculação administrativa à juridicidade*, Coimbra, 2003.

OTERO, Paulo, *O poder de substituição em Direito Administrativo – Enquadramento dogmático-constitucional*, vol. II, Lisboa, 1995.

PALADIN, Livio, *Diritto Costituzionale*, reimp., Padova 1994.

PALMA, Maria Fernanda, «Responsabilidade política e responsabilidade penal – três casos controversos», in *Sub Judice*, n.° 6 (Maio-Agosto 1993), pp. 5-8.

PALOMAR OLMELA, Alberto, «Los principios de la actividad administrativa y las relaciones entre las administraciones», in *Documentación Administrativa*, n.os 254/255 (1999), pp. 59-85.

PAREJO ALFONSO, Luciano, «Comunicación», in Joaquín García Morillo, *La configuración constitucional de la autonomía local*, pp. 53-77.

PAREJO ALFONSO, Luciano, «La autonomía local en la Constitución», in Santiago Muñoz Machado (dir.), *Tratado de Derecho Municipal*, tomo I, pp. 25-155.

PAREJO ALFONSO, Luciano, *Derecho Administrativo – Instituciones generales: bases, fuentes, organización y sujetos, actividad y control*, Barcelona, 2003.

PEMÁN GAVÍN, Juan, «La población municipal: la regulación de la vecinidad administrativa y de estatuto del vecino», in Santiago Muñoz Machado (dir.), *Tratado de Derecho Municipal*, tomo I, pp. 1219-1263.

PEREIRA, André Gonçalves, *Contribuição para uma teoria geral do Direito Municipal*, diss. dactilografada [inédito], Lisboa, 1959.

PEREIRA, Armando e ALMEIDA, M. Castro, *Conhecer as Autarquias Locais*, Porto, 1985.

PÉREZ TREMPS, Pablo, *La defensa de la autonomía local ante el Tribunal Constitucional*, Madrid / Barcelona, 1998.

PIÇARRA, Nuno, *A Separação dos Poderes como Doutrina e Princípio Constitucional – Um contributo para o estudo das suas origens e evolução*, Coimbra, 1989.

PINHEIRO, Alexandre de Sousa e FERNANDES, Mário João de Brito, *Comentário à IV revisão constitucional*, Lisboa, 1999.

PINTO, Paulo Mota, *Interesse Contratual Negativo e Interesse Contratual Positivo*, vol. I, Coimbra, 2009.

PINTO, Ricardo Leite, *Neo-Republicanismo, Democracia e Constituição*, Lisboa, 2006.

PINTO, Ricardo Leite, *Referendo local e descentralização política: contributo para o estudo do referendo local no constitucionalismo português*, Coimbra, s.d.

PONTIER, Jean-Marie, «La personnalité publique, notion anisotrope», in *Revue Française de Droit Administratif*, ano 23, 5 (2007), pp. 979-989.

QUADROS, Fausto de, «Tutela Administrativa» [Anotação ao Acórdão do S.T.A, de 19 de Setembro de 1979], in *ROA*, ano 41.° (1981), III, pp. 753-773.

QUADROS, Fausto de, *Direito da União Europeia*, Coimbra, 2004.

QUADROS, Fausto de, *O princípio da subsidiariedade no direito comunitário após o Tratado da União Europeia*, Coimbra, 1995.

QUEIRÓ, Afonso Rodrigues, «Atribuições», in *DJAP*, vol. I (1965), pp. 587-591.

QUEIRÓ, Afonso Rodrigues, «Descentralização», in *DJAP*, vol. III (1990), pp. 569-574.

QUEIRÓ, Afonso Rodrigues, *Lições de Direito Administrativo*, vol. I, Coimbra, 1959.

QUEIRÓ, Afonso Rodrigues, *Lições de Direito Administrativo*, vol. I, policopiado, Coimbra, 1976.

RAMÓN PARADA, *Derecho Administrativo II – Organización y empleo publico*, 17.ª ed., Madrid, 2004.

REBELO, Marta, «Reforma do sistema de financiamento local», in António Cândido de Oliveira (coord.), *30 Anos de Poder Local na Constituição da República Portuguesa*, pp. 29-40.

RIVERO YSERN, Jose Luis, *Manual de derecho local*, 5.ª ed., Madrid, 2005.

ROCHA Joaquim Freitas da, *Constituição, Ordenamento e Conflitos Normativos – Esboço de uma teoria analítica da ordenação normativa*, Coimbra, 2008.

ROCHA, Joaquim Freitas da, «Da Perequação Financeira em Referência aos Entes Locais (Contornos de um enquadramento jurídico-normativo)», in António

Cândido de Oliveira (coord.), *30 Anos de Poder Local na Constituição da República Portuguesa*, pp. 41-77.

ROLLA, Giancarlo, *Diritto regionale e degli enti locali*, Milano, 2002.

SÁ, Luís, *Regiões administrativas – o poder local que falta*, Lisboa, 1989.

SANTAMARÍA PASTOR, Juan Alfonso, *Principios de Derecho Administrativo*, vol. I, 4.ª ed., Madrid, 2002.

SARAIVA, José H., «Evolução histórica dos municípios portugueses», in AAVV, *Problemas de Administração Local*, Lisboa, 1957, pp. 63-120.

SARAIVA, Rute Gil, *Sobre o Princípio da Subsidiariedade (Génese, evolução, interpretação e aplicação)*, Lisboa, 2001.

SARTORI, Giovanni, *Democrazia: Cosa è*, 5.ª ed., Milano, 1993.

SCHMIDT-AßMANN, Eberhard e RÖLL, Hans Christian, «Kommunalrecht», in Eberhard Schmidt-Aßmann (org.), *Besonderes Verwaltungsrecht*, 13.ª ed., Berlin, 2005, pp. 9-120.

SCHOLLER, Heinrich e BROß, Siegfried, *Grundzüge des Kommunalrechts in der Bundesrepublik Deutschland*, 2.ª ed., Heidelberg / Karlsruhe, 1979.

SILVA, A. E. Duarte, «As inelegibilidades nas eleições autárquicas», in AAVV, *Estudos sobre a jurisprudência do Tribunal Constitucional*, Lisboa, 1993, pp. 149-193

SILVA, José Afonso da, *Curso de Direito Constitucional Positivo*, 32.ª ed., São Paulo, 2009.

SILVA, Nuno J. Espinosa Gomes da, *História do Direito Português – Fontes do Direito*, 3.ª ed., Lisboa, 2000.

SOARES, Rogério Ehrhardt, *Direito Administrativo*, Porto, 1992.

SOSA WAGNER, F., *Manual de derecho local*, Madrid, 7.ª ed., 2004.

SOUSA, António Francisco de, *Direito Administrativo das Autarquias Locais*, 3.ª ed., Lisboa, 1993.

SOUSA, Marcelo Rebelo de e ALEXANDRINO, José de Melo, *Constituição da República Portuguesa – Comentada*, Lisboa, 2000.

SOUSA, Marcelo Rebelo de e MATOS, André Salgado de, *Direito Administrativo Geral*, tomo I – *Introdução e princípios fundamentais*, 3.ª ed., Lisboa, 2008.

SOUSA, Marcelo Rebelo de e MATOS, André Salgado de, *Direito Administrativo Geral*, tomo III – *Actividade administrativa*, Lisboa, 2007 [2009[2]].

SOUSA, Marcelo Rebelo de, «Distribuição pelos municípios da energia eléctrica de baixa tensão», in *Colectânea de Jurisprudência* (1988), tomo 5, pp. 27-39.

SOUSA, Marcelo Rebelo de, «Introdução à Constituição da República Portuguesa», in Marcelo Rebelo de Sousa / José de Melo Alexandrino, *Constituição da República Portuguesa – Comentada*, pp. 9-66.

SOUSA, Marcelo Rebelo de, *Lições de Direito Administrativo*, vol. I, 3.ª ed., Lisboa, 1999.

SOUSA, Marcelo Rebelo de, *O sistema de governo municipal*, 2.ª ed., Santarém, 1997.

SOUSA, Marcelo Rebelo de, *Os partidos políticos no Direito Constitucional português*, Braga, 1983.

SOUZA, Maria Ângela de Almeida, *Posturas do Recife Imperial*, Recife, 2002 [tese de doutoramento inédita, acessível a partir de *www.bdtd.ufpe.br* (20.10.2009)].

STADERINI, Francesco, *Diritto degli enti locali*, 4.ª ed., Padova, 1993.

STARCK, Christian, *La Constitution – Cadre e Mesure du Droit*, Aix-en-Provence / / Paris, 1994.

TAVARES, José, «O quadro legal da tutela administrativa sobre as autarquias locais. Necessidade de mudança?», in *Revista do Tribunal de Contas*, n.° 25 (1996), tomo I, pp. 91-101.

TETTINGER, Peter J., *Besonderes Verwaltungsrecht*, vol. 1 – *Kommunalrecht, Polizei- und Ordnungsrecht*, Heidelberg, 2001.

URBANO, Maria Benedita, «Referendo», in *DJAP*, vol. VII (1996), pp. 72-107.

VANDELLI, Luciano, *Il sistema delle autonomie locali*, 3.ª ed., Bologna, 2007.

VELLASCO CABALLERO, Francisco, *Derecho local – Sistema de fuentes*, Madrid, 2009.

VIANA, Cláudia, «O instituto do referendo à luz da jurisprudência do Tribunal Constitucional», in *Direito Regional e Local*, n.° 05 (2009), pp. 27-36.

VIRGA, Pietro, *Diritto Amministrativo*, vol. III – *L'amministrazione locale*, 3.ª ed., Milano, 1998.

WADE, William, *Administrative Law*, 6.ª ed., London, 1988.

WILSON, David e GAME, Chris, *Local Government in the United Kingdom*, 4.ª ed., Basingstoke, 2006.

DIREITO DO CONTENCIOSO ADMINISTRATIVO AUTÁRQUICO

ISABEL CELESTE M. FONSECA

INTRODUÇÃO

Ao longo dos tempos, o contencioso autárquico sempre apresentou traços bem distintos do demais contencioso administrativo[1]. Na realidade, ao longo da história do contencioso administrativo português, o contencioso da administração local e o da administração central foram acolhendo diferenças tanto do ponto de vista do *modelo organizatório* como operativo. Assim, com mais ou menos variantes, depois da concretização da separação de poderes, o sistema de resolução de litígios entre as autarquias e os particulares foi-se mostrando mais permeável ao controlo jurisdicional, por um lado, e, menos solene e mais informal, por outro – tendo-se revelado, em suma, como um contencioso mais favorável aos particulares[2] (**§ 1.**).

---

[1] Sobre o conceito de contencioso administrativo autárquico, vd. o nosso *O Contencioso Administrativo das Autarquias Locais: um Contencioso que se tem Revelado Urgente*, in *Scientia Ivridica*, Braga, 2005, pp. 637 ss. Considerando que a autonomização do contencioso administrativo autárquico só acontece agora numa perspectiva material, entendemos que o seu domínio substancial coincide com o grupo de acções que tem como objecto a resolução de «litígios emergentes das relações jurídicas administrativas *[autárquicas]*».

[2] Não deixa de ser significativo que a Secção do contencioso administrativo do Conselho de Estado tenha iniciado funções elaborando uma consulta que viria a ser homologada pela Rainha D. Maria II, no sentido de suspender a execução de uma postura da Câmara Municipal do Porto que proibia as fábricas de velas de cebo no interior daquela cidade. Na verdade, entendeu a Rainha que, até que fosse resolvido definitivamente o recurso interposto e que se achava pendente no Conselho de Estado, deveria ficar suspensa a execução da postura tanto mais que «da suspensão da mesma Postura se não [seguiria] dano algum, antes pelo contrário da sua execução se [poderia] seguir dano irreparável para

Pela primeira vez, com a reforma introduzida na justiça administrativa, em 2002/2003, tais especificidades foram esbatidas, uma vez que o contencioso das autarquias locais passou a estar sujeito às mesmas regras que disciplinam o contencioso de toda a Administração Pública (direito europeu, CRP, CPTA e ETAF)[3]. E, por conseguinte, atendendo a uma perspectiva dos modelos organizativos, pode afirmar-se que o controlo da actuação das autarquias passou a ser realizado pelas mesmas instâncias jurisdicionais que controlam a actuação da restante Administração Pública. E, numa perspectiva material, também pode dizer-se que os propósitos traçados pelo legislador (europeu, constitucional e ordinário) são os mesmos para todo o contencioso administrativo. E, por isso mesmo, nem a impugnação das decisões dos órgãos autárquicos nem a declaração de ilegalidade de normas emitidas pelo poder local obedecem a regras desiguais, sendo certo que não pode mais daí concluir-se que este é mais acessível, mais intenso e mais vantajoso para os particulares[4].

Com efeito, independentemente do autor das decisões administrativas, os TAC´s conhecem em primeira instância quase todas as causas que devam ser tratadas pelos tribunais administrativos[5]. E, neste outro sentido, o objecto das acções administrativas previstas no CPTA, *maxime* o da acção administrativa especial, é constituído pelo mesmo tipo de pretensões, as previstas no art. 46.°, n.° 1 e n.° 2 do CPTA, independentemente de quem tenha emitido ou omitido o acto ou a disposição normativa. E a forma da acção administrativa comum e a tramitação da acção administra-

---

os recorrentes». A este propósito, vd. Maria da Glória Garcia, *Do Conselho de Estado ao Actual Supremo Tribunal Administrativo*, Lisboa, 1998, p. 41.

[3] Sobre a europeização do direito administrativo e do direito processual administrativo, vd. Paulo Otero, *Legalidade e Administração Pública. O sentido da Vinculação Administrativa à Juridicidade*, Coimbra, 2003, pp. 286 a 289 e pp. 484 a 487; Vasco Pereira da Silva, *O Contencioso Administrativo no Divã da Psicanálise*, Coimbra, 2005, pp. 97 ss.; Fausto Quadros, *A Europeização do Contencioso Administrativo,* in *Estudos em Homenagem ao Professor Doutor Marcello Caetano. No Centenário do seu Nascimento*, Vol. I, Coimbra, 2006. E quanto à europeização do contencioso de urgência, vd. o nosso *Processo Temporalmente Justo e Urgência*, Coimbra, 2009, pp. 215 ss.

[4] Refere José Carlos Vieira de Andrade (*A Justiça Administrativa*, 9.ª ed., Coimbra, 2007, pp. 31 e 32) que essas diferenças (especialmente visíveis no período liberal e que se mantiveram até à reforma de 2002) são explicáveis por razões de época, já que os municípios foram considerados pessoas colectivas privadas que prosseguiam fins comunitários locais.

tiva especial não são mais ou menos solenes conforme esteja em causa a impugnação de uma decisão emanada por uma entidade local ou por um membro do governo. E nem tão pouco o recurso aos processos urgentes é mais ou menos facilitado por estar em causa a tutela de interesses públicos nacionais ou locais. E muito menos os poderes de pronúncia dos tribunais e os efeitos das sentenças variam em função do tipo de contencioso que esteja em causa, autárquico ou estadual (**§ 2.**).

Não obstante o que acabámos de afirmar, há dois aspectos da actual justiça administrativa autárquica que merecem aqui um especial destaque. Assim, num primeiro momento, não podemos deixar de reconhecer que ela se revela fundamentalmente como urgente. Aliás, na actualidade, são até os meios de comunicação social que nos dão a conhecer alguns desses conflitos emergentes das relações jurídicas administrativas autárquicas que o juiz administrativo de círculo é chamado a resolver com urgência. Em muitas destas situações – muitas das quais envolvem a execução de empreendimentos e infra-estruturas públicas –, os particulares e as demais entidades legitimadas, incluindo as associações ambientalistas, grupos de cidadãos e o Ministério Público, lançam mão de processos cautelares com vista a paralisar a actuação da Administração autárquica[6]. E, de resto, também as próprias autarquias lançam mão com muita frequência de processos urgentes com vista a obter a protecção dos interesses locais contra as decisões do poder central que consideram lesivas.

Depois, cumpre evidenciar uma outra faceta particularmente interessante do contencioso autárquico: o seu carácter inovador, que decorre do

---

[5] É certo que a lei continua a fazer distinções a este propósito. E por isso deve aqui sublinhar-se o desvio à regra constante dos artigos 24.° e 37.° do ETAF e artigo 20.°, n.° 1 do CPTA.

[6] O *Caso Túnel do Marquês*, em que foi solicitada a suspensão da execução das obras do túnel, constitui um dos primeiros exemplos mediáticos submetido à apreciação dos tribunais administrativos, logo após a entrada em vigor do CPTA. Este conflito foi apreciado, em primeiro grau de jurisdição, pelo TAF de Lisboa, e, posteriormente, pelo TCA-S e pelo STA, em sede de recurso jurisdicional, tendo as duas primeiras instâncias decretado a providência cautelar de modo a obstar à execução de obras que consideraram não terem sido precedidas de estudos e pareceres necessários, incluindo a Avaliação de Impacte Ambiental, tendo, com efeito, intimado o Município de Lisboa a desencadear este procedimento. Sobre este caso, vd. PEDRO PORTUGAL GASPAR, Acórdãos Relativos à Construção do Túnel do Marquês de Pombal. Problemática da Avaliação de Impacte Ambiental, in *Scientia Ivridica*, Braga, 2004, pp. 577 ss.

facto de certos instrumentos jurídicos previstos no CPTA serem testados (e postos à prova) pela primeira vez no contencioso das autarquias locais[7]. Referimo-nos, por exemplo, ao processo de intimação para protecção de direitos, liberdades e garantias e à técnica da antecipação da decisão de mérito no processo cautelar, prevista no art. 121.° (§ **3.**).

1. DA HISTÓRIA DO CONTENCIOSO ADMINISTRATIVO AUTÁRQUICO: ASPECTOS PECULIARES.

Como se apontou nas considerações introdutórias, os traços peculiares do contencioso autárquico foram variando ao longo do tempo, tendo vindo a evidenciar-se tanto numa perspectiva organizativa (**1.1.**) como numa perspectiva material (**1.2.**).

1.1. DA PERSPECTIVA DO MODELO ORGANIZATÓRIO

A partir de uma perspectiva organizativa, cumpre, em primeiro lugar, evidenciar os traços distintos do contencioso local tendo em consideração três grandes etapas na evolução do modelo do contencioso administrativo português[8]: uma que respeita à época liberal, outra ao período que vai desde 1930 a 1976 e outra que corresponde à fase posterior à CRP de 1976, sendo certo que, em traços largos, pode dizer-se que este modelo começou por ser *administrativista* mitigado, passou a quase *judicialista* e depois a *judicialista* puro de competência especializada.

---

[7] É certo que o contencioso autárquico sempre se revelou muito arrojado. Basta trazer à colação o art. 820.°, n.° 7 do CA para confirmar esta ideia: os auditores tinham competência para ordenar providências cautelares requeridas pela Administração contra os particulares, nos termos em que fossem admitidas no processo civil.

[8] Para marcar o início da história do contencioso administrativo, normalmente invoca-se o período em que se instaura a separação de poderes. Contudo, cumpre lembrar que mesmo antes desta altura já existiam mecanismos de tutela perante os poderes públicos. Na verdade, MARIA DA GLÓRIA GARCIA (*Da Justiça Administrativa em Portugal. Sua Origem e Evolução*, Lisboa, 1994, esp. pp. 77 a 126 e pp. 193 a 243) dá-nos conta de terem existindo diversos mecanismos de protecção durante a época medieval, a época moderna e a época do Estado-de-polícia.

Durante a época liberal, e sobretudo a partir de 1832, concretizou-se entre nós um modelo de inspiração francesa, que, pese embora a concretização da separação de poderes, pressupunha que julgar a Administração seria ainda administrar. Contudo, por razões de instabilidade política (incluindo a de ideias) e normativa, este período não apresentou traços puros e contínuos, revelando avanços e recuos. E, precisamente, para além de muitas outras variantes, importa sublinhar de imediato que a nível local esteve instituído um modelo *judiciarista,* enquanto que a nível central se instituiu um modelo *administrativista*, sendo certo que, no geral, o modelo *administrativista* puro vigorou apenas durante um período muito curto (1846/1849)[9].

Assim, a nível local, este contencioso foi sucessivamente submetido aos Conselhos de Prefeitura, pelo famoso decreto de Mouzinho da Silveira, depois aos Conselhos de Distrito, com a publicação do CA de 1842, e, finalmente, aos Tribunais Administrativos Distritais, pelo CA de 1886, sendo certo que, durante um pequeno período, por disposição acolhida no primeiro Código Administrativo (artigo 170.°), a justiça autárquica foi mesmo subtraída à justiça administrativa e entregue à jurisdição ordinária. Assim, sob influência de Passos Manuel, o Código Administrativo, aprovado em 31 de Dezembro de 1836, vem reconhecer aos tribunais judiciais a competência para julgar o contencioso da administração local.

Enfim, a partir de 1845, como foi possível recorrer das decisões de primeira instância para a Secção do Contencioso Administrativo do Conselho de Estado, só por esta razão não pode concluir-se que a nível local tenha sempre funcionado um modelo *judicialista* puro, por oposição ao modelo do contencioso central, que era *administrativista*. Na verdade, tendo em conta que a nível da justiça central estava instituído um género de «recurso hierárquico em processo jurisdicionalizado», que pressupunha que o Conselho de Estado (a partir de 1845 ou o Supremo Tribunal Administrativo, a partir de 1870) fosse chamado obrigatoriamente a dar consulta, ficando esta sujeita a homologação por decreto do Chefe de Estado, fácil é concluir que, no geral, o modelo da justiça administrativa português

---

[9] De acordo com o disposto no Decreto n.° 23 de 16 de Maio de 1832, os Conselhos de Prefeitura são presididos pelos Prefeitos e detêm competência deliberativa em matéria contenciosa relativamente a litígios em que as autoridades locais estão envolvidas (artigos 85.° e 87.°), havendo recurso das suas decisões para o Conselho de Estado. A este propósito, vd. Maria da Glória Garcia, *Do Conselho*... cit., pp. 30 ss.

foi nessa altura um modelo predominantemente *administrativista mitigado*.

Durante a época do período autoritário-corporativo, que vai desde 1930/33 a 1974/76, existiu entre nós um modelo quase-judicialista, sendo certo que também aqui se fazia a distinção entre o contencioso autárquico e o estadual: as auditorias administrativas a nível local e o Supremo Tribunal Administrativo a nível central.

Finalmente, a terceira fase inicia-se com a actual Constituição. E a este propósito importa sublinhar que a CRP de 1976 veio instituir um modelo *judicialista*, *id est* um modelo de contencioso totalmente jurisdicionalizado, sendo que a jurisdição administrativa surge como ordem jurisdicional autónoma ainda que de competência especializada. Contudo, ainda há lugar a especificidades neste cenário *judicialista*, uma vez que o legislador foi distinguindo a competência dos tribunais administrativos para apreciar e decidir os recursos de anulação de actos administrativos tendo em conta o respectivo autor. É sabido que o controlo de legalidade dos actos do poder central, designadamente, da generalidade dos actos ministeriais, esteve reservado ao STA. E se a intenção sempre foi aproximar o contencioso local do central no que respeita a este aspecto, a verdade é que nem com a parcial reforma de Outono de 1996 nem com a reforma de 2002 tal desiderato foi totalmente concretizado. É certo que hoje essa distinção não é tão radical, uma vez que, quanto à actuação dos membros do Governo, o STA só conhece dos actos praticados pelo Conselho de Ministros e pelo Primeiro-Ministro.

1.1.1. Assim, continuando a ideia já introduzida e tendo em conta o âmbito orgânico do contencioso autárquico, será correcto dizer que este está mais próximo do contencioso central, uma vez que, em princípio, segue a mesma disciplina jurídica (prevista no artigo 212.°, n.° 3 da CRP e em legislação ordinária, incluindo as regras constantes dos artigos 1.° e 4.° do ETAF). Aliás, tendo em conta o *indirizzo* constitucional (art. 212.°, n.° 3) – que de acordo com uma leitura razoável nos permite concluir que a jurisdição administrativa é a jurisdição comum ou *ordinária* para as causas administrativas – pode afirmar-se que todas as questões emergentes de uma relação jurídica administrativa autárquica são *naturalmente* da competência dos tribunais Administrativos, sendo, contudo, constitucionalmente admissível, que haja questões emergentes de relações jurídicas administrativas autárquicas cuja apreciação e resolução seja excluída da jurisdição administrativa. Neste sentido, haverá matérias administrativas autárquicas que são afastadas do juiz administrativo, e tal acontece ou por imediata vontade do legislador constituinte (designadamente, questões eleitorais comuns, que são atribuídas à jurisdição constitucional) ou por opção do legislador ordinário, sendo exemplo deste grupo os litígios emergentes de contratos individuais de trabalho, que não conferem a qualidade de agente administrativo, ainda que uma das partes seja uma autarquia, os litígios relativos à indemnização por expropriação e requisição por utilidade pública que o Código das Expropriações atribui aos tribunais judiciais (mas o mesmo já não acontecendo com os litígios referentes à reversão e consequente adjudicação de bens expropriados), e as decisões administrativas proferidas em processos de contra-ordenação[10].

1.2. Da perspectiva do modelo operativo

Numa perspectiva que atende aos modelos operativos, importa salientar agora diversos aspectos que foram marcando a diferença entre o contencioso local e o central, sendo certo que tais aspectos distintivos respeitam ao universo da actuação controlável, ao tipo de mecanismos processuais previstos na respectiva disciplina jurídica e à tramitação processual. E, assim, impõe-se fazer um apontamento relativo à impugnação de normas, por exemplo, para se perceber como a distinção entre a justiça autárquica e a justiça central foi sendo acolhida na lei. A este propósito, e num primeiro momento, cumpre destacar o Código Administrativo (arti-

[10] Assim, o proprietário da firma a quem o Vereador da Câmara Municipal aplica uma coima no montante de 289,90 Euros (por infracção ao art. 36.° do Decreto-lei n.° 251/87, de 26.06, na sequência de um processo de contra-ordenação contra si instaurado, por não ter procedido a obras de insonorização do seu estabelecimento comercial) não pode impugnar tal decisão junto dos tribunais administrativos. Na realidade, a impugnação de decisões administrativas proferidas em procedimentos de contra-ordenação está excluída da jurisdição administrativa, pelo que, neste caso, se configura uma situação de incompetência absoluta dos tribunais administrativos para decidir (arts. 13.° e 14.°, n.° 2 do CPTA). E, mais em concreto, tendo em conta a matéria subjacente a este tipo de procedimento de contra-ordenação, a impugnação deverá ser dirigida aos tribunais judiciais, mais propriamente aos tribunais criminais. É o que resulta da leitura do art. 4.°, n.° 1, l), parte final, do ETAF e art. 95.°, d) da LOFTJ. Sobre o tema, vd., por exemplo, Acórdão do Tribunal Central Administrativo Sul, de 09 de Dezembro de 2004, processo n.° 254/2004.

gos 54.°, 820.° e 828.°), uma vez que este só permitia a impugnação contenciosa directa de regulamentos e posturas municipais, tendo a jurisprudência admitido também, e sem grande controvérsia, a suspensão da eficácia das mesmas[11]. Já o mesmo não acontecia com os regulamentos do governo, tanto no que respeita aos decretos regulamentares como às portarias e aos despachos normativos, uma vez que os mesmos eram insusceptíveis de impugnação directa (artigos 15.°, n.° 1 e 16.°, § único da LOSTA). Num segundo momento, cumpre realçar, no quadro jurídico gizado pelo ETAF e pela LPTA, a existência de vias processuais distintas para a impugnação de normas administrativas emitidas pelos órgãos da Administração central do Estado e de normas emitidas por órgãos de outros sectores da Administração Pública. Com efeito, e mais em concreto, a impugnação de normas elaboradas pela Administração local obedecia a regras distintas da impugnação de normas ou regulamentos governamentais, sendo certo que para a impugnação destes o meio adequado seria apenas o pedido de declaração de ilegalidade de normas. Já os regulamentos da Administração local estavam sujeitos aos dois tipos de impugnação: recurso de anulação e pedido de declaração de ilegalidade de normas, sendo certo que o primeiro tipo consagra pressupostos de verificação mais fácil.

Um outro apontamento vai para a tramitação do recurso de anulação de actos administrativos, sendo certo que a tramitação do recurso de anulação dos actos das entidades locais sempre se apresentou menos formalista (e mais subjectivista). Como se sabe, a LOSTA e o RSTA, de 1956 e 1957, previam uma tramitação distinta para o recurso de actos administrativos de órgãos da Administração Estadual. Com efeito, importa lembrar a este propósito três aspectos peculiares consagrados nos dois regimes jurídicos: *primo*, o juiz não citava as entidades demandadas para contestar, notificava-as para responder; *secundo*, a falta de resposta não significava confissão dos factos invocados pelo recorrente; *tertio*, só se admitia a prova documental ou, excepcionalmente, a prova pericial. Já nos proces-

---

[11] Sobre este tema, vd. CARLA AMADO GOMES, *A Suspensão Jurisdicional da Eficácia de Regulamentos Imediatamente Exequíveis. Breves Reflexões*, in *Textos Dispersos de Direito do Contencioso Administrativo*, Lisboa, 2009, pp. 177 ss., esp. pp. 206 e 211 (onde a autora conclui o seguinte: «o CA permitia a suspensão da executoriedade de regulamentos locais objecto de recurso directo de anulação (...). Nada de semelhante se passava relativamente aos regulamentos da administração central».

sos de impugnação de actos da Administração local, porque seguiam a tramitação prevista no CA (1940), consagrava-se exactamente o contrário do que apontámos à tramitação do recurso de impugnação daqueles actos: as entidades eram citadas para contestar (art. 840.°); a falta de contestação importava a confissão dos factos (art. 840.°, parte final) e, finalmente, quanto aos meios de provas, admitia-se a testemunhal e quaisquer outros meios de prova permitidos em juízo (art. 845.°).

1.2.1. Hoje, numa perspectiva substancial, a justiça administrativa autárquica visa a resolução de «litígios emergentes das relações jurídicas administrativas *[autárquicas]*»[12], sendo certo que os instrumentos proces-

---

[12] Neste sentido, cumpre, então, perguntar o que deve entender-se, para este efeito, por «relação jurídica administrativa autárquica» (= RJAA), tanto mais que, como se apontou, ela é o elemento delimitador do domínio material do contencioso administrativo autárquico perante o restante contencioso administrativo. É certo que é cada vez mais difícil identificá-la: o crescente rol das atribuições das autarquias, o *fenómeno do associativismo local* (nos termos do RJAL), o *desdobramento orgânico* das autarquias, a *reprodução* de entes instrumentais locais (de estatuto privado, com natureza empresarial e fundacional), a multiplicação de relações entre estas figuras instrumentais, as autarquias e os órgãos da Administração Estadual e o aumento da actuação das autarquias sob a égide do direito privado, todos estes aspectos são fortes obstáculos à identificação da RJAA. Seguindo, com alguma adaptação, o raciocínio desenvolvido por José Carlos Vieira da Andrade (*A Justiça...* cit., pp. 66 ss.), apresentamos, por isso, uma noção ampla de RJAA, acompanhada de alguns critérios auxiliadores do reconhecimento em cada caso de uma relação jurídica deste tipo. O conceito deve corresponder à generalidade das relações jurídicas externas e inter-subjectivas, de carácter administrativo, incluindo as que se estabelecem entre particulares e entes públicos autárquicos e as que se estabelecem entre entes públicos autárquicos para realização das suas atribuições e outros sectores da Administração Pública, incluindo a Administração Estadual, directa e indirecta, e ainda as que se estabelecem entre entes privados no contexto de normas de direito público (autárquico). Assim, e dada a vagueza do conceito, cumpre lançar mão de critérios – critérios-indicadores – do tipo objectivo, subjectivo e funcional para se proceder ao reconhecimento pontual da RJAA. Tendo em conta um critério objectivo-estatutário, podemos dizer que a RJAA, como qualquer relação jurídica administrativa, é regida pelo Direito Administrativo, que atribui um *estatuto especial ao sujeito público* e o projecta como *autoridade administrativa*, tendo esta de próprio o facto de ser disciplinada, e de forma especial, por um regime jurídico específico: o regime jurídico administrativo autárquico, quer constitucional, quer legal. De acordo com um critério funcional, a RJAA, como qualquer relação jurídica administrativa, é uma relação no âmbito da qual uma das partes desempenha a função administrativa e visa realizar o interesse público. A RJAA tem de individual o facto de corresponder à realização do interesse público local, vertido naquelas que são as atribuições das autarquias, defi-

suais que devem operar neste domínio são os mesmos que servem para dirimir os conflitos que envolvem a restante Administração Pública. E, por isso, na justiça administrativa autárquica deve realizar-se o ditame constitucional constante dos artigos 20.° e 268.°, n.° 4 e n.° 5, que impõem a realização de uma tutela jurisdicional efectiva.

É certo que a justiça administrativa autárquica continua a distinguir-se materialmente pelos domínios-tipo em que surgem os conflitos. Na verdade, para além do campo da responsabilidade civil extracontratual por actos de gestão pública das autarquias, os domínios ambiental, do urbanismo e do ordenamento do território são espaços frequentes de litígios a dirimir no contencioso local. Neste sector, destaca-se sobretudo o contencioso dos planos elaborados e aprovados pelos órgãos autárquicos, ou seja o contencioso dos planos municipais de ordenamento do território. Neste contexto, o recurso aos tribunais administrativos tem como propósito obter a declaração de ilegalidade (*maxime*, de nulidade) de uma norma acolhida nestes instrumentos normativos ou de algumas das suas disposições, por violação de outros planos ou instrumentos de gestão territorial.

No contencioso autárquico, destaca-se igualmente o contencioso referente aos actos administrativos de gestão urbanística, incluindo, designadamente, as autorizações e licenciamentos, que investem os particulares no poder de realizar operações urbanísticas, e operações de loteamento urbano, obras de urbanização, obras particulares e utilização de edifícios. Neste quadro, o recurso aos tribunais administrativos tem abrangido a sindicância de actos de vária natureza, como, designadamente, o acto de informação prévia, pareceres vinculantes, actos de licenciamento e actos que investem os particulares no poder de realizar certas operações, sendo certo que merecem evidência os actos de conteúdo negativo, tanto o de recusa de licenciamento como o de não aprovação do projecto de arquitectura ou de não aprovação de um projecto de especialidade. E, enfim,

---

nidas no ordenamento jurídico constitucional e legal aplicável. Finalmente, recorremos ao critério subjectivo. Neste contexto, estaremos perante uma RJAA quando pelo menos uma das partes for uma entidade local, que actue com poderes de autoridade, quer seja uma Autarquia local quer seja uma associação de autarquias com natureza jurídica pública (as Comunidades Intermunicipais, constituídas nos termos do RJAM). A RJAA pode constituir-se por intervenção dos órgãos das Áreas Metropolitanas de Lisboa e do Porto (segundo o RJaM) e por actuação de entes instrumentais, criados pelas autarquias para realizar as suas atribuições, *maxime* pelas empresas municipais (previstas no RJSEL).

através da impugnação de actos administrativos de gestão urbanística, *maxime*, de licenças ou autorizações de operações urbanísticas, os interessados também têm procurado obter a sua declaração de nulidade por estas violarem, designadamente, o disposto em plano municipal de ordenamento do território ou por não estarem conformes com pareceres ou aprovações prévias.

Em terceiro lugar, destacamos o domínio da contratação pública, onde especialmente se inclui as questões referentes à formação dos contratos de empreitada, concessão de obras públicas, fornecimento de bens e prestação de serviços, bem como questões referentes à validade, interpretação e execução destes contratos. E, igualmente, as questões referentes ao recrutamento e selecção de pessoal para os quadros das autarquias (*maxime*, do município) também são suscitadas amiúde na justiça administrativa autárquica[13], a que acrescem as questões relativas ao exercício do poder disciplinar no domínio autárquico.

Ademais, o contencioso autárquico continua a distinguir-se substantivamente pela natureza dos conflitos que o juiz é chamado a conhecer, visto que estes são apenas os que emergem das relações jurídicas autárquicas, sendo certo que é esta relação que determina o grupo dos sujeitos que lançam mão dos instrumentos processuais e o rol das entidades contra as quais se acciona o contencioso autárquico. Na verdade, partindo da ideia de que a relação litigiosa típica do contencioso autárquico assenta na RJAA, é a partir da «relação material controvertida» e é em função da titularidade das diferentes posições jurídicas que os sujeitos possuem uns perante os outros, que se determina quem tem legitimidade na justiça administrativa autárquica[14]. Ainda assim, o domínio do contencioso das autarquias locais há outras entidades, que não obstante não serem partes na relação material controvertida, a quem o legislador veio atribuir poder para estar em juízo. Com efeito, tem também legitimidade processual activa o MP, enquanto titular da acção pública, sendo certo que no con-

---

[13] Neste sentido, vd. Acórdão do Tribunal Central Administrativo Norte, de 20 de Janeiro de 2005, processo n.° 122/04.

[14] Assim, como é cada uma das partes «na relação material controvertida» que, em princípio, tem legitimidade activa e passiva, o legislador determina que o «autor é considerado parte legítima quando alegue ser parte na relação material controvertida», nos termos do art. 9.°, n.° 1 do CPTA, sendo que o CPTA também fixa regras específicas (art. 40.°, 55.°, 68.°, 73.°) para apurar a legitimidade em determinadas acções processuais.

tencioso autárquico o MP tem um importante papel como defensor da legalidade da actuação dos órgãos autárquicos, especialmente no domínio dos procedimentos de formação de contratos de empreitada e concessão de obras públicas, fornecimentos de bens e prestação de serviços[15], no domínio do contencioso dos instrumentos de planeamento territorial elaborados pelos órgãos autárquicos e no sector do contencioso dos actos de gestão urbanística. Também os titulares da acção popular administrativa, identificados no art. 9.°, n.° 2 CPTA – pessoas singulares e colectivas, incluindo as entidades públicas, tais como as autarquias locais – estão legitimadas a intervir no contencioso administrativo autárquico para exercerem o direito de acção popular, para defesa de valores e bens constitucionalmente protegidos, como a saúde pública, o ambiente, o urbanismo, o ordenamento do território, a qualidade de vida, o património cultural e os bens de domínio público regional e autárquico. Este direito é-lhes reconhecido pela Lei Fundamental, no art. 52.°, n.° 3 e, tal como estabelece o art. 9.°, n.° 2 do CPTA, o seu exercício obedece ao disposto na Lei n.° 83/95, de 31 de Agosto. Este é, aliás, o pressuposto jurídico que tem justificado o papel judicialmente activo que as autarquias locais têm vindo a desempenhar no presente[16]. Enfim, cumpre também destacar os titulares da acção popular local, a quem no âmbito da acção administrativa especial é reconhecida

---

[15] Neste sentido, vd., por exemplo, o Acórdão do Tribunal Central Administrativo Sul, de 28 de Outubro de 2004, processo n.° 295/04, e Acórdão do Tribunal Central Administrativo Sul, de 13 de Janeiro de 2005, processo n.° 501/04.

[16] Por exemplo, o Município de Caminha veio requerer contra a empresa *Euroscut Norte S.A.* o decretamento provisório de uma providência cautelar, traduzida na suspensão imediata da execução das obras do IC1, Viana do Castelo/Riba de Âncora e ligação a Vila Praia de Âncora, uma vez que ameaçavam lesar irreversivelmente o direito à saúde, ao ambiente são e à e qualidade de vida das pessoas residentes no concelho. Como justificação, o Município invocou que a requerida, concessionária do Estado (através do IEP), estaria a cometer graves irregularidades na execução dos trabalhos, incluindo a violação das medidas de minimização a que estava estritamente vinculada por força da Declaração de Impacto Ambiental (DIA) e do Relatório de Conformidade Ambiental do Projecto de Execução (RECAPE), pondo em risco a qualidade da água do rio Âncora e, consequentemente, o abastecimento regular de água ao concelho de Caminha. Ademais, a autora invocou que em causa existiria uma especial urgência, incompatível com a própria demora do processo cautelar, dado o risco envolvente, sendo certo que a especial urgência também decorria do facto de a autarquia ter procedido à interdição do consumo de água através do sistema público de abastecimento e, em substituição, ter procedido ao abastecimento através de autotanques dos bombeiros.

legitimidade activa para impugnar actos autárquicos (art. 55.°, n.° 2). Deste modo, e independentemente de serem parte na relação material controvertida, qualquer eleitor, no gozo dos seus direitos civis e políticos, pode impugnar as deliberações autárquicas que considere ilegais.

Quanto à legitimidade passiva, o legislador acolheu o princípio de que «cada acção deve ser proposta contra a outra parte na relação material controvertida e, quando for caso disso, contra as pessoas ou entidades titulares de interesses contrapostos aos do autor» (art. 10.°, n.° 1 CPTA). Neste sentido, no contencioso autárquico são partes legítimas passivas as pessoas colectivas públicas de âmbito local: as Autarquias (Freguesia e Município), as CIM, as Áreas metropolitanas de Lisboa e do Porto e os entes instrumentais das autarquias[17].

---

[17] Ao contrário da Lei n.° 58/98, de 18 de Agosto (Lei-Quadro das empresas municipais, intermunicipais e regionais), o actual regime jurídico do sector empresarial local (Lei n.° 53-F/2006, de 29 de Dezembro) não inclui nenhuma norma que se refira aos tribunais competentes para apreciar a actuação das empresas municipais. Na realidade, à luz daquele regime, não escapava ao controlo dos tribunais administrativos o domínio da intervenção das empresas públicas municipais e intermunicipais, fundamentalmente traduzida em actos praticados ao abrigo de normas de direito público, contratos administrativos e responsabilidade civil por actos de gestão pública e demais procedimentos contratuais sujeitos ao direito público. Tendo em conta o novo regime das empresas municipais, PEDRO GONÇALVES (*Regime Jurídico das Empresas Municipais*, Almedina, Coimbra, 2007, p. 249) refere a este propósito que «das variações de natureza jurídica (sociedades comerciais, com personalidade de direito privado, e entidades empresariais locais, com personalidade de direito público) não decorre qualquer implicação quanto aos tribunais competentes para apreciar litígios que envolvam empresas municipais», devendo caber aos tribunais judiciais, por regra, a competência para apreciar as pretensões judiciais contra as empresas. Neste sentido, o autor conclui que os tribunais administrativos só serão excepcionalmente competentes para controlar a actuação destas entidades e na medida em que as empresas municipais vejam a sua actuação regulada pelo direito administrativo. Assim será no caso de exercício de poderes públicos, procedimentos de adjudicação de contratos, quando regulados por normas de direito público e acesso a documentos em posse destas entidades. Aliás, a LARDA preceitua expressamente que o direito de acesso aos documentos administrativos (em que se inclui os direitos de consulta, de reprodução e informação sobre a respectiva existência e conteúdo) se impõe às empresas regionais, intermunicipais e municipais. Sobre o contencioso das empresas municipais, vd. RUI GUERRA DA FONSECA, *Algumas Reflexões sobre o Regime de Contencioso Administrativo das Empresas Municipais, Intermunicipais e Empresas Públicas Integradas no Sector Empresarial do Estado*, in *Revista do Ministério Público*, Lisboa, 2002, pp. 125 ss.

2. DO CONTENCIOSO ADMINISTRATIVO AUTÁRQUICO: ASPECTOS TÍPICOS

Como mencionámos nas considerações introdutórias, pela primeira vez, com a reforma introduzida na justiça administrativa o contencioso das autarquias locais passou a estar sujeito às mesmas regras que disciplinam o contencioso de toda a Administração Pública (direito processual administrativo europeu, CRP, CPTA e ETAF)[18]. E, por isso mesmo, é um contencioso que deve realizar o direito ao processo efectivo e temporalmente justo de todos os que o solicitam[19]. E, na verdade, o contencioso autárquico integra um conjunto de remédios ordinários e especiais, com vista a realizar o direito de acesso à tutela jurisdicional efectiva consagrado no artigo 20.° da Lei Fundamental (e especificamente densificado no que respeita à jurisdição administrativa no art. 268.°, n.° 4 e n.° 5), sendo certo que tal preceito, de conteúdo tão rico, encerra um direito-garantia que é traduzível em várias dimensões, incluindo a do direito ao processo efectivo e temporalmente justo[20].

---

[18] Sobre o contencioso administrativo em geral, vd., designadamente, José Manuel Sérvulo Correia, *Direito do Contencioso Administrativo*, Lisboa, 2005; José Carlos Vieira de Andrade, *A Justiça*... cit.; João Caupers, *Introdução ao Direito Administrativo*, 10.ª ed, Lisboa, 2009; Mário Aroso de Almeida, *O Novo Regime do Processo nos Tribunais Administrativos,* 4.ª ed., Coimbra, 2005; Mário Aroso de Almeida/Carlos Alberto Fernandes Cadilha, *Comentário ao Código de Processo nos Tribunais Administrativos,* Almedina, 2.ª ed., Coimbra, 2007; Vasco Pereira da Silva, *O Contencioso Administrativo no Divã da Psicanálise. Ensaio sobre as Acções no Novo Processo Administrativo*, Coimbra, 2005.

[19] Sobre os conceitos de processo justo e efectivo, vd. o nosso *Processo Temporalmente Justo e Urgência,* Coimbra, 2009, pp. 209 ss.

[20] Falamos de remédios ou meios de defesa jurisdicionais que devem concretizar a garantia (ou direito-garantia) de acesso aos tribunais e a protecção segundo um processo justo-equitativo (*due process*) – em algumas das suas várias dimensões: sobretudo na de direito a uma decisão de mérito, direito a protecção perante um tribunal independente e imparcial, direito à plena defesa e direito a um processo eficaz e temporalmente adequado, sendo certo que quanto à tutela de direitos liberdades e garantias pessoais, esse direito-garantia pressupõe a existência de um processo caracterizado pela celeridade e prioridade. Sobre este assunto, vd. Jorge Miranda/Rui Medeiros, *Constituição Portuguesa Anotada*, Tomo I, Coimbra, 2005; José Joaquim Gomes Canotilho/Vital Moreira, *CRP, Constituição da República Portuguesa Anotada*, artigos 1.° a 107.°, Vol. I, Coimbra, 2007; José Joaquim Gomes Canotilho, *Direito Constitucional e Teoria da Constituição,* Coimbra, 2002, p. 433 e o nosso, *A Propósito do Direito à Prolação de Sentença em Prazo Razoá-*

De entre esses remédios, o contencioso autárquico acolhe processos de natureza declaratória e processos de execução, evidenciando-se de entre aqueles a Acção Administrativa Comum (= AAC) e a Acção Administrativa Especial (= AAE). Estes são, então, os remédios ordinários de natureza jurisdicional, a realizar na justiça administrativa que podem ser accionados pelos munícipes e pelas empresas contra as autarquias, em casos que não envolvem a existência de *situações-de-urgência*[21] **(2.1.)**. Para realizar as pretensões jurídicas emergentes das relações jurídicas autárquicas envolvidas em *situação-de-urgência* o contencioso autárquico acolhe outro tipo de remédios: os processos (urgentes) especiais **(2.2.)**.

2.1. Do contencioso ordinário

Assim, como a AAC tem como âmbito a resolução de todos os conflitos emergentes de relações jurídico-administrativas, excepto dos emergentes da prática ou omissão ilegal de actos administrativos ou de normas e dos que devam ser resolvidos por processo especial, designadamente urgente, esta é a acção adequada para realizar certas pretensões que envolvam a tutela de pretensões jurídicas perante as autarquias que não possam ser tuteláveis por outro mecanismo jurisdicional **(2.1.1.)**. Contudo, cumpre também lembrar que o contencioso administrativo autárquico prevê outro remédio jurisdicional para tutela de direitos e interesses legalmente protegidos, incluindo direitos fundamentais. Na verdade a AAE, porque encerra no seu âmbito pretensões emergentes da prática ou omissão de actos administrativos ou disposições regulamentares, ela é igualmente um instrumento de tutela perante as autarquias **(2.1.2.)**.

2.1.1. A AAC é a acção adequada para realizar as pretensões que envolvam a tutela de direitos e de interesses legalmente protegidos perante as autarquias que não devam ser concretizadas através de outro processo. Assim, por exemplo, quando da actuação ou omissão das autarquias (e dos

---

vel: a (Ausência de) Posição do Tribunal Constitucional, in *Revista de Direito Público*, Lisboa, 2009, pp. 63 ss.

[21] José Carlos Vieira de Andrade, *A Justiça*... cit.; Mário Aroso de Almeida, *O Novo Regime*... cit.; Mário Aroso de Almeida/Carlos Cadilha, *Comentário*... cit.

titulares dos seus órgãos e agentes) decorrerem danos para uma determinada pessoa, esta tem direito a indemnização pelos danos patrimoniais e não patrimoniais causados, a demandar contra a entidade local que seja responsável, *ex vi* do artigo 22.° da CRP e RRcivilEE. É através da AAC que se realiza a protecção das pretensões clássicas respeitantes a conflitos emergentes de relações obrigacionais por responsabilidade civil extracontratual das autarquias (incluindo os seus órgãos e agentes) por prejuízos decorrentes da sua actuação ou omissão[22]. E é também através de tal acção que se concretiza outro tipo de pretensões, incluindo o cumprimento de prestações públicas que, nos termos da lei, concretizem direitos económicos, sociais e culturais. Na realidade, é também através da AAC que se concretizam certas pretensões emergentes de relações jurídicas administrativas, incluindo de reconhecimento de situações jurídicas subjectivas, de qualidades ou de posições jurídicas; de condenação à adopção ou abstenção de comportamento e ao cumprimento de prestações – sociais, em matéria de cuidados de saúde e ensino – que decorram de normas jurídico administrativas ou actos; de condenação no cumprimento de deveres, tra-

[22] São variados os exemplos que aqui poderiam ser dados de jurisprudência que versa sobre a condenação de autarquias no pagamento de indemnizações por danos decorrentes de obras inacabadas ou mal sinalizadas. Exemplo do que afirmamos é o Acórdão do Supremo Tribunal Administrativo, de 30 de Novembro de 2004, processo n.° 320/04, no qual se considerou a autarquia de Lisboa responsável pelos prejuízos decorrentes de acidente causado pelo embate de um veículo automóvel na tampa de uma caixa de visita da rede de gás, que saiu do respectivo encaixe à passagem do veículo, sendo certo que, tendo sido presumida a culpa dos serviços camarários *ex vi* do artigo 493.°, n.° 1 do Código Civil, essa presunção não foi afastada pela prova de que a entidade demandada tinha cumprido todas as obrigações de vigilância, de forma a não permitir que tal tampa se pudesse acidentalmente soltar, ou pela prova de que o acidente seria imputável ao próprio lesado, terceiro ou outro factor. Também o Acórdão do Supremo Tribunal Administrativo, de 5 de Abril de 2005, processo n.° 63/05, versou sobre a realização do direito fundamental à indemnização por danos decorrentes do exercício da função administrativa. Nele o Supremo veio condenar o Município de Penafiel por danos decorrentes de um acidente que se ficou a dever ao estado precário do piso de ponte municipal e à ausência de sinalização do estado do mesmo. E é exemplo também o Acórdão do Supremo Tribunal Administrativo, de 19 de Abril de 2005, processo n.° 240/05, através do qual o Supremo veio dar provimento à acção para efectivação da responsabilidade civil do Município de Vila Nova de Poiares decorrente de um acidente de viação imputado à abertura pelos serviços municipais, no passeio de uma via pública, de uma vala destinada ao abastecimento público de água, e à consequente falta de sinalização da mesma.

duzidos no pagamento de uma quantia, na entrega de uma coisa ou numa prestação de facto; de prevenção contra ameaça desencadeada por particulares ou concessionários (incluindo empresas municipais) ou de resolução de diferendos entre entidades públicas.

Neste sentido, o recurso directo individual aos tribunais administrativos é também admissível, quando haja lesão directa de bens pessoais constitucionalmente protegidos associados a direitos económicos, sociais e culturais, devendo assegurar-se o cumprimento a prestações mínimas por parte das autarquias, nomeadamente quando esteja em causa a sobrevivência de pessoas. O problema pode colocar-se a propósito das prestações de assistência social básica, ou assistência nos domínios de protecção civil, de assistência em matéria habitacional ou ensino básico, que estão a cargo das autarquias.

Ademais, o direito de acção popular permite tanto aos cidadãos e às associações como às próprias autarquias o direito de promover a prevenção, a cessação ou a perseguição judicial das infracções contra a saúde pública local, a qualidade de vida dos munícipes, a preservação do ambiente e do património cultural locais, o ordenamento do território e bens do domínio público, podendo o titular do direito de acção popular lançar mão da AAC com vista a alcançar o reconhecimento destes direitos fundamentais de solidariedade, que se referem a bens comunitários e interesses difusos e partilhados, e uma indemnização por prejuízos sofridos.

2.1.2. Quanto à AAE, este é o mecanismo adequado para realizar pedidos de anulação e de declaração de nulidade (e de inexistência) de actos administrativos praticados pelos órgãos autárquicos, designadamente por as decisões em causa padecerem de ilegalidades a que deva corresponder a anulabilidade ou a nulidade, nos termos dos artigos 134.° e 135.° do CPA, e nos termos de legislação especial, sendo certo que o particular lesado pode propor a AAE no prazo de 3 meses ou a todo o tempo, conforme o tipo de invalidade alegada. Assim, a AAE é o meio processual adequado para obter, por exemplo, a declaração de nulidade de licenças, da admissão das comunicações prévias ou de autorizações de utilização das operações urbanísticas por as mesmas violarem o disposto em plano municipal de ordenamento do território, em plano especial de ordenamento do território, medidas preventivas ou licença de loteamento ou por as mesmas não terem sido precedidas de consulta das entidades cujos pareces, autorizações ou aprovações sejam legalmente exigíveis (bem como por não estarem em conformidade com esses pareceres, autorizações ou aprovações), sendo certo que também é o mecanismo processual certo para obter a declaração de nulidade de deliberações dos órgãos autárquicos que envolvam o exercício de poderes tributários ou determinem o lançamento de taxas ou mais-valias não previstas na lei ou que autorizem o pagamento de despesas não permitidas por lei. E, de igual modo, é possível lançar mão da AAE com o mesmo objectivo quando em causa esteja decisão de uma entidade local que, por exemplo, ofenda o conteúdo essencial de um direito fundamental (especialmente de um direito, liberdade e garantia), *ex vi* artigo 133.°, n.° 2, alínea d) do CPA[23]. No contexto do direito de acção popular, as entidades legitimadas podem lançar mão da AAE para impugnar os actos que afectem bens de fruição comunitária.

E este é também o meio adequado para realizar pretensões relativas à omissão de actos administrativos, servindo para obter a condenação das autarquias à prática de acto devido – por se verificar uma situação de pura omissão (ou silêncio juridicamente relevante, nos termos do direito substantivo) por parte da autarquia ou indeferimento expresso de pretensão ou negação à apreciação de pedido –, sendo certo que tais pedidos são cumuláveis com outras pretensões, incluindo indemnizatórias, nos termos do artigo 47.°, n.° 1, parte final (CPTA). Como veremos, o contencioso autárquico acolhe duas intimações especiais em matéria urbanística, sendo certo que uma delas se traduz numa intimação para a prática de acto devido. E, além disso, estando em causa, por exemplo, a tutela de direitos, liberdades e garantias, cujo exercício dependa de *autorização administrativa legalmente devida*, o seu titular pode lançar mão deste meio com vista a obter a autorização ilegalmente omitida ou recusada.

Quanto aos efeitos da apresentação da AAE em tribunal, a regra acolhida pelo legislador no CPTA é a do efeito não suspensivo (nos termos do art. 50.°, n.° 2)[24]. Contudo, prevê-se no âmbito de legislação autárquica

---

[23] A nulidade pode também ser invocada, por exemplo, com o fundamento em violação do conteúdo essencial de direitos fundamentais procedimentais, como seja a falta de audiência ou de contraditório em procedimentos autárquicos sancionatórios. Interessante será saber se a nulidade pode também ser invocada por o acto afectar o conteúdo essencial (que exprima a própria dignidade da pessoa humana) de direitos económicos, sociais e culturais. A este propósito, cumpre lembrar o Acórdão do Supremo Tribunal Administrativo, de 5 de Junho de 2007, processo n.° 275/07.

[24] A regra do efeito não suspensivo da interposição da AAE deve ser entendida em complemento com a regra acolhida no CPTA sobre o efeito suspensivo automático que

uma excepção: o recurso da decisão do presidente da câmara que ordena a demolição total ou parcial da obra desconforme com a licença ou a reposição do terreno ao estado anterior tem efeito suspensivo, devendo as entidades demandadas proceder à imediata suspensão do acto, após conhecimento por citação da apresentação da acção[25].

E, porque no seu âmbito também se inclui pretensões relativas à prática ou omissão de actos normativos da Administração, a AAE é o meio processual adequado para proceder à impugnação de normas e à declaração de ilegalidade das mesmas, quer por acção quer por omissão, sendo certo que neste caso se visa declarar a ilegalidade por omissão de uma norma regulamentar necessária para a execução de uma lei. E, estando previstos dois regimes de impugnação, o da declaração de ilegalidade com força obrigatória geral e o da declaração de ilegalidade sem força obrigatória geral, é possível, por exemplo, formular o pedido de declaração de ilegalidade de norma com efeitos circunscritos ao caso concreto, quando a norma produza os seus efeitos imediatamente sem depender de acto admi-

---

decorre da notificação à entidade demandada do duplicado da petição inicial em que o particular requer a suspensão da eficácia do acto administrativo. Actualmente, nos termos do artigo 128.°, n.° 1, tal notificação produz sempre um efeito suspensivo automático, sendo certo que para obstar a tal efeito a entidade administrativa deve invocar, em resolução fundamentada, razões de interesse público na imediata execução do acto administrativo suspendendo. Ainda assim, de entre os casos excepcionais em que a impugnação do acto traduz eficácia suspensiva, cumpre destacar um exemplo previsto em legislação (autárquica) especial: trata-se da legislação aplicável ao contencioso autárquico referente às medidas de tutela da legalidade no domínio urbanístico, onde se prevê uma excepção àquela regra. Com efeito, como se indica no texto, o recurso interposto da decisão do presidente da câmara que ordena a demolição total ou parcial da obra ou a reposição do terreno nas condições em que se encontrava antes da data de início das obras ou trabalhos, tem efeito suspensivo, devendo a entidade demandada proceder à imediata suspensão do acto, após conhecimento, por citação, da apresentação da acção administrativa especial em juízo (nos termos do artigo 115.°, n.° 1 do RJUE).

[25] Assim, o titular do alvará de licença de obras de construção n.° 830/02, a quem o Vereador da Câmara Municipal de Barcelos ordena para «no prazo de 20 dias proceder à demolição de todas as obras executadas sem licenciamento municipal e em desconformidade com o projecto aprovado (todos os muros e o edifício), sob pena de a Câmara Municipal o fazer a expensas do infractor, nos termos dos n.ºs 1 e 4 do art. 106.° do RJUE», não precisa de requerer a suspensão da eficácia de tal acto em processo acessório à acção que intentou para impugnação daquele despacho. E assim é porque, nos termos desse regime especial (art. 115.°, n.° 1 e n.° 2 do RJUE), a autoridade administrativa, a partir do momento em que é citada, tem o dever de impedir com urgência o início ou a continuação da execução do acto impugnado.

nistrativo ou judicial de aplicação, por a mesma lesar directamente direitos dos munícipes[26].

Por exemplo, através deste regime podem ser impugnáveis os diversos regulamentos elaborados e aprovados pelos órgãos autárquicos que tenham capacidade lesiva imediata, incluindo as normas constantes dos planos elaborados e aprovados pelas autarquias que possuem eficácia *plurisubjectiva, id est* os que sejam directamente aplicáveis[27]. Assim, tendo em conta o art. 3, n.° 2 e o art. 7,°, n.° 2 do RJIGT, as normas contidas em Planos Municipais do Ordenamento do Território, incluindo os PDM's, os PU's e os PP's, podem ser directamente impugnáveis através deste regime, sendo certo que, quanto ao fundamento, é possível invocar designadamente a respectiva nulidade por se encontrarem numa situação desconforme ou incompatível com algum dos instrumentos de gestão territorial com o qual devessem ser compatíveis ou conformes[28]. Qualquer lesado – ou qualquer das entidades referidas no art. 9.°, n.° 2 do CPTA, que seja titular da acção popular administrativa[29] – pode formular este pedido de declaração de ilegalidade com força circunscrita ao caso concreto[30].

---

[26] A este propósito, vd. Acórdão do Supremo Tribunal Administrativo, de 12 de Dezembro de 2002, processo n.° 828/02, e Acórdão do Supremo Tribunal Administrativo, de 20 de Maio de 2004, processo n.° 1941/03.

[27] Sobre o tema do contencioso dos instrumentos de gestão territorial, maxime do contencioso dos planos municipais de ordenamento do território, vd. FERNANDO ALVES CORREIA, *Manual de Direito do Urbanismo*, Vol. I, 4.ª edição, Coimbra, 2008, pp. 700 ss.

[28] É certo que, ao abrigo deste mesmo regime, também podem ser objecto de impugnação certos planos que não são elaborados pelas autarquias. Assim acontece com os planos especiais, já que têm capacidade lesiva imediata (art. 7.°, n.° 2 do RJIGT), incluindo os Planos de Ordenamento de Áreas Protegidas, os Planos de Ordenamento de Albufeiras de Águas Públicas e os Planos de Ordenamento da Orla Costeira. E tem legitimidade para impugnar estes planos, as próprias autarquias locais e o Ministério Público. Aliás, no caso de estarem preenchidos os pressupostos fixados no artigo 73.°, n.° 1 do CPTA, também pode requerer-se a declaração da sua ilegalidade com força obrigatória geral.

[29] Aliás, o pedido de declaração de ilegalidade de normas contidas nestes planos também pode ser pedida pelo Ministério Público, sendo certo que, neste caso, ele formulará o pedido de declaração de ilegalidade com força obrigatória geral. Nos termos do art. 73.°, n.° 3 do CPTA, o Ministério Público pode solicitar a declaração de ilegalidade a título oficioso, independentemente da desaplicação da norma em três casos, ou a pedido de qualquer entidade prevista no art. 9.°, n.° 2 do CPTA. E, tratando-se de norma já desaplicada três vezes, o Ministério Público deve («obrigatoriamente») solicitar a declaração de ilegalidade da norma com força obrigatória geral, nos termos do art. 73.°, n.° 4 do CPTA.

[30] Assim, voltando ao contencioso dos planos elaborados pelas entidades locais, importa sublinhar que qualquer interessado – quem seja prejudicado pela aplicação da

Já a declaração de ilegalidade com força obrigatória geral, prevista no art. 73.°, n.° 1 do CPTA, pode ser requerida por quem seja prejudicado pela aplicação da norma ou possa previsivelmente vir a sê-lo, em momento próximo. Neste caso, o interessado pode formular o pedido desde que a aplicação da norma tenha sido recusada por qualquer tribunal, em três casos concretos, com fundamento na sua ilegalidade (nos termos do art. 73.°, n.° 1 do CPTA). E, precisamente ao abrigo do mesmo regime, a declaração de ilegalidade de normas emitidas pelos órgãos autárquicos pode ser igualmente solicitada pelo Ministério Público (nos termos do art. 73.°, n.° 3 e n.° 4 do CPTA)[31].

---

norma ou possa previsivelmente vir a sê-lo em momento próximo – pode solicitar a declaração de ilegalidade com força obrigatória geral de normas contidas em tais instrumentos. Contudo, neste caso, deve verificar-se a condição prevista na lei: desde que a aplicação da norma tenha sido recusada por qualquer tribunal, em três casos concretos, com fundamento na sua ilegalidade (nos termos do art. 73.°, n.° 1 do CPTA). É certo que os pressupostos fixados no outro regime são mais facilmente verificáveis. Assim, por exemplo, um residente em Coimbra, proprietário de um edifício onde funciona uma indústria familiar, lançará mão da AAE com vista a solicitar a declaração de ilegalidade (com força circunscrita ao caso concreto) do art. 31.° do Plano de Urbanização do Luso, sendo possível para tal invocar que esta norma viola o art. 5.°, n.° 56 do PDM, uma vez que a mesma suprime a zona industrial prevista naquele plano, «[impedindo] o autor de reconstruir ou ampliar os edifícios das suas instalações existentes há mais de 100 anos, [já que a transforma] em zona de equipamentos e unidades turísticas de hotelaria. Na verdade, esta é a acção que se considera adequada independentemente da solução que mereça do ponto de vista de direito substantivo – já que faltará saber se existe uma relação de hierarquia verdadeira entre PDM e PU ou se haverá uma relação de hierarquia mitigada, que permite entender que, não obstante existir uma hierarquia entre estes planos, se admitem como válidos os PU's e PP's que não se conformem com o PDM ratificado (mas desde que haja parecer favorável da CCDR e ratificação governamental).

[31] No âmbito do contencioso dos instrumentos de gestão territorial, o Ministério Público tem uma função importante (art. 7.°, n.° 1 c) do RJIGT). Aliás, ainda a propósito dos diversos regulamentos sem eficácia imediata (incluindo os planos urbanísticos sem eficácia *plurisubjectiva,* ou seja aqueles que contêm normas genéricas e directivas sobre a ocupação, uso e transformação do solo, que serão desenvolvidas em Planos Municipais de Ordenamento do Território e aqueles que vinculam apenas as entidades públicas e contêm disposições sem eficácia lesiva dos direitos ou interesses legalmente protegidos), cumpre sublinhar que as autarquias locais, como titulares da acção popular, podem lançar mão do pedido de declaração de ilegalidade com força obrigatória geral para proteger os interesses locais ambientais e do ordenamento do território e do urbanismo, quando a ameaça e lesão resulte de planos não elaborados por si – planos elaborados e aprovados pelo Estado e sem a característica da lesividade imediata, quer tenham âmbito nacional, incluindo os secto-

Finalmente, o CPTA prevê o regime da declaração de ilegalidade por omissão ou regime da *determinação à prática de norma devida,* para os casos de situação de omissão de normas, cuja adopção seja necessária para dar exequibilidade a actos legislativos carentes de regulamentação (nos termos do art. 77.°, n.° 1 do CPTA). No contexto do contencioso autárquico, esta situação pode configurar-se a propósito da omissão do Plano Director Municipal, já que este é de elaboração obrigatória (nos termos do art. 84, n.° 3 do RJIGT).

2.2. Do contencioso (urgente) especial

A concretização do direito ao processo efectivo e temporalmente justo para protecção de direitos dos munícipes faz-se através dos processos urgentes, previstos no título IV, e dos processos urgentes previstos no título V do CPTA (**2.2.1**). A par destes, há outros consagrados em legislação especial que aqui também devem ser considerados (**2.2.2.**).

2.2.1. Assim, ainda que não pareça, também integra o contencioso autárquico o contencioso eleitoral, previsto no artigo 97.° e seguintes do CPTA. E assim é porque através deste processo é possível realizar pretensões relativas à impugnação das eleições para os vogais da junta de freguesia, para presidente e secretário da mesa da assembleia de freguesia, eleição para presidente e secretário da mesa da assembleia municipal, a realizar nas sessões de instalação da respectiva assembleia, uma vez que tal contencioso eleitoral está excluído da jurisdição constitucional, nos termos da Lei n.° 169/99, de 18 de Setembro)[32]. É certo que as pretensões típicas que envolvem a *situação-de-urgência-especificada* a tutelar por

---

riais, quer tenham âmbito regional (PROT's). É claro que, neste caso, só o podem fazer desde que a aplicação da norma tenha sido recusada por qualquer tribunal, em três casos concretos, com fundamento na sua ilegalidade (nos termos do art. 73.°, n.° 1 do CPTA), ou solicitar ao Ministério Público que o faça independentemente destas condições (tal como dispõe o art. 73.°, n.° 3 do CPTA). Enfim, é óbvio que o controlo incidental destes planos também pode ocorrer no âmbito de processos que tenham como objecto os actos administrativos de execução do plano.

[32] Neste sentido, vd. Mário Aroso de Almeida/Carlos Cadilha, *Comentário…* cit., p. 494.

este processo especial dizem respeito aos procedimentos eleitorais através dos quais se designam os titulares de órgãos administrativos electivos (incluindo órgãos burocráticos, por exemplo, no âmbito das escolas e de outros estabelecimentos e serviços públicos). Por isso mesmo, este processo já não integrará as pretensões que são relativas a processos eleitorais que estão excluídos da jurisdição administrativa, quais sejam as eleições de natureza política, como constitui exemplo a eleição do Presidente da República, as eleições legislativas e legislativas regionais e as eleições autárquicas, cuja impugnação é feita perante outra jurisdição, a comum e a constitucional[33] (nos termos da Lei do Tribunal Constitucional)[34].

Em segundo lugar, integra o contencioso autárquico a acção urgente impugnatória prevista no artigo 100.° do CPTA, que contempla as pretensões relativas às *situações-de-urgência* relacionadas com a formação de quatro tipos de contratos públicos, quais sejam o contrato de empreitada e concessão de obras públicas, o contrato de prestação de serviços e o de fornecimento de bens. Na verdade, devendo o procedimento de formação dos contratos a celebrar pelas autarquias (e pelas entidades que integram o seu sector empresarial) obedecer a um conjunto de regras, incluindo os princípios da legalidade, da livre concorrência, de igualdade e de imparcialidade, a situação de carência que justifica o seguimento do modelo de tramitação urgente neste processo pressupõe, pois, a iminência de celebração do contrato sem que tais princípios e outras normas tenham sido respeitados e pressupõe a necessária correcção atempada das ilegalidades verificadas durante a formação dos contratos em causa.

Na realidade, o objecto deste processo impugnatório integra dois tipos de *pretensões-(impugnatórias)-urgentes* relativas à formação destes quatro contratos públicos[35]: *i*) a impugnação de actos administrativos rela-

---

[33] Neste sentido, vd. Acórdão do Supremo Tribunal Administrativo, de 3 de Abril de 1990, proc. 026107, publ. in Apêndice do DR, de 31.01.1995; Acórdão do Supremo Tribunal Administrativo, de 9 de Julho de 1991, proc. n.° 023975; Acórdão do Supremo Tribunal Administrativo, de 15 de Junho de 1993, proc. n.° 031838.

[34] Neste sentido, José Carlos Vieira de Andrade, *A Justiça...* cit., pp. 247, nota 547; Manuel Freire Barros, *Um Problema de Legitimidade Activa no Contencioso Eleitoral Administrativo*, in *Cadernos de Justiça Administrativa,* Braga, 1999, p. 22.

[35] A este propósito, vd. Pedro Gonçalves, *Contencioso Administrativo Pré-Contratual*, in *Cadernos de Justiça Administrativa,* Braga, 2004, pp. 3 ss.; Rodrigo Esteves de Oliveira, *O Contencioso Urgente da Contratação Pública*, in *Cadernos de Justiça Administrativa*, Braga, 2009, pp. 3 ss.

tivos ao procedimento de formação de qualquer um desses contratos – em que se inclui, por exemplo, o acto de admissão ou exclusão de um candidato e o acto de adjudicação; *ii*) e a impugnação de *documentos normativos* com fundamento na ilegalidade das especificações técnicas, económicas ou financeiras, ou seja, de *documentos normativos* conformadores do procedimento de formação desses contratos, incluindo, o programa e o caderno de encargos (nos termos do artigo 100.°, n.° 1 e n.° 2 do CPTA)[36]. Cumpre notar também que, não obstante ser designado como processo impugnatório, o objecto deste processo especial pode, na verdade, integrar outras pretensões e, assim, através dele pode o juiz declarar a invalidade de um destes contratos, se entretanto o mesmo vier a ser celebrado na pendência do processo, e pode fixar o valor da indemnização a atribuir ao autor do processo, se entretanto se tiver consolidado uma situação de impossibilidade absoluta, que impeça o autor de obter a restauração *in natura* da sua pretensão jurídica (nos termos do art. 102, n.° 4 e art. 63.° e n.° 5 do CPTA)[37].

No contencioso autárquico inclui-se também um conjunto de dois processos previstos no título IV do CPTA, que o legislador designa de «intimações». Eles são a intimação para a prestação de informações, consulta de processos ou passagem de certidões, contemplada no art. 104.° e seguintes da lei processual, e a intimação para protecção de direitos, liberdades e garantias, que é contemplada no artigo 109.° e seguintes do CPTA. O primeiro processo urgente de intimação tem por objecto uma pretensão relativa ao exercício do direito fundamental dos cidadãos à informação em

---

[36] Interessante é reflectir sobre o verdadeiro sentido da expressão *pretensão-urgente*, para este efeito. E daqui decorrem duas questões, a saber: (i) se não haverá outras *pretensões-urgentes* que devam ser incluídas no objecto deste processo urgente, não obstante o legislador o não ter mencionado expressamente, tal como o pedido de condenação na emissão de acto devido ou de condenação na substituição de acto impugnado, sem que daqui deva obrigatoriamente existir perda do carácter urgente do processo; (ii) se aquelas novas pretensões, previstas no artigo 102.°, n.° 4 e n.° 5, ainda podem ser classificadas como *pretensões-urgentes* e se, por isso, ainda faz sentido manter a tramitação urgente quando o seu objecto se amplia nesses casos. Sobre este assunto, vd. o nosso *O Contencioso Pré-Contratual (Autárquico): como é e como se gostaria que (não) fosse, Direito Regional e Local,* Braga, 2008, pp. 47 ss.

[37] A este propósito, vd., designadamente, Acórdão do Tribunal Central Administrativo Norte, de 17 de Fevereiro de 2005, processo n.° 617/04.4BEPRT, e Acórdão do Tribunal Central Administrativo Sul, de 13 de Janeiro de 2005, processo n.° 394/04.

posse das entidades administrativas (consagrado na Lei Fundamental no artigo 268.°, n.° 1 e n.° 2), nas modalidades de direito à informação procedimental, nos termos dos artigos 61.° a 64.° do CPA, e extra-procedimental ou direito de acesso aos documentos administrativos e à sua reutilização, nos termos da LARDA, sendo certo que o direito à informação extra-procedimental vincula tanto as autarquias como as empresas que integram o respectivo sector empresarial[38].

A outra intimação envolve o exercício de direitos, liberdades e garantias e constitui um tipo de contencioso urgente autárquico por natureza. Falamos do processo urgente previsto no art. 109.° e seguintes do CPTA. Este revela-se adequado para assegurar o exercício de um direito, liberdade ou garantia dos particulares perante o ameaçador, pessoa colectiva pública autárquica ou particulares (incluindo concessionários e os organismos que integram o sector empresarial das autarquias), neste caso, quando envolvidos em relações jurídico administrativas).

Finalmente integra o contencioso autárquico a acção urgente cautelar (prevista nos artigos 112.° e seguintes do CPTA), servindo para satisfazer todas as outras pretensões urgentes a tutelar na jurisdição administrativa autárquica para as quais não tenha sido pensado processo urgente, sendo certo que, nesta situação, a urgência corresponde ao *periculum in mora* ou dano marginal que decorre da demora de um processo principal, apurando-se pelo «fundado receio da constituição de uma situação de facto consumado ou da produção de prejuízos de difícil reparação para os interesses que o requerente visa assegurar no processo principal»). Assim, no contencioso autárquico é possível solicitar a adopção de qualquer providência cautelar que se mostre adequada a salvaguardar a utilidade das sentenças a proferir nos processos principais.

2.2.2. O contencioso urgente autárquico inclui ainda alguns processos previstos em lei especial. Assim, de entre as acções avulsas, com carácter de urgência, destacam-se as intimações urbanísticas, previstas no RJUE, nas seguintes modalidades: *i*) intimação judicial para a prática de acto legalmente devido (nos termos do artigo 111.°, alínea a) e artigo 112.°), relativamente aos procedimentos de licenciamento municipal de operações urbanísticas, traduzida na intimação para que a autoridade compe-

---

[38] Assim é nos termos do artigo 4.°, n.° 1 alíneas e) e f) da LARDA.

tente proceda à prática do acto que se mostre devido, incluindo a promoção de consultas, dentro de um prazo não superior a 30 dias, sob a cominação de aplicação de sanção pecuniária compulsória; *ii*) e a intimação para a emissão de alvará de licença ou autorização de utilização, nos termos dos artigos 111.°, b) e artigo 112.°, n.° 9 e art. 113.°, n.° 5, do mesmo regime jurídico[39]. Esta intimação para a emissão de alvará, de que o particular pode lançar mão também nos procedimentos de licenciamento, pressupõe, precisamente neste caso, que a Administração autárquica, na sequência da intimação do primeiro tipo, não praticou o acto devido, podendo a certidão da sentença transitada em julgado substituir o alvará não emitido (nos termos dos artigos 112.°, n.° 9 e 113.°, n.° 1, n.° 5 e n.° 7). Mas, a intimação judicial para a emissão de alvará (nos termos do artigo 111.°, alínea b) e artigo 113.°) não surge somente na situação de não cumprimento de intimação judicial para a prática de acto, já indicada a propósito dos procedimentos de licenciamento. Ela é igualmente adequada nos procedimentos de autorização, no âmbito dos quais o silêncio da Administração traduz o deferimento tácito da pretensão do particular (art. 111.°, alínea b) do RJUE). Com efeito, pretendendo o interessado iniciar os trabalhos ou dar de imediato utilização à obra, a intimação surge quando não tenha sido possível o pagamento das taxas que se mostrem devidas, designadamente, por a Administração não ter afixado nos serviços de tesouraria da câmara municipal o número e a instituição bancária em que o particular poderia ter depositado a respectiva quantia bem como a indicação do regulamento municipal sobre as taxas (nos termos do art. 113.°, n.° 2, n.° 3, n.° 4 e n.° 5)[40].

A acção para declaração de perda de mandato e de dissolução de órgãos autárquicos, prevista nos artigos 11.° a 15.° da LdeTutela pressupõe que os órgãos autárquicos praticaram, de forma individual ou colegial,

---

[39] Sobre estas intimações, vd. FERNANDA PAULA OLIVEIRA, *As Garantias dos Particulares no RJUE*, in *O Novo Regime Jurídico da Urbanização e da Edificação*, Lisboa, 2002, pp. 113 ss.

[40] A este propósito, vd. Acórdão do Tribunal Central Administrativo Sul, de 13 de Janeiro de 2005, processo n.° 383704 (intimação para a emissão de alvará); Acórdão do Supremo Tribunal Administrativo, de 10 de Novembro de 2003, processo n.° 1381/03 (intimação para a prática de acto devido); Acórdão do Tribunal Central Administrativo Norte, de 16 de Dezembro de 2004, processo n.° 493/04.7BECBR (intimação para prestação à informação urbanística); Acórdão do Supremo Tribunal Administrativo, de 27 de Novembro de 2000, recurso n.° 46 541 (decidiu sobre um pedido de intimação para a emissão de alvará), in *Acórdãos Doutrinais*, n.° 470, p. 214.

por acção ou omissão, ilegalidades graves. É uma acção que segue a tramitação da acção administrativa especial, a prevista no capítulo III do título III do CPTA, tendo, no entanto, carácter urgente. A legitimidade é fundamentalmente atribuída ao Ministério Público, sendo ainda alargada a interessados directos e membros do respectivo órgão[41]. Este processo pressupõe, pois, a existência de uma *situação-de-urgência* e esta, não obstante não envolver especial urgência, justifica-se fundamentalmente pela duração breve dos mandatos dos eleitos locais.

3. DO CONTENCIOSO ADMINISTRATIVO AUTÁRQUICO URGENTE: ASPECTOS INOVADORES

É precisamente no domínio do contencioso urgente que residem na actualidade os aspectos peculiares da justiça administrativa autárquica. Assim, num primeiro momento, não podemos deixar de reconhecer que ela se revela fundamentalmente como urgente. Os processos relativos aos casos *Túnel do Marquês*, *Encerramento das Maternidades* de Santo Tirso, Elvas, Oliveira de Azeméis, Barcelos e Mirandela, bem como os processos relativos aos casos *Edifício Jardim* ou *Prédio Coutinho, Rede de Alta tensão* e *Co-incineração* de *Souselas e Outão* são os exemplos mais fortes de como o contencioso urgente tem vindo, de facto, a ocupar o centro do contencioso administrativo autárquico **(3.1.)**.

Depois, cumpre evidenciar uma outra faceta particularmente interessante da justiça administrativa autárquica: o seu carácter inovador. Na realidade, como já apontámos é no contencioso autárquico que certos instrumentos jurídicos previstos no CPTA são testados pela primeira vez. Referimo-nos, por exemplo, ao processo de intimação para protecção de direitos liberdades e garantias e à técnica da antecipação da decisão de mérito no processo cautelar, prevista no art. 121.° **(3.2.)**

---

[41] A este propósito, vd. Acórdão do Supremo Tribunal Administrativo, de 17 de Junho de 2003, processo n.° 994/03 (perda de mandato: faltas injustificadas); Acórdão do Supremo Tribunal Administrativo, de 30 de Julho de 2003, processo n.° 1205/03 (dissolução de órgão autárquico por falta de elaboração de proposta de orçamento).

3.1. Da urgencialização do contencioso autárquico

Na realidade, se é um facto que o fenómeno da *urgencialização* da justiça se manifesta em todos os campos do contencioso administrativo, também é certo que, nos últimos anos, tem vindo a revelar-se mais intensamente em domínios específicos do contencioso de certas relações jurídicas administrativas autárquicas (**3.1.1.**). Assim acontece na justiça administrativa autárquica da contratação pública, em especial (**3.1.2.**), sendo certo que merece igualmente destaque o contencioso urgente dos domínios ambiental, urbanístico e da saúde pública, um contencioso que também é desencadeado contra as decisões governamentais por autarquias cautas e amigas do ambiente (**3.1.3.**).

3.1.1. É um facto que na justiça administrativa autárquica se invoca amiúde a titularidade de *pretensões-de-urgência* e se recorre com necessidade ao *juiz-da-urgência*. E é prova do que dizemos o número sempre crescente de processos urgentes que foram dando entrada nos tribunais administrativos, após a entrada em vigor do CPTA[42]. Assim, de entre as primeiras providências cautelares decretadas no âmbito do contencioso administrativo autárquico incluem-se as referentes aos processos que versaram sobre o *caso Obras do IC1 Viana do Castelo/Riba de Âncora* e

---

[42]A este propósito, respectivamente, vd. Acórdão do Tribunal Central Administrativo Norte, de 17 de Fevereiro de 2005, processo n.° 617/04.4BEPRT (caso Gaiapolis); Acórdão do Tribunal Central Administrativo Sul, de 16 de Março de 2005, processo n.° 607/2005 (caso *Museu Faria*); Acórdão do Tribunal Central Administrativo Norte, de 14 de Abril de 2005, processo n.° 1214/04.0BEVIS (caso *transportes escolares de Lamego*). Em alguns destes processos, os requerentes formulam pedidos bem ousados. A este propósito, vd. Acórdão do Tribunal Central Administrativo Norte, de 14 de Abril de 2005, processo n.° 1412/04.6BEPRT (caso *Despejo de Netos*); Acórdão do Tribunal Central Administrativo Norte, de 13 de Janeiro de 2005, processo n.° 163/04 (caso da *providência de arbitramento para reparação provisória por dano emergente de derrocada de casa licenciada pela autarquia*); Acórdão do Tribunal Central Administrativo Norte, de 3 de Março de 2005, processo n.° 687/04.5BEVIS (caso *intimação da autarquia para emissão de parecer de compatibilidade da localização de estabelecimento industrial de armazenamento temporário de resíduos perigosos com o respectivo Plano Director Municipal*); Acórdão do Tribunal Central Administrativo Norte, de 14 de Fevereiro de 2007, processo n.° 414/04.7BEPNF (*caso da condenação da Câmara Municipal de Amarante à aprovação do projecto de arquitectura*).

sobre o caso *Cidade Judiciária de Caxias*[43]. A primeira trata-se de uma providência que foi decretada provisoriamente, ao abrigo do artigo 131.°, em procedimento cautelar urgentíssimo, pelo TAF de Braga, a pedido do Município de Caminha, contra a empresa *Euroscut Norte S.A.*, na modalidade de suspensão imediata da execução das obras do IC1, uma vez que esta execução, por violar as medidas de minimização impostas pela DIA e pelo RECAPE, punha em risco a qualidade da água do rio Âncora e a integridade física, a saúde, o ambiente e a qualidade de vida dos munícipes. Para além dos interesses e valores em causa ameaçados, a autarquia justificou a especial urgência, invocando o facto de estar a proceder ao fornecimento de água em todo o concelho, através de autotanques dos bombeiros, pelo que não poderia aguardar uma decisão até ao final do processo cautelar.

Outra *situação-de-urgência* foi invocada no caso *Cemitério da Charneca*. Neste caso, os habitantes da Charneca, Pombal, solicitaram ao *juiz-da-urgência* que intimasse a entidade pública a proceder à suspensão dos trabalhos de construção do cemitério, uma vez que, dada a sua localização, em causa poderia estar a contaminação dos lençóis freáticos e a ameaça à saúde pública local. O TAF de Leiria por sentença de 4 de Novembro de 2004 deferiu parcialmente este pedido. E, assim, não obstando à continuação dos trabalhos, proibiu a realização de «qualquer funeral com consequente enterramento de cadáveres, incluindo o seu depósito em jazigos», enquanto não fossem realizados os estudos geoquímicos necessários para o efeito. Posteriormente, tendo o Município junto os pareceres necessários e tendo solicitado a revogação da providência *rebus sic stantibus*, ao abrigo do artigo 124.° do CPTA, o TAF de Leiria veio revogar a providência cautelar, por sentença de 15 de Maio de 2006, com fundamento em que se encontravam satisfeitas todas as condições impostas pela sentença supra identificada. Ainda assim, o TCA-S veio confirmar a primeira decisão judicial, por Acórdão de 10 de Maio de 2007 (processo, n.° 2454/07), dando razão ao parecer do Ministério Público, tendo justificado que «continuaria a existir risco de contaminação de lençóis freáticos pela decom-

---

[43] Neste caso, o TAF de Sintra ordenou a suspensão das obras de construção da nova sede da Polícia Judiciária, na Freguesia de Caxias, concelho de Oeiras, levada a cabo pelo Ministério da Justiça e pelo Instituto de Gestão Financeira e Patrimonial da Justiça, por (alegadamente) decorrerem sem que tivessem sido precedidas da prévia autorização por parte do Ministro do Ordenamento do Território.

posição de cadáveres», uma vez que «não [seria] flagrante a falta de fundamento da pretensão formulada no processo principal»[44].

Enfim, como se deixou demonstrado, a lide processual autárquica tem vindo a revelar-se num contexto de urgência e muita urgência, sendo certo que são até os meios de comunicação social que nos dão a conhecer alguns desses conflitos emergentes das relações jurídicas administrativas autárquicas que o juiz administrativo de círculo é chamado a resolver com rapidez. O processo relativo ao *caso Túnel do Marquês,* em que foi solicitada a suspensão da execução das obras do túnel, constituiu, como mencionámos, um dos primeiros exemplos mediáticos submetido à apreciação dos tribunais administrativos, logo após a entrada em vigor do CPTA, que veio a revelar-se posteriormente como gerador de prejuízos acrescidos para os diversos interesses conflituantes, incluindo o erário público. Este conflito foi apreciado, em primeiro grau de jurisdição, pelo TAF de Lisboa, e, posteriormente, pelo TCA-S e pelo STA, em sede de recurso jurisdicional. As duas primeiras instâncias decretaram a providência cautelar de modo a obstar à execução de obras que consideraram não terem sido precedidas de estudos e pareceres necessários, incluindo a Avaliação de Impacte Ambiental, tendo, com efeito, a jurisdição administrativa intimado

---

[44] Para além destes casos que foram sendo apresentados nos tribunais administrativos, há muitos outros que aqui poderiam ser lembrados: os *processos de Coimbra*, relativos ao projecto imobiliário *Eurostadium* e ao empreendimento comercial *Forum Coimbra*; o caso do empreendimento *Campus S. João,* construído nas traseiras do Hospital S. João do Porto, que foi objecto de embargo camarário e, posteriormente, de providência cautelar; o caso das obras de requalificação do *Centro Histórico de Alcobaça*, que foi levado ao tribunal administrativo por uma *Comissão Representativa de Empresários, Proprietários e Moradores de Alcobaça*, e no âmbito do qual se solicitou a suspensão das mesmas obras por não terem sido precedidas de «qualquer tipo de estudo»; o caso do *Convento dos Inglesinhos*, no âmbito do qual se pediu ao TAF de Lisboa a adopção de providência cautelar contra o Município de Lisboa e a empresa *Highgrove Clubes Residenciais S.A.*, de modo a obstar à transformação do Convento do séc. XVI num condomínio privado, sendo que a providência visaria suspender as obras do complexo habitacional fechado e o acto de licenciamento, por este «violar vários artigos do Plano Director Municipal». Também o caso das *obras do metro do porto,* junto ao Hospital S. João do Porto, constitui um outro exemplo recente de contencioso autárquico urgente. E muitos outros processos cautelares foram accionados por particulares contra as autarquias e outros desencadeados pelas autarquias contra a actuação estadual, tendo a legitimidade do Ministério Público sido reconhecida a amiúde, mesmo para prosseguir nos processos em que houvera desistência do requerente particular. Neste sentido, Acórdão do Tribunal Central Administrativo Sul, de 13 de Janeiro de 2005, processo n.° 501/2004.

o Município de Lisboa a desencadear este procedimento. O Supremo Tribunal, em sede de recurso de revista excepcional, veio revogar as decisões anteriores e ordenar a continuação do trabalhos, tendo, entre outros aspectos, procedido a diferente ponderação de interesses públicos e privados[45].

Ora, como se compreende, o critério da ponderação de interesses, previsto no n.° 2 do artigo 120.° do CPTA, impede vulgarmente o decretamento de providências cautelares a favor dos particulares, sobretudo quando em causa está a paralisação de obras públicas ou empreendimentos ou a suspensão de procedimentos concursais, por em causa existirem interesses públicos e privados em presença. O critério da ponderação de interesses determinou precisamente a decisão de indeferimento do pedido formulado pelo Município de Leiria contra o Ministério das Obras Públicas, Transportes e Comunicações, Estradas de Portugal, EPE, e outros, no sentido de o tribunal suspender a eficácia dos despachos do Director Coordenador da Área de Concessões da Estradas de Portugal, EPE, que haviam aprovado a geometria do traçado da A17 e o seu projecto de execução, e intimar as referidas entidades a absterem-se de prosseguir a referida obra. Nesse Acórdão de 5 de Julho de 2007 (processo n.° 2601/07), o TCA-S, não obstante admitir a possibilidade de, no contencioso administrativo, se suspender a eficácia de um acto parcialmente executado, considerou que o deferimento daquela providência causaria um elevado prejuízo ao interesse (e ao erário) público.

É certo que o mesmo pressuposto de deferimento das providências cautelares também tem sido aplicado a favor dos particulares. Assim, no contexto do cumprimento do Plano de Pormenor da Zona Histórica de Viana do Castelo e a propósito da declaração de utilidade pública da expropriação, com carácter de urgência, do *Edifício Jardim* ou *Prédio Coutinho*, emitida pelo Ministro do Ambiente, do Ordenamento do Território e do Desenvolvimento Regional e a *Sociedade Vianapolis, Sociedade para o Desenvolvimento do Programa Polis em Viana do Castelo*, o critério de ponderação de interesses não obstou ao decretamento da suspensão

---

[45] Sobre este assunto, vd. a Sentença do TAF de Lisboa, de 22 de Abril de 2004, o Acórdão do Tribunal Central Administrativo Sul, de 14 de Setembro de 2004 e o Acórdão do Supremo Tribunal Administrativo, de 24 de Novembro de 2004, processo n.° 1011/04 (e a este propósito, vd. a anotação ao Acórdão do Supremo de José Manuel Sérvulo Correia, *O Princípio pro Actione e o Âmbito da Cognição no Recurso de Revista*, in *Cadernos de Justiça Administrativa*, Braga, 2004, pp. 43 ss.).

de eficácia daquele acto no que respeita à parcela n.° 133, porquanto o TAF de Braga considerou que seriam «claramente prevalentes os interesses privados dos requerentes em comparação com os interesses públicos que a entidade requerida e contra-interessados [afirmavam] prosseguir» (Sentença de 31 de Outubro de 2006, processo n.° 1083/05.2BEBRG)[46].

3.1.2. São, de facto, variados os exemplos de processos urgentes que aqui podem ser lembrados e que foram accionados nos tribunais administrativos contra as autarquias locais. E muitos deles estão relacionados com os procedimentos de formação de contratos de empreitada e concessão de obras públicas, fornecimento de bens e prestação de serviços. Na verdade, através do processo previsto no artigo 100.° e seguintes e artigo 132.° do CPTA, os operadores económicos têm procurado obter especialmente a anulação das decisões de adjudicação, lançando mão do contencioso pré-contratual, e a paralisação dos procedimentos de formação desses contratos públicos, socorrendo-se das providências cautelares.

O processo referente à suspensão da *adjudicação e da execução da empreitada de remodelação da Marginal de Vila Nova de Gaia* é um exemplo. O processo cautelar relativo à suspensão da adjudicação da empreitada de «Recuperação e Remodelação da Casa Verdades Faria-Museu da Música Portuguesa», dirigido contra o Município de Cascais, é outro e o processo relativo à suspensão adjudicação da empreitada «Pavimentação betuminosa de caminhos municipais na Serra do Caramulo», accionado contra o Município de Tondela, e o relativo à suspensão do concurso público lançado pelo Município de Lamego, para a «Realização de circuitos especiais de transportes escolares para o concelho de Lamego para o ano lectivo 2004/2005», são outros dois exemplos de entre muitos outros processos cujo objecto albergou *pretensões-de-urgência* relativas à formação de contratos públicos[47].

---

[46] Seguindo rigorosamente a mesma metodologia ponderativa, o Tribunal Central Administrativo Norte manteve a decisão cautelar. Sobre o tema da ponderação de interesses no contexto da apreciação dos pressupostos de deferimento das providências cautelares, cumpre ver ainda o Acórdão do Supremo Tribunal Administrativo, de 3 de Abril de 2008, processo n.° 1079/07.

[47] A propósito deste processos, vd. o nosso *O Contencioso dos Contratos da Administração Pública: Notas sobre um Domínio do Contencioso Administrativo de Feição muito Urgente»*, in *Estudos em Homenagem ao Professor Doutor Marcello Caetano*, Coimbra, 2006 (tb. publicado in *Revista do Ministério Público*, Lisboa, 2006, pp. 151 a 196).

Enfim, muitos têm sido, de facto, os processos accionados neste domínio de contencioso administrativo pré-contratual, de talhe europeu e de feição tão urgente, e muitas têm sido as variações da jurisprudência no que respeita à interpretação e à aplicação da respectiva disciplina constante do CPTA[48]. Também a este propósito cumpre dizer que a jurisprudência que tem sido ditada no domínio do contencioso autárquico tem contribuído para o esclarecimento dos traços mais difíceis que o actual regime do contencioso da formação dos contratos públicos contém. Por exemplo, uma das dificuldades do regime diz respeito à suspensão desses procedimentos adjudicatórios. Assim, devendo a adopção de providência cautelar relativa a um procedimento pré-contratual seguir a forma constante do artigo 132.°, o TCA-S, por acórdão de 5 de Julho de 2007 (processo n.° 2692/07), veio aplicar o regime do artigo 128.° ao pedido de suspensão da eficácia de um acto de adjudicação de um contrato, aceitando, deste modo, a paralisação automática da execução do acto até invocação, em resolução fundamentada, de interesse público na sua imediata execução. Ora, esta solução que contraria a maioria da jurisprudência, incluindo a do Supremo (ditada no acórdão de 20 de Março de 2007, processo n.° 1191/06), merece algumas reservas, visto que o processo cautelar previsto no artigo 128.° é um processo cautelar tão especial como é o previsto no artigo 132.°. Talvez por isso seja mais facilmente aceitável a aplicação da disciplina constante do artigo 131.° ao contencioso pré-contratual, uma vez que o decretamento provisório de uma providência cautelar é uma modalidade do procedimento cautelar comum e, como tal, passível de aplicação subsidiária àquele regime especial[49]. Ademais, do ponto de vista dos interesses público e privados envolvidos, aquela solução não é recomendável, não sendo tão pouco exigível do ponto de vista do direito europeu[50].

E várias têm sido as dúvidas existentes em torno da aplicação do regime que versa sobre esta parcela do contencioso urgente autárquico,

---

[48] Sobre as várias questões que se colocam em torno da aplicação da disciplina do contencioso pré-contratual e sobre a forma como os tribunais administrativos as têm vindo a resolver, vd. PEDRO GONÇALVES, *Avaliação*... cit., pp. 3 ss.

[49] Cfr. Acórdão do Tribunal Central Administrativo Sul, de 8 de Março de 2007, processo n.° 2202/06.

[50] A este propósito, vd. o nosso *A Directiva (Recursos) n.° 2007/66/CE: o reforço da efectividade do contencioso pré-contratual — what else?*, in *Revista da Faculdade de Direito da Universidade do Porto*, Porto, 2009.

incluindo o cautelar[51]. A solução dualista de contencioso pré-contratual e a natureza imperativa do urgente é já, contudo, pacífica. Aliás, só por erro na escolha da forma de processo, certos operadores económicos não lançam mão da Acção Administrativa Especial Urgente, prevista no artigo 100.° do CPTA, quando pretendem atacar algum acto relativo à formação destes contratos. Assim, aconteceu a propósito da adjudicação da prestação de serviços de transporte escolar das Escolas EB 1/2 de Vila Praia de Âncora no que concerne ao acto de admissão de um candidato ao concurso. Como esclareceu o TCA-N, por Acórdão de 1 de Fevereiro de 2007 (processo 81/04.8BEBRG), essa deveria ter sido a acção proposta, uma vez que, tratando-se da impugnação de actos referentes ao procedimento de formação de um contrato público de prestação de serviços, disciplinado pelo Decreto-lei n.° 197/99, de 08.06, a natureza imperativa e exclusiva de tal meio processual assim o impunha, sendo que, no caso em concreto, o TCA-N também esclareceu que, para efeito de prazo de utilização do meio processual urgente, pouco revelaria o desvalor jurídico do acto a impugnar, valendo o prazo de um mês, tanto para actos nulos como para actos anuláveis[52] – o que nos parece muito bem, tendo em conta a *definição legal* (incluindo a orientação constante das Directivas Comunitárias Recursos) daquilo que é, neste caso, a *situação-de-urgência* a tutelar.

E tal acção urgente foi também o meio processual de que lançou mão um concorrente preterido num concurso público para «*Prestação de serviços de recolha de resíduos sólidos urbanos indiferenciados, lavagem, desinfecção, desengorduramento e desodorização de contentores – Zona 1 (Freguesias de Cascais, Estoril e Alcabideche)*, desencadeado pela *Empresa de Ambiente de Cascais, EM*, e que veio a ser adjudicado ao agru-

---

[51] Justificando com o carácter sumário e de urgência do processo cautelar, o Tribunal Central Administrativo Sul indeferiu o incidente de intervenção de terceiros nesse processo por se tratar de uma situação de litisconsórcio voluntário (Acórdão de 12 de Abril de 2007, processo 2344/07). Assim aconteceu no processo cautelar de suspensão da eficácia da deliberação da Comunidade Urbana da Lezíria do Tejo, relativa ao *concurso público internacional para selecção de empresa /parceiro privado para participar na constituição de uma empresa intermunicipal de capitais maioritariamente públicos para gestão e exploração dos sistemas de abastecimento de água para consumo público e saneamento dos municípios da Lezíria do Tejo*.

[52] Ainda que a solução não seja pacífica, nem na doutrina nem na jurisprudência, vd. no mesmo sentido, Acórdão do Supremo Tribunal Administrativo, de 12 de Dezembro de 2006, processo n.° 528/06.

pamento de concorrentes GSC-TRIU. Em causa estava a alegada ilegalidade do acto de adjudicação do serviço, que o TAF de Sintra veio a anular posteriormente. E, em sede de recurso jurisdicional, o TCA-S, por Acórdão de 14 de Junho de 2007, veio esclarecer mais uma de entre muitas outras dúvidas que o contencioso autárquico pré-contratual contém. Ora, assim por exemplo, suscita incerteza o âmbito da competência dos tribunais administrativos em matéria de contencioso pré-contratual quando em causa estão actos praticados por entidades privadas, enquanto entidades adjudicantes. E quanto a esta questão, o TCA considerou que, tendo tal empresa municipal submetido o respectivo procedimento ao regime constante do Decreto-lei n.° 199/99, de 08.06, fácil seria reconhecer a competência da jurisdição administrativa para decidir sobre tal assunto, tanto mais que, entre estas duas entidades havia sido celebrado um contrato programa para gestão dos serviços públicos de recolha de resíduos, naquele concelho[53].

3.1.3. Cumpre nesta parte dar conta sumariamente de alguma jurisprudência que versou sobre a protecção de certas dimensões subjectivas de direitos fundamentais em matéria de ambiente, qualidade de vida e saúde pública. E, neste contexto, invocamos, em primeiro lugar, processos cautelares que foram desencadeados com esses objectivo, pelas próprias autarquias contra as decisões do Governo, sendo que algumas foram requeridas ao abrigo do processo *inaudita altera parte*, em processo urgentíssimo, já que a intimação para protecção de direitos, liberdades e garantias só tem lugar quando não seja possível ou suficiente o decretamento provisório de uma providência cautelar, ao abrigo do artigo 131.° do CPTA[54], e outras

---

[53] Não hesitando quanto a essa solução, vd. Acórdão do Tribunal Central Administrativo Norte, de 29 de Março de 2007 (processo n.° 79/05.9BEMDL), a propósito da impugnação urgente da deliberação de adjudicação da prestação de serviços de recolha, transporte e limpeza de resíduos urbanos, do concelho de Vila Real, emitida pelo Conselho da Administração da *EMARVR- Empresa Municipal de Águas e Resíduos de Vila Real, EM.*

[54] Como já exemplificámos em outro lugar, foi exactamente este o quadro subjacente ao processo que versou sobre o *caso Obras do IC1 Viana do Castelo/Riba de Âncora* e da providência decretada provisoriamente em procedimento cautelar urgentíssimo, pelo TAF de Braga, a pedido do Município de Caminha, contra a empresa *Euroscut Norte S.A.*, na modalidade de suspensão imediata da execução das obras do IC1, uma vez que esta execução, por violar as medidas de minimização impostas pela DIA e pelo RECAPE, punha em risco a qualidade da água do rio Âncora e a integridade física, a saúde, o ambiente e a

ao abrigo do processo cautelar comum, nos termos do artigo 114.° e seguintes.

No contexto dos direitos à protecção à saúde e à integridade física, maternidade e paternidade, cumpre destacar as providências cautelares concernentes às decisões de encerramento das maternidades de Barcelos e Mirandela, accionados por autarquias locais da região contra o Ministério da Saúde. Para além de outros aspectos relacionados com a apreciação em concreto da verificação dos pressupostos de deferimento das providências solicitadas, *maxime* o *periculum in mora* e o *fumus boni iuris*, a obrigatória ponderação de interesses públicos e privados, prevista no artigo 120.°, n.° 2 CPTA, impediu o decretamento das providências cautelares contra as decisões de encerramento do bloco de partos do Hospital Santa Maria Maior de Barcelos e do bloco de partos da Unidade Hospitalar de Mirandela, solicitadas respectivamente pelo Município de Barcelos e pelos Municípios de Mirandela, Alfândega da Fé, Carrazeda de Ansiães e Macedo de Cavaleiros[55].

---

qualidade de vida dos munícipes. Para além dos interesses e valores em causa ameaçados, a autarquia justificou a especial urgência, invocando o facto de estar a proceder ao fornecimento de água em todo o concelho, através de autotanques dos bombeiros, pelo que não poderia aguardar uma decisão até ao final do processo cautelar.

[55] A providência solicitada contra a decisão de encerramento do bloco de partos do Hospital Santa Maria Maior de Barcelos, pelo Município de Barcelos, foi decidida em 2.ª instância pelo Acórdão do Tribunal Central Administrativo Norte, de 15 de Março de 2007, processo n.° 486/06.0BEBRG, tendo a mesma sido indeferida, já que não se verificariam os pressupostos constantes do artigo 120.°, além de que também se considerou que «o direito à protecção à saúde é um direito sob reserva, não beneficiando do regime específico de direitos, liberdades e garantias, não sendo, à partida, directamente aplicável e impondo ao legislador uma obrigação de prestação de facto infungível». Já perante o encerramento do bloco de partos da Unidade Hospitalar de Mirandela, a providência foi solicitada por diversos Municípios, sendo que pelo Acórdão de 15 de Março de 2007, processo n.° 244/06.1BEMDL, o Tribunal Central Administrativo Norte indeferiu a providência solicitada pelo Município de Mirandela, tendo sido decidido, aliás, que tal decisão de encerramento do bloco de partos da Unidade Hospitalar de Mirandela «não [violaria] direitos, liberdades e garantias constitucionalmente consagrados), designadamente os direitos, à integridade física e à protecção da saúde, maternidade e paternidade, nem [constituiria] situação de facto consumado»). A mesma justificação foi dada ao Município de Alfândega da Fé (pelo Acórdão do Tribunal Central Administrativo Norte, de 15 de Março de 2007, processo n.° 245/06.0BEMDL) ao Município de Carrazeda de Ansiães (pelo Acórdão do Tribunal Central Administrativo Norte, de 15 de Março de 2007, processo n.° 246/06.8BEMDL) e ao Município de Macedo de Cavaleiros (pelo Acórdão do Tribunal Central Administrativo Norte, de 15 de Março de 2007, processo n.° 247/06.6BEMDL).

E também cumpre dar conta aqui de processos cautelares de que lançaram mão as autarquias empenhadas na protecção da saúde pública dos seus munícipes. Referimo-nos aos processos que envolveram a Rede Eléctrica Nacional e o licenciamento dos projectos de instalação de linhas de alta tensão. Assim, a propósito do pedido de suspensão da eficácia do despacho do Director-Geral de Geologia e Energia, que havia licenciado o projecto «Linha de Fanhões-Trajouce, a 220 Kv, no troço compreendido entre o apoio n.° 46.° e a Subestação de Trajouce», e da intimação à abstenção de conduta, o TCA-S (por Acórdão de 11 de Julho de 2007) veio revogar a sentença do TAF de Sintra (de 16.03.07), que havia indeferido a mesma providência requerida por uma freguesia. Com efeito, procedendo a um diferente balanço de interesses públicos e privados opostos, o TCA-S aplicou de modo distinto o número 2 do artigo 120.° do CPTA[56], tendo decretado as providências solicitadas. E o STA, por Acórdão de 18 de Setembro de 2007, decidiu não admitir o recurso de revista excepcional interposto contra aquela decisão. Aliás, o STA não alterou a sua posição mesmo tendo sido exercida a reclamação para a conferência do despacho do relator contido naquele acórdão (Acórdão do Supremo Tribunal Administrativo de 25 de Outubro de 2007), tendo sido invocado, entre outros aspectos a «importância fundamental» e a «relevância social das questões». Na realidade, foi invocado pela reclamante que «[seriam] graves os danos causados à reclamante e sobretudo aos interesses públicos que prossegue, enquanto concessionário do serviço público, uma vez que o efectivo desligamento da linha [comportaria] riscos acrescidos à segurança do transporte de energia eléctrica à região servida pela subestação de Trajouce, isto é, a centenas de milhares de cidadãos, a milhares de empresas e instituições». Ora, o STA reiterou a não verificação dos pressupostos para aceitação do recurso de revista excepcional, previstos no artigo 150.°

---

[56] Aliás, a propósito do indeferimento do pedido de suspensão do acto de licenciamento da linha aérea de muita alta tensão a 150 Kv, emitido por despacho Director-Geral de Geologia e Energia de 21.02.06, o Tribunal Central Administrativo Sul veio dizer que não seria pelo facto de o mesmo projecto estar concretizado que tal justificaria a inutilidade da lide. Bem pelo contrário, tal como explicou: uma vez que esse acto tem «produção de efeitos que se protelam no tempo, como é o caso da constituição de uma servidão administrativa e o transporte de energia eléctrica, a conclusão da execução das obras de instalação de tal linha no terreno não retira utilidade à respectiva providência cautelar, nem impossibilita a decisão desta». Sobre este assunto, vd. Acórdão do Tribunal Central Administrativo Sul, de 30 de Maio de 2007, processo 2516/07.

do CPTA, tanto mais que se invocavam erros na ponderação de interesses e esta é uma questão que, segundo o Supremo, integra matéria de facto, devendo ser excluída do âmbito de tal recurso.

Cumpre ainda distinguir neste contexto, os processos cautelares que versaram sobre a co-incineração em Souselas e na Arrábida. Duas questões semelhantes que foram sendo decididas, mesmo em termos estritamente procedimentais, de modo distinto (para não dizer oposto) em momento inicial, respectivamente pelo TAF de Coimbra e pelo TAF de Almada, mas que finalizaram, do mesmo modo, por decisão do Supremo Tribunal Administrativo. De qualquer modo, por decisão inicial dos respectivos tribunais administrativos, a co-incineração teve avanços e recuos tanto em Souselas como em Outão. Com efeito, ambas as decisões judiciais têm subjacente os despachos governamentais proferidos no início de Verão de 2006, por meio dos quais as duas cimenteiras ficaram dispensadas de realizar os estudos de avaliação de impacto ambiental das operações de co-incineração, uma vez que o Ministério do Ambiente considerou que o assunto estava já suficientemente estudado. As autarquias em causa, Coimbra, no primeiro caso, e Setúbal, Sesimbra e Palmela, no segundo, impugnaram aquele despacho e requereram providências cautelares no sentido de obstarem, de imediato a que as cimenteiras procedessem à queima de resíduos. As providências foram decretadas, confirmadas em 2.ª instância e permaneceram até o Supremo decidir em sede de recurso excepcional de revista[57]. Na verdade, no que respeita a Souselas, o STA,

---

[57] Aliás, cumpre dizer que a decisão que o TAF de Almada tomou provisoriamente em 3 de Novembro de 2006, foi levantada no final do mesmo mês, tendo, assim, o tribunal aberto caminho para a Secil avançar com os testes de queima de resíduos industriais perigosos. Na verdade, no sentido de obstar à queima de resíduos na Secil, na Arrábida, os Municípios de Setúbal, Sesimbra e Palmela vieram invocar «a violação do Plano Director Municipal, uma vez que a zona onde [estaria] implantada a Secil [estaria] licenciada para indústria extractiva e para fabrico de cimento e não para a valorização energética de resíduos. E se o TAF de Almada considerou inicialmente não existirem indícios de que o processo de co-incineração pudesse vir a ser efectuado com inobservância das regras técnicas e dos limites legalmente impostos ao exercício da actividade e se considerou que não existia uma situação de especial urgência que, para salvaguarda dos valores da saúde pública ou do ambiente, impusesse a manutenção das providências anteriores decretadas a título provisório, já posteriormente veio a decretar a providência, sendo certo que o Tribunal Central Administrativo Sul confirmou-a. O Supremo veio, contudo, revogá-la no início de 2008, através do Acórdão de 10 de Janeiro de 2008, processo n.° 675/07. No que respeita ao processo de co-incineração de Souselas, o TAF de Coimbra considerou verificados os

tendo clara noção de que a providência requerida pelo Município de Coimbra tencionava evitar que, enquanto decorresse o processo principal, a entidade requerida praticasse a co-incineração de resíduos industriais perigosos em Souselas, pois isso traria entretanto afecções sérias ao ambiente com prejuízo da saúde das populações próximas, veio explicar, em primeiro lugar, o que deveria entender-se por «situação de facto consumado» para este efeito[58] – risco que, no seu entender, não se correria –, e, em segundo lugar, veio dizer que o despacho que dispensa o procedimento de avaliação de impacte ambiental, tendente a licenciar a actividade de co-incineração de resíduos industriais perigosos, constitui um acto de trâmite relativamente ao futuro licenciamento, sendo certo que a imediata execu-

---

requisitos para a concessão da providência cautelar requerida pela Câmara de Coimbra, tendo suspendido o Despacho em causa e tendo considerado que a co-incineração em Souselas só deveria avançar depois de realizada uma avaliação de impacto ambiental. E, no que se refere a Souselas, o TAF de Coimbra fez parar tal processo em nome do princípio da precaução e, em segunda instância, o Tribunal Central Administrativo Norte veio confirmar aquela sentença por Acórdão de 29 de Março de 2007, processo n.° 758/06.3BECBR. Nele é afirmado que a imediata execução dos despacho permitiria a prática de actos materiais de co-incineração e, portanto, traria a situação de facto consumado, sendo que tal configuraria a situação de *periculum in mora*. Além disso, o Tribunal Central Administrativo Norte reconheceu que são apontadas à co-incineração consequências nocivas para o ambiente e a saúde das populações, sendo certo que não está provado que a suspensão traga prejuízos para o interesse público e que não estando provada a superação de tais prejuízos em relação aos interesses do Município de Coimbra se deveria decretar a providência. Assim, não obstante não terem considerado manifestamente ilegal o despacho que havia dispensado o procedimento de avaliação de impacte ambiental, ambas as instâncias decretaram a providência cautelar com vista a obter a suspensão da eficácia do referido despacho ministerial, procurando obstar à queima imediata dos resíduos industriais perigosos, com a consequente afectação grave do ambiente e da saúde das populações.

[58] O Supremo Tribunal Administrativo explicou que ele não se verificaria, pois a situação de facto consumado é algo diferente daquilo que normalmente se pensa: «numa acepção lata, todo o facto acontecido consuma-se *qua tale*, dada a irreversibilidade do tempo; mas não é obviamente esse o sentido da expressão da lei. Na economia do preceito, o facto será havido como consumado por referência ao fim a que se inclina a lide principal, de que o meio cautelar depende; e isto significa que só ocorre uma situação de facto consumado quando, a não se deferir a providência, o estado de coisas que a acção quer influenciar ganhar entretanto a irreversível estabilidade inerente ao que já está terminado ou acabado – ficando tal acção inutilizada *ex ante*. Ora, mesmo que encarássemos a acção principal como tendente a eliminar de vez práticas de co-incineração entretanto licenciadas, teríamos de lhe reconhecer a utilidade de suprimir essas práticas para o futuro – e isso, por si só, excluiria qualquer ideia de um anterior facto consumado».

ção de tal despacho não acarretaria a certeza, ou sequer a probabilidade, de que a actividade de co-incineração viesse a ser licenciada (já que esse licenciamento [dependeria] ainda da reunião de vários outros requisitos). Ora, o Supremo considerou que «os prejuízos de difícil reparação supostamente resultantes da actividade material de co-incineração [se apresentariam] como um efeito meramente hipotético ou eventual daquele despacho, sendo de indeferir o pedido de suspensão da sua eficácia». E o fundamento dado pelo Supremo Tribunal Administrativo no que respeita a Outão, foi idêntico e em sentido contrário às preocupações das autarquias (Acórdão de 10 de Janeiro de 2008, processo n.° 675/07).

3.2. Da inovação do contencioso autárquico

É um facto que o contencioso autárquico sempre se revelou mais favorável aos particulares, dado o seu carácter predominantemente subjectivista e inovador. Na realidade, como se referiu, não obstante incluir figuras de nítido talhe objectivista, o contencioso autárquico foi albergando remédios mais intensos de protecção das posições subjectivas dos particulares contra a actuação dos órgãos autárquicos e processos mais informais do ponto de vista da tramitação. Ora, hoje, os traços *peculiares* do contencioso autárquico vamos encontrá-los também no momento em que nele são experimentados e postos à prova certos instrumentos jurídicos previstos no CPTA. Assim, por exemplo, foi na justiça autárquica que os tribunais administrativos testaram a propriedade do processo para a tutela de direitos, liberdades e garantias. A este propósito, destacamos o Acórdão do TCA-Norte, de 26 de Janeiro de 2006, processo n.° 01157/05.0BEBRG, e o Acórdão de 26 de Outubro de 2006, processo n.° 589/06.0BECBR (**3.2.1.**). E foi também no contencioso autárquico que, pela primeira vez, o juiz cautelar administrativo experimentou a técnica da antecipação da decisão de mérito, ao abrigo do artigo 121.° do CPTA. A este propósito invocamos o Acórdão do TCA-Norte de 26 de Julho de 2007, processo n.° 03160/06.3BEPRT, que versa sobre a questão da suspensão e anulação de uma pena disciplinar de inactividade por dois anos, aplicada a um bombeiro municipal pelo Vereador *do Pelouro das Actividades Económicas, Protecção Civil e Recursos Humanos* da Câmara Municipal do Porto (**3.2.2**).

3.2.1. A intimação para protecção de direitos, liberdades e garantias é um mecanismo qualificado de protecção de direitos fundamentais, de que os particulares têm lançado mão com frequência, sendo certo que nem os munícipes nem as próprias autarquias, como titulares da acção popular, têm sabido utilizá-lo, dada a sua natureza subsidiária perante o processo cautelar[59]. Por exemplo, foi o mecanismo accionado por um munícipe de Viana do Castelo, no sentido de intimar a autarquia a proceder ao encerramento de oficina de carpintaria e a notificar a entidade distribuidora de energia eléctrica a interromper o fornecimento à oficina, uma vez que em causa estaria o exercício de actividade carente de licença e o exercício de actividade ruidosa, que há mais de dois anos punha em causa a integridade física, psíquica e a saúde do requerente e da sua família. O TCA pronunciou-se sobre tal intimação pelo Aresto de 26 de Janeiro de 2006 (processo n.° 1157/05.0BEBRG), tendo negado provimento ao recurso e rejeitado a pretensão. E, a propósito da questão da co-incineração, foi o processo de que lançaram mão certas autarquias com vista a intimar o Ministério do Ambiente, Ordenamento do Território e Desenvolvimento Regional e uma empresa privada, no sentido de os mesmos se absterem de levar à prática testes e demais operações de co-incineração de resíduos industriais perigosos na unidade produtora de cimento, de que [a empresa privada seria] proprietária, em Souselas». A adequação e propriedade da intimação para tutela de direitos, liberdades e garantias e o traço de subsidiariedade do processo foram especialmente esclarecidos neste caso, tendo o Tribunal Central Administrativo Norte, por Acórdão de 26 de Outubro de 2006, processo n.° 589/06.0BECBR, considerado inadequado e impróprio o processo.

---

[59] De facto, inicialmente os particulares tiveram muita dificuldade no momento de aferir da adequação do processo de intimação para protecção de direitos, liberdades e garantias. Assim aconteceu no caso dos proprietários das moradias alegadamente não licenciadas, sitas no Parque Nacional da Arrábida. Na verdade, tendo tido conhecimentos pelos meios de comunicação da intenção governamental de ordenar a respectiva demolição, os proprietários deram entrada nos tribunais de uma intimação com vista a obter a intimação do membro do governo competente no sentido de se abster de praticar qualquer acto que [pusesse] em causa os princípios constitucionais e legais do ordenamento jurídico, nomeadamente, qualquer acto administrativo que [possibilitasse] as anunciadas demolições, sem a existência dos respectivos títulos executivos. Ora, foi neste processo (relativo ao caso da *demolição de moradias da Arrábida*/2004) que, pela primeira vez, o Supremo se pronunciou sobre a adequação do meio urgente, tendo decidido pela impropriedade do mesmo (Acórdão do Supremo Tribunal Administrativo, de 18 de Novembro de 2004 (processo n.° 978/04).

Assente, pois, que os requerentes lançaram mão de um processo caracterizado pela «subsidiariedade», «exclusividade» e «urgência», inovadoramente concretizado no título IV do CPTA para concretização do imperativo constitucional (art. 20.°, n.° 5) – uma espécie de *recurso de amparo* para efectivar no domínio da justiça administrativa a protecção de direitos, liberdades e garantias – **(3.2.1.1.)**, cumpre, aqui, realçar a jurisprudência que tem sido ditada no contencioso local e da qual tem resultado a clarificação dos dois «traços» mais controversos da respectiva disciplina **(3.2.1.2)**.

3.2.1.1. Considerando os imperativos internacionais, comunitários e constitucionais e o panorama sócio-cultural de preferência pelo *instantâneo*, pelo provisório e pelo *tempo curto*, não surpreende, de certo, que o legislador português tenha vindo consagrar no CPTA um *regime geral da urgência*. É precisamente no quadro dos processos urgentes que a intimação para protecção de direitos, liberdades e garantias se inclui. De facto, a intimação já foi considerada como uma das principais e mais inovadoras alterações introduzidas pela reforma da legislação contenciosa administrativa. Com certeza, a importância da previsão da intimação urgente e prioritária de direitos, liberdades e garantias, no domínio do contencioso administrativo, também resulta do facto de em Portugal não estar consagrado um «recurso constitucional» para sua protecção, nem de tipo alemão (*Verfassungsbeschwerde*) para efectivação de todos os direitos fundamentais, nem do tipo hispânico (*Recurso de amparo*) para efectivação de um conjunto específico desses direitos. Nesta perspectiva, esta intimação veio responder a necessidades já conhecidas e tão evidenciadas após a 4.ª revisão constitucional, depois de ter sido acrescentado o n.° 5, no artigo 20.°, exactamente para consagrar o direito a procedimentos judiciais caracterizados pela celeridade e prioridade para tutela efectiva e em tempo útil contra ameaças ou violações de direitos, liberdades e garantias pessoais.

E a forma que o legislador ordinário encontrou para concretizar aquele específico *indirizzo* constitucional foi a criação de um processo urgente na justiça administrativa. Assim, esta intimação é um processo que visa proporcionar uma tutela de mérito a um direito, liberdade ou garantia, ameaçados, no seu exercício útil, por um comportamento positivo ou omissivo da Administração Pública ou de um particular, designadamente, de um concessionário, quando, nomeadamente, a lesão desses direitos fundamentais do interessado resulte de omissão da Administração. Aliás, como mencionou o TCA no Aresto de 26 de Janeiro de 2006 (processo n.° 1157/05.0BEBRG), através desta «via preferente e sumária», o juiz administrativo ganha «um poder de condenação que imponha à administração a adopção de uma conduta, que tanto pode consistir num *facere* como num *non facere*, numa acção, como numa conduta positiva, numa abstenção», sendo também possível dirigi-la contra um particular, quando, estando em causa uma relação jurídico-administrativa, se visa suprir a omissão da entidade pública na adopção de medidas adequadas de prevenção ou repressão de condutas lesivas.

3.2.1.2. Tanto no Aresto de 26 de Janeiro de 2006 (processo n.° 1157/05.0BEBRG) como no Acórdão de 26 de Outubro de 2006, processo n.° 589/06.0BECBR, o TCA-N veio fazer jurisprudência no que respeita aos pressupostos de admissibilidade do pedido de intimação e ao problema da delimitação do âmbito de aplicação da intimação. No que respeita à primeira questão, o TCA afirmou o carácter subsidiário e residual da intimação, revelando uma clara preferência pelos mecanismos de tutela ordinária de direitos, liberdades e garantias. Aliás, não se distanciando da jurisprudência do Supremo – e que já recebeu o aval do Tribunal Constitucional (Acórdão n.° 5/2006) –, o TCA esclareceu que os pressupostos de admissibilidade do pedido de intimação são dois: *primo*, «a necessidade de emissão urgente de uma decisão de fundo do processo que seja indispensável para protecção de um direito, liberdade ou garantia, no sentido de que «não se recorrendo a este meio, a protecção do direito, liberdade ou garantia fique comprometida ou apenas possa ser obtida num tempo ou num momento em que perdeu para o interessado o efeito útil pretendido ou o seu pleno e útil exercício»; *secundo*, que não seja possível ou suficiente, nas circunstâncias do caso, o decretamento provisório de uma providência cautelar, segundo o disposto no artigo 131.° do CPTA, sendo certo que para o TCA este «inculca manifestamente uma ideia de subsidiariedade ou de excepcionalidade».

Assim, «a possibilidade de utilização da intimação para protecção de direitos, liberdades e garantias não depende apenas da impossibilidade ou insuficiência do decretamento provisório de qualquer providência, antes tem também como pressuposto a inexistência de qualquer outro meio processual especial de defesa de direitos, liberdades e garantias determinados». Na verdade, como bem se explica nos Arestos citados, «o julgador tem, por isso, que se convencer de que, em face das condições concretas de exercício do direito alegadamente ameaçado, a opção pela tutela sumária é inevitável. E tem também de estar convencido da indispensabilidade deste meio utilizado, ou seja, tem de ser feito um exercício de ponderação, traduzindo-se na absoluta necessidade da intimação para assegurar o exercício do direito em tempo útil e, implicitamente, no não sacrifício intolerável, nem de valores de interesse público, nem de direitos da mesma natureza de outras pessoas.

Ora, parece legítimo concluir que, para o TCA, no contencioso autárquico, «este meio só deve, *rectius*, só pode ser utilizado quando o meio normal não possa ser utilizado, ou melhor, não se mostre adequado para a protecção do direito, liberdade ou garantia em tempo útil», sendo certo que a via ordinária ou normal é constituída pela AAC ou pela AAE, a que poderá acrescer a garantia cautelar, em ordem a salvaguardar, regular ou reintegrar provisoriamente o direito, liberdade ou garantia ameaçado até que a sentença a proferir no processo principal defina a situação de forma definitiva. Em suma, no contencioso autárquico fica assim definitivamente esclarecido que «não basta a simples urgência, para que seja legítimo o uso deste meio de tutela. A urgência pode ser obtida igualmente através do recurso a um meio de tutela cautelar. À urgência requerida haverá de juntar-se este outro requisito da subsidiariedade; este meio de tutela apenas deve ser usado nos casos em que o recurso a um outro meio principal (AAC ou AAE), associado, por ventura a uma providência cautelar, não se revele suficiente. E, assim, dada a configuração da situação concreta, o TCA considerou que em ambos os casos que não estavam preenchidos os pressupostos da intimação para protecção de direitos, liberdades e garantias, bastando aos requerentes lançar mão da via ordinária para tutelar a sua posição, sendo certo que no primeiro caso mencionado, funcionando a carpintaria há mais de dois anos, o particular revelou não ser titular de uma *pretensão-de-urgência-especial-excepcional*, a que alude o artigo 109.° do CPTA, pois, poderia ter recorrido aos tribunais mais cedo, e não o fez.

Quanto ao segundo problema, a jurisprudência do TCA não faz um leitura tão restritiva da lei ordinária como em tempos já fez o próprio Supremo. Assim, parece dominante a ideia de que a intimação para protecção de direitos, liberdades e garantias teria sido concretizada de molde a integrar no seu âmbito de protecção tanto os direitos, liberdades e garantias pessoais – ou seja, o núcleo duro e obrigatório da *imposição legiferante* que decorre do n.° 5 do artigo 20.° da Lei Fundamental – como outros direitos, situados fora do capítulo I, do Título II, destituídos dessa natureza exclusivamente pessoal, que não corresponderiam àquele grupo, mas que ainda assim o legislador entendeu tratar igualmente de forma prioritária. Neste sentido, tem-se entendido que, *ex vi* dos artigos 16.° e 17.° da CRP, se justifica que àqueles sejam acrescentados os de participação política e outros direitos subjectivos fundamentais de natureza análoga, consagrados na Constituição, em lugar diverso dos *catalogados* como direitos, liberdades e garantias[60]. Aliás, tendo em conta os artigos 16.°, n.° 1 e 17.° da CRP e prevendo que a destrinça classificatória entre direitos fundamentais não fique no futuro mais clara – e desejando que o tratamento prioritário de alguns desses direitos não dependa do arbítrio jurisprudencial – ainda bem que a jurisprudência do TCA que foi ditada na justiça administrativa autárquica não vê razão para proceder a uma leitura tão restritiva da disciplina constante do CPTA, tanto mais que o *alargamento* encontra justificação, quer na especial ligação de tais direitos à dignidade da pessoa humana, quer na igual necessidade de protecção urgente[61]. É certo que o alargamento do seu âmbito exige cautelas, pois esta é uma via excepcional de tutela, cujos traços caracterizadores revelam o acolhimento

---

[60] Houve uma altura em que o Supremo parece não ter partilhado desta mesma opinião, uma vez que, tendo procedido a uma leitura *constitucionalista* daquele regime legal, preocupou-se em saber se «a petição não [permitiria] reconhecer uma qualquer situação jurídica individualizada susceptível de se integrar no conceito de direito, liberdade ou garantia pessoal». Assim aconteceu no caso da ameaça de demolição das moradias na Arrábida, a que já se fez referência, tendo concluído nesse caso concreto que «as requerentes não referenciaram minimamente um direito, liberdade ou garantia pessoal que fosse merecedor da tutela». Em síntese: a perspectiva de protecção acrescida contida na intimação urgente, por contraste com o mínimo de protecção exigida pelo preceito constitucional (n.° 5 do art. 20.°), foi descartada pelo Supremo logo na primeira vez que teve oportunidade de se pronunciar sobre o tema. E também o Tribunal Central Administrativo Norte parece ter adoptado o mesmo entendimento no Acórdão de 16 de Dezembro de 2004, processo n.° 496/04.1.BECBR. Contudo, já no Acórdão de 13 de Janeiro de 2005, processo 203/04.9BEMDL, o Tribunal Central Administrativo Norte considerou que a intimação abrange na sua previsão ou âmbito não apenas os direitos, liberdades e garantias pessoais, como estabelece o art. 20.°, n.° 5 da CRP, mas também direitos, liberdades e garantias do Título II, da parte I da CRP, incluindo os de natureza análoga (art. 17.°). Em outros acórdãos, o Tribunal Central Administrativo Sul não manifestou expressa intenção de restringir o âmbito da intimação aos direitos, liberdades e garantias pessoais, vd. Acórdão de 1 de Setembro de 2004, processo n.° 252/04, e Acórdão de 30 de Setembro de 2004, processo n.° 270/04. Hoje, a solução parece pacífica.

[61] Neste sentido, Acórdão do Tribunal Central Administrativo, de 18 de Março de 1999, processo n.° 2690/99, e Acórdão do Tribunal Central Administrativo Sul, de 27 de Janeiro de 2005, processo n.° 477/04.

dos instrumentos de natureza sumária, sendo certo que tal sumariedade tanto está presente na disciplina que dispõe sobre o respectivo *modus procedendi* como na disciplina que rege a realização da prova. Aliás, o TCA afirma mesmo que «estas sumariedade e urgência não podem deixar de traduzir-se, de alguma maneira em maior ou menor grau, no correspondente sacrifício de alguns valores, quiçá mesmo do cumprimento integral do contraditório das partes e à livre utilização de alguns meios de prova». Ora, «também por isso se compreende e justifica o carácter subsidiário deste meio processual principal em relação a outros meios, onde tais valores não são sacrificados ou pelo menos, não são sujeitos a um tão grande sacrifício».

3.2.1. Mais digno ainda de destaque para justificar os aspectos peculiares que o contencioso autárquico da actualidade contém é o aresto que versa sobre o mecanismo previsto no CPTA que permite ao juiz antecipar, no contexto do processo cautelar, a decisão de fundo, por entender que há necessidade de emitir uma decisão de mérito em tempo curto e por considerar que a *quaestio facti* e a *quaestio iuri*s se apresentam já naquele momento processual maduras para julgamento[62] (**3.2.1.1**).

Ora, foi no contencioso autárquico que pela primeira vez os tribunais administrativos vieram explicar como deve entender-se os pressupostos de que depende dar vida a esta figura: se são apenas dois ou mais – os que estão expressamente previstos na letra da lei – ou se um outro, um que está implícito e que é o de a decisão de mérito a antecipar dever ser favorável ao recorrente (**3.2.1.2.**). Ora, por ser nula, até há pouco tempo, a jurisprudência que versa sobre este assunto, descrever o perfil desta *maravigliosa creatura* , prevista no artigo 121.° do CPTA, é uma tarefa complicada, que nem mesmo o Supremo Tribunal Administrativo parece desejar para si próprio, como veremos[63]. Mas, quanto ao tema, o aresto do TCA-N disse

---

[62] Este mecanismo pode ter muita utilidade na defesa de direitos fundamentais de natureza diversa dos direitos, liberdades e garantias. Aliás, tendo em conta que há quem entenda que as dimensões subjectivas dos direitos fundamentais em matéria de ambiente, saúde pública ou ordenamento de território não entram no âmbito daquele meio processual especial, o processo urgente atípico previsto no artigo 121.° pode consagrar uma solução eficaz de que o Ministério Público e outros actores populares podem lançar mão no domínio do contencioso autárquico.

[63] Sobre esta jurisprudência, vd. o nosso *As (In)justiças do Artigo 121.° do CPTA: Depressa e Bem há Pouco Como*», *Cadernos de Justiça Administrativa*, Braga, 2008.

quase tudo. Ele explicita quais são os pressupostos de aplicabilidade do mecanismo e aponta para aqueles que são os riscos que as partes e o tribunal podem correr quando se deixam seduzir por tal figura. Assim, no contexto do direito de acesso aos tribunais, na dimensão do direito ao processo equitativo ou processo justo, cumpre, pois, sublinhar as pistas de segurança perante tais riscos apontadas nesta inédita decisão que é ditada no contencioso autárquico **(3.2.1.3.)**.

3.2.1.1. Subjacente ao aresto do TCA-N, de 26 de Julho de 2007 está uma *história*, que se conta em poucas palavras: tratou-se inicialmente de um pedido de suspensão da eficácia de um acto de punição disciplinar, mais propriamente da aplicação da pena de dois anos de inactividade a um Bombeiro do Município do Porto, como preliminar de uma AAE. O requerente, para além de invocar a manifesta ilegalidade da decisão, sugeriu logo a convolação da pretensão em anulação daquele despacho, já que, no seu entender, se verificavam todos os pressupostos para aplicação do artigo 121.°. E, após a apresentação da oposição do Município do Porto, o requerente veio cumular nova pretensão, nos termos da qual solicitava a providência de admissão provisória em concurso aberto para curso de promoção para Bombeiro Sapador. Posteriormente, depois da propositura da AAE, em que se solicitava a anulação da punição disciplinar, a readmissão ao serviço e a admissão provisória àquele concurso, o TAF do Porto veio considerar verificados os pressupostos previstos no artigo 121.° do CPTA, tendo ouvido a entidade demanda para o efeito. E, assim, considerando a natureza e a gravidade dos interesses envolvidos, quer os do autor quer os da entidade demandada, considerando que seriam exactamente os mesmos os vícios imputados ao acto impugnado em sede de processo cautelar e em sede do processo principal, considerando também que a entidade demandada foi chamada a pronunciar-se sobre a questão em apreço e considerando ainda que o processo continha todos os elementos para se decidir a questão de fundo, assim procedeu o TAF, tendo julgado improcedente a pretensão de impugnação do acto e prejudicadas as restantes questões, já que a antecipação tornava inútil o conhecimento da pretensão de cumulação superveniente e o incidente de declaração de ineficácia de actos de execução indevida.

Ora, inconformado com a decisão, o particular veio recorrer dela para o TCA, pois, no seu entender, a decisão errava no julgamento da matéria de facto e de direito, ia contra o princípio do juiz natural e violava o artigo

121.º CPTA, uma vez que a antecipação da decisão de fundo e a convolação do processo cautelar em principal, realizada ao abrigo daquele preceito, só devem ser possíveis se o resultado for favorável ao recorrente – ou, para invocar as suas próprias palavras, a convolação só deve ser «[possível] quando o juízo de prognose é positivo e a questão a decidir não se reveste de grande complexidade». Da mesma forma não pensaram os juízes do TCA-N, tendo negado provimento ao recurso jurisdicional interposto daquela sentença, pois, no seu entender, estavam verificados todos os pressupostos previstos naquele preceito do CPTA, sendo certo que nada na lei os impedia de antecipar uma decisão de mérito desfavorável. E o Supremo, chamado a pronunciar-se em sede de recurso de revista, entendeu que não devia pronunciar-se[64].

3.2.1.2. Este mecanismo, inspirado no princípio da tutela jurisdicional efectiva, permite que o juiz cautelar, ouvidas as partes, se declare, de forma fundamentada, apto para antecipar no processo cautelar o juízo sobre o mérito do processo principal, sendo certo que, para o TCA-N, ocorrendo a convolação, o julgamento da causa poderá ser tanto no sen-

---

[64] É neste contexto que cumpre também trazer à colação o Acórdão do Supremo Tribunal Administrativo, de 4 de Outubro de 2007, através do qual se nega a admissão do recurso de revista daquela decisão jurisdicional do Tribunal Central Administrativo Norte, porquanto, sendo exactamente este o factor de descontentamento que levou o particular a recorrer para o Supremo, este entendeu que não devia pronunciar-se. E, assim, não obstante o Supremo nunca ter tido ocasião de se manifestar sobre esta figura, negou falar sobre ela, já que considerou «não estar em causa questão que pela sua relevância jurídica ou social se revista de importância fundamental». É certo que o Supremo entendeu que para acolher esta questão em revista «[seria] necessário que a questão processual se [apresentasse] com fundamental relevância jurídica ou social, ou a admissão do recurso se [mostrasse] claramente necessária para aplicação do direito». O que não era o caso, tanto mais que «a convolação decidida [pelo TAF do Porto] foi mantida pelo Acórdão do Tribunal Central Administrativo, baseando-se em raciocínios estruturados segundo os princípios da lógica formal e dotados de razoabilidade, em que não se [surpreendia] ofensa de preceitos legais nem erro interpretativo patente ou crasso». Ainda assim, temos para nós, que do ponto de vista da relevância jurídica, cumpriria dizer algo sobre o assunto, tanto mais quanto são significativos os riscos que tal figura pressupõe e tanto mais quanto ela nos seduz e se afigura como necessária nos sistemas processuais da actualidade. O seu contributo poderia ser importante agora, num momento em que se discute quais são as alterações necessárias a introduzir no CPTA e em altura em que vem a lume uma versão do ProjRdoCPTA, sendo que esta apresenta mil e um retoques – alguns dispensáveis – a introduzir no contencioso administrativo de urgência.

tido da procedência como no da improcedência da pretensão formulada ou a formular no processo principal. E quanto aos pressupostos da antecipação, o TCA-N considerou que, atendendo aos princípios gerais e à sua razão de ser, a antecipação depende do preenchimento cumulativo de dois requisitos: *primo*, deve haver manifesta urgência na resolução definitiva do caso, atendendo à natureza das questões e à gravidade dos interesses envolvidos, de modo a poder-se concluir que a situação não se compadece com a adopção de uma simples providência cautelar; *secundo*, o tribunal deve sentir-se em condições de decidir a questão de fundo, por constarem do processo todos os elementos necessários para o efeito. Vejamos, com mais detalhe, os pressupostos de que depende a antecipação do juízo de mérito. O TCA-N atendeu à manifesta urgência na resolução definitiva do caso (**3.2.1.2.1.**) e à presença ou disponibilidade no processo de todos os elementos indispensáveis para a boa decisão da causa (**3.2.1.2.2.**).

3.2.1.2.1. Assim, o TCA-N, não obstante considerar que «o juízo substantivo sobre a manifesta urgência na resolução definitiva do caso impõe interpretação e aplicação exigentes e impõe também especial cuidado e grande prudência por parte do julgador, o qual só excepcionalmente se deve decidir pela convolação, veio considerar que se estava perante a situação de urgência especificada no artigo 121.°. E, sobre tal «situação substantiva» ou situação de manifesta urgência na decisão definitiva, o TCA-N falou em «urgência qualificada», *id est*: situação na qual se revele insuficiente o decretamento de uma providência cautelar, designadamente por os limites resultantes da sua natureza provisória obstarem à concessão de uma providência apta a evitar uma situação irreversível. E considerou que os interesses relevantes envolvidos, para efeitos desta aferição de manifesta urgência, não têm que ser relativos a direitos, liberdades e garantias, já que para eles existe a figura do artigo 109.° CPTA. Antes pelo contrário, a urgência pode ser indiciada pelo facto de o litígio versar sobre outros direitos e valores importantes, quais sejam alguns dos valores mencionados no artigo 9.°, n.° 2 do CPTA, tais quais, o ambiente, saúde pública, entre outros, não excluindo, porém, que outros bens especialmente relevantes pudessem justificar a necessidade de decisão urgente, como seria o caso relativo ao processo *sub judice*, já que em causa estaria o direito constitucionalmente garantido ao trabalho – tanto mais que, devido à resolução fundamentada apresentada pelo Município, de que resultou a aplicação imediata da punição, o recorrente estava sem exercer a actividade profissional, constituindo fundamento para acolher a verificação da manifesta urgência na resolução do caso.

3.2.1.2.2. O segundo requisito apreciado é de ordem processual, traduzindo-se na imposição de o julgador só dever avançar para a antecipação do juízo sobre a causa principal quando tiver no processo todos os elementos necessários para o efeito, sendo certo que tal obrigação significa que o tribunal não deve antecipar a decisão sobre o mérito da causa, mas decidir a providência cautelar, sempre que seja possível admitir que poderão ser trazidos ao processo principal elementos relevantes para a decisão de fundo. Assim, quanto à suficiência da matéria de facto, o Acórdão do TCA-N verificou que a controvérsia não envolvia a materialidade dos factos, uma vez que as partes a aceitavam, sendo que a controvérsia dizia respeito apenas à respectiva valoração disciplinar, pelo que considerou preenchido o requisito do artigo 121.° do CPTA. Na verdade, quanto à questão de a decisão se apresentar madura para decisão, ela impõe que se pondere em que termos os elementos de facto e de direito existentes até ao momento no processo são suficientes para o tribunal decidir. O TCA-N entendeu que «as ilegalidades imputadas à decisão administrativa pelo requerente cautelar, a fim de justificar o *fumus boni iuris* necessário para a concessão das providências pretendidas, [seriam] exactamente as mesmas que [serviam] de causa de pedir na acção principal», sendo que, nos termos do aresto do TCA-N, «dum busquejo minimamente aturado dos autos, cautelares e principais, facilmente [se concluía] que o tribunal recorrido dispunha de todos os elementos de facto para poder antecipar a decisão da causa principal. Assim concluiu que: «não [havia], na verdade, um único facto da prova relevante para a decisão da causa que tivesse de ser sujeito ao fogo da prova, dizendo a controvérsia factual esgrimida pelo recorrente apenas respeito a eventual erro grosseiro na qualificação dos factos apurados no processo disciplinar, o que [era] totalmente diferente».

Finalmente, sobre a questão de ser necessário um juízo positivo de prognose sobre a pretensão principal, o aresto do TCA-N pronunciou-se lamentavelmente no sentido negativo, uma vez que, no seu entender, ele não está enunciado na letra do artigo 121.°, nem considerou haver razão para o considerar, porque, de acordo com o entendimento do TCA, estando em grande medida subjacentes a esta possibilidade razões sobretudo de economia processual e constando do processo todos dos elementos indispensáveis para o juiz decidir, não faria sentido que este ficasse inibido dessa possibilidade pelo simples facto de se perspectivar uma improcedência da causa principal, alimentando assim, e sem razões válidas, uma lide inglória para o demandante.

3.2.2.3. Entende o TCA-N que esta antecipação do juízo sobre a causa principal, que pode ser da iniciativa do tribunal ou suscitada pelas partes, foi acolhido no CPTA mais como instrumento ao serviço da economia processual do que mecanismo ao serviço o princípio da tutela jurisdicional efectiva. Ainda que não se possa acompanhar tal entendimento, reconhecemos que este mecanismo pode ter um papel importante na tutela jurisdicional urgente de direitos fundamentais de natureza distinta dos qualitativamente catalogados como direitos, liberdades e garantias, já que para estes existe um mecanismos prioritário de tutela, como se apontou. E, deste modo, fica salvaguardada, perante as autarquias, a garantia jurisdicional de direitos fundamentais para os quais se exija uma decisão de mérito urgente, por não ser suficiente, no caso, o decretamento de uma providência cautelar. É certo que tal mecanismo encerra riscos e pode atentar contra as exigências do processo equitativo, consagrado no artigo 20.°, n.° 4, ínsito no direito de acesso aos tribunais, *maxime*, tendo em conta as garantias de plena defesa. E por isso mesmo o TCA-N demonstrou o carácter excepcional da figura.

Na verdade, entendeu que «o juízo substantivo sobre a manifesta urgência na resolução definitiva do caso impunham uma interpretação e uma aplicação exigentes e impunham também especial cuidado e grande prudência por parte do julgador, o qual só excepcionalmente se deve decidir pela convolação. E quanto ao segundo requisito, de ordem processual, ao exigir que o julgador só avance para a antecipação do juízo sobre a causa principal quando tiver no processo todos os elementos necessários para o efeito, o TCA-N também advertiu para o carácter arriscado de administrar a justiça neste moldes. E, assim, afirmou que «o tribunal não deve antecipar a decisão sobre o mérito da causa, mas decidir a providência cautelar, sempre que seja possível admitir que poderão ser trazidos ao processo principal elementos relevantes para a decisão de fundo».

Enfim, acompanhamos o TCA nesta preocupação, pois a realização do direito ao processo equitativo (que exige a realização de verdadeira prova, com contraditoriedade e igualdade) e a garantia à tutela cautelar não pode ser descartada em nome da economia processual e da vontade de decidir imediatamente o fundo da causa em detrimento, por um lado, das decisões provisórias e, por outro, das decisões judiciais com prova plena. Há, aliás, jurisprudência da *Corte Constitucional italiana* que vai neste sentido.

Quanto a pistas de segurança na realização do mecanismo, o TCA-N deixa algumas a ter em conta tanto pelas partes como pelo tribunais administrativos: que a acção principal esteja já proposta no momento da antecipação, pois, «além do mais, [é] muito difícil perspectivar uma situação de antecipação do juízo sobre a causa principal antes de esta ter sido intentada». Depois, exige-se cuidado e prudência às partes, uma vez que estes têm de fazer uma legítima previsão de riscos na utilização deste mecanismo de *passerelle*, sendo certo que há sempre a possibilidade de recorrer quer da própria decisão prévia de antecipar o juízo sobre a causa principal, por não se verificarem os requisitos de que depende a antecipação do julgamento, quer do mérito do próprio julgamento. Finalmente, quanto à questão de a decisão se apresentar madura para decisão, ela impõe que se pondere em que termos os elementos de facto e de direito existentes até ao momento no processo são suficientes para decidir o mérito da causa.

ABREVIATURAS

CCP	– Código dos Contratos Públicos
CPA	– Código de Procedimento Administrativo
CPC	– Código de Processo Civil
CPTA	– Código de Processo nos Tribunais Administrativos e Fiscais: Lei n.° 15/2002, de 22 de Fevereiro
ETAF	– Estatuto dos Tribunais Administrativos e Fiscais: Lei n.° 13/2002, de 19 de Fevereiro
LARDA	– Lei n.° 46/2007, de 24 de Agosto
LdeTutela	– Lei de Tutela do Estado sobre as autarquias locais (Lei n.° 27/96, de 1 de Agosto)
PDM's	– Planos Directores Municipais
PU'S	– Planos de Urbanização
PP's	– Planos de Pormenor
ProjRdoCPTA	– Projecto de alterações ao Código de Processo nos Tribunais Administrativos
RJAA	– Relação Jurídica Administrativa Autárquica
RJaM	– Regime Jurídico das Áreas Metropolitanas: Lei n.° 46/2008, de 27 de Agosto
RJAM	– Regime Jurídico do Associativismo Municipal: Lei n.° 45/2008, de 27 de Agosto
RJIGT	– Regime Jurídico dos Instrumentos de Gestão Territorial: Decreto-lei n.° 380/99, de 22 de Setembro
RJSEL	– Regime jurídico do Sector Empresarial Local: Lei n.° 53-F/2006, de 29 de Dezembro
RegProcExp	– Regime Processual Experimental: Decreto-Lei n.° 108/2006, de 8 de Junho
RJUE	– Regime Jurídico da Urbanização e da Edificação: Decreto-Lei n.° 555/99, de 16 de Dezembro
RRcivilEE	– Regime da Responsabilidade Civil Extracontratual do Estado e Demais Entidades Públicas: Lei n.° 67/2007, de 3 de Dezembro
STA	– Supremo Tribunal Administrativo
TAF	– Tribunal Administrativo e Fiscal
TCA-N	– Tribunal Central Administrativo Norte
TCA-S	– Tribunal Central Administrativo Sul

BIBLIOGRAFIA SUCINTA

ALVES CORREIA, Fernando, *Manual de Direito do Urbanismo,* vol. I, 4.ª ed., Coimbra, 2008.

BARROS, Manuel Freire, «Um Problema de Legitimidade Activa no Contencioso Eleitoral Administrativo», *Cadernos de Justiça Administrativa,* Braga, 1999.

AROSO DE ALMEIDA, Mário, *O Novo Regime do Processo nos Tribunais Administrativos*, 4.ª ed., Coimbra, 2005.

AROSO DE ALMEIDA, Mário/CADILHA, Carlos, *Comentário ao Código de Processo nos Tribunais Administrativos*, 2.ª ed. Coimbra, 2007.

CAUPERS, João, *Introdução ao direito administrativo,* 10.ª ed, Lisboa, 2009.

ESTEVES DE OLIVEIRA, Mário/ESTEVES DE OLIVEIRA, Rodrigo, *Código de Processo nos Tribunais Administrativos,* Vol. I, Almedina, Coimbra, 2004.

ESTEVES DE OLIVEIRA, Rodrigo, «O Contencioso Urgente da Contratação Pública», *Cadernos de Justiça Administrativa*, Braga, 2009.

FONSECA, Isabel Celeste, *Processo Temporalmente Justo e Urgência. Contributo para a autonomização da categoria da tutela jurisdicional de urgência na justiça administrativa,* Coimbra, 2009.

— «A Directiva (Recursos) n.° 2007/66/CE: o reforço da efectividade do contencioso pré-contratual — *what else*?», *Revista da Faculdade de Direito da Universidade do Porto*, Porto, 2009.

— «As (in)justiças do artigo 121.° do CPTA: depressa e bem há pouco como», *Cadernos de Justiça Administrativa*, Braga, 2008.

— « O contencioso pré-contratual (autárquico): como é e como se gostaria que (não) fosse, Direito Regional e Local, Braga, 2008.

— «Contencioso administrativo autárquico: a protecção de direitos fundamentais», *Direito Regional e Local*, Braga, 2008.

— «Contencioso administrativo e contencioso administrativo autárquico: resenha dos casos urgentes mais recentes», *Direito Regional e Local*, Braga, 2007.

— «Indeferimento da condenação (cautelar) à emissão de parecer: porque o céu não é o limite», *Cadernos de Justiça Administrativa*, Braga, 2005.

GARCIA, Maria da Glória, *Do Conselho de Estado ao actual Supremo Tribunal Administrativo*, Lisboa, 1998.

— «Os procedimentos cautelares. Em especial, a suspensão da eficácia do acto administrativo», *Direito e Justiça,* Lisboa, 1996.

— *Da Justiça Administrativa em Portugal. Sua Origem e Evolução*, Lisboa, 1994.

GASPAR, Pedro Portugal, «Acórdãos Relativos à Construção do Túnel do Marquês de Pombal. Problemática da Avaliação de Impacte Ambiental», *Scientia Ivridica*, Braga, 2004.

GOMES CANOTILHO, José Joaquim, *Direito Constitucional e Teoria da Constituição,* Coimbra, 2002.

GOMES CANOTILHO, José Joaquim/VITAL MOREIRA, *CRP, Constituição da República Portuguesa Anotada*, artigos 1.° a 107.°, Vol. I, Coimbra, 2007.

GOMES, Carla Amado, «A Suspensão Jurisdicional da Eficácia de Regulamentos Imediatamente Exequíveis. Breves Reflexões», *Textos Dispersos de Direito do Contencioso Administrativo*, Lisboa, 2009.

— «Pretexto, contexto e texto da intimação para protecção de direitos, liberdades e garantias», in: *Estudos em Homenagem ao Professor Doutor Inocêncio Galvão Telles*, Vol. V, 2003.

GONÇALVES, Pedro, *Regime Jurídico das Empresas Municipais*, Almedina, Coimbra, 2007.

— «Contencioso administrativo pré-contratual», *Caderno de Justiça Administrativa*, Braga, 2004.

GUERRA DA FONSECA, Rui, «Algumas Reflexões sobre o Regime de Contencioso Administrativo das Empresas Municipais, Intermunicipais e Empresas Públicas Integradas no Sector Empresarial do Estado», *Revista do Ministério Público*, Lisboa, 2002.

MARTINS, Ana Gouveia, *A tutela cautelar no contencioso administrativo. Em especial, nos procedimentos de formação dos contratos*, Coimbra, 2005.

MIRANDA, Jorge/MEDEIROS, Rui, *Constituição Portuguesa Anotada*, Tomo I, Coimbra, 2005.

OLIVEIRA, Fernanda Paula, «As Garantias dos Particulares no RJUE», *O Novo Regime Jurídico da Urbanização e da Edificação*, Lisboa, 2002.

OTERO, Paulo, *Legalidade e Administração Pública. O sentido da Vinculação Administrativa à Juridicidade*, Coimbra, 2003.

PEREIRA DA SILVA, Vasco, *O Contencioso Administrativo no Divã da Psicanálise – Ensaio sobre as Acções no Novo Processo Administrativo*, Coimbra, 2005.

QUADROS, Fausto, *A Europeização do Contencioso Administrativo, in Estudos em Homenagem ao Professor Doutor Marcello Caetano. No Centenário do seu Nascimento,* Vol. I, Coimbra, 2006.

ROQUE, Miguel Prata, *Reflexões sobre a reforma da tutela cautelar administrativa,* Coimbra, 2005.

SÉRVULO CORREIA, José Manuel, *Direito do Contencioso Administrativo*, Lisboa, 2005.

— «O Princípio *pro Actione* e o Âmbito da Cognição no Recurso de Revista», *Cadernos de Justiça Administrativa*, Braga, 2004.

VIEIRA DE ANDRADE, José Carlos, *A Justiça Administrativa (lições)*, 9.ª ed., Coimbra, 2007.

— «A tutela cautelar», *Cadernos de Justiça Administrativa*, Braga, 2002.

O DIREITO DA FUNÇÃO PÚBLICA

ANA FERNANDA NEVES

PARTE I
Conceito, fontes e princípios

1. O CONCEITO DE DIREITO DA FUNÇÃO PÚBLICA

1.1. OS SENTIDOS DE FUNÇÃO PÚBLICA

A locução função pública no seu sentido mais comum designa o conjunto dos trabalhadores da Administração Pública cujas relações de emprego são disciplinadas por um específico regime jurídico de Direito administrativo, de natureza estatutária, distanciado do regime laboral do sector privado e fundamentalmente definido por lei e por regulamento, com escassa relevância jurídica da autonomia colectiva[1].

Num sentido mais amplo, inclui todas as relações de emprego estabelecidas com uma pessoa colectiva integrada na Administração Pública, ou com um ente público, em que um indivíduo disponibiliza, mediante remuneração, a sua actividade sob a direcção e autoridade dos daqueles órgãos e cuja disciplina jurídica, podendo ser jus-laboralística ou jus-administrativista, assenta num mínimo denominador comum de regime jus-publicista[2].

---

[1] Cfr., *v.g.*, artigos 15.°, n.° 2, 199.°, alínea e), 243.° e 271.° da CRP.

[2] Ana Fernanda Neves, "A Privatização das relações de trabalho na Administração Pública", Os Caminhos da Privatização da Administração Pública, IV Colóquio Luso-Espanhol de Direito Administrativo, *Stvdia Ivridica* 60, *Colloquia*-7, BFDUC, 2001, pp. 180 a 187, e artigos 47.°, n.° 2, 165.°, n.° 1, alínea t), 266.°, n.° 2, e 269.° da CRP.

Num sentido ainda mais amplo, abrange não só os indivíduos que têm a qualidade de trabalhadores, mas, também, aqueles que exercem cargos directivos, titulares de órgãos administrativos e os que exercem um cargo público (não electivo[3]) fora de um quadro de subordinação jurídica[4].

1.2. A FUNÇÃO PÚBLICA COMO GARANTIA INSTITUCIONAL

1.2.1. A garantia institucional de função pública em sentido amplo

São vários os preceitos da Constituição, situados em diversa inserção sistemática, dedicados à função pública[5]. No seu conjunto, o artigo 269.° constitui um ponto cardinal na compreensão do regime da função pública, porque é-lhe *ex professo* dedicado e atendendo ao seu conteúdo:

a) No número 1, afirma-se a subordinação dos trabalhadores da Administração Pública (e demais agentes do Estado e outras entidades públicas) aos respectivos interesses públicos. A relação jurídica a pressecução público implica a disponibilidade do trabalhador em função dos interesses do respectivo empregador (público), como, em geral, uma qualquer relação de emprego[6]. Tal acontece com as seguintes especificidades: tais interesses estão heterodeterminados pela lei e há uma dupla limitação que se

---

[3] Excluem-se os cargos da função política. Ver Acórdão do Tribunal Constitucional (TC) n.° 41/2000, de 26 de Janeiro de 2000, processo n.° 481/97 (salvo indicação em contrário, este e outros acórdãos do TC encontram-se in http://www.tribunalconstitucional.pt) e H. Nascimento Rodrigues, O Direito Sindical na Função Pública, Caderno n.° 1, Fundação Social-Democrata Oliveira Martins, 1977, p. 16.

[4] Cfr., também, artigos 15.°, n.° 2, 48.°, n.° 1, 50.°, 77.°, n.° 1, 215.°, 217.° e 219.°, n.os 2, 3, 4 e 5, da CRP.

[5] Cfr. artigos 15.°, n.° 2, 47.°, n.° 2, artigo 77.°, n.° 1, 164.°, alínea o), artigo 165.°, n.° 1, alínea t), 180.°, n.° 3, 181.°, 199.°, alínea e), 218.°, n.° 3, 266.°, n.° 2, 243.°, 270.°, 271.° e 276.°, n.os 6 e 7, da CRP.

[6] Se é verdade que "[n]a relação jurídica de emprego público ao vínculo de subordinação jurídica acresce a vinculação ao interesse público" (Acórdão de 14 de Abril de 2004, do Tribunal Central Administrativo – TCA – Sul, proferido no processo n.° 12627/03 – a jurisprudência administrativa, salvo outra indicação, é localizável in http//www.dgsi.pt), de forma talvez mais fiel se possa dizer que o primeiro inclui o segunda.

prende com a legalidade financeira[7], por um lado, e com a «responsividade» (prestação de contas à Comunidade), por outro[8].

b) O n.° 2 do artigo 269.° consagra o princípio da cidadania activa dos trabalhadores da Administração Pública, os quais, como cidadãos, são titulares de direitos de participação política[9]. A lei pode, sem prejuízo, estabelecer restrições ao seu exercício, desde logo, pelos "militares e agentes militarizados dos quadros permanentes em serviço efectivo, bem como por agentes dos serviços e forças de segurança"[10]. Afirma, também, o princípio da separação do poder político. Aos trabalhadores cabe preparar, informar e executar as políticas governamentais, legitimadas em eleições livres[11], na medida em que tenham tradução nos interesses públicos a prosseguir pelas pessoas colectivas empregadoras. Cabe-lhes, bem assim, assegurar a continuidade do funcionamento da Administração Pública para além dos ciclos eleitorais[12]. Acresce que os trabalhadores aqui são, também, os dos serviços e organismos na dependência da Assembleia da República, da Presidência

---

[7] O empregador público «não joga na relação jurídica de emprego público o seu pecúlio pessoal». Ver Ramón Parada Vázquez, "La degeneración del modelo de función publica", in Revista de Administración Publica, Núm. 150, Septiembre-Diciembre, 1999, p. 414, e Acórdão da 1ª Subsecção do Contencioso Administrativo (CA) do Supremo Tribunal Administrativo (STA), de 9 de Maio de 2002, processo n.° 047720.

[8] Na configuração da relação jurídica laboral importa ter presente a distinção entre o empregador público formal (pessoa colectiva integrada na Administração Pública) e o empregador público material (a comunidade). O empregador público formal deve ser entendido como um centro de imputação de fins e de recursos e como tal passível de avaliação no quadro do «mercado administrativo» próprio da Administração plural ou poliárquica. Os órgãos administrativos corporizam os poderes do empregador público, exercendo-os.

[9] Cfr. capítulo II da Parte I, *v.g.*, artigo 50.°, da CRP e artigos 7.°, 57.°, 154.° da lei eleitoral para a eleição da Assembleia da República (http://www.cne.pt/dl/legis_lear_2002_2.pdf) e artigo 142.° da lei eleitoral para a eleição do Presidente da República (http://www.cne.pt/dl/legis_lepr_2005.pdf).

[10] Cfr. artigos 270.° e 275.°, n.° 4, da CRP e, por exemplo, artigos 6.°, n.° 1, alínea g), e 7.°, n.° 2, alínea d), da lei eleitoral dos órgãos das autarquias locais (http://www.cne.pt/dl/legis_leoal_2005.pdf).

[11] Cfr., *v.g.*, artigo 182.°, 199.°, alíneas d) e e), 200.°, n.° 1, alínea a), 200.°, n.° 1, alínea a), da CRP.

[12] Cfr. artigo 266.° da CRP.

da República, das instituições judiciárias e dos órgãos do Estado não integrados na Administração Pública.

c) Ao trabalhador numa relação jurídica de emprego público arguido em "processo disciplinar" são garantidas a sua audiência e defesa (n.° 3). A Constituição consagra, por um lado, o direito ao "processo" e, por outro lado, o direito a um processo no qual sejam asseguradas as garantias de audiência e defesa.

d) Outro traço essencial do "regime da função pública" é o da proibição por princípio da acumulação de "empregos ou cargos públicos". O enunciado permite a afirmação de que, em regra, um indivíduo não pode ter dois empregos públicos, o mesmo é dizer ser parte em duas relações jurídicas de emprego, nem acumular um emprego público e um cargo público e, bem assim, dois cargos públicos, salvo casos específicos, se forem assegurados ou beneficiados os concretos interesses públicos.

e) De acordo com o n.° 5 do artigo 269.°, o regime da relação jurídica de emprego nuclear, deve integrar, por um lado, a definição de situações de incompatibilidade entre o exercício de empregos ou cargos públicos e o de outras actividades e, por outro lado, estas devem ser definidas por lei[13].

Os aspectos de regime ora enunciados, atento o seu sentido transversal, aplicam-se independentemente da natureza e do regime jurídicos da relação de emprego estabelecida com um empregador público[14]. Confirmam-

---

[13] Cfr. artigo 47.°, n.° 1, e 18.°, n.° 2.

[14] Dificilmente se pode conceber que não parametrizem a relação jurídica de emprego público, porque tal equivaleria a aceitar que o trabalhador pudesse não estar vinculado a prosseguir os interesses do respectivo empregador (público), que pudesse ser prejudicado ou beneficiado por virtude do exercício dos seus direitos políticos, que não lhe fosse de reconhecer o direito a um procedimento disciplinar justo, que pudesse, por afastamento dos interesses públicos enunciados, acumular, por princípio, empregos e cargos públicos ou estes e outras actividades, independentemente da existência de situações de incompatibilidade.

Vital Moreira, a propósito da definição legal do regime jurídico de trabalho do pessoal dos institutos públicos, defendeu que o regime da função pública é o "regime comum da relação de emprego público", que "a adopção do regime do contrato individual de trabalho deve[iria] ser considerado excepcional, pelo que [se] exig[iria, então,] justificação caso a caso" (anotação ao artigo 45.° do "Projecto de lei-quadro dos institutos públicos",

-no as discussões parlamentares relativas ao artigo 269.°, seja no tocante ao texto originário (artigo 270.°)[15], seja no tocante à revisão de 1982[16], que não encerram a locução função pública num sentido restrito.

---

in Relatório e Proposta de Lei-quadro sobre os Institutos Públicos, Ministério da Reforma do Estado e da Administração Pública, Grupo de Trabalho para os Institutos Públicos, coordenação Vital Moreira, 1.ª ed., Lisboa, 2001, pp. 434 a 436). O afastamento do regime da função pública, segundo o autor, "requereria uma alteração constitucional visto que o regime da função pública constitui uma espécie de 'garantia institucional" (artigo 269.° da CRP), não sendo, assim, de "considerar-se admissível uma generalizada 'fuga do regime da função pública', nomeadamente por via da sistemática criação de institutos públicos com regime de direito laboral comum" (cfr. anotação ao artigo 33.° do Projecto de lei, pp. 424 e 425). Como se vê, o autor toma por referência do seu discurso um conceito estrito de função pública.

[15] Da discussão no plenário da Assembleia Constituinte do texto originário daquele que é hoje o artigo 269.° da CRP destacam-se os seguintes aspectos:

a) a referência à expressão "regime da função pública" como uma "uma expressão vaga" (Manuel Gusmão, DAC n.° 128, de 30 de Março de 1976, p. 4230);
b) a afirmação de que "[q]uando se fala em «regime da função pública» quer-se tão-somente falar no conjunto das normas que hão-de regulamentar a função pública, e ninguém pensará que a função pública possa dispensar um conjunto de normas jurídicas que a organizem, que a uniformizem, que a disciplinem, que a regulamentem" (Carlos Candal, DAC n.° 128, de 30 de Março de 1976, p. 4231);
c) a alusão a que a "referência funcionários e agentes" (constante da versão originária) "é equívoca" e que seria "preferível falar-se em trabalhadores da função pública" (Carlos Candal, DAC n.° 128, de 30 de Março de 1976, p. 4230);
d) no número 1 foi intercalado, por proposta do Deputado Barbosa de Melo, a seguir a "definido", a expressão "nos termos da lei", com a explicação de que, sem o mesmo, "poderia parecer que o dever de obediência, o dever do serviço dos funcionários e demais pessoas colectivas era absoluto desde que definido o seu conteúdo pelos respectivos superiores, pelos órgãos competentes da Administração" (DAC n.° 112, de 12 de Fevereiro de 1976, p. 3691); anorma foi votada por unanimidade;
e) o número 2 foi igualmente votado por unanimidade; explicou o Deputado Jorge Miranda (referindo que estavam a votar "artigos, preceitos tão importantes para a prática de uma administração pública democrática") que a "5.ª Comissão teve a preocupação de expressamente propor este preceito para ressalvar o exercício, por parte dos funcionários e dos agentes administrativos, dos seus direitos políticos como cidadãos", nomeadamente, "ligados a uma opção partidária" (DAC n.° 112, de 12 de Fevereiro de 1976 p. 3692);
f) a discussão no plenário centrou-se no número 3 da proposta da 5.ª Comissão, que dispunha: "Sem prejuízo do regime específico da função pública, os funcionários e agentes gozam dos direitos laborais e sindicais dos trabalhadores." O Partido Comunista propôs uma outra redacção, a saber: "O regime da função pública não

---

pode prejudicar os direitos laborais e sindicais garantidos na constituição a todos os trabalhadores" (DAC n.° 112, de 12 de Fevereiro de 1976, p. 3691). O Deputado Vital Moreira disse que a proposta visava "inverter os termos: afirmar, por um lado, a possibilidade, e porventura a necessidade, da existência de um regime especial para a função pública, mas, por outro lado, afirmar que não pode prejudicar ao menos o essencial dos direitos laborais e sindicais reconhecidos pela Constituição a todos os restantes trabalhadores" (DAC n.° 112, de 12 de Fevereiro de 1976, p. 3693) e que a formulação evitava, por um lado, "que legalmente sejam cerceados os direitos que noutra altura reconhec[idos] em geral a todos os cidadãos, os direitos que, se não consagr[ados então] ... numa norma especial, teriam de ser entendidos como aplicando-se também, sem excepção, a todos e quaisquer trabalhadores por conta de outrem e portanto, também, a todos os assalariados do Estado e funcionários públicos em geral" (p. 3694). O Deputado Basílio Horta destacou que, quanto aos "funcionários públicos", embora não seja de fazer "excepção no tocante a direitos sindicais e laborais", existem "grupos especiais de trabalhadores em relação aos quais merecem regulamentação o direito à greve e outros direitos sindicais e laborais ..., não pela qualidade de funcionários públicos desses trabalhadores, mas sim, eventualmente, se assim se justificar, o que para [si era] ... duvidoso, pelo tipo de funções a que esses trabalhadores se encontram adstritos", ajustando que não era, no entanto, "matéria que deva ser tratada desde já em sede constitucional" (DAC n.° 112, p. 3694). Uma nova proposta, subscrita pelo Deputado Vital Moreira, foi apresentada ao plenário, com a seguinte redacção: "Os funcionários públicos gozam dos direitos constitucionalmente reconhecidos aos trabalhadores" (DAC n.° 128, de 30 de Março de 1976, p. 4229). A inserção de um número, que dispusesse sobre a aplicação aos "trabalhadores da função pública" dos direitos constitucionalmente reconhecidos aos trabalhadores, acabou por ser considerado redundante, tendo sido mesmo dito que a sua "referência expressa" seria discriminatória atento o simples facto de serem trabalhadores (DAR, n.° 128, de 30 de Março de 1976, pp. 4231, 4232 e 4237; DAC n.° 112, de 12 de Fevereiro de 1976, p. 3692; DAC n.° 126, de 26 de Março de 1976, p. 4217; DAC n.° 130, de 1 de Abril de 1976, p. 4356), que a necessidade de "assegurar aos funcionários públicos o essencial dos direitos fundamentais reconhecidos na Constituição" "ninguém discute" (DAC n.° 128, de 30 de Março de 1976, p. 4236 e pp. 4237 e 4238). O Deputado Carlos Candal salientou que a equiparação em causa não era senão a dos "direitos da Constituição" (DAR, n.° 128, de 30 de Março de 1976, p. 4231). A eliminação da norma do n.° 3 da proposta da 5.ª Comissão foi aprovada, "tendo tido 35 votos contra (...), 19 abstenções (...) e 115 votos a favor ..." (DAC n.° 130, de 1 de Abril de 1976, p. 4255);

g) os restantes números do artigo foram votados por unanimidade (DAC n.° 112, de 12 de Fevereiro de 1976, p. 3694).

[16] Na 1.ª revisão constitucional, três alterações são de registar:

a) o artigo 270.° passou a ser o artigo 269.° (sobre esta alteração, DAR, I Série, n.° 125, de 23 de Julho de 1982, p. 5269), tendo sido aprovada por unanimidade a proposta de sistematização (idem, p. 5274);
b) o aditamento da referência "exercício das funções", no n.° 1, (idem, p. 5270), aprovado por unanimidade (DAR, I Série n.° 125, de 23 de Julho de 1982, p. 5279);
c) a "substituição da referência «a funcionários, agentes do Estado e demais entidades públicas» por «trabalhadores da Administração Pública e demais agentes do Estado e outras entidades públicas»" no n.° 1 e no n.° 2 (DAR, n.° 125, de 23 de Julho de 1982, p. 5269); a proposta foi aprovada com "144 votos a favor (...), 31 votos contra (...) e 5 (...) abstenções" (idem, p. 5274).

Duas teses estiveram em confronto: i) a de que o "funcionário público" é "uma espécie de trabalhador diferente dos outros" (idem, p. 9270); ii) a de que "entre os trabalhadores da Administração Pública e o Estado existe uma relação de trabalho, quer individual, quer colectiva que ... é idêntica à relação de trabalho existente entre os trabalhadores do sector privado e empresas privadas" (idem, p. 5271); destaca-se a referência, neste contexto, à possibilidade de evolução no sentido de um "regime privado de contratação" (idem, p. 5273), sem prejuízo da restrição de "certo tipo de direitos a certo tipo de funções exercidas na Administração Pública" (idem, p. 5273). Após a aprovação do preceito, o Deputado Vital Moreira fez uma declaração de voto, na qual afirma: "Entendemos que a substituição da designação «funcionários públicos» por «trabalhadores da função pública», apesar de ser apenas uma modificação conceitual, tem importantes implicações jurídicas da sistemática constitucional, sobretudo através da equiparação principal entre os trabalhadores da função pública e os demais trabalhadores para efeito de gozo de direitos fundamentais e para outros efeitos conexos. // Por isso mesmo, regozijamo-nos com a alteração e entendemos que ela deve ser desenvolvida no sentido que é requerido pela sistemática constitucional" (idem, p. 5275). O autor da proposta, o Deputado Luís Nunes de Almeida, explicou, igualmente, em declaração de voto, que estava em causa "a equiparação dos trabalhadores da Administração Pública, enquanto trabalhadores, a todos os outros trabalhadores, independentemente das especificidades que seja legítimo introduzir em cumprimento e em conformidade com as disposições constitucionais em matéria de direitos, liberdades e garantias dos trabalhadores. // Congratulamo-nos com esta aprovação, apesar de entendermos que numa interpretação correcta do texto constitucional, estão em causa disposições que se aplicavam já aos trabalhadores da função pública. A partir de agora, e no cumprimento das disposições constitucionais, aplicam-se-lhes sem quaisquer margem

As questões de constitucionalidade suscitadas junto do tribunal constitucional revelam, igualmente, a emergência do referido conceito amplo e a abertura da Constituição para a diversidade de regimes jurídicos laborais[17-18].

Torna-se patente que, independentemente do "regime jurídico de função pública" (laboral privado ou laboral administrativo), existe um mínimo denominador comum de regime de Direito Público, que inclui necessariamente as disposições do artigo 269.°.

Outro traço essencial do regime jurídico do emprego na Administração Pública respeita à forma de aceder ao mesmo. O artigo 47.°, n.° 2, do CRP, consagra o direito de acesso à função pública, em condições de igualdade e liberdade, em regra, por via de concurso. Postula, no essencial, a realização de um procedimento justo de selecção. A justeza do procedimento assenta nos princípios da igualdade, da liberdade e mérito. Trata-se de materializar o direito subjectivo de todos os indivíduos idóneos e capazes acederem a emprego público; de assegurar a democraticidade da Administração Pública; e de acautelar a respectiva capacidade funcional ou de prestação[19].

---

para dúvida" (idem, p. 5275). Por último, é de mencionar a inexistência de consenso quanto à inclusão das empresas públicas, pelo menos, das "empresas públicas de serviço público" no âmbito previsivo do artigo 269.° (DAR, I Série, n.° 125, pp. 5271 e 5273 – a favor; p. 5274 – contra).

[17] Ver, *v.g.*, Acórdão n.° 430/93, processo n.° 96/90, Acórdão n.° 229/94, processo n.° 174/92, Acórdão n.° 129/99, processo n.° 845/93, Acórdão n.° 683/99, processo n.° 42/98, Acórdão n.° 368/00, processo n.° 243/00, Acórdão n.° 4/03, processo n.° 437/02, Acórdão n.° 406/03, processo n.° 470/01, Acórdão n.° 360/03, processo n.° 13/03, Acórdão n.° 61/04, processo n.° 471/01, e Acórdão n.° 155/04, processo n.° 187/04.

[18] Como nota Klaus Stern – que reconhece na Constituição alemã a existência de uma garantia institucional de um "funcionalismo profissional" (função pública em sentido estrito) – o mesmo poderia ser "suprimido e modificado mediante alteração da Constituição", porque o "princípio do Estado de Direito e em especial a sua configuração na forma de vinculação do executivo à lei e ao direito (...) pode ser posto em prática também por uma função pública estruturada de forma diferente do actual funcionalismo profissional. Se não fosse assim, a utilização de empregados para tarefas de soberania chocaria já hoje com obstáculos jurídico-constitucionais" (Derecho del Estado de la Republica Federal Alemaña, Centro de Estudios Constitucionales, Madrid, 1987, tradução parcial do Tomo I do original *Das Staatsrecht der Bundesrepublik Deutschland*, pp. 622 e 623).

[19] Atentas estas razões, o Tribunal Constitucional destacou, no Acórdão n.° 683/99, que "independentemente do exacto recorte do *conceito de "função pública"* constitucionalmente consagrado, não pode o regime de acesso previsto no artigo 47.°, n.° 2, da Cons-

O artigo 266.°, n.° 2, do CRP, vincula os órgãos e agentes administrativos a exercerem as funções no respeito dos princípios da constitucionalidade, da legalidade, da igualdade, da proporcionalidade, da boa fé, da justiça e da imparcialidade[20]. A vinculação directa a estes princípios cumpre duas funções: é instrumental à realização funcionalmente adequada da actividade administrativa, do "ponto de vista do Estado e das suas funções"; e serve o "cidadão e as suas pretensões de justiça, segurança, liberdade e eficácia, que o Estado tem que garantir"[21].

Os aspectos expostos são identificativos do emprego público, são limites que a Constituição "quer manter e proteger em face de actos que os ofendam"[22], sejam legislativos, administrativos, judiciais ou resultantes da autonomia colectiva. Constituem uma "garantia jurídica objectiva", um "núcleo de princípios estruturantes"[23], mas, também, no caso do artigo 269.°, n.° 2 e n.° 3, e no caso do artigo 47.°, n.° 2, o "reconhecimento de

---

tituição (com as suas notas de igualdade e liberdade e o princípio do concurso) deixar de *valer igualmente* para o acesso a tal lugar de trabalhador do Estado vinculado por contrato de trabalho sem termo. Tal trabalhador desempenharia uma actividade subordinada de trabalho, ao serviço da Administração, com um carácter tendencialmente permanente ou definitivo. E não se vê por que não hão-de valer para o acesso a tal posição, pelo menos com igual razão, as mesmas regras previstas na Constituição para o acesso à função pública em geral, sendo-lhe inteiramente aplicáveis os fundamentos que determinam a consagração constitucional destas regras". Cfr. Acórdão do plenário de 21 de Dezembro de 1999, processo n.° 42/98.

[20] A revisão constitucional de 1989 aditou aos princípios da legalidade, da justiça e da imparcialidade os da igualdade e da proporcionalidade. A revisão constitucional de 1997 aditou, à parte final do n.° 2 do artigo 266.° da Constituição, o princípio da boa-fé.

[21] Klaus Stern, Derecho del Estado ..., cit., p. 632.

[22] Sobre a garantia institucional em geral e a função pública como garantia institucional em particular, ver Klaus Stern, Derecho del Estado ..., cit., pp. 620 e segs. e Vital Moreira, anotação ao artigo 45.° do "Projecto de lei-quadro dos institutos públicos", cit., pp. 434 a 436. O afastamento do regime da função pública, segundo o autor, "requereria uma alteração constitucional visto que o regime da função pública constitui uma espécie de 'garantia institucional" (artigo 269.° da CRP), não sendo, assim, de "considerar-se admissível uma generalizada 'fuga do regime da função pública', nomeadamente por via da sistemática criação de institutos públicos com regime de direito laboral comum" (cfr. anotação ao artigo 33.° do Projecto de lei) – *idem*, pp. 424 e 425.

[23] Os princípios identificam elementos nucleares e valorativos do regime sobre que tratam, "componentes que não podem ser suprimidos" (Klaus Stern, Derecho del Estado ..., cit., p. 627), tendo o legislador margem de liberdade na sua aplicação aos diferentes horizontes históricos dentro dos respectivos limites (; existe a possibilidade de configurações jurídicas concretas não desidentificativas) – idem, pp. 624, 625, 631 e 632.

posições jurídicas subjectivas de defesa face a intervenções na esfera de garantia a favor dos que têm direito às mesmas", sendo "direito imediatamente aplicável"[24].

1.2.2. A reserva de função pública em sentido estrito

A garantia de função pública constituída por um conjunto de elementos nucleares e valorativos dados não responde à questão de saber se existe uma reserva de função pública em sentido estrito, isto é, se o exercício de certas tarefas ou actividades tem de ser assegurado por indivíduos cuja relação de emprego é disciplinada por um específico regime jurídico de Direito administrativo. Analisemos, para tanto, outros preceitos da Constituição relativos à função pública, a saber, o artigo 15.°, n.° 2, o artigo 165.°, n.° 1, alínea t), o artigo 199.°, alínea e), o artigo 243.° e o artigo 271.°.

O artigo 15.°, n.° 2, exclui os "estrangeiros e os apátridas que se encontrem ou residam em Portugal" do "exercício de funções públicas que não tenham carácter predominantemente técnico". Quanto a este preceito, destacam-se os seguintes aspectos:

a) A utilização da locução função pública no plural, o que permite a inferência de que se consideram aqui não apenas o exercício de uma actividade laboral, mas também o exercício de cargos públicos;
b) Subtraído ao princípio da equiparação de direitos dos estrangeiros e apátridas aos do cidadão português está o "exercício de funções públicas que não tenham carácter predominantemente técnico". É possível, pois, o exercício, pelos mesmos, de funções que tenham sobretudo carácter técnico e o exercício de funções não técnicas desde que não tenham carácter predominante[25];
c) A interpretação plausível da expressão "funções técnicas" e "funções não técnicas" é a que a referencia ao exercício de poderes de soberania e ao exercício de funções de autoridade pública a título

[24] Com as devidas adaptações, ver Klaus Stern, Derecho del Estado ..., cit., p. 621 e pp. 623 e 624.

[25] Ver Acórdão do plenário TC n.° 345/02, de 11 de Julho, processo n.° 819/98.

principal e de forma ordinária, que pressupõem um laço de solidariedade próprio da cidadania. Excluídos estão, assim, seguramente, os "cargos judiciais", como o de juiz (artigo 202.°, n.° 1, da CRP) e o de magistrado do Ministério Público (artigo 219.°, n.° 1, da CRP), que se inscrevem no âmbito da função jurisdicional, as funções de militar e agente militarizado e as de "agente dos serviços e das forças de segurança" (artigo 270.° da CRP).

Relativamente aos "cargos superiores" na Administração Pública em geral, não podem ser excluídos sem mais da possibilidade de exercício por parte de cidadãos estrangeiros e apátridas. Senão, atente-se:

a) A maior parte das vezes, envolvem, sobretudo, o exercício de funções meramente administrativas, de gestão de recursos materiais, humanos e financeiros e só, residualmente, ou em parte, e de forma não constante, implicam o exercício de poderes de autoridade pública;
b) A sua exclusão chocaria com a afirmação euro comunitária de abertura dos empregos públicos, em princípio, aos "trabalhadores migrantes" nacionais de outros Estados-membros[26].

Do artigo 15.°, n.° 2, considerado em conjunto com as suas demais normas, decorre a existência de uma reserva de funções públicas, num duplo sentido objectivo e subjectivo, respectivamente, a delimitação de um conjunto de actividades ou tarefas públicas importantes para a soberania ou autoridade pública e a paralela delimitação dos sujeitos que as podem exercer.

O artigo 165.°, n.° 1, alínea t), reserva à competência legislativa da Assembleia da República as bases do regime e âmbito da função pública. A disposição sobre o âmbito pressupõe que o mesmo não coincida com todas as relações de emprego na Administração, porque senão não haveria um âmbito sobre que dispor, pode dizer-se. Este âmbito pode ser subjectivo ou objectivo, referir-se à delimitação dos sujeitos, serviços e organismos públicos ou à actividade aos quais se aplica um dado regime. Em qual-

---

[26] Cfr. Comunicação da Comissão ("Livre circulação de trabalhadores – realização integral de benefícios e potencialidades") de 11 de Dezembro de 2002, COM(2002) 694 final, pp. 19 e segs., *maxime*, p. 21.

quer dos casos, a delimitação projecta-se sobre o conjunto, estreitando ou ampliando-o em parte em relação ao todo.

A alínea e) do artigo 199.° do CRP dispõe que constitui competência do Governo, "no exercício de funções administrativas", "praticar todos os actos exigidos pela lei respeitantes aos funcionários e agentes do Estado e de outras pessoas colectivas públicas". Do preceito resulta que a competência do Governo não respeita a todos os trabalhadores da Administração Pública, mas apenas aos "funcionários e agentes do Estado e de outras pessoas colectivas públicas". Não se diga que os termos "funcionários" e "agentes" têm de ser interpretados num sentido amplo, porque, por um lado, importa ter presente que, tendo a terminologia quanto ao âmbito subjectivo de normas relativas à função pública sido especificamente discutida e alterada em sede de revisão constitucional, tal não foi o caso do artigo 199.°, alínea e), e, por outro lado, porque esse alargamento confronta-se com a dualidade "funcionários" e "agentes", que apagaria. Acresce que a aproximação ao Direito laboral comum, e a consequente maior autonomia das partes na relações de emprego, por um lado, e, por outro lado, a crescente «devolução» do exercício da função administrativa aos sujeitos privados, assim como a natureza das relações inter-subjectivas entre o Estado e as demais pessoas colectivas integradas na Administração Pública (artigo 199.°, alínea f), 231.° e artigos 235.°, 237.° e 243.° da CRP) coadunam-se mal com a intervenção governamental nas mesmas[27].

O artigo 243.° foi alterado na primeira revisão constitucional[28]. Manteve desde então a redacção daí resultante – salvo o aditamento, no n.° 2,

---

[27] Um dos objectivos da "privatização do emprego público" impulsionado em Itália pela Legge delega n.° 421, de 1992, foi o de "transformar a administração numa série de centros que agissem sob a garantia da lógica privatística, uma lógica de autonomia, de escolha, de responsabilidade: centros de poder negocial, centros de responsabilidade administrativa e também centros de despesa" – Gian Carlo Perone, Introduzione – Profili storici", La Privatizzazione del Pubblico Impiego, Profili sostanziali e processuali, Atti del Convegno di Perugia, 31 Maggio 1999, a cura di Michele Cerreta e Mario Colacito, Edizioni Scientifiche Italiane, p. 16.

No sentido da contratualização e diversificação do regime, ver Rui Machete, "O capital humano na Função Pública. Contratualização/Estaturização", in A Administração Pública no limiar do Século XXI. Os Grandes Desafios, INA, 2001, pp. 52 e segs., *maxime*, 62 e 63.

[28] O artigo 244.°, na versão original, sob a epígrafe "Pessoal das autarquias locais", dispunha: "1. A fim de coadjuvar as autarquias locais e garantir a eficiência da sua acção, será organizado, na dependência do ministério competente, um quadro geral de funcioná-

na quarta revisão, da expressão "com as adaptações necessárias, nos termos da lei" – cuja formulação foi aprovada por unanimidade[29]. A propósito da não aprovação da proposta de emenda aos n.os 1, 2 e 3 do 271.°, no sentido de a expressão "funcionários e agentes do Estado e das demais entidades públicas" ser substituída pela expressão "trabalhadores da Administração Pública e demais agentes do Estado e outras entidades públicas" e da aprovação de tal alteração no artigo 269.°, foi, para além de discutida, vivamente, a flutuação terminológica, desvalorizada por uns e enfatizada por outros[30], notado que idêntica proposta da alteração não fora aprovada para o artigo 244.° (actual 243.°)[31].

No artigo 271.°, sob a epígrafe "Responsabilidade dos funcionários e agentes", afirma-se, relativamente aos "funcionários e agentes do Estado e das demais entidades públicas" o princípio da responsabilidade pessoal, civil, criminal e disciplinar pelas acções ou omissões praticadas no exercício das suas funções e por causa desse exercício de que resulte violação dos direitos ou interesses legalmente protegidos dos cidadãos". Caracteriza o respectivo regime: i) a proibição de garantia administrativa, não dependendo a acção ou o procedimento de efectivação de responsabilidade de "autorização hierárquica"[32]; ii) o dever de obediência mesmo em face do ordens ou instruções ilegais se emanadas de legítimo superior hierár-

---

rios, incluindo técnicos das especialidades de interesse para a administração local. // 2. A nomeação dos funcionários administrativos integrados no quadro geral para os lugares das autarquias locais dependerá da audiência destas."). Na revisão de 1982, foi aceite, por consenso, que fosse substituído, passando a ser constituído por três normas – DAR, II, 3.° suplemento ao n.° 19, de 25 de Novembro de 1981, pp. 432-(62) e 432-(63). Para o n.° 2 do artigo 243.° foi proposta a redacção seguinte: "É aplicável aos trabalhadores da administração local o regime dos trabalhadores da Administração Pública" (DAR, II série, n.° 50 S, de 6 de Fevereiro de 1982, p. 1062-(9)).

[29] DAR, I Série, n.° 124, de 21 de Julho de 1982, p. 5252.

[30] DAR, n.° 5282, I Série, n.° 125, p. 5282.

[31] O Deputado Costa Andrade, afirmando que "[e]stava já criada uma dualidade de expressões com os conteúdos que o intérprete há-de, naturalmente, fixar", argumentou que "[o]s interesses fundamentais que, em cada caso concreto, o legislador pretenda dar tutela não ficarão necessariamente sacrificados por força de nomes, pois isso resulta claramente da Constituição. A Constituição não tem uma ideia clara e uma terminologia unívoca" – DAR, I Série, n.° 125, de 23 de Julho de 1982, pp. 5279 e 5281.

[32] Acórdão do Pleno da Secção do CA do STA de 6 de Julho de 1997, recurso n.° 39 080, in BMJ n.° 489, p. 137, e Decreto-Lei n.° 74/75, de 21 de Fevereiro (revogou todas as normas legais que concediam a garantia administrativa).

quico e em matéria de serviço; iii) o direito de representação, pela reclamação ou pedido de transmissão ou confirmação por escrito das ordens ou instruções; iv) o ónus do seu exercício em face de ordens ou instruções ilegais, como condição de exclusão da responsabilidade pelo respectivo cumprimento; v) o dever de não obediência se o cumprimento das ordens ou instruções implicar a prática de um crime; vi) e que a lei disporá sobre o exercício do direito de regresso, pelo Estado e demais pessoas colectivas públicas, em face dos "titulares dos seus órgãos, funcionários e agentes".

Os militares e os agentes militarizados assim como os agentes dos serviços e forças de segurança têm uma relação jurídica de emprego público com o Estado: exercem uma actividade sob a direcção e autoridade dos respectivos órgãos mediante remuneração. Podendo ser ditos "funcionários especiais"[33], têm, enquanto agentes trabalhadores do Estado, os respectivos direitos e as garantias, desde logo os enunciados no artigo 269.°[34]. "Em virtude da natureza e da função das Forças Armadas e das Forças de Segurança", o exercício dos direitos, liberdades e garantias indicados no artigo 270.°[35] pode ser restringido, na estrita medida e segundo a diferente exigência funcional e características[36]. Tratam-se de restrições qualificadas face à possibilidade de restrições decorrente do artigo 18.° da CRP. São possíveis apenas por lei parlamentar aprovada por maioria qualificada (artigo 164.°, alínea o), e artigo 168.°, n.° 6, alínea e), da CRP). No caso dos agentes dos serviços e forças de segurança (aditados e autonomizados ao âmbito da norma na revisão de 1997[37]), a Constituição veda o exercício do direito de greve, o que se explica, no contexto da revisão constitu-

---

[33] Debates parlamentares relativos à 1.ª revisão constitucional, in DAR, II Série, n.° 106, de 16 de Junho de 1982, p. 70.

[34] Debates parlamentares, cit. ult., pp. 71 e 72, e Acórdão da 2.ª Secção do TC n.° 662/99, de 7 de Dezembro, processo n.° 52/99.

[35] O artigo foi aditado pela 1.ª revisão constitucional (DAR, n.° 137, de 13 de Agosto de 1982, 2.ª sessão legislativa, pp. 2467 e 2506), com o seguinte teor: "A lei pode estabelecer restrições ao exercício dos direitos de expressão, reunião, manifestação, associação e petição colectiva e à capacidade eleitoral passiva dos militares e agentes militarzados dos quadros permanentes em serviço efectivo, na estrita medida das exigências das suas funções próprias".

[36] "... a medida, a extensão e dimensão das restrições dos agentes das forças de segurança não têm de ser as mesmas dos militares" – DAR, 2.ª Sessão legislativa, n.° 67, de 19 de Dezembro de 1996, pp. 2006 e 2007.

[37] DAR, 2.ª Sessão legislativa, n.° 101, de 25 de Julho de 1997, p. 3813.

cional de 2001, pela intenção de obstar a que o reconhecimento de sindicatos de polícia o envolvesse (segundo o entendimento de que contra o respectivo exercício depõe a necessidade de assegurar a continuidade do serviço de segurança) e pela interpretação de que incluir na previsão os militares ou agentes militarizados podia pressupor que a liberdade sindical era reconhecida aos mesmos[38].

Em síntese, os preceitos enunciados permitem divisar um regime específico aplicável a certas categorias de trabalhadores da Administração Pública compreensível por um critério material, de conexão directa e imediata com funções essenciais do Estado e relativo ao exercício de poderes de soberania.

1.2.2.1. A garantia institucional da função pública em sentido estrito

Apurada a existência de um sentido estrito de função pública, objectivo e subjectivo, cabe individualizar os aspectos estruturais do respectivo regime. Estes parecem-nos ser os seguintes, para além dos que são comuns à generalidade dos trabalhadores da Administração Pública:

a) a reserva aos cidadãos nacionais do exercício de poderes de soberania e do exercício de funções de autoridade pública a título principal e de forma ordinária;
b) a possibilidade de intervenção do Governo, como órgão superior da Administração Pública, nas relações de emprego estabelecidas, no âmbito dos serviços do Estado e nas relações de emprego estabelecidas com outras pessoas colectivas públicas não autónomas, possibilidade que deve ser limitada relativamente às relações de trabalho com um regime laboral privado;
c) a responsabilidade pessoal do trabalhador pelo exercício das funções, efectivável segundo um regime que reflecte uma específica articulação entre os valores da legalidade e da hierarquia;
d) nos termos desta, sobre o trabalhador impende o dever de obediência a ordens ilegais, associado ao ónus do exercício do direito de representação.

---

[38] DAR, 2.ª Sessão legislativa, n.° 4, de 2 de Junho de 2001, pp. 50 e segs., e n.° 6, de 15 de Junho de 2001, pp. 104 e segs.

2. AS FONTES DO DIREITO DA FUNÇÃO PÚBLICA

2.1. AS FONTES INTERNACIONAIS

2.1.1. O Direito Internacional Público

O Direito Internacional Público ocupa-se pouco da função pública, tida como fazendo parte do domínio reservado dos Estados. Não podem, no entanto, ser descuradas algumas referências em instrumentos normativos internacionais e, especificamente, as convenções e recomendações da Organização Internacional do Trabalho e a jurisprudência do Tribunal Europeu dos Direitos do Homem.

Entre as primeiras, é de referir a previsão do direito à igualdade de acesso às funções públicas[39] e da possibilidade de restrições legais à liberdade e direitos sindicais e ao direito de greve dos membros das forças armadas, da polícia e "autoridades da administração pública"[40]. No plano, são de registar as prescrições internacionais em matéria de prevenção e repressão corrupção por funcionários públicos (v.g., a convenção contra a corrupção da ONU-RAR n.° 47/2007, de 21.09)

No que à OIT respeita, distinguem-se entre as convenções que se aplicam aos trabalhadores, sejam ou não da Administração Pública[41], as que não se aplicam aos ou a certos trabalhadores desta, como expressamente estabelecem[42], e as que se visam, especificamente, os trabalhadores da Administração Pública (por exemplo, a Convenção n.° 151, de 1978, convenção relativa à protecção do direito de organização e aos processos de fixação das condições de trabalho na função pública[43]).

---

[39] No artigo 21.°, n.° 2, da Declaração Universal dos Direitos do Homem, de 1948, e no artigo 25.°, alínea c), do Pacto Internacional sobre Direitos Civis e Políticos, de 1966.

[40] No artigo 8.°, n.° 2, do Pacto Internacional sobre Direitos Económicos, Sociais e Culturais, de 1966.

[41] Por exemplo, a Convenção n.° 87, de 1948, Convenção sobre a liberdade sindical e a protecção do direito sindical, a Convenção n.° 111, de 1958, Convenção sobre a discriminação no trabalho e emprego, e a Convenção n.° 154, de 1981, Convenção sobre a negociação colectiva.

[42] Por exemplo, a Convenção n.° 98, de 1949, Convenção sobre a aplicação dos princípios do direito de organização e de negociação colectiva.

[43] In http//www.ilo.org/ilolex/portg/docs/C151.htm e Lei n.° 17/80, de 15 de Julho, que aprovou a convenção. Conexa com esta, temos de considerar, também, a Recomendação n.° 159, de 1978, Recomendação sobre as relações de trabalho na Administração Pública.

2.1.2. O Direito europeu

2.1.2.1. A protecção dos direitos do homem

Os instrumentos europeus de protecção dos direitos do homem não relevam, em geral, de forma específica no que respeita à função pública. A referência particular concerne ao exercício da liberdade de reunião e da liberdade de associação pelos membros das forças armadas e das forças policiais: o artigo 11.°, n.° 2, da Convenção Europeia para a Salvaguarda dos Direitos do Homem e das Liberdades Fundamentais (CEDH) admite restrições ao exercício da liberdade de reunião e da liberdade de associação pelos "membros das forças armadas, da polícia ou da administração do Estado", assim como o artigo 5.° da Carta Social Europeia, de 1961, que remete para as leis e regulamentos nacionais a determinação da medida de aplicação da liberdade sindical à polícia e às forças armadas e o n.° 14 da Carta Comunitária dos Direitos Sociais Fundamentais dos Trabalhadores, de 1989, nos termos da qual as condições e a extensão da aplicação da liberdade de associação, dos direitos de negociação e contratação colectiva e de greve às forças armadas, polícia e função pública são determinadas pelo direito de cada Estado-membro.

De destacar é a jurisprudência do Tribunal Europeu dos Direitos do Homem (TEDH) sobre a aplicação do artigo 6.° aos conflitos da função pública. Num primeiro momento, o Tribunal considerou que os "litígios relativos ao recrutamento, à carreira e à cessação de funções dos funcionários estavam, em regra, excluídos do âmbito de aplicação do artigo 6.°, n.° 1", entendimento que foi limitando e explicitando em sucessivos acórdãos, como, por exemplo, nos acórdãos Francesco Lombardo contra Itália e Massa contra Itália, nos quais estavam em causa a obrigação do Estado de pagar uma pensão a funcionário público de acordo com a lei. Considerando este facto e, bem assim, que não havia lugar ao exercício de poderes discricionários e que, ademais, o trabalhador podia ser comparado com um trabalhador parte num contrato de trabalho regulado pelo direito privado[44],

[44] Considerando 105 do Acórdão do TEDH de 26 de Novembro de 1992, Francesco Lombardo c. Italia, processo n.° 11519/85 e considerando 26 Acórdão do TEDH de 24 de Outubro de 1993, Massa c. Italia, processo n.° 23/1992/368/442.

o Tribunal considerou que as reivindicações dos requerentes eram de "carácter civil" para efeitos da aplicação do preceito[45].

Ao princípio da não aplicabilidade à função pública sucedeu a doutrina do acórdão Pellegrin, que adoptou um critério funcional, à semelhança do TJCE em matéria de livre circulação de trabalhadores, de acordo com o qual apenas podem ser excluídos os litígios relativos a funções que, pela sua natureza e responsabilidade, envolvam a participação directa ou indirecta no exercício da autoridade pública e o exercício de funções que têm por objecto a salvaguarda dos interesses gerais do Estado ou de outras colectividades públicas e que, portanto, implicam uma "relação de especial confiança e lealdade com o empregador"[46] e a "reciprocidade de direitos e deveres que são o fundamento do vínculo da nacionalidade"[47].

O Acórdão de 19 de Abril de 2007, proferido no caso Vilho e Skelinen e outros c. Finlândia, processo n.° 63235/00, marca nova evolução, ditada pela constatação de que a jurisprudência Pellegrin conduziria à respectiva aplicação, num mesmo caso, a uns e não a outros dos trabalhadores requerentes[48], pela verificação, a partir dos acórdãos em que a mesma foi aplicada, de que nem sempre é possível determinar quais são a natureza e o estatuto das funções do requerente; assim como, nem sempre é fácil de distinguir "com base no seu papel efectivo" a categoria a que pertence na função pública, sendo que, em certos casos, o grau de pertença a um sector específico basta para excluir a aplicabilidade do artigo 6.° independentemente da natureza das responsabilidades do interessado não apa-

---

[45] "1 – Qualquer pessoa tem direito a que a sua causa seja examinada, equitativa e publicamente, num prazo razoável por um tribunal independente e imparcial, estabelecido pela lei, o qual decidirá, quer sobre a determinação dos seus direitos e obrigações de carácter civil, quer sobre o fundamento de qualquer acusação em matéria penal dirigida contra ela. O julgamento deve ser público, mas o acesso a sala de audiências pode ser proibido a imprensa ou ao público durante a totalidade ou parte do processo. quando a bem da moralidade, da ordem pública ou da segurança nacional numa sociedade democrática, quando os interesses de menores ou a protecção da vida privada das partes no processo o exigirem, ou, na medida julgada estritamente necessária pelo tribunal, quando, em circunstancias especiais, a publicidade pudesse ser prejudicial para os interesses da justiça. (...)".

[46] Cfr. considerandos 64 a 66 do Acórdão do TEDH de 8 de Dezembro de 1999, caso Pellegrin c. França, processo n.° 28541/95.

[47] Acórdão do TJCE de 17 de Dezembro de 1980, processo 149/79, Comissão das Comunidades Europeias contra o Reino da Bélgica.

[48] Cfr., *v.g.*, considerando 51 do Acórdão de 19 de Abril de 2007, caso Vilho Eskelinen e outros c. Finlândia, processo n.° 63235/00.

recer claramente[49]. De acordo com o mesmo Acórdão, o estatuto de funcionário só pode ser invocado para efeitos da não aplicação do artigo 6.° se estiverem preenchidas duas condições: i) "o direito interno do Estado deve ter excluído expressamente o acesso a um tribunal tratando-se do posto ou da categoria de trabalhadores em questão"; ii) e a derrogação deve fundar-se em "motivos objectivos ligados ao interesse do Estado"; o "simples facto de o interessado se inserir num sector ou serviço que participa no exercício da autoridade pública não é em si determinante", sendo necessário que o "Estado mostre que o objecto do litígio está ligado ao exercício da autoridade estatal ou põe em causa o vínculo" de especial confiança que o liga ao mesmo, o que não é, em princípio, o caso dos "conflitos ordinários de trabalho", como são, por exemplo, "os relativos ao salário, compensações ou outros direitos deste tipo"[50]. As condições hão-de ser vistas em estreita conexão: o direito de aceder a um tribunal deve reportar-se à concreta pretensão[51]. Não é, à partida, configurável a exclusão do controlo jurisdicional de dados litígios em função dos sujeitos que nele são parte. De outro modo, o critério seria sempre ou quase sempre inteiramente inclusivo e pouco consentâneo com a segunda condição, que atende à pretensão deduzida e à sua relevância do ponto de vista da tutela de interesses fundados do Estado.

De referir, ainda, o artigo 1.° do Protocolo n.° 1 à Convenção[52], que, segundo o TEDH, protege a reclamação de créditos laborais, relativos, por

---

[49] Cfr., *v.g.*, considerando 52 do Acórdão de 19 de Abril de 2007, caso Vilho ...

[50] Cabe ao Estado "demonstrar, primeiramente, que segundo o direito nacional um requerente funcionário não tem o direito de aceder a um tribunal e, em segundo lugar, que a exclusão dos direitos garantidos pelo artigo 6.° é fundada tratando-se de um funcionário" (*v.g.*, considerando 62 do Acórdão de 19 de Abril de 2007, caso Vilho ...).

[51] No Acórdão de 9 de Junho de 2009, caso Nicola Silvestri c. Itália, o TEDH observou, quanto à primeira condição, que a requerente teve acesso a um tribunal por força do direito interno e que pugnava, de forma real e séria, em termos defensáveis, por «direito» reconhecido pelo direito interno (cfr. considerando 55 do acórdão proferido no processo n.° 16861/02).

[52] "Artigo 1°. Protecção da propriedade // Qualquer pessoa singular ou colectiva tem direito ao respeito dos seus bens. Ninguém pode ser privado do que é a sua propriedade a não ser por utilidade pública e nas condições previstas pela lei e pelos princípios gerais do direito internacional. // As condições precedentes entendem-se sem prejuízo do direito que os Estados possuem de pôr em vigor as leis que julguem necessárias para a regulamentação do uso dos bens, de acordo com o interesse geral, ou para assegurar o pagamento de impostos ou outras contribuições ou de multas."

exemplo, a indemnização pela cessação da relação laboral[53] e a remuneração, assim como conexa pretensão de abono de pensão. Sem prejuízo, não funda o reconhecimento de direito a ser remunerado por salário dado ou o direito a receber pensão de determinado montante[54], admitindo a respectiva diminuição, desde que não seja excessiva e desproporcionada e desde que justificada por interesses legítimos da colectividade[55].

2.1.2.2. O Direito da União Europeia

O Direito da União Europeia, seja o Direito primário, seja o secundário, é uma importante fonte do Direito da função pública. Tal decorre, em primeira linha, do princípio da livre circulação de trabalhadores[56] e dos conexos princípios da não discriminação em razão da nacionalidade e do tratamento nacional dos cidadãos de outros Estados-membros[57]. O princípio da livre circulação depõe em sentido favorável aos segundos[58] e estes

[53] Um crédito pode constituir um "bem" para efeitos do artigo 1.° do Protocolo n.° 1 (cfr. considerandos 64 e segs., *maxime*, considerando 70, do Acórdão da 2.ª Secção do TEDH de 9 de Junho de 2009, Caso Nicola Silvestri c. Itália. O Tribunal ponderou que o requerente tinha "um direito incontestado à soma litigiosa" e que o crédito "estava suficientemente estabelecido" (considerando 73).

[54] Cfr., *v.g.*, considerando 94 do Acórdão de 19 de Abril de 2007, caso Vilho Eskelinen e outros c. Finlândia, processo n.° 63235/00.

[55] Cfr. considerando 39 do Acórdão da segunda secção de 12 de Outubro de 2004, caso Kjartan Ásmundsson contra a Islândia, processo n.° 60669/00,

[56] Sendo que uma das quatro "grandes liberdades sobre as quais repousa desde a sua origem a Comunidade Europeia" é a livre circulação de pessoas (Marie Gautier, "La libre circulation des personnes dans l'Union européenne", in Droit de la Communauté et de l'Union européennes, sous la direction de Michel Bélanger, Jean-Claude Gautron e Loïc Grard, L.G.D.J., 2001, p. 41). Na expressão do "Parecer do Comité Económico e Social sobre a «Comunicação da Comissão: 'Plano de acção para a livre circulação dos trabalhadores'» (98/C 235/19), de 28 de Maio de 1998, "[a] livre circulação de trabalhadores é um dos fundamentos do conceito do mercado único e a real e completa aplicação daquele direito assumirá uma importância cada vez maior com a definitiva implantação da União Económica e Monetária".

[57] Mais amplamente, do Espaço Económico Europeu, nos termos dos artigos 28.° e 29.° do respectivo Acordo.

[58] Cfr. considerando 37 do Acórdão do TJUE de 30 de Novembro de 2000, processo C-195/98 e considerando 11 do Acórdão do TJCE de 16 de Junho de 1987, processo n.° 225/85.

apoiam a sua concretização[59]. Aos nacionais de um Estado-membro é reconhecido o direito de trabalhar num outro[60]. Este compreende o direito de não ser discriminado, directa ou indirectamente[61], em razão da nacionalidade[62], o direito a ser tratado noutro Estado-membro nos mesmos termos que os respectivos trabalhadores, em matéria, por exemplo, de acesso ao emprego, de condições de trabalho, vencimento, formação, despedimento e reintegração[63].

Se "a definição de 'trabalhador' integra o objectivo do princípio fundamental da liberdade de circulação [e, como tal], não deve ser interpretada em sentido restrito"[64], a verdade é que os funcionários e agentes (administrativos ou em regime de direito privado) preenchem os critérios de qualificação de um indivíduo como trabalhador, enunciados pela jurisprudência comunitária[65]. Os direitos e o regime jurídico relativos à livre

---

[59] Cfr. considerando 25 do Acórdão do TJCE de 7 de Maio de 1986, processo C- 131/85. Emir Gül v. Regierungspräsident Düsseldorf.

[60] Comunicação da Comissão COM(2002) 694 final, 11.12.2002, "Livre circulação de trabalhadores – realização integral de benefícios e potencial" (http://eur-lex.europa.eu/LexUriServ/LexUriServ.do?uri=COM:2002:0694:FIN:PT:PDF), p. 5, artigo 39.° do TCE (artigo 45.° do Tratado sobre o Funcionamento da União Europeia, na versão resultante do Tratado de Lisboa, de 13 de Dezembro de 2007), Regulamento (CEE) do Conselho 1612/68, de 15 de Outubro de 1968 (versão consolidada), e artigo 15.°, n.° 1 e n.° 2, da Carta de Direitos Fundamentais, na versão publicada no JOUE de 14 de Dezembro de 2007, 2007/C 303/01.

[61] As discriminações indirectas são as que, não se fundando na nacionalidade, na prática acabam por o fazer, por exemplo, resultam da aplicação de critério que é, pela sua natureza, susceptível de afectar preponderantemente os "trabalhadores migrantes", comportando o "risco de os desfavorecer" e que, por outro lado, "não se justifique por considerações objectivas, independentes da nacionalidade dos trabalhadores em causa e [não sejam] proporcionadas ao objectivo que prossegue" – considerando 40 do Acórdão do TJCE de 30 de Novembro de 2000, processo C-195/98, Österreichischer Gewerkschaftsbund, Gewerkschaft Öffentlicher Dienst e República da Áustria, e Acórdão do TJCE de 23 de Maio de 1996, John O'Flynn contra Adjudication Officer, processo C-237/94.

[62] Cfr. artigo 12.° do TCE.

[63] Cfr. artigo 39.°, n.° 2, do TCE e Acórdão do TJCE de 30 de Maio de 1989, processo n.° 33/88, Pilar Allue e Carmel Mary Coonan contra Universita Degli Studi Di Venezia, Acórdão do TJCE de 23 de Fevereiro de 1994, Ingetraut Scholz contra Universitaria di Cagliari e Cinzia Porcedda, processo C-419/92.

[64] Comunicação da Comissão COM(2002) 694, cit., p. 5, e artigo 39.°, n.° 1, do TCE (artigo 45.°, n.° 1, TFUE).

[65] "A noção de trabalhador, no sentido do artigo 48.° [39.°, actual artigo 45.°] do Tratado, tem uma dimensão comunitária. (...) A característica essencial da relação de tra-

circulação de trabalhadores são, também, por esta via, aplicáveis em geral aos trabalhadores da Administração Pública.

A reserva possível de empregos aos nacionais dos respectivos Estados-membros está circunscrita, na estrita medida[66], aos empregos que, independentemente do tipo e natureza do vínculo, envolvem o exercício directo ou indirecto, a título prevalecente e regular, de poderes de autoridade ou que contendem com interesses vitais do Estado e das colectividades territoriais[67-68]. De acordo com a jurisprudência, a restrição tem de ser

---

balho é a circunstância de uma pessoa realizar prestações com um certo valor económico em favor de uma outra pessoa e sob a sua direcção, em contrapartida das quais recebe uma remuneração" – Acórdão de 3 de Julho de 1986, Deborah Lawrie-Blum contra Land Baden-Württemberg, processo n.° 66/85, ponto 1 do sumário e considerando 17. Trabalhador, na síntese da Comunicação da Comissão COM(2002) 694, citada, é "uma pessoa que (i) efectua um trabalho autêntico e eficaz (ii) sob a direcção de outra pessoa (iii) pelo qual é remunerado" (p. 5). No acórdão de 21 de Fevereiro de 2006 (Hans-Jürgen Ritter-Coulais e Monique Ritter-Coulais contra Finanzamt Germersheim, processo C-152/03), o TJUE entendeu que "que qualquer nacional comunitário, independentemente do seu lugar de residência e da sua nacionalidade, que tenha usado do direito de livre circulação dos trabalhadores e que tenha exercido uma actividade profissional noutro Estado-Membro diferente do de residência, é abrangido pelo âmbito de aplicação do artigo 48.° do Tratado" (considerando 31).

[66] Constituindo "derrogação à regra fundamental da livre circulação e da não discriminação dos trabalhadores comunitários, o artigo 39.°, n.° 4, CE deve ser interpretado de modo a limitar o seu alcance ao estritamente necessário para salvaguardar os interesses que esta disposição permite aos Estados-Membros proteger" (considerandos 41 e 39 do Acórdão do TJ de 30 de Setembro de 2003, processo C-405/01, Colegio de Oficiales de la Marina Mercante Española e Administración del Estado, sendo interveniente a Associação de Armadores Espanhóis).

[67] A "derrogação tem sido constantemente interpretada de modo muito restrito pelo Tribunal" (Comunicação da Comissão COM(2002) 694 final p. 19). É de salientar, por um lado, o facto de nem todos os empregos em domínios específicos do "Estado e entidades afins" estarem abrangidos pela reserva, mas apenas alguns dos seus empregos e, por outro lado, o facto de não ser relevante o exercício ocasional, ou não predominante ou a título principal, de funções com as características assinaladas. Ver Jean-Michel Lemoyne de Forges, "Exigences communautaires et exigences managériales se rejoignent-elles", AJDA, n.° 23, 2003, p. 1920, considerandos 62 e 63 do Acórdão do TJCE de 30 de Setembro de 2003, processo n.° 47/02, Albert Anker, Klaas Ras, Albertus Snoek e Bundesrepublik Deutschland (onde se alude, para efeitos da derrogação à livre circuação dos trabalhadores prevista no artigo 39.°, n.° 4, do TCE, à necessidade de as prerrogativas serem "efectivamente exercidas de forma habitual pelos respectivos titulares", notando que a salvaguarda dos interesses gerais do Estado-membro "não é posta em perigo se as prerrogativas de auto-

aferida em face de cada posto de trabalho, e não por sector de actividade, pelo que nem todos os empregos nas forças armadas, polícia e outras forças de manutenção da ordem, no sistema judicial, no sistema fiscal e na esfera diplomática podem ser reservados aos cidadãos nacionais[69].

---

ridade pública só forem exercidas de forma esporádica, ou mesmo excepcional, por nacionais de outros Estados-membros"), considerando 44 do Acórdão do TJCE de 30 de Setembro de 2003, Colegio de Oficiales ... (: as prerrogativas de autoridade pública atribuídas pelo direito nacional aos titulares de certos empregos só é susceptível de justificar a "derrogação da livre circulação dos trabalhadores, prevista no artigo 39.°, n.° 4, CE" se os mesmos implicarem o respectivo exercício de "maneira habitual pelos referidos titulares e não representem uma parte muito reduzida das suas actividades"), considerando 39 do Acórdão do TJCE de 2 de Julho de 1996, processo C-290/94, Comissão das Comunidades Europeias contra a República helénica, considerando 24 do Acórdão do TJCE de 2 de Julho de 1996, processo C-173/94, Comissão contra a Bélgica, e considerando 50 do Acórdão do TJCE de 2 de Julho de 1996, processo n.° 474/93, Comissão contra o Grão-Ducado do Luxemburgo.

[68] A generalidade dos cargos dirigentes intermédios e muitos dos cargos dirigentes superiores têm uma natureza técnica, não implicando senão o exercício de comuns poderes de autoridade, de forma instrumental, não regular e ou não principal. Assim, no Acórdão de 9 de Setembro de 2003, processo C-285/01, o TJCE considerou o emprego de director hospitalar de um estabelecimento público de saúde como não envolvendo uma participação directa ou indirecta no exercício da autoridade pública ou em funções que tenham por objectivo a salvaguarda de interesses gerais do Estadi ou das demais pessoas colectivas públicas" (considerando 40). Como observa o Comissário do Governo no Conselho de Estado francês Tery Olsan, é "evidente que o essencial das funções do director hospitalar é assegurar a gestão administrativa e orçamental dos serviços hospitalares e que não é senão de maneira muito episódica (tempos de crise ...) que eles exercem funções relativas à salvaguarda dos interesses gerais do Estado" ("Accès des européens à la fonction publique: la fin de l'affaire Burbaud?", Conseil d'Etat, 16 mars 2005, Ministre de la Santé, Ministre de la Fonction publique et de la Réforme de l'Etat c/me Burbaud – n.° 268781, AJDA, n.° 26/2005, p. 1469). Tenha-se, ainda, presente o caso italiano, em que, depois de, num primeiro momento, ter sido excluído da privatização do emprego público o pessoal dirigente, este foi, num segundo momento, também abrangido (Pietro Virga, Il Pubblico Impiego ..., cit., pp. 12 e 33 e 34, e "d. lgs. 29/1993, de 3 febbraio", *v. g.*, artigo 19.°, "d.lgs. 82/1998, de 8 aprile", e "d. lgs. 145/2002, de 15 luglio").

[69] Ver Comunicação da Comissão de 11.12.2002, COM(2002) 694, cit., pp. 20 e 21, e v.g., Acórdão de 12 de Fevereiro de 1974, Giovanni Maria Sotgiu contra Deutsche Bundespost, processo n.° 152/73, Acórdão de 17 de Dezembro de 1980, processo 149/79, Comissão contra o Reino da Bélgica, Acórdão de 3 de Junho de 1986, processo n.° 307/84, Comissão contra República francesa, Acórdão de 3 de Julho de 1986, Deborah Lawrie-Blum contra Land Baden-Württemberg, processo n.° 66/85, e Acórdão de 2 de Julho de 1996, processo C-290/94, Comissão contra a República helénica, processo C-290/94.

Cfr., também, Acórdão de 11 de Outubro de 2006, processo n.° 05021/00. O Tribunal Central Administrativo Sul anulou o despacho do Ministro de Estado e dos Negócios

Para além da interpretação restritiva da derrogação, há que atender ao paralelismo substantivo das situações para além das diferenças formais (diversidade organizativa e de regime laboral). Os Estados-membros devem abster-se de colocar obstáculos ou dificultar, directa ou indirectamente, a livre circulação dos trabalhadores e devem colaborar no sentido do cumprimento efectivo das normas eurocomunitárias[70]. Nesta medida, as habilitações académicas e/ou profissionais, a antiguidade e a experiência comparável adquiridas noutro Estado-membro não podem deixar de ser consideradas, independentemente do tipo de vínculo e dos regimes de trabalho, seja no âmbito da admissão a emprego público, seja na definição do posicionamento remuneratório, seja para efeitos de evolução na carreira[71-72].

Estrangeiros de 28 de Abril de 2000, que indeferiu o pedido de um cidadão alemão para "exercer funções de Técnico de Tradução no Consulado-Geral de Portugal em Estugarda, no sentido de ser sujeito ao regime da função pública, tendo em vista a sua posterior integração no quadro único de vinculação dos serviços externos do Ministério dos Negócios Estrangeiros, ao abrigo do disposto no Decreto-Lei n.° 444/99, de 3.11", por violar, aquele despacho, "o princípio da livre circulação no espaço comunitário de trabalhadores nacionais de Estados-Membros e, em concreto, o disposto no artigo 39.° (anterior art. 48.°), n.° 2, do Tratado que institui a Comunidade Europeia, e no artigo 7.°, n.os 1 e 4, do Regulamento (CEE) n.° 1612/68, do Conselho, de 15 de Outubro".

[70] Cfr. artigo 10.° do TCE e artigo 4.°, n.° 3, do TUE (redacção resultante do Tratado de Lisboa).

[71] Em concreto, há que atender ao seguinte: i) não podem deixar de ser considerados "períodos prévios de emprego comparável adquiridos noutro Estado-Membro", quando "a experiência profissional e a antiguidade [forem] ou uma condição formal de acesso a um concurso de recrutamento ou ... objecto de pontos adicionais para o concurso durante o seu procedimento", isto é, relevante em sede de selecção (; no Acórdão de 12 de Maio de 2005, proferido no processo n.° C- 278/03, o TJCE considerou que "[u]m Estado-Membro não cumpre as obrigações que lhe incumbem por força dos artigos 39.° CE e 3.°, n.° 1, do Regulamento n.° 1612/68 do Conselho, relativo à livre circulação dos trabalhadores na Comunidade, ao não ter em conta ou, pelo menos, ao não ter em conta de forma idêntica, para efeitos da participação dos nacionais comunitários nos concursos de recrutamento de pessoal docente da escola pública nacional, a experiência profissional adquirida por estes nacionais nas actividades docentes consoante estas actividades tenham sido exercidas no território nacional ou noutros Estados-Membros". Ver, também, Acórdão do TJCE de 23 de Fevereiro de 1994, Ingetraut Scholz contra Universitaria di Cagliari e Cinzia Porcedda, processo C-419/92, e o artigo 84.° – "Continuidade do exercício de funções" – da Lei n.° 12-A/2008, de 27 de Fevereiro, Lei dos vínculos, carreiras e remunerações na Administração Pública, doravante LVCR); ii) nos concursos destinados à aquisição de formação específica para subsequente preenchimento de empregos num domínio em particular da

---

função pública, por exemplo, nos sectores da educação e da saúde, os trabalhadores de outros Estados-membros com inteiras qualificações em tal domínio em causa devem ser dispensados da realização dessa formação, dado terem já formação e/ou experiência profissional relevantes adquiridas no Estado-Membro de origem (considerando 58 do Acórdão do TJCE de 9 de Setembro de 2003, processo C-285/01, Isabel Burbaud e Ministère de l'Emploi et de la Solidarité; sobre o efeito da formação e experiência profissionais para «compensação» da falta de habilitações académicas, ver artigo 51.° da LVCR ("Exigência de nível habilitacional") e não podem ser submetidos a um concurso de provimento que pressupõe a respectiva ausência tendo já feito um concurso similar noutro Estado-membro (considerando 97 do Acórdão do TJCE de 9 de Setembro de 2003, Isabel Burbaud ...); iii) "um trabalhador migrante, uma vez admitido no sector público, não pode ser distinguido dos nacionais em relação a outros aspectos de acesso e condições de trabalho na administração pública", designadamente, os "períodos prévios de emprego comparável adquiridos noutro Estado-Membro ... devem ser tidos em conta pelas administrações dos Estados-Membros para efeitos ... de determinação de regalias profissionais (por exemplo, salário, grau) com as mesmas prerrogativas aplicadas à experiência adquirida no seu próprio regime" (Acórdão de 12 de Fevereiro de 1974, Giovanni Maria Sotgiu/Deutsche Bundespost, Acórdão de 23 de Fevereiro de 1994, Ingetraut Scholz/Opera Universitaria Cagliari, processo C-237/94, Acórdão de 12 de Março de 1998, processo C-187/96, Comissão das Comunidades Europeias contra República Helénica, Acórdão de 15 de Janeiro de 1998, Kalliope Schöning-Kougebetopoulou/Freie und Hansestadt Hamburg, processo C-15/96 e Acórdão do TJUE (Segunda Secção) de 23 de Fevereiro de 2006, Comissão das Comunidades Europeias/Reino de Espanha, processo C-205/04; iv) a natureza jurídica e o tipo de vínculo ao abrigo do qual se verificou o exercício funcional noutro Estado-Membro é irrelevante; v) "a questão de saber se essa experiência se integra no sector público deve ser decidida de acordo com os critérios do Estado-Membro de origem" e as autoridades públicas "têm o dever de comparar experiência profissional/antiguidade"; vi) sendo relevante "a experiência profissional no sector privado, deve aplicar os mesmos princípios aos períodos comparáveis de experiência adquirida no sector privado de outro Estado-Membro"; vii) no caso de ser considerada "uma tarefa/emprego específico, numa instituição específica (numa categoria/grau/nível específico), deve comparar o seu sistema com o sistema do outro Estado-Membro a fim de estabelecer uma comparação dos períodos prévios de emprego"; viii) as "condições concretas para o reconhecimento de períodos completados noutros países devem ser baseadas em critérios objectivos e não discriminatórios (em comparação com os períodos completados no Estado-Membro de emprego)"; ix) sem prejuízo de não serem "obrigados a abrir procedimentos de recrutamento interno a trabalhadores migrantes, se não for permitido aos nacionais estranhos ao mesmo serviço do sector público concorrer a esse tipo de emprego ou concurso", "[t]odos os outros procedimentos de recrutamento devem ser abertos; por exemplo, não é aceitável que numerosas organizações (digamos, 15 hospitais do Estado) se agrupem para efeitos de recrutamento e

O procedimento de acesso a emprego na Administração Pública dos Estados-membros não constitui matéria objecto de definição pelo Direito eurocomunitário[73]. No entanto, o regime jurídico não deixa de ser por ele influenciado ao postular a abertura das Administrações Públicas aos nacionais de outros Estados-membros.

Os normativos e jurisprudência eurocomunitários relativos ao trabalho não são, em geral, possíveis de serem descurados em relação ao emprego público. É o caso do da Directiva 2001/23/CE do Conselho, de 12 de Março de 2001, relativo à aproximação das legislações dos Estados-Membros respeitantes à manutenção dos direitos dos trabalhadores em caso de transferência de empresas de estabelecimentos, ou de partes de empresas ou de estabelecimentos, e da Directiva n.° 1999/70/CE do Conselho, de 23 de Junho de 1999, respeitante ao acordo-quadro, CES, UVILE e CEEP relativo a contratos de trabalho a termo.

Pertinente é, ainda, a jurisprudência comunitária relativa à não discriminação no emprego entre homens e mulheres, de acordo com a qual o tipo das funções ou as "condições específicas" do respectivo exercício, determináveis pelo ambiente ou contexto em que se verifica, relevam na determinação da admissibilidade de diferenciação[74].

---

apenas o pessoal que já trabalhe numa das organizações possa candidatar-se a emprego numa das outras organizações"; x) é devido o reconhecimento de diplomas, por nível de formação quando apenas esta seja considerada pelas "autoridades do Estado-membro de emprego", aferindo-se o nível do diploma adquirido num outro Estado pelas possibilidades que aí confere no acesso a emprego igual ou equivalente; quando releva o conteúdo do diploma, basta, para que a equivalência seja reconhecida, que o diploma adquirido num outro Estado-membro "certifique a finalização da formação no tema exigido" (Comunicação da Comissão COM (2002) 694, cit., pp. 24 a 26, Acórdão do TJCE de 29 de Abril de 2004, processo C-102/02, o Acórdão do TJCE de 9 de Setembro de 2003, Isabel Burbaud..., Acórdão do TJCE de 14 de Setembro de 2000, processo C-238/98, e Acórdão do TJCE de 31 de Março de 1993, processo C-19/92, Dieter Kraus contra Land Baden-Wuerttemberg).

[72] As "cláusulas de convenções colectivas não estão subtraídas ao âmbito de aplicação das disposições do Tratado relativas à livre circulação de pessoas" – Acórdão do TJCE de 11 de Dezembro de 2007, processo C-438/05, considerando 54.

[73] Considerando 43 das conclusões do advogado geral nos processos C-53/04 e C-180/04, citados. Poiares Maduro nota que o "direito comunitário não se destina a intervir na escolha, pelos Estados-Membros, dos procedimentos de selecção e de recrutamento para empregos na Administração Pública".

[74] Considerandos n.os 34 e 36 do Acórdão do TJCE de 15 de Maio de 1986, Marguerite Johnston contra Chief Constable of the Royal Ulster Constabulary, processo n.° 222/84. O Tribunal considerou que "as condições de exercício de certas actividades de

2.2. As fontes internas

2.2.1. A Constituição

A actividade e organização administrativas são disciplinadas por princípios que são imperativos de democraticidade, juridicidade, funcionalidade e de realização dos interesses públicos que as justificam (artigos 2.°, 266.° e 267.° da CRP). Os recursos humanos, a par de outros, são parte integrante do funcionamento da organização administrativa e ambos do exercício da actividade administrativa. A projecção daqueles princípios fundamentais sobre as relações de trabalho na Administração Pública está especificamente definida na Constituição, traduzindo-se na reserva de competência legislativa da Assembleia da República, quanto às bases do regime e âmbito da função pública, com a qual se tem de articular o exercício do direito à contratação colectiva (artigos 165.°, n.° 1, alínea t), e artigo 56.°, n.os 3 e 4), no princípio do recrutamento aberto, selectivo e com base no mérito dos seus trabalhadores, com o correspondente direito a um procedimento materialmente justo de recrutamento (artigo 15.°, n.os 1 e 2, artigo 47.° e artigo 266.° da CRP), nos princípios da subordinação do trabalhador aos interesses públicos a cargo do respectivo empregador (artigo 269.°, n.° 1), do exercício imparcial e eficiente das funções (artigo 269.°, n.os 4 e 5), da separação do poder político (artigo 269.°, n.° 2), do contraditório em procedimento disciplinar (artigo 269.°, n.° 3, e artigo 32.°, n.° 10, da CRP), da responsabilidade (artigos 271.° e 22.°) e da imediata vincula-

---

polícia podem ser tais que o sexo constitua uma condição determinante para o seu exercício: um Estado-membro pode então reservar aos homens estas tarefas assim como a formação profissional para a mesma. Neste caso, os Estados membros são obrigados ... a examinar periodicamente as actividades em causa para apreciar se, tendo em conta a evolução social, a derrogação ao regime geral da directiva [Directiva 76/207/CEE do Conselho, de 9 de Fevereiro de 1976, relativa à execução do princípio da igualdade de tratamento entre homens e mulheres] pode ainda ser mantido" (considerando 37). Entendeu que os riscos e perigos a que estavam expostas as mulheres no exercício das suas funções de polícia, numa situação como a da Irlanda do Norte, não eram diferentes daquelas a que estavam expostos os homens no exercício das mesmas, pelo que "uma exclusão global das mulheres de uma tal actividade profissional devido a um risco geral e não específico às mulheres por razões de protecção da segurança pública não entra no quadro das diferenças de tratamento que o artigo 2.°, parágrafo 3, da directiva admite tendo em vista a protecção da mulher" (considerando 45).

ção dos órgãos e agentes administrativos aos princípios fundamentais da actividade administrativa (artigo 266.°, n.° 2).

As normas da Constituição relativas às relações de emprego na Administração Pública podem considerar-se, pelo menos, sob quatro perspectivas: i) a dos direitos e deveres dos recrutamentos (artigos 15.°, n.° 2, 47.°, n.° 2 e 276.°, n.os 6 e 7); ii) a dos trabalhadores (em que, para além das normas aplicáveis aos trabalhadores em geral, há que atender aos artigos 47.°, n.° 2, 77.°, n.° 2, 269.°, n.os 2 e 3, e 270.°); iii) a da função pública enquadrada na organização do poder político, pois enquanto parte da Administração Pública é instrumental, embora distinta, do poder político, e dependente da lei que define, em parte, as respectivas condições de trabalho e actividade (artigos 182.°, 199.°, alínea d), 243.°, 165.°, n.° 1, alíneas d) e t), 218.°, n.° 3[75], 227.°, n.° 1, alíneas a) a c), 266.°, n.° 2, e 269.°, n.os 1 e 2); iv) a perspectiva da comunidade servida, directa ou indirectamente, pelos trabalhadores da Administração Pública (artigos 266.°, n.° 2 e 271.°).

A generalidade das normas citadas são por si prescritivas das relações de emprego público, para além de parâmetros interpretativos das normas provenientes das outras fontes.

2.2.2. A lei e o regulamento

A lei e o regulamento são, tradicionalmente, as fontes principais do Direito da função pública, dando corpo a um conjunto de regras gerais e especiais unilateralmente definidas[76].

O regime e âmbito da função pública constituem reserva de competência legislativa parlamentar desde a versão originária da Constituição, circunscrita, desde a primeira revisão, às respectivas bases. De acordo com a leitura da Comissão Constitucional, à intervenção parlamentar cabia a definição dos aspectos ou elementos identificativos do regime da função

---

[75] O Tribunal Constitucional explica à luz do princípio da independência a competência do Conselho Superior da Magistratura para apreciar o mérito profissional e exercer à acção disciplinar relativamente aos funcionários de justiça – Acórdão do plenário do TC n.° 73/2002, processo n.° 547/2001, in DR., I Série-A, n.° 64, de 16 de Março de 2002, pp. 2503 a 2505.

[76] Ditos, tradicionalmente, os seus funcionários numa "situação legal e regulamentar". Cfr. Jean-Marie Auby, "L'évolution des sources du droit de la fonction publique", in AJDA, 20 avril 1984, p. 247.

pública, daquilo que era "comum e geral a todos os funcionários e agentes"[77], o que, nestes termos, era menos do que a "reserva integral das volições primárias"[78] do regime. As bases constituem os princípios, as opções político-legislativas essenciais, a "regulamentação de princípio"[79] das respectivas relações de trabalho, o que inclui a tipologia dos vínculos e os pressupostos da sua utilização, os requisitos de acesso a emprego público, os princípios de promoção ou progressão profissional, de estruturação das carreiras, do regime retributivo, da avaliação do desempenho, das acumulações e incompatibilidades, do regime de responsabilidade e da extinção das relações laborais[80]. A reserva de competência legislativa é absoluta no caso da introdução de restrições ao exercício dos direitos por parte dos militares, agentes militarizados e agentes dos serviços e forças de segurança (artigo 164.°, alínea o), da CRP).

Quanto ao âmbito, trata-se do "delineamento geral" da aplicação do regime, que pode ocorrer, fundamentalmente, segundo um critério material, por tipo de actividade, ou institucional, que atende à tipologia dos sujeitos públicos empregadores. A mudança de regime jurídico («funcionarial» para «laboral» e vice-versa), por âmbito institucional e material, quanto ao critério em que se esteia, tem de ser objecto de decisão parlamentar.

No que se refere à competência legislativa das Regiões Autónomas, regista-se o seguinte[81]: i) dispõem de competência para emanar, a título

---

[77] Cfr. Acórdão do TC n.°190/87, processo n.° 187/87, I Série, n.° 149, de 2 de Julho de 1987, p. 2577.

[78] Expressão do Acórdão do TC n.° 285/92, processo n.° 383/92, DR., I Série-A, n.° 188, de 17 de Agosto de 1992, p. 3982.

[79] Acórdão do TC n.° 36/96, de 17 de Janeiro de 1996, processo n.° 202/94, e Acórdão da 1.ª Secção do TC n.° 120/99, de 2 de Março de 1999, processo n.° 129/95, e Acórdão do TC n.° 208/2002, processo n.° 111/2000 e processo n.° 534/2000, in DR., I Série-A, de 8 de Julho de 2002, n.° 155, pp. 5232 a 5236, e STC n.° 38/2004, de 11 de Março de 2004.

[80] Acórdão da 2.ª Secção do TC n.° 302/2009, de 22 de Junho, processo n.° 1029/08, Acórdão da 1.ª Secção do TC n.° 209/94, de 2 de Março, processo n.° 31/91, e Guilherme da Fonseca, "A jurisprudência constitucional sobre as bases do regime e âmbito da função pública", in *Scientia Ivridica*, Tomo LI, n.° 293, pp. 259 e segs.

O estabelecimento de princípios contrários ou de excepções a princípios que constituem as bases do bases do regime e âmbito da função pública traduz uma invasão da reserva de competência legislativa da Assembleia da República (*v.g.*, Acórdão da 2.ª Secção do TC n.° 208/2002, de 21 de Maio, processo n.° 111/2000, e Acórdão da 2.ª Secção do TC n.° 233/97, de 12 de Março, processo n.° 220/96).

[81] Cfr. artigos 112.°, n.° 4, 161.°, alínea e), 162.°, alínea c), 227.°, n.° 1, alínea a) a c) e artigo 228.°, n.° 1, da CRP.

inovatório, sem observância do disposto em leis da República, legislação cujo âmbito de aplicação se circunscreva ao território da Região[82] e, bem assim, com este âmbito, legislação sobre as matérias "enunciadas no Estatuto Político-Administrativo da Região Autónoma", desde que não contenda com as reservas de competência própria dos órgãos de soberania[83]; ii) dispõem de competência para o desenvolvimento de princípios ou bases gerais (incluindo em matérias concorrenciais) de regimes contidos em leis que a eles se circunscrevam.

Os estatutos político-legislativos das regiões autónomas, podendo dispor sobre a função pública regional, não o devem, porém, fazer desconsiderando a reserva das bases do regime e âmbito da função pública e interferindo na administração das relações de emprego de outros empregadores públicos[84].

---

[82] Cfr. Acórdão do TC n.° 258/07, de 17 de Abril (proferido em plenário, processo n.° 411/07), o qual refere o "âmbito territorial" como "expressão ... sucedânea da anterior menção a 'matéria de interesse específico para as respectivas regiões'", sem que possam "deixar de relevar considerações sobre a *matéria* sobre que versa essa normação, atenta a justificação material do regime autonómico constante do artigo 225.°".

Neste sentido, se compreende a afirmação de que a "definição global, a nível regional, dos aspectos essenciais do regime de recrutamento e selecção do pessoal e dos concursos na função pública traduz intervenção de natureza legislativa ... não legitimada pela existência de interesses específico regional, atento o princípio da equiparação do regime dos funcionários públicos, afirmado pelo artigo 244.°, n.° 2, da Constituição e extensivo aos funcionários e agentes da administração regional" (Acórdão do TC n.° 151/93, de 3 de Fevereiro, processo n.° 350/87). A adopção de um critério puramente territorial, não acompanhado de considerações sobre a relevância específica da matéria, era susceptível de conduzir a resultado interpretativo diverso. O mesmo se diga relativamente ao Acórdão da 1.ª Secção do TC n.° 120/99, de 2 de Março de 1999, processo n.° 129/95, no qual o Tribunal considerou que a criação, por norma regional, de requisito adicional, face ao previsto em lei nacional, para acesso em carreira da função pública não era justificável por qualquer especificidade regional, mas generalizável a toda a função pública. De todo o modo, uma disciplina nunca se circunscreve ao âmbito regional quando prejudica a mobilidade de trabalhadores entre Administrações Públicas.

[83] O Acórdão do TC n.° 258/07 optou por manter interpretação extensiva de matérias reservadas como sendo as que reclamam a intervenção do legislador nacional.

[84] Assim, por exemplo, se os estatutos político-administrativos das Regiões Autónomas podem dispor sobre a garantia de mobilidade dos seus trabalhadores para a Administração estadual, na perspectiva dos interesses públicos que prosseguem; não devem dispor sobre a mobilidade dos trabalhadores desta, nem sobre a mobilidade dos seus trabalhadores na perspectiva dos interesses públicos estaduais. Cabe aos órgãos de soberania Assembleia da República e Governo definir os princípios da mobilidade dos trabalhadores e sobre

As bases da função pública encontravam-se dispersas por legislação avulsa, as mais das vezes não identificadas enquanto tais[85]. Existe, hoje, um diploma que é, parcialmente, um diploma de princípios: "assume-se ... como um acto legislativo compósito, porquanto inclui princípios gerais e normas concretizadoras desses princípios e outras disposições de mera remissão para diplomas regulamentares" (Acórdão n.° 620/2007, do TC).

Daqui e do escasso poder conformativo das parte decorrem relações de emprego – as tituladas por vínculos jus-administrativistas – de recorte e regime unilaterais. Regista-se, no entanto, uma evolução no sentido, num primeiro momento, da negociação da generalidade daquele regime jurídico[86], da obrigatoriedade do Governo adoptar dentro de certos prazos "medidas legislativas ou administrativas adequadas" ao integral cumprimento do acordo que seja obtido, assim como a possibilidade de as associações sindicais imporem ao Governo, terminado o período da negociação, uma negociação suplementar[87]. Num segundo momento, evolução foi no sentido da contratualização do regime por via das conclusões colectivas[88], relativamente aos trabalhadores com contrato de trabalho.

A par da negociação e da contratualização, destaca-se a participação dos trabalhadores, através das suas estruturas representativas, na elaboração da legislação da função pública, isto é, das leis que dispõem sobre o regime das relações individuais e colectivas e sobre os direitos dos trabalhadores e das suas organizações[89] e não sobre aspectos organizativos[90].

---

a efectivação da mobilidade dos trabalhadores das primeiras na perspectiva dos interesses estaduais. Se o faz em termos que contendem com o princípio da unidade do estado e com a garantia de mobilidade dos trabalhadores releva, já, no plano da constitucionalidade material. Sobre o assunto, ver Acórdão do Plenário do TC n.° 525/2008, de 29 de Outubro, processo n.° 241/08.

[85] Acórdão do Plenário do TC n.° 285/92, de 22 de Julho de 1992, processo n.° 383/92 e Acórdão da 2.ª Secção do TC n.° 152/92, de 8 de Abril de 1992, processo n.° 388/89.

[86] O elenco das matérias que devem ser objecto de negociação colectiva é vasto, sendo tendencialmente omnicompreensivo do mesmo; é delimitado de forma negativa, pela definição das matérias remetidas para o âmbito do simples direito de participação e das excluídas de uma e outro, relativas à "estrutura, atribuições e competências da Administração Pública" (artigos 6.°, 10.° e 12.° da Lei n.° 23/98, de 26 de Maio).

[87] Cfr. artigos artigos 5.°, n.° 3, 9.° da Lei n.° 23/98, de 26 de Maio.

[88] Cfr. Lei n.° 23/2004, de 22 de Junho, artigo 81.°, n.° 2, da LVCR, e artigos 1.° a 4.° e 340.° e segs. do RCTFP.

[89] No Acórdão da 2.ª Secção do TC n.° 477/98, de 1 de Julho, processo n.° 172/97, foram subsumidas ao conceito de legislação do trabalho as disposições que "regulam o con-

O carácter estatutário dos vínculos laborais atenuou-se, também, porque, em parte, são-lhe aplicáveis, directamente ou adaptadas, disposições de fonte laboral comum[91].

Na alteração de regimes, a legislação jus-administrativa cedeu passo, sem prejuízo da reserva das linhas fundamentais, à disciplina jus-laboral aplicável aos trabalhadores do sector privado[92]. Em parte, a substituição é de um normativo legal por outro normativo legal, embora com características diferentes: o primeiro, de natureza fundamentalmente habilitadora e densamente imperativa; o segundo, na perspectiva da definição de limites mínimos e/ou externos à (ou à maior) autonomia dispositiva das partes[93].

Apesar da permanência da "«massa» legislativa", "diminuiu a centralidade totalizante da lei", seja relativamente "às fontes «publicísticas» ... secundárias", seja relativamente às disposições resultantes da contratação colectiva[94].

Quanto às primeiras, a gestão das relações de trabalho postula, em certa medida, o afeiçoamento e adaptação contínua de regimes e de direitos e deveres das partes (pense-se, por exemplo, no caso das remunera-

---

curso para o provimento de lugares da função pública ..., pois que, para além de integrarem o regime da função pública, regulamentam o direito fundamental dos cidadãos consagrado no artigo 47.°, n.° 2, da Constituição da República".

[90] No Acórdão do plenário do TC n.° 362/94, de 3 de Maio, processo n.° 346/93, o tribunal, aplicando o conceito de legislação de trabalho, considerou que a definição do quadro de pessoal, da estrutura das carreiras e do respectivo conteúdo funcional tinham carácter organizatório, não dispondo sobre as relações individuais e colectivas de trabalho.

[91] Aplicam-se aos trabalhadores com vínculo jurídico-administrativos, embora "com as necessárias adaptações", os preceitos do RCTFP e regulamentação correspondente relativos aos direitos de personalidade, à igualdade e não discriminação, à protecção do património genético, à protecção da maternidade e da paternidade, ao estatuto de trabalhador-estudante, à segurança, higiene e saúde no trabalho, à constituição de comissões de trabalhadores, à liberdade sindical e ao direito à greve. Cfr. artigos 8.° e 18.° da Lei n.° 59/2008, de 11 de Setembro, e, anteriormente, o artigo 5.° da Lei n.° 99/2003, de 27 de Maio, que aprovou o Código do Trabalho, que determinava a aplicação das normas dos artigos 22.° a 32.°, 33.° a 52.°, 461.° a 470.° e 591.° a 606.° do Código do Trabalho, sendo, ainda, então, de considerar os artigos 79.° a 85.° do mesmo Código (por a Lei n.° 99/2003, de 27 de Agosto, ter revogado a Lei n.° 116/97, de 13 de Setembro, que continha o estatuto do trabalhador-estudante) e o artigo 59.° do Decreto-Lei n.° 100/99, de 31 de Março.

[92] Franco Carinci "Le fonti della disciplina del lavoro alle dipendenze delle pubbliche amministrazioni", La Privatizzazione ..., cit., pp. 41 e 42.

[93] Franco Carinci, "Le fonti ...", cit., p. 41.

[94] Franco Carinci, "Le fonti ...", cit., pp. 24 e 41, e Acórdão do TC n.° 620/2007.

ções), para o que releva a intervenção regulamentar[95]. As pessoas colectivas (empregadoras) têm o poder de emitir "regulamentos internos ... contendo normas de organização e disciplina do trabalho"[96]. Se estes regulamentos são uma expressão do poder directivo e de auto-organização do empregador, não deixam de cumprir a função aplicativa e adaptativa de normas legais própria dos regulamentos administrativos[97]. Podem manifestar, ainda que de forma parcial, o conteúdo da vontade contratual, e, por isso, concluir-se o contrato de trabalho pela adesão do trabalhador aos mesmos.

No domínio do regime do contrato de trabalho, o carácter unilateral dos regulamentos internos é esbatido, quer pela participação da comissão de trabalhadores e, na falta desta, de estrutura sindical, no procedimento de elaboração, quer pela estipulação em instrumento de regulamentação colectiva negocial de "determinadas matérias" sobre que deve versar[98].

Quanto às Regiões Autónomas, dispõem, ainda e em geral, do poder de "regulamentar a legislação regional e as leis emanadas dos órgãos de soberania que não reservem para estes o respectivo poder regulamentar", reserva que se verifica, por exemplo, no que respeita à tramitação do procedimento de concurso, à identificação dos níveis remuneratórios correspondentes às posições remuneratórias das categorias dos cargos exercidos em comissão de serviço.

2.2.3. O contrato e os instrumentos de regulamentação colectiva

A Convenção da OIT n.° 151, de 1978, estabelece a obrigação dos Estados promoverem processos de negociação ou todos os métodos que

[95] O Tribunal Constitucional, no Acórdão n.° 620/2007, considerou que a fixação do número de níveis remuneratórios e do montante pecuniário correspondente a cada um "se insere no domínio regulamentar e não no domínio legislativo, atendendo ao grau de concretização que implica, à tendencial variabilidade, no tempo, da respectiva regulação, e à melhor colocação do decisor administrativo face ao legislador para esse regulação" (ponto 11).

[96] Cfr. artigo 111.° do RCTFP e artigo 99.° do Código do Trabalho (2009).

[97] Cfr. artigo 115.°, n.° 1 e n.° 4, do RCTFP e o artigo 11.°, n.° 3, da Lei n.° 23/2004, de 22 de Junho, revogado pelo artigo 18.°, alínea f), desta última. No sentido da exclusão da natureza dos regulamentos internos como regulamentos administrativos, ver Maria do Rosário Palma Ramalho e Pedro Madeira de Brito, Contrato de Trabalho na Administração Pública, 2.ª edição, 2005, pp. 66 e 67.

[98] Cfr. artigo 115.° do RCTFP.

permitam a participação dos representantes dos agentes públicos na determinação das condições de emprego, exige que se traduzam em mais do que a mera consulta, sem impor a respectiva contratualização[99].

A Constituição consagra o direito à contratação colectiva, sem distinguir os trabalhadores da Administração Pública. O legislador ordinário, porém, não deu tradução senão a um direito de negociação colectiva, num primeiro momento, circunscrito, no essencial, às matérias remuneratórias e, posteriormente, a parte significativa do regime jurídico da função pública. À lei incumbe a garantia do direito à contratação colectiva (artigo 56.°, n.° 3), sem que esteja obrigado a uma sua forma específica de concretização. O conteúdo mínimo deste pode ser visto à luz das faculdades nele compreendidas – reconhecidas serem a liberdade negocial colectiva, no sentido de nem a negociação nem a celebração de convenção depender de decisão administrativa (autorização, aprovação ou homologação); o direito a negociar, isto é, a que não seja obstaculizada a negociação pela outra parte; e o direito de definição colectiva isto é, conjunta do regime laboral. O esvaziamento do conteúdo do direito decorre da regulação integral pela lei das relações de emprego, inderrogável por convenção colectiva e/ou decorre da regulação colectiva de alguns, poucos, aspectos ou de aspectos residuais do regime laboral? E decorrerá da mera previsão legal de negociação colectiva em geral ou também dessa mesma previsão apenas para certas categorias de trabalhadores da Administração Pública[100]? A resposta depende dos valores ou bens jurídicos que se confrontem com as faculdades que integram o direito[101]. Assim, poder-se-á dizer que a concretização do direito requererá, em geral, o exercício da autonomia con-

---

[99] Cfr. artigo 7.° da Convenção da OIT n.° 151, Convenção Relativa à Protecção do Direito de Organização e aos Processos de Fixação das Condições de Trabalho na Função Pública e Bernard Gernigon, Alberto Odero e Horacio Guido, "Les principes de l'OIT sur la négociation collective", Revue internationale du Travail, vol. 139 (2000), no 1, p. 50, localizável na Internet in http://www.ilo.org/public/french/revue/download/pdf/gernigon.pdf.

[100] Acórdão do TC n.° 374/2004, processo n.° 132/2004, in DR., II Série, n.° 152, de 30 de Junho de 2004, pp. 9780 e segs.

[101] Assim, por exemplo, "[i]nteresses públicos relevantes como os da segurança jurídica e da igualdade ... podem ditar que as normas sejam imperativas e não dispositivas" – Acórdão do Plenário do TC n.° 581/95, processos n.os 407/88 e 134/89.

As exigências das funções dos militares e agentes militarizados e dos agentes dos serviços e forças de segurança justificam restrições, "na estrita medida", ao direito (implicado na liberdade de associação) de contratação colectiva (artigos 270.°, 164.°, alínea o) e artigo 18.° da CRP).

tratual colectiva relativamente a um conjunto significativo de matérias ou aspectos do regime laboral e, bem assim, que, em certos casos, pode não ficar prejudicado pela mera tradução em obrigatoriedade de negociação colectiva e, noutros, pela circunscrição das matérias passíveis de contratação, nem, em regra, com o retirar ao seu âmbito de uma certa matéria[102]. A medida mínima de exclusão é dada pelos aspectos do regime da função pública estabelecidos pela Constituição. Inclui, no espaço de subtracção, os princípios constitucionais que informam o regime da função pública e, bem assim, as respectivas bases definidas pela Assembleia da República[103].

A contratação colectiva no emprego público tem a "insuperável peculiaridade fisionómica" de ser "alimentada por recursos públicos", com uma "rigidez prévia desconhecida da contratação colectiva ... do universo do trabalho privado"; a "predeterminação dos recursos utilizáveis" objectiva-se na necessária "quantificação dos encargos contratuais inscrevíveis nos instrumentos financeiros"[104] e disponíveis para a contratação. Há um princípio da compatibilidade financeira dos acordos que tem de ser observado. De igual modo deve ser observado um princípio da articulação com a política em matéria de função pública[105]. A garantia desta dupla compatibilização passa pela definição do procedimento de contratação e das regras de legitimidade para nele participar, respectivamente, de molde a garantir a necessária articulação com o Orçamento do Estado e a participação dos responsáveis pelas finanças e política de pessoal na Administração Pública.

Quanto às associações sindicais, participam nos procedimentos segundo a respectiva representatividade, quer em termos quantitativos, quer na medida da transversalidade às diferentes entidades públicas emprega-

---

[102] Cfr. Acórdão do TC n.° 351/08, processo n.° 343/08, e Acórdão do plenário do TC n.° 360/2003, processo n.° 13/2003, in DR., I Série-A, n.° 232, de 7 de Outubro de 2003, p. 6626.

[103] Batista Dias, "Regime da contratação colectiva na função pública anteriormente à revisão constitucional", in Direito Administrativo, Revista de Actualidade e Crítica, Ano 3, n.° 14, Julho/Outubro 1982, pp. 7 a 15.

[104] Franco Carinci, "Le fonti ..., cit., p. 51.

[105] A regulação colectiva do regime das relações de emprego na Administração Pública encontra-se limitada pela conformação orçamental da despesa que pode envolver e pelas políticas e interesses públicos em que entronca, que as mais das vezes não estão na disponibilidade dos empregadores públicos.

doras, quer pela categoria específica dos trabalhadores abrangidos[106]. No que se refere aos empregadores, a legitimidade é reconhecida aos membros do Governo responsáveis pelas áreas das finanças e da Administração Pública e, no caso das carreiras especiais e acordos de pessoa colectiva, também aos membros de Governo das respectivas áreas, bem como, nestes últimos, a própria entidade empregadora pública[107].

A aplicação do Direito do Trabalho aos trabalhadores da Administração Pública delineou a contratualização das respectivas relações de trabalho[108], seja dos respectivos vínculos jurídicos, seja do regime jurídico aplicável. Para além do carácter constitutivo da relação jurídica que é reconhecido ao contrato, é de referir a determinação por acordo do posicionamento remuneratório do trabalhador[109]. Pelo contrato, é possível, igualmente, o afastamento de normas do RCTFP e dos instrumentos de regulamentação colectiva, por específica previsão destas[110]. No que se refere aos instrumentos de regulamentação colectiva, constituem fonte especial do contrato de trabalho em funções públicas[111], podendo, na medida da admissão das leis que guardam prioridade aplicativa, integrar ou derrogar as respectivas normas[112], quando do respectivo regime não

---

[106] O respectivo número de trabalhadores sindicalizados deve ser de pelo menos 5% do número total de trabalhadores que exercem funções públicas (ou em carreira especial, consoante os casos) ou de 2,5% se as associações representarem trabalhadores de todas as Administrações Públicas e, na Administração do Estado, em todos os ministérios. Em qualquer caso, têm legitimidade as confederações sindicais com assento na Comissão Permanente de Concertação Social. No caso dos acordo de pessoa colectiva, há, ainda, que considerar outras associações sindicais representativas dos respectivos trabalhadores.

[107] Cfr. artigo 347.° do RCTFP.

[108] Gian Carlo Perone, "Introzuzione – Profili strorici", La Privatizzazione, cit., p. 12.

[109] Sendo a "fixação das remunerações dos trabalhadores em regime de contrato individual de trabalho ... um campo especialmente aberto à autonomia da vontade" (Acórdão do TC, proferido em sessão plenária, n.° 229/94, de 8 de Março, processo n.° 174/92).

[110] Em matérias como, por exemplo, a fixação do local de trabalho (artigo.° 116.°, n.° 1, do RCTFP), a aplicação da isenção de horário de trabalho (artigo 139.°, n.° 2, do RCTFP), o número de dias de trabalho a tempo parcial (artigo142.°, n.° 2, do RCTFP).

[111] Cfr. artigo 1.° do RCTFP.

[112] Cfr. artigo 81.°, n.° 2, da LVCR, e artigos 206.° e 348.° do RCTFP.

Os acordos colectivos devem dispor sobre a sua aplicação (designadamente, temporal) e cumprimento, sobre os direitos e deveres das partes na relação jurídica de emprego, o conteúdo dos serviços mínimos e meios necessários para os assegurar e sobre a resolução dos conflitos emergentes do contrato.

resultar o contrário e disponha em sentido mais favorável[113]. O exposto envolve, desta feita, a garantia, pelo legislador ordinário, do exercício do direito de contratação colectiva[114].

Os acordos colectivos de trabalho são, a par do acordo de adesão e da decisão de arbitragem voluntária, os instrumentos de regulamentação colectiva negociais. Distinguem-se os acordos de carreira e os acordos de entidade empregadora pública, aplicando-se, respectivamente, a mais do que uma ou a uma entidade pública empregadora, sendo o âmbito de inclusão dos primeiros dado pela carreira ou carreiras[115]. Os instrumentos de regulamentação colectiva não negociais são o regulamento de extensão (de acordos colectivos e de decisões arbitrais) – sendo excluído o regulamento de condições mínimas de difícil compatibilização com o princípio da legalidade[116] – e a decisão de arbitragem obrigatória.

Integram o corpo normativo e/ou obrigacional da relação jurídica de emprego, determinando ou condicionando a conduta das partes, numa base de segurança e confiança jurídicas que obsta a que disponham retroactivamente e postula o seu amplo conhecimento[117].

---

[113] Cfr., respectivamente, artigo 81.°, n.° 1 e n.° 2, da LVCR, e artigo 4.°, n.° 1, do RCTFP. Algumas das normas do RCTFP, excluem a possibilidade de dispor por instrumento de regulamentação colectiva. Por exemplo, o artigo 78.°, n.° 1, prevê a redução do período experimental por instrumento de regulamentação colectiva de trabalho, o seu n.° 2 afasta, por essa via, a exclusão de tal período e o n.° 3 comina a nulidade com as disposições de instrumento de regulamentação colectiva que "estabeleçam qualquer pagamento de indemnização em caso de denúncia do contrato durante o período experimental". Cfr., ainda, os artigos 92.°, n.° 1, 186.° e 247.° do RCTFP.

[114] Cfr. § 7 do preâmbulo da proposta de RCTFP.

[115] Cfr. artigo 2.° do RCTFP. O artigo 56.°, n.os 3 e 4, da CRP prevendo o exercício do direito à contratação colectiva através da celebração de convenções colectivas não impõe uma forma de contratação (Acórdão do STJ, de 27 de Novembro de 2002, processo n.° 02S2237).

[116] Na exposição de motivos da Proposta de Lei n.° 209/X, 29 de Maio de 2008 (http://www.parlamento.pt/ActividadeParlamentar/Paginas/DetalheIniciativa.aspx?BID=33945), lê-se: "Afasta-se o regulamento de condições mínimas, por se entender que a criação de normas jurídico-laborais no âmbito da Administração Pública não deve ser feita unilateralmente pelo Estado-Administração, por actos de natureza não legislativa. (...) Impõe-se, de facto, distinguir entre regulamentos de extensão ...[aos] regulamentos de condições mínimas ..., que têm carácter normativo inovatório e não têm qualquer relação com instrumentos de regulamentação colectiva de trabalho anteriores."

[117] Cfr. artigos 341.° e 342.° do RCTFP.

A aplicação e articulação dos instrumentos de regulamentação colectiva faz-se, no essencial, segundo as seguintes regras[118]:

a) especificação, pelo acordo de carreira, das matérias que podem ser reguladas por acordo colectivo de entidade empregadora pública, as quais, na falta de tal acordo ou indicação, não são senão as relativas à duração e à organização do tempo de trabalho e à segurança, higiene e saúde no trabalho[119];
b) prevalência de instrumento de regulamentação colectiva negocial, no respectivo âmbito, face a um instrumento não negocial, sendo este anterior;
c) sendo os instrumentos de regulamentação colectiva não negociais concorrentes prevalece a arbitragem necessária sobre o regulamento de extensão, cuja emissão pressupõe a falta de pertinente instrumento de regulamentação colectiva de trabalho em geral;
d) no caso de concorrência entre mais do que um regulamento de extensão, aplica-se o que os trabalhadores escolherem até ao termo da respectiva vigência ou, na ausência de escolha, o mais recente ou, no caso da publicação na mesma data, aplica-se o que regula a principal actividade da entidade empregadora pública;
e) um acordo colectivo de trabalho só pode prevalecer sobre o anterior se, mesmo quando reduz direitos, for globalmente mais favorável, segundo afirmado numa das suas cláusulas;
f) o acordo colectivo de pessoa colectiva empregadora em cujas atribuições sucede uma outra continua a aplicar-se salvo a celebração por esta de um novo acordo.

2.2.4. Os usos ou a prática do serviço

A relevância que haja de poder ser dada aos usos ou à prática do serviço na regulação da relação de emprego tem, em geral, por limites "disposição imperativa ou supletiva da lei ou de regulamentação colectiva",

---

118 Maria do Rosário Ramalho e Pedro Madeira de Brito, Contrato de Trabalho na Administração Pública, 2005, pp. 98 e 99, e artigos 343.° e segs.

119 Na hipótese de falta de indicação, por acordo colectivo de carreira, relativamente às matérias mencionadas, pode haver sobreposição na respectiva regulação. Há-de prevalecer a regulação mais específica, a constante do acordo de entidade empregadora pública.

assim como "manifestação expressa de vontade das partes"[120]. A ideia de que as fontes do Direito da função pública se encontram limitadas, seja pela legalidade administrativa, seja pela autonomia individual e colectiva atenua-se perante a concretização do Direito através de instituições, procedimentos e relações jurídicas intra-orgânicas e extra-orgânicas. A sua relevância jurígena, enquanto precedente e prática costumeira, associa-se aos princípios materiais de juridicidade administrativa. No espaço de apreciação e decisão administrativas, podem ser fonte de autovinculação administrativa[121], se não o precludirem[122]. Constituem um elemento de ponderação em sede de juízo sobre a violação do princípio da igualdade e do princípio da protecção da confiança. E servem de padrão ou critério decisório (por exemplo, na avaliação da não observância de deveres funcionais e na determinação de sanção disciplinar e da sua medida). Mesmo em espaços de vinculação, "comprova[m] a diversidade material de conteúdo integrante da legalidade administrativa"[123], sem, no entanto, a substituírem, por não determinarem senão em certa medida a actuação dos órgãos e trabalhadores da Administração Pública[124].

---

[120] Cfr. ponto VIII do sumário do Acórdão do STJ de 20 de Setembro de 2006, Recurso n.° 1074/2006.

[121] Cfr. artigo 124.°, n.° 1, alínea d), da CRP.

[122] Acórdão da 3.ª Subsecção do CA de 10 de Novembro de 2004, processo n.° 0187/03, Acórdão da 2.ª Subsecção do CA do STA de 3 de Fevereiro de 2004, processo n.° 0208/03, Acórdão do STA do Pleno da Secção do CA de 18 de Fevereiro de 1998, processo n.° 032757, Acórdão do Pleno da Secção do CA do STA de 5 de Março de 1997, processo n.° 033661, Acórdão do Pleno da Secção do CA do STA de 19 de Fevereiro de 1997, processo n.° 033580, Acórdão do Acórdão do Pleno da Secção do CA do STA de 29 de Janeiro de 1997, processo n.° 032720, Acórdão do Acórdão do Pleno da Secção do CA do STA de 15 de Janeiro de 1997, processo n.° 032758, Acórdão da 2.ª Subsecção do STA de 23 de Abril de 1996, processo n.° 032715, Acórdão da 2.ª Subsecção do CA do STA de 28 de Março de 1995, processo n.° 36006, Acórdão da 1.ª Subsecção do CA de 12 de Janeiro de 1995, processo n.° 32755, e Acórdão da 1.ª Subsecção do CA do STA de 7 de Julho de 1994, processo n.° 32517 (todos no sentido de que a autovinculação no âmbito da discricionariedade administrativa, servindo o seu exercício criterioso ou equitativo, não deve prejudicar o respectivo exercício).

[123] Paulo Otero, Legalidade e Administração Pública: O sentido da vinculação administrativa à juridicidade, Almedina, 2003, pp. 785 a 789 e 404 e 405.

[124] Existem práticas que obstam a uma aplicação substantiva ou eficaz das normas jurídicas – a que alude, por exemplo, Jean Rivero, in "La politique de choix des fonctionnaires en Europe. Rapport de synthèse", Annuaire européen d'Administration Publique, II, 1979, Editions du Centre National de la Recherche Scientifique, 1980, pp. 328 e 329 –, as

2.3. O Direito da função pública como disciplina autónoma

A Administração Pública é um instrumento da realização dos fins do Estado. A comunidade política dota-se de uma organização que permite prover aos interesses gerais e necessidades colectivas, as quais correspondem à realização de direitos fundamentais. A actividade da Administração Pública é conformada por princípios dados enquanto prestadora de serviço público e disponibilizadora de estruturas e instrumentos institucionais, reguladores e condicionadores do funcionamento do «mercado» e da actividade dos sujeitos privados e porque mobiliza, para tanto, "bens ou recursos públicos de que só pode dispor nos termos em que a lei lhe consinta"[125]. As relações de emprego na Administração Pública têm um carácter instrumental à prossecução das atribuições e fins das respectivas pessoas colectivas empregador[126-127].

O Direito Administrativo regula a actividade e a organização da Administração Pública[128]. Os trabalhadores integram a organização e materializam a sua actividade; hão-de ser, portanto, objecto da sua atenção. Não obstante, enquanto trabalhadores, parte numa relação jurídica de

---

quais, no entanto, as mais das vezes, são encaracadas como desvio às normas jurídicas e, portanto, como padrões não nomeáveis ou atendíveis de normatividade.

[125] O regime jurídico das relações de trabalho na Administração Pública deve constituir instrumento de eficiência interna e de eficiência externa, respectivamente, preocupar-se com a "minimização dos custos e a potenciação dos resultados" e com a "disponibilização de estruturas, procedimentos e objectivos capazes de promover a eficiência social" – Joan Prats i Català, "Los fundamentos institucionales del sistema de mérito: la obligada distinción entre función pública y empleo público", Documentación Administrativa, n.os 241-242, Janeiro-Agosto, 1995, pp. 38 a 43.

[126] Acórdão da 1ª Subsecção do CA do STA, de 9 de Maio de 2002, processo n.° 047720, pp. 5 a 7.

[127] Por isso, tem sido ele próprio objecto de específica previsão constitucional, sendo que, no Título IX ("Administração Pública) da Parte III ("Organização do poder político"), três dos seus cinco artigos aplicam-se à função pública (artigo 266.°, n.° 2, artigo 269.° e artigo 270.°). Todas as Constituições portuguesas chamaram a si a disciplina de alguns aspectos de princípio do seu regime e organização (artigos 12.°, 13.°, 14.°, artigo 103.°, xiii, e artigo 123.°, iv, Constituição de 1822; artigo 15.°, § 14, e artigo 75.°, § 4, o artigo 145.°, § 13.° e § 27, da Carta Constitucional, de 1826; artigos 26.° e 30.°, artigo 37.°, xvi, e artigo 82.°, I, da Constituição de 1838; e artigo 3.°, n.° 32.°, artigo 26.°, 7.°, artigo 47.°, 4.°, e artigo 48.° Constituição de 1911).

[128] Embora não apenas, porque, como tem sido destacado, o Direito Administrativo é o Direito comum da função administrativa.

emprego, não lhe são alheios muitos dos institutos do Direito do Trabalho[129]. Estando o Direito da função pública na confluência do Direito Administrativo e do Direito do Trabalho, este é convocado e delimitado pelo primeiro[130]. Independentemente de uma maior abertura e diferenciação das normas de fonte legal, com parcial aproximação ao Direito laboral comum, neste e, também, por vezes, no Direito civil, encontram-se referências conceituais e normativas aplicáveis, com as devidas adaptações, à resolução de algumas questões jurídicas do emprego público.

O Direito da função pública caracteriza-se pela proliferação normativa, participando do carácter contingente e fragmentário do Direito Administrativo. Por isso e apesar disso, não podem as suas normas e os seus problemas deixar de ser percebidos e resolvidos a partir de certos princípios e de conceitos e instrumentos, identitários uns, gerais outros, relativos à actividade e organização administrativas. Estes encontram-se, desde logo, na Constituição, que regula aspectos essenciais do regime de função pública. No Direito Internacional Público em geral encontram-se instrumentos jurídicos que definem o padrão normativo de certos direitos dos trabalhadores e de certas questões das relações de trabalho na Administração Pública. Mais decisiva é a influência do Direito europeu, seja, em particular, do Direito comunitário europeu, seja do relativo à protecção dos direitos do homem.

O Direito da função pública é, essencialmente, o Direito laboral da Administração Pública, o conjunto de princípios e regras jurídicos reguladores das relações de emprego na Administração Pública ou estabelecidas com outros entes públicos.

O critério é estatutário, mas também objectivo, por tais princípios e regras reflectirem as missões do empregador, atinentes à defesa do interesse geral, à prestação de serviço público e à execução das políticas e decisões dos órgãos da função política e administrativa.

---

[129] Ver Martin Godino Reyes, el Contrato de Trabajo en la Administración Pública, Argentaria, Editorial Civitas, S. A., 1996, p. 119.

[130] Como destaca Paulo Otero, "a decisão que manda utilizar tais meios de direito privado é ainda, todavia, ou acto legislativo ou, traduzindo-se numa decisão da própria Administração, um acto jurídico submetido ao Direito Administrativo" – "Coordenadas jurídicas da privatização da Administração Púbica", Os Caminhos da Privatização da Administração Pública, cit., pp. 46, 44 e 57.

3. A EVOLUÇÃO DO DIREITO DA FUNÇÃO PÚBLICA

3.1. O período entre a formação do Estado e a revolução de 1820

A Administração Pública, nos primeiros tempos da monarquia, era "irregular" e sem norma, seguindo, ora a reserva das terras para a coroa[131] – sob cuja "exclusiva jurisdição e soberania ficavam" e a respectiva população à sua sujeição imediata –, ora a sua repartição por Coutos e Honras, ora, ainda, a sua pertença a senhorios e donatários, assim como a paulatina organização das populações dispersas em concelhos[132], "instituídos por espontânea providência do poder real ou senhorial" ou reivindicações daquelas[133]. Em correspondência às necessidades civis, administrativas, militares e judiciais, o rei e a população, respectivamente, nomeava e elegia magistrados, que se foram multiplicando e cujas designações eram, muitas vezes, ilustrativas das tarefas a cumprir[134]. Esta disposição das coisas resultava de "usos, costumes e foros não escritos"[135]. Seja por via das leis gerais, a partir das primeiras cortes, seja por via da concessão de novas cartas de foral e reforma das existentes, seja ainda por influência do Direito Romano, com a afirmação do poder real, a Administração foi-se uniformizando e centralizando[136]. Reflexo e instrumento desta evolução constituem, em meados do século XIV, a paulatina substituição de magistrados locais eleitos por magistrados régios ou a colocação daqueles sob a dependência ou fiscalização destes[137].

---

[131] Terras conquistadas aos sarracenos, "perdidas pelos particulares para o fisco, por crimes e por maninhádego".

[132] Joaquim Thomaz Lobo D'Ávila, Estudos de Administração, Lisboa, Tipografia Universal, 1874, pp. 1 a 3, e Marcello Caetano, Lições de História do Direito Português, 1962, pp. 233 e 235.

[133]. Servindo, em muitos casos, de suporte ao poder real contra os poderes dos nobres e do clero.

[134] Joaquim Thomaz Lobo D'Ávila, Estudos ..., cit., pp. 3 a 7.

[135] Joaquim Thomaz Lobo D'Ávila, Estudos ..., cit., p. 8.

[136] Joaquim Thomaz Lobo D'Ávila, Estudos ..., cit., pp. 8 a 13. Só em finais do século XVIII, foram extintos os Coutos e as Honras e os senhorios e donatários foram sujeitas às "regras gerais de administação do reino" – Joaquim Thomaz Lobo D'Ávila, Estudos ..., cit., p. 9.

[137] Joaquim Thomaz Lobo D'Ávila, Estudos ..., cit., pp. 12, 13 e 21, e Marcello Caetano, "História da organização administrativa da cidade de Lisboa", Estudos de Histó-

No Livro das Leis e Posturas antigas e Ordenações de D. Duarte condensa-se a regulação do exercício de "ofícios públicos", com preocupações relativas à idoneidade pessoal e preparação dos que os exercem[138], à correcção do respectivo exercício[139] e à acumulação de funções[140]. Nas Ordenações Afonsinas, pelas quais a coroa regulou a administração municipal, o Rei fixou as regras para a escolha e nomeação dos seus magistrados e a sua demissão, definiu o regimento para os diferentes ofícios e subordinou-os à sua autoridade, fonte de jurisdição e poder[141]. Com as Ordenações Manuelinas acentuou-se a presença local do poder central e aperfeiçoou-se a organização fiscal[142]. As Ordenações Filipinas ajustaram àquelas leis posteriores; fortaleceram o predomínio dos delegados do poder central "na administração das localidades"[143], assim como renovaram e ampliaram os privilégios do clero[144]. As Ordenações em geral regularam questões relativas à selecção, ao provimento nos ofícios públicos, ao modo de exercício, à perda dos mesmos, à aplicação de sanções pelo seu deficiente exercício e aos seus benefícios e privilégios[145].

---

ria da Administração Pública Portuguesa, Organização e prefácio de Diogo Freitas do Amaral, 1994, pp. 203 a 254 e pp. 261 a 266, e Marcello Caetano, Lições ..., cit., p. 235.

138 Cfr., por exemplo, fls. 109, 2.ª col, p. 283: "Como El Rei manda, que não façam Vereadores senão homens bons, honrados, e entendidos, e sem suspeita". In http://iuslusitaniae.fcsh.unl.pt/verlivro.php?id_parte=43&id_obra=57.

139 Cfr. fls. 103, 2.ª col., p. 276: "...e que esses Almotacés, que assim elegerem sejam os melhores dos melhores, e mais honrados que houver na Vila, e mais sem cobiça (sic) para guardarem, o que devem, e que possam cumprir as Ordenações, ...".

140 Cfr., por exemplo, fls. 103, 2.ª col., p. 276, e fls. 109, 2.ª col, p. 283: "Porém, manda El Rei, e defende, que não façam Vereadores, aqueles que tiverem outros Ofícios públicos ou tais em que hajam de servir continuamente."

141 Ordenações Afonsinas, livro I.°, tit. 23 c 27 (http://www.ci.uc.pt/ihti/proj/afonsinas/l1p116.htm) e Marcello Caetano, Lições ..., cit., pp. 244 a 246.

142 Joaquim Thomaz Lobo D'Ávila, Estudos ..., cit., pp. 16 e 17, e Livro I e Livro II das Ordenações Manuelinas, in www.ci.uc.pt/ihti/proj/manuelinas.

143 Assim, em 1832, "...faltava frequentemente quem pudesse e quisesse exercer os cargos municipais; onde havia Juiz de fora esse era, naturalmente e apesar de nomeado pelo Rei, o elemento preponderante" – Marcello Caetano, "A codificação administrativa em Portugal", in Estudos de História da Administração Pública Portuguesa, organização e prefácio de Diogo Freitas do Amaral, Coimbra Editora, 1994, p. 377.

144 Joaquim Thomaz Lobo D'Ávila, Estudos ..., cit., p. 17, e Ordenações Livro 2, títulos I a XXV das Ordenações Filipinas, in http://www.ci.uc.pt/ihti/proj/filipinas/l2ind.htm.

145 Quanto às Ordenações Afonsinas, ver, por exemplo, Livro 1, título LXV ("Quaees devem seer os Adays, e como devem seer escolheitos, e per quem"), pp. 387 e segs., Livro 1, título XIII ("Dos Procuradores, e dos que nom podem fazer Procuradores"),

No período pombalino, constitui-se um "corpo de funcionários cuidadosamente regulamentado", com a emanação de "numerosos alvarás respeitantes ao funcionalismo do Estado", cuja maior disciplina foi procurada, assim como a "supressão de emolumentos indevidos", a "abolição da venalidade dos ofícios"[146] e de restrições no acesso a "empregos, benefícios e cargos públicos" por cristão novos[147].

---

pp. 84 e segs., Livro 2, título XXXXII ("Dos Thesoureiros, e Almuxarifes, e outros Officiaaes d'ElRey, que lhe furtam, ou enganosamente mal baratam o que per elle receberom"), pp. 304 e 305, Livro 3, título CXXV ("Do que for Juiz, ou Official em alguma Cidade, ou Vila, que o nam seja d'hi a tres annos"), pp. 448 e segs., Livro 4, título XXIII ("De como se pode renunciar o Officio de ElRey, e em que forma se ha de fazer a Carta pera tal renunciaçom"), pp. 109 e segs., e Livro 5, título CXI ("Que aquelles, que guardam os presos, nom levem delles dinheiro pelos levarem a audiencia"), pp. 373 e segs., in http://www.ci.uc.pt/ihti/proj/afonsinas/htm.

No que respeita às Ordenações Manuelinas, ver o livro 1, designadamente, o título 64 ("Dos Tabaliães geeraes, e como deuem usar de seus Officios, e das pensões que deuem paguar"), pp. 464 e segs., Livro 1, título 74 ("Dos que vendem seus Officios sem licença d'ElRey, ou os renunciam estando doentes, ou tendo feito nelles alguus erros: E que nom seruam seus Officios por outrem: E que sejam casados"), pp. 553 e segs., e Livro 1, título ("Como ElRey póde tirar os Officios assi da Justiça, como da Fazenda, sem seer por ello obriguado e satisfaçam algua"), pp. 557 e segs., in http://www.ci.uc.pt/ihti/proj/manuelinas/htm.

No que se refere às Ordenações Filipinas, ver, por exemplo, Livro 1, título 55 ("Dos Solicitadores da Cidade de Lisboa e Casa do Porto", onde se dispõe que devem ser "examinados e aprovados", respectivamente, pelo regedor da Casa da Suplicação e pelo Governador, quanto à respectiva idoneidade e prestação de juramento), pp. 100 e segs., Livro 1, título 96 ("Dos que vendem, ou renunciam os Oficios sem licença del-Rei, ou estando doentes, ou tendo neles feito alguns erros"), pp. 233 e segs., livro 1, título 97 ("Que os Oficiais sirvam por si os seus Oficios"), pp. 234 e segs., Livro 2, título LI das Ordenações Filipinas ("Dos Tesoureiros e Almoxarifes, que emprestam fazenda do Rei, ou a pagam contra seu Regimento, ou dão dinheiro a ganho"), pp. 582 e 583, Livro 2, titulo 59 ("Dos privilégios dos Desembargadores"), p. 492, e Livro 1, título 99 ("Como El-Rei pode tirar os Oficios da Justiça e da Fazenda, sem ser obrigado a satisfação"), pp. 237 e segs., e Livro 1, título 100 ("Como os Julgadores e outros Oficiais serão suspensos, quando forem acusados por erros"), pp. 238 e segs., in http://www.ci.uc.pt/ihti/proj/filipinas/htm.

[146] Rui Manuel de Figueiredo Marcos, "A Legislação Pombalina", BFDUC, Suplemento Vol. XXIII, Coimbra, 1990, pp. 59 a 65.

[147] Com cuja categoria o Marquês de Pombal acabou e dispôs no sentido da admissão à "carreira das honras e dos empregos públicos" – António José Ferreira Marnoco e Souza História das Instituições do Direito Romano, Peninsular e Português, Prelecções feitas ao curso do 2.° ano jurídico do ano de 1904 a 1905, terceira edição, Coimbra, França Amador, Editor, p. 201, in http://bdjur.stj.gov.br.

Tais disposições não impediram que, em 1820, existisse uma "nomenclatura vasta, incongruente e complicada" de serviços e se verificasse um "exagerado incremento do funcionalismo"[148].

3.2. Na monarquia constitucional

À revolução liberal não se seguiu uma efectiva nova ordem administrativa, por défice de conformação normativa da realidade. Os decretos de Mouzinho da Silveira constituem o referente essencial para a mudança. Corporizam uma reforma fiscal, administrativa e judicial, de que se salienta, neste contexto, a separação da função administrativa da função judicial e a organização da administração pública em bases novas[149]. Os empregos públicos "tornaram-se pessoais, e não transmissíveis por herança ou venda"[150] e profissionalizaram-se, segundo a ideia de que os "talentos e virtudes decidirão da escolha dos empregados", de que pelos "serviços prestados" lhes serão pagos "ordenados", "segundo o maior, ou menor trabalho, a que cada um for obrigado" e de que a demissão assenta em razões capacitárias[151]. A subordinação administrativa estrita à lei, expressão de autoridade estadual e do consentimento dos indivíduos, implicava funcionários seus executores fiéis[152]. Para o garantir, contribuía a ordenação e a obediência hierárquica[153], assim como um estatuto jurídico que, nesses termos, os obrigasse, destacando-se o provimento unilateral nos ofícios, por acto do Governo ou órgãos desconcentrados[154], a possibilidade de demissão quando os serviços não correspondessem ao

---

148 Joaquim Thomaz Lobo D'Ávila, Estudos ..., cit., pp. 25 a 37.

149 Joaquim Thomaz Lobo D'Ávila, Estudos ..., cit., pp. 42 e 43, e Relatório comum aos Decretos n.os 22, 23 e 24, p. 62.

150 Joaquim Thomaz Lobo D'Ávila, Estudos ..., cit., p. 40, e artigo 2.° do Decreto n.° 22, de 16 de Maio de 1832 ("Os Oficios de Fazenda não constituem Propriedade de pessoa alguma"), in Diário do Governo, 1.° Semestre, p. 74.

151 Cfr. artigos 1.°, 2.° e 3.° do Título I e artigos 3.°.1, 7.° do Título II e artigo 4.°.3, do Decreto n.° 22, de 16 de Maio de 1832.

152 Cfr., *v.g.*, artigo 3.° do Título I e artigo 1.° do Título II do Decreto n.° 22, de 16 de Maio de 1832.

153 Cfr. artigo 39.°, 1.° e 2.° do II do Decreto n.° 23, de 16 de Maio de 1832.

154 Cfr. artigo 6.° do Título I do Decreto n.° 22 e artigo 39.°, 1.° e 2.° do Decreto n.° 23, de 16 de Janeiro de 1832.

interesse do Estado[155], a diluição da responsabilidade pessoal, reforçada pela garantia administrativa, e a construção do empregador público como uno[156].

Em 1835, foi introduzida em Portugal a garantia administrativa[157]. Em 1836, o funcionalismo local foi incluído no objecto de regulação da codificação administrativa liberal[158], tendo os sucessivos códigos disciplinado amplamento as matérias do provimento, exercício e cessação de funções públicas (*v.g.*, requisitos, procedimentos e modalidades de provimento; deveres e efectivação de responsabilidade, com destaque para o dever de obediência, o direito de representação e a garantia administrativa; e causas e garantias relativas ao termo de funções)[159].

---

155 Marnoco e Sousa, Poderes do Estado, Sua organização segundo a Ciência Política e o Direito Constitucional português, Coimbra, França Amado Editor, 1910, pp. 617 e 618, in http://bdjur.stj.gov.br.

156 Rui Machete, "Contratualização / Estaturização", cit., pp. 54 a 56, Joaquim Thomaz Lobo D'Ávila, Estudos ..., cit., p. 125, Frederico Laranjo, Princípios e Instituições de Direito Administrativo, 2.ª edição, Coimbra, Imprensa da Universidade, 1894, pp. 25 e 39, e A. de Oliveira Pires, Funcionalismo, Lisboa, Tipografia Universal, 1869, pp. 15 e 16.

157. A. M. Couto Monteiro, A garantia dos funcionários administrativos, Lisboa, Tipografia Franco-Portugesa, 1866, pp. 9, 12 e 15, http://www.fd.unl.pt/Anexos/Investigacao/1919.pdf.

158 Cfr. título 1.° do CA de 1836, In http://www.fd.unl.pt/Anexos/Investigacao/2195.pdf.

159 No Código Administrativo de 1836 (Código Administrativo Portuguez, Lisboa, 1837, http://www.fd.unl.pt/Anexos/Investigacao/1122.pdf), são indicados os principais ofícios ou magistraturas administrativas, as competências relativas ao seu provimento, à conformação e fiscalização do modo de exercício de funções e à suspensão e demissão dos que os exercem (artigo 102.°, §§ 7 a 10.° e artigo 111.°); regula a garantia administrativa (artigos 213.° e 216.°); estabelece a obrigatoriedade de juramento (artigo 232.°); e, em matéria de "disposições penais", prevê a responsabilidade pela recusa de comissão ou serviço de interesse público e por acções e omissões que identifica (artigos 223.° e segs.). O Código Administrativo de 1842 (Código Portuguez ou Decreto de 18 de Março de 1842, Coimbra, Imprensa da Universidade, in http://books.google.pt/) dispõe sobre a competência para a prática de actos relativos ao pessoal (*v.g.*, artigo 127.°, V e VI, artigo 131, VII, artigo 224.°) e para a fixação dos vencimentos, sobre as garantias no emprego, como, por exemplo, o dever de audiência prévia à suspensão ou demissão de "médicos, cirurgiões e boticários de partido" e o carácter vitalício do ofício de escrivão da câmara (artigos 124.°, 127.° e 264.°), sobre os requisitos para o exercício de certos ofícios (artigos 240.° e 241.°), as incompatibilidades (artigos 351.° e 352.°), as garantias de imparcialidade (artigo 362.°), a hierarquia e o regime de obediência às ordens do superior (artigo 355.° – fixa, comparativamente com o Código de 1836, um "sistema geral" para a "execução de ordens superio-

res", que permaneceu, no essencial, nos sucessivos códigos. Cfr. Luiz Costa da Cunha Valente, A Hierarquia Administrativa, Coimbra, 1939, pp. 216 e 217, nota 1, e p. 218), a garantia administrativa (artigos 356.° e 357.°), a punição da recusa de nomeação para qualquer comissão ou serviço de interesse público ou de cargo para que se foi eleito (artigos 365.° e 367.°), e regula a punição de magistrados, funcionários e empregados administrativos pelas condutas que descreve (artigos 368.° e segs.).

O Código Administrativo de 1867 dedicou todo um capítulo aos "magistrados e empregados administrativos", dispondo quanto às matérias da nomeação e da "transferência, suspensão e demissão" – inscritas no âmbito da discricionariedade governamental, sem prejuízo da prévia audição dos empregados administrativos sobre "os factos ou omissões" que lhe tenham dado causa (artigos 423.° e segs. e 458.° e segs.) –, sobre os vencimentos, o "acesso e promoção", as licenças, a substituição, a aposentação (artigos 432.° e segs.) e a garantia administrativa (artigos 464.° e segs.).

No Código de 1878, para além das regras de competência (artigos 53.°, n.os 8 a 10, 56.°, n.° 3, 103.°, n.os 7 a 9, 19 e 20, 106, n.° 1 e n.° 11, 183.°, n.os 7 a 12, e 207.°), há a destacar a previsão da possibilidade de concurso, mediante regulamento do governo, para a nomeação do escrivão da câmara, a obrigatoriedade de audiência prévia quando esteja em causa a suspensão ou demissão, a alteração dos vencimentos e "condições dos partidos" de "facultativos, farmacêuticos, parteiras e veterinários", providos por concurso "anunciado na folha oficial do governo" (artigos 152.° e 153.° e António Ribeiro da Costa e Almeida, Elementos de Direito Público e Administrativo, Porto, Livraria Portuense, 1885, p. 158), assim como quando esteja em causa a demissão por erros de ofício ou mau procedimento do escrivão de administração do concelho e escrivães dos administradores dos bairros de Lisboa e Porto (artigos 214.° e 220.°); prevê, ainda, garantias relativas ao exercício do cargo e à tomada de decisões que os afectem (por exemplo, respectivamente, os "cabos de polícia não [eram] obrigados a servir por mais de um ano, nem fora da povoação em que residirem, salvo se for para lugar pertencente à sua freguesia" – artigo 230.°, § 4; e da demissão do escrivão da administração do concelho cabia recurso para o Governo – artigo 214.°, § 1; de notar que o código sujeitou a tutela administrativa a supressão de empregos municipais e a aposentação, a demissão e a suspensão por período superior a 30 dias – "As reformas da administração local de 1872 a 1910", de João B. Serra, in Análise Social, vol. XXIV, 103-104, 1998, 4.° e 5.°, p. 1045); dispõe sobre os requisitos para o exercício de funções que devem preencher os empregados do governo civil, o "administrador do concelho e os empregados de administração" (artigos 190.° e segs. e António Ribeiro da Costa e Almeida, Elementos, cit., pp. 159, 164 e 165) e sobre a nomeação, sob cujo título eram prestadas as funções, dando lugar esse exercício à aposentação após certo número de anos e em razão deste ao pagamento de montante pecuniário variável.

O Código de 1896 regula com detalhe o regime do emprego nos governos civis e nas várias autoridades públicas locais, na perspectiva do controlo da admissão aos mesmos, da fidelidade aos interesses públicos, das garantias pelo desempenho de funções públicas e do

Em 1859-1860, tiveram lugar reformas em vários ministérios, que desenvolveram a hierarquia e especialização dos funcionários e um sistema de recrutamento baseado em provas[160]. Com carácter geral, faltavam, porém, normativos reguladores da admissão, acesso e cessação de funções, o que prejudicava a respectiva estabilidade e segurança jurídicas[161] [162], salvo no caso dos militares, juízes e professores, inamovíveis, que só podiam ser demitidos "com prévia sentença condenatória"[163]. Nos "agentes da administração", distinguiam-se os "verdadeiros funcionários", que corporizavam a autoridade pública, «intermediários» do poder executivo, ditos "agentes directos" (como, por exemplo, os governadores civis e os administradores do concelho), dos "agentes auxiliares, simples empregados sem carácter público, sem notoriedade oficial, servindo somente a preparar o trabalho dos agentes directos"[164].

A partir de meados do Século XIX, reflectindo um movimento geral de associativismo mutualista, foram surgindo "associações de ajuda mutualista de empregados do Estado", o que aproveitaria mais tarde à res-

---

controlo da respectiva despesa pública (*v.g.*, artigos 121.°, 194.°/1.°). O Código de 1896 reitera as disposições do Decreto de 6 de Agosto de 1892 sobre o controlo governamental do número, categoria e vencimentos dos empregados administrativos e a sua sujeição a concurso, assim como dispõe sobre o respectivo provimento e cessação, sendo de destacar a possibilidade de os corpos administrativos extinguirem "empregos desnecessários ao seu serviço, ainda que [neles] estejam providos empregados, contra os quais não haja motivo de procedimento" (artigos 438.° e segs.).

[160] Pedro Tavares de Almeida, "Recruitment and Role of the Portuguese Administrative Elite: The Directors-General, 1851-1910", in Jahrbuch für Europäische Verwaltungsgeschichte, n.° 17, 2005, p. 149.

[161] Thomaz Lobo D'Ávila, Estudos ..., cit., p. 130. A. de Oliveira Pires fala, sem prejuízo disso, numa relação regulada pela "lei orgânica da repartição onde [o] empregado foi servir" – O Funcionalismo, Lisboa, Tipografia Universal, 1869, p. 8.

[162] O novo Código Público de Portugal com as Provas, de 1844, de Mello Freire, desenha, para efeitos de responsabilidade civil, os termos da garantia do funcionário pelo património público, define a protecção do funcionário no caso de doença, velhice e aposentação por graça real e estabelece garantias de estabilidade no emprego, sem prejuízo do poder de livre disposição sobre os ofícios e consequente manutenção nos mesmos (1ª ed., Coimbra, Imprensa da Universidade, pp. 129 e 130).

[163] Justino António de Freitas, Ensaio sobre as Instituições de Direito Administrativo Português, Tomo I, por Guilherme de Sousa, Coimbra, Imprensa da Universidade, 1859, p. 145.

[164] Justino António de Freitas, Ensaio sobre as Instituições ..., cit., pp. 114 e 115.

pectiva organização sindical[165]. Embora a Associação dos Funcionários Públicos, de 1873, já se preocupasse com a promoção dos interesses e o "engrandecimento da classe", a primeira associação, de "empregados do Estado" surge em 1891, a Associação de Classe dos Operários do Arsenal do Exército[166].

No Decreto de 6 de Agosto de 1892, que definiu uma "nova organização de serviços adinistrativos", reservou-se para decreto do governo o aumento do número, categoria e vencimento dos "empregados das administrações do concelho, dos corpos administrativos e dos estabelecimentos subsidiados ou fiscalizados pelo estado" e estabeleceu-se que, "em caso nenhum pod[iam] ser nomeados sem concurso"[167].

No início do século XX, são emitidos normativos que procuram racionalizar a despesa pública relativa aos funcionários e o comprometimento destes com a prossecução dos interesses públicos[168]. A realidade era a da "extrema variedade dos ofícios públicos e das condições em que eles são desempenhados", sem que existisse um estatuto legal geral[169].

---

[165] Beatriz Ruivo e Eugénio Leitão, O Sindicalismo do Funcionalismo Público na I República, Seara Nova, 1977, pp. 17 a 19 e 32.

[166] Beatriz Ruivo e Eugénio Leitão, O Sindicalismo ..., cit., p. 19.

[167] Cfr. artigos 46.° e 47.° do diploma in Collecção Official da Legislação Portuguesa, Anno de 1892, Imprensa Nacional, Lisboa, 1893, p. 562 (http://net.fd.ul.pt/legis/1892.htm).

[168] Assim, por exemplo, o artigo 44.° da Lei de 9 de Setembro de 1908 estabelece: "Nenhum ordenado, soldo ou vencimento certo de funcionário, empregado ou agente de serviços públicos pode ser abonado por nomeação, eleição, promoção, colocação ou transferência para qualquer cargo ou emprego público, seja de que natureza for, ainda mesmo de carácter provisório, sem que os proventos respectivos, qualquer que seja a sua denominação, tenham sido previamente fixados em lei, ou regulamento fundado em lei, e que o Tribunal de Contas tenha posto o seu visto de conformidade no diploma de nomeação, promoção, eleição, transferência ou colocação." Para uma percepção geral, a partir de texto sobre transferência, ver Adalberto J. B. M. de Macedo "A transferência como figura de mobilidade pessoal interdepartamental", in Direito Administrativo, Revista de Actualidade e Crítica, Ano 3, n.os 12/13, Março / Abril e Maio / Junho, 1982, pp. 110 e segs.

[169] Martinho Nobre de Melo, O Estatuto dos Funcionários. Estatuto legal, Livaria Ferin, 1914, pp.7 e segs., *maxime*, p. 12 e pp. 39 a 57, e Ludgero Neves, Direito Administrativo (2.° ano jurídico), Lições coligidas por Arthur de Campos Figueira, 1916, p. 102.

3.3. Na primeira República

A implantação da República não alterou com relevância o estatuto jurídico dos que exerciam funções públicas e a leitura doutrinária e jurisprudencial da sua situação jurídica[170]. Destaca-se o provimento, em regra, por nomeação, eficaz com a respectiva aceitação, de cujo emprego podiam ser removidos pelo cumprimento de alguma obrigação laboral ou por falta disciplinar grave – nos termos do Regulamento disciplinar de 1913 – e, bem assim, ressalta a sujeição a estrita obediência hierárquica, só podendo o funcionário reclamar contra "qualquer resolução superior ... depois de a ter cumprido"[171]. O juramento sob "a forma religiosa" foi substituído por "uma declaração laica: a palavra de honra", declaração lida perante o superior hierárquico. As "imposições fiscais, abrangendo direitos de mercê, da secretaria, emolumentos, etc., unificaram-se no direito de encarte"[172]. A prestação directa de certos serviços públicos, concessionados desde o terceiro quartel do século XIX, importou numa solução de continuidade com o regime laboral, que lhe era aplicável, em detrimento do estatuto de funcionário público[173].

Por decreto de 6 de Dezembro de 1910, foi proibida a greve dos trabalhadores da Administração Pública, sob pena de demissão ou despedimento e de limitação temporal da possibilidade de nova admissão[174]. Não obstante o não reconhecimento do direito de associação aos funcionários, ganhou expressão o sindicalismo na função pública, tendo sido criada a Associação de Classe dos Empregados do Estado em 23 de Março de 1919, ainda que nunca reconhecida juridicamente[175-176]. Nas suas reivin-

---

[170] Ludgero Neves, Direito Administrativo, cit., pp. 93 e segs., *maxime*, pp. 117 a 130.

[171] João Almeida, "Os funcionários portugueses perante a conferência internacional de Viena", texto de 1923, publicado em anexo ao O Sindicalismo ..., cit., pp.178 e 179, e Ludgero Neves, Direito Administrativo, cit., pp. 128, 140, 154, 155, 171, 193 e 198 e segs., Martinho Nobre de Melo, O Estatuto ..., cit., p. 20 (considera que os funcionários não são mais do que partes da pessoa colectiva Estado, sem que entre eles existam "verdadeiras relações jurídicas").

[172] O encarte traduzia "a obtenção do diploma que corresponde à nomeação ... o título e garantia da sua legal nomeação" (Ludgero Neves, Direito Administrativo, cit., p. 157 e pp. 150 e segs.).

[173] Rui Machete, "Contratualização / Estaturização",..., p. 56.

[174] Beatriz Ruivo e Eugénio Leitão, O Sindicalismo ..., cit., p. 26.

[175] Tinha "por fim o estudo e defesa dos interesses profissionais, económicos ou

dicações, figura, num primeiro momento, para além da melhoria dos vencimentos e da equiparação remuneratória com os funcionários, sem distinção de serviços ou da sua localização, a questão do controlo do seu número, antecipando a sua temida redução, pela colocação em quadro de adidos com diminuição do vencimento; e, num segundo momento, destacam-se questões como a audição no âmbito de reforma dos serviços do Estado que afectasse os trabalhadores, o número de horas de trabalho, o gozo pleno de direitos civis e políticos (como a liberdade de pensamento e reunião) e a emanação de um "estatuto legal do funcionalismo"[177]. À greve dos funcionários de 1924 sucedeu um decreto do Governo com várias "medidas repressivas"[178], traduzidas na tipificação de comportamentos ocorridos durante a greve como "infracções disciplinares de carácter político", na respectiva punição com a "separação ou eliminação do serviço", sem prejuízo da aplicação de penas disciplinares previstas no estatuto disciplinar, e na definição de um procedimento célere e desprovido de efectivas garantias de defesa.

3.4. Na segunda República

Para além do reforço das características filiadas na monarquia liberal, na segunda República acentuou-se a ligação do funcionário ao Estado, pelo comprometimento moral que lhe impõe e pela ideia de imediação orgânica, pelo menos, de certos funcionários (desde logo, os dirigentes).

O Estatuto do Trabalho Nacional de 1933[179] proibiu que os funcionários e operários assalariados constituíssem sindicatos próprios, sendo o

---

comuns dos associados" (artigo 2.° dos Estatutos, anexos ao O Sindicalismo do Funcionalismo Público na I República, de Beatriz Ruivo e Eugénio Leitão, pp. 103, 27, 85 e 95.

[176] Este aparecimento tardio explica-se, no essencial, por terem um regime de trabalho mais favorável face ao dos trabalhadores em geral e pela sua percepção como "uma parte do próprio Estado", tendo sido mobilizador a descida do nível de vida dos funcionários de nível médio e superior. Ver Beatriz Ruivo e Eugénio Leitão, O Sindicalismo ... cit., pp. 25 a 28, 37, 46, 47, 49 e 72, e Rui Machete, "Contratualização / Estaturização", cit., p. 53.

[177] Beatriz Ruivo e Eugénio Leitão, O Sindicalismo ... cit., pp. 33 a 63, 162, 175 e 176.

[178] Cfr. Decreto, integrado nos Anexos a O Sindicalismo, cit., pp. 185 e 186.

[179] Beatriz Ruivo e Eugénio Leitão, O Sindicalismo ... cit., p. 95.

reconhecimento do direito de associação visto como contrário ao "princípio da hierarquia" e ao "princípio de interesse geral"[180]. Em 1935, foi emitido o Estatuto dos Funcionários dos Ministérios Civis, caracterizado, fundamentalmente, por preocupações de controlo da legalidade e de cabimento das despesas, pela concentração da competência decisória, pela adopção de quadros piramidais, pela supressão da atribuição de emolumentos aos cargos inferiores e diminuição da subjectivação dos cargos. Quanto ao regime aplicável aos funcionários da "Administração local", dispôs o Código Administrativo de 1936, designadamente, sobre o reajustamento do número e categoria dos trabalhadores aos lugares existentes[181], o recrutamento e a promoção por concurso, os seus deveres, o regime de obediência a ordens[182], o regime das faltas ao serviço e licenças, a situação (de actividade ou inactividade) em face do quadro, o regime dos vencimentos, incompatibilidades e impedimentos, a contagem da antiguidade e o estatuto disciplinar[183]. O Código Administrativo de 1940[184] dedica a Parte II ao estatuto dos "funcionários administrativos e assalariados", dispondo sobre as categorias dos mesmos, a organização das carreiras, o recrutamento e o provimento nos quadros privativos e no quadro geral administrativo, os deveres, faltas, licenças e a aposentação[185].

Em 1956, foi publicado o Estatuto do Funcionalismo Ultramarino, que viria a ser substituído por um outro em 1966, regulando o emprego em geral nos "serviços civis da administração provincial no ultramar", desde a organização dos quadros, as regras de provimento, as categorias e situações dos funcionários, o tempo e a qualidade de serviço, os deveres e direi-

---

[180] Eduardo Sebastião Vaz de Oliveira, A Função Pública Portuguesa. Estatuto Novo ou Nova Política, Cadernos de Ciência e Técnica Fiscal, Centro de Estudos Fiscais da Direcção-Geral das Contribuições e Impostos, Ministério das Finanças, Lisboa, 1969, p. 65.

[181] Ainda que importasse o abaixamento da categoria ou a passagem à aposentação. O Código foi aprovado pelo Decreto 27:424, de 21 de Setembro de 1936, in http://www.fd.unl.pt/Anexos/Investigacao/2195.pdf.

[182]. Estendeu o direito de representação ao exame da oportunidade e conveniência da ordem emanada do superior hierárquico, circunscrevendo os casos em que pode invocar a ilegalidade da ordem e tratando do cumprimento das ordens urgentes.

[183] Ver Parte II Código Administrativo de 1936, cit., pp. 122 a 156.

[184] Aprovado pelo Decreto-Lei n.° 31 095, de 31 de Dezembro.

[185] Cfr. artigos 455.° e segs.

tos, a responsabilidade disciplina e a aposentação[186], sem prejuízo de ao Ministro do Ultramar e governadores das províncias e conselhos legislativos ser deixado um amplo poder de emissão de normas jurídicas sobre, respectivamente, por exemplo, "normas de ingresso e permanência a função" e "vencimentos, salários e outras formas de remuneração do pessoal"[187].

Os vínculos do emprego na Administração Pública caracterizavam-se pelo seu carácter tendencialmente unilateral, mesmo no caso do contrato, cujas cláusulas gerais – correspondentes, no essencial, ao "estatuto legal e disciplinar" dos "servidores" nomeados – e cláusulas especiais constavam de termo de posse com cuja assinatura se considerava celebrado. O pessoal contratado, independentemente da duração do contrato (por tempo indeterminado ou por um ano prorrogável), podia ser do quadro ou além do quadro, em qualquer dos casos, passível de cessar por denúncia. O regime jurídico aplicável aos nomeados, assalariados e contratos era, em parte significativa, comum. Um certo comprometimento político-social no exercício de funções era exigido ao "servidor", traduzido no juramento de fidelidade à Pátria, de cooperação na "realização dos fins superiores do Estado", de defesa dos "princípios fundamentais da ordem social e política estabelecida na Constituição", de respeito das leis e de "dedicação ao serviço". Em nome deste, era penalizado a desistência de concurso e, também, a reprovação em concurso de promoção[188].

3.5. Na terceira República

3.5. 1. O período anterior à Lei do Orçamento para 1989

No período subsequente à revolução de 1974, uma normatividade específica foi gizada em matéria de função pública – traduzida, no essencial, na suspensão ou cessação de funções e na "transferência com diminuição de categoria ou vencimento" de trabalhadores por razões de fidelidade

[186] Decreto n.° 40708, de 31 de Julho de 1956, Portaria n.° 17946, de 19 de Setembro de 1960, e Decreto n.° 46 982, de 27 de Abril de 1966.

[187] Cfr. artigo 7.° do Decreto n.° 46 982, de 27 de Abril de 1966.

[188] Cfr. Decreto n.° 46982, de 27 de Abril de 1966, Decreto-Lei n.° 49031, de 27 de Maio de 1969, e Decreto-Lei n.° 49397, de 24 de Novembro de 1969.

política[189] – que, em parte, não subsistiu com a aprovação da Constituição de 1976[190]. A reconfiguração jurídica fundamental do Estado e da Administração Pública, sem prejuízo dos elementos de continuidade[191], reflectiu-se no estatuto da função pública[192], por exemplo, no reconhecimento dos direitos colectivos dos trabalhadores (*v.g.*, a liberdade sindical[193]). O regime laboral é definido como "um regime específico, diverso do respeitante" aos trabalhadores do sector privado, mesmo em relação ao "pessoal de empresas públicas, sujeito, em princípio, ao regime do contrato individual de trabalho", mas que é, quanto a alguns aspectos, um "regime de direito público"[194]. E a especificidade de regime leva, por vezes, a uma compreensão mais limitativa de certos direitos laborais[195]. Os "servidores do

---

[189] Artur Maurício e Castelo Branco Gonçalves, Saneamento da Função Pública, 1.ª edição, 1975, Diabril Editora, As Leis e a Revolução/1.

[190] Ver, por exemplo, sobre caducidade do artigo 1.° do Decreto-Lei n.° 152/75, de 25 de Março, relativo à transferência "por mera conveniência de serviço e simples despacho do ministro", Acórdão da 1.ª Secção do STA de 6 de Março de 1980, processo n.° 010765. E sobre a demissão *ope legis* e reabilitação de funcionários com base em "padrões normativos com alto grau de indeterminação e em que os critérios de decisão assumiam cariz eminentemente político, ver, por exemplo, o Acórdão do pleno do STA de 12 de Novembro de 1997, processo n.° 28204.

O Decreto-Lei n.° 74/75, de 21 de Fevereiro, revogou todas as disposições legais que concediam garantia administrativa a funcionários, independentemente da "sua classe ou categoria ou o ramo de serviço a que pertençam", tornando obrigatória a reabertura dos processos crimes em que tivesse sido concedida a partir de 11 de Abril de 1933 e determinando a suspensão do prazo de prescrição do procedimento criminal e de responsabilidade civil entre a data em que a garantia foi concedida e a data da reabertura do processo.

[191] Cfr., *v.g.*, Decreto-Lei n.° 656/74, de 23 de Novembro.

[192] As pautas de regulação da relação entre Administração e administrados, da actividade e organização administrativas do Estado democrático e de Direito implicam a redefinição do estatuto laboral, segundo parâmetros de democraticidade, imparcialidade, igualdade e mérito.

[193] H. Nascimento Rodrigues, O Direito Sindical na Função Pública, cit., pp. 8 a 11, 37, 41 e 50.

[194] Acórdão da 1.ª Secção do STA de 24 de Julho de 1980, processos n.os 11 879 e 11 881, in Direito Administrativo – Revista de Actualidade e Crítica, ano 1, n.° 4, Julho / / Agosto 1980, p. 302, e Jorge Ferreira de Almeida, "La politique de choix des fonctionnaires au Portugal", in Annuaire ..., cit., p. 171.

[195] Por exemplo, o STA, em acórdão de 24 de Julho de 1980, pronunciou-se no sentido em que "os direitos dos trabalhadores em geral são só aplicáveis aos funcionários e agentes da Administração na medida em que não colidam com o regime específico da função pública" – idem, pp. 297 e 301.

Estado ou dos corpos administrativos" ultramarinos, à data da independência dos respectivos territórios, puderam, em geral, requerer o seu ingresso no quadro geral de adidos, conservando o estatuto jurídico[196].

No plano do direito ordinário, as alterações significativas do regime da função pública remontam a 1979, com destaque para: i) a institucionalização do sistema de carreiras, com a previsão de regras de ingresso (incluindo a do concurso[197]), acesso[198] e mudança entre carreiras e, consequente estabilidade do vínculo laboral[199]; ii) o "regime do exercício de funções dirigentes"; iii) e o regime disciplinar, no qual foram reforçados os direitos de audiência e defesa[200] e as garantias de impugnação administrativa e contenciosa e com o qual foram atenuados a possibilidade e efeitos da aplicação de sanção expulsiva e foi introduzido o procedimento de reabilitação[201]. De assinalar em 1979 é, também, a revisão do estatuto da aposentação, que, além do mais, incluiu no seu âmbito de aplicação a todos os que trabalham na Administração Pública, diminuiu os requisitos para adquirir o direito à aposentação[202].

---

[196] Decreto-Lei n.° 23/75, de 22 de Janeiro.

[197] Não obstante as referências várias, na legislação, ao concurso ao longo de todo o século XX, foi escassa a sua relevância como instrumento de provimento dos empregos públicos, sendo "largamente utilizada" a escolha condicionada, a que não é alheio o número elevado de "agentes fora do quadro" – Jorge Ferreira de Almeida, "La politique ..., cit., pp. 172 e 173.

[198] Para efeitos de acesso, era atribuída relevância ao mérito, quer pela exigência de provas, quer consideração da classificação de serviço.

[199] Existia o entendimento de que o funcionário se encontrava ao abrigo de qualquer modificação dos "direitos ou regalias adquiridas ... a despeito de quaisquer vicissitudes operadas na própria orgânica dos serviços, ou na situação jurídico-funcional dos agentes ou funcionários" – Parecer de Carlos Alberto Rosa de Carvalho Jordão sobre a "transferência por conveniência de serviço", in Direito Administrativo, Revista de Actualidade e Crítica, Março/Abril, 1981, p. 124.

[200] Como, *v.g.*, o direito de se fazer assistir por advogado em qualquer fase do processo e à sua presença no respectivo interrogatório; o direito de acesso ao processo.

[201] Diogo da Silva, "La fonction publique dans la société portugaise depuis 1974", in Annuaire européen d'Administration Publique, II, 1979, Editions du Centre National de la Recherche Scientifique, 1980, pp. 631 a 643.

[202] Diogo da Silva, "La fonction publique ..., cit., p. 641.

3.5.2. O período posterior à Lei do Orçamento para 1989

A Assembleia da República, no âmbito da reserva relativa de competência legislativa quanto às bases de regime e âmbito da função pública[203], autorizou o Governo, na Lei do Orçamento de Estado para 1989[204], a definir os "princípios gerais da relação de emprego público": i) "simplificando e tipificando os diversos títulos de vínculo, identificando" – a1) "as situações que devam ser objecto de nomeação"; a2) e "as passíveis de vinculação precária" –; ii) "reforçando o princípio da exclusividade de funções"; iii) "estabelecendo as formas de exercício transitório das mesmas"; iv) "o regime das incompatibilidades e acumulações"; v) "as condições de prestação de serviço de funcionários e agentes em empresas da Administração Pública"; e vi) "regulamentando o acto de posse e as suas formalidades com o objectivo da sua simplificação". Foi, igualmente, o Governo autorizado a legislar "no sentido de [d]efinir os princípios fundamentais de um novo sistema retributivo da função pública, ..." (alínea a) do n.° 1 do artigo 15.°), a "[r]ever os princípios de gestão de recursos humanos, tendo em vista a sua flexibilização pela valorização do mérito e do empenhamento no serviço público, pela flexibilização dos quadros de pessoal e das regras de recrutamento, promoção e progressão e pelo enriquecimento funcional dos cargos" (alínea b) do n.° 1 do artigo 15.°), a [d]efinir o estatuto do pessoal dirigente da Administração Pública, ..." (alínea d) do n.° 1 do artigo 15.°) e a [r]ever o Estatuto da Aposentação, ..." (alínea e) do n.° 1 do artigo 15.°). A autorização legislativa (quanto à alínea c) do n.° 1 do artigo 15.° da Lei n.° 114/88, de 30 de Dezembro) foi concretizada pelo Decreto-Lei n.° 184/89, de 2 de Junho, no Capítulo II, com a epígrafe "Princípios gerais do emprego". Este diploma estabeleceu os tipos de vínculos jurídicos das relações de emprego na Administração Pública e as condições e os termos em que podiam ser utilizados. Tais "princípios gerais" foram desenvolvidos pelo Decreto-Lei n.° 427/89, de 7 de Dezembro, diploma, que definiu "o regime da constituição, modificação e extinção da relação

---

[203] Cfr. artigo 168.°, n.° 1, alínea u), da Constituição, versão resultante da revisão constitucional de 1982, e o actual artigo 165.°, n.° 1, alínea t), da CRP.

[204] Nos termos da alínea c) do n.° 1 do artigo 15.° da Lei n.° 114/88, de 30 de Dezembro.

jurídica de emprego na Administração Pública"[205]. Deste quadro legislativo, resultou um princípio de tipicidade dos vínculos jurídicos do emprego público[206], em correspondência com directriz parlamentar contida na citada autorização legislativa[207]. A nomeação constituía o vínculo jurídico comum das relações de trabalho na Administração Pública[208], titulando o contrato administrativo de provimento e o contrato de trabalho a termo certo relações de trabalho temporárias. Do quadro jurídico conformador constituído por este conjunto[209] ficou de fora "o pessoal dos insti-

---

[205] Cfr. artigo 1.° do Decreto-Lei n.° 184/89, de 2 de Junho, e preâmbulo e artigo 43.° do Decreto-Lei n.° 427/89, de 7 de Dezembro. A Lei n.° 23/2004, de 22 de Junho, não adapta apenas o disposto no Código do Trabalho, de acordo com a previsão do artigo 6.° da Lei n.° 99/2003, de 22 de Agosto. Incide também, como observam Maria do Rosário Palma Ramalho e Pedro Madeira de Brito, nas bases do regime e âmbito da função pública para efeitos da alínea t) do n.° 1 do artigo 165.° da CRP. Cfr. Contrato de Trabalho na Administração Pública, Anotação à Lei n.° 23/2004, de 22 de Junho, 2004, pp. 8 e 118.

[206] Acórdão n.° 129/99/T.Const. – processo n.° 845/93, DR., II Série, n.° 155, de 6 de Julho de 1999, pp. 9673 a 9675, e Acórdão n.° 683/99/T. Const. – Processo n.° 42/98, DR., II Série, n.° 28, de 3 de Fevereiro de 2000, pp. 2351 a 2363, *maxime*, p. 2356.

[207] Cfr. artigo 15.°, n.° 1, alínea c), da Lei n.° 114/88, de 30 de Dezembro.

[208] De harmonia com a directriz constante de autorização legislativa (alínea c) do n.° 1, artigo 15.° da Lei n.° 114/88, de 30 de Dezembro).

[209] Este quadro jurídico, explicitado no capítulo II Decreto-Lei n.° 184/89, de 2 de Junho, e desenvolvido no Decreto-Lei n.° 427/89, de 7 de Dezembro, era aplicável aos "serviços e organismos da Administração Pública, incluindo os institutos públicos nas modalidades de serviços personalizados do Estado e de fundos públicos" (artigo 2.°, n.° 1, do Decreto-Lei n.° 184/89, de 2 de Junho). Os "serviços personalizados" incluem, quer os hoje designados serviços personalizados – como referem Rodrigo Esteves de Oliveira e Vital Moreira, in "Os institutos públicos e a organização administrativa em Portugal", Relatório e proposta de lei-quadro sobre os Institutos Públicos, cit., p. 46, a "nova arrumação das diferentes variedades de entes públicos institucionais, no que se refere aos institutos públicos em sentido estrito, não encontrou eco na lei, que quanto aos institutos públicos tradicionais (excluídas as empresas públicas) continuou a usar a dicotomia tradicional entre serviços personalizados (abrangendo os estabelecimentos públicos) e os fundos ou fundações públicas") –, quer os estabelecimentos públicos, adoptando ali o legislador o conceito amplo de Marcello Caetano, para quem quando a atribuição principal do instituto "é o desempenho de uma actividade operacional ou de prestações, mas sem carácter de empresa, estaremos perante o serviço personalizado propriamente dito" (Manual de Direito Administrativo, Vol. I, 1984, 10.ª edição, 3.ª reimpressão, p. 372). O recorte significou um avanço relativamente à anterior utilização da expressão de instituto público como sinónimo de "serviço personalizado do Estado". Cfr. Alfredo Mendes de Almeida Ferrão, Serviços Públicos no Direito Português, 1963, pp. 219 e 220).

tutos públicos" e o pessoal "dos serviços públicos" que estivessem "abrangidos", então, pelo "regime aplicável às empresas públicas ou de contrato individual de trabalho", bem como o pessoal "das conservatórias, cartórios notariais" e as "situações identificadas em lei como regime de direito público privativo"[210]. O regime do contrato de trabalho foi sendo introduzido, como o regime de pessoal de certas pessoas públicas, de forma paulatina e avulsa[211], por via de decreto-leis não autorizados, levando a questão, no quadro exposto, da inconstitucionalidade orgânica[212].

---

[210] Cfr. artigo 41.°, n.° 4. do Decreto-Lei n.° 184/89, de 2 de Junho, e artigo 44.°, n.° 1, do Decreto-Lei n.° 427/89, de 7 de Dezembro. Tratam-se de regimes particulares de trabalho, jus-administrativistas, afastados do regime geral do funcionalismo público, ou jus-privatísticos, existentes, então, no âmbito das entidades públicas referidas, que não ficaram prejudicados pelo novo enquadramento legal do emprego público.

[211] Cfr. Rui Machete, "Contratualização / Estaturização", cit., pp. 60 e 61.

[212] À utilização dos termos "abrangidos" e "identificadas", no n.° 4 do artigo 41.° do Decreto-Lei n.° 184/89, de 2 de Junho, junta-se a epígrafe do artigo, "salvaguarda de regimes especiais", e a inserção sistemática no Capítulo V do diploma, que reúne as "[d]isposições finais e transitórias", na demonstração do alcance estrito da salvaguarda. Apenas as relações de trabalho nos serviços e institutos públicos com regime jurídico diferente do da função pública (*stricto sensu*), à data da entrada em vigor do diploma, constituíam o âmbito previsivo do n.° 4 do artigo 41.° do Decreto-Lei n.° 184/89, de 2 de Junho, e, também, do artigo 44.°, n.° 1, do Decreto-Lei n.° 427/89, de 7 de Dezembro, inserido no Capítulo VI, com a epígrafe "Disposições finais e transitórias". Reportando-se ao n.° 1 do artigo 44.°, Cláudia Viana considera, igualmente, que "não constitui uma habilitação legal específica" para a "utilização, como regra, dos contratos individuais de trabalhos nos institutos públicos" – "A laboralização do Direito da Função Pública", *Scientia Ivridica*, Tomo LI, n.° 292, Janeiro/Abril, 2002, p. 92.

A norma delimita, com carácter de excepção, o âmbito do Decreto-Lei n.° 184/89, de 2 de Junho. O seu âmbito aplicativo (do n.° 4 do artigo 41.°) não pode, assim, de forma lógica, ser tão amplo quanto o círculo de abrangência do diploma em que se insere (artigo 2.°), isto é, a exclusão não pode ter a amplitude da esfera de aplicação, a cuja restrição se dirige, sob pena de o desprover do seu sentido conformativo. O Tribunal Constitucional, no Acórdão n.° 162/03, chama às normas em causa "regras especiais", mas estas, em rigor, inseridas nas "[d]isposições finais e transitórias", são normas que excepcionam determinadas relações de trabalho da tipologia dos vínculos definidos pelo diploma; devem ser lidas a partir das normas que delimitam o seu "objecto e âmbito" e dos "princípios gerais do emprego" (Capítulos I e II) e não o inverso. O Tribunal Constitucional, no Acórdão 129/99 (Processo n.° 845/93, DR., II Série, n.° 155, de 6 de Julho de 1999, pp. 9673 a 9675) destacou que, apesar da inexistência de uma lei quadro da função pública ou de uma lei de bases, existem "consagrados em legislação avulsa princípios básicos fundamentais da regulamentação do regime da função pública", dos quais pode extrair-se a "existência de ver-

A partir de 1998, passou a ser possível celebrar contrato de trabalho por tempo indeterminado, para o exercício de actividade correspondente ao grupo de pessoal auxiliar[213], desde que a duração semanal do trabalho não excedesse dois terços do horário normal fixado para a Administração

---

dadeiras bases no sentido constitucional". Em matéria de "regime de constituição, modificação e extinção da relação jurídica de emprego na função pública, os princípios fundamentais (...) consta[va]m dos Decretos-Leis n.os 184/89, de 2 de Junho, e 427/89, de 7 de Dezembro (no sentido de que os diplomas supra referidos se apresentam como verdadeiras leis quadro nessa matéria, expressamente o Acórdão n.° 36/96, já citado), sendo certo que eles incluem no seu âmbito os institutos públicos". E o sentido do legislador em 1989 foi o de disciplinar, pela fixação de um quadro legal de referência, todas as relações de trabalho na Administração Pública, a serem percebidas a partir dos "princípios gerais da relação de emprego público" e recondutíveis aos tipos de vínculos que enuncia.

Não se pode, por outro lado, invocar a directriz, contida na alínea b) do n.° 1 do artigo 15.° da Lei n.° 114/88, de 30 de Dezembro, da flexibilidade na gestão de pessoal, como fez o Tribunal Constitucional nos Acórdãos n.os 162/2003 e 61/2004 (respectivamente, processo n.° 77/02 e processo n.° 471/01): i) Os instrumentos jurídicos de flexibilização da "gestão de pessoal" aí enunciados foram concretizados, pelo legislador governamental, no Capítulo IV ("Princípios gerais sobre gestão") e não no Capítulo II ("Princípios gerais do emprego") do Decreto-Lei n.° 184/89, de 2 de Junho: à alínea b) do n.° 1 do artigo 15.° corresponde o capítulo IV do Decreto-Lei n.° 184/89; e à alínea c) do n.° 1 do artigo 15.° o capítulo II do Decreto-Lei n.° 184/89; ii) Em tal alínea b) não se inclui o contrato de trabalho – mas, antes, a definição de políticas de emprego, a mobilidade, programas de incentivo à produtividade, os quadros de pessoal anuais, o redimensionamento e enriquecimento dos cargos, os "modelos de promoção profissional e progressão económica" (§ 13 do preâmbulo e artigos 22.° a 36.° do Decreto-Lei n.° 184/89, do diploma e a citada alínea b) do n.° 1 do artigo 15.° –, nos termos da qual "... fica o Governo autorizado a legislar ..., no sentido de [r]ever os princípios de gestão de recursos humanos, tendo em vista a sua flexibilização pela valorização do mérito e do empenhamento no serviço público, pela flexibilização dos quadros de pessoal e das regras de recrutamento, promoção e progressão e pelo enriquecimento funcional dos cargos" –, não constituindo, portanto, a pretendida credencial parlamentar; iii) Ao enunciar o contrato de trabalho como um instrumento de flexibilidade, a coberto de norma da autorização legislativa que, em verdade, não o abrange, o Tribunal substituiu-se ao legislador, ou adoptou um sentido prático da constitucionalidade, ante-revelando a abertura jurídica da lei fundamental à mudança de paradigma das relações de trabalho na Administração Pública (no seu discurso prevaleceram as premissas extra-jurídicas ou foi radicalizado o multicontextualismo, na expressão de Gomes Canotilho, "Tribunal Constitucional, Jurisprudências e Políticas Públicas", XX Aniversário do Tribunal Constitucional, 28 de Novembro de 2003, www.tribunalconstitucional. pt/tc/textos030102.htm?impressão=1, pp. 1 e 4).

213 Que compreende, por exemplo, a actividade de motorista, condutor de máquinas pesadas, auxiliar administrativo, operador de reprografia.

Pública, com inscrição dos trabalhadores no regime geral de segurança social[214].

Em 15 de Janeiro de 2004, a lei-quadro dos institutos públicos (Lei n.° 3/2004) estabeleceu o regime do contrato de trabalho como o regime jurídico regra do respectivo pessoal, tendo a adopção, total ou parcial, do regime jurídico da função pública que ter justificação na especificidade do organismo ou dos postos de trabalho e ser explicitada no "diploma instituidor" do instituto[215].

Considerando que as "intenções legislativas ... realizadas neste âmbito têm sido, na sua maioria, casuísticas, e falhas de uma orientação sistemática" e que se tornava "necessário enquadrar o recurso a este instrumento de natureza contratual no âmbito das pessoas colectivas públicas, com carácter sistemático e pressupostos claros"[216], o legislador, em 2004, definiu o regime do contrato de trabalho na Administração Pública[217].

---

[214] Salvo se já estivesse inscrito na Caixa Geral de Aposentações (artigo 11.°-A, n.° 2, do Decreto-Lei n.° 184/89, de 2 de Junho, alterado pela Lei n.° 25/98, de 26 de Junho, e revogado pela Lei n.° 23/004, de 26 de Junho – artigo 30.°, alínea a) –, a qual, por sua vez, o foi pelo artigo 18.°, alínea f), da Lei n.° 59/2008, de 11 de Setembro, com excepção dos artigos 16.° a 18.°.

[215] Cfr. artigo 34.°, n.° 1, artigo 46.° e artigo 9.°, n.° 2, da Lei n.° 3/2004, de 15 de Janeiro. Sobre a inventariação do regime jurídico de trabalho dos institutos públicos, ver Rui Pessoa de Amorim, "Regime laboral e estatuto e remunerações do pessoal dirigente" in Relatório e Proposta de Lei-quadro sobre os Institutos Públicos, cit., pp. 115 a 203.

[216] Cfr. o § 2 da Exposição de Motivos da Proposta de Lei n.° 100/IX, de 23 de Outubro de 2003, e Maria do Rosário Ramalho, "O contrato de trabalho na reforma da Administração Pública: reflexões sobre o regime jurídico instituído pela L n.° 23/2004, de 22 de Junho", in Questões Laborais, Ano XI, n.° 24, 2004, p. 125.

[217] A Lei n.° 23/2004, de 22 de Junho, veio definir "o regime jurídico do contrato de trabalho nas pessoas colectivas públicas". Dado o seu objecto, teve de ser situado em face do Decreto-Lei n.° 184/89, de 2 de Junho, e do Decreto-Lei n.° 427/89, de 7 de Dezembro, alterando, respectivamente, o artigo 7.° do primeiro e 14.° do segundo e revogando os 9.° e 11.°-A do primeiro e os artigos 18.° a 21.° do segundo – artigos 28.°, 29.° e 30.°, respectivamente. O diploma assumiu uma clara função conformadora à face da pluralidade de normas legais que, sem recondução ao quadro legal de referência (do Decreto-Lei n.° 184/89, de 2 de Junho), foram avulsamente introduzindo o regime jurídico do contrato de trabalho como o regime regra de algumas pessoas colectivas públicas: ficaram sujeitos ao novo regime "os contratos de trabalho e os instrumentos de regulamentação colectiva de trabalho celebrados ou aprovados antes da sua entrada em vigor que abrangessem pessoas colectivas públicas, salvo quanto às condições de validade e aos efeitos de factos ou situações totalmente passados anteriormente àquele momento"; aplicou-se, também, aos contratos de trabalho celebrados ao abrigo da Lei de Bases da Saúde e do novo

Abriu caminho à substituição do modelo comum de vinculação do trabalhador na Administração Pública. Permitiu, no entanto, em grande medida, a utilização alternativa do título jurídico da nomeação e do contrato de trabalho por tempo indeterminado[218]. Relativamente às actividades que podiam ser objecto de contrato de trabalho – as actividades de "apoio administrativo" e de "auxiliar e serviços gerais"[219] e, em geral, aquelas que não implicassem o exercício directo de poderes de autoridade que envolvesse a definição da situação jurídica subjectiva de terceiros[220] –, a lei não vedou a utilização do vínculo da nomeação, sendo possível a opção por um ou outro. Esta alternatividade cessou, em 2008, com a lei dos vínculos, carreiras e remunerações.

4. OS PRINCÍPIOS DA FUNÇÃO PÚBLICA

4.1. O PRINCÍPIO DA PROSSECUÇÃO DO INTERESSE PÚBLICO

Os trabalhadores da Administração Pública e demais agentes do Estado e outras entidades públicas estão exclusivamente ao serviço do interesse público, apurado, nos termos e em concretização da lei, pelos órgãos competentes da Administração (artigo 269.°, n.° 1, da CRP). O interesse público é corporizado pelas atribuições e missões dos entes

---

regime jurídico da gestão hospitalar; e prevaleceu "sobre quaisquer normas especiais aplicáveis aos contratos de trabalho no âmbito das pessoas colectivas públicas, designadamente sobre as normas previstas nos respectivos estatutos" (artigos 26.° e 27.° da Lei n.° 23/2004, de 22 de Junho). O diploma excluía um conjunto amplo de pessoas colectivas públicas ou integradas na Administração Pública, admitindo que legislação especial determinasse a respectiva aplicação (n.° 2 do artigo 1.°). Devia ter-se presente, no entanto, que, na medida da previsão no respectivo estatuto ou em normas legais específicas, se impunha a aplicação das normas gerais relativas ao emprego público; a remissão passou a fazer-se para a Lei n.° 23/2004 (por substituição das normas objecto da remissão). Por outro lado, não prejudicava a devida observância dos princípios jurídicos fundamentais das relações de trabalho na Administração Pública.

[218] Silvia Del Saz, "La privatización de las relaciones laborales en las Administraciones Públicas", in *Studia Ivridica* 60 – Os Caminhos da Privatização ..., cit., pp. 147, 148, 157 e 158.

[219] Cfr. artigo 25.°, n.° 2, do diploma.

[220] Cfr. artigo 1.°, n.° 2 e n.° 4, e artigo 25.°, n.° 1, da Lei n.° 23/2004, de 22 de Junho.

públicos empregadores, os quais são determinadas pela lei, estando o sujeito público empregador também duplamente limitado pelos parâmetros de legalidade financeira e prestação de contas à Comunidade (artigo 266.°, n.° 1, da CRP). O empregador público deve ser entendido como um centro de imputação de fins e de recursos e como tal passível de avaliação no quadro do «mercado administrativo» próprio da Administração plural ou poliárquica. Os órgãos administrativos corporizam os poderes do empregador público, exercendo-os.

Os interesses públicos depõem contra a acumulação, por princípio, de empregos ou cargos públicos, na medida da necessidade de garantia da disponibilidade ou da prestação de trabalho efectivo e segundo padrões de qualidade óptimos. Demanda o exercício da actividade laboral de forma imparcial e, portanto, de forma isenta e correcta do ponto de vista da atendibilidade dos interesses protegidos pela lei. Nesta perspectiva, o exercício de actividades privadas está sujeito a restrições, devendo ser noticiado e autorizado previamente[221].

4.2. O PRINCÍPIO DO SERVIÇO AOS ADMINISTRADOS

A actividade do trabalhador com relação jurídica de emprego público releva, directa ou indirectamente, no plano do serviço aos administrados, que constitui uma missão ou finalidade administrativa essencial. Os trabalhadores agem na esfera pública da sociedade, tratando de assuntos que contendem com direitos fundamentais das pessoas. Desta feita, estão obrigados para com a comunidade[222] beneficiária e financeiramente contribuinte da actividade administrativa[223], devendo exercer as suas funções na perspectiva da continuidade e do funcionamento serviço devido[224].

---

221 Principes européens d'Administration Publique, Documents SIGMA: No. 27, 2000, in http://www.sigmaweb.org/dataoecd/26/28/36972575.pdf, p. 12.

222 O seu «empregador material».

223 Vicenzo Certullo Irelli, Corso di Diritto Amministrativo, Torino, Giappichelli, 1997, XXX, p. 131: "Como as organizações públicas ... são organizações que servem os interesses da colectividade, assim os agentes públicos, e designadamente o pessoal subordinado das mesmas, no exercício das suas funções, estão ao serviço do público, dos cidadãos. E toda a sua acção deve ser ordenada a assegurar o melhor desenvolvimento, a eficiência e a eficácia do serviço aos cidadãos".

224 Sobre este princípio no sentido de impor, mesmo após a cessação do respectivo título, o exercício das funções de cargo dirigente em regime de gestão corrente, ver

Esta responsabilidade pela função tem tradução no artigo 266.°, n.° 2, da CRP, que vincula, de forma directa e imediata, os trabalhadores a exercer as suas funções com respeito pelos princípios da igualdade, da proporcionalidade, da justiça, da imparcialidade e da boa fé. A responsabilidade pela própria prestação de serviço à comunidade coloca a questão da medida da invocabilidade, por parte do trabalhador, da excepção do não cumprimento no caso de falta do empregador às suas obrigações[225].

---

ponto 6.2. do Parecer n.° 62/2002, do Conselho Consultivo da PGR, in DR., II Série, n.° 67, de 20 de Março de 2003, pp. 4432 e segs., *maxime*, p. 4437, e Parecer do mesmo órgão n.° 3/2002, DR, II Série, n.° 193, de 22 de Agosto de 2002, pp. 14 226 e segs., *maxime*, 14 230.

[225] A prestação do trabalhador numa relação jurídica de emprego é a realização de uma determinada actividade ou função. Mais do que a continuidade da prestação efectiva, que condicionalismo ou motivo justificáveis podem não tornar possível, é a disponibilidade do trabalhador para a efectuar que constitui a pretensão do empregador (António Lemos Monteiro Fernandes, Direito do Trabalho, 11.ª edição, Almedina, 1999, pp. 121 a 124).

Se o trabalhador não pode cumprir por causa injustificada imputável ao empregador, isto é, não exerce actividade, porque, por exemplo, sem razão, não lhe é dito o que tem de fazer ou não lhe cometida qualquer tarefa, nem onde e nem como deve prestá-la, a questão que se coloca é a de saber se o trabalhador fica desobrigado do respectivo cumprimento (em termos que o levem, designadamente, a não comparecer ao serviço ou à acumulação não autorizada de um outro emprego). Há que ponderar: i) que o trabalhador se compromete a estar disponível para prestar actividade dada; ii) a medida da projecção do trabalho sobre a prestação de serviço às pessoas; iii) e os interesses públicos pertinentes, que envolvem, também, o respeito dos direitos e interesses dos administrados associados ao serviço consubstanciado por prestação laboral dos respectivos trabalhadores (Acórdão do 1.° Juízo Liquidatário do CA do TCA Sul, de 11 de Março de 2004, processo n.° 04356/00); e iv) a gravosidade do incumprimento da outra parte.

Do ponto de vista da convocação da figura da excepção de não cumprimento, embora se possa dizer que existe motivo para que deixe de cumprir, obrigado que esta a cumprir em primeiro lugar (artigo 429.° do Código Civil), o certo é que, querendo, pode desvincular-se mediante a observância de um pré-aviso (artigo 32.°, n.° 1, alínea b) e n.° 2, da LVCR e artigo 286.° do RCTFP).

Diversamente, no passado, numa relação de trabalho concebida em bases não paritárias, aceitava-se que a iniciativa do trabalhador ficava dependente da concordância do empregador. Por exemplo, a alínea d), do § 1 do artigo 469.° do Código Administrativo (revogado pelo artigo 65.°, alínea d), do Decreto-Lei n.° 247/87, de 17 de Junho) dispunha o seguinte: "A entidade competente para o provimento poderá rescindir o contrato a todo o tempo, a pedido do contratado, se não resultar prejuízo para os serviços"). No exemplo concreto, a situação deve, primeiramente, ser perspectivada, sob a óptica da violação do dever de ocupação efectiva do trabalho (por inexistirem circunstâncias justificativas da sua não observância) e diligenciar no sentido da respectiva ultrapassagem.

4.3. O PRINCÍPIO DA SEPARAÇÃO DO PODER POLÍTICO

A esfera do poder público assenta em dois planos, o do poder político e o do poder administrativo. Tratam-se de dois poderes distintos e dotados de legitimidade diferentes, respectivamente, a legitimidade democrática – a "confiança do público, que se exprime no quadro de eleições políticas livres e que é validada por cada mandato político" – e a legitimidade administrativa, "que repousa sobre os méritos e a capacidade profissional dos funcionários, designadamente verificados através de concursos públicos de admissão na função pública, de acordo com as condições previstas na lei"[226].

A relação destes com o poder político é, em parte, de dependência, por caber aos trabalhadores da Administração Pública preparar, informar e executar as políticas públicas definidas pelo Governo em funções (artigos 182.°, 199.°, alíneas d) e e), e 200.°, n.° 1, alínea a), da CRP), independentemente de qual seja (princípio da neutralidade política)[227], na medida em que têm tradução nos interesses públicos a prosseguir pelas pessoas colectivas empregadoras. Cabe-lhes, bem assim, assegurar a continuidade do funcionamento da Administração Pública para além dos ciclos eleitorais (artigo 266.°, n.° 2). Acresce considerar os trabalhadores são também aqueles que asseguram o funcionamento dos serviços e organismos na dependência da Assembleia da República, da Presidência da República e das instituições judiciárias.

Em nome da separação do poder político pode explicar-se a garantia do emprego e de não discriminação em virtude da filiação em partido político, da candidatura e do exercício de cargos políticos. O artigo 269.°, n.° 2, consagra o princípio da cidadania activa dos "trabalhadores da Administração activa e demais agentes do Estado e outras entidades públicas", os quais, como quaisquer cidadãos, gozam do exercício dos direitos de participação política[228].

A independência do poder político postula "liberdade de julgamento ou de opinião", com a não projecção do respectivo exercício sobre a "inte-

---

[226] Principes européens d'Administration Publique, cit., p. 22.

[227] Principes européens d'Administration Publique, cit., p. 24, e artigos 6.°, 225.° a 228.°, 235.° a 243.° da CRP.

[228] Cfr. capítulo II da Parte I, *v.g.*, artigos 48.° e 50.°.

gridade profissional" do trabalhador[229], mesmo, em geral, nos cargos de livre escolha. O princípio em matéria de exteriorização de opiniões, designadamente, políticas, é o da sua expressão livre, no e fora do desempenho de funções, cuja limitação só, comedidamente, a observância de certos deveres laborais[230] ou a natureza das funções exercidas pode justificar[231].

4.4. O PRINCÍPIO DA IGUALDADE

O princípio da igualdade começou por ser um princípio contra a discriminação no acesso ao emprego público[232], enriquecido, posteriormente, por uma cláusula aberta quanto aos motivos susceptíveis de serem censurados por discriminatórios (artigos 13.° e 47.° da CRP[233]). Evolui para uma igualdade no mérito, materializado no concurso público (artigo 47.° da CRP). Depois, assume a dimensão de princípio regulador da própria relação jurídica de emprego público (artigos 47.°, n.° 2, 59.°, n.° 1, alínea a), e 266.°, n.° 2, da CRP). E aqui tem um sentido positivo, o de postular a diferenciação dos trabalhadores segundo critérios objectivos[234] (que inclui a distinção das próprias situações, quando for o caso) e segundo o princípio da justa medida da diferenciação[235]. É, ainda, um princípio de

---

[229] Principes européens d'Administration Publique, cit., p. 11.

[230] Como, por exemplo, o dever de imparcialidade, o dever de isenção e o dever de não divulgar matéria sujeita a reserva legal.

[231] A lei pode, sem prejuízo disto, por razões funcionais estabelecer restrições ao respectivo exercício pelos "militares e agentes militarizados dos quadros permanentes em serviço efectivo, bem como por agentes dos serviços e forças de segurança" (artigos 270.° e 275.°, n.° 4, da CRP).

[232] Cfr. artigo 6.° da Declaração dos Direitos do Homem e do Cidadão, de 1789: "A lei é a expressão da vontade geral. Todos os cidadãos têm o direito de concorrer, pessoalmente ou através de mandatários, para a sua formação. Ela deve ser a mesma para todos, seja para proteger, seja para punir. Todos os cidadãos são iguais a seus olhos e igualmente admissíveis a todas as dignidades, lugares e empregos públicos, segundo a sua capacidade e sem outra distinção que não seja a das suas virtudes e dos seus talentos." (http://www.eselx.ipl.pt/ciencias-sociais/tratados/1789homem.htm).

[233] Também artigo 14.° da CEDH.

[234] Acórdão do STJ de 27 de Novembro de 2002, processo n.° 02S2237, ponto IV do sumário.

[235] Na gestão das relações de trabalho, o princípio impõe a adopção de critérios ou parâmetros objectivos, seja como garantia de não discriminação de certas categorias de trabalhadores (por exemplo, em razão do sexo, da origem geográfica, ...), seja como garantia

discriminação correctiva, compensatória de desigualdades de facto socialmente relevantes e necessariamente proporcional ao reequilíbrio pretendido[236-237]. O princípio da igualdade constitui, também, um princípio de relacionamento funcional dos trabalhadores da Administração Pública com os administrados (artigo 266.°, n.° 2, da CRP).

4.4.1. A coexistência de regimes jurídicos de trabalho e o princípio da igualdade

Em termos de posicionamento relativo de trabalhadores em face de um mesmo empregador, no exercício de uma mesma ou similar actividade com regimes de trabalho diferentes, coloca-se a questão de saber se a respectiva coexistência é contrária ao princípio da igualdade. A introdução (primeiro, de forma avulsa e, depois, com carácter geral) do regime jurídico do contrato de trabalho como vínculo de prestação estável de trabalho na Administração Pública, a par da nomeação, trouxe consigo a situação de coexistência, numa mesma pessoa colectiva ou serviço, de relações de trabalho de objecto idêntico e diferentes natureza e disciplina jurídicas. Depois, a coexistência resultou de a lei permitir a utilização, nesses termos, de ambos os tipos de vínculos e regimes[238]. Importa ter presente, contra a invocada violação do princípio de igualdade, o seguinte:

---

de tratamento equitativo dos trabalhadores (*v.g.*, iguais possibilidades de aceder a categoria superior ou a posicionamento remuneratório mais elevado), seja no estabelecimento de diferenças de disciplina relativamente a categorias diferentes de trabalhadores. Estes mesmos parâmetros se estendem à definição e aplicação do regime de cessação da relação jurídica de emprego.

[236] Acordãos do TJUE de 30 de Setembro de 2004, processo C-319/03, de 19 de Março de 2002, processo C-76/99, e de 6 de Julho de 2000, processo C-407/98.

[237] Neste quadro, por exemplo dado que os indivíduos com deficiência "gozam plenamente dos direitos consignados na Constituição, com ressalva daqueles para os quais se encontrem incapacitados", considerando que o artigo 71.° da CRP comete ao Estado a obrigação da sua integração e de efectiva realização dos seus direitos e considerando o número "francamente diminuto" no conjunto dos trabalhadores da Administração Pública, o Decreto-Lei n.° 29/2001, de 3 de Fevereiro, "estabelece o sistema de quotas de emprego para pessoas com deficiência" (ver, também, n.° 2, alínea d) e n.° 12 da Resolução do Conselho de Ministros n.° 38/2006, DR., I Série-B, de 18 de Abril).

[238] Cfr. artigo 6.°, n.° 2, alínea b), e artigo 34.°, n.° 1, da Lei n.° 3/2004, de 15 de Junho, e artigo 1.°, n.° 4, *a contrario*, da Lei n.° 23/2004, de 22 de Junho.

a) Se a utilização dos instrumentos e regime jurídicos laborais privados na Administração Pública é "uma opção constitucionalmente legítima do legislador", também o é a referida coabitação, como consequência inevitável e, concomitantemente, a respectiva "diferença nos elementos configuradores dos mesmos"[239].
b) Sendo regimes de trabalhos distintos, "não são os mesmos os direitos e deveres de uma e outra categoria" de trabalhadores[240].
A partir do momento em que se adoptam regimes jurídicos distintos, não há nenhuma imposição mútua dos seus vários aspectos, isoladamente considerados.
O regime laboral jus-administrativista e o regime laboral privado não devem ser desdobrados na sua unidade e servir, cada extracto ou aspecto, a juízos comparativos descontextualizados[241].
c) Não devem a Administração Pública e os tribunais substituir-se ao legislador, impondo, por essa via, contra a sua vontade e legitimidade, um *tertium genus* de regime.
d) O ajuizamento à luz do princípio da igualdade da situação jurídica de dois trabalhadores que, sob vínculos e regimes jurídicos diferentes, exercem uma mesma actividade, depende da eleição de um critério ou referente sob o qual a igualdade ou desigualdade deve ser perspectivada. O mesmo não pode, naturalmente, variar segundo o interesse e a vantagem daqueles que invocam a violação da igualdade (em termos de, por exemplo, os trabalhadores com

---

239 Sentença n.° 99/1987, de 11 de Junho, do Pleno do Tribunal Constitucional espanhol (STC – in www.tribunalconstitucional.es), processo n.° 763/1984, que declarou a inconstitucionalidade de determinados artigos da Lei n.° 30/1984, de 2 de Agosto, de Medidas para a Reforma da Função Pública, http://www.igsap.map.es/cia/dispo/sent99-87.htm, igualmente publicada in http://www.justicia.es.

240 STC n.° 99/1987, de 11 de Junho, citada.

241 Acórdão da 2.ª Secção do TC n.° 663/99, de 7 de Dezembro de 1999, processo n.° 598/98: "Pretender fazer valer uma igualdade formal em matéria de uma regalia específica ou norma específica, desconsiderando todo o universo de diferenças que a justifica, bem como o sentido da própria regulamentação globalmente considerada que a impõe (diverso, como se disse, perante relações de direito privado e no domínio público), seria desconsiderar o próprio sentido do princípio da igualdade, que exige o tratamento diferenciado do que é diferenciado tanto quanto exige o tratamento igual do que é igual. Sendo certo, aliás, que a igualação de uma circunstância pode, no conjunto, agravar a desigualdade – basta que tal igualização se faça a favor da parte mais favorecida em todas as outras circunstâncias, menos naquela."

regime de Direito privado invocarem a duração de trabalho dos funcionários públicos e estes a flexibilidade remuneratória e de evolução profissional que é típica do regime jurídico de trabalho privado).

e) A "igualdade de tratamento entre funcionários e trabalhadores não se infere da Constituição, e disso é prova a também distinta disciplina e previsão constitucional ..., o que justifica 'as regulações diferenciadas, que não [sejam] ... irrazoáveis'"[242].

A distinção tem de ser feita entre a própria relação de emprego de natureza jurídico-privada estabelecida com uma pessoa colectiva pública e a relação jurídico-privada estabelecida com uma pessoa colectiva privada não integrada na Administração Pública. No mesmo sentido, se pronunciou o Tribunal Constitucional italiano na *Sentenza* 89/2003, de 13.03.2003, rejeitando a tese segundo a qual, na sequência da "privatização, resultante da reforma de 1993, a relação de trabalho sob a dependência das Administrações Públicas seja assimilada, sob qualquer aspecto, àquela estabelecida com um empregador privado". Com efeito, "declarou não fundada a questão da constitucionalidade do artigo 36.°, n.° 2, do "decreto legislativo 30 marzo 2001, n. 165 (Norme generali sull'ordinamento del lavoro alle dipendeze delle amministrazioni pubbliche) – que exclui que a violação de disposições imperativas relativas à admissão ou ao emprego dos trabalhadores (*v.g.* a violação do termo estipulado em contrato de trabalho) possa dar lugar à constituição de uma relação de trabalho por tempo indeterminado –, por alegada violação do princípio da igualdade entre "trabalhadores públicos e trabalhadores privados"; notou o Tribunal que o "princípio fundamental em matéria de constituição de uma relação de emprego ao serviço das Administrações Publicas" do concurso, enunciado no artigo 97.°, n.° 3, da Constituição, princípio estranho à disciplina das relações de trabalho no sector privado, "torna evidente a não homogeneidade das situações postas em confronto"[243].

---

[242] STC n.° 99/1987, de 11 de Junho, citada.

[243] Cfr. Sentença *in* http://www.cortecostituzionale.it e o comentário de Sergio Salvatore Manca a esta Sentença, "Conversione del rapporto di lavoro alle dipendenze delle PP. AA. a tempo determinato in indeterminato", *in* http://www.leggiweb.it.

4.5. O PRINCÍPIO DA RESPONSABILIDADE

A Constituição afirma o princípio da responsabilidade pessoal dos "funcionários e agentes do Estado e das demais entidades públicas" (artigo 271.°, n.° 1). Devem responder pelo exercício das suas funções, pela suas acções e omissões. Serve como garantia de realização da actividade administrativa de acordo com o direito, de protecção dos interesses públicos e dos direitos e interesses dos indivíduos[244]. A responsabilidade individual constitucionalmente definida tem as seguintes características:

a) trata-se de responsabilidade civil, criminal e disciplinar;
b) é funcional, tenha a acção ou omissão causadora lugar no exercício de funções, ou seja conexa com este exercício;
c) existe quando daí resulte violação dos direitos ou interesses legalmente protegidos dos cidadãos.

A responsabilidade civil é acompanhada da responsabilidade solidária do Estado e das demais entidades públicas (artigo 22.° da CRP) quando esteja em causa a violação de direitos, liberdades e garantias ou, em qualquer caso, cause prejuízos a outrem[245]. Com a actuação ou omissão do funcionário ou agente, no exercício das suas funções e porque no exercício das suas funções, está em causa a actividade administrativa e a prossecução de interesses públicos dados[246]. Faz, por isto, sentido, a afirmação de um princípio de solidariedade, para além de constituir uma garantia de solvabilidade para o lesado e de tutela dos respectivos direitos fundamentais[247].

---

[244] Principes européens d'Administration Publique, cit., p. 13. Sendo um factor de eficácia e legalidade administrativa, a "responsabilidade dos agentes da administração" constitui uma "condição comum fundamental da organização administrativa" – Frederico Laranjo, Princípios ..., cit., pp. 27 e 28.

[245] A Constituição protege as pessoas contra as ofensas, por acção ou omissão, provindas dos poderes públicos aos seus direitos, liberdades e garantias ou que lhes causem prejuízo através da responsabilidade civil (artigo 22.° da CRP).

[246] Jaime Rodríguez-Arana, "Nuevas Orientaciones Doctrinales sobre la Responsabilidad Patrimonial de la Administración Pública", in *Scientia Ivridica*, Tomo LI, n.° 293, Maio/Agosto de 2002, p. 285.

[247] A garantia de solvabilidade pode ser dada por um seguro, assim como a garantia da efectivação do direito de regresso. Considere-se, por exemplo, que "[n]os Estados Unidos, aos agentes administrativos é exigido seguro contra pedidos de responsabilidade no serviço que prestam, e pagam um prémio segundo os seus antecedentes e a responsabi-

O artigo 22.° nada diz sobre o exercício do direito de regresso, sendo que, nos termos do artigo 271.° da CRP, existe responsabilidade pessoal do funcionário ou agente pela violação dos direitos ou interesses legalmente protegidos. A regra há-de ser, portanto, o exercício do direito de regresso. Dir-se-á, então, que sempre que o funcionário ou agente, no exercício das suas funções, viole, culposamente, direitos ou interesses legalmente protegidos de outrem causando-lhe danos, responde civilmente. A tipologia, a natureza e a relevância na actividade administrativa das funções exercidas pelo trabalhador podem, porém, justificar modelações na efectivação desta responsabilidade pessoal, circunscrevendo-a, por exemplo, à situação de dolo ou à de culpa grave no caso dos funcionários públicos e prevendo-a, sem distinções ao nível da culpa, para os demais trabalhadores da Administração Pública[248].

4.6. O PRINCÍPIO DO MÉRITO

O princípio do mérito postula objectividade no exercício dos poderes do empregador público, isto é, a justificação das respectivas opções à face dos interesses públicos a seu cargo e das características dos empregos públicos. Envolve a consideração, na determinação da situação jurídica do trabalhador, do seu desempenho e do cumprimento dos seus deveres e obrigações. Implica concorrência e a valoração do posicionamento relativo dos trabalhadores.

O princípio tem base constitucional no artigo 47.°, n.° 2, da CRP, constituindo o concurso no acesso aos empregos públicos uma sua expressão. Tem, igualmente, base no artigo 266.°, n.° 2, que estabelece padrões do desempenho funcional do trabalhador.

---

lidade que desempenham" – C. A. Herrera Guerra, "La vocación de la universalidad del Derecho administrativo: el Administrative State para un país que no es administrado por ángeles", Revista de Administración Pública, 178, Madrid, enero/abril 2009, p. 170, nota 103.

[248] O regime legal é, porém, o da não diferenciação segundo o agente público responsável (cfr. artigos 1.°, n.os 4 e 5, e 8.° do regime de responsabilidade civil extracontratual do Estado e demais entidades públicas, aprovado pela Lei n.° 67/2007, de 31 de Dezembro).

O princípio tem várias projecções. Em sede de recrutamento, constitui o parâmetro de organização da selecção na perspectiva de um desempenho capaz e da conexa capacidade funcional ou prestativa da Administração[249]. É o mérito que está em causa na sujeição do trabalhador a um período de prova, experimental ou de "aferição da aptidão"[250]. Na formação profissional, para além da motivação pessoal do trabalhador na aquisição de maior qualificação, está em causa a obrigação prestativa para com o empregador e o interesse deste[251]. É, igualmente, o mérito que está em causa na avaliação regular do desempenho dos trabalhadores e na associação do posicionamento remuneratório ao mesmo.

---

249 Acórdão do Plenário do TC n.° 683/99, de 21 de Dezembro, processo n.° 42/98.

250 Acórdão da 1.ª Secção do CA do TCA Norte de 26 de Julho de 2007, processo n.° 00194/06.1BEPNF.

251 Principes européens d'Administration Publique, cit., p. 11.

PARTE II
A relação jurídica de emprego publico

5. A RELAÇÃO JURÍDICA DE EMPREGO PÚBLICO

O Direito da função pública regula, no essencial, a relação jurídica de emprego público. As suas normas são, sobretudo, relacionais e só são organizativas na medida em que os aspectos organizativos se projectam sobre a relação jurídica de emprego público, a qual importa, pois, conhecer nos seus elementos.

5.1. Os elementos da relação jurídica de emprego público

A relação jurídica de emprego público é a relação jurídica estabelecida entre um indivíduo e uma pessoa colectiva integrada na Administração Pública, ou com um ente público, cujo objecto se traduz na prestação de trabalho subordinado[252], com carácter contínuo, a que corresponde uma contrapartida remuneratória[253], e disciplinada por um mínimo denominador comum de regime jus-publicista.

5.1.1. O empregador público

A relação jurídica de emprego público estabelece-se entre um indivíduo e um empregador público. Este é um sujeito de direito e, portanto,

---

[252] Jorge Leite, Direito do Trabalho e da Segurança Social, Lições ao 3.° ano da Faculdade de Direito, Serviços Sociais da Universidade de Coimbra, Serviço de Textos, Coimbra, 1982, p. 110, e Acórdão de 14 de Abril de 2004, do TCA Sul, processo n.° 12627/03 e Acórdão da 2.ª Subsecção do CA do STA de 9 de Junho de 1998, processo 039311.

[253] Vicenzo Cerulli Irelli, Corso di Diritto ..., cit., p. 124.

uma pessoa jurídica. Estabelece e gere as relações de emprego respectivas. A possibilidade de prática ou de condicionamento de certos actos, previstos na lei, por parte do Governo relativamente aos trabalhadores de outras pessoas colectivas públicas, deve respeitar a individualidade e natureza jurídica do respectivo empregador e, portanto, não deve ocorrer em detrimento destas[254].

O empregador público é uma pessoa colectiva[255] integrada na Administração Pública e é, também, corporizado, pela específica separação orgânica, na dimensão administrativa dos órgãos de soberania e outros órgãos do Estado (como, por exemplo, o Provedor de Justiça e o Procurador-Geral da República)[256].

Exclui-se a relação jurídica estabelecida com uma pessoa jurídica singular (quer integre ou não a Administração Pública) e a relação jurídica de emprego com pessoa colectiva nela não inserida, ainda que no exercício de tarefa ou atribuição pública[257]. A relação de emprego público é remunerada por recursos públicos e liga-se, aí, de modo funcional e/ou pelo tipo de actividade desenvolvida pelo empregador[258], aos fins ou interesses públicos prosseguidos. Nas ordens profissionais, sem prejuízo dos

---

[254] Cfr. artigo 199.°, alínea e), artigos 235.° e 243.° da CRP, Acórdão do STA de 3 de Novembro de 2005, recurso n.° 239/2005, no qual o Tribunal considerou ilegal a fixação, pela Ministra do Estado e das Finanças, de critérios de aferição da inexistência de prejuízo para serviço relativamente a funcionários das autarquias locais e Acórdão do 1.° Juízo Liquidatário do CA do TCA Sul de 18 de Janeiro de 2007, processo n.° 07072/03, que considerou nula a decisão governamental de aplicação de sanção disciplinar expulsiva a funcionária de faculdade da Universidade de Lisboa. Ver, também, Paulo Otero, "Procedimento disciplinar: início do prazo de prescrição e competência disciplinar sobre os funcionários da Administração indirecta", in O Direito, 1991, pp. 163 e segs.

[255] Apenas quando a "entidade empregadora pública" não tem personalidade jurídica" pode, pois, o contrato ter-se por celebrado "em nome ou em representação do Estado", nos termos do disposto no artigo 9.°, n.° 3, LVCR.

[256] Assim, são demandados judicialmente pelos actos e actuações em matéria administrativa o Presidente da República, a Assembleia da República, o Tribunal de Contas, ... (cfr. artigo 24.° do ETAF).

[257] Acórdão do TJCE de 30 de Setembro de 2003, Colegio de Oficiales ..., considerando 40, Acórdão de 23 de Fevereiro de 2006, Comissão/Espanha, n.° 33, e ver Pedro Costa Gonçalves, "Entidades privadas com poderes administrativos", in Cadernos de Justiça Administrativa (CJA), VIII Seminário de Justiça Administrativa, n.° 58, Julho/Agosto 2006, pp. 51 e segs.

[258] A actividade, ou é de raiz pública, ou deve ser assegurada publicisticamente em certos moldes.

interesses públicos que asseguram, estão em causa, em primeira linha, os interesses e os recursos dos respectivos associados privados, não sendo, como tal, de caracterizar como emprego público as relações de trabalho que estabelecem. Nas pessoas colectivas privadas incumbidas de tarefa ou serviço público, a ligação ao interesse público não é um imperativo heterónomo, mas é contratualizada e interessada, sem descaracterizar, por isso, a natureza privada do sujeito empregador e os fins privados que prossegue[259]. Podem, assim, à luz dos seus interesses próprios, recrutar livremente os trabalhadores e com os mesmos conformar, no exercício da autonomia privada, as respectivas relações de trabalho.

Nas pessoas colectivas públicas com forma privada integradas pelo menos, materialmente na Administração Pública é relevante, também, a conexa conformação da respectiva actividade por princípios jus-publicistas organizativos, de funcionamento e materiais[260] e o contexto (ou ausência dele) do desenvolvimento da respectiva actividade em concorrência. Considere-se o caso dos hospitais públicos sociedades anónimas de capitais e/ou domínio maioritariamente públicos, e a sua integração no Serviço Nacional de Saúde (artigo 64.° da CRP)[261] e o caso, diferente, das pessoas colectivas poucas que, integrando, também, o sector público empresarial, prosseguem fins económicos e/ou desenvolvem, no mercado, actividades susceptíveis de se autofinanciarem[262].

5.1.2. A prestação de trabalho subordinado

O objecto da relação jurídica de emprego público é a prestação de trabalho subordinado. Para a identificação deste, há que atender à vontade das partes, ao modo de conformação da actividade, à existência de autoridade disciplinar e à integração na estrutura organizacional, não necessa-

---

[259] Incluem-se, aqui, as instituições privadas de interesse público.

[260] Cfr. artigo 266.° e 267.° da CRP e artigo 2.°, n.° 5, do CPA.

[261] Ou, por exemplo, o caso das associações de municípios de fins específicos.

[262] Ver Jorge Manuel Coutinho de Abreu, "Sociedade Anónima, A Sedutora (Hospitais, S.A., Portugal, S.A.)", in Miscelâneas, n.° 1, Instituto de Direito das Empresas e do Trabalho, p. 23. Num sentido diferente, ver Pedro Romano Martinez, Direito do Trabalho 2.ª edição (reformulada e adaptada ao Código do Trabalho), 2005, pp. 699 a 701, Ettore Morone, "Impiego Pubblico", Novissimo Digesto Italiano, Vol. VIII, Unione Tipografico – Editrice Torinese, p 266, e Laura Rainaldi, "Impiego pubblico", in Digesto delle Discipline Pubblicistiche, Vol. VIII, UET, p. 147.

riamente hierárquica[263]. Do ponto de vista da subordinação jurídica (sujeição à autoridade disciplinar e/ou a maior ou menor poder de direcção não é de excluir da relação jurídica de emprego os dirigentes, entre as quais, "as relações dos dirigentes de topo e directores gerais, [mesmo quando] ... não estão vinculados hierarquicamente aos órgãos de governo"[264].

Por ausência de subordinação jurídica, estão excluídos os contratos de prestação de serviços, os acordos de actividade ocupacional ou de emprego-isenção e os contratos de ocupação temporária[265] e os contratos de formação, que podem, no conjunto, ser designados como actividades prestativas não laborais, assim como está excluído o exercício ocasional de certas funções, como, por exemplo, as de membro de grupo de trabalho e as de órgão avaliativo *ad hoc*.

Nos contratos de prestação de serviços, uma das partes obriga-se para com a outra a prestar de forma autónoma um serviço, o resultado de actividade da qual tem o domínio, sendo esta determinada e senão determinada pelo resultado contratualmente fixado[266-267]. Pelo serviço prestado

---

[263] Cfr. Pedro Romano Martinez, "Trabalho subordinado e trabalho autónomo", Estudos do Instituto de Direito do Trabalho, Vol. I, Instituto de Direito do Trabalho, Universidade de Lisboa, I Curso de Pós-Graduação em Direito do Trabalho, 2001, pp. 287 a 289, e Joaquim de Sousa Ribeiro, "As fronteiras juslaborais e a (falsa) presunção de laboralidade do artigo 12.° do Código do Trabalho", in Direito dos Contratos, Estudos, Coimbra Editora, 2007, pp. 347 e segs., *maxime*, pp. 355 e segs. e Maria do Rosário Ramalho, "Ainda a crise do direito laboral: a erosão da relação de trabalho 'típica' e o futuro do Direito do Trabalho", *in* Estudos de Direito do Trabalho, Vol. I, Almedina, 2003, p. 118.

[264] Pietro Virga, Il Pubblico Impiego Dopo la Privatizzazione, Quarta Edizione Completamente Rifatta, Giuffrè Editore, 2002, p. 4): "No passado, exigia-se o elemento da subordinação hierárquica. Hoje já não é assim, como demonstra o facto de se poder incluir na relação de emprego público também as relações dos dirigentes de topo e directores gerais, os quais não estão vinculados hierarquicamente aos órgãos de governo").

[265] Sobre estes, ver Resolução da Secção Regional dos Açores do Tribunal de Contas n.° 9/98, processo n.° 632/98, in DR., II Série, n.° 150, de 2 de Julho de 1998, pp. 9163 a 9165.

[266] O prestador de serviços não se integra na organização de trabalho da pessoa colectiva para com quem se obriga, em face da qual não está numa relação de dependência; é, portanto, e designadamente, alheio à existente ordenação hierárquica. Não é um título nem gera relação jurídica de emprego público. Neste quadro, é incoerente a inserção no diploma e título sobre os "regimes de vinculação ... dos trabalhadores que exercem funções públicas" do seu regime (artigos 35.° e 36.° do Capítulo IV – "Contratos de prestação de serviços" – do Título III – "Regimes de vinculação" – da LVCR).

[267] Nos contratos de prestação de serviços celebrados na Administração Pública distinguem-se duas espécies, a do contrato de tarefa e a do contrato de avença (artigo 35.° da

há lugar ao pagamento de uma quantia monetária certa e não, como é típico da relação jurídica de emprego, de retribuição, de suplementos remuneratórios, ditados por particularidades da prestação de trabalho, de subsídio de refeição e de subsídios de férias e de Natal[268].

LVCR e artigo 17.° do Decreto-Lei n.° 41/84, de 3 de Fevereiro, revogado, na redacção dada pelo artigo único do Decreto-Lei n.° 299/85, de 29 de Julho, e pelo artigo 1.° do Decreto-Lei n.° 169/2006, de 17 de Agosto). No contrato de tarefa, o indivíduo obriga-se a uma realização específica, finda a qual termina (é função da própria tarefa), sendo o pagamento devido pela respectiva conclusão, sem prejuízo de as partes poderem acordar o seu pagamento fraccionado. No contrato de avença, está em causa a obtenção de "prestações sucessivas no exercício de profissão liberal", isto é, a realização de trabalho, de forma autónoma, por conta própria, de carácter científico, técnico ou artístico, que pressupõe uma habilitação específica (Acórdão – Recurso extraordinário do Tribunal de Contas n.° 8/95, Decisão n.° 7262/94, publicado no DR., I Série, n.° 299, de 29 de Dezembro de 1995). O pagamento pode acompanhar a sucessão das prestações, ter lugar segundo outra periodicidade ou associar-se ao termo da prestação do serviço. Pode terminar a qualquer momento, pela declaração de qualquer das partes mediante pré-aviso, sem obrigação de indemnizar. O artigo 35.°, n.° 1, da LVCR, parece limitar a possibilidade de celebração de contratos de prestação de serviços às modalidades referidas e, portanto, não admitir o recurso ao género, nos termos dos artigos 1154.° a 1156.° do Código Civil. À redacção daquela norma pode contrapor-se que tal possibilidade decorre do Código da Contratação Pública (cfr., *v.g.*, artigos 2.°, 3.°, 6.°, n.° 1, alínea e)).

A utilização abusiva dos contratos de prestação de serviço fez com que a celebração de tais contratos com pessoas singulares fosse remetida para as situações excepcionais, em que é impossível – no essencial, dada a especialidade ou elevado grau de complexidade que a prestação requer – ou inconveniente a celebração com pessoas colectivas – *v.g.*, elevado encargo financeiro – (Acórdão do TC n.° 620/2007, de 20 de Dezembro, citado). O Despacho n.° 16066/2008, de 26 de Maio, do Secretário de Estado da Administração Pública autoriza *a priori* a celebração de contratos de prestação de serviço com pessoas singulares nas modalidades de tarefa e de avença nas situações que identifica, em nome da sua "tipologia e especificidade própria e pelo seu elevado número". A Lei n.° 3-B/2010, de 28 de Abril, suprime a exigência de contratação, em regra, com pessoas colectivas, mas fez depender de decisão prévia favorável dos membros responsáveis pela área das Finanças e da Administração Pública a possibilidade de celebrar contratos de prestação de serviços, co-responsabilizando aqueles pela legalidade do mesmo.

[268] Sobre a função dos subsídios de férias e de Natal, ver João Alfaia, Conceitos Fundamentais do Regime Jurídico do Funcionalismo Público, Vol. II, Coimbra, 1988, pp. 935 a 946.

Na medida em que o recurso ilegal ao contrato de prestação de serviços para assegurar a execução de trabalho subordinado redunda, necessariamente, no afastamento da protecção jurídica própria (designadamente, no que toca à atribuição de subsídio de férias e de Natal e ao âmbito da protecção social), não é de excluir que o trabalhador diligencie judicialmente pelo respectivo ressarcimento a título de enriquecimento ilícito ou que, sem

Os acordos de actividade ocupacional contratos de ocupação temporária ou contratos emprego-isenção e os contratos de formação inscrevem-se dentro da denominada "política activa de emprego", traduzida na colocação de trabalhadores, no fomento do emprego e na formação profissional, como estímulo à "contratação laboral", ao estabelecimento de futuras relações de trabalho, subordinado ou autónomo[269]. São formas de «para-emprego», envolvendo o pagamento, não de remuneração, mas de subsídios aos respectivos contraentes. A actividade ocupacional de trabalhadores subsidiados constitui "trabalho socialmente necessário"[270]. Tem o fim estruturante da "ocupação socialmente útil de pessoas desocupadas enquanto não lhes surgirem alternativas de trabalho" e a promoção da sua empregabilidade (no mercado de trabalho)[271] e, consequentemente, a ces-

---

prejuízo da nulidade do contrato, o reconhecimento da existência de subordinação jurídica implique a efectivação dessa mesma protecção (neste sentido, Acórdão do STJ de 12 de Fevereiro de 2009, processo n.° 08S2583). Acresce referir que, "se não obstante a invalidade do contrato uma das partes tiver posto termo ao negócio jurídico com base noutra causa que não a invalidade – *v.g.*, por despedimento – aplicam-se as regras respectivas, como se o contrato fosse válido", salvo os efeitos incompatíveis com a declaração de nulidade (*v.g.*, não é possível a reintegração com base num contrato inválido) – Acórdão de 13 de Novembro de 2007 do Tribunal da Relação de Coimbra, processo n.° 12/06.TTLRA.C1.

[269] A situação de desemprego pressupõe não só a "inexistência total e involuntária de emprego", mas também a "capacidade e disponibilidade para o trabalho", respectivamente, a "aptidão para ocupar um posto de trabalho" e a obrigação de "aceitação de emprego conveniente, necessário e ... formação profissional" (para além de sujeição ao "controlo pelos centros de emprego"). A política activa de emprego contrapõe-se à "política passiva de emprego", em que se insere a protecção tradicional no desemprego. Cfr. Manuel Carlos Palomeque López, "Antonomía política y diversidad jurídica en la regulación de las relaciones de trabajo (a propósito de la organización territorial del Estado en España)", Boletim da Faculdade de Direito, *Stvudia Ivridica*, Conferências na Faculdade de Direito de Coimbra, 1999/2000, Universidade de Coimbra, 2000, pp. 207 a 209.

[270] O emprego necessário corresponde aquele que "deva ser desenvolvido no âmbito de programas ocupacionais organizados por entidades sem fins lucrativos, em benefício da colectividade e por razões de necessidade social ou colectiva, para o qual os titulares das prestações tenham capacidade e não recusem com base em motivos atendíveis" (artigo 15.° do Decreto-Lei n.° 220/2006, de 3 de Novembro, e Portaria n.° 192/96, de 30 de Maio e Portaria 128/2009, de 30 de Janeiro, que revogue esta).

[271] Designadamente, pela manutenção "em contacto com outros trabalhadores e outras actividades, evitando o isolamento e combatendo a tendência para a desmotivação e marginalização" (§ 4 do preâmbulo e artigo 3.°, n.° 1, alínea b), l) e iii), da Portaria n.° 192/96 de 30 de Maio e § 2 do preâmbulo e artigo 3.° da Portaria n.° 128/2009, de 30 de Janeiro).

sação do estatuto de desempregado. A actividade ocupacional não se identifica com o plano de actividades normal das entidades públicas ou privadas promotoras[272]); há lugar à sua inserção em projectos de benefício (directo) da colectividade, em áreas específicas como as do ambiente, património cultural e apoio social[273].

O "poder de direcção do promotor do projecto é bastante limitado, desde logo, porque a prestação a que se obriga o ocupado fica predeterminada com a aprovação do projecto, não podendo ser afectado a outra actividade, nem deslocado, transferido ou substituído por decisão exclusiva do promotor" e "não goza de poder disciplinar em relação ao ocupado"[274]. Acresce que o acordo de actividade ocupacional não é celebrado no interesse de ambas as partes, mas no interesse dos trabalhadores e em benefício da colectividade[275].

Ao trabalhador desempregado a receber subsídio de desemprego, subsídio social de desemprego ou rendimento social de isenção é-lhe atribuído, para além deste, "um subsídio complementar", para além do pagamento de transporte, alimentação e seguro[276].

Os contratos de formação visam a aquisição de competências no exercício de uma profissão e envolvem a aplicação de conhecimentos académicos e de aptidões profissionais a um "contexto organizativo e de serviço"[277]

---

[272] Como "entidades de solidariedade social, autarquias e serviços públicos" (n.° 1 do artigo 5.° da citada Portaria, n.° 192/96, de 30 de Maio, e artigo 4.° da Portaria n.° 128/2008, de 30 de Janeiro.

[273] Na medida em que o projecto ocupacional deve demarcar-se da actividade normal do serviço, a sua cessação não se associa ao termo da situação de beneficiário de subsídio de emprego ou à duração máxima possível de actividade ocupacional, mas antes, fundamentalmente, ao termo da execução do projecto, à obtenção de emprego e ao eventual incumprimento das respectivas obrigações.

[274] Resolução da Secção Regional dos Açores do Tribunal de Contas n.° 9/98, processo n.° 632/98, in DR., II Série, n.° 150, de 2 de Julho de 1998, p. 9164.

[275] Constitui uma relação jurídica de segurança social como refere o acórdão do STJ de 14 de Novembro de 2001, processo n.° 01S888.

[276] Cfr. artigo 11.°, n.° 1, da Portaria n.° 192/96, de 30 de Maio e artigo 13.° e 14.° da Portaria n.° 128/2008, de 30 de Janeiro.

[277] Ver Pietro Virga, Il Pubblico Impiego..., cit., p. 7, Decreto-Lei n.° 326/99, de 18 de Agosto, que instituiu "o Programa Estágios Profissionais na Administração Pública como forma de contribuir para a inserção dos jovens na vida activa, complementando uma qualificação preexistente através de uma formação prática a decorrer no âmbito dos serviços públicos" (artigo 1.°) e o artigo 1.° e 3.° do Decreto-Lei n.° 18/2010, de 19 de Março, que revogou aquele. O diploma foi adaptado à Administração local pelo, respectivamente,

por parte de jovens dotados de dadas habilitações académicas, do mesmo passo que contribuem para a melhoria dos serviços. Não se estrutura segundo o figurino da subordinação jurídica própria das relações de trabalho[278]: o contraente privado fica sujeito a um "poder de orientação e de tutoria" e ao mesmo é pago, não uma remuneração, mas uma "bolsa de formação"[279]. Não existindo uma relação jurídica de emprego público, a eventualidade de acidente durante o estágio é coberto por seguro e não tratada como acidente em serviço[280].

5.1.3. O carácter contínuo da relação

A relação jurídica de emprego envolve a prestação de uma actividade, o que exclui a realização de uma tarefa ou funções públicas determinadas, temporalmente circunscritas, sem qualquer relação de dependência, como seja as de membro de mesa eleitoral, de órgão de avaliação, de

---

Decreto-Lei n.° 94/2006, de 29 de Maio e Decreto-Lei n.° 65/2010, de 11 de Junho. Os estagiários são recrutados através de procedimento público selectivo (artigos 6.°, 8.° e 9.°) de entre jovens até aos 35 anos, possuidores de licenciatura, recém-saídos dos sistemas de educação e formação à procura do primeiro emprego ou desempregados à procura de novo emprego ou de emprego correspondente à sua área de formação e nível de qualificação (artigo 4.°).

[278] Cfr. acórdão do STJ de 22 de Novembro de 2000, processo n.° 81/2000, *in* Colectânea de Jurisprudência, 2000, n.° 3, p. 290, e Acórdão do STJ de 18 de Março de 1998, processo n.° 20798, BMJ, n.° 475, p. 454.

[279] Acórdão do STJ de 18 de Março de 1998, processo n.° 98S020, e artigo 14.° e 15.° do Decreto-Lei n.° 18/2010, de 19 de Março.

[280] Cfr. artigo 14.°, n.° 3, alínea b), do Decreto-Lei n.° 18/2010, de 19 de Março, e Acórdão do STJ, de 14 de Novembro de 2001, processo n.° 888/01, in Colectânea de Jurisprudência, 2001, n.° 3, p. 268.

Muito embora, o legislador, em 1999, tenha desenhado um regime jurídico geral para este tipo de estágios ou períodos de formação, na falta de emissão da prevista regulamentação, publicada apenas em finais de 2005, perdurou sem aplicação (cfr. artigo 13.° do Decreto-Lei n.° 326/99, de 18 de Agosto, Portaria n.° 1256/2006, de 2 de Dezembro, e Despacho conjunto n.° 1039/2005, in DR., II Série, n.° 231, de 2 de Dezembro). Sem prejuízo, os estágios formativos de jovens tinham lugar e continuaram a ter lugar ao abrigo de específicos regimes jurídicos (a título de exemplo, cfr. a Portaria n.° 268/97, de 18 de Abril, com as alterações introduzidas pela Portaria n.° 1271/97, de 26 de Dezembro, pela Portaria n.° 814/98, de 24 de Setembro, e pela Portaria n.° 286/2002, de 15 de Março).

comissão de estudos ou grupo de trabalho e de jurado[281]. A tarefa, que pode resultar de um acto ou de um contrato, e a independência dos respectivos sujeitos, não prejudica que devam observar, nalguns casos, regras precisas e/ou directrizes.

5.1.4. A remuneração

A prestação de trabalho, ou a disponibilidade efectiva para a mesma, funcional e formalmente enquadrada – isto é, referenciada a uma dada qualificação profissional (*v.g.*, a carreira e/ou categoria) e a uma concreta situação profissional (em geral, quanto ao posto de trabalho ocupado, tempo de prestação de trabalho e inerente avaliação de desempenho) – tem como contrapartida o pagamento de uma remuneração.

As actividades prestativas não laborais, como visto, envolvem o pagamento de quantitativo pecuniário que não constitui tal contrapartida nem é determinada pela respectiva natureza, qualidade e quantidade[282].

5.1.5. O mínimo denominador comum de regime jus-publicistico

O mínimo denominador comum de regime jus-publicistico funda-se na especificidade do empregador público, enquanto garante da satisfação de necessidades colectivas e de tutela de direitos fundamentais, como visto. Corresponde aos princípios constitucionais em matéria de emprego na Administração Pública, como o relativo à igualdade no acesso, o da subordinação dos trabalhadores à prossecução dos interesses públicos a cargo do seu empregador público, o da proibição de discriminação pelo exercício de direitos políticos, como o de filiação partidária, o da garantia da audiência e de defesa em procedimento disciplinar, o da não acumulação, por princípio, de empregos ou cargos públicos, o da definição, por lei, de

---

281 O "... cidadão que forma parte do júri julga (...). Trata-se ... de uma jurisdição temporalmente limitada, pois reduz-se a uma causa concreta para cujo julgamento foi seleccionado e convocado" – Antoni Llabrés Fuster e Carmen Tomás-Valiente Lanuza, La Responsabilidad Penal del Miembro del Jurado, Centro de Estudios de Derecho, Economía y Ciències Sociales Editorial, S.L., Barcelona, 1998, p. 31.

282 Cfr. artigo 59.°, n.° 1, alínea a), da CRP.

um regime de incompatibilidades, o da reserva de Lei quanto às bases do seu regime e o do exercício das funções no respeito dos princípios gerais da actividade administrativa[283]. As "particularidades de disciplina" do emprego público privatizado parecem colocar tais relações de trabalho a "meio caminho entre o modelo publicístico e o privatístico"[284], ou, talvez melhor, no âmbito do segundo mas enquadrado pelo primeiro. A aplicação concomitante de normas jurídico-administrativas e de normas jurídico-privadas não dilui, pois, a distinção entre o Direito administrativo do emprego público e o Direito do trabalho do emprego privado[285].

---

[283] Cfr. artigos 47.°, n.° 2, 266.° e 269.° da CRP. A expressão deste mínimo denominador é feita com clareza pela "sentenza 06.02.2003 n.° 1807, Cassazione, SS. UU.civili": "Existe certamente uma destacada especialidade da disciplina da relação de emprego público 'contratualizado', dada pelo sistema de fontes concorrentes (a lei e o contrato, mas também os actos organizativos, normativos e administrativos); pelo procedimento de formação dos contratos colectivos do sector e o sistema de determinação das partes contraentes; pelos efeitos peculiares dos contratos colectivos; pela celebração do contrato com sujeitos que foram recrutados através de um procedimento administrativo de selecção; pelo significativo afastamento de regras fundamentais do trabalho privado (inaplicabilidade da sanção da conversão em contrato por tempo indeterminado por violação das regras relativas ao contrato de trabalho a termo; disciplina das funções ou prestação de trabalho; proibição de exercício em acumulação de outras actividades e regime de incompatibilidades, etc.)" – http://www.iusetnorma.it/sentenze/cassazione/pubblico_impiego/cass-ss.uu.civ-06-02-2003n1807.htm e http://www.altalex.com/index.php?idnot=5981 (Dezembro 2008).

[284] Sentenças do TC italiano n.° 313 de 1996 e n.° 309 de 1997 (ibidem).

[285] Sendo de afastar o discurso de acordo com o qual, também neste domínio, é a própria separação entre Direito Administrativo e Direito Privado que está em causa. A coexistência, relativamente a uma mesma «realidade regulada», de elementos jurídicos de «universos» diferentes não tem a inevitável virtualidade de se projectar sobre os mesmos prejudicando-os «na feição de origem» e não pode, também, descurar-se o «poder conservador dessa realidade» e do seu contexto.

Reportando-se à invocada crise ou superação da distinção histórica entre os domínios público e privado, Demetrios Argyriades destaca que a aproximação de *standards* e de práticas, que pode ser vantajosa, não prejudica a *autonomia da respectiva identidade valorativa* ..." – "Des valeurs pour le service public: Enseignements tirés des récentes tendances & du Sommet du millénaire", International Review of Administrative Sciences, volume 69, numéro 4 Décembre 2003, pp. 611 a 625 (itálico nosso).

5.2. Os vínculos jurídico-laborais

5.2.1. A tipologia dos vínculos: critérios de delimitação

As relações de emprego são tituladas por vínculos jurídico-administrativos, o da nomeação e o da comissão de serviço, e pelo contrato individual de trabalho, seja o contrato de trabalho em funções públicas, seja o contrato de trabalho *tout court*.

A nomeação, tradicionalmente, era o vínculo regra da prestação estável de trabalho na Administração, em contraponto ao carácter transitório do contrato, contrato administrativo de provimento e contrato de trabalho a termo. O conteúdo da actividade desenvolvida não era, em regra[286], relevante para a identificação da relação jurídica de emprego titulada pela nomeação. Hoje, associa-se ao exercício de funções próprias e específicas, perspectivadas segundo o núcleo essencial de funções do Estado e da actividade administrativa. A comissão de serviço titula a relação jurídica de emprego em situações específicas e transitórias, de aquisição de qualificação profissional dada ou de exercício ordinário de cargo público não inserido em carreira (entre os quais os dirigentes).

O contrato de trabalho recorta-se por exclusão de partes, sendo de notar que as actividades laborais são, em geral, essencialmente actividades técnicas e/ou materiais, muitas vezes, similares às realizadas por trabalhadores do sector privado. Mesmo quando implicam o "exercício de prerrogativas de autoridade"[287], tais prerrogativas têm um carácter instrumental ou mediato face à sua natureza predominantemente técnica.

A separação entre o contrato de trabalho em funções públicas e o contrato de trabalho *tout court* resulta de um critério institucional e de um

---

[286] A nomeação titulava o exercício com carácter de permanência de "funções próprias do serviço público", caracterizadas como "aquelas cujo exercício corresponde à aplicação de medidas de política e à concepção, execução e acompanhamento das acções tendentes à prossecução das atribuições de cada serviço" (artigo 4.°, n.° 2, do Decreto-Lei n.° 427/89, de 7 de Dezembro, revogado). Apesar de a locução apelar, por oposição, para o exercício de "funções que [não] são próprias do serviço público", a definição legal revelava-se omnicompreensiva e pouco útil como critério de delimitação.

[287] Sobre a "proibição de privatização dos vínculos laborais" que impliquem um exercício funcional com as características referidas, ver Paulo Otero, "Coordenadas jurídicas da privatização da Administração Pública", Os Caminhos da Privatização da Administração Pública, cit., pp. 56, e Martin Godino Reyes, El Contrato de Trabajo ..., cit., pp. 92 a 106.

critério de regime. O segundo é, em regra, o regime de trabalho das empresas públicas e das associações públicas profissionais (sem prejuízo, nalguns casos, de certas vinculações jurídico públicas). O contrato de trabalho em funções públicas corresponde à aplicação com adaptações jus-administrativistas do contrato de trabalho do direito laboral comum, do qual se afasta em vários aspectos. Tal explica-se pelo tipo de actividade desenvolvida, pela sua dimensão concorrencial (ou falta dela) e pela relevância dos interesses e recursos associados.

5.2.2. A tipicidade dos vínculos laborais

Da evolução e actualidade legislativa das relações de emprego na Administração Pública emerge um princípio de tipicidade dos respectivos vínculos jurídicos. Concretamente:

a) todas as relações de trabalho na Administração Pública reconduzem-se necessariamente a um dos tipos de vínculos legalmente previstos (nomeação, contrato de trabalho em funções públicas, contrato de trabalho e comissão de serviço);
b) e cada um deles só pode ser utilizado nas situações e nos termos previstos na lei[288].

5.2.3. Os vínculos laborais jus-administrativos

5.2.3.1. A nomeação

A nomeação titula a relação jurídica de emprego público que envolve o exercício, a título principal e regular de funções de soberania e/ou funções de autoridade pública. Abrange os trabalhadores que cumprem "missões genéricas e específicas das Forças Armadas dos quadros permanentes", que exercem funções de representação externa do Estado, de investigação criminal, relativas às informações de segurança, de segurança pública,

---

[288] Hoje, sabe-se quais os "casos e as condições em que as pessoas colectivas públicas podem celebrar com o pessoal ao seu serviço contratos de trabalho", indefinição que Mário Bigotte Chorão registava existir em 1972 – "Contrato de trabalho com pessoas colectivas de direito público na lei portuguesa", in O Direito, Ano 104, 1972, Out./Dez., p. 291.

"quer em meio livre quer em meio institucional"[289] e de inspecção[290]. Nem todos os empregos nestes domínios estão excluídos da utilização do vínculo contratual, mas apenas aqueles que envolvam (o que é delimitado pela carreira de inserção) o exercício de funções próprias e específicas dos mesmos[291]. Esta separação resulta da delimitação, cada vez mais apurada,

---

[289] A actividade de segurança é assegurada pelo pessoal com funções próprias da Guarda Nacional Republicana, da Polícia de Segurança Pública, da Polícia Judiciária, do Serviço de Estrangeiros e Fronteiras, do Serviço de Informações de Segurança; e "exercem ainda funções de segurança, nos casos e nos termos previstos na respectiva legislação", os "órgãos da Autoridade Marítima Nacional" e os "órgãos do Sistema da Autoridade Aeronáutica" (artigo 25.°, n.° 2 e n.° 3, da Lei n.° 53/2008, de 29 de Agosto).

[290] A função inspectiva é uma "técnica específica de controlo, dirigida a velar pelo respeito das leis, verdadeiro objecto da inspecção", ficando os por ela abrangidos obrigados a "suportar a ingerência administrativa na sua esfera de actuação". Deve, portanto, ser distinguida da fiscalização, "vigilância, observação, investigação", enquanto "actividade administrativa material ou técnica de recolha de informação" – Ricardo Rivero Ortega, El Estado vigilante. Consideraciones jurídicas sobre la función inspectora de la Administración, Tecnos, 1999, pp. 67 a 78 e 190. Ricardo Rivero concretiza, relativamente à alínea c) do artigo 15.° da Ley 30/1984, de Medidas de Reforma da Função Pública, que previa o exercício pelo pessoal laboral dos postos de trabalho de "vigilância, custódia, porteiro e outros análogos", quanto à vigilância, que se trata não tanto de funções inspectivas, mas antes da "guarda dos edifícios públicos, tarefa que ... vem sendo desempenhada com total normalidade por parte de empresas privadas de segurança, com carácter puramente material, sem prejuízo de poder ter alguma incidência sobre direitos dos cidadãos" – idem, p. 190). A par das operações técnicas e materiais, dos poderes exercidos e consequente accionamento de deveres e sujeições, alguns actos de trâmite praticados na inspecção (com destaque para os autos de notícia e a prova de *prima facie* que lhes é reconhecida, os exames, as notificações para comparência e a apreensão de documentos) "projectam efeitos sobre terceiros independentemente da sua vontade" (cfr. ob. cit., p. 76; ver, também, Massimo Severo Giannini, Diritto Amministrativo, Volume secondo, Milano, 1970, pp. 967 a 969, *maxime*, p. 968: "... a inspecção é sempre o exercício de uma *potestà* que a norma atribui a alguns serviços ... em face da qual existe uma figura subjectiva que está em situação de sujeição. Ainda que não seja através um acto administrativo, a actividade de inspecção contém sem dúvida uma dimensão autoritária"), podendo assumir por si "relevância externa" ou, habitualmente, como "actos preparatórios de decisões administrativas posteriores de conteúdo resolutório" (Ricardo Rivero Ortega, El Estado vigilante, cit., pp. 204 a 206 e p. 155).

[291] Ver Comunicação da Comissão 2002(COM) 694 final, de 12.11.2002, pp. 20 e 21, artigo 10.° a 19.° da LVCR, e os, revogados, artigos 6.°, e 25.° do Decreto-Lei n.° 184/89, de 2 de Junho, e artigo 3.° do Decreto-Lei n.° 427/89, de 7 de Dezembro, Laura Rainaldi, "Impiego pubblico", cit., pp. 147 e 158, e Pietro Virga, Il Pubblico Impiego..., cit., p. 25.

à luz duma concepção funcional, dos empregos nas Administrações Públicas nacionais passíveis de serem subtraídos ao princípio comunitário da livre circulação dos trabalhadores[292] e, bem assim, da existência de regimes jurídicos distintos nacionais para os mesmos[293].

A nomeação pode ter carácter indeterminado ou ser transitória; é transitória quando estejam verificados os pressupostos para a vinculação temporária, os do contrato a termo aplicados ao exercício das funções que deva ser titulado pela nomeação[294].

A relação jurídica de nomeação é regulada por um específico regime jurídico, distanciado em grande medida do Direito laboral comum, sem prejuízo da aplicação do regime legal próprio do vínculo contratual quanto a alguns significativos aspectos, como, por exemplo, a constituição de comissões de trabalhadores e o direito à greve[295].

5.2.3.1.1. A natureza jurídica

A relação jurídica de nomeação constitui-se por acto administrativo. Praticado este, o trabalhador titular do direito correspondente deve ser

---

[292] Cfr. artigo 39.°, n.° 4, do TCE, na numeração resultante do Tratado de Amesterdão, actual artigo 45.°, n.° 4, do TFVE. Emmanuel Aubin, Droit de la Fonction Publique, Paris, 2001, Gualino éditeur, pp. 199, 201 e 202, Jean-Michel Lemoyne de Forges, “Exigences communautaires et exigences managériales se rejoignent-elles? ”, L’Actualité Juridique, Droit Administratif (AJDA) n.° 36/2003, pp. 1917 a 1923, “Accès des européens à la fonction publique: la fin de l’affaire Burbaud?, Conseil d’Etat, 16 mars 2005, Ministre de la Santé, Ministre de la Fonction publique et de la Réforme de l’Etat c/me Burbaud – n.° 268781”, AJDA, n.° 26/2005, pp. 1465 a 1474, Parecer n.° 22/90, do Conselho Consultivo da PGR, in Anuário da Administração Pública, 1992, Legislação, Jurisprudência e Doutrina, Ano X, Ministério das Finanças, Direcção-Geral da Administração Pública, pp. 350 a 360, e Acórdão do TJCE, de 30 de Setembro de 2003, processo n.° 405/01.

[293] Empregos com as características assinaladas. Ver Joan Prats i Català, “Los fundamentos institucionales ...”, cit., 1995, p. 42, nota 44, e Silvia del Saz, “La privatización ...”, cit., p. 152, Marcel Pochard, “Quel avenir pour la fonction publique?”, AJDA, n.° 1/2000, pp. 5, 6 e 15.

[294] Cfr. artigo 13.° da LVCR.

[295] São aplicáveis, com as devidas adaptações, e sem prejuízo de lei especial, as disposições sobre direitos de personalidade, sobre igualdade e não discriminação, sobre protecção do património genético, sobre protecção da maternidade e da paternidade, sobre o estatuto do trabalhador-estudante, sobre segurança, higiene e saúde no trabalho, sobre constituição de comissões de trabalhadores, sobre a liberdade sindical e sobre o direito à greve (artigo 8.° da Lei n.° 59/2008, de 11 de Setembro).

notificado para o aceitar, expressar a sua vontade de "entrar em relação de emprego por conta" de empregador público[296], vontade que é condição de eficácia (suspensiva) da própria nomeação[297]. Ao órgão administrativo impõe-se a formalização do correspondente termo de aceitação[298]. O acto de nomeação, ou a informação ou proposta em que se apoie, deve indicar os pertinentes dispositivos legais e a existência de cabimento orçamental. Se a habilitação legal e orçamental existirem, a sua não menção importa invalidade por vício de forma; a sua falta, fere-o por erro na interpretação e aplicação da lei e por erro nos pressupostos de facto, respectivamente.

No acto de aceitação, é devido que o trabalhador preste compromisso de honra, nos termos do qual assume, com solenidade, que cumprirá os deveres que para si decorrem da relação jurídica[299]. A interpretação da exigência legal segundo a qual constitui uma formalidade essencial daquele acto, cuja inobservância consequencia a anulabilidade, não é de acolher. Constitui, antes, uma declaração (privada) do trabalhador contemporânea, paralela e acessória da aceitação. A sua falta não afecta a validade desta[300]. Trata-se de uma "promessa solene de fidelidade aos próprios deveres"[301].

---

296 A liberdade de trabalho implica "o direito de só mediante vontade própria entrar em relação de emprego por conta de outrem", como "elemento integrante do próprio Estado de direito democrático (artigo 2.°) ... pressuposto e parte integrante do programa normativo de direitos fundamentais como o direito ao trabalho (artigo 59.°, n.° 1) e, sobretudo, a liberdade de escolha de profissão (artigo 47.°, n.° 1)" – Acórdão do TC n.° 154/86, processo n.° 150/84, in DR., I Série, n.° 133, de 12 de Junho de 1986, p. 1396.

297 Cfr. artigos 18.° e 19.° da LVCR.

298 Assim, não apenas a recusa de assinatura do termo de aceitação, segundo previsão legal, por parte da "entidade competente para a nomeação", mas também a não formalização do mesmo, para concretização do direito à aceitação e consequente acesso ao emprego público é passível de gerar responsabilidade civil e disciplinar. Cfr. artigo 19.°, n.° 1, da LVCR.

299 Cfr. artigo 15.°, n.° 3, do Decreto n.° 189/X, 18 de Janeiro de 2008, in www.parlamento.pt: "No acto de aceitação o trabalhador presta o seguinte compromisso de honra: "Afirmo solenemente que cumprirei as funções que me são confiadas, com respeito pelos deveres que decorrem da Constituição e da lei." Esta expressão resulta da aprovação de proposta de substituição aquando da discussão e votação na especialidade da proposta de lei correspondente, n.° 152/X, cujo n.° 3 do artigo 15.° preservava a já constante do n.° 3 do artigo 9.° do Decreto-Lei n.° 427/89, de 7 de Dezembro: "No acto de posse o nomeado presta o seguinte compromisso de honra: //Eu, abaixo assinado, afirmo solenemente pela minha honra que cumprirei com lealdade as funções que me são confiadas." Ver, Diário da Assembleia da República, II Série-A, n.° 10, p. 20.

300 Cfr. artigo 121.° do Código Civil.

301 Ettore Morone, "Impiego Pubblico", cit., p. 274.

A sua não formulação não significa a afirmação do seu contrário. Com a assinatura do termo de aceitação, que "determina o início de funções para todos os efeitos legais", o trabalhador assume "uma série de deveres e obrigações a cuja violação se ligam responsabilidade e sanções"[302]. A recusa expressa do trabalhador de prestar tal compromisso, a não equivaler a uma recusa de aceitação, uma vez que, em regra, o nomeado não pretende renunciar ao direito de ocupar o emprego, pode traduzir uma inicial má compreensão do dever de lealdade, que postula o exercício de funções "em subordinação aos objectivos do serviço e na perspectiva da prossecução do interesse público"[303] e, como tal, é passível de assumir relevância disciplinar.

O indivíduo dispõe de um prazo para aceitar a nomeação. Embora deva fazê-lo expressamente, não é de excluir a aceitação tácita, pelo início do exercício de funções. Decorrido o prazo de aceitação sem que esta se verifique, extingue-se a possibilidade de ter lugar e, portanto, o exercício do direito, de que constitui refracção, de acesso à função pública, que se iniciou com a habilitação ao procedimento de recrutamento e selecção[304]. Se o particular recusa aceitar a nomeação renuncia ao correspondente emprego. Num e noutro caso, a estabilidade da respectiva situação importa à possibilidade de ser nomeado um outro indivíduo.

Se ao particular não é reconhecido o poder de influir na estrutura e, em grande medida, no conteúdo da relação jurídica, esta não é, no entanto,

---

[302] Laura Rainaldi, "Impiego pubblico", cit., p. 165. Alain Di Stefano, embora, em 1979, questionasse a possibilidade de alguém se candidatar a "um emprego no Estado pensando que este não representa um conjunto de valores exigindo um mínimo de respeito e de fidelidade", notava que, com realismo, "raros são os funcionários que se consideram ligados pelo seu juramento e nenhum chefe de Estado teve jamais a ingenuidade de crer que o juramento prestado pelos funcionários fosse susceptível de determinar a sua conduta futura" – La Participation des Fonctionnaires Civils à la Vie Politique, Bibliothèque de Droit Public sous la Direction de Marcel Waline, Paris, 1979, p. 118.

[303] Cfr. artigo 3.°, n.° 9, do estatuto disciplinar dos trabalhadores que exercem funções públicas (aprovado pela Lei n.° 58/2008, de 9 de Setembro).

[304] Ver António Lorena de Sèves, "Contencioso da Função Pública (Concursos)", Seminário Permanente de Direito Constitucional e Administrativo, Vol. I, Associação Jurídica de Braga, Departamento da Universidade do Minho, p. 63, sobre o reforço da posição jurídica substantiva dos candidatos com a evolução do procedimento concursal. Ver, igualmente, os Acórdãos do STA da 1.ª Subsecção do CA de 17 de Fevereiro de 2005, processo n.° 0931/04, da 3.ª Subsecção do CA de 15 de Março de 2000, processo n.° 035277, e da 3.ª Subsecção do CA de 24 de Fevereiro de 1999, processo n.° 036770.

eficaz sem a sua manifestação de vontade, como referido. A relação jurídica não prescinde da mesma, pelo que não pode ser dita de desnecessária ou irrelevante. O diferente peso jurídico que a lei atribui à vontade do empregador público e à vontade do particular e a sua manifestação tendencialmente não contemporânea não contendem, assim, com a liberdade de escolha de profissão nem com o direito de acesso à função pública em condições de liberdade (artigo 47.° da CRP). A aceitação exprime com segurança a vontade do nomeado estabelecer uma relação de emprego com dado empregador público. Não significa que deva ser vista como a sua concordância relativamente aos aspectos da relação jurídica em que não interfere e como uma renúncia ao direito de discutir, em sede administrativa ou judicial, a validade do respectivo conteúdo ou como uma sua aceitação procedimental ou processual[305].

Embora a manifestação de vontade do empregador público seja determinante, pode questionar-se a essencialidade do acto formal de nomeação e, portanto, a possibilidade de serem considerados comportamentos conclusivos, como, por exemplo, a comunicação para o início de funções ou o pagamento de retribuição. O carácter não directamente interessado dos que corporizam o empregador público e a despesa pública envolvida justificam que não seja de admitir a substituição administrativa da "modalidade e forma de declaração de vontade do ente público" legalmente previstas[306].

Sem prejuízo e do respectivo regime jurídico estar, no essencial, definido heteronomamente[307], é de registar o alargamento do número de nor-

---

[305] Carlos Alberto Fernandes Cadilha, "A aceitação da nomeação *versus* aceitação do acto administrativo", CJA, n.° 27, 2003, pp. 42 a 48, e J. C. Vieira de Andrade, "A aceitação do acto administrativo", Boletim da Faculdade de Direito da Universidade de Coimbra, Volume Comemorativo do 75.° Tomo, Coimbra, 2003, pp. 907 a 934, *maxime*, pp. 914 a 916, e artigo 56.°, n.° 3, do CPTA.

[306] Ver, sobre o assunto, Ettore Morone, "Impiego Pubblico", cit., p. 266.

[307] A indisponibilidade é dupla, isto é, impende sobre o empregador e sobre o particular, embora de forma mais acentuada quanto a este último. Àquele cabe a primeira manifestação de vontade na constituição da relação jurídica de emprego, cujo regime jurídico legalmente definido (em alguma medida, susceptível de ser por si concretizado, por exemplo, quanto ao local e à prestação de trabalho) não pode, em geral, negociar com o trabalhador, que é apenas chamado a aceitá-lo ou não.

Sugestivamente, lê-se no § 2 do artigo 469.° do Código Administrativo (revogado pelo artigo 65.°, alínea d), do Decreto-Lei n.° 247/87, de 17 de Junho, e este pela LVCR): "A celebração do contrato, com a aceitação das normas gerais e das cláusulas especiais

mas jurídicas aplicáveis ou comuns às relações de emprego do sector privado e a evolução no sentido da negociação da generalidade daquele regime jurídico[308].

Do conjunto resulta um distanciamento da designada teoria unilateral na explicação da natureza jurídica da relação de emprego titulada pela nomeação, uma aproximação à teoria contratual, pela importância que é reconhecido ao consentimento do particular e pela tutela da autonomia colectiva, e um comungar da teoria legal ou regulamentar, por ser escassa a influência do trabalhador na conformação do respectivo objecto[309-310].

---

constantes do termo da posse, considera-se efectuada mediante a assinatura deste termo". Jorge Leite escreve: "o regime é de direito público sempre que o processo gerador do vínculo se operou de acordo com regras gerais e impessoais previamente estabelecidas pela entidade com competência legislativa ou regulamentar, regras que retiram à pessoa colectiva pública empregadora *qualquer possibilidade de submeter a regime diferente a constituição da relação ou o conteúdo desta*" – Direito do Trabalho e da Segurança Social..., cit., pp. 139 e 140 (itálico nosso). Também Laura Rainaldi observa que a relação de emprego público constitui-se "por efeito de um acto administrativo de nomeação do qual resultam direitos e obrigações, para cada uma das partes, predeterminados em normas de direito público: obrigação de trabalho por um lado, a que correspondem situações jurídicas subjectivas de direito, todas individualizadas em normas jurídicas de direito público derivadas de fontes unilaterais" –"Impiego pubblico", cit., p. 146. Lopes Navarro (Funcionários Públicos, 1940, p. 87) escreve também: "Dentro duma técnica jurídica rigorosa a situação dos funcionários é de natureza legal ou regulamentar (...). A sua situação jurídica é geral e impessoal, porque tem um conteúdo geral, antecipadamente estabelecido na lei e abrange igualmente todos aqueles que estiverem nas mesmas condições de facto." No mesmo sentido, Eduardo Sebastião Vaz de Oliveira, A Função Pública Portuguesa ..., cit., pp. 18 e 19.

308 A doutrina jus-laboralística tem destacado a atenuação da importância efectiva da autonomia colectiva no Direito do Trabalho. Ver Maria do Rosário Ramalho, "Ainda a crise do direito laboral: a erosão da relação de trabalho 'típica' e o futuro do Direito do Trabalho", cit., p. 109.

309 Sobre as teorias citadas, ver Martin Godino Reyes, El Contrato de Trabajo ..., cit., pp. 54 a 57, Laura Rainaldi, "Impiego pubblico", cit., p. 146, e Ettore Morone, "Impiego Pubblico", cit., pp. 268 e 269. As três teorias referidas são teorias publicistas, contrapondo-se à teoria privatística – que inclui a referência (mais antiga) a um contrato translatício, de direito real que transfere para o investido o *ius ad officium*, ao contrato de mandato, ao contrato de prestação de serviços e ao contrato inominado do tipo *do ut facias* – e contrapõe-se à teoria política, que faz assentar a relação de emprego exclusivamente na vontade do Estado e faz recair sobre o indivíduo o dever de prestação de serviço (p. 268).

310 Relativamente à "relação jurídica singular entre trabalhador e empregador com vista à prestação de uma actividade laborativa subordinada", no sector privado, apesar de ter passado "a ser enquadrada por uma panóplia de entidades e de institutos jurídicos de raiz colectivo (como os sindicatos e as comissões de trabalhadores, os instrumentos de regula-

5.2.3.1.2. O período de prova ou experimental

O período inicial da relação jurídica de emprego titulada pela nomeação é probatório ou experimental; a nomeação é precária, sujeita à possibilidade de acto ulterior que lhe ponha termo, por desajustamento ou demérito funcionais do trabalhador[311]. Trata-se de confirmar "o resultado positivo do concurso", a aptidão (funcional e atitudinal) do trabalhador para o exercício das funções para que foi recrutado[312], "verificar as competências, que são melhor aferidas" pela prova desse exercício[313]. Atenta esta finalidade, o seu início deve coincidir com a data de começo efectivo de funções[314]. No decurso e no termo desse período, o trabalhador pode ser exonerado se não revelar aptidão, traduzida num certo nível de desempenho. A decisão de fazer cessar a relação jurídica tem de ser fundamentada por referência aos parâmetros avaliativos previamente fixados e aos factos demonstrativos da sua falta[315]. A ausência de livre cessação, ao invés do que acontece com o período experimental no regime laboral comum[316],

ção colectiva de trabalho e a greve), com uma influência directa – por vezes até contra a vontade explícita das partes – no seu conteúdo e no seu desenvolvimento" (Maria do Rosário Palma Ramalho, Da Autonomia Dogmática do Direito do Trabalho, Setembro de 2000, p. 4), na sua génese, assenta no pressuposto da autonomia das partes e de uma ampla possibilidade dispositiva sobre o conteúdo da relação jurídica, ainda que, para além, muitas das vezes, da protecção contida em normas imperativas (sobre a atenuação do poder conformativo da vontade das partes, ver Maria do Rosário Ramalho, ob. cit. ult., pp. 39 a 41 e p. 51).

[311] "A nomeação definitiva ... inicia-se com o decurso de um período experimental" (artigo 12.°, n.° 1, da LVCR); "... é efectuada por tempo indeterminado, sem prejuízo do período experimental previsto e regulado no artigo seguinte" (artigo 11.°, n.° 2, do RCTFP).

[312] Ettore Morone, "Impiego Pubblico", cit., p. 273.

[313] Frédéric Colin, L'Aptitude dans le Droit de la Fonction Publique, 2000, L.G.D.J, pp. 136 e 139 (refere-se ao concurso como "um ponto de partida da avaliação do agente").

[314] Também não se incluem, por isso, na contagem do período experimental os dias de faltas, ainda que justificadas, de licença e de dispensa, bem como de suspensão do contrato (artigo 75.°, n.° 2, do RCTFP).

[315] Cfr. Acórdão do STA de 20 de Novembro de 1997, processo n.° 39 512, in Acórdãos Doutrinais n.° 439, pp. 877 e segs. e comentário de Maria Francisca Portocarrero, "Discricionaridade e conceitos imprecisos: ainda fará sentido a distinção?", in CJA, n.° 1, Julho/Agosto, 1998, pp. 26 a 46.

[316] Cfr. artigo 114.° do Código do Trabalho.

é explicável pela vontade legislativa num certo figurino jurídico de relação de emprego dotada de reforçada segurança no emprego[317].

5.2.3.2. A comissão de serviço

A comissão de serviço titula o exercício transitório de funções públicas em situações específicas, a saber, o exercício de cargos não inseridos em carreira – como são os cargos dirigentes e certos cargos públicos em que é valorizada a confiança pessoal e/ou técnica nos designados[318] – e a aquisição de certa qualificação profissional por parte de quem tem uma relação jurídica de emprego público constituída por tempo indeterminado[319]. De comum, o carácter transitório, precário ou reversível do provimento[320].

A relação jurídica constitui-se por acto administrativo, sujeito à forma e formalidades previstas para a nomeação e cuja eficácia assenta, igualmente, na aceitação, formalizada num termo de posse. Este deve ocorrer no mesmo prazo, com termo *a quo* fixo, no que à produção de efeitos respeita, isto é, a prorrogação possível ou devida do prazo não é acompanhada de retroactividade de efeitos à data da publicação do respectivo

---

[317] No regime anterior era marcada a distinção entre período probatório e período de estágio. Bastava, quanto ao primeiro, que o trabalhador não manifestasse falta de aptidão, associando-se ao carácter essencialmente executivo das funções das carreiras relativamente às quais se admitia *ab initio* a titulação por nomeação. No que se refere ao segundo, exigia-se a demonstração de um certo nível de desempenho e competência profissionais.

[318] Abrange, também, o exercício não inserido em carreira de cargos organizados em carreira. É o caso do exercício de funções inspectivas por parte de funcionários integrados noutras carreiras, permitida, por exemplo, pelo artigo 13.° do Decreto-Lei n.° 170/2009, de 3 de Agosto, diploma que "estabelece o regime da carreira especial de inspecção".

[319] Cfr. artigo 9.°, n.° 4, da LVCR. De acordo com as classificações doutrinárias tradicionais, correspondem, respectivamente, a uma comissão normal (enquanto modo de preenchimento de certo cargo ou lugar) e a uma comissão eventual (enquanto instrumento de cometimento, a título excepcional, aos funcionários "do desempenho de funções alheias às do lugar que ocupam, por prazo fixo ou não determinado" ou, no presente, de aquisição de certas qualificações profissionais). Para esta caracterização, ver João Alfaia, "Comissão de serviço", Dicionário Jurídico da Administração Pública, Volume II, Lisboa, 1990, 2.ª edição, pp. 526 e 527.

[320] Acórdão do STJ de 11 de Julho de 2002, processo n.° 02S4546, ponto II.1., e artigos 23.°, n.° 1, e 34.° da LVCR.

acto[321], por as situações que fundamentam a utilização do título da comissão de serviço não se compadecerem com ou não justificarem a não realização da prestação devida.

5.3. O CONTRATO DE TRABALHO

Na constituição da relação jurídica de emprego público por contrato, a produção de efeitos jurídicos vinculativos é imputada à vontade conjunta das partes[322], embora não seja significativa a capacidade de determinarem o seu conteúdo. O regime jurídico aplicável caracteriza-se pelo maior ou menor afastamento do Direito laboral comum. Expressão de uma maior aproximação constitui o regime do contrato individual de trabalho (*tout court*), depois, o do contrato de trabalho em funções públicas e de um significativo afastamento o do contrato administrativo de provimento (que não tem já previsão no direito vigente como modalidade da relação jurídica de emprego).

5.3.1. O contrato administrativo de provimento

O contrato administrativo de provimento constituía o contrato nos termos do qual um indivíduo se obrigava ao exercício, em regra, com carácter transitório, de funções públicas específicas – do ponto de vista da idoneidade pessoal reclamada, do ponto de vista da tecnicidade, ou, ainda, pela sua não estabilidade, dada a indefinição organizacional do ente público[323] –, com sujeição a um regime específico de Direito Administrativo[324]. Podia servir como antecâmara à constituição de uma relação estável de emprego, após a obtenção de prova ou maturação capacitária do trabalhador.

---

[321] Cfr. artigo 24.° da LVCR.

[322] Vontade "simétrica e paritária" segundo Joaquim de Sousa Ribeiro, "O contrato, hoje: funções e valores", in Direito dos Contratos, Estudos, Coimbra Editora, 2007, p. 38.

[323] Era o caso da celebração de contrato administrativo de provimento para titular a realização do internato médico, o exercício de funções docentes e as de guarda prisional, assim como para o exercício de funções em serviços em regime de instalação (*v.g.*, § 2 do preâmbulo e artigo 15.°, n.° 1 e n.° 2, alíneas a), b) e c), do Decreto-Lei n.° 427/89, de 7 de Dezembro, e artigo 8.°, n.° 1, do Decreto-Lei n.° 184/89, de 6 de Junho, ambos revogados).

[324] Correspondente, em maior ou menor medida, ao aplicável aos funcionários públicos, trabalhadores parte na relação jurídica de emprego titulada pela nomeação.

Os termos, as condições e a duração dos contratos eram os definidos nos estatutos jurídicos próprios, sem prejuízo da existência de uma definição legal geral[325]. O contrato celebrado por prazo certo era passível de denúncia mediante aviso prévio[326], ou renovava-se, de forma tácita e sucessiva, até a um limite máximo de duração[327-328].

Depois de, a partir de finais dos anos noventa, ter-se verificado o alargamento legal avulso das situações em que era possível recorrer ao con-

---

[325] Constante dos artigos 16.° e 17.° do Decreto-Lei n.° 427/89, de 7 de Dezembro.

[326] Com a antecedência mínima de sessenta dias (artigo 30.°, n.° 1, alínea b), e n.os 2 e 3, e artigo 16.°, n.° 2, do Decreto-Lei n.° 427/89, de 7 de Dezembro, revogado). "A denúncia é uma declaração unilateral tendente a evitar a renovação de um contrato no seu termo e tem, em princípio, carácter de uma faculdade discricionária" (Inocêncio Galvão Teles, Parecer, *in* Colectânea de Jurisprudência, 1986, n.° 3, p. 17).

[327] Cfr. ponto 9.2. do Parecer n.° 3/96, do Conselho Consultivo da PGR, publicado no DR, II Série, n.° 88, de 13 de Abril de 2000, pp. 6935 e segs.

[328] Um tal regime colocava dúvidas do ponto de vista da garantia do direito à segurança no emprego, justificando-se o pagamento de compensação por caducidade do contrato e a obrigação de motivar a decisão de não renovação, quando esta fosse possível. O direito à segurança do emprego (pertencente à categoria dos direitos, liberdades e garantias dos trabalhadores (Capítulo III do Título II da Parte I da CRP) assenta na regra da indeterminabilidade da duração das relações de trabalho e na utilização comedida dos vínculos de duração transitória. Para tanto, deve o legislador ordinário prever instrumentos jurídicos prévios e posteriores à sua constituição que o garantam. Entre os primeiros, contam-se a circunscrição dos motivos justificativos ou "razões objectivas" para o recurso a tais vínculos, a observância de certa forma e formalidades na celebração do contrato e a fixação de limites à sua duração; e, entre os segundos, o pagamento de uma compensação pela caducidade do contrato e a fundamentação da decisão de não renovação quando não atingido o limite máximo de renovações. Cfr., entre outros, Acórdãos do TC n.° 345/93, de 12 de Maio, processo n.° 89/92, n.° 162/95, processos n.os 206/94 e 241/94, n.° 233/97, processo n.° 220/96, e n.° 280/2000, processo n.° 313/99, n.° 717/2004, processo n.° 608/98, Gomes Canotilho e Vital Moreira, Constituição da República Portuguesa Anotada, Volume I, 2007, pp. 704 a 713, Parecer n.° 23/97, DR., II Série, n.° 1, de 3 de Janeiro de 2000 e Acórdão do TJUE de 4 de Julho de 2006, processo C-212/04.

Marcello Caetano, ante um regime contratual semelhante, escrevia: "A denúncia não carece de ser fundamentada. Feito o pré-aviso na oportunidade devida, cessam no termo do período em curso as relações contratuais. Simplesmente também aqui se não justifica que a Administração Pública se não sujeite às regras que impõe às relações de trabalho entre particulares. Se o despedimento tem lugar sem invocação de justa causa e o contratado não tem direito à aposentação, deveria ser-lhe paga indemnização de quantitativo proporcional ao número de anos de serviço prestados. É uma reforma a fazer na legislação" (Manual de Direito Administrativo, Tomo II, 9.ª edição, revista e actualizada por Freitas do Amaral, Coimbra, 1980, p. 797).

trato administrativo de provimento à margem da referida «marca identitária»[329], deixou de constituir, em 2008[330], um tipo de vínculo da relação jurídica de emprego público.

5.3.2. O contrato de trabalho em funções públicas

5.3.2.1. Caracterização

O contrato de trabalho em funções públicas constitui o vínculo laboral regra das relações de emprego na Administração Pública[331]. Os trabalhadores são contratados quando "não devam ser nomeados" ou designados em comissão de serviço ou admitidos com contrato de trabalho *tout court*. O contrato de trabalho em funções públicas distingue-se do contrato de trabalho não adjectivado pelas especificidades e/ou adaptações de regime face ao Direito laboral comum[332]. Igualmente, pelo âmbito institucional de aplicação, que é, fundamentalmente, quanto ao segundo, o do sector público empresarial e, em geral, o das associações públicas e entidades administrativas independentes (o vínculo laboral é o contrato de trabalho e o regime aplicável o constante do Código do Trabalho e respectiva regulamentação, com sujeição a algumas vinculações jurídico-públicas)[333].

---

[329] As possibilidades de utilização deste tipo contratual foram sendo alargadas a partir de finais dos anos noventa, nem sempre de acordo com a razão de ser da figura. O critério da natureza e especial exigência funcional foi sendo desatendido, com os respectivos agentes administrativos a exercerem funções «indiferenciadas», ao abrigo de sucessivos diplomas legais que prorrogaram, pontualmente, a sua duração ou previam a sua celebração (directa) com anteriores trabalhadores com contrato de trabalho a termo certo.

[330] Com a LVCR.

[331] Cfr. artigo 20.° da LVCR.

[332] O artigo 4.°, n.° 2, alínea a), do Código da Contratação Pública (na redacção dada pelo artigo 12.° da Lei n.° 58/2009, de 11 de Setembro) especifica que não se aplica, quer aos contratos de trabalho em funções públicas, quer aos contratos individuais de trabalho. O artigo 4.°, n.° 3, alínea d), do Estatuto dos Tribunais Administrativos e Fiscais, na redacção que lhe foi dada pelo artigo 10.° da Lei n.° 59/2008, de 11 de Setembro, especifica estarem incluídos na jurisdição administrativa os litígios relativos aos contratos de trabalho em funções públicas e excluídos os litígios emergentes do contrato individual de trabalho da mesma.

[333] Cfr. artigo 16.° do Decreto-Lei n.° 558/99, de 17 de Dezembro, artigo 14.° do Decreto-Lei n.° 233/2005, de 29 de Dezembro, artigo 45.° da Lei n.° 53-F/2006, de 29

Quanto às especificidades de regime do contrato de trabalho em funções públicas, destacam-se:

a) O facto de o contrato estar sujeito à forma escrita, devendo dele constar a assinatura das partes, o que constitui um instrumento de controlo das respectivas legalidade e regularidade financeira[334];
b) No período inicial de vigência do contrato, o empregador não pode livremente desvincular-se, mas só se o trabalhador revelar não possuir as competências exigidas pelo posto de trabalho e observado que seja um procedimento específico que o evidencie[335];
c) O exercício de funções é organizado pela integração em carreiras, tal como para os trabalhadores nomeados[336], cujo regime é legalmente fixado[337];
d) A identificação dos trabalhadores relativamente aos quais há lugar à cessação do contrato por despedimento colectivo e despedimento

---

de Dezembro, artigo 25.° da Lei n.° 6/2008, de 13 de Fevereiro, e artigo 23.° da Lei n.° 64-A/2008, de 31 de Dezembro.

[334] O Tribunal Constitucional, no Acórdão n.° 155/2004 (DR, I Série-A, n.° 95, de 22 de Abril, p. 2458), explica que a " exigência de forma escrita é inerente ao modo normal de funcionamento da Administração Pública (cf. manifestação deste princípio nos artigos 122.° e 184.° do CPA), justificando a natureza do empregador o desvio à regra geral neste domínio. Às vantagens que são tradicionalmente apontadas às exigências de forma (...), acresce, nos actos e negócios da Administração Pública, a necessidade de assegurar o controlo do respeito pelos princípios gerais a que toda a actuação da Administração está sujeita (artigo 2.°, n.° 4, do Código do Procedimento Administrativo), designadamente os enunciados no artigo 266.° da Constituição". Com efeito, ao invés do Direito Civil, onde a "exigência formal" protege, sobretudo, "interesses de natureza particular", no Direito Administrativo "representa, as mais das vezes, uma garantia da legalidade para os administrados" (Luiz Costa da Cunha Valente, A Hierarquia Administrativa, cit., p. 158).

As menções que devem constar do contrato (artigo 69.°, n.° 2, do RCTFP) destinam-se a assegurar a prestação ao trabalhador de informação bastante sobre a respectiva relação jurídica.

[335] Cfr. artigo 73.° do RCTFP e artigos 12.° e 33.°, n.° 1, da LVCR. No regime do contrato de trabalho, o empregador pode romper livremente o contrato o período experimental e, por isso, há-de ter uma duração que, atendendo ao interesse do empregador, salvaguarde a posição do trabalhador. No regime do contrato de trabalho em funções públicas, a desvinculação só pode ocorrer por justa causa relativa à capacidade funcional e mediante um procedimento específico. Acautelada, por esta dupla via, a situação do trabalhador, não se pode dizer excessiva a duração de um ano do período experimental.

[336] Cfr. artigo 40.° da LVCR.

[337] E filiado no tradicional regime de carreiras da função pública.

por extinção do posto de trabalho opera-se por aplicação dos procedimentos previstos na lei para a reorganização dos serviços e a colocação na situação de mobilidade especial constitui, para os mesmos – e, bem assim, para os trabalhadores cujo contrato cesse por "caducidade por impossibilidade superveniente, absoluta e definitiva de a entidade empregadora receber o trabalho" e por despedimento por inadaptação – uma opção, que importa o diferimento da extinção do vínculo ou a possível recolocação do trabalhador, o que a ocorrer com carácter indeterminado põe termo ao procedimento de cessação do contrato[338].

5.3.2.2. A natureza jurídica

O contrato de trabalho em funções públicas dá lugar a uma relação jurídica de natureza mista, de feição prevalecentemente privada[339]. O respectivo regime aproxima-se, segundo intenção legislativa expressa[340], do regime laboral comum. Aos respectivos trabalhadores é garantido o exercício do direito à contratação colectiva[341]. Às partes é reconhecida capacidade dispositiva na determinação do posicionamento remuneratório do tra-

---

[338] Cfr. artigo 33.°, n.os 2 a 10 da LVCR.

[339] Ao invés do que resulta do artigo 9.°, n.° 3, parte final, da LVCR, nos termos do qual o contrato de trabalho em funções públicas "constitui uma relação de trabalho subordinado de natureza administrativa".

Os litígios relativos às relações jurídicas de emprego público são cometidas à jurisdição administrativa (artigo 83.° da LVCR e artigo 4.°, n.° 3, alínea d), do ETAF, na redacção que lhe foi dada pela Lei n.° 59/2008, de 11 de Setembro). É preciso ter presente, como referido no Acórdão do Tribunal de Conflitos de 5 de Dezembro de 2006, processo n.° 08/06, que "nas relações estabelecidas há inúmeras vezes uma aplicação miscigenada do direito público e do direito privado, tornando legítima a atracção dos litígios aí emergentes para a jurisdição administrativa, chamada para a resolução total do litígios, mesmo que implique a análise de aspectos de natureza privada que, por princípio, caberiam a outra jurisdição".

[340] Cfr. § 6 do preâmbulo da proposta de lei. A Lei n.° 59/2009, de 11 de Setembro, aprova o regime do contrato de trabalho em funções públicas e respectivo Regulamento, correspondentes ao Código do Trabalho e ao seu Regulamento, com alterações e/ou adaptações, sendo publicados em anexo àquela lei, para melhor leitura e compreensão.

[341] Cfr. artigo 1.° da Lei n.° 59/2008, de 11 de Setembro, e § 7 do preâmbulo da proposta de lei.

balhador e, na medida da respectiva previsão e tratamento mais favorável, de aspectos do regime do contrato de trabalho em funções públicas, segundo estabelecido legalmente (*v.g.*, local de trabalho, horário de trabalho, termos da prestação de trabalho a tempo parcial) ou em instrumentos de regulamentação colectiva[342].

5.4. O CONTRATO DE TRABALHO A TERMO

O contrato de trabalho a termo titula a prestação temporária de trabalho subordinado, justificada por "necessidades transitórias dos serviços" de duração "previsível"[343] (a termo certo) ou mais ou menos previsível (contrato com termo incerto), necessidades expressas num elenco de motivos justificativos da celebração[344], que devem ser concretamente densificados, assim como evidenciada a sua conexão com a duração do contrato[345].

---

[342] Cfr. artigos 55.° e 81.° da LVCR, e artigo 4.°, n.° 2, do RCTFP.

[343] Cfr. artigo 93.° do RCTFP e artigo 9.°, n.° 1, do Decreto-Lei n.° 184/89 e artigo 18.°, n.° 1, do Decreto-Lei n.° 427/89, na redacção que lhe foi dada pelo Decreto-Lei n.° 218/98, de 17 de Julho, ambos revogados pelo artigo 30.°, alíneas a) e b), da Lei n.° 23/2004, de 22 de Junho, e o artigo 9.° desta, igualmente revogado pelo artigo 18.°, alínea f) da Lei n.° 59/2008, de 11 de Setembro.

[344] Cfr. pontos 7 e 8 do preâmbulo e artigos 3.°, n.° 1, e 5.°, n.° 1, alínea a), do Acordo-Quadro CES, UNICE e CEEP relativo a contratos de trabalho a termo, anexo à Directiva 1999/70/CE do Conselho de 28 de Junho de 1999, que tem "como objectivo a aplicação do acordo-quadro relativo a contratos de trabalho a termo, celebrado a 18 de Março de 1999 entre as organizações interprofissionais de vocação geral (CES, UNICE e CEEP)".

Para uma referência ao recurso lícito ao contrato de trabalho a termo quando o motivo justificativo não é excepcional, ver Maria do Rosário Ramalho, "Insegurança ou diminuição do emprego? O caso português", in Estudos de Direito do Trabalho, cit., p. 105, e "Ainda a crise ..., cit., pp. 112 e 117 ("a tendência seguida pelo legislador português foi exactamente oposta à tendência de outros sistemas jurídicos, uma vez que o transformou numa figura excepcional exactamente na época em que outros países tendiam para o normalizar"). Nota a autora que "foi depois da excepcionalização da figura do trabalho a termo (...) que se agravou o problema dos falsos independentes e se difundiu a prática dos acordos revogatórios e das declarações de rescisão em branco" (p. 120).

[345] A "utilização de contratos a termo com base em razões objectivas constitui uma forma de evitar abusos", mas não é a única nem é inafastável (considerando 98 das conclusões da advogada-geral Juliana Kokott, apresentadas em 4 de Dezembro de 2008, processos apensos C-378/07 a C-380/07). As razões objectivas devem corresponder a "circunstâncias

O seu regime jurídico segue o regime laboral comum com qualificações jus-administrativistas[346]. Entre estas, destacam-se os seguintes aspectos[347]:

a) A celebração depende de procedimento público selectivo, ainda que simplificado, pautado pelos princípios da liberdade de candidatura, da igualdade e do mérito[348];
b) Ausência de livre cessação do contrato por iniciativa do empregador durante o período experimental[349];
c) A renovação contratual tem de ser expressa[350];
d) Não há lugar à conversão em contrato de trabalho por tempo indeterminado quando inobservados os parâmetros jurídicos relativos à sua celebração e renovação[351];

---

precisas e concretas que caracterizam uma actividade determinada e, portanto, susceptíveis de justificar, nesse contexto específico, a [sua] utilização" (considerandos 69 e 70 do Acórdão do TJUE de 4 de Julho de 2006, processo n.° C-212/04, e artigo 95.° do RCTFP).

[346] Decorrentes, fundamentalmente, dos artigos 47.°, 266.°, n.° 2, e 269.° da CRP. Sem prejuízo destas qualificações, sendo a relação "disciplinada pelo direito privado, e ... o acto constitutivo fundamental ... um contrato de direito privado, não existe motivo – na falta de norma específica – para subtrair ao direito privado os actos de execução do contrato" – Alessandro Loli, L'Atto Amministrativo nell'Ordinamento Democratico, Studio sulla qualificazione giuridica, Milano, Dott. A. Giuffrè Editore, 2000, p. 245, e Acórdão do TCA de 24 de Julho de 2000, R. 4782/2000, in BMJ, n.° 499, p. 403.

[347] Constituem garantias da sua utilização correcta, para além das de ordem geral, como, por exemplo, o facto de não pode ser celebrado contrato de trabalho a termo para o mesmo posto de trabalho antes de decorrido o período de um terço da duração de anterior contrato de trabalho a termo, incluindo as suas renovações (salvo se motivado por substituição de trabalhador, estando em causa, no segundo, nova ausência e salvo no caso de superveniente, relativamente à cessação do contrato, acréscimo excepcional da actividade do serviço – artigo 96.° RCTFP) e as obrigações de informação instrumentais ao controlo da celebração, da renovação e da cessação do contrato – artigo 97.° do RCTFP.

[348] Cfr. artigos 6.°, n.° 5, 22.°, n.° 2, 39.°, n.° 2, e 55.° da LVCR, e artigo 9.°, n.° 4, da Lei n.° 23/2004, de 22 de Junho (revogado).

[349] Cfr. artigo 73.° do RCTFP.

[350] A renovação do contrato, possível, salvo disposição em contrário pelas partes, não é automática. Cfr. artigo 104.°, n.° 1 e n.° 2, do RCTFP, e os, hoje revogados, artigo 10.°, n.° 1, da Lei n.° 23/2004, de 22 de Junho, artigo 9.°, n.° 2, do Decreto-Lei n.° 184/89, de 2 de Junho, e artigo 20.°, n.° 4, do Decreto-Lei n.° 427/89, de 7 de Dezembro, na redacção que lhe foi dada pelo Decreto-Lei n.° 218/98, de 17 de Julho.

[351] Acórdão da 1.ª Secção do TC n.° 345/93, processo n.° 89/92, Acórdão do Tribunal da Relação de Lisboa, de 29 de Junho de 2005, processo n.° 2296/2005-4, e artigo 92.°, n.° 2, da RCTFP e os revogados artigo 9.°, n.° 2, do Decreto-Lei n.° 184/89, de 2 de

e) Antes a inobservância destes parâmetros, consequencia a nulidade do contrato[352].
f) O contrato caduca no termo do prazo estipulado, não ocorrendo renovação (que seja possível), isto é, cessa *ipso facto*[353];
g) A inobservância do regime legal consequencia a responsabilidade civil, disciplinar e financeira dos órgãos e agentes que autorizem, informem favoravelmente e celebrem contratos de trabalho a termo com violação do respectivo regime jurídico[354];
h) A inobservância deste pode, também, dar lugar à destituição judicial dos dirigentes responsáveis pela respectiva celebração ou renovação[355].

Junho, artigo 18.°, n.° 4, do Decreto-Lei n.° 427/89, de 7 de Dezembro, na redacção que lhe foi dada pelo Decreto-Lei n.° 218/98, de 17 de Julho, e artigo 10.° da Lei n.° 23/2004, de 22 de Junho.

[352] Cfr. artigo 92.°, n.° 3, do RCTFP e o revogado artigo 10.° n.° 3, 1.ª parte, da Lei n.° 23/2004, de 22 de Junho. A conversão ou a "requalificação" do contrato põe em causa o princípio do provimento dos empregos na Administração Pública por concurso e, concomitantemente, os fundamentos e objectivos que lhe subjazem. A esta luz, a violação das normas legais relativas à sua celebração e renovação não pode considerada como uma mera irregularidade, antes se revelando ajustada e conforme à Constituição "a sanção da nulidade do contrato" (Acórdão n.° 434/2000/T. Const. – processo n.° 92/2000, DR., II Série, n.° 268, de 20 de Novembro de 2000, pp. 18 806 a 18 808, *maxime*, p. 18 808).

[353] António Menezes Cordeiro, "Da caducidade no Direito português", in O Direito, Ano 136.°, 2004, V, pp. 821 e 841.

[354] A violação das normas enunciadas tem tido escasso efeito para os seus autores (Relatório n.° 5/2005 – Relatório de actividades e contas de 2004, publicado no DR., II Série, n.° 130, de 8 de Julho de 2005, pp. 10011 e 10030). Importa repensar o respectivo regime jurídico de responsabilidade, designadamente, estabelecendo presunções de culpa (*mutatis mutandis*, o artigo 799.°, n.° 2, do Código Civil) grave, para efeitos de responsabilidade civil e financeira, por exemplo, quando se apure ser nulo o vínculo jurídico laboral ou a relação jurídica de emprego desprovida de qualquer título.

As situações apuradas em sede de inspecção devem ser participadas "às entidades competentes, nomeadamente ao Ministério Público" e ao Tribunal de Contas (artigo 2.°, n.° 2, do RCTFP).

A previsão legal específica de responsabilidade financeira na LVCR deve ser aditada às previstas na Lei n.° 98/97, de 26 de Agosto (versão que considera as suas alterações).

[355] Cfr. artigo 2.°, n.° 1, do RCTFP.

5.4.1. A não conversão em contrato por tempo indeterminado

A não conversão de contrato de trabalho a termo em contrato de trabalho por tempo indeterminado é postulada pelo direito fundamental de todos acederem a um emprego na Administração pública segundo os princípios da igualdade, da liberdade de acesso e do mérito, de que a regra do concurso constitui expressão[356], assim como pelas razões objectivas que justificam este[357]. O direito à segurança no emprego, requerendo mecanismos eficazes de utilização comedida e própria do contrato de trabalho a termo, não tem na conversão uma garantia necessária[358].

---

[356] Joan Prats i Català, "Los fundamentos institucionales ...", cit., pp. 38 e 39, nota 37, e Martin Godino Reyes, El Contrato de Trabajo ...., cit., p. 217, nota 541, e Acórdão do TJCE, de 13 de Maio de 1970, processo n.° 18/69, e Acórdão do TC n.° 409/2007, de 11 de Julho, processo n.° 306/07.

No «emprego público italiano», amplamente «privatizado», não só a lei excluía e exclui a conversão por tempo indeterminado, confirmando consolidada jurisprudência, como este aspecto de regime jurídico dos contratos de trabalho a termo, por força do princípio constitucional do concurso, está excluído da contratação colectiva (artigo 36.°, n.° 2, do Decreto Legislativo 30 marzo 2001, n. 165, "Norme generali sull'ordinamento del lavoro alle dipendenze delle amministrazioni pubbliche" (www.parlamento.it e www.nir.it). O Tribunal Constitucional italiano rejeitou pedido de julgamento de inconstitucionalidade daquela norma, à luz da violação do princípio da igualdade, na *Sentenza 89/2003*, de 13 de Março (http://www.cortecostituzionale.it). Em contrapartida, a Administração está obrigada a recuperar as somas pagas ao trabalhador junto dos dirigentes responsáveis, sendo a violação da lei dolosa ou venda a culpa grave – Matteo Dell'Olio, "Profili della flessibilità nel pubblico impiego privatizzato", La Privatizzazione del Pubblico Impiego: profili sostanziali e processuali: atti del Convegno di Perugia, 31 maggio 1999, a cura di Michele Cerreta e Mario Colacito, Napoli, Edizioni scientifiche italiane, 2001, p. 69, Pietro Virga, Il Pubblico Impiego ..., cit., p. 6 e *Decisione del Consiglio di Stato* 644/2000, in http://www.aziendalex.kataweb.it/article_view.jsp?idArt=1432&idCat=61, e *Sentenza* n.° 5024, sez. V, de 8 de Setembro de 2003, in http://www.giustizia-amministrativa.it/ webcds/ElencoSentenze.asp.

[357] É instrumental à garantia da capacidade funcional e democraticidade da Administração Pública.

[358] A questão da conversão não se coloca no plano da resolução de um conflito entre direitos fundamentais (Acórdão n.° 683/99 e Acórdão n.° 368/2000). Francisco Liberal Fernandes, concordando com os votos de vencido, entende que, na análise da possibilidade de conversão dos contratos de trabalho a termo em sem termo, "o princípio da segurança no emprego surge numa relação de confronto ou de oposição com o princípio da igualdade no acesso ao emprego público" ("Sobre a proibição da conversão dos contratos de trabalho a termo no emprego público ...", cit., p. 87). Entende que o fundamento constitucional que impede a conversão dos contratos de trabalho a termo em sem termo reside no artigo 266.°,

Na perspectiva eurocomunitária, o acordo-quadro relativo a contratos de trabalho a termo, anexo à Directiva 1999/70/CE[359], "deve ser interpretado no sentido de que não se opõe, em princípio, a uma legislação nacional que exclui, em caso de abuso decorrente da utilização de contratos ou relações de trabalho a termo sucessivos por uma entidade patronal pública, que os referidos contratos se convertam em contratos ou relações de trabalho por tempo indeterminado, mesmo quando essa conversão está prevista para os contratos e relações de trabalho celebrados com uma entidade patronal privada, sempre que essa legislação preveja outra medida eficaz para evitar e, sendo caso disso, punir a utilização abusiva de contratos a termo sucessivos por uma entidade patronal do sector público"[360]. "Há razões para recear, com efeito, que a transformação sistemática de certos contratos a termo celebrados com a Administração Pública em contratos sem termo tenha por efeito reduzir o alcance da norma constitucional segundo a qual o acesso aos empregos públicos se faz, em princípio, mediante concurso. (...); não é de excluir que uma generalização do procedimento de requalificação ponha em causa o princípio do preenchimento dos lugares permanentes na Administração Pública por funcionários recrutados mediante concurso. Nestas condições, a necessidade de preservar o mecanismo do concurso como mecanismo específico de acesso ao emprego nos órgãos da Administração Pública pode ser considerado um

---

n.° 2, "norma que impõe à Administração o dever de, no exercício das suas funções, actuar nas relações com terceiros segundo os princípios da igualdade e da imparcialidade", os quais também "obrigam a Administração a efectuar o recrutamento dos seus trabalhadores segundo critérios objectivos e uniformes – o que implica estar-lhes vedado adoptar tratamentos preferenciais ou discriminatórios" ("Sobre a proibição da conversão dos contratos de trabalho a termo certo no emprego público: comentário à jurisprudência do Tribunal Constitucional", in Questões Laborais, Ano IX, 2002, pp. 82 e 90).

[359] Respeitante ao acordo-quadro CES, UNICE e CEEP sobre contratos de trabalho a termo.

[360] Acórdão do TJUE de 7 de Setembro de 2006, Andrea Vassallo contra Azienda Ospedaliera Ospedale San Martino di Genova e Cliniche Universitarie Convenzionate, processo C-180/04, considerandos 42 e 40 (o Tribunal considerou "... que uma legislação nacional como a que está em causa no processo principal, que prevê regras imperativas relativamente à duração e à renovação de contratos a termo bem como o direito à reparação do prejuízo sofrido pelo trabalhador resultante do recurso abusivo, pela Administração Pública, a contratos ou relações de trabalho a termo sucessivos, parece, à primeira vista, satisfazer as exigências de protecção dos trabalhadores").

objectivo legítimo que justifica, nesse sector, a não transformação dos contratos de trabalho a termo em contratos sem termo" (Poiares Maduro)[361].

As excepções à regra do concurso, como restrições ao direito à igualdade no acesso a emprego público, devem estear-se em razões ponderosas, em bens constitucionalmente protegidos que justifiquem de forma bastante a não observância da regra[362].

---

[361] Ver as conclusões apresentadas em 20 de Setembro de 2005, processo C-53/04, Cristiano Marrosu, Gianluca Sardino, contra Azienda Ospedaliera Ospedale San Martino di Genova e Cliniche Universitarie Convenzionate, e no processo C-180/04, Andrea Vassallo, citado, e Acórdão do TJUE de 23 de Abril de 2009, processos apensos C-378/07 a C-380/07, Kiriaki Angelidaki e outros, *maxime*, considerando 189.

Relativamente à regra do concurso e ao direitos e bens constitucionalmente protegidos que o informam, importa percepcionar, como observa Jacques Bourdon, a pressão existente e a utilização dos contratos de trabalho a termo (assim como nos de prestação de serviços e outras «formas prestativas não laborais») como "um simples preâmbulo a uma integração ulterior" como funcionários públicos com afastamento do regime concursal ou segundo regras restritivas da liberdade de candidatura e de igualdade no acesso aos correspondentes empregos ("La fonction publique territoriale, 20 ans d'évolution permanente", AJDA, n.° 3/2004, p. 127). A conversão conduz à multiplicação e perdurabilidade de contratos por tempo determinado, de modo a se tornar mais fácil "passer contrat que passer un concours" (Bernard Derosier, "Vers une fonction publique contractuelle?", in AJDA, n.° 16/2005, 25 avril 2005, p. 857). Observa Nicolas Kada que o "recrutamento de contratados de direito público torna-se, na realidade, um pré-recrutamento de funcionários" ("Emploi public et transfers de personnel", Revue du Droit Public, t. CXVIII, Maio-Junho, 2002, p. 864 e p. 861). Em Espanha, informa Miguel Sánchez Móron, "não faltam casos em que pode suspeitar-se de conivência entre a Administração contratante e os trabalhadores para aceder, espuriamente e sem superar nenhuma selecção objectiva, a um emprego seguro e para toda a vida" ("El régimen jurídico del personal al servicio de la Administración Pública (Régimen estatutário y laboralización)", Derecho Público y Derecho Privado en la Actuación de la Administración Pública, Seminario, Barcelona, 7 de mayo de 1997, Institut d'Estudis Autonòmics, Marcial Pons, 1999, p. 82).

[362] Quando a pessoa colectiva pública é sucessora, por transferência, da actividade de pessoa colectiva privada ou integrada no sector privado, coloca-se a questão de saber se a transmissão dos correspondentes contratos de trabalho é compatível com a regra da admissão a emprego público mediante concurso. Ora, deve ter-se presente que tal transmissão "tem em vista assegurar a continuidade das relações de trabalho existentes no quadro de uma entidade económica, independentemente de uma mudança de propriedade", quando a "entidade em questão mantém a sua identidade, o que resulta nomeadamente da continuação efectiva da exploração ou da sua transmissão" (Considerandos 44 e 49 do Acórdão do TJCE de 26 de Setembro de 2000, processo C-175/99, Didier Mayeur e Association Promotion de l'information Messine); por outro lado, ocorre de forma esporádica ou eventual; acresce que a assunção das relações de trabalho surge como uma consequên-

Sendo as medidas preventivas e repressivas nacionais várias e a sua eficácia incerta, há que ponderar, nas situações concretas, quer o parâmetro eurocomunitário, quer se a relação contratual foi precedida de concurso.

5.5. Os actos do empregador público na vigência do contrato

Os trabalhadores com contrato de trabalho "encontram-se numa situação jurídica subjectiva e, em parte, numa situação jurídica objectiva"[363], "legal e regulamentar". Como acordo de vontades que é, o poder dispositivo sobre o contrato deve, por princípio, consentaneamente, nele assentar e não na imposição unilateral de efeitos jurídicos[364]. A medida da intervenção unilateral e por acordo (incluindo colectivo) no conteúdo da relação jurídica é fixada pela lei. Quer porque o legislador define a referida medida de intervenção, quer porque a relação jurídica assenta num contrato, a respectiva decisão do empregador fica, em regra, sujeita à concordância do trabalhador. Estar-se-á, portanto, perante uma declaração negocial, o que remete, em regra, para a esfera judicial as questões de validade e de execução das disposições contratuais (por exemplo, a apreciação da legalidade de cláusula remuneratória de um contrato de serviço docente e da legalidade da sua alteração expressa ou implícita, pelo pagamento de remuneração por valor inferior ao que da mesma decorreria, e a identifi-

---

cia de tal transferência e não como uma forma de atalhar à utilização imprópria dos vínculos laborais.

[363] Lopes Navarro, Funcionários Públicos, cit., pp. 91 e 92.

[364] Como refere o STA, no Acórdão da 1.ª Subsecção do CA, de 9 de Maio de 2002, processo n.° 047720, "na fase de execução do contrato a relação é essencialmente bipolar, importando regular os interesses das partes no contrato", ao invés do que acontece previamente à sua celebração. Aí, "os interesses que confluem no momento da adopção de determinada forma de contratar e na escolha do contraente são muito diferentes se o negócio se vai estabelecer entre particulares que, nos limites da lei, dispõem livremente do que é seu e contratam com quem querem e como mais convenha à avaliação que façam dos seus interesses, ou a Administração que, seja qual for o instrumento contratual utilizado, está sempre a comprometer bens ou recursos públicos, de que só pode dispor ou afectá-los nos termos em que a lei lho consinta, designadamente com respeito pelos princípios da igualdade e da imparcialidade, pelo que as regras gerais da capacidade de exercício podem não ser suficientes".

cação de situação de incumprimento contratual). Sem prejuízo, configurando o trabalhador a decisão, no caso concreto, como acto administrativo, há-de poder optar pelo instrumento de reacção judicial consequente[365].

6. O RECRUTAMENTO E SELECÇÃO

6.1. O procedimento de recrutamento

O recrutamento de trabalhador para emprego público é o procedimento de escolha de indivíduo que preencha certos requisitos de capacidade e mérito para nele ser admitido. Envolve, para além do procedimento de selecção, a subsequente certificação das condições para a constituição do vínculo laboral (*v.g.*, lugar ou posto de trabalho disponível, cabimento orçamental sem prejuízo da necessária verificação desde antes do início do próprio procedimento), incluindo a confirmação do preenchimento dos requisitos relativos ao trabalhador, e a expressão da vontade actualizada das partes[366].

6.2. Os requisitos para o exercício de funções públicas

Os requisitos exigíveis para o exercício de funções públicas em causa são as qualidades ou condições que o indivíduo deve ter para poder ser parte numa relação jurídica de emprego público. Os requisitos podem ser positivos e negativos, consoante se tratem de exigências que o trabalhador deva reunir ou se reportem a situação em que não deva estar. Entre os primeiros, inscrevem-se, por exemplo, a titularidade de certa habilitação académica e a exigência de certa idade mínima; entre os segundos, por exemplo, figura o de não estar interdito para o exercício das funções em causa.

---

[365] Maria João Estorninho, "Um contrato ilegal ... é legal? Acórdão do Supremo Tribunal Administrativo (1.ª Secção) de 15.10.1996, P. 38665", *in* CJA, n.º 1, Janeiro/ /Fevereiro 1997, pp. 19 a 23, Acórdão do STA, Pleno, de 6 de Julho de 1999, Recurso n.º 37 241, in Acórdãos Doutrinais do STA, n.º 456, p. 1592, e Mário Aroso de Almeida, O Novo Regime do Processo nos Tribunais Administrativos, 4.ª edição, revista e actualizada, 2005, pp. 108 a 111 e 125 e 126.

[366] À selecção de trabalhador não se segue, necessariamente, o seu recrutamento, dependendo, desde logo, do tipo de concurso aberto.

Os requisitos, do ponto de vista da sua admissibilidade constitucional, por um lado, devem ter um fundamento material justificativo da restrição que consubstanciam no acesso a emprego público, como sejam o interesse colectivo e as razões capacitárias (aferidas pelas características do emprego), devem ter base legal (lei ou decreto-lei autorizado) e devem conter-se nos limites do parâmetro da proporcionalidade, do que é adequado e necessário em face da actividade a exercer (artigo 47.°, n.° 1 e n.° 2, artigo 18.° e artigo 165.°, n.° 1, alínea b), da CRP), impondo-se, dado o carácter restritivo, a sua interpretação estrita[367]. Por outro lado, não podem ser adoptados requisitos que consubstanciem a perda automática (por efeito, por exemplo, de condenação penal ou disciplinar) do direito de aceder a emprego público, obstando à aferição casuística da sua relevância[368].

Os requisitos são relativos à constituição da relação jurídica de emprego. A sua exigência para a participação no procedimento prévio é instrumental. Antes de serem requisitos para estar no procedimento, são requisitos para o exercício de dadas funções ou actividade, pelo que a sua verificação no curso, ou em dada etapa do procedimento, não dispensa a sua verificação aquando e para efeitos daquela constituição[369]. Constituem uma exigência contínua, podendo importar a modificação e, por vezes mesmo, a extinção da relação jurídica de emprego público[370].

Os requisitos, ou são exigidos para todos os empregos públicos, ou são exigidos apenas para alguns. Entre os primeiros, figuram os da aptidão física, das habilitações académicas e/ou profissionais, da idade mínima, do perfil psíquico, da não inibição para o exercício de funções públicas e da não interdição para o exercício das funções a que se candidata. Entre os segundos, a posse de certa qualidade ou condição, como estar inserido em certa área de recrutamento[371], estar inscrito em ordem profissional, não ter

---

[367] Cfr. considerandos 4, 38 e 44 do Acórdão do TJCE de 15 de Maio de 1986, Marguerite Johnston contre Chief Constable of the Royal Ulster Constabulary, processo n.° 222/84.

[368] Acórdão do TC n.° 239/2008, processo n.° 1086/07, DR., 2.ª série, n.° 94, de 15 de Maio de 2008, pp. 2680 a 2682, *maxime*, p. 2682, e artigo 30.°, n.° 4, da CRP.

[369] Cfr. Parecer do Conselho Consultivo da PGR n.° 50/2005, de 19 de Maio de 2005, in DR., II Série, n.° 165, de 25 de Julho de 2005, pp. 12557 e segs. Os documentos para comprovar o preenchimento dos requisitos (legais) não podem ser erigidos eles próprios a requisitos de admissão ao exercício de funções públicas.

[370] Frédéric Colin, L'Aptitude, ..., p. 315.

[371] "O recrutamento para a constituição de relação jurídica de emprego público por tempo indeterminado nas modalidades previstas no n.° 1 do artigo 9.° [nomeação e con-

mais do que certa idade, possuir certa altura e condição física[372]. Quanto a esta, em geral, é exigida "robustez física e psíquica", para o que basta, em princípio, a declaração do candidato[373]. Algumas funções públicas exigem uma específica condição (de saúde e/ou estado ou preparação) física, prevendo a lei que tenha lugar, com carácter selectivo, um exame médico e/ou provas de aptidão física como método de selecção, o qual compreende uma análise detalhada da condição física geral dos candidatos quanto a aspectos especificados[374]. O juízo, quando seja negativo, deve explicar por que razão o candidato com certa doença, condição física e psíquica ou deficiência, não possui a aptidão requerida pelo emprego. A saúde e a deficiência física não devem ser fonte de discriminação, devendo as distinções resultantes da falta de aptidão física para o exercício de certas funções ou actividade fundar-se na exigência destas mesmas[375]. O exame médico em sede de admissão, fundado no interesse legítimo do empregador e ditado por juízo médico, não pode, sem prejuízo, efectuar-se contra a vontade do interessado. A recusa de submissão a teste considerado necessário para avaliar a aptidão para o exercício das funções,

---

trato de trabalho em funções públicas] inicia-se sempre de entre trabalhadores com relação jurídica de emprego público previamente estabelecida" (artigo 6.°, n.° 4, da LVCR) e, no caso de relação jurídica de emprego público por tempo determinado ou determinável "inicia-se sempre de entre trabalhadores que: // a) Não pretendam conservar a qualidade de sujeitos de relações jurídicas de emprego público constituídas por tempo indeterminado; ou // b) Se encontrem colocados em situação de mobilidade especial".

372 Cfr., por exemplo, o artigo 272.° do Estatuto dos Militares da Guarda Nacional Republicana (Decreto-Lei n.° 265/93, de 31 de Julho, na versão que considera as suas alterações).

373 Cfr. Decreto-Lei n.° 319/99, de 11 de Agosto, o qual aboliu "também a obrigatoriedade de apresentação do atestado antituberculoso como condição de admissão de exercício para o exercício profissional", explicando que é actualmente "menor o risco de desenvolvimento da doença" e que os "procedimentos previstos para obtenção do certificado tuberculoso, exigido [pelo Decreto-Lei n.° 48 359, de 27 de Abril de 1968], não têm, à luz dos conhecimentos actuais, qualquer efeito da prevenção da doença, em termos individuais ou de grupo". A exigência em geral de atestado médico feita por aquele diploma foi substituída pela declaração do próprio (cfr. Decreto-Lei n.° 242/2009, de 16 de Setembro, que o revogou).

374 As "provas físicas e desportivas" podem ser utilizadas, também, para aferir do carácter dos candidatos, como refere Frédéric Colin, que alude às "provas ditas de 'audácia'" realizadas no recrutamento de admissão à Escola Nacional de Administração. Cfr. L'Aptitude, ..., p. 313.

375 Frédéric Colin, L'Aptitude, ..., pp. 308 e 309.

sendo legítima, por entroncar com o respeito pela vida privada, não faz, no entanto, recair sobre o empregador a obrigação de "suportar o risco" do seu recrutamento[376].

Quanto ao requisito da nacionalidade, a cidadania nacional só pode ser exigida, em regra, quanto aos empregos que envolvam o exercício de funções de soberania ou o exercício regular e prevalecente de poderes de autoridade, quer no quadro constitucional (artigo 15.°)[377], quer, no quadro da integração comunitária europeia, por força do princípio da livre circulação de trabalhadores (alargado aos trabalhadores dos Estados partes no acordo sobre o Espaço Económico Europeu).

Relativamente às habilitações académicas e profissionais, a respectiva exigência está associada a dada carreira e/ou actividade e tem de ser vista no quadro europeu. A sua falta nos casos em que seja material ou tecnicamente impossível o seu exercício não pode deixar de importar a nulidade do vínculo laboral[378].

6.3. O CONCURSO

O recrutamento por concurso assenta na selecção de um ou mais trabalhadores de entre vários candidatos segundo os princípios e regras de uma concorrência leal e justa. O concurso cumpre uma dupla função: i) a função de tutela do direito subjectivo de acesso a emprego público – é estruturante do respectivo exercício, que é, no essencial, o direito a um procedimento justo de selecção (artigo 47.°, n.° 2, e artigo 266.° da CRP)[379] –

---

[376] Acórdão do TJCE de 5 de Outubro de 1994, X contra Comissão das Comunidades Europeias, processo n.° C-404/92 P.

[377] Acórdão do Plenário do TC n.° 345/2002, de 11 de Julho, processo n.° 819/98.

[378] Por exemplo, não é equacionável a nomeação ou a contratação de médico ou de jurista sem os respectivos títulos académicos e profissionais. As habilitações académicas e profissionais são um elemento essencial do vínculo laboral ou a sua falta tornar impossível o exercício da profissão (artigo 133.°, n.° 1 e n.° 2, alínea c), do CPA e artigo 81.°, n.° 1, do RCTFP).

[379] Não confere, pois, o direito a ser provido num emprego público, nem "um direito substantivo a desempenhar funções determinadas (...), mas garante aos cidadãos uma situação jurídica de igualdade no acesso às funções públicas" – STC 293/1993, de 18 de Outubro de 1993, processo n.° 2854/1990 e Sentença n.° 33 do BverfG, 2 BvR 1436/02, de 24 de Setembro de 2003, http://www.bverfg.de/entscheidungen/rs20030924_2bvr 143602en.html.

e, portanto, dos "direitos dos interessados a que a pessoa escolhida seja a mais idónea e a que todos os candidatos (concorram) em igualdade de circunstâncias"[380]; ii) e a função de tutela dos interesses do empregador público na disponibilidade de um trabalhador capaz para realizar a actividade justificativa do recrutamento.

6.3.1. Os princípios do concurso

A justeza do procedimento de concurso assenta, fundamentalmente, em três princípios, que emergem do n.° 2 do artigo 47.° da CRP: o princípio da liberdade de candidatura, o princípio da igualdade e o princípio do mérito. Estes reclamam, designadamente, as seguintes garantias: i) a ampla e adequada publicidade dos empregos a prover[381]; ii) a divulgação atempada e bastante do sistema de avaliação; iii) a predeterminação e estabilidade de regras e critérios; iv) a utilização de métodos e critérios de selecção objectivos, atinentes, fundamentalmente, às exigências do lugar a prover[382];

---

[380] Cfr. Advogado-geral Dámaso Ruiz-Jarabo Colomber, nas conclusões apresentadas em 11 de Março de 2004, no processo C-150/03 P, Chantal Hectors contra Parlamento Europeu, p. 5, pontos 26 a 33.

[381] Sobre a publicidade como uma das garantias fundamentais dos princípios da liberdade de candidatura, igualdade e do mérito, cfr. José Luís Pereira Coutinho, "A relação de emprego público na Constituição. Algumas Notas", *in* Estudos sobre a Constituição, 3.° Volume, Livraria Petrony, 1979, p. 697, Martin Godino Reyes, El Contrato de Trabajo ..., cit., pp. 138 e 139, Jaime Rodríguez-Arana, "El marco constitucional del acceso a la función pública en el derecho administrativo español", *Scientia Ivridica*, Revista de Direito Comparado, Português e Brasileiro, Julho-Setembro, 2005, Tomo LIV, número 303, pp. 524 e 525 ("Logicamente, a publicidade está essencialmente conexa com o mérito e a capacidade pois estas não podem efectivar-se ou ser uma realidade à margem de um espaço de publicidade") e o Acórdão n.° 630/98, da 1.ª Secção do TC de 3 de Novembro de 1998, processo n.° 434/97 (O Tribunal julgou inconstitucional por violação do princípio constitucional da igualdade de oportunidades no acesso à função pública norma legislativa regional permissiva de publicitação apenas em órgão de comunicação social de expansão regional de concurso externo de ingresso na função pública regional").

[382] O princípio de igualdade de tratamento de todos os cidadãos limita a liberdade da Administração nomear e contratar, concretizando-se essa igualdade na exigência de objectividade dada pelos princípios do mérito e da capacidade (neste sentido Sala *apud* Martin Godino Reyes, El Contrato de Trabajo ..., cit., p. 133).

v) a fundamentação das decisões tomadas; vi) e a notificação aos interessados[383].

A observância de tais princípios e regras na celebração de contratos de trabalho impõe-se à Administração por razões de democraticidade e de juridicidade das suas formas de agir, porque está em causa o direito subjectivo de todos acederem a um emprego público e por haver que assegurar a sua "capacidade funcional e de prestação"[384] e um adequado serviço aos cidadãos[385]. De igual modo, postula-o o princípio da livre circulação de trabalhadores, que reclama a abertura dos empregos públicos à concorrência.

---

[383] Cfr. Acórdão n.° 383/2005/T. Const. – processo n.° 9/2005, DR., n.° 199, II Série, pp. 14 800 a 14805 e Acórdão da 2.ª Subsecção do CA do STA de 22 de Fevereiro de 2005, processo n.° 0595/04.

[384] Aquando da discussão daquele que é hoje o artigo 47.°, n.° 2, da CRP, observou o Deputado Costa Andrade que "o aditamento do inciso «em regra do por via de concurso» implica um certo desenvolvimento da própria ideia de liberdade e, sobretudo, de igualdade que já estava consagrada constitucionalmente" e que os "princípios de liberdade e de igualdade implicavam, necessariamente, a ideia do concurso como regra", impendendo sobre "o legislador ou sobre as entidades competentes em matéria de provimento de quadros da função pública... o ónus de provar que, num caso concreto, a regra do concurso não pode funcionar". Salientou ainda que é o meio mais adequado "para a promoção dos melhores e dos mais competentes" e uma forma de democratização da Administração Pública, tornando os respectivos empregos abertos a todos e não a grupos de pessoas em particular – DAR, 1.ª Série, II Legislatura, n.° 103, de 15 de Junho de 1982, p. 4263.

Não está em causa "a celebração *ab initio* de um negócio de direito privado, em que a entidade pública se comporta como um empregador comum" (como refere Maria do Rosário Ramalho, "Intersecção entre o regime da função pública e o regime laboral – breves notas", in Estudos cit., p. 80). O empregador privado pode decidir se contrata, de que forma contrata e escolher livremente o trabalhador com quem celebra contrato (Sala Franco e outros *apud* Martin Godino Reyes, El Contrato de Trabajo ..., cit., p. 122). O princípio é o da liberdade de contratar o trabalhador que o empregador privado entenda por bem, independentemente das suas qualidades profissionais ou pessoais. O princípio é apenas "delimitado tenuamente pelo princípio da não discriminação" (idem, p. 126).

A garantia da eficácia do recrutamento e adequação da escolha é, aí, dada pela natureza privada ou pessoal dos interesses a cuja satisfação se dirige. A escolha do trabalhador inadequado repercute-se directamente sobre o património ou interesses do empregador privado. Por outro lado, pode mais facilmente por termo à relação de trabalho estabelecida. Cfr. Acórdão do TC n.° 683/99 e Martin Godino Reyes, El Contrato de Trabajo ..., cit., p. 128.

[385] Trata-se, também, de recrutar trabalhadores idóneos a exercer as funções para que são recrutados e a exercê-las de harmonia com os princípios enunciados no artigo 266.°, n.° 2, da CRP. Cfr. Francisco Liberal Fernandes, "Sobre a proibição da conversão ...", cit., p. 82, e Martin Godino Reyes, El Contrato de Trabajo ..., cit., p. 137.

6.3.1.1. O princípio da igualdade

O princípio da igualdade aplicado ao concurso constitui uma concretização, no acesso a um emprego público, do princípio fundamental da igualdade do artigo 13.° da CRP: também em sede de emprego público são proibidas as discriminações fundadas nos critérios aí enunciados[386]. O indivíduo tem, ademais, o direito à igualdade de oportunidades e de tratamento[387], cujo exercício está sujeito ao regime das restrições aos direitos, liberdades e garantias, as quais devem ter justificação bastante, reportadas a condições ou qualidades protegidas por bens jurídicos ou direitos fundamentais (por exemplo, a liberdade religiosa)[388]. A igualdade, seja a "igualdade perante a lei e na aplicação da lei", seja a "igualdade na lei" veda actuações e decisões que consubstanciem ou impliquem diferenças

---

386 Por exemplo, é proibida, na admissão a emprego público, discriminação "directamente ligada ao professar de certa religião", em "razões que são incompatíveis com a liberdade de religião". "Tal não exclui a criação de deveres funcionais que contendam com a liberdade religiosa dos trabalhadores ou candidatos a um emprego público ....". Cfr. considerando 39 da BverfG, 2 BvR 1436/02, citada, e Joaquim de Sousa Ribeiro, "Constitucionalização do Direito Civil", in Direito dos Contratos, Estudos, Coimbra Editora, 2007, p. 31: "O princípio [da igualdade] tem um campo de aplicação particularmente fértil no domínio das ofertas ao público e das prestações de serviço, em massa, sob condições prefixadas. Dada a emissão, nestes casos, de uma vontade negocial indiferenciadamente dirigida a todos os interessados, a exclusão arbitrária, por algum dos aludidos factores, de determinada pessoa, é especialmente chocante, pois a discriminação tem contornos iniludíveis (pelo que é especialmente sentida) e reveste-se de publicidade").

387 Nesta perspectiva, afirma o Tribunal Central Administrativo, no acórdão proferido no processo n.° 2412, de 6 de Julho de 2000, ponto 3 do sumário. "Sempre que o acto administrativo descrimina violando um dos índices constitucionalmente enunciados, o acto é nulo, pois viola o conteúdo essencial de um direito fundamental (a igualdade)".

388 Cfr. n.° 34 do BverfG, 2 BvR 1436/02, citada. O Tribunal Constitucional alemão julgou procedente a queixa de candidata ao emprego de professora no Land de Banden-Württemberg, contra a decisão da Stuttgart Higher School Authority, confirmada pelos tribunais administrativos, que negou a pretensão de provimento da mesma como professora de inglês em período probatório em escolas do ensino básico e secundário, com fundamento no facto de que a sua declaração de intenção de usar véu na escola e nas aulas significava que era inadequada para o emprego. Considerou o Tribunal que "[d]efinir tal conduta como falta de aptidão para o emprego de professora em escola primária e secundária contende com o direito da queixosa à igualdade no acesso a todo o emprego público com base no artigo 33.°, n.° 2, da Lei fundamental juntamente com o direito fundamental à liberdade religiosa garantia pelo artigo 4, n.° 1, da Lei fundamental, sem a necessária e suficiente definição por lei". Ver BverfG, 2 BvR 1436/02", citada.

irrelevantes do ponto de vista da capacidade para o exercício da concreta actividade laboral e, portanto e bem assim, as que, em geral, sejam ditadas, não por razões objectivas, mas pela situação de particular candidato, "individualizadas e concretas"[389]. Trata-se de garantir a "possibilidade de concorrer em pé de igualdade" e de garantir que o resultado não está "de antemão determinado"[390].

---

[389] Alberto Palomar Olmeda, Guía de Concursos y Licitaciones, 2002, Editorial Aranzadi, 1.ª edición, p. 116, STC n.° 185/1994, de 20 de Junho de 1994, registos n.os 1247/1992 e 1258/1992, p. 11, ponto 5, e STC n.° 27/1991, de 14 de Fevereiro de 1991, registos n.os 1359/1986 e 2265.

A valoração, para efeitos de selecção, do prévio exercício de funções ou da experiência profissional constitui um dos domínios em que se verifica, por vezes, o tratamento desigualitário infundado dos candidatos, em especial, quando se trata da admissão a emprego público. Há que distinguir entre a consideração do exercício genérico, as funções em si, independentemente do empregador e do tipo de vínculo jurídico laboral ao abrigo dos quais foram prestados, e a consideração específica, por referência ao serviço que abre o concurso e/ou ao tipo de vínculo jurídico laboral ao abrigo do qual foram exercidas. A primeira não suscita, por princípio, reserva. Diferentemente a segunda, que só com carácter excepcional e justificada por circunstância ou motivo constitucionalmente legítimo se pode admitir, e desde que não seja ofensiva do princípio da proporcionalidade (STC n.° 185/1994, cit., p. 10, ponto 4, A)). O peso atribuído a tal prévio exercício "pode afectar, por si só, a igualdade dos candidatos" (STC n.° 185/1994, cit., p. 11, ponto 4, B)). Com efeito, "a generosa valoração do tempo de exercício precário que, se por um lado pode admitir-se corresponder ao princípio do mérito enquanto se considera ser um serviço prestado, já não no que toca à capacidade, [relativa] ... [a]o modo e resultado dessa prestação". Acresce que a mesma é atribuída a quem beneficiou de um vínculo de trabalho que, "por si lhe atribui um posto de trabalho (ainda que precário) e a respectiva remuneração, de modo que a valoração favorável de tal prévio exercício converte-se numa dupla vantagem relativamente aos demais candidatos que não puderam beneficiar desse vínculo prévio", por não sujeito ele próprio a uma competição aberta e livre – cfr. voto de vencido do STC n.° 185/1994, cit., p. 13, e *Sentenza da Corte Costituzionale* n.° 373/2002, de 10 de Julho.

[390] Ver Acórdão do TC n.° 53/88, de 8 de Março de 1988, in Acórdãos do Tribunal Constitucional, 11.° volume (1988), p. 312, e Acórdão do TC n.° 683/99, citado (: "A lesão do princípio da igualdade no acesso à função pública não é, aliás, justificada pelo argumento de que, tratando-se de pessoas que *já trabalharam* para o Estado, embora a termo, poderiam (ou, mesmo, deveriam) ser beneficiadas. // Na verdade, o problema está justamente em saber se a circunstância de um trabalhador ter estado a desempenhar funções ao abrigo de um contrato de trabalho a termo, embora por duração superior à legalmente permitida (e independentemente do modo de selecção para este contrato, que é, como se disse, irrelevante), é, por si só, bastante para permitir que tal trabalhador possa vir a ser *automática e obrigatoriamente preferido* a outros, com acesso a uma posição definitiva, de trabalhador *por tempo indeterminado*). // Em face dos interesses que fundamentam a consagra-

A igualdade de oportunidades envolve a igualdade de tratamento e, ambas, a igualdade de condições (substanciais e procedimentais[391]).

6.3.1.2. O princípio da liberdade de acesso

O princípio da liberdade de acesso postula a igualdade de oportunidades quanto à possibilidade de candidatura e admissão ao procedimento. Neste plano, há que assegurar:

a) que ninguém que preencha os requisitos necessários seja impedido de se candidatar a procedimento destinado ao provimento de

---

ção do princípio da igualdade no acesso à função pública – que, como se viu, transcendem os interesses do particular candidato – não pode considerar-se tal circunstância, só por si, bastante para fundamentar um privilégio na contratação pelo Estado. (...) Na realidade, poderão existir candidatos a um posto de trabalho sem termo que não podem beneficiar da forma de acesso à função pública em causa, por conversão de um contrato de trabalho a termo (eventualmente mesmo indivíduos que pura e simplesmente desistiram de tentar ser seleccionados para um contrato de trabalho a termo, justamente pela razão de que não estavam interessados num contrato temporalmente limitado, mas apenas na obtenção de um posto de trabalho sem termo e que, em dado momento, não têm possibilidade de aceder a esse posto)".

[391] Assim, por exemplo, num concurso, a prova escrita de conhecimentos deve, em princípio, ser a mesma e ser aplicada no mesmo dia a todos os candidatos (ver Acórdão do Tribunal de Primeira Instância de 16 de outubro de 1990, processo T-132/89, considerando 36). No caso de algum ou alguns candidatos noticiarem, atempadamente, motivo obstativo da realização da prova na data marcada, desde que juridicamente protegido (por exemplo, parto ou recobro previstos para essa data, doença, acidente, razões religiosas), deve ser diligenciado pela marcação de nova data, na perspectiva da conciliação do princípio da igualdade com outros valores jurídicos, o que nem sempre é possível dado, designadamente, o tipo de concurso, o elevado número de candidatos, a quantidade de pedidos de adiamento formulados, a urgência na conclusão do concurso. Sobre o assunto, ver Ioannis G. Dimitrakopoulos, "Organisation of Community Recruitment Competitions, Pregnancy, Childbirth and Equal Treatment of Candidates", in European Public Law, volume 14, n.° 2, Junho 2008, pp. 165 a 175, e Acórdão do TJCE de 27 de Outubro de 1976, processo 130/75, considerandos 12 a 19.

Não viola, porém, o princípio da igualdade de tratamento a realização de outra prova escrita para os candidatos cuja exclusão ilegal tenha sido administrativa ou judicialmente acertada. Neste caso, naturalmente, o objecto e temáticas (programa) terão ser os mesmos (Acórdão do Tribunal de Primeira Instância de 23 de Janeiro de 2003, processo T-53/00, Serena Angioli contra Comissão das Comunidades Europeias, considerandos 29 a 39).

emprego público, por exemplo, por falta ou insuficiente publicidade[392], ou por força da limitação injustificada da área de recrutamento[393];

b) que não sejam estabelecidos necessariamente legais requisitos infundados e/ou desproporcionados à luz da finalidade do procedimento[394] e das características do respectivo emprego[395];

c) que não sejam fixados critérios de selecção ou de preferência, ou exigências probatórias injustificadas e/ou desproporcionadas, que, diminuindo significativamente as chances de alguns dos interessados, os afastem e/ou tenham efeito dissuasor da apresentação de candidatura[396-397];

---

392 Antes deve ser assegurada ampla e adequada publicidade dos procedimentos de recrutamento. Ver Acórdão da 1.ª Secção do TC n.° 630/98, de 13 de Novembro de 1998, processo n.° 434/97 e Acórdão do Conselho de Estado francês de 14 de Março de 1997, processo n.° 143800.

393 A abertura dos empregos públicos à comunidade postula e pressupõe a possibilidade de todos os interessados e abstractamente capazes se habilitarem aos mesmos, contra a que depõe a adopção de formas não selectivas de provimento (concursos internos limitados e reconversão e reclassificação profissionais). Ver Marcel Pochard, "Quel avenir ...", cit., p. 18, Decisão da *Cour Administrative d'Appel de Douai*, de 11 de Julho de 2002, in AJDA, n.° 24/2002, p. 1506, STC n.° 31/2006, de 1 de Fevereiro de 2006, e a STC n.° 27/1991, de 14 de Fevereiro de 1991, *Sentenza* da *Corte Costituzionale* n.° 218/2002, de 22 de Maio de 2002, e, do mesmo Tribunal, *Sentenza* n.° 274, de 24 de Julho de 2003, e *Sentenza* n.° 373/2002, de 10 de Julho de 2002, e *Sentenza* da *Corte Cassazione* n.° 15403, de 15 de Outubro de 2003 (http://www.giurdanella-it e http://www.lavoropa.it), sintetizando, esta última, a desconformidade à Constituição das normas que prevêem a mudança para "nível funcional superior" sem concurso público ou sem "'qualquer critério selectivo', ou que reservem, exclusivamente, ou de maneira tida por excessiva, ao pessoal interno o acesso a qualificação superior".

394 Assim, deve ter-se por desproporcionada a cominação de exclusão do concurso para a não apresentação do currículo (relevante, unicamente, na avaliação) ou para a não datação ou não assinatura deste (a qual, aliás, pode, sem qualquer prejuízo para outrem, ser facilmente suprida).

395 Joaquim de Sousa Ribeiro, "Constitucionalização ...", cit., p. 31.

396 Constitui desvio de procedimento a realização de um tipo de procedimento diferente do admitido, em concreto, pela lei ou do publicitado (*v.g.*, a realização de concurso interno geral como se fosse limitado, por via, por exemplo, de uma valorização desproporcionada de específica experiência profissional). Ver STC n.° 185/1994, cit., p. 10, ponto 4, A).

397 Em matéria de exigências probatórias, o princípio é o da optimização do procedimento e o do princípio da concorrência em que assenta. Devem interpretar-se "as normas de procedimento administrativo segundo o princípio '*in dubio pro actione*' (princípio do favorecimento do processo), isto é, de forma favorável à admissão e decisão final das peti-

d) que não seja, por regra, obrigatória a candidatura: a liberdade de candidatura tem a vertente negativa da não obrigatoriedade de apresentação a concurso, sem prejuízo das situações em que interesses públicos e/ou privados constitucionalmente relevantes deponham nesse sentido[398].

6.3.1.3. O princípio do mérito

O princípio do mérito postula avaliação segundo critérios objectivos[399], em regra, de natureza técnico-científica. Precedentemente, que os indivíduos não sejam excluídos da avaliação por requisitos impertinentes.

A avaliação afere do mérito relativo, quando os indivíduos concorrem entre si: o concurso importa a selecção de entre vários aspirantes a emprego público mediante a avaliação comparativa, a partir de parâmetros predefinidos, das respectivas situações de facto, evidenciadas pelos processos de candidatura e pelas provas de selecção[400]. Os candidatos devem

---

ções dos administrados ... consagrando-se uma interpretação mais favorável ao exercício do direito de petição" (Acórdão do 1.° Juízo Liquidatário do Contencioso Administrativo do TCA Sul de 05-05-2005, processo n.° 05374/01). Nesta linha, dispõe-se, especificamente, no ponto III do sumário do Acórdão do STA da 1.ª Subsecção do CA de 30-04-98, processo n.° 041027: "Assim, devendo na interpretação dos actos administrativos presumir-se a racionalidade e a maximização de eficiência dos procedimentos adoptados, se os termos do aviso de abertura deixarem subsistir a dúvida sobre o modo de contagem do prazo, deve optar-se pelo sentido mais favorável à apresentação de candidaturas ...".

[398] É o caso dos trabalhadores colocados em situação de mobilidade especial (artigo 39.°, n.° 2, alínea b), ii), da Lei n.° 53/2006, de 7 de Dezembro, e alínea b) do n.° 5 do artigo 6.° da LVCR).

[399] Ou seja, que os mesmos sejam relativos às características do emprego a prover e aos deveres e obrigações associados à respectiva prestação de trabalho.

[400] Sobre a distinção entre procedimentos concursais e não concursais, cfr. Vicenzo Cerulli Irelli, Corso di Diritto Amministrativo, cit., pp. 514 e 515, e Ettore Morone, "Impiegati dello Stato", cit., p. 246 ("Objectivo do procedimento de concurso público é o de determinar quais são de entre os aspirantes a um determinado emprego os mais idóneos e portanto, pelo menos é de presumir, os mais úteis à Administração. Tal resulta de uma avaliação comparativa ...dos candidatos, a qual é efectuada com garantias particulares, com o fim de assegurar na maior medida possível a objectividade. A este sistema não faltaram críticas, mas é de preferir porque qualquer outro sistema apresenta inconvenientes e queixas ainda maiores").

ser ordenados segundo os resultados destas e o recrutamento deve fazer-se em obediência à respectiva ordenação[401].

6.3.2. A relevância jurídica da violação dos princípios

A actuação ou omissão administrativa que viole os princípios enunciados, em termos que lesem o "conteúdo essencial" do direito fundamental de acesso à função pública[402], importa a nulidade da decisão final do procedimento, da consequente decisão de contratar e projecta-se sobre a validade do contrato[403].

A celebração de contrato ou a nomeação sem procedimento público selectivo fere-os de nulidade[404], quer por ofensa do conteúdo essencial do citado direito fundamental[405] – o qual, pertencendo à categoria dos direitos, liberdades e garantias, vincula directamente as entidades públicas (incluindo quando aplicam o Direito privado)[406] –, quer por carência absoluta de forma legal[407].

A participação dos particulares no procedimento, substantivamente mais densa à medida que vai avançando, implica gastos, eventuais danos e a possível perda de ganhos que são ressarcíveis a título de responsabilidade pré-contratual ou extracontratual[408].

---

[401] No Acórdão do Tribunal de Primeira Instância de 23 de Janeiro de 2000, processo T-53/00, foi assinado como fim do procedimento de recrutamento o da "nomeação dos candidatos possuidores das mais altas qualidades de competência, rendimento e integridade" e como violador deste fim e do "interesse do serviço e do princípio da boa administração e da sã gestão" a nomeação de candidatos, ao arrepio do previsto no aviso de abertura, que não obtiveram nas provas valores mínimos de classificação.

[402] Cfr. artigo 133.°, n.° 2, alínea d), do CPA.

[403] Cfr. artigo 133.°, n.° 2, alínea i), *mutatis mutandis*, do CPA, artigos 82.°, n.° 2, do RCTFP. Ver Vieira de Andrade, "Nulidade e anulabilidade do acto administrativo", Anotação ao Acórdão do STA de 30 de Maio de 2001, CJA, 2004, n.° 43, pp. 4 e segs.

[404] Cfr. artigo 133.°, n.° 2, al. i), *mutatis mutandis*.

[405] Jesús Jordano Fraga, Nulidad de los Actos Administrativos y Derechos Fundamentales, Madrid, Marcial Pons, Ediciones Jurídicas y Sociales, S.A, Madrid, 1997, p. 262.

[406] Cfr. artigo 18.°, n.° 1, da CRP.

[407] Cfr. artigo 133.°, n.° 2, alíneas d) e f), do CPA.

[408] Considere-se, por exemplo, a falta de prestação de informação sobre uma causa de invalidade do vínculo laboral e a situação em que, por confiança desculpável de um indivíduo no estabelecimento do mesmo, deixou de celebrar um contrato de trabalho com outro empregador. Ver Antonio Gerardo Diana, La Responsabilità precontrattuale della Pubblica Amministrazione, Cedam, 2000, pp. 63, 158, 159 e 161.

7. O TRABALHADOR NA RELAÇÃO JURÍDICA DE EMPREGO PÚBLICO

7.1. O CONCEITO DE TRABALHADOR

O trabalhador na relação jurídica de emprego público é o indivíduo que se obriga perante um empregador público a realizar, durante um certo período de tempo ou por tempo indeterminado, pessoalmente, uma dada actividade, sob a direcção e autoridade de um ou alguns dos seus órgãos, mediante determinada contrapartida remuneratória e prestações sociais. Não trabalha se, quando e, em geral, como quer, não sendo, pois, independente e sujeita-se à autotutela laboral disciplinar do empregador.

Os juízes "[d]evem gozar de independência de decisão sem sujeição a qualquer tipo de direcção"[409] – o serviço que prestam à comunidade é soberano quanto ao conteúdo. É, sem prejuízo, heterodeterminado, em parte, quanto ao modo (*v.g.* exclusividade de exercício), ao local (certo tribunal) e ao objecto (*v.g.*, processos distribuídos), sendo passível de censura disciplinar o magistrado que inobserva os respectivos padrões de exigência funcional (embora não pelo teor ou sentido das decisões que profere)[410]. Pelas funções exercidas, auferem uma dada remuneração, suplementos remuneratórios e prestações sociais, assim como, em geral, gozam de direitos próprios da relação de trabalho (*v.g.*, direito a férias, subsídio de férias e subsídio de Natal)[411]. Existem, deste modo, "certas

---

[409] É inerente ao respectivo exercício funcional um estatuto específico de independência, constitucionalmente exigível e que passa pela garantia de um estatuto único (sem prejuízo das remissões normativas que estabeleça) e de um estatuto próprio (Acórdão do TC n.° 620/2007, processo n.° 1130/2007, de 20 de Dezembro).

[410] A responsabilidade disciplinar "não representa uma censura de uma decisão jurisdicional, mas antes e precisamente uma censura da sua conduta omissiva, da sua negligência, do seu desinteresse pelo cumprimento do dever profissional de fazer justiça, despachando os processos bem e em tempo útil" – Acórdão do STJ de 16 de Maio de 1995, processo n.° 86727, in BMJ n.° 447, p. 157.

[411] Sobre o assunto, escreve Luís Guilherme Catarino, "[t]al interpretação, considerando esta actividade do juiz assimilável à do funcionário do Estado, é sustentada na Alemanha (art. 34.° da Constituição de Bona), em Itália (art. 28.° da Constituição Italiana de 1948), e de igual forma por diversos autores em Espanha (que a subsumem ao art. 106.°, n.° 2, da CRP). A particular posição jurídica dos magistrados repousa num estatuto próprio, dotado de independência funcional e orgânica, o que não afasta decerto a sua posição como

características de uma relação de emprego, como funcionários do Estado"[412]; são agentes públicos com estatuto especial[413]. O regime jurídico aplicável à respectiva relação jurídica fica sujeito a modelações várias, que decorrem, no caso dos juízes, da sua condição de titulares dos órgãos de soberania tribunais[414] e, no caso dos magistrados do Ministério Público, da sua participação no exercício da função judicial.

Os dirigentes da Administração Pública são trabalhadores e são titulares de órgãos administrativos, exercendo funções que, em parte, de forma variável, implicam a preparação e execução da vontade da pessoa colectiva e, em parte, envolvem a expressão dessa vontade[415]. Estão, em

---

servidores do Estado" – A Responsabilidade do Estado pela Administração da Justiça. O Erro Judiciário e o Anormal Funcionamento, Coimbra, 1999, p. 226. No sentido de que os juízes reúnem uma dupla qualidade, concretamente, a de titulares de um órgão de soberania e a de "profissionais de uma carreira em que exercem (em exclusividade, de forma permanente e com vínculo ao Estado) funções públicas de soberania (sem comparação possível com os funcionários públicos), ver Acórdão do Conselho Permanente do Conselho Superior da Magistratura de 9 de Novembro de 2004, *sub judice*, n.º 23, Jul-Set., 2005, p. 154, Lopes Navarro, Funcionários Públicos, p. 28, e Francisco Liberal Fernandes, "Gozam os magistrados do direito à greve?", Revista do Ministério Público, Ano 14.º, Abril/Junho 1993, n.º 54, pp. 85 a 90.

[412] Perceval-Price, Davey e Brown v. Department of Economic Development, Department of Health and Social Services and Her Majesty's Attorney General for Northern Ireland [2000] NICA 9 (12th April, 2000), CARE3166, 12 April 2000, in http://www.emplaw.co.uk/researchfree-redirector.aspxStartPage=data-%2ftlr10800.htm. O Northern Ireland Court of Appel considerou os juízes trabalhadores para efeitos da aplicação do artigo 119.º do TCE e das Directivas 75/117/CEE (relativa à igualdade remuneratória) e 76/207/CEE (relativa à igualdade de tratamento).

Ver, também, H. Nascimento Rodrigues, O Direito Sindical na Função Pública, cit., pp. 23 e 24.

[413] Alain Plantey, "Allocution d'ouverture", in La Protection Juridique des Agents Publics, 10.ème Colloque D'Avignon, juillet 1987, Institut International des Sciences Administratives, p. 9.

[414] Acórdão do TC n.º 620/2007, processo n.º 1130/2007, de 20 de Dezembro de 2007. A equiparação dos juízes aos trabalhadores da Administração Pública não pode pôr em causa os princípios de independência, inamovibilidade e irresponsabilidade que constituem garantias do exercício da actividade jurisdicional, tal como previsto nos artigos 203.º e 216.º, n.os 1 e 2, da CRP. Nesta linha, se inscreve a exigência de um estatuto próprio (artigo 215.º, n.º 1, da CRP).

[415] No caso *Percy (AP) v. Church of Scotland Board of National Mission (Respondent) (Scotland)*, o *office-holder*, por contraponto a trabalhador, é referido por Lord Hoffman, como aquele que não tem empregador (considerando 56) e Lord Nicolls nota que,

geral, numa relação de subordinação jurídica, sendo passíveis, desde logo, de responsabilidade disciplinar pelo exercício de funções.

Os militares das forças armadas, contratados, voluntários ou constritos, são trabalhadores[416], parte numa relação jurídica de emprego público, na medida em que disponibilizam uma actividade ao Estado mediante certa contrapartida remuneratória, sob a autoridade e direcção dos seus órgãos. As condições dessa disponibilidade são, em certa medida, especialmente exigentes e, quanto a certos direitos fundamentais, o respectivo exercício é susceptível de específicas restrições, de acordo com a previsão do artigo 270.° da CRP. Salvo estas restrições e "ponderosas razões de interesse público" constitucionalmente protegidas, a condição militar não se oferece, por si, como fundamento para tratamento de desfavor face aos demais trabalhadores da Administração Pública estadual[417].

O carácter voluntário da constituição da relação jurídica de emprego é, por vezes, assinalado como um elemento do respectivo conceito, com o que ficaria de fora a situação em que a prestação da actividade é imposta pela lei, de que é exemplo o serviço militar obrigatório[418]. No entanto, a particularidade da relação de serviço militar obrigatório não reside senão nesse aspecto; e, por isso, é ainda de reconhecer como uma relação jurídica de emprego público.

---

muitas vezes, o *office-holder* reúne, simultaneamente, a qualidade de trabalhador, sem que aquela qualidade seja um obstáculo a uma relação de emprego (http://www.publications.parliament.uk/pa/ld200506/ldjudgmt/jd051215/percy.pdf, [2005] UKHL 73).

[416] Massimo Severo Giannini, ..., cit., p. 407, e A. Nunes de Carvalho, "Les droits collectifs des travailleurs du secteur public", in XIV.ème Congrès International de Droit Comparé, Rapports Portugais, Athènes, 31 Juillet – 6 août 1994, p. 101.

[417] Assim, o TC, no Acórdão n.° 662/99, processo n.° 52/99 (DR., II Série, n.° 46, de 24 de Fevereiro de 2000, pp. 3758 a 3761), julgou "inconstitucional, por violação do artigo 13.°, em conjugação com o n.° 2 do artigo 47.°, a norma constante da alínea a) do n.° 3 do artigo 6.° do Decreto-Lei n.° 498/88, de 30 de Dezembro, quando interpretada no sentido de o conceito de funcionário nela utilizada não abranger os militares dos quadros permanentes das Forças Armadas, no activo ou na reserva, para efeitos de admissão como opositores a concursos internos gerais para provimento de lugares dos quadros da administração pública civil do Estado, desde que para tanto os militares estejam dotados da necessária autorização superior e não venham, no caso de posterior desempenho de funções nesses lugares por parte dos militares na reserva, a auferir de modo diverso do estipulado para os funcionários da administração pública civil do Estado em situação semelhante".

[418] Lopes Navarro, Funcionários Públicos, 1940, pp. 20, 25 e 26.

7.2. As categorias de trabalhadores

A Constituição refere-se aos "funcionários ... do Estado e das demais entidades públicas", aos "agentes do Estado e demais entidades públicas"[419], aos "agentes administrativos" e aos "trabalhadores da Administração Pública"[420].

Na 1.ª revisão constitucional foi alterada a redacção das normas do n.° 1 e do n.° 2 do artigo 269.° quanto ao seu âmbito subjectivo. Onde se escrevia "Os funcionários e agentes do Estado e das demais entidades públicas ..." passou a escrever-se "Os trabalhadores da Administração Pública e demais agentes do Estado e outras entidades públicas...". Da discussão parlamentar resulta a intenção de patentear a respectiva condição de trabalhadores e a abertura constitucional para um regime jurídico de trabalho contratualizado e aproximado ao Direito laboral privado, sem prejuízo das vinculações jurídico-públicas. A contraposição a fazer não é entre os indivíduos que são trabalhadores e os que não são trabalhadores[421], mas entre aqueles que são trabalhadores da Administração Pública e aqueles são trabalhadores, ou «equiparados»[422], de outros órgãos do Estado e de outras entidades públicas que não da Administração Pública[423].

No âmbito do artigo incluem-se: i) todos os trabalhadores da Administração Pública estadual, autónoma regional e local; ii) os militares e agentes militarizados[424]; iii) os trabalhadores de empresas públicas que

---

[419] Cfr. artigo 271.°, n.° 1 e n.° 2, e artigo 199.°, alínea e).

[420] Cfr. artigo 269.°, n.° 1 e n.° 2.

[421] Sobre o carácter equívoco da dualidade "trabalhadores da Administração Pública" e "demais agentes do Estado e outras entidades públicas", no sentido em que pode induzir a pensar que há, "de um lado, os trabalhadores e, do outro, os que não são trabalhadores", foi explicado, na respectiva discussão parlamentar, que não era "essa a intenção, mas sim distinguir os agentes políticos do Estado e da Administração Pública" – DAR, n.° 64S, de 10 de Março de 1982, p. 31.

[422] Considere-se, por exemplo, a existência de características próprias de uma relação de emprego no vínculo jurídico que liga os magistrados ao Estado.

[423] Considere-se, por exemplo, os "funcionários técnicos e administrativos e ...especialistas requisitados ou temporariamente contratados" para coadjuvar os "trabalhos da Assembleia [da República] e os das comissões" (artigo 181.°, n.° 1, da CRP) e o "pessoal técnico e administrativo" dos grupos parlamentares (artigo 180.°, n.° 3, da CRP).

[424] Referenciados como "funcionários públicos", "funcionários públicos especiais", "agentes do Estado" (DAR, n.° 106, II Série, pp. 1998-(70) a 1998-(72), de 16 de Junho de 1982).

prestam serviços públicos essenciais, constitucionalmente regulados, como é o caso dos estabelecimentos hospitalares que inserem no Serviço Nacional de Saúde; iv) os trabalhadores das entidades públicas independentes; v) os trabalhadores dos órgãos de soberania e de outros órgãos do Estado (*v.g.*, Provedor de Justiça, Procuradoria-Geral da República, ...); vi) e os indivíduos que exercem funções nos gabinetes de apoio aos membros do Governo, aos demais órgãos de soberania e outros órgãos do Estado[425].

7.2.1. O funcionário público

O conceito de funcionário público é, classicamente, o de trabalhador parte numa relação jurídica de emprego de natureza estatutária, dotada de particular estabilidade[426]. Na doutrina e na jurisprudência, destaca-se a nota da profissionalidade como a sua nota distintiva[427]. O funcionário

---

425 A precariedade, característica da sua situação jurídica, é compensada pelo direito a retomar as funções em face do empregador de base, bem como pela garantia de que não prejuízo na carreira e benefícios sociais, o que corresponde à aplicação do artigo 269.°, n.° 2, da CRP (ver ponto 6.2. do Parecer n.° 62/2002, do Conselho Consultivo da PGR, in DR, II Série, n.° 67, de 20 de Março de 2003, pp. 4432 e segs., *maxime*, pp. 4437).

426 É o "elemento dotado de determinada estabilidade, que garante a continuidade do funcionamento dos serviços públicos, mesmo perante a mudança dos governantes" (Lopes Navarro, Funcionários Públicos, 1940, p. 19), o agente que exerce "a sua actividade como uma profissão certa e permanente" (Acórdão da 1.ª Secção do TC n.° 345/93, de 12 de Maio de 1993, processo n.° 345/93).

427 Cfr. Acórdão do STA de 10 de Novembro de 1994, in Acórdãos Doutrinais do STA, n.os 404 e 405, 1995, pp. 917 e segs., Lopes Navarro, Funcionários Públicos, 1940, p. 22, e João Alfaia, Conceitos Fundamentais do Regime Jurídico do Funcionalismo Público, 1.° Volume, Coimbra, 1985, pp. 135 141.

João Alfaia, "[a]ceitando, em absoluto, as linhas gerais da concepção do Professor Marcello Caetano" dela diverge "pouco ... no seu desenvolvimento". Entende "que não basta a profissionalidade do mesmo agente, exigindo-se, também, a existência de um vínculo especial daquele à Administração, traduzida pela sujeição do mesmo a um regime de direito público, que lhe confere [à respectiva relação de emprego] a qualidade de uma relação jurídica de emprego público" (p. 137).

Para Paulo Veiga e Moura, o "funcionário público será todo aquele que preste o seu trabalho sob a autoridade, a direcção e no desempenho de funções próprias e permanentes dos serviços públicos cujo quadro de pessoal voluntariamente aceitou integrar, fazendo-o de forma profissionalizada e independentemente da natureza ou forma do acto que se expressou a aceitação". O conceito que propõe, como explica, "continua a ter por base os

público seria aquele que "é, antes de mais, um profissional da função pública, um homem que dela fez o objecto da sua actividade ocupacional e nela procura a sua carreira"[428], de forma contínua, a troco de uma remuneração (correspondente a um lugar permanente como tal orçamentado) e a título prevalecente ou principal (com ou sem dedicação exclusiva)[429]. Do ponto de vista funcional, os funcionários públicos, identificados, primeiramente, como "empregados de soberania"[430], que exerciam funções fundamentalmente de autoridade pública[431], assumiram, com a extensão da intervenção administrativa, uma multiplicidade de tarefas, realizando trabalho manual ou material, operário, técnico, executivo, intelectual e conceptivo, assim como, também, nalguns casos, trabalho que consiste na prática de actos jurídicos e actos próprios do poder público[432].

---

critérios da permanência e, sobretudo, da profissionalidade", mas apresenta, segundo refere, as vantagens de inserir o regime como elemento da sua compreensão, relativizar a importância da estabilidade no emprego, destacar na profissionalidade também o carácter de contraprestação da retribuição pelo trabalho efectuado e abranger relações de trabalho dos agentes putativos desprovidas de título (Função Pública, Regime Jurídico, Direitos e Deveres dos Funcionários e Agentes, 1.° Vol., 1999, pp. 27 e 28). O autor advoga (A Privatização da Função Pública, 2004, pp. 53 a 60) que "esta profissionalidade, permanência e regime" devem ser "justificadas pela especificidade das funções que são exercidas", o que conduz ao estreitamento do conceito de funcionário público.

[428] Marcello Caetano, Manual de Direito Administrativo, Vol. II, 9.ª edição (reimpressão), Coimbra, 1980, pp. 671 e 672, e Lopes Navarro, Funcionários Públicos, 1940, p. 23 ("A profissionalização ... significa o exercício habitual dum mister ao qual é dedicada a parte essencial da actividade") a 28 e pp. 194 e 195.

[429] Pérez Botija *apud* Martin Godino Reyes, El Contrato de Trabajo ..., cit., p. 53, nota 110, e Ettore Morone, "Impiego Pubblico", cit., pp. 266 e 267.

[430]. De que falava A. Siéyès – Franck Moderne, Prólogo ao El Empleo Público: entre Estatuto Funcionarial y Contrato Laboral, Universidad de Castilha-la-Mancha, Marcial Pons, Ediciones Jurídicas y Sociales, S.A., 2001, p. 14.

[431] Martin Godino Reyes, El Contrato de Trabajo ..., cit., pp. 60, 61 e 74 e Frederico Laranjo, Princípios... cit., p. 29 ("...assim os oficiais e os amanuenses são empregados, mas não funcionários na acepção científica da palavra;... [estes] têm a representação e a responsabilidade da função que exercem").

[432] Como tal, incluindo-se, por exemplo, os militares, os agentes dos serviços e forças de segurança e os diplomatas.

"[N]as suas origens, o funcionário ... caracterizou-se por trabalhar não com matéria nem com máquinas e instrumentos que sobre a matéria operam, mas com e sobre representações simbólicas ou signos da matéria, basicamente com e sobre a linguagem oral ou escrita" (Alonso Olea – a*pud* Martin Godino Reyes, El Contrato de Trabajo ..., cit., p. 59). O carácter intelectual do serviço prestado, por contraponto ao trabalhador manual, para

É possível afirmar que a profissionalidade não serve, hoje, seja como elemento identificativo de uma categoria de trabalhadores da Administração Pública, seja no sentido da existência de um «profissional da função pública». Por um lado, é comum à generalidade dos trabalhadores da Administração Pública, incluindo aqueles com contrato de trabalho por tempo indeterminado e mesmo, em alguma medida, nas relações contratuais temporárias, que assumam certa continuidade, das quais o trabalhador retire parte da sua subsistência[433]. Por outro lado, inculca a ideia de homogeneidade do emprego público ou de que o trabalho "ao serviço do interesse geral" é em si uma profissão, o que, respectivamente, não é correcto e realista. A verdade é que "não existe uma profissão pública única, mas várias"[434], que estas são, em grande parte, semelhantes a profissões existentes no sector privado e que o serviço ao interesse público constitui um dever (fundamental), entre outros deveres e obrigações, do trabalhador na relação jurídica de emprego estabelecida com uma pessoa colectiva pública[435].

O conceito funcionário público que, num primeiro momento, se «desimediatizara» orgânica e funcionalmente, para ser a qualificação abrangente da maioria daqueles que trabalham na Administração Pública, perdeu, na medida da associação à nomeação, a sua vocação omnicompreensiva[436]. Do ponto de vista material e formal, distinguem-se, hoje, os

---

cuja protecção nasceu o Direito do Trabalho, é apontado como um elemento histórico distintivo do funcionário público. O Direito do Trabalho nasce, muito depois da função pública, "fundamentalmente ordenado à protecção do trabalhador manual", o trabalhador industrial. Ver, também, Maria do Rosário Palma Ramalho, Da Autonomia Dogmática ..., cit., pp. 2 a 4, Ettore Morone, "Impiego Pubblico", cit., pp. 266 a 268 e 270, e Lopes Navarro, Funcionários Públicos, cit., pp. 27 e 28.

433 Ettore Morone, "Impiego Pubblico", cit., pp. 265 e 268, Laura Rainaldi "Impiego pubblico", cit., p. 147 (: observa que o importante é o desenvolvimento da actividade laboral de modo habitual e continuado e não tanto se a relação de trabalho tem uma duração determinada ou indeterminada, carácter precário ou estável), e Acórdão do STA de 10 de Novembro de 1994, R. 33 351, BMJ, n.° 441, p. 374.

434 A expressão é de Naomi Caiden, *apud* Demetrios Argyriades, in "Des valeurs ...", cit., p. 615.

435 Cfr. José Luís Pereira Coutinho, "A relação ...", cit., p. 701 ("a obrigação principal é a de executar o trabalho de harmonia com as disposições da entidade patronal").

436 Martin Godino Reyes, El Contrato de Trabajo ..., cit., pp. 59 a 63, Eduardo Sebastião Vaz de Oliveira, A Função Pública Portuguesa, cit., pp. 41, 42, 53, 55, 556, 107 e 108, e nota 14 das conclusões do Advogado-geral Dámaso Ruiz-Jarabo Colomber, de 11 de Março de 2004, no processo C-150/03, citado.

trabalhadores nomeados. Estão sujeitos a uma específica regulação administrativa, nos termos da qual a expressão do seu consentimento é uma condição de eficácia, exercem funções que relevam no plano da autoridade pública, têm especiais deveres funcionais e gozam de particular estabilidade no emprego. Dada o aspecto estatutário e o facto de as funções exercidas se enquadrarem no núcleo da actividade estadual, podemos designar aquele que exerce tais funções como funcionário público.

7.2.2. O agente administrativo

Aos agentes administrativos refere-se o artigo 266.°, n.° 2, da CRP, nos termos do qual estão "subordinados à Constituição e à lei e devem actuar, no exercício das suas funções, com respeito pelos princípios da igualdade, da proporcionalidade, da justiça, da imparcialidade e da boa fé". O comando, pelo seu conteúdo, não pode deixar de abranger todos os trabalhadores da Administração Pública, independentemente do tipo e natureza jurídicos do vínculo laboral, e os "demais agentes do Estado e de outras entidades públicas" (artigo 269.°, n.° 1). É, também, uma decorrência do princípio da prossecução do interesse público, do princípio do respeito pelos direitos e interesses legalmente protegidos dos cidadãos (artigo 266.°, n.° 1, da CRP), do princípio do Estado de Direito (artigo 2.° da CRP) e do princípio da juridicidade (artigo 3.°, n.° 3, da CRP).

No plano da legislação ordinária, o agente administrativo era o trabalhador parte num contrato administrativo de provimento, que titulava o exercício transitório de funções próprias específicas do serviço público segundo o regime jurídico da função pública[437], não existindo, então, arrimo legal para uma noção mais abrangente, que a fizesse coincidir ou aproximar da noção de agente público ou de agente[438].

---

[437] Cfr. artigo 14.°, n.° 2, e artigo 15.° do Decreto-Lei n.° 427/89, de 7 de Dezembro, e artigo 2.°, n.° 3, da Lei n.° 23/2004, de 22 de Junho, diplomas revogados (salvo os artigos 16.° a 18.° do segundo), respectivamente, pela LVCR (artigos 116.°, alínea x), e artigo 118.°, n.° 7), e pela Lei n.° 59/2008, de 11 de Setembro (artigos 18.°, alínea f), e 23.°).

[438] Designadamente, importa referir que a lei excluía, expressamente, os trabalhadores com contrato de trabalho (a termo e sem termo) da qualidade de agente administrativo (artigo 14.°, n.° 2, do Decreto-Lei n.° 427/89, de 2 de Junho, e artigos 5.° e 6.° da Lei n.° 99/2003, de 27 de Agosto, revogados, respectivamente, pela LVCR, e pela Lei n.° 7/2009, de 12 de Fevereiro (artigo 12.°, n.° 1, alínea a)).

O legislador quando regula, hoje, o emprego público, sem precisar, considera estrutural e transversalmente todos os seus trabalhadores, ainda que o vínculo laboral que titula a respectiva relação de emprego seja jurídico-privado e ainda que tenha carácter transitório ou precário. Utiliza o conceito constitucional, recuperando a noção de agente administrativo de Marcello Caetano, a do indivíduo que, por qualquer título, exerça actividade para com um ente público, sob a direcção e a autoridade dos órgãos respectivos[439].

7.2.3. O agente público

A locução agente público designa todos aqueles que exercem funções públicas, quer o trabalhador subordinado, quer o titular de órgão administrativo que reúne também aquela qualidade, quer os que o fazem num quadro heterodeterminado que não é de subordinação jurídica (como seja o caso dos magistrados judiciais) e, pelo menos, certos agentes políticos[440]. Não são agentes públicos os indivíduos que desenvolvem actividades prestativas não laborais e, bem assim, os designados "agentes requisitados", colaboradores ocasionais da Administração Pública, num quadro excepcional da vida em comunidade, que impõe a sua mobilização[441].

8. O EMPREGADOR

8.1. Os poderes e deveres do empregador

O empregador tem um conjunto de poderes legais que pode exercer relativamente ao trabalhador com a constituição da relação jurídica de emprego público. Tratam-se de poderes funcionais que habilitam os órgãos administrativos competentes das pessoas colectivas empregadoras

---

[439] Manual de Direito Administrativo, Vol. II, 10.ª edição, 3.ª reimpressão, Coimbra, 1990, p. 641.

[440] Considere-se o caso de certos elementos dos gabinetes de apoio aos membros do Governo ou a outros órgãos do soberania ou do Estado. Ver DAR, n.° 64 S, de 10 de Março de 1982, p. 31.

[441] Manual de Direito Administrativo, Vol. II, ..., cit., pp. 678 e 679, e Ludgero Neves, Direito Administrativo, cit., p. 111.

a adequar, continuamente, a conduta do trabalhador às suas necessidades e fins. Os poderes são, no essencial, o poder de direcção e o poder disciplinar. O primeiro consiste no poder de fixar, dentro dos limites legais e convencionais, seja por via individual e concreta, seja por via geral e abstracta ou geral e concreta, "os termos em que deve ser prestado o trabalho"[442]. O poder de direcção compreende o poder de determinar e de conformar a prestação de trabalho, quanto ao conteúdo, tempo e local da sua realização e, bem assim, no que se refere aos deveres acessórios do trabalhador. Centra-se na actividade laboral e não no comportamento em geral do trabalhador. Permite, também, articular a prestação do trabalhador com as demais prestações de trabalho, assumindo uma feição organizativa. O poder organizativo é, no entanto, anterior e mais amplo do que a relação jurídica de emprego, embora se possa nela reflectir. O poder disciplinar consiste na possibilidade de o empregador conformar a conduta do trabalhador à disciplina laboral, delimitada pela relação jurídica de emprego, e de aplicar sanções pelas infracções correspondentes, fazendo repercutir no vínculo jurídico os respectivos efeitos[443].

Na outra face, o empregador fica obrigado a cumprir certos deveres, uns principais, no sentido de determinantes para a realização da prestação de trabalho, outros acessórios, por serem instrumentais. Entre os primeiros, destaca-se o dever de pagamento da remuneração, o dever de disponibilizar meios e condições necessários à realização do trabalho e o dever de respeitar a autonomia técnica do trabalhador, que exija a actividade a realizar. Como deveres instrumentais, ressalta-se o dever de correcção, o dever de informação, o dever proporcionar formação profissional adequada à adaptação e aperfeiçoamento laboral, ou de garantir a possibilidade de a fazer, o dever de aplicar a legislação relativa à higiene, segurança e saúde no trabalho e o dever de respeitar a legislação referente à participação nas organizações representativas dos trabalhadores.

O dever remuneratório constitui o dever central do empregador na relação jurídica de emprego, cumprindo-lhe pagar a remuneração legal e

---

[442] Cfr. artigos 112.° e 115.°, n.° 1, do RCTFP e Maria do Rosário Ramalho, Direito do Trabalho, Parte II – Situações laborais individuais, 2006, pp. 582 e segs.

[443] O poder disciplinar numa relação de trabalho, atenta a noção de subordinação jurídica, é "uma das expressões mais directas da sujeição" respectiva, pelo que o é "por natureza, e seja qual for o empregador" – Jean-Luc Crozafon, "Le contrôle juridictionnel de la sanction disciplinaire dans l'entreprise et dans l'administration", in Droit Social, 1985, p. 201.

contratualmente devida e pagá-la pontualmente. O empregador tem de proporcionar ao trabalhador a possibilidade de exercício da actividade a que o trabalhador se obrigou, sob pena de estar a pôr em causa a própria base da relação jurídica estabelecida[444]. Tal compreende o dever de assegurar ao trabalhador as "condições materiais e organizativas" para que desempenhe as suas funções[445] e, bem assim, desenvolva as suas "capacidades e qualidades profissionais", o que inclui, também, o dever de acautelar a realização de formação profissional necessária[446].

8.2. A PLURALIDADE DE EMPREGADORES

O trabalhador na situação de mobilidade pode ficar obrigado para com dois empregadores. A cedência de interesse público dá lugar à constituição de uma outra relação jurídica de emprego. O vínculo laboral de base mantém-se, suspendendo-se parcialmente o estatuto jurídico decorrente da relação jurídica de origem. A mobilidade (temporária) para serviço ou organismo integrado na Administração Pública não dá lugar à constituição de uma relação jurídica de emprego, mas importa que parte dos poderes do empregador público passem a ser exercidos por outro(s) órgão(s) do mesmo ou outro empregador. Pluralidade de trabalhadores há, também, na situação de acumulação de funções.

9. O OBJECTO MEDIATO DA RELAÇÃO JURÍDICA DE EMPREGO PÚBLICO

9.1. A PRESTAÇÃO DE TRABALHO

O objecto mediato da relação jurídica de emprego público consiste nas funções cujo exercício é devido, delimitadas pelo posto de trabalho

---

[444] Salvo se "existam razões que, de forma justificada, impeçam esse exercício, impedimento que, naturalmente, deverá ser determinado por razões objectivas e independentes de actuação culposamente imputável à entidade empregadora" – Acórdão do Tribunal da Relação do Porto de 9 de Março de 2009, processo n.° 0847390.

[445] Incluindo, nas organizativas, as condições ambientais e/ou morais. Ver artigo 87.°, alíneas c) e g) a i), e artigo 89.°, alínea c), do RCTFP.

[446] Acórdão da Relação de Lisboa de 17 de Setembro de 2008, processo n.° 5828/2008 – 4.

caracterizado por uma dada carreira e/ou categoria, correspondente conteúdo funcional, sobretudo, pela actividade que lhe é associado no mapa de pessoal e, eventualmente, pela "área de formação académica ou profissional[447]; no caso do vínculo contratual, é delimitado, também, pelo disposto no contrato; e, tratando-se de comissão de serviço, é delimitado pelo cargo e pela actividade formativa ou de qualificação, consoante as situações em que este vínculo é utilizado.

9.2. A MUDANÇA NA PRESTAÇÃO DE TRABALHO

A mudança da prestação de trabalho é condicionada pelo objecto da relação jurídica de emprego público, sendo possível a substituição ou modificação de funções, intercategorias e intercarreiras desde que temporária, com a limitação, no caso do vínculo contratual, da afinidade ou conexão funcional com a actividade contratada[448]. A alteração funcional que importe alteração de carreira, categoria e de posto de trabalho ou actividade contratada e tenha carácter indeterminado não é, em princípio, passível de acordo das partes, pois contenderia com a disciplina legal própria de aquisição ou provimento nos mesmos[449]; sem prejuízo não é de, desde logo, excluir no caso de impossibilidade definitiva de prestação de trabalho por facto relativo ao trabalhador que não lhe seja imputável.

10. A CARREIRA

10.1. A NOÇÃO DE CARREIRA E CATEGORIA

A carreira constitui um instrumento jurídico de ordenação dos trabalhadores na Administração Pública. Posiciona-os em termos relativos e estrutura a sua evolução profissional. A carreira é referenciada funcional e remuneratoriamente, o que significa que importa crescente e inerentes exi-

---

[447] Cfr. artigo 5.°, n.° 2, da LVCR, e artigo 72.°, n.° 2, alínea c), do RCTFP.

[448] Cfr. artigo 113.° do RCTFP e artigo 60.° da LVCR e Acórdão do STJ de 25 de Junho de 2008, processo n.° 0528/2008.

[449] A modificação do contrato, no Direito do Trabalho, pode ocorrer por acordo das partes – Maria do Rosário Ramalho, Direito do Trabalho, Parte II – Situações laborais individuais, 2006, p. 418.

gência e/ou diferenciação. A categoria é um patamar funcional e de posições (e correspondentes níveis) remuneratórias de uma carreira.

A organização de uma carreira pode fazer-se atendendo à variação funcional que importe, às habilitações académicas e/ou profissionais que reclame e à situação em face de outros trabalhadores. No primeiro caso, distinguem-se níveis funcionais; no segundo, graus de complexidade; e, no terceiro, faz-se depender a previsão de categoria da existência de uma certa unidade orgânico-funcional ou certo número de trabalhadores por "sector de actividade"[450].

10.2. As carreiras unicategoriais e pluricategoriais

As carreiras distinguem-se pelas funções que implicam, designadamente, pelo seu tipo (*v.g.*, funções inspectivas, diplomáticas, exercício da medicina, funções de consulta, apoio e patrocínio jurídicos), natureza (*v.g.*, funções de concepção, funções de aplicação, funções de execução), complexidade – associável, embora de forma não unívoca – às habilitações que requer o seu exercício – e responsabilidade (*v.g.*, determinantes da tomada de decisão; de coordenação).

Se existe homogeneidade de conteúdo, a carreira é tecida como horizontal ou unicategorial, não há uma diferenciação por categorias; não existe qualquer escalonamento interno; considera-se que o exercício funcional não postula a individualização de patamares. A evolução na mesma processa-se ao nível remuneratório e reflecte a valia do desempenho do trabalhador. Se a carreira é vertical ou pluricategorial, reúne mais do que uma categoria, que recortam as funções de acordo com os critérios referidos, desenhando-se parte do desenvolvimento profissional pelo aceder a categoria superior (mediante a demonstração de capacidade e/ou de preparação para o exercício das respectivas funções), que deve implicar uma maior exigência funcional. O critério diferenciador face às carreiras horizontais é o da estrutura e, conexo com esta, o da diferenciação funcional interna. A esta classificação associam-se formas diferentes de evolução profissional (mudança de categoria e/ou carreira e alteração de posicionamento remuneratório).

---

[450] Cfr. artigo 49.°, n.os 3 a 5, da LVCR.

10.3. As carreiras gerais e as carreiras especiais

A distinção entre carreiras gerais e especiais assenta no conteúdo funcional, sendo a especialidade devida à sua identidade própria, à maior exigência em termos de deveres que reclama do trabalhador e às habilitações, académicas e profissionais específicas que pressupõe. O teste à especialidade é dado pela sua não transversalidade aos diversos serviços e organismos. A existência de carreira especial justifica-se relativamente a postos de trabalho de algum ou alguns serviços[451]. As formas de ingresso e acesso na carreira, devendo ser congruentes com a especialidade da carreira, têm de a reflectir ou acautelar[452].

10.4. Os cargos não inseridos em carreira

Os cargos não inseridos em carreira correspondem a funções públicas específicas (pela preparação técnica, pela confiança e responsabilidade que exigem), que, sendo estáveis, são exercidas de forma temporária e/ou precária, isto é, respectivamente, com carácter não indeterminado e com possibilidade do respectivo termo a qualquer momento, o qual pode ficar dependente de certas causas e adução de fundamentação pertinente.

Para além do ganho remuneratório específico, o respectivo exercício pode repercutir-se, no caso de certos cargos dirigentes, na evolução do posicionamento remuneratório de base. Esta repercussão é entendida ser

---

451 Cfr. artigos 41.° e 101.° da LVCR.

452 O Tribunal Constitucional julgou, assim, inconstitucional norma do estatuto do pessoal dirigente que permite a promoção sem concurso, por considerar, em síntese, que a *ratio* da promoção automática por força do exercício de cargo dirigente é "exterior à do critério de avaliação segundo o mérito e a capacidade científica, postulado pela autonomia universitária, não tendo, por isso, com ele qualquer conexão". "Julgou inconstitucional, por violação conjugada do princípio de acesso à função pública, consagrado no artigo 47.°, n.° 2, da Constituição da República Portuguesa, enquanto corolário do princípio constitucional da igualdade consagrado no seu artigo 13.°, e do princípio da autonomia universitária afirmado no seu artigo 76.°, n.° 2, a norma do artigo 18.°, n.° 2, alínea a), e n.° 3 do Decreto-Lei n.° 323/89, de 26 de Setembro, alterado pelo Decreto-Lei n.° 34/93, de 13 de Fevereiro, na interpretação segundo a qual a promoção dos docentes universitários, nas Universidades Públicas, pode ser feita com dispensa de concurso em que seja apreciado o seu mérito absoluto e relativo". Cfr. Acórdão n.° 491/2008, processo n.° 1091/07, in DR., 2.ª Série, n.° 219, de 11 de Setembro de 2008, p. 46376.

uma forma de compensar o trabalhador, favorecendo, pela garantia de um ganho certo, a disponibilidade para o seu exercício[453].

11. A AVALIAÇÃO DE DESEMPENHO

11.1. O CONCEITO DE AVALIAÇÃO DE DESEMPENHO

A avaliação do desempenho é o instrumento jurídico de objectivação da valia da prestação do trabalhador, num determinado período de tempo, para o serviço e inerentes interesses do empregador público. Articula-se com a avaliação do próprio serviço ou organismo, com a qual interfere e pela qual é condicionada, e com a dos trabalhadores com funções directivas e organizativas, a qual pressupõe, seja pela participação destes no seu procedimento de avaliação, seja pela influência que o seu exercício funcional tem na prestação dos outros trabalhadores[454].

A avaliação deve reportar-se, em regra, ao trabalho prestado em contacto funcional entre avaliador e avaliado. As ausências, ainda que legítimas, do trabalhador que prejudiquem o cumprimento do período mínimo relevante para a avaliação não podem, portanto, ser consideradas, o que não significa que o trabalhador possa ficar sem avaliação, seja pela qualificação do período de trabalho prestado, seja de outros elementos funcionais. Os objectivos ou resultados pretendidos, as competências e os crité-

---

453 Acórdão do TC n.° 491/2008, loc. cit. ult., pp. 46373 e 46375.

454 A "acção dos serviços, dirigentes e trabalhadores" deve ser coerente e integrada, visando a "melhoria do desempenho e qualidade de serviço da Administração Pública", na perspectiva das necessidades dos utilizadores e da execução das políticas públicas" (artigos 1.°, n.° 2, 5.°, alínea a), e 6.°, alínea a), da Lei n.° 66-B/2007, de 28 de Dezembro, que "estabelece o sistema integrado de gestão e avaliação do desempenho na Administração Pública", doravante SIADAP). A atribuição da menção de mérito ao serviço reverte em favor dos trabalhadores, pelo aumento das quotas relativas às menções desempenho relevante e excelente e pelo reforço das dotações orçamentais aplicadas à mudança de posições remuneratórias ou à atribuição de prémios (artigo 27.°, alíneas a) e b)). Os trabalhadores que exerçam funções dirigentes devem dar conta do resultado do seu desempenho "em matéria de gestão e qualificação dos recursos humanos" (artigo 31.°, n.os 1 e 2) e, entre as condicionantes da "avaliação dos resultados atingidos", pode inscrever-se o exercício da função dirigente e a disponibilidade de meios (artigo 47.°, n.° 3, e artigo 46.°, n.° 3). A atribuição da menção de excelente pressupõe que o desempenho do trabalhador tenha contribuído de forma relevante para o serviço (artigo 51.°, n.° 2).

rios de medida são da responsabilidade do empregador, dado que a avaliação é, sobretudo, uma garantia de cumprimento (optimização) dos deveres e obrigações do trabalhador na relação jurídica de emprego público. A objectividade, adequação e concreteza dos mesmos é um ónus para o empregador porque condiciona a possibilidade, a validade e a utilidade da avaliação. A contratualização dos padrões de avaliação é uma forma de promover a sua justiça e eficácia. Igualmente, para garantia das finalidades da avaliação e da sua fidedignidade, imparcialidade e transparência, a fixação ou a reformulação dos objectivos, competências e critérios de medida tem de ser prévia ao período objecto de avaliação.

11.2. Os princípios da avaliação de desempenho

Os princípios determinantes da correcção (optimização e validade) da avaliação de desempenho são o princípio da predeterminação dos parâmetros avaliativos, o princípio da objectividade, o princípio da igualdade, o princípio da publicidade e o princípio da coordenação.

A essência da avaliação reside na possibilidade do trabalhador poder adequar o seu débito laboral ao pretendido pelo empregador em cada ciclo avaliativo. Se os resultados e competências, que o traduzem, não forem fixados no início desse ciclo, ou com a antecedência necessária a essa adequação, a própria avaliação fica prejudicada. De igual modo, fica inquinada a sua objectividade e garantia de não afeicionamento da avaliação. A alteração de tais parâmetros deve salvaguardar um período mínimo sujeito a avaliação, devendo ter lugar antes do mesmo[455], salvo, em princípio, se se tratar de, unicamente, deixar de considerar algum parâmetro concreto, sem peso relevante no resultado final, em relação ao qual não exista possibilidade de correcta avaliação. A reformulação deve estear-se em circunstância superveniente e imprevisível. Não pode, naturalmente, importar modificação que se dirija ao cumprimento já realizado, isto é, que inverta a relação entre avaliação e desempenho.

O princípio da objectividade reclama o conhecimento informado (em regra, advindo do contacto funcional) do trabalho do avaliado por parte do avaliador, a possibilidade de demonstração do juízo avaliativo e a garantia

---

[455] No caso da ponderação curricular, os critérios são, no essencial, fixados na lei e a sua densificação deve ocorrer sem predeterminação dos trabalhadores sem avaliação.

de não intercorrência de motivo que possa obstar a uma avaliação justa (imparcial e isenta).

Há um princípio de coordenação relativo à articulação entre os três níveis de avaliação (do serviço, dos dirigentes e dos trabalhadores) e entre os parâmetros de avaliação dos trabalhadores na relação entre si numa dada unidade orgânico-funcional. A coordenação é um instrumento de justiça da avaliação. Por isso, prevalece o entendimento do órgão de coordenação no caso de divergência com o órgão avaliador[456].

A avaliação pauta-se pelo princípio da publicidade, por, dado o respectivo carácter funcional, não existirem elementos subtraíveis ao conhecimento no exercício do direito à informação procedimental e do direito de acesso aos arquivos e registos administrativos (artigo 268.°, n.os 1 e 2, da CRP), nem à divulgação, para conhecimento geral, dos seus resultados. A avaliação do desempenho tem uma relevância central na situação laboral do trabalhador, por ditar as possibilidades de evolução profissional. Os trabalhadores podem, ademais, ter interesse em impugná-la, pois a remoção ou correcção da notação de um trabalhador pode reverter em seu benefício. Pressupõe-se, como tal, o seu conhecimento[457].

Releva, ainda, o princípio da igualdade, no sentido da atribuição de menções qualitativas e quantitativas segundo o desempenho (diferenciado) dos trabalhadores, para garantia do que são susceptíveis de contribuir a fixação de percentagens máximas para as menções superiores. A igualdade postula, previamente, a fixação de critérios equitativos de avaliação para um dado conjunto de trabalhadores e a sua fixação em termos tais que previna o risco do seu afeiçoamento (e de parcialidade).

12. A MODIFICAÇÃO DA RELAÇÃO JURÍDICA DE EMPREGO

12.1. As formas de modificação da relação jurídica de emprego público

A modificação da relação jurídica de emprego público pode ser subjectiva ou objectiva, consoante se verifique ao nível do sujeito público

---

456 Cfr., *v.g.*, artigos 7.°, 8.°, n.° 2, 9.°, 28.° e 69.° da Lei n.° 66-B/2007, de 28 de Dezembro.

457 Acórdão da 1.ª Secção do STA de 3 de Abril de 1997, processo n.° 35.368.

empregador ou no objecto. A modificação pode ser intersubjectiva, isto é, os poderes do empregador passam a ser exercidos por outra entidade pública empregadora (em situação de mudança definitiva ou temporária). A mudança definitiva não é independentemente da vontade do trabalhador, porque corresponde à cessação de uma relação jurídica de emprego seguida da constituição de uma outra. Pode ser intrasubjectiva, quando o trabalhador passa a exercer funções num outro serviço, sob a direcção de outro órgão ou outros órgãos, do mesmo sujeito público empregador.

A modificação ao nível do objecto, pode verificar-se, quer no objecto mediato, isto é, no *facere* funcional, actividade ou funções exercidas, quer no regime jurídico aplicável, no complexo de direitos e deveres do trabalhador (em decorrência, por exemplo, da colocação do trabalhador em situação de mobilidade especial ou de passar a prestar trabalho a tempo parcial).

A modificação pode, também, ser relativa ao local de trabalho e ser, aqui, definitiva ou transitória e total ou parcial.

A modificação da relação jurídica de emprego público pode ocorrer por mobilidade e por vicissitudes na relação jurídica de emprego público. Estas são contingências que, não pondo em causa a sua subsistência, a afectam de forma não ordinária, isto é, não se inscrevem na dinâmica regular da relação de trabalho. Determinam a suspensão do vínculo ou a redução da prestação de trabalho. A mobilidade pode revestir várias espécies, pode ser funcional, ter lugar entre modalidades de relação jurídica de emprego, entre empregadores públicos ou entre serviços de um mesmo empregador.

12.2. As mobilidades

12.2.1. A mobilidade funcional

O trabalhador tem direito a exercer funções correspondentes à actividade ou posto de trabalho para que foi contratado ou admitido[458]. O empregador, no exercício do seu poder de conformação da prestação de trabalho, pode dispor quanto à afectação funcional do trabalhador. Este poder funda-se na necessidade de "organização eficaz" do serviço e de adapta-

[458] Cfr. artigo 5.°, n.° 1, da LVCR e artigos 79.° e 113.°, n.° 1, do RCTPF.

ção da "organização a necessidades variáveis"[459]. O trabalhador pode, mediante certas condições, ser colocado no exercício de actividade diferente daquela para que foi admitido, seja da mesma categoria, seja de diferente categoria, seja, ainda, de diferente carreira[460].

A mobilidade funcional está, aqui, sujeita a quatro pressupostos: i) ao "interesse do serviço" (traduzido, por exemplo, num acréscimo da respectiva actividade)[461]; ii) ao carácter esporádico, não regular, da variação; iii) à posse de habilitações adequadas; iv) à afinidade ou conexão funcional com a actividade para que o trabalhador foi admitido[462]. Constituem, ainda, limites: i) a duração temporária; ii) a salvaguarda da posição substancial do trabalhador, seja no que respeita à relação com a actividade ou conteúdo funcional do emprego em que se encontra provido, seja no que à tutela da profissionalidade respeita, isto é, não amputação das possibilidades futuras de evolução profissional[463]; iii) a imposição de uma moratória a um subsequente período de mobilidade; iv) a impossibilidade de mudar de categoria e de carreira sem concurso[464].

A variação funcional deve preservar um dado equilíbrio entre o interesse do serviço e os interesses do trabalhador, devendo a compressão destes ser proporcional às exigências do primeiro, para o que é determinante o seu necessário carácter temporário; sem prejuízo da relevância da medida da variação, quer quanto ao seu grau, quer quanto ao seu efeito sobre a situação profissional e pessoal do trabalhador. De outra forma, contende com o objecto da relação jurídica de emprego, com o provimento transparente e concorrencial dos empregos públicos e a capacidade funcional e prestativa da Administração[465].

---

[459] Acórdão do Tribunal de Primeira Instância de 12 de Julho de 1990, Hans Scheuer Contra Comissão das Comunidades Europeias, processo T-108/89, considerando 37.

[460] Certas tarefas são, hoje, instrumentais e acessórias relativamente à generalidade das actividades laborais e, em regra, irrelevantes do ponto de vista da modificação funcional. É o caso da tarefa de tirar fotocópias, do processamento de texto e de condução ocasional de veículos.

[461] Cfr. 59.° da LVCR.

[462] Cfr. artigo 113.° do RCTFP e artigos 5.°, n.° 1, 42.°, n.os 4 e 5, e 43.° da LVCR.

[463] Cfr. Ana Fernanda Neves, A mobilidade funcional na função pública, Associação Académica da Faculdade de Direito de Lisboa, 2003, pp. 37 e segs.

[464] Cfr. artigos 59.°, 60.°, 62.°, 63.° e 64.° da LVCR. Assim, "salvo disposição em contrário, o trabalhador não adquire a categoria correspondente às funções que exerça temporariamente" – Acórdão do TCA, de 14 de Novembro de 2002, processo n.° 10 825/01.

[465] É expressiva a Decisão de 7 de Junho de 1999, do Conselho de Estado italiano

Verificando-se a mobilidade na categoria, mantém-se a identidade substancial da prestação de trabalho, a qual não torna, assim, necessária ou justificável qualquer alteração remuneratória. Verificando-se a mobilidade na categoria para serviço diferente e existindo, concomitantemente, variação de missões ou atribuições, pode justificar-se o pagamento de um acréscimo remuneratório; acrescidamente, no caso de mobilidade entre carreiras e entre categorias, em que há variação de conteúdo funcional[466].

12.2.2. A mobilidade entre regimes jurídicos de trabalho

A mobilidade pode verificar-se entre modalidades de vínculos laborais e, concomitantemente, regimes jurídicos[467]. Esta mobilidade associa-se a uma variação funcional substancial a que corresponde um diferente tipo de vínculo[468], constituído com um mesmo ou diferente empregador. Pode não determinar a suspensão do vínculo laboral de base e pode mesmo implicar a constituição de uma relação jurídica de emprego. É o caso da alteração, parcial, de regime jurídico com o exercício de funções em comissão de serviço por parte de trabalhador com relação jurídica de emprego por tempo indeterminado.

A sujeição a um regime laboral diferente, ainda que só parcial, pode ocorrer quando a mobilidade tem lugar para um empregador com um outro

---

(*Decisione do Consiglio di Stato, Adunanza Plenaria*, de 7 de Junho de 1999, n.° 22, *Reg. Dec.* e n.° 6 *Reg. Ric.*): "O exercício de funções superiores relativamente à qualificação profissional detida, na verdade, contrasta com o bom andamento e a imparcialidade da Administração bem como com a rigorosa determinação da esfera de competências, missões e responsabilidades próprias dos funcionários (...). // Relativamente ao bom andamento, é fácil observar que tal exercício não pode ser identificado com o exercício de quem é titular da respectiva qualificação, a qual é significativa de uma mais elevada qualidade do trabalho prestado, porque foi objectivamente acertada com apropriada selecção concursal que (por força do n.° 3 do citado artigo 97.°) representa a regra para o acesso aos empregos públicos.// [Acresce que a] afectação a funções superiores de trabalhadores públicos tem lugar frequentemente segundo critérios que não garantem a imparcialidade da Administração."

[466] Cfr. artigo 62.° do RCTFP.

[467] Inicialmente, a mudança transitória de regimes de trabalho era titulada por figuras de mobilidade (requisição, destacamento, comissão extraordinária de serviço) e pela licença sem vencimento de longa duração.

[468] É o caso, por exemplo, do guarda da GNR que exerça funções de jurista num outro serviço ou organismo público.

regime de pessoal. Há, neste caso, uma cedência do trabalhador, a qual não pode deixar de fundar-se nos interesses do empregador público cedente e do cessionário, cujo acordo pressupõe. A cedência implica a suspensão parcial do estatuto jurídico de origem, o qual é aplicável no que respeita à matéria disciplinar, à contagem do tempo de serviço, à possibilidade de candidatura a empregos no âmbito do mesmo e à possibilidade de opção pelo regime de protecção social de origem. A remuneração é, em regra, paga pelo cessionário de acordo com as regras aplicáveis ao exercício das respectivas funções, sem prejuízo da possibilidade de ser abonada pelo cedente, no caso da cedência a central sindical ou confederação patronal ou a entidade com representatividade equiparada nos sectores económico e social, e da opção pela remuneração base devida pelo cedente. A cedência pressupõe o carácter indeterminado da relação jurídica de emprego de base; com efeito, o vínculo laboral transitório perderia justificação com a cedência do trabalhador. Quando o empregador público é o cessionário, a cedência dá lugar à constituição de relação jurídica de emprego público ajustada à tipologia das funções e à duração possível da cedência. O trabalhador fica sujeito às ordens e instruções dos órgãos do serviço ou pessoa colectiva para que se verifica a cedência. A cedência cessa por caducidade, pela ocupação de um outro posto de trabalho e por iniciativa e aviso prévio de qualquer das partes.

12.2.3. A mobilidade relativa ao local de trabalho

A alteração do local de trabalho é a mudança do sítio da prestação do trabalhador[469]. Este é contratualmente definido ou é inerente às funções ou cargo para cujo exercício o trabalhador foi admitido. A alteração pode resultar de acordo ou de decisão unilateral do empregador e pode ter carácter transitório – caso em que se associa à mobilidade funcional e à respectiva justificação[470] – ou ter carácter indeterminado, sendo, neste caso, resultante da mudança de empregador, mediante concurso ou por transmissão de atribuições da pessoa colectiva empregadora.

---

[469] Pedro Madeira de Brito, "Local de trabalho", in Estudos do Instituto de Direito do Trabalho, Vol. I, Instituto de Direito do Trabalho da Faculdade de Direito da Universidade de Lisboa, 2001, p. 363.

[470] Cfr. artigo 59.° da LVCR.

Sendo a mobilidade transitória e interior à própria Administração, o trabalhador pode ser colocado, independentemente da sua vontade, a exercer funções em serviço ou unidade orgânica situado no mesmo concelho do serviço de origem, em concelho confinante, no caso dos municípios de Lisboa e Porto e, se não existir onerosidade ou prejuízo relevante, atinente aos tempos de deslocação e às despesas implicadas e se não houver prejuízo sério para a sua vida pessoal, em qualquer concelho. A concordância do serviço de origem não é exigida quando opere para serviço ou unidade orgânica situados fora das áreas metropolitanas de Lisboa e Porto e quando o interesse do serviço de destino na mobilidade, pedida pelo trabalhador, suplantar o interesse do serviço de origem na sua permanência[471]. No caso de mudança de localização da pessoa colectiva empregadora, as alternativas que se oferecem ao trabalhador são a colocação em mobilidade especial e a de pôr termo, se for atendível o prejuízo que lhe cause, à relação jurídica de emprego[472].

Da mudança de local de trabalho distingue-se a deslocação ocasional para realização da prestação de trabalho, que não dar lugar à integração do trabalhador noutro serviço ou organismo. Dada a onerosidade específica, relativa às despesas adicionais que importe, é susceptível de dar lugar ao pagamento do suplemento remuneratório ajudas de custo, desde que as deslocações não sejam inerentes às próprias características da actividade do trabalhador[473].

12.2.4. A mobilidade para outro empregador

A mobilidade pode verificar-se entre sujeitos empregadores públicos ou entre um empregador público e um empregador privado e vice-versa. Dá lugar a uma modificação intersubjectiva da relação de emprego público. Quanto à primeira, no plano da unidade do Estado e da igualdade, releva a garantia da mobilidade entre trabalhadores da Administração estadual, da Administração autónoma regional[474] e da Administração

---

[471] Cfr. artigo 61.° do RVCR.

[472]. Cfr. artigo 280.°, n.° 2, alínea b), n.° 3, alínea b), e n.° 4, e artigo 89.°, alínea f), do RCTFP.

[473] Pedro Madeira de Brito, "Local de trabalho", ... cit., pp. 365 a 367.

[474] Cfr. parágrafo 3 do ponto 6.5. do Acórdão do Plenário do TC n.° 525/2008, de 29 de Outubro de 2008, processo n.° 241/08.

autónoma local[475], para o que é revela a equiparação de regimes. Quanto à segunda forma de mobilidade intersubjectiva, pode ter uma base consensual, ter carácter ordinário e transitório, ou ao invés pode configurar-se como uma vicissitude da relação jurídica, traduzir-se numa mudança forçada de empregador por força da transmissão das atribuições da pessoa colectiva empregadora[476].

12.3. A mobilidade especial

A mobilidade especial é uma modificação da relação jurídica de emprego público que coloca o trabalhador na situação de inactividade fora do serviço por um período de tempo indeterminado, com a consequente alteração do complexo de direitos e deveres das partes na relação jurídica de emprego. O trabalhador deixa de prestar a respectiva actividade laboral e fica sob a autoridade e direcção de outro órgão, do serviço gestor dos trabalhadores em mobilidade especial e/ou do serviço onde seja temporariamente colocado, ocupação temporária que não põe termo àquela. O trabalhador mantém o vínculo laboral e a qualificação profissional. Os direitos e deveres variam em função do tempo decorrido, num sentido tendencialmente mais restritivo, de que se destaca a diminuição do valor da remuneração e o reforço transitório de deveres como sejam o dever de oposição a concurso, o dever de fazer formação, o dever de aceitar o reinicio de funções a qualquer título e em qualquer serviço, o de comunicar qualquer evolução verificada na sua situação profissional e o dever de não exercício de qualquer actividade em emprego público e privado. Em contrapartida, devem ser feitas diligências administrativas específicas em ordem à sua recolocação, às quais o trabalhador tem direito.

A alteração da relação jurídica verifica-se ao nível do objecto, por importar um período forçado de inactividade e alteração no regime de trabalho, e ao nível do sujeito público empregador, no plano intrasubjectivo ou intersubjectivo. A natureza substancial da alteração e o seu carácter não ordinário melhor justificam a sua qualificação como uma vicissitude da relação jurídica.

---

[475] Cfr. artigo 243.°, n.° 2, da CRP.

[476] Cfr. artigo 16.° da Lei n.° 23/2004, de 22 de Junho, e artigo 58.° da LVCR.

12.4. As vicissitudes da relação jurídica de emprego público

As vicissitudes da relação jurídica de emprego público são eventualidades que alteram, temporariamente, o seu conteúdo, sem a descaracterizarem nem contenderem com a sua subsistência. Importam, consoante os casos, a suspensão do vínculo laboral ou a redução da prestação de trabalho e mesmo a não realização desta. No caso dos trabalhadores nomeados, há suspensão do vínculo com a licença sem vencimento de longa duração, suspensão parcial do estatuto de origem no caso de cedência de interesse público e paralisação da prestação de trabalho com a colocação em situação de mobilidade especial. Quanto aos trabalhadores providos em certos cargos dirigentes, há suspensão por dado período de tempo do respectivo vínculo, não obstante o seu carácter precário, com a designação em comissão de serviço, ou em substituição, em determinados cargos de exercício precário[477].

Tratando-se de trabalhadores com contrato de trabalho, as vicissitudes são a redução da prestação de trabalho e a suspensão do contrato. Podem resultar da impossibilidade temporária, respectivamente, parcial e total de prestação de trabalho por facto respeitante ao trabalhador, que lhe pode ou não ser imputável[478], ou podem ser fruto do acordo das partes. A suspensão resulta, também, de licença sem remuneração deferida pelo empregador público e da passagem à situação de pré-reforma, a qual pode importar, igualmente, a redução da prestação de trabalho. Em ambos os casos, o facto determinante é relativo ao trabalhador, mas a sua relevância está dependente da vontade do empregador.

---

[477] Aqueles cujo provimento cesse com a mudança de Governo e para gabinetes de membros do Governo ou equiparados (artigo 26.°-A da Lei n.° 2/2004, de 15 de Janeiro, na versão resultante da Lei n.° 51/2005, de 30 de Agosto).

À tutela dos interesses dos trabalhadores providos com carácter temporário e precário, que justifica a suspensão do vínculo, contrapõem-se os interesses do provimento ordinário e regular dos respectivos cargos.

[478] Por exemplo, as faltas justificadas dadas por doença e pelos membros da direcção das associações sindicais para o desempenho das suas funções, que, quando se prolongam por mais de 30 dias, levam à aplicação do regime da suspensão do contrato de trabalho por impedimento prolongado (ver, respectivamente, por exemplo, Ac. do STJ de 26 de Março de 2008, processo n.° 07S050, e Ac. do STJ de 20 de Junho de 2009, processo n.° 08S3258).

O contrato cessa por caducidade, quando se torne definitivo que o trabalhador não pode prestar trabalho, incluindo actividade próxima ou equivalente[479].

As licenças constituem períodos de não trabalho autorizados e não remunerados, assentes em motivos diversos dos das faltas. Dividem-se em licenças "fundadas em circunstâncias de interesse público" (por exemplo, aquisição de habilitação profissional se do específico interesse do empregador) e licenças fundadas em circunstâncias de interesse pessoal. As licenças não constituem, em regra, um direito do trabalhador, dependendo, mesmo relativamente as segundas, do não prejuízo ou da salvaguarda dos interesses do empregador.

As partes mantêm, na relação jurídica, os direitos e deveres que não pressupõem a prestação efectiva de trabalho e, bem assim, não obstante esta limitação, o tempo de redução e suspensão e de licença (salvo as ditadas por motivos unicamente pessoais) conta para efeitos de antiguidade. O trabalhador nas situações de licença (com excepção das ora referidas de duração de um ano ou mais) tem o direito a direito a retomar o serviço após o seu termo[480].

A pré-reforma é a situação remunerada de inactividade ou de actividade reduzida de trabalhador com idade igual ou superior a cinquenta e cinco anos, resultante de acordo das partes e que se mantém até à extinção do contrato ou até ao regresso ao pleno exercício de funções. A situação de pré-reforma é fixada no acordo, incluindo os direitos do trabalhador, nos limites das regras legais. O trabalhador pode exercer outra actividade profissional em acumulação, nos termos das regras gerais.

As reestruturações orgânicas são uma ocorrência não ordinária verificada na esfera do empregador que se projecta sobre a relação jurídica de emprego, modificando-a, pela colocação do trabalhador em situação de mobilidade especial ou pela mudança indeterminada[481] do sujeito empregador e, no caso de vínculo contratual, pode mesmo extingui-la (no caso de extinção da pessoa colectiva e de postos de trabalho associada à redução da actividade do serviço, sem transferência desta ou das atribuições daquela).

---

479 A caducidade funda-se, aqui, em razões capacitárias (Acórdão proferido em plenário do TC n.° 368/2002, de 25 de Setembro, processo n.° 577/98).

480 Cfr. artigo 235.° do RCTFP.

481 Não necessariamente definitiva. Pense-se na cedência de trabalhadores no caso da concessão de serviço público.

13. ACUMULAÇÕES E INCOMPATIBILIDADES

A Constituição estabelece a proibição como regra de acumulação de empregos ou cargos públicos. A proibição funda-se em razões de interesse público (capacidade prestativa ou funcional, controlo da despesa pública, disponibilidade de empregos para terceiros), por referência às quais terão que se fundar as situações legais de excepção; e a decisão concreta de autorização deve ser aferida, também, em face dos interesses e missões do respectivo empregador (artigo 269.°, n.ºs 1 e 4, da CRP). Estas razões, devendo ser acauteladas na acumulação com emprego ou cargo públicos de actividade ou emprego privados, não ditam, à partida, um princípio de proibição, sem prejuízo do seu condicionamento (artigo 269.°, n.° 1 e n.° 5).

O juízo em causa é independente da natureza jurídica da relação de emprego, embora, quanto a certas funções e consequente vínculo, seja, à partida, de excluir a acumulação (é o caso, por exemplo, dos militares e dos diplomatas).

Na acumulação, um dos empregos ou cargo tem carácter secundário, ajustando-se ao principal a admissibilidade e a medida da acumulação. Dado o seu carácter secundário, acessório ou complementar, as funções exercidas em acumulação podem não dar lugar a uma (outra) relação jurídica de emprego público[482].

As incompatibilidades reportam-se à impossibilidade de exercício de outro emprego ou actividade atenta a potencial ou efectiva afectação dos interesses do empregador público e da imparcialidade da acção administrativa. Constituem um limite à possibilidade de acumulação de empregos ou cargos públicos e de outras actividades[483]; são circunstâncias que inibem o seu exercício[484], nalguns casos, mesmo depois de cessar a relação jurídica de emprego público. Devem ser fixadas pela lei (artigo 269.°, n.° 5, da CRP), nos termos do regime geral de restrição de direitos, no essencial,

---

[482] É o que acontece quando as funções a acumular sejam as de "realização de conferências, palestras, acções de formação de curta duração e outras actividades de idêntica natureza" (artigo 27.°, n.° 2, alínea g), da LVCR).

[483] A inexistência de incompatibilidade é um dos requisitos de deferimento de pedido de acumulação.

[484] Ludgero Neves, Direito Administrativo, cit., p. 144.

da liberdade de escolha de profissão ou de género de trabalho e da liberdade de iniciativa económica privada[485].

A incompatibilidade é absoluta quando existe impossibilidade de exercício de outra (ou de certa outra) função ou actividade[486]. É relativa quando pode ser afastada mediante autorização administrativa. Trata-se de garantir a não ocorrência de colisão de interesses e o cumprimento dos deveres e obrigações do trabalhador[487].

A salvaguarda dos interesses do empregador público, ou da exclusividade do serviço ao interesse público, e de um regime de incompatibilidades que o garanta, não postula a diluição da autonomia ou separação entre vínculo laboral estabelecido com empregador privado e vínculo laboral estabelecido com empregador público. Afirmar o contrário é fixar, desnecessariamente – em violação do princípio da proporcionalidade –, uma regra ao legislador ordinário sobre o regime de incompatibilidades, quando a Constituição o deixa em aberto (salvo quanto à prevalência do interesse público), e interfere na esfera privada de estipulação das partes. Não é a "relação jurídico-privada a formar-se" que tem "que ter em conta (e ... ser regulada tendo em conta) a coetânea subsistência do vínculo funcional público com o qual se terá que compatibilizar", mas é o trabalhador que tem que atender ao facto de ser parte numa relação jurídica de emprego público e o empregador público que diligenciar pelos interesses públicos a seu cargo, perante eventual ou efectiva colisão com estes[488].

---

[485] Parecer do Conselho Consultivo da PGR n.° 61/84, de 20 de Dezembro de 1985, publicado no DR., 2.ª série, n.° 163, de 18 de Julho de 1985, e Ludgero Neves, Direito Administrativo, cit., pp. 144 a 147.

[486] O inspector não pode exercer a actividade inspeccionada. As incompatibilidades naturais ou materiais são reportadas à impossibilidade de, de forma temporalmente simultânea, "exercer mais do que uma função ou de ocupar mais de um lugar" – João Alfaia, Conceitos Fundamentais do Regime Jurídico do Funcionalismo Público, Vol. I, Almedina, Coimbra, 1985, p. 171, e Ludgero Neves, Direito Administrativo, cit., p. 145.

[487] A autorização implica, nalguns casos, ajustamento no horário de trabalho praticado; não dispensa o trabalhador do dever de pontualidade e do dever de assiduidade.

[488] Sobre o assunto, em sentido contrário, ver Acórdão da 3.ª Secção do TC n.° 155/2009, de 25 de Março, processo n.° 981/2007, in DR., 2.ª Série, n.° 87, de 6 de Maio de 2009, pp. 17918 a 17920.

Em relação a determinadas funções ou actividade, a limitação respeita ao seu exercício pelo trabalhador em relação a certos sujeitos ou serviço e/ou impõe a abstenção de certa conduta num caso concreto, configurando-se, aí, situações de impedimento[489].

14. O REGIME RETRIBUTIVO

14.1. O CONCEITO DE REMUNERAÇÃO

A remuneração é um elemento essencial da relação jurídica de emprego público: constitui a contrapartida do complexo obrigacional do trabalhador, formal e funcionalmente enquadrado[490], e remunera a respectiva disponibilidade para a prestação de trabalho. A remuneração base integra, como tal, duas partes, a remuneração de categoria e a remuneração de exercício.

O trabalhador adquire o direito à remuneração com a constituição da relação jurídica de emprego, ou seja, com a celebração do contrato de trabalho, com o acto de nomeação eficaz e com a designação em comissão de serviço eficaz. A sua efectivação associa-se ao exercício de funções. As situações de perda de remuneração de exercício são especificadas na lei[491]; e podem não ser aquelas em que não há prestação de trabalho ou

---

[489] Por exemplo, o inspector não pode realizar "quaisquer acções de natureza inspectiva ou disciplinar em órgãos, serviços e empresas onde exerçam funções, ou prestem serviços, parentes seus ou afins, em qualquer grau da linha recta ou até ao 3.° grau da linha colateral", "em órgãos, serviços e empresas onde tenha exercido funções há menos de três anos ou onde as exerça em regime de acumulação" e não pode "aceitar hospedagem, onerosa ou gratuita, em estabelecimento que seja propriedade de dirigentes dos órgãos ou serviços inspeccionados, quando estes sejam objecto de qualquer acção de natureza inspectiva" (artigo 8.°, n.° 1, do Decreto-Lei n.° 170/2009, de 3 de Agosto).

[490] O enquadramento é dado pela inserção em certa carreira e/ou categoria ou em certo cargo, funcionalmente diferenciados.

[491] Razão tem Guimarães Pedrosa quando escreve: "Conquanto a posse seja requisito essencial para haver direito aos vencimentos, não basta todavia a posse para os autorizar; é preciso também o exercício efectivo do cargo. Os casos de excepção devem ser expressamente declarados" (Curso de Ciência da Administração e Direito Administrativo, Prelecções feitas na Universidade de Coimbra, I – Introdução e Parte I, Parte Geral, Coimbra, Imprensa da Universidade, 1908, p. 273).

disponibilidade efectiva do trabalhador[492], mesmo que não lhe sejam imputáveis[493], por força da protecção jurídica de certos bens ou valores socialmente relevantes. A associação da remuneração ao exercício de funções manifesta-se, também, no facto só ser devida, no caso do regresso da licença sem remuneração de longa duração, em princípio, "no dia do regresso ao serviço e não antes"[494].

14.2. Componentes da remuneração

A remuneração tem três componentes: a remuneração base, que é a sua componente fixa, e os suplementos remuneratórios e prémios de desempenho, que são os componentes eventuais e variáveis[495]. O pagamento destes é devido se a prestação de trabalho tiver lugar em determinadas condições e tiver determinada expressão valorativa[496].

14.2.1. A remuneração base

A remuneração base corresponde ao nível remuneratório da posição do trabalhador na escala de remunerações da carreira e/ou categoria de

---

[492] Cfr. artigos 66.°, n.os 2 e 4, 68.°, n.° 1, e 85.°, n.os 1 e 2, da LVCR. No sentido de que o "direito ao recebimento de remunerações na função pública corresponde, em geral, à contraprestação devida pelo serviço efectivo desempenhado", ver Acórdão da 2.ª Subsecção do CA do STA de 2 de Julho de 2002, processo n.° 0347/02.

[493] "Nos casos de ausência por maternidade, paternidade ou adopção e de faltas por acidente em serviço ou doença profissional, a percepção de remuneração decorrente de nomeação definitiva retroage à data da publicitação do respectivo acto" (artigo 18.°, n.° 2, da LVCR).

No caso de acidente de viação devido a culpa de terceiro, o pagamento de vencimento ao trabalhador ausente de serviço por virtude daquele, impossibilitado da prestação da contrapartida laboral por doença daí resultante, confere ao empregador o direito ao respectivo reembolso (Acórdão do STJ de 12 de Setembro de 2006, processo n.° 06A2212).

[494] Acórdão da 2.ª Subsecção do CA do STA, de 11 de Maio de 2004, processo n.° 0854/03. Ver, também, artigos 234.°, 235.°, n.° 1 e 231.° do RCTFP.

[495] Cfr. artigo 67.° da LVCR.

[496] O abono de suplementos remuneratórios e dos prémios de produtividade não é regular e periódico, sendo devido verificados que sejam certos pressupostos.

Sobre a periodicidade como elemento da retribuição no Direito laboral comum, ver Pedro Romano Martinez, Direito do Trabalho, 4.ª edição, Instituto de Direito do Trabalho da FDUL e Almedina, 2007, pp. 573 a 580.

inserção ou cargo exercido em comissão de serviço, situada numa tabela única de posições remuneratórias[497]. Serve de medida ao subsídio de Natal, pago em Novembro[498] – para compensar o trabalhador pelo volume adicional de despesa tendencialmente efectuada na quadra natalícia –, e ao subsídio de férias, pago por inteiro em Junho de cada ano[499] – que é o contributo financeiro do empregador para o gozo efectivo de férias do trabalhador[500]; diversamente, a remuneração do período de férias corresponde à que o trabalhador receberia se estivesse em serviço efectivo[501].

Os níveis remuneratórios de uma carreira devem guardar entre si, quanto aos montantes pecuniários, uma relação de proporção[502] e de não sobreposição, reflectindo a sua diferenciação funcional e/ou a maior duração ou experiência no seu exercício[503].

14.2.2. Os suplementos remuneratórios

Os suplementos remuneratórios são acréscimos de remuneração que se fundam nas particularidades estáveis da prestação de trabalho (por exemplo, envolve risco, é penoso ou insalubre, é feito por turnos, não está sujeito a horário de trabalho[504]) ou nas condições ocasionais e transitórias da sua prestação (por exemplo, ocorre em dia de descanso semanal, com-

---

497 Cfr. artigo 70.°, n.os 1 e 2, e artigo 68.°, n.° 1, da LVCR.

498 Cfr. artigo 207.°, n.° 1, do RCTFP.

499 Cfr. artigo 208.°, n.° 2, do RCTFP.

500 João Alfaia, Conceitos Fundamentais do Regime Jurídico do Funcionalismo Público, Vol. II, Coimbra, 1988, p. 936.

501 Salvo quanto ao subsídio de refeição, que se destina "a cobrir ou minorar as despesas que o trabalhador tem de suportar por ter de tomar as suas refeições fora de casa" (Acórdão do STJ de 17 de Janeiro de 2007, processo n.° 06S2188, artigo 208.°, n.° 1, do RCTFP e artigo 114.°, n.° 1, da LVCR).

502 A proporção é constante nas carreiras unicategoriais e decrescente à medida que as posições remuneratórias se tornam superiores nas carreiras verticais (artigo 69.°, n.° 2, alíneas a) e c) e artigo 45.°, n.° 3, da LVCR).

503 Cfr. artigo 59.°, n.° 1, alínea a), da CRP e artigo 69.°, n.° 2, alíneas b) e c), da LVCR.

504 De notar que, quando constitua característica de certo cargo ou carreira, como "regime normal de prestação de trabalho" (isto é, não constitua um de entre outros possíveis, mas a forma normal ou própria da sua prestação), reflectida, como tal, no nível remuneratório, não é devido o seu pagamento (cfr., por exemplo, artigo 209.° do RCTFP).

plementar ou em feriado, ou fora do local de trabalho)[505]. Visam compensar o trabalhador pela onerosidade acrescida.

O respectivo abono depende: i) da verificação dos pressupostos justificativos, o que importa, por vezes, a sua consumpção (*v.g.*, o suplemento por disponibilidade permanente *versus* o suplemento pela prestação de trabalho em dias e horas de descanso, o suplemento de isenção de horário de trabalho *versus* o suplemento de trabalho extraordinário[506]); e ii) da prestação efectiva de trabalho[507]. Dados a sua função e pressupostos, são fixados, em regra, em montantes pecuniários certos e não em percentagem sobre o valor da remuneração base.

No respeito dos limites expostos, podem ser criados e regulamentados por lei ou instrumento de regulamentação colectiva (respectivamente, quanto aos vínculos decorrentes de acto administrativo e ao vínculo contratual) suplementos remuneratórios[508].

14.2.3. Os prémios de desempenho

Os prémios de desempenho constituem recompensa pelo esforço ou empenho laboral que reverta em favor do empregador. A atribuição pressupõe certa avaliação de desempenho e a prestação de trabalho no serviço ou organismo respectivo. Premeia-se a singularidade e utilidade do desempenho, sendo o montante correspondente à remuneração base auferida pelo trabalhador[509]. Condiciona a atribuição dos prémios de desempenho o montante orçamental fixado para o respectivo encargo, num determinado ano, e as escolhas feitas pelo empregador, quanto aos conjuntos de trabalhadores passíveis de serem contemplados. Os trabalhadores são ordenados por ordem decrescente da classificação quantitativa. O pagamento é feito até ao limite daquele montante[510].

---

[505] Cfr. artigos 73.° e 112.° da LVCR.

[506] Acórdão do 1.° Juízo Liquidatário do CA do TCA Sul de 16 de Março de 2006, processo n.° 05683/01, e Acórdão da 1.ª Secção do CA do TCA Norte de 14 de Abril de 2005, processo n.° 00170/04.

[507] Assim, por exemplo, a opção pela "remuneração correspondente ao cargo de origem", quando prevista, não abrange suplemento remuneratório associado à disponibilidade permanente desse mesmo cargo (Acórdão da 2.ª Subsecção do CA do STA de 14 de Junho de 2005, processo n.° 0458/04).

[508] Cfr. artigos 73.°, n.° 7, 80.°, n.° 3, alínea d) e 81.°, n.° 2, alínea a), da LVCR.

[509] Cfr. artigo 75.° da LVCR.

[510] Cfr. artigos 74.° e 75.°, n.os 1, 2 e 4, da LVCR.

14.3. A evolução remuneratória

A remuneração do trabalhador aumenta pela mudança para posição remuneratória com nível ou valor superior. Tal pode acontecer pela mudança de posto de trabalho ou por via de um certo desempenho realizado no mesmo, durante um determinado período de tempo.

A alteração para a posição remuneratória subsequente, que é função do número e das menções obtidas na avaliação do desempenho, depende da opção gestionária de afectação de verbas orçamentais para o efeito, do seu montante e das respectivas escolhas quanto aos universos de trabalhadores a abranger, os quais serão ordenados pelo resultado daquela avaliação até ao limite das verbas disponíveis. A esta forma ordinária de mudança de posição remuneratória junta-se a possibilidade de ocorrer, evidenciada que seja publicamente motivação bastante: i) ainda que a exigência avaliativa regra não se verifique; ii) e para posição remuneratória não imediatamente inferior, neste caso, com o limite da posição remuneratória máxima para que tenha mudado, segundo a regra, trabalhador integrado no mesmo universo[511].

A alteração é obrigatória quando, cumulativamente, respeite: i) o trabalhador obtiver, nas avaliações de desempenho de um número variável de anos, certa expressão quantitativa, em termos de valor cumulado; ii) tal avaliação ao exercício de funções, no período relevante, no mesmo posicionamento remuneratório; caso o trabalhador tenha mudado de situação remuneratório por via da promoção, fica prejudicada a progressão remuneratória.

Com carácter temporário, o trabalhador pode auferir remuneração superior, no caso de mobilidade na categoria para outro serviço e organismo, se tal se justificar em função da sua situação remuneratória de origem, e no caso de mobilidade na carreira e entre carreiras, desde logo quando a primeira posição remuneratória da categoria para a qual se verifica a mobilidade tenha um nível remuneratório superior[512].

---

[511] Cfr. artigos 46.° a 48.° do RCTFP.

[512] Cfr. artigo 62.° do RCTFP.

14.4. A relevância remuneratória da avaliação de desempenho

A avaliação de desempenho constitui o critério principal para a determinação da situação remuneratória, seja na fixação do posicionamento remuneratório, seja quanto à atribuição de prémio de desempenho[513]. A diferenciação remuneratória está, porém, sujeita a uma dupla limitação: i) a das "verbas orçamentais" afectas às "alterações de posicionamento remuneratório na categoria" e à "atribuição de prémios de desempenho dos trabalhadores"; ii) às opções de gestão no que se refere aos conjuntos de trabalhadores susceptíveis de serem contemplados, delimitados por carreira, categoria, cargo, tipologia de funções, actividade exercida ou área de formação académica ou profissional quando caracterize os postos de trabalho ocupados.

A distribuição das "verbas orçamentais" para os dois efeitos[514] deve ser fundamentada, respectivamente, nos "objectivos e actividades" da entidade empregadora e na "motivação dos respectivos trabalhadores" e no "nível de desempenho" institucional[515].

14.5. O princípio da igualdade retributiva

O artigo 59.°, n.° 1, alínea a), da CRP estabelece o princípio segundo o qual a trabalho igual deve corresponder salário igual. A igualdade é aferida pela natureza, quantidade e qualidade do trabalho[516]. No regime jurídico do emprego público, esta delimitação é feita, por um lado, pela qualificação profissional do trabalhador, dada, no essencial, pela carreira e/ou categoria de inserção ou pelo cargo – que reflectem, tendencialmente, o tipo de emprego ou a natureza das funções, o nível de responsabilidade, as

---

[513] A avaliação de desempenho projecta-se, ou na alteração do posicionamento remuneratório, ou na atribuição de prémio de desempenho: um trabalhador que tenha mudado de posição remuneratória na categoria não pode receber prémio de desempenho (artigo 75.°, n.° 3, da LVCR).

[514] Isto é, alteração de posição remuneratória e atribuição de prémios de desempenho.

[515] Cfr. artigo 7.°, n.° 2, da LVCR.

[516] Reportadas, essencialmente, à "dificuldade, penosidade e perigosidade", à responsabilidade, exigência técnica, conhecimentos, capacidade, prática e experiência" e à "duração e intensidade" do trabalho – Acórdão do STJ de 25 de Junho de 2008, processo n.° 0528/2008.

habilitações académicas e/ou profissionais requeridas e os requisitos legais de provimento (que podem variar no tempo ou em função de regras excepcionais ou especiais[517]). A diferentes carreiras e a diferentes categorias correspondem determinados níveis remuneratórios em função da sua graduação[518-519]. Por outro lado, resulta de variáveis de recorte objectivo, como seja uma certa avaliação positiva das funções exercidas (que, por sua vez, pressupõe uma certa antiguidade, a correspondente aos períodos avaliados). O concreto desempenho ou modo de prestação de trabalho repercute-se mediatamente, por via de uma dada avaliação, na fixação da remuneração, como visto. É atendido, também, em sede de atribuição de prémios de desempenho, associada a um certo patamar valorativo.

---

[517] Acórdão do Plenário do TC n.° 303/90, de 21 de Novembro, processo n.° 129/89, ponto III.10.2.

[518] A uma categoria inferior corresponde, em princípio, um patamar remuneratório não mais elevado do que o de uma categoria superior. A ordenação é, em regra, apenas funcional; não há hierarquia entre os sujeitos nela inseridos.

[519] A diferentes categorias, dada a diferenciação funcional (se bem estruturada esta), deveriam corresponder diferentes escalas remuneratórias e supõe-se, prima que o trabalhador mais antigo em cada deveria ter uma remuneração superior. Só que a diferenciação funcional pode não ser significativa no seio de uma mesma carreira por às suas categorias corresponderem funções, globalmente, da mesma natureza. Por outro lado, uma maior antiguidade na carreira pode traduzir-se, numa dada categoria, num elevado posicionamento remuneratório, que uma promoção posterior reflecte, para salvaguarda desse anterior posicionamento, não obstante a menor antiguidade na nova categoria. Decisivo é que exista motivo objectivo e bastante para a diferença. Ver Acórdão do Plenário do TC n.° 405/03, processo n.° 598/02, ponto 9, parágrafo 6, e Acórdão do plenário TC n.° 679/05, processo n.° 498/04 e Acórdão do mesmo tribunal n.° 323/05, processo n.° 499/04, ponto 11 (nos termos do qual "... não se apresenta como solução normativa destituída de fundamento material face ao princípio da igualdade, a diferenciação remuneratória na categoria superior, mesmo que implique o reconhecimento de remuneração superior pelo funcionário menos antigo nessa categoria, que resulte do diferente posicionamento atingido nos escalões da categoria de origem, *desde que isso corresponda a um factor objectivo, susceptível de repercutir-se nas características do trabalho prestado ou nas capacidades e qualificações profissionais dos trabalhadores em causa, como sucede com a maior antiguidade na carreira*. Face à substancial homogeneidade do conteúdo funcional das diversas categorias que a compõem, a valorização da experiência profissional inerente ao maior tempo de serviço na carreira não colide com os parâmetros da igualdade retributiva da alínea a) do n.° 1 do artigo 59.° da Constituição visto que não é desrazoável presumir que essa maior experiência global se possa traduzir num melhor desempenho..." itálico no original). A questão está, em princípio, ultrapassada, por o posicionamento remuneratório ser ditado, sobretudo, pela avaliação de desempenho.

Não é de excluir que os factores de compreensão da diferença remuneratória entre carreiras e categorias relevem autonomamente fora ou para além destas[520].

14.6. A AUTONOMIA DAS PARTES NA DETERMINAÇÃO DA REMUNERAÇÃO

A remuneração é, no essencial, legal e regulamentarmente determinada[521]. É possível dispor, em matéria de suplementos remuneratórios, por instrumento de regulamentação colectiva, sendo o respectivo espaço o da integração ou derrogação de disposições legais, na medida do que permitem, e é possível negociar o número e o montante dos níveis remuneratórios. No plano da autonomia individual, o posicionamento remuneratório pode ser determinado por acordo. Existe esta possibilidade quando o trabalhador foi recrutado segundo procedimento de mérito[522]. Deve, como

---

[520] Acórdão do Plenário do TC n.° 303/90, de 21 de Novembro, processo n.° 129/89, ponto III.10, e acórdão da *Cour de Cassation* de 16 de Dezembro de 2008, n.° 07-42107, in http://www.lentreprise.com/impression/default.asp?ida=19515, Abril de 2009 (Os "diplomas de nível equivalente" presumem-se dotados do mesmo valor, não podendo justificar uma diferenciação remuneratória entre trabalhadores que exercem as mesmas funções, salvo se o empregador demonstrar que um dos diplomas atesta a posse de "conhecimentos particulares úteis ao exercício da função ocupada").

Não é, também, de afastar a equiparação de categoria pela qual o funcionário se aposentou a categoria diferente no activo, para efeitos de actualização das pensões, se essa equiparação se justificar (por exemplo, à luz dos requisitos de provimento, posicionamento remuneratório aquando da aposentação e de regras de transição para um novo ordenamento de carreiras) e, consequentemente, a diferença de valor na actualização da pensão – Acórdão da 3.ª Secção do TC n.° 495/2004, de 12 de Julho de 2004, in DR., II Série, n.° 255, de 29 de Outubro de 2004, p. 15 926.

[521] Considere-se, como expressivo do carácter normativo da remuneração e a título de exemplo, que o Conselho de Estado francês, no acórdão proferido em 21 de Março de 2008, no processo n.° 28771, anulou a decisão do presidente da Câmara de Bergheim, de 11 de Dezembro de 2003, pela qual, atendendo à "falta de rigor profissional do funcionário territorial em causa", decidiu não lhe atribuir "prémio de fim de ano". A anulação fundou-se na inexistência de disposição normativa que lhe permitisse a "modelação *intuitu personae*", sem prévia determinação das "condições de atribuição e da taxa média do suplemento". Ver acórdão e a anotação de Emmanuel Aubin, "Les avantages collectivement acquis dans la fonction publique territoriale: bien mal acquis profile toujours?", AJDA, n.° 23, de 30 de Junho de 2008, pp. 1275 a 1279.

[522] Após concurso ou após aprovação em curso de formação específico, aquisição de certo grau académico ou de certo título profissional.

tal, ser respeitada a ordenação final dos participantes no procedimento. E não pode, sequencialmente, ser proposto posicionamento remuneratório superior ao máximo que tenha sido proposto anteriormente e não aceite. Têm de se explicitadas as razões que fundam o posicionamento remuneratório estipulado, por referência ao de outros trabalhadores e tem de ser evidenciado o processo negocial[523].

A vinculação à ordenação de mérito e o dever de específica fundamentação constituem garantias da igualdade de tratamento, quer do ponto de vista do acesso dos candidatos a dado emprego público, quer do ponto de vista da justificada e da proporcionada diferença remuneratória em face dos que já são trabalhadores do serviço. Outra garantia de igualdade e, igualmente, de transparência é o acesso dos candidatos ao processo negocial, nos termos do direito à informação (artigo 268.°, n.° 1 e n.° 2, e artigos 61.° a 64.° do CPA), para além do acesso geral nos termos do direito à informação extraprocedimental (artigo 268.°, n.° 2, da CRP e artigo 65.° do CPA).

14.7. A possibilidade de diminuição da remuneração

A remuneração do trabalhador, em princípio, não pode ser diminuída, o que constitui uma garantia do trabalhador. A diminuição pode, porém, ocorrer nalguns casos, por força da lei, do acordo das partes e da constituição de uma nova relação jurídica de emprego público. Deve ter uma causa objectiva e deve respeitar os princípios da proporcionalidade e da tutela da confiança[524]. A diminuição legal da remuneração acontece, por exemplo, com a não prestação temporária de trabalho na situação de mobilidade especial – sendo neste caso progressiva em função do respectivo tempo de permanência e não pode ultrapassar certo limite – e quando o trabalhador passa a trabalhar a tempo parcial[525]. A alteração por acordo pode ocorrer por mudança de posto de trabalho e com a constituição por contrato de uma nova relação jurídica de emprego público com o mesmo ou

---

[523] Ver artigo 55.° do RCTFP.

[524] Cfr. considerando 39 do Acórdão da segunda secção do TEDH de 12 de Outubro de 2004, caso Kjartan Ásmundsson contra a Islândia, processo n.° 60669/00, e Acórdão do Plenário do TC n.° 303/90, de 21 de Novembro, processo n.° 129/89, ponto III.13.

[525] Cfr. artigo 146.°, n.° 4, do RCTFP.

outro empregador, o que corresponde a uma outra composição de interesses com referência a uma outra prestação de trabalho e/ou termos da sua realização.

O princípio eurocomunitário da livre circulação de trabalhadores e a garantia da não discriminação invertida depõem no sentido de um princípio de continuidade de funções e, portanto, na medida desta, da não redução da remuneração[526]. Há que verificar se o conteúdo da relação jurídica de emprego estabelecida comparada com período prévio de emprego justifica a diminuição da remuneração.

15. OS DIREITOS E OS DEVERES DO TRABALHADOR

15.1. O REGIME DOS DIREITOS E DOS DEVERES DO TRABALHADOR

Os direitos e os deveres dos trabalhadores na relação jurídica de emprego público são os de um trabalhador parte numa relação laboral, com um conteúdo ajustado às respectivas natureza e características jurídicas[527]. Tal não afecta a qualidade de cidadão do trabalhador, o gozo dos direitos e a sujeição aos deveres deste, sem que se transforme num cidadão especial, num sentido ampliativo ou restritivo.

Os direitos e os deveres em causa são deveres funcionais, respeitam, têm causa, conteúdo e extensão na actividade exercida e no conexo estatuto profissional, podendo, nesta medida – e não com fundamento em qualquer dever extrafuncional – relevar o seu desrespeito fora do local e/ou tempo de serviço[528]. A sua expressão concreta ou a medida da sua exigência é susceptível de variar em função dos "níveis de responsabilidade" e de revestir "características próprias em certas categorias profissionais"[529].

---

[526] Ver, por exemplo, Acórdão do TJUE de 15 de Janeiro de 1998, processo C-15/96, Kalliope Schöning-Kougebetopoulou contra Freie und Hansestadt Hamburg.

[527] Dadas pelos princípios da função pública.

[528] Acórdão do Pleno da Secção do CA STA de 6 de Julho de 1999, processo n.° 039080, e Acórdão da 1.ª Subsecção do CA do STA de 23 de Setembro n.° 0979/03.

[529] Rolande Cuvillier e El Hedi Touati, "Rapport Général", in La Protection Juridique des Agents Publics, cit., p. 20.

15.2. Os direitos do trabalhador

Os direitos dos trabalhadores podem resultar da lei e, em parte, de estipulação contratual, serem comuns à generalidade dos trabalhadores da Administração Pública ou específicos de algumas categorias. Entre os principais direitos gerais contam-se o direito à remuneração, o direito à assistência material na situação de desemprego involuntário, o direito à formação profissional, o direito à protecção funcional e o direito a não ser prejudicado em virtude do exercício de direitos políticos.

15.2.1. O direito à remuneração

O direito à remuneração é a contrapartida do serviço prestado e ou da disponibilidade efectiva do trabalhador para o prestar. O abono da remuneração, não obstante, mantém-se, em parte ou na totalidade, quando o trabalhador não pode realizar o trabalho por certas causas objectivas verificadas na sua esfera jurídica (como, por exemplo, na situação de doença e na de acidente em serviço), especificamente protegidas pela lei.

É função, também, das variáveis da categoria e/ou carreira de inserção, cargo exercido, das regras de colocação nas respectivas posições remuneratórias, do desempenho funcional, associado, em certa medida, ao tempo da prestação de trabalho, salvo excepções, e das condições ou circunstancialismo específicos da sua realização. A remuneração é, em grande medida, determinada por lei e regulamento, sendo deixado à negociação colectiva a alteração do número de níveis remuneratórios e do montante correspondente a cada um, à contratação colectiva a criação e regulamentação de suplementos remuneratórios e ao acordo individual – no contrato de trabalho e, na medida da previsão específica, sendo o vínculo laboral o da nomeação – a escolha da posição remuneratória aquando da constituição da relação jurídica de emprego na sequência de concurso[530].

---

[530] Cfr. artigos 66.° e segs. 80.° e 81.°, n.° 2, alínea a), n.° 3 da LVCR.

15.2.2. O direito à assistência material na situação de desemprego involuntário

Os trabalhadores na Administração Pública, em geral, gozam de particular segurança no emprego. Esta esteia-se no regime jurídico de cessação do vínculo laboral, que, mesmo quando próximo, é mais protectivo do que o do Direito aplicável às relações de emprego do sector privado e, bem assim, na menor sujeição das relações de emprego às contingências organizativas e ao "mercado".

No passado, tal segurança era, juridicamente, mais significativa, pela perspectiva de vitaliciedade que o regime legal conferia aos vínculos laborais. A cobertura na eventualidade de desemprego não fazia parte do sistema de protecção social da função pública. No entanto, como demonstra o Tribunal Constitucional no Acórdão n.° 474/2002, podiam "existir trabalhadores colocados em situação de desemprego involuntário", tanto bastando para que devessem "beneficiar das prestações de assistência para essa situação que a lei prevê relativamente à generalidade dos restantes trabalhadores". Na falta de protecção social, o Tribunal deu "por verificado o não cumprimento da Constituição, por omissão das medidas legislativas necessárias para tornar exequível o direito previsto na alínea e) do n.° 1 do seu artigo 59.°, relativamente a trabalhadores da Administração Pública"[531].

A alteração do regime de vínculos laborais ampliou as causas e/ou as possibilidades de colocação em desemprego involuntário dos trabalhadores da Administração Pública e, portanto, a necessidade dessa protecção, que veio a ser concretizada em termos gerais em 2008[532].

15.2.3. O direito à formação profissional

A formação profissional é uma forma do trabalhador manter a capacidade para ocupar o emprego. O empregador deve propiciar a frequência

[531] Acórdão da 2.ª Secção (plenário) do TC de 19 de Novembro de 2002, processo n.° 489/94.

[532] Cfr. artigos 9.° e 10.° da Lei n.° 11/2008, de 20 de Fevereiro (que "cri[ou] a protecção no desemprego de trabalhadores da Administração Pública"), e Lei n.° 4/2009, de 29 de Janeiro ("define a protecção social dos trabalhadores que exercem funções públicas").

da formação que, nesta perspectiva, seja necessária[533], principalmente, quando sobre o trabalhador impenda o dever de contínua actualização de conhecimentos e competências (como é o caso dos médicos). A "realização de uma formação de adaptação" pode constituir uma "modalidade de execução do contrato" e relevar, como tal, no plano do cumprimento da relação jurídica pelo trabalhador[534]. A formação ministrada pelo empregador, nalguns casos, é um instrumento inafastável de preparação do trabalhador para a profissão (*v.g.*, militar da força área), importando um investimento significativo de recursos e, consequentemente, a contrapartida da garantia da disponibilidade do trabalhador para o serviço público por um período de tempo razoável[535].

15.2.4. O direito à protecção funcional

O trabalhador por estar sujeito, no exercício de funções, a agressões, a riscos ou a outras consequências com essa causa, goza de uma dada protecção jurídica. Esta protecção manifesta-se, por um lado, nas garantias que lhe são conferidas quanto a acção judicial dirigida contra si por terceiros e, por outro lado, nas garantias que lhe são conferidas quando é, ele próprio, vítima de facto danoso ou lesivo.

No domínio da responsabilidade civil, o trabalhador responde pelos danos que sejam imputados à sua acção ou omissão funcional ilícita no caso de culpa grave ou manifesta[536] e no caso de dolo e conta com a solidariedade do empregador (sem prejuízo do direito de regresso). No plano da responsabilidade penal, destaca-se a protecção reflexa da criminaliza-

---

[533] Seja o seu emprego, seja a um emprego. Neste sentido, cfr. Acórdão da *Cour de Cassation, Chambre Sociale*, de 23 de Outubro de 2007, n.° 06-40.950, in http://www.legifrance.gouv.fr/.

[534] Acórdão da *Chambre sociale da Cour de Cassation* de 5 de Dezembro de 2007, n.° 06-42904.

[535] Ver sobre o relevo desta formação, *v.g.*, artigo 108.°, n.° 2, alínea c), e artigo 109.° do RCTFP.

[536] Concretamente, no caso de "diligência e zelo manifestamente inferiores àqueles a que se encontravam obrigados em razão do cargo" (artigo 8.°, n.° 1, do regime de responsabilidade civil extracontratual do Estado e demais entidades públicas aprovado pela Lei n.° 67/2007, de 31 de Dezembro).

ção de condutas dirigidas contra os, ou alguns, funcionários públicos no exercício das suas funções[537-538].

Em qualquer processo judicial, desde que conexo com as funções exercidas, em que seja demandado, o trabalhador está isento de custas, salvo se tiver actuado com dolo[539].

No caso de o trabalhador sofrer danos por virtude do exercício das funções, tem direito, nos termos gerais, ao seu ressarcimento.

A protecção funcional pode passar, também, por "acções de prevenção e apoio", como as de garantir a segurança do trabalhador (por exemplo, através da mudança do número de telefone e do endereço electrónico profissionais, assim como de local de trabalho ou através da comunicação de situação relevante às autoridades policiais), a de lhe prestar apoio moral (por escrito ou pessoalmente) e a de promover a vigilância ou tratamento médico (designadamente, junto de médico ou gabinete de psicologia do serviço)[540].

A protecção está, igualmente, presente no domínio da segurança social associada ao trabalho, por exemplo, nas garantias de aposentação e pensão, na protecção na doença e em caso de acidente em serviço, tendencialmente, com modelações de regime num sentido mais favorável face ao aplicável aos trabalhadores em geral.

---

[537] Cfr. artigo 386.° (conceito de funcionário), artigos 347.° (resistência e coacção sobre funcionário) e 354.° (motim de presos), alínea a), do Código Penal.

[538] No entanto, de acordo com o Acórdão da 3.ª Subsecção do STA de 20 de Novembro de 2002, processo n.° 0864/02, "[n]ão se insere na actividade pública das câmaras municipais a apresentação de queixas a autoridades policiais ou administrativas por crimes de que alegadamente sejam vítimas os seus funcionários ou agentes ...".

[539] Cfr. artigo 4.°, n.° 1, alíneas d) e h), e n.° 3, do Regulamento das Custas Processuais, aprovado pelo Decreto-lei n.° 34/2008, de 26 de Fevereiro, e Decreto-Lei n.° 148/2000, de 19 de Julho (alterado pelo artigo 27.°, n.° 2, alínea m) daquele decreto).

[540] Ver "Circulaire n.° 2158 du 05 mai 2008 relative à la protection fonctionnelle des agents publics de l'État", in http://bifp.fonction-publique.gouv.fr. O *Tribunal administratif de Lyon*, n.° 9200306, de 18 de Maio de 1998, considerou que incorreu em responsabilidade a colectividade pública que na decisão tendo recebido carta de associação de pais na qual era denegrido professor, não informou o professor da mesma e que lhe negou assistência jurídica e apoio moral que pediu aquando das acções por difamação que intentou (http://www.legifrance.gouv.fr/). O tribunal condenou a colectividade a pagar ao professor os honorários e despesas dos processos desencadeados e a pagar uma indemnização de reparação do prejuízo moral.

14.2.5. O direito de não ser prejudicado em virtude do exercício de direitos políticos

O exercício de direitos políticos pelos trabalhadores da Administração Pública é um adquirido constitucional, seja do ponto de vista do âmbito subjectivo dos direitos políticos, seja do ponto de vista do Estado de direito democrático e da aplicação do princípio à Administração Pública (artigo 2.°, 48.° a 52.° e 269.°, n.° 2, da CRP). Para tanto: i) esse exercício não deve prejudicar a manutenção da relação jurídica de emprego; ii) não deve reflectir-se na situação e evolução profissionais do trabalhador[541]; iii) e a este o direito assegurado, na perspectiva desse exercício, é de faltar justificadamente quando candidato a eleições para cargos públicos, durante o período legal da respectiva campanha eleitoral.

15.3. Os deveres do trabalhador

Os deveres do trabalhador integram, juntamente com as obrigações, que os concretizam, o complexo debitório do trabalhador para com o empregador na relação jurídica de emprego público. Alguns reflectem princípios gerais da função pública. Há que distinguir entre aqueles que são deveres principais do trabalhador – na perspectiva da prestação a que está obrigado e que determinou a constituição da relação jurídica – e os deveres secundários, acessórios ou instrumentais relativamente à prestação funcional. Entre os primeiros, destacam-se o dever de prossecução do interesse público, o dever de imparcialidade, o dever de isenção, o dever de zelo e o dever de lealdade. Quanto aos segundos, é de referir o dever de obediência, o dever de informação, o dever de correcção e os deveres de assiduidade e de pontualidade.

15.3.1. O dever de prossecução do interesse público

Ao trabalhador é devido que exerça a sua actividade laboral na perspectiva dos interesses e das necessidades cuja prossecução está a cargo do

---

[541] Parecer n.° 62/2002, do Conselho Consultivo da PGR, in DR, II Série, n.° 67, de 20 de Março de 2003, pp. 4432 e segs., e artigo 7.° da Lei Orgânica n.° 1/2001, de 14 de Agosto (que regula a eleição dos titulares dos órgãos das autarquias locais) e artigo 22.° da Lei n.° 29/87, de 30 de Junho (estatuto dos eleitos locais).

empregador, traduzidos nas atribuições da correspondente pessoa colectiva e concretizadas pelos respectivos órgãos administrativos[542]. Deve estar disponível para a exercer segundo os respectivos padrões (artigo 269.°, n.° 1, e artigo 266.°, n.° 1, da CRP). É-lhe exigida, em geral, uma conduta de probidade e cumprimento dos princípios da actividade e organização administrativas (artigo 266.°, 267.° e 268.° da CRP).

15.3.2. O dever de lealdade

O dever de lealdade constitui uma específica concretização do princípio da prossecução do interesse público. O trabalhador deve exercer a sua actividade observando os objectivos do serviço e na perspectiva da realização das respectivas atribuições ou missões. Não deve, assim, utilizar os bens do serviço com destino diferente do que lhes é devido[543] e não deve exercer outra actividade pública ou privada em concorrência, isto é, em termos que comprometam ou prejudiquem os seus deveres e obrigações para com o empregador público e, bem assim, os interesses públicos que este prossegue[544]. A lealdade exige, igualmente, que se relacione com o empregador segundo os ditames da boa fé e, portanto, de forma verdadeira e séria[545].

---

542 Acórdão da 1.ª Subsecção do CA do STA de 11 de Outubro de 2006, processo n.° 010/06.

543 De acordo com o Acórdão da 2.ª Subsecção do CA do STA de 19 de Abril de 1994, processo n.° 032074, viola o dever lealdade (para além do de zelo), o médico que efectua "prestação de cuidados de saúde a um canídeo num serviço hospitalar público dedicado àquela prestação a seres humanos" e que utiliza "bens públicos com destinação diferente de que estavam assinaladas e para que lhe foram confiados no cumprimento da relação jurídica de trabalho".

544 Acórdão do STJ de 16 de Outubro de 1996, processo n.° 048/96.

545 O Conselho Consultivo da PGR, no Parecer n.° 22/89-C, de 29 de Março de 1989, considerou que o "não cumprimento pelos trabalhadores do dever de manifestarem, levando ao conhecimento do empregador de forma inequívoca, a adesão individual ao processo colectivo de greve viola os princípios da boa fé e da lealdade, inerentes à relação de trabalho ...". O Acórdão da Relação de Coimbra de 18 de Setembro de 2008, processo n.° 458/2007, qualificou como violadora da boa fé a omissão pelo trabalhador de condição essencial (no caso, habilitações académicas) para a celebração do contrato e como passível de integrar justa causa de despedimento.

15.3.3. O dever de imparcialidade e o dever de isenção

O trabalhador deve exercer a sua actividade laboral de acordo com os interesses cuja prossecução cabe ao respectivo empregador e atender – considerando-os, segundo a ponderação estabelecida – aos interesses que a lei, que conforma a sua acção, protege. E deve abster-se de ponderar interesses públicos e privados não tutelados[546]. Por outro lado, deve ser equidistante em face dos sujeitos e situações envolvidos na sua actividade, na perspectiva do tratamento igual das pessoas.

O dever de isenção obriga o trabalhador a não intervir em relação a sujeito ou a situação em face dos quais tenha interesse, directo ou indirecto, de forma a prevenir o risco de afeiçoamento da sua actuação ou a suspeita sobre tal afeiçoamento[547] e, bem assim, a garantir o exercício funcional devido[548]. Trata-se de assegurar que não seja comprometida a independência da decisão e da actuação administrativas. O trabalhador não deve, também, utilizar as funções que exerce para retirar vantagens, directas ou indirectas, pecuniárias ou outras[549].

15.3.4. O dever de informação

O dever de informação faz impender sobre o trabalhador a responsabilidade pela efectivação dos direitos à informação e de acesso aos arquivos e registos administrativos. O dever geral de sigilo cedeu passo ao dever geral de informação. O trabalhador só responde pela violação do

---

[546] A funcionária da Polícia Judiciária que revela aos seus amigos arguidos elementos de investigação no âmbito de processo em segredo de justiça desconsidera os interesses públicos relevantes a cargo do sujeito público empregador, que deve prosseguir (Acórdão da 1.ª Subsecção do CA de 15 de Fevereiro de 2007, processo n.º 0754/06).

[547] Acórdão do Pleno da Secção do CA de 14 de Maio de 1997, processo n.º 29 582, e Acórdão da 2.ª Subsecção do CA do STA de 20 de Fevereiro de 1990, processo n.º 25429.

[548] Acórdão da 1.ª Secção do CA do TCA Norte de 8 de Maio de 2008, processo n.º 00679/05.7BEPRT.

[549] Viola o dever de isenção, o médico hospitalar que recebe uma gratificação de um laboratório por ter procedido a um ensaio clínico autorizado pelo conselho de gerência e pelo director clínico do hospital (Acórdão da 2.ª Subsecção do CA do STA de 20 de Fevereiro de 1990, processo n.º 025429 e Acórdão da 1.ª Subsecção do CA do STA de 31 de Outubro de 1990, processo n.º 025428).

sigilo quando este é imposto especificamente na lei[550] e sem prejuízo da tutela indispensável de direitos e interesses legítimos (por exemplo, o exercício do direito de defesa em procedimento disciplinar)[551]. O dever de informação contribui para a aplicação dos princípios da transparência e da publicidade à Administração Pública.

Existem deveres específicos de informação por força das funções exercidas pelo trabalhador (critério material)[552] ou atentas as relações inter-orgânicas em presença (critério orgânico)[553]. O dever de informação, por outro lado, diz respeito à relação das partes na relação jurídica de emprego, que devem reportar, mutuamente, factos ou circunstâncias que afectam os seus interesses[554]. A liberdade e genuinidade de decisão dos sujeitos pressupõe a respectiva formação esclarecida, num quadro que é em certa medida de "disparidade cognitiva" quanto ao objecto e às condições da relação jurídica. Sobre o empregador – sujeito em prevalência cognitiva em relação à fixação de tal objecto e condições – recai o dever de informar o trabahador – prestar informação suficiente, quantitativa e qualitativamente –, o de o fazer por escrito, designadamente, incluindo certas menções obrigatórias no acto ou contrato em que assenta a constituição da relação jurídica[555]. Esta exigência cumpre, também, uma função "certifi-

---

[550] Ver, por exemplo, artigo 47.° da Lei n.° 67/98, de 26 de Outubro (lei de protecção de dados pessoais). Sobre os limites ao dever de sigilo, ver Acórdão do STA de 22 de Janeiro de 1981, recurso n.° 13 495.

Estão em causa, também, as situações em que, por força do regime relativo ao exercício do direito à informação e do direito de acesso aos arquivos e registos administrativos, não é permitida a divulgação de informação.

[551] Acórdão da 1.ª Secção do CA do TCA Norte de 9 de Fevereiro de 2006, processo n.° 00148/01 – Porto.

[552] Por exemplo, o trabalhador dirigente deve informar "relativamente à situação jurídica de trabalhadores, em violação das normas que regulam a relação jurídica de emprego público" e deve participar criminalmente infracção disciplinar com relevância penal (artigo 19.°, n.° 1, alíneas c) e b), do estatuto disciplinar dos trabalhadores que exercem funções públicas).

[553] Como, por exemplo, o dever do trabalhador provido em cargo dirigente informar o superior sobre os serviços.

[554] Por exemplo, o dever de informar quanto à adesão à greve e o dever de fornecer elementos bastantes sobre pedido de acumulação de funções.

[555] Joaquim de Sousa Ribeiro, "O contrato, hoje: funções e valores", in Direito dos Contratos, Estudos, Coimbra Editora, 2007, p. 49, e, do mesmo autor e na mesma publicação, "Direito dos contratos e regulação do mercado", p. 61.

cativa e probatória", de protecção do interessado, destacando os respectivos direitos no vínculo laboral, e uma função de determinabilidade na dinâmica subsequente deste[556].

15.3.5. O dever de zelo

O dever de zelo reclama, primeiramente, a prestação da actividade ou o exercício das funções em vista das quais foi constituída a relação jurídica de emprego. Exige, depois, o exercício funcional informado, tecnicamente preparado, empenhado, diligente, do trabalhador[557] e a compreensão correcta dos deveres e actividade laborais[558]. O exercício funcional com zelo implica, também, um desempenho segundo os objectivos que lhe fixados pelo empregador e nos termos que tenha considerado adequados[559].

15.3.6. O dever de correcção

Ao trabalhador é devido que actue de forma correcta no relacionamento profissional, seja com utentes, seja com os outros trabalhadores, seja com os superiores hierárquicos. Releva a atitude comportamental do trabalhador no trato funcional. São de censurar, neste domínio, por exemplo, a impropriedade de linguagem[560] ou de comportamento no exercício

[556] Joaquim de Sousa Ribeiro, "O princípio da transparência no Direito Europeu dos Contratos", in Direito dos Contratos, Estudos, Coimbra Editora, 2007, pp. 80 e 81.

[557] O que inclui a prestação de informação ou a notícia de certo facto reportado ao exercício das suas funções (Acórdão da 1.ª Subsecção do CA do STA de 15 de Outubro de 1998, processo n.º 042269).

[558] Revela má compreensão da função, o guarda da PSP que, "vestido à civil e fora do exercício das suas funções, na actuação dos seus colegas, que procuravam levar a cabo a detenção de um arguido, por prática de ilícitos criminais e que resistia por meios violentos à tal detenção, dirigi[u]...-lhes publicamente frases injuriosas na presença de um aglomerado de populares que observavam a actuação dos policiais" (Acórdão da 1.ª Subsecção do CA do STA de 30 de Novembro de 1994, processo n.º 032888). Viola, também, o dever de zelo o "guarda da PSP que ...auxiliou um seu amigo, consumidor habitual de estupefacientes, a obter e a consumir essa substância" (Acórdão do Pleno da Secção do CA do STA de 11 de Dezembro de 2002, processo n.º 038892).

[559] Os quais relevam em sede de avaliação de desempenho.

[560] Acórdão do pleno da Secção do CA de 10 de Abril de 2008, processo n.º 0657/05, e Acórdão da 2.ª Subsecção do CA do STA de 4 de Abril de 2006, processo n.º 01754/03.

das funções[561] e a falta de colaboração com os administrados e de esclarecimento dos mesmos, seja quando procuram cumprir os seus deveres e obrigações, seja no exercício de direitos e na utilização de meios de tutela dos seus interesses[562]. O critério é funcional. Não é o trato social comum que está em causa, mas os padrões de comportamento profissional. Não contende com a expressão de desacordo profissional ou a expressão crítica sobre o trabalho, a liberdade de ter opinião e de a exprimir[563]. De igual modo, não contende com a adução segura e livre de argumentos no exercício do direito de audiência e defesa.

15.3.7. O dever de assiduidade e o dever de pontualidade

O trabalhador deve comparecer regularmente no local de trabalho e deve cumprir os períodos ou tempos de trabalho a está obrigado. O incumprimento de parte de um período de trabalho pode importar a consideração de um dia de falta. O trabalhador deve, ainda, ser pontual[564]. Deve apresentar-se ao serviço na hora legalmente ou por acordo fixada e deve aí permanecer, não se ausentando sem autorização, seja no início, na pendência

---

[561] Viola o dever de correcção, a professora que, "reagindo emocionalmente ao conhecimento de uma participação disciplinar feita pela mãe de uma sua aluna, [fez] saber à participante que os filhos dela «nada mais iriam aprender com ela, pois já lhes tinha ensinado tudo o que lhes tinha de ensinar»" – Acórdão do pleno do STA de 23 de Junho de 1998, processo n.° 32446. Viola, também, o dever de correcção o magistrado do Ministério Público que não responde a pedidos insistentes de inspector judicial e do secretário do Conselho Superior da Magistratura, com eventual prejuízo para terceiros "que se queixaram e reclamaram contra tal estado de coisas" – Acórdão do Pleno da Secção do CA do STA de 18 de Fevereiro de 1998, processo n.° 035737. Ver, também, Acórdão do 1.° Juízo Liquidatário do TCA Sul de 13 de Setembro de 2006, processo n.° 12102/03, Acórdão da 1.ª Secção do CA do STA de 27 de Abril de 2006, processo n.° 01225/05 e Acórdão do 1.° Juízo Liquidatário do CA do TCA Sul de 25 de Novembro de 2004, processo n.° 04248/00.

[562] Ludgero Neves, Direito Administrativo, cit., p. 175.

[563] Acórdão do 2.° Juízo do CA do TCA Sul de 25 de Junho de 2009, processo n.° 00384/04.

[564] O trabalhador com isenção de horário de trabalho está dispensado do dever de pontualidade (Acórdão da 1.ª Subsecção do CA do STA de 19 de Outubro de 1989, processo n.° 02672), sem prejuízo do dever de comparecer em função de tarefas que devam ser realizadas em determinado lugar e tempo e do dever de comparecer a reuniões de trabalho.

ou no final dos períodos de trabalho[565]. O não cumprimento dos deveres de assiduidade e pontualidade projecta-se na remuneração, no número de dias de férias, na duração do período experimental e na antiguidade e pode ter efeitos disciplinares[566]. A comparência relevante do trabalhador é a comparência no local de trabalho, no qual não será obrigado, em princípio, a permanecer quando "não se verifiquem os pressupostos necessários ao desempenho da sua actividade" ou haja "impossibilidade superveniente de prestar a sua actividade"[567]. A falta de sujeição a instrumentos de controlo de assiduidade e pontualidade podendo traduzir o desrespeito dos respectivos deveres, não o importa, necessariamente, por si, mas, *prima facie*, o do dever de zelo[568].

15.3.8. O dever de obediência

O dever de obediência demanda o cumprimento pelo trabalhador das determinações do empregador, sejam as determinações dos respectivos órgãos concretas e/ou individuais, sejam abstractas e/ou genéricas, ou estejam corporizadas em objectivos a atingir. O tecimento tradicional da conciliação entre os valores da hierarquia e da legalidade afirma ser devida a obediência, salvo se o cumprimento de uma dada ordem implicar a prática de um crime e se for nula, e defende ter o trabalhador, nos demais casos, o ónus de representação da ilegalidade, reclamando ou formulando pedido de transmissão ou confirmação por escrito[569].

---

[565] É o caso do trabalhador que se ausenta do serviço, sem autorização, durante certo período de tempo ou que sai, regularmente, mais cedo (Acórdão do pleno da Secção do CA do STA de 9 de Dezembro de 1998, processo n.° 038745 e Acórdão da 1.ª subsecção do CA do STA de 16 de Janeiro de 1997, processo n.° 032446).

[566] Acórdão da 1.ª Subsecção do CA do STA de 11 de Setembro de 2008, processo n.° 0368/08, Acórdão da 2.ª Subsecção do CA do STA de 30 de Outubro de 2007, processo n.° 0413/07, Acórdão da 1.ª Subsecção do CA do STA de 3 de Fevereiro de 2005, processo n.° 01238/04, e Acórdão do CA, 2.° Juízo, do TCA Sul, de 17 de Setembro de 2009, processo n.° 04676/08.

[567] Acórdão do CA, 2.° Juízo do TCA Sul de 17 de Setembro de 2009, processo n.° 04465/08.

[568] Acórdão da 2.ª Subsecção do CA de 5 de Fevereiro de 2002, processo n.° 041759.

[569] Acórdão do 1.° Juízo Liquidatário do CA do TCA Sul de 20 de Abril de 2006, processo n.° 02713/99, e Acórdão da 2.ª Subsecção do CA do STA de 24 de Abril de 2007, processo n.° 01181/06. Ver, também, artigo 5.° do Estatuto Disciplinar.

O trabalhador não está obrigado a obedecer quando não estão verificados os requisitos identificativos de uma situação de obediência: a emanação de ordem pelo seu superior hierárquico e de ordem que verse sobre matéria de serviço[570]. Nas restantes situações, há que verificar se era exigível que obedecesse ou que exercesse o direito de representação. Assim, não sendo, em concreto, evidente a nulidade para o trabalhador (dado o grau expectável de compreensão da realidade fáctica e jurídica e o circunstancialismo dado) não é exigível que deixasse de obedecer; e, de igual modo, que representasse a ilegalidade se não fosse exigível que a percepcionasse.

16. A RESPONSABILIDADE

16.6. A RESPONSABILIDADE DISCIPLINAR

16.6.1. A relação jurídica disciplinar e o poder disciplinar

O regime disciplinar é a parte do Direito da função pública que regula a relação disciplinar. Esta é a relação jurídica que, estando subjacente à relação de emprego público, a assessoreia, garantindo o cumprimento dos deveres e obrigações do trabalhador[571]. O empregador dispõe do poder de conformar a actuação do trabalhador segundo padrões de disciplina organizacional e funcional. São, respectivamente, credor e devedor de disciplina. O empregador pode, no exercício do poder disciplinar, instaurar procedimento disciplinar e instaurar procedimento que releve ou possa conduzir àquele[572], punir o trabalhador e emanar prescrições em ordem à disciplina, isto é, regras que favoreçam o cumprimento dos deveres e obrigações, que concretizem o comportamento pretendido do trabalhador[573].

---

[570] O requisito de que a ordem revista a forma legal é alheia à relação hierárquica e revela-se desproporcionada face à importância variável da exigência de uma dada forma ou formalidade (Luiz Costa da Cunha Valente, A Hierarquia Administrativa, cit., pp. 158 e 159).

[571] Não se trata, pois, senão mediatamente e só nalguns casos, de "assegurar o bom e regular funcionamento dos serviços". Em sentido diferente, ver Acórdão da 1.ª Subsecção do CA de 23 de Outubro de 2008, processo n.° 0561/07.

[572] Trata-se dos procedimentos de inquérito, sindicância e de averiguações.

[573] Este poder de dispor em ordem à disciplina faz com que a instauração de procedimento disciplinar não se ofereça, sempre, como decisão necessária quando que se indi-

O poder disciplinar não pressupõe a hierarquia, porque pode ser exercido não existindo esta (considere-se, por exemplo, a punição do presidente de instituto público por membro de Governo) e porque, existindo, não é cometido a todos os superiores hierárquicos (desde logo, nem todos têm poder para punir) e pode, pelos menos algumas das suas faculdades, não ser exercidas por superior hierárquico (considere-se, por exemplo, o poder de instaurar procedimento disciplinar e o poder de instrução de serviços inspectivos[574]).

16.1.2. A infracção disciplinar

Constitui infracção disciplinar a conduta ilícita e culposa descrita nuclearmente na lei e, nos limites desta, em regulamento ou em convenção colectiva. A infracção disciplinar não se verifica apenas com a violação de dever ou obrigação laboral[575]. Delimita-se pela recondução a um padrão ou critério de ilicitude normativamente definido. Reclama, ainda, que a acção ou omissão juridicamente relevantes tenham sido praticados com culpa, isto é, a imputabilidade e a censura ético-jurídica[576], cuja modalidade concreta releva, sobretudo, em sede de determinação da sanção e da sua medida. A identificação da prática de infracção disciplinar rege-se, pois, por um princípio de tipicidade nuclear, que assegura "uma correspondência razoável" entre as infracções e as sanções disciplinares[577].

---

cie a prática de infracção disciplinar (pelo menos, quando não revista certa gravidade). A "reacção" do dirigente com competência disciplinar pode ser a de, por exemplo, "dar um comando, ainda que abstracto, para levar o funcionário ao cumprimento dos seus deveres" (Acórdão do 1.° Juízo Liquidatário do CA do TCA Sul de 20 de Abril de 2006, processo n.° 02713/99, ponto 4).

[574] Cfr., por exemplo, artigo 4.°, n.° 1, alínea e), do Decreto-Lei n.° 275/2007, de 30 de Julho (Inspecção-Geral das Actividades em Saúde).

[575] Pense-se, no exemplo, no caso das faltas injustificadas, que têm efeitos remuneratórios e na antiguidade, mas podem não ter consequências disciplinares.

[576] Acórdão da 3.ª Subsecção do CA do STA de 20 de Outubro de 2004, processo n.° 01012/02.

[577] Rolande Cuvillier e El Hedi Touati, "Rapport Général", in La Protection ..., cit., p. 28.

16.1.3. O procedimento disciplinar

A Constituição consagra, no artigo 269.°, n.° 3, o direito ao "processo" do trabalhador arguido da prática de infracção disciplinar e o direito a um "processo" com as garantias de audiência e defesa. A responsabilidade disciplinar apura-me mediante um procedimento[578]. A justeza deste assenta, no essencial, no princípio do contraditório, no princípio da publicidade, no princípio da celeridade, no princípio da independência face aos processos de apuramento de outras formas de responsabilidade, no princípio da presunção da inocência e no princípio do inquisitório temperado.

16.1.3.1. Os princípios do procedimento disciplinar

Os princípios enunciados são princípios de compreensão e de optimização do procedimento disciplinar.

O princípio do contraditório exige, por um lado, o confronto prévio do trabalhador com todos os elementos que possam depor contra si, influindo na decisão de o sancionar e na medida da sanção[579] e, por outro lado, a possibilidade de se defender, quer pela sua audiência, mediante a apresentação da sua visão dos factos e do direito, incluindo através de diligências de prova que requeira, quer pela disponibilidade bastante de tempo para preparar a sua defesa, quer pela garantia de assistência e patrocínio de advogado (para que possa defender-se nos moldes adequados à tutela dos seus interesses)[580], quer pela garantia da participação de estru-

---

[578] Mesmo a aplicação da sanção disciplinar de repreensão implica a realização de procedimento, o qual compreende, pelo menos, o confronto prévio do trabalhador com os factos e a sua qualificação jurídica, para que se defenda, o que pode fazer por escrito, assim como pode requerer diligências de provas.

[579] Releva, aqui, a dedução de acusação expressa (sem subentendidos e sem juízos implícitos), clara e precisa e a garantia de acesso ao processo ou de conhecimento dos documentos nos quais se esteia. Cfr., *v.g.*, Acórdao da 2.ª Subsecção do CA do STA de 1 de Junho de 1993, processo n.° 030926.

[580] Acórdão do TEDH de 28 de Junho de 1984, caso Campbell e Fell contra Reino Unido, processos n.os 7819/77 e 7878/77, considerandos 95 a 99, nos quais se destaca, com referência ao artigo 6.°, n.° 3, da CEDH, o direito do arguido (aí, recluso) em procedimento disciplinar ser informado sobre "a natureza e causa da acusação deduzida contra si" e o

turas representativas dos trabalhadores[581] e, ainda, pelo direito de não depor contra si e de não fornecer "elementos comprovativos da sua responsabilidade"[582].

A celeridade pretendida do procedimento disciplinar reflecte-se nos prazos peremptórios para instaurar, para concluir o procedimento disciplinar, para o decidir e para executar decisão disciplinar punitiva, precludindo a sua inobservância a possibilidade de prática dos actos pertinentes[583]. A preocupação é a de evitar ou a de reduzir ao mínimo a perturbação ou instabilidade que a acção disciplinar causa na relação jurídica de emprego e mesmo, nalguns casos, na organização (ou em parte desta), assim como a de assegurar o seu exercício eficaz[584]. Reflecte-se, também, na qualificação como urgente do procedimento, o que releva em sede de apreciação da diligência do instrutor (função que deve exercer em exclusividade) e da cooperação com o mesmo[585].

O procedimento disciplinar, salvaguardada a necessidade de eficácia da investigação e de reserva da intimidade e do bom nome do trabalhador arguido, rege-se, no que ao acesso ao processo respeita, pelo princípio de

---

direito a "dispor de tempo e facilidades necessárias à preparação da sua defesa" e a se defender com a assistência de um defensor da sua escolha.

No sentido de dever ser permitida a assistência por advogado em procedimento disciplinar, cfr. Acórdão do CE francês de 9 de Fevereiro de 2004, processo n.° 257746 (www.legisfrance.gouv.pt).

[581] Por exemplo, levando ao respectivo conhecimento a acusação, o relatório e a decisão e ouvindo-os sobre os mesmos.

[582] Cfr. Acórdão da 1.ª Subsecção do CA do STA de 14 de Março de 1996, processo n.° 028264, e Alberto Augusto Oliveira e Alberto Esteves Remédio, "Sobre o Direito Disciplinar da função pública", in Estudos em Homenagem a Cunha Rodrigues, Volume 2, Coimbra, 2001, pp. 630 a 635.

[583] Sobre a leitura diferente, esteada num outro regime legal, ver Acórdão da 2.ª Subsecção do CA do STA de 22 de Novembro de 1994, processo n.° 033221.

[584] Segundo o Acórdão da 2.ª Secção do TC n.° 185/2004, de 23 de Março, processo n.° 422/03, a "preocupação de paz jurídica é evidenciada pelos apertados prazos, legalmente impostos à entidade empregadora, de início do procedimento disciplinar ..., de prolação da decisão punitiva ... e de execução da sanção disciplinar". Por outro lado, nota que "relevam no domínio disciplinar considerações de estabilidade e certeza, que tornam particularmente inconveniente a manutenção durante anos de uma situação de indefinição quanto à persistência da sanção aplicada, tendo ainda em conta a fragilidade da prova, que se vai diluindo com o decurso do tempo".

[585] A cooperação dos titulares dos órgãos e dos trabalhadores da Administração Pública.

publicidade, nos termos do qual deve ser garantido o direito à informação[586]. Mesmo antes da dedução da acusação, o processo está disponível para consulta pelo arguido, "sob condição de não divulgar o que dele conste". E é devida a "passagem de certidões destinadas à defesa de interesses legalmente protegidos, em face de requerimento especificando o fim a que se destinam"[587].

A linha de separação entre responsabilidade disciplinar e responsabilidade penal é tradicionalmente objecto de discussão, por a prática de "crimes de direito comum poder figurar entre os actos susceptíveis de implicar medidas disciplinares" e por certas actuações dos trabalhadores no exercício de funções públicas consubstanciarem crime[588]. Entre o procedimento disciplinar e o processo penal (e os processos de apuramento de outras formas de responsabilidade) não existe, no entanto, consumpção, por serem diferentes os fundamentos, o recorte da relação jurídica pertinente e os fins[589].

O princípio da presunção de inocência obsta a que a pendência do apuramento da responsabilidade disciplinar se projecte sobre a situação jurídica laboral do trabalhador, sem prejuízo da eventualidade de alguns efeitos de natureza cautelar[590], justificáveis por interesses ponderosos associados ao tipo de infracção em investigação e ao grau de perturbação que a presença do trabalhador ocasiona no serviço. O princípio obriga a decidir o *non liquet* a favor do arguido. Faz, ainda, recair inteiramente sobre o empregador a prova dos elementos integrativos da infracção[591].

---

[586] O acesso aos documentos é uma das garantias procedimentais de tutela dos direitos de defesa e do exercício informado do direito de ser ouvido.

[587] Sem prejuízo da possível proibição da sua publicação – artigo 33.° do Estatuto Disciplinar.

[588] Rolande Cuvillier e El Hedi Touati, "Rapport Général", in La Protection ... cit., p. 28.

[589] Acórdão do STA de 14 de Outubro de 1993, processo n.° 031885 (: a não aplicação de pena acessória não obsta à aplicação de sanção disciplinar, na medida da não coincidência inteira dos factos com os factos provados no processo penal e da diversidade dos requisitos ou pressupostos de que depende a aplicação de uma e outra) Acórdão da 2.ª Subsecção do CA do STA de 7 de Janeiro de 2009, processo n.° 0223/08, e Acórdão da 2.ª Subsecção do CA do STA de 21 de Maio de 2008, processo n.° 0989/07.

[590] Acórdão da 1.ª Secção do TC n.° 198/90, de 7 de Junho de 1990, processo n.° 82/89.

[591] Acórdão da 1.ª Subsecção do CA do STA de 14 de Março de 1996, processo n.° 028264, e Acórdão da 1.ª Subsecção do CA do STA de 1 de Março de 2007, processo n.° 01199/06.

O instrutor tem o poder-dever de realizar ou promover a realização das diligências de provas necessárias ao acertamento da responsabilidade disciplinar[592]. O trabalhador arguido pode requerer diligências instrutórias, quer na fase de instrução, quer na fase de defesa, cujo indeferimento deve ser justificado[593].

16.1.3.2. As fases do procedimento disciplinar

O procedimento disciplinar organiza-se em quatro fases: a fase de abertura, a fase de instrução, a fase da defesa e a fase da decisão. A fase inicial é a fase relativa à decisão sobre a instauração de procedimento disciplinar. Noticiada a prática de infracção[594], o órgão competente deve decidir sobre o exercício da acção disciplinar. Deve verificar se existe obstáculo legal a que tal aconteça (por exemplo, prescrição ou a sua falta de competência) e se, ponderada a menor gravidade da infracção abstractamente configurável na situação e circunstancialismo concretos, assim como os fins da punição disciplinar por referência ao trabalhador em causa, não é devida a aplicação da sanção disciplinar de repreensão escrita ou a celebração de acordo endoprocedimental que comprometa o trabalhador com o cumprimento dos deveres ou obrigações violados.

Na instrução, o instrutor deve realizar as diligências de prova necessárias ao apuramento da responsabilidade. A omissão ou o deficiente cumprimento de diligências determinantes desse apuramento contendem com o direito de audiência e defesa, comprometendo, de forma decisiva, a tomada de decisão válida.

A defesa do trabalhador pode fazer-se pelas formas postuladas pelo princípio do contraditório. Para a mesma, importa, ademais, a realização

---

[592] Acórdão do Pleno da Secção do STA de 3 de Julho de 2002, processo n.° 038879.

[593] A garantia de participação do trabalhador na formação de decisão que lhe diz respeito portela no caso, como num procedimento administrativo de iniciativa particular, a sua intervenção instrutória relevante na perspectiva dos interesses de que é titular (Acórdão da 2.ª Subsecção do CA do STA de 17 de Fevereiro de 2004, processo n.° 0171/03).

[594] A participação é obrigatória em dois casos: para os dirigentes, que corporizam o empregador público e para o instrutor do processo de averiguações, que deve participar indícios de violação dos deveres funcionais de qualquer dos intervenientes no procedimento de avaliação do desempenho.

das diligências instrutórias necessárias à aferição da responsabilidade disciplinar. Nesta perspectiva, pode gerar, e não apenas a falta de audiência, a nulidade da decisão punitiva[595].

O relatório do instrutor delimita os factos imputados ao trabalhador, qualifica-os juridicamente e valora-os com referência ao concreto sujeito e contexto[596]. Constitui para o órgão com competência para decidir uma referência incontornável, a base factual e jurídica vinculativa para a tomada de decisão, surgindo, quanto a esta, como uma pré-decisão. Uma de três decisões podem ser tomadas, fundamentadas, cada uma, na medida do respectivo afastamento, relativamente ao constante do relatório: a de aplicar sanção disciplinar, a de não punir e a de ordenar a realização de novas diligências. Não se trata, aqui, de o decisor fazer a instrução, refazer a acusação ou elaborar o relatório do instrutor, ao qual não pode substituir-se. Ajuíza da legalidade da decisão proposta pelo instrutor, desde logo, do ponto de vista do seu apoio factual e da suficiência probatória e impõe, sendo necessário, a realização de instrução complementar.

16.1.4. A punição disciplinar

A punição disciplinar corresponde à decisão do procedimento aplicativa de sanção. Na determinação desta e da sua medida, relevam a moldura legal, as circunstâncias agravantes e as circunstâncias atenuantes[597], a aferição das necessidades de prevenção especial e geral e os limites legais por infracção e por ano no caso das sanções de multa e suspensão. No espaço de apreciação e decisão conferido pela lei ao órgão administrativo não é de excluir a celebração de acordo endoprocedimental (documentado no processo) que gradue a punição.

A sanção disciplinar constitui uma censura e uma interpelação formal ao trabalhador quanto à sua actuação no quadro da relação jurídica de

---

[595] Cfr. artigo 133.°, n.° 2, alínea d), do CPA e artigos 269.°, n.° 3, e 32.°, n.° 10, do CRP.

[596] Fausto de Quadros, Os Conselhos de Disciplina na Administração Consultiva Portuguesa, Lisboa, Centro de Estudos Fiscais, Cadernos de Ciência e Técnica Fiscal, 1974, pp. 37 e 124.

[597] A atenuação pode resultar de circunstâncias que potenciam ou facilitam a conduta adoptada (Acórdão da 1.ª Secção do CA de 11 de Outubro de 2006, processo n.° 10/2006).

emprego. Pretende-se que não reitere na conduta, que actue no cumprimento dos deveres e obrigações laborais que sobre si impendem[598]. O fim é, pois, sobretudo, o da prevenção especial, negativa e positiva, sem deixar de envolver reprovação. A prevenção é, por vezes, referenciada como correcção[599]. A locução é equívoca, porque a necessidade de correcção abrange também a de "aperfeiçoamento profissional" e esta pode ser autónoma ao cometimento de qualquer infracção. Nalguns casos, a prevenção negativa não comporta senão a cessação da relação de trabalho (com a aplicação de sanção disciplinar extintiva da relação jurídica de emprego)[600]. À necessidade de punição não é indiferente o efeito de interpelação e dissuasão geral (função de prevenção geral positiva e negativa): chama a atenção dos demais trabalhadores para o desvalor funcional da conduta do trabalhador, demovendo-os da prática de ilícitos disciplinares[601]. Este não é, no entanto, como referido, o fim determinante da punição disciplinar.

---

[598] Acórdão do Conselho Permanente do Conselho Superior da Magistratura de 9 de Novembro de 2004, *Sub judice*, n.° 23, Jul-Set., 2005, p. 155: "temos esta como a pena mais adequada, por se ter como: // – por um lado, suficiente, para fazer sentir à Exm.ª Juíza que ultrapassou a fronteira do tolerável em termos do respeito pelos deveres estatutários inerentes à sua condição de Juíza; // – por outro, mais eficaz, em termos de prevenir (pela repreensão que traduz), que de futuro, não se repetirá este tipo de conduta; ...".

[599] André Gonçalves Pereira, Erro e Ilegalidade no Acto Administrativo: Discricionaridade e Erro, 1.ª edição, Ática, 1960, p. 278, António Esteves Fermiano Rato, "Reflexões sobre o estatuto disciplinar dos funcionários e agentes da Administração central, regional e local. O problema da tipicidade de certas faltas disciplinares: as sujeitas a aplicação de penas graves", Direito Admistrativo, Revista de Actualidade e Crítica, Março/Abril 1981, p. 80, Leal Henriques, Procedimento Disciplinar, 5.ª edição, 2007, p. 120, e Eugenio Mele, La Responsabilità dei Dipendenti e degli Amministratori Pubblici, Milano, Giuffrè Editore, 2000, Quinta Edizione, p. 107.

[600] Américo A. Taipa de Carvalho, Direito Penal, Parte Geral. Questões Fundamentais, 2003, 1.ª edição, p. 185.

[601] Américo. A. Taipa de Carvalho, Direito Penal, cit., pp. 184 e 185. Para Cesare Beccaria a prevenção geral é o fim essencial das penas: "o fim das penas não é o de atormentar e afligir um ser sensível, nem o de anular um delito já cometido (...) O fim, portanto, não é outro senão o de impedir o réu de fazer novos danos aos seus concidadãos e de dissuadir os outros de fazer o mesmo" (Dos Delitos e das Penas, Edição da Fundação Calouste Gulbenkian, 1998, p. 85 e pp. 93, 103 e 129).

16.2. A RESPONSABILIDADE CIVIL

A responsabilidade civil dos trabalhadores da Administração Pública pode ser contratual ou extracontratual. É contratual, quando se trate de indemnizar os prejuízos causados ao empregador público em resultado da violação dos deveres e obrigações que decorram ou se fundem no contrato celebrado. É extracontratual, quando se trata do trabalhador nomeado responder pelos prejuízos que cause ao empregador e quando se trate do trabalhador, independentemente do tipo de vínculo, responder por prejuízos causados a terceiros no exercício das suas funções e por causa desse exercício. O regime legal desta responsabilidade abrange todos os que estão ao serviço do "Estado e demais entidades públicas", isto é, todos os "agentes públicos", seja qual for a categoria legal ou o regime laboral aplicável. Abrange, também, os trabalhadores de pessoas colectivas de direito privado quanto às "acções ou omissões que adoptem no exercício de prerrogativas de poder público ou que sejam reguladas por disposições ou princípios de direito administrativo"[602], o que só se justifica relativamente àquelas que se integrem na administração pública numa compreensão orgânica-material desta, pois no que se refere às que, integrando-se no sector privado, actuem no exercício da função administrativa, é desadequada e excessiva a intervenção na disciplina da responsabilidade dos seus trabalhadores, *maxime*, no entendimento que inclui o regime relativo ao direito de regresso, uma vez que a responsabilidade pela função cabe à pessoa colectiva no quadro do vínculo jurídico estabelecido para o exercício da função administrativa[603].

A responsabilidade, sendo funcional, é solidária no caso de dolo ou culpa grave e exclusiva da pessoa colectiva empregadora no caso de culpa leve[604]. O regime legal de responsabilidade corresponde a um dado equi-

---

[602] Cfr. artigo 1.°, n.ºs 3 a 5, do regime de responsabilidade civil extracontratual do Estado e demais entidades públicas.

[603] A aplicação da obrigatoriedade de exercício de direito de regresso consubstanciaria, como refere Vieira de Andrade, "uma restrição manifestamente desproporcionada da autonomia de gestão e patrimonial dos particulares", não havendo "interesse público ou razão que justifique o estabelecimento de tal dever" – "A responsabilidade por danos decorrentes do exercício da função administrativa na nova lei sobre responsabilidade civil extracontratual do Estado e demais entes públicos", in Revista de Legislação e de Jurisprudência, n.° 3951, ano 137.°, Julho-Agosto 2008, p. 364.

[604] Cfr. artigo 8.° do mesmo regime, Acórdão da 1.ª Subsecção do CA do STA de 3 de Junho de 2004, processo n.° 047722, e Acórdão da 1.ª Subsecção do CA do STA de 28 de Fevereiro de 2002, processo n.° 048178.

líbrio entre a garantia de ressarcimento do lesado e a garantia de acção responsável[605].

A responsabilidade do empregador pode, também, fundar-se na influência da sua actuação para a acção ilícita do trabalhador (o que acontece, por exemplo, quando esta se fica a dever à sua deficiente preparação para a realização da tarefa que lhe é cometida, não a desconhecendo ou devendo ter promovido tal formação o empregador, ou se fica a dever a "anomia" organizativa)[606].

16.3. A RESPONSABILIDADE PENAL

A responsabilidade penal do trabalhadores da Administração Pública insere-se na responsabilidade penal do funcionário público, segundo o conceito penal deste, o qual é mais amplo do que o conceito administrativo, onde o funcionário não constitui senão uma espécie ou categoria de trabalhadores. Para o Direito penal, o funcionário é aquele que, a qualquer título, de base não electiva, e sem necessária integração orgânica, exerce funções públicas, ainda que não administrativas e ainda que em organismo não integrado na Administração Pública[607-608]. Quer-se proteger a actividade de administração pública e jurisdicional de acordo com "certos valores-deveres"[609].

---

[605] O objectivo da não inibição da acção do agente é secundário, porque o trabalhador que actue com dolo e culpa grave age com uma motivação e indiferença específica incompatível com o temor da acção.

[606] Pode responder, por exemplo, por não ter assegurado formação ao trabalhador concretamente imprescindível para exercer as suas funções. Ver U.S. Supreme Court, City of Canton, Ohio v. Harris, 489 U.S. 378 (1989), City of Canton, Ohio v. Harris, No. 86-1088, Argued November 8, 1988, Decided February 28, 1989, 489 U.S. 378, http://supreme.justia.com/us/489/378/.

[607] Acórdão do TC n.° 41/2000, de 26 de Janeiro, processo n.° 481/97, Parecer do Conselho Consultivo da PGR n.° 126/90, de 24 de Abril de 1991, e artigo 386.° do Código Penal.

[608] José Manuel Damião da Cunha (O Conceito de Funcionário, para Efeito de Lei Penal e a "Privatização" da Administração Pública. Uma revisão do comentário ao artigo 386.° do Código Penal – Comentário Conimbricense do Código Penal, 2008, pp. 11 e segs., *maxime*, p. 89) advoga intrepretação actualista do artigo no sentido da não inclusão dos trabalhadores das entidades de base associativa ou de base empesarial privadas, contra o que depõe a sua afirmação de que a "privatização formal ou material de tarefas da Administração Pública não foi objecto de qualquer reflexão por parte do legislador penal, tanto na

Os funcionários públicos são passíveis de responsabilidade penal por certas actuações no exercício de funções e somente eles pelas mesmas o são. Depois, crimes há em que a relação jurídica do trabalhador é um elemento de qualificação ou agravamento do crime[610]. No que se refere aos «crimes comuns», uma vez verificada específica conexão ou reflexo negativo para as funções exercidas, pode o juiz aplicar-lhe pena acessória que o iniba, por determinado período de tempo, do respectivo exercício[611].

Com carácter cautelar, o trabalhador da Administração Pública pode ser judicialmente suspenso do exercício de funções[612].

16.4. A RESPONSABILIDADE FINANCEIRA

Na responsabilidade financeira, o trabalhador responde pela prática de infracção financeira, a qual ocorre quando, com culpa, não assegura a integridade dos dinheiros públicos ao seu cuidado e quando viola as normas legais relativas à realização de despesas públicas, nos termos especificados na lei. Tem, para além de um cariz reintegrativo, uma feição sancionatória[613]. A violação das normas legais relativas à realização de despesa com o pessoal releva na medida da subsunção às situações legais gerais de infracção financeira[614]. A acrescer a estas, geram especificamente responsabilidade financeira a não observância do regime legal da contratação a termo e da celebração de contratos de prestação de serviços,

---

definição e na tipificação dos crimes cometidos no exercício de funções como, fundamental e primordialmente, no próprio conceito de funcionário", ou seja, fica a dúvida sobre a interpretação actualista é possível perante uma tão diversa expressão legislativa.

609 José Manuel Damião da Cunha, O Conceito de Funcionário ..., cit., p. 24.

610 Cfr., por exemplo, artigo 368.° (favorecimento pessoal praticado por funcionário) e artigo 378.° (violação de domicílio por funcionário) do Código Penal.

611 Acórdão do STJ de 11 de Outubro de 1995, processo n.° 48124, in BMJ, n.° 450, pp. 98 e segs.

612 Cfr. artigo 199.° do CPP.

613 Lídio de Magalhães, "Algumas reflexões sobre o regime da responsabilidade financeira na Lei n.° 98/97, de 26/8", in *Scientia Ivridica*, Tomo LV, n.° 307, Julho/Setembro de 2006, pp. 433 a 441.

614 Cfr., por exemplo, o artigo 65.°, n.° 1, alínea c), da Lei de Organização e Processo do Tribunal de Contas (Lei n.° 98/97, de 26 de Agosto, na versão que considera as suas alterações), nos termos do qual constitui infracção financeira a "violação de normas legais ou regulamentares relativas à admissão de pessoal".

independentemente de causarem dano e de um juízo sobre a adequação ou necessidade do contrato para a prossecução das atribuições do serviço ou organismo[615].

17. A CESSAÇÃO DA RELAÇÃO JURÍDICA DE EMPREGO PÚBLICO

17.1. O DIREITO À SEGURANÇA NO EMPREGO

A eficácia do direito de aceder à função pública em condições de igualdade e liberdade (artigo 47.°, n.° 2, da CRP) reclama a estabilidade no emprego público obtido[616]. Esta estabilidade está abrangida pelo âmbito de protecção do direito à segurança no emprego (artigo 53.° da CRP), que não distingue os trabalhadores que são da Administração Pública[617]. A norma proíbe os despedimentos sem justa causa, designadamente, por motivos políticos e/ou ideológicos. O empregador público não pode fazer cessar unilateralmente a relação jurídica de emprego sem justa causa (subjectiva ou objectiva) e sem que sejam observadas certas garantias[618]. E está obrigado a utilizar com carácter excepcional ou comedido os vínculos laborais precários.

A "Constituição não afirma qualquer garantia de vitaliciedade do vínculo laboral da função pública. Os trabalhadores da função pública não beneficiam, sob este ponto de vista, de um direito constitucional à segurança do emprego público em medida essencialmente diferente daquela em que tal direito é reconhecido aos trabalhadores em geral, pese embora a circunstância – que apenas pode suportar as expectativas subjectivas –

---

615. Cfr., reiterando regimes anteriores, o artigo 36.°, n.° 2 e n.° 3, da LVCR e artigo 92.°, n.° 3, do RCTFP.

616 Jesús Jordano Fraga, Nulidad ..., cit., p. 261, e Ramón Parada Vázquez, "La degeneración ..., cit., p. 419, Maria do Rosário Ramalho e Pedro Madeira de Brito, Contrato de Trabalho na Administração Pública, 2004, p. 30.

617 Declaração de voto no Acórdão do TC n.° 345/93, de 12 de Maio de 1993, processo n.° 89/92, 1.ª Secção.

618 Garantias procedimentais e substantivas (Acórdão do TC n.° 285/92, processo n.° 383/92, DR., I Série-A, n.° 188, de 17 de Agosto de 1992, p. 3968).

da solidez económico-financeira do Estado ser notoriamente superior à das empresas ou dos cidadãos seus contribuintes"[619].

Os trabalhadores da Administração Pública e demais agentes do Estado e de outras entidades públicas não podem ser prejudicados em virtude do exercício de quaisquer direitos políticos, designadamente por opção partidária (artigo 269.°, n.° 2, da CRP). O Governo é o órgão superior da Administração Pública e o órgão de condução da política geral do país (artigo 182.° da CRP). O empregador público actua, na prossecução das suas atribuições, de acordo com as políticas governamentais para cuja definição e execução contribui ou na qual participa. A criação, reestruturação, fusão e extinção de serviços e organismos públicos são instrumentos de concretização de políticas que variam em maior ou menor sintonia com os ciclos eleitorais[620]. Acresce ter presente que a função pública é parte da Administração Pública e esta, embora distinta, está, "ao serviço do interesse público" e, nesta medida, dependente do poder político[621].

O despedimento colectivo ou por extinção de postos de trabalho nas empresas[622] resulta, fundamentalmente, de razões exteriores ao empregador, económicas, por "motivos de mercado"[623], por "motivos estruturais"[624]

---

[619] Acórdão do TC n.° 4/2003, processo n.° 437/2003, DR., II Série, n.° 37, de 13 de Fevereiro de 2003, pp. 2443 e segs.

Ver, também, Acórdão da 2.ª Secção do TC n.° 233/97, processo n.° 220/96 (parágrafo 5 do ponto 6.3). Neste acórdão, o Tribunal julgou inconstitucional a previsão legal de rescisão do contrato de provimento do pessoal do Serviço de Informações e Segurança com fundamento na conveniência de serviço, por não obstante constituir um motivo objectivo de cessação, não ser acompanhado de indemnização do trabalhador, invocando o artigo 53.° da CRP conjugado com o artigo 2.° da CRP, que acolhe o princípio da justiça, implicado na ideia de Estado de Direito.

[620] Cfr. preâmbulos do Decreto-Lei n.° 193/2002, de 25 de Setembro, e do Decreto--Lei n.° 535/99, de 13 de Dezembro, por aquele revogado, e o Decreto-Lei n.° 53/2006, de 7 de Dezembro.

[621] José Luís Pereira Coutinho, "A relação ...", cit., pp. 705 e 706.

[622] Cfr. artigos 359.° e 367.° do Código do Trabalho.

[623] Razões que se prendem com a "diminuição previsível da procura de bens ou serviços ou impossibilidade superveniente, prática ou legal, de colocar esses bens ou serviços no mercado".

[624] Motivos conexos, em parte, ainda com o mercado, traduzidos no "desequilíbrio económico-financeiro, mudança de actividade, reestruturação da organização produtiva ou substituição de produtos dominantes".

e por "motivos tecnológicos"[625]. Daí que haja pertinência na observação de que as relações de trabalho estabelecidas com um empregador privado não podem ter carácter permanente atendendo à "duração limitada da empresa privada"[626] ou à sua duração potencialmente não ilimitada.

Ao despedimento colectivo ou à extinção de postos de trabalho na Administração Pública falta, as mais das vezes, heteronomia de motivos[627]: "ao contrário das empresas privadas – cuja sobrevivência depende essencialmente do mercado –, as organizações públicas não concorrem, regra geral, com as privadas, nem entre si. A sua sobrevivência depende, sobretudo, da vontade do poder político que as cria, mantém, modifica ou extingue por sua livre iniciativa"[628], sem prejuízo das exigências de "modernização da Administração Pública ... e da necessidade de responder a novos desafios que se lhe colocam nos espaços geo-políticos mais amplos em que o país se insere"[629]. A garantia do direito à segurança do emprego, concretizada no regime jurídico de cessação da relação jurídica de emprego público, tem, em suma, que prevenir que as mudanças governamentais não se repercutam em mudança dos trabalhadores existentes ou em alterações orgânicas que, necessariamente, conduzam a esse resultado.

O regime jurídico da cessação é um importante elemento identificativo do estatuto jurídico-laboral. As modificações introduzidas neste, seja em si, por afectarem a estabilidade de tal estatuto[630], seja por importarem

[625] Motivos que se prendem com a evolução tecnológica e a sua repercussão sobre a relação do mercado com a empresa, consubstanciando-se em "alterações nas técnicas ou processos de fabrico ou de movimentação de cargas, bem como na informatização de serviços ou automatização de meios de comunicação"..

[626] Ettore Morone, "Impiego Pubblico", cit., p. 267. Em contraponto, observa que a "permanência no emprego deriva da duração não limitada que o próprio ente público apresenta".

[627] Cfr. preâmbulo do Decreto-Lei n.° 193/2002, de 25 de Setembro, sem prejuízo da revogação deste pelo artigo 49.° da Lei n.° 53/2006, de 7 de Dezembro.

[628] João Caupers, Introdução ao Direito Administrativo, 2000, 6.ª edição, p. 33.

[629] Acórdão TC n.° 285/92, processo n.° 383/92, DR., I Série-A, n.° 188, de 17 de Agosto, p. 3972, e José da Mata de Sousa Mendes, Relatório Preliminar sobre as Linhas Gerais da Reforma Administrativa, Comissão Interministerial de Planeamento e Integração Económica, Presidência do Conselho de Ministros, Grupo de Trabalho n.° 14, Reforma Administrativa, Outubro de 1965 a Julho de 1966, pp. 1 e 2.

[630] Por exemplo, o trabalhador deixa de estar sujeito ao estatuto jurídico próprio da nomeação e passa a estar sujeito ao do contrato de trabalho.

alteração daquele, estão constitucionalmente condicionadas pelo direito à segurança no emprego[631] e pelo princípio da protecção da confiança[632].

A esfera de protecção do trabalhador admite diferentes regimes laborais ao nível das "condições de segurança e estabilidade" em função da natureza e tipo de vínculo[633]. As causas e o regime de cessação da relação jurídica de emprego variam consoante as suas modalidades. Os trabalhadores nomeados, por exemplo, gozam de uma «indeterminabilidade segura». Com efeito, a relação jurídica pode cessar, no essencial, por aplicação da sanção disciplinar de demissão ou, durante o período experimental, se o trabalhador não demonstrar um certo nível de desempenho. A supressão dos correspondentes empregos ou postos de trabalho não é causa extintiva da relação de emprego[634]. O trabalhador pode ser colocado na situação de mobilidade especial[635].

A segurança no emprego público é, também, influenciada pelo sistema de carreira, pelo qual, em parte, se organiza, pois "não é possível existir uma carreira sem uma certa duração do emprego"[636].

---

[631] No Acórdão n.° 154/86, processo n.° 150/84 (DR., I Série, n.° 133, de 12 de Junho de 1986, p. 1395), o TC notou: "Ao dispensar certos funcionários do Quadro Geral de Adidos, transferindo-os para as empresas públicas em que se encontravam na situação de requisitados, as normas em apreciação privaram-nos da qualidade de funcionários, infringindo assim o seu direito à função (que, de resto, não é mais do que uma garantia específica de estabilidade e de segurança no emprego quanto aos funcionários públicos)." Ver, também, o Acórdão proferido em sessão plenária do Tribunal Constitucional n.° 285/92, citado, p. 3969. Relevam, no entanto, nesta sede, o Direito da União Europeia relativa à transferência do estabelecimento.

[632] Daí a manutenção, no essencial, do regime jurídico da cessação dos trabalhadores nomeados no quadro da mudança legal de vínculo laboral (artigo 88.°, n.° 4, da LVCR, e artigo 37.°, n.° 1, da Lei n.° 64-A/2008, de 31 de Dezembro).

[633] Acórdão da 1.ª Secção do TC n.° 345/93, de 12 de Maio de 1993 processo n.° 89/92.

[634] No mesmo sentido, Jacques Bourdon, "La fonction publique territoriale, 20 ans d'évolution permanente", AJDA, n.° 3/2004, p. 123. Ver, ainda, Decreto-Lei n.° 193/2002, de 25 de Setembro, o Decreto-Lei n.° 535/99, de 13 de Dezembro, e a Lei n.° 53/2006, de 7 de Dezembro.

[635] Consubstancia, recorde-se, uma modificação da relação de emprego que, preservando-a, assim como, no essencial, o seu estatuto jurídico, importa a inactividade do trabalhador, com eventual recolocação noutro serviço ou organismo e/ou no exercício de outra actividade ou posto de trabalho, a qual, sendo indeterminada, faz com que cesse a situação de mobilidade.

[636] Rolande Cuvillier e El Hedi Touati, "Rapport général", cit., p. 23.

17.2. As causas de cessação segundo a tipologia dos vínculos laborais

As causas de cessação da relação jurídica de emprego público são as estabelecidas na lei e o regime aplicável o aí definido. Variam, em parte, segundo a natureza (unilateral ou contratual) do vínculo e o seu carácter temporário ou indeterminado. Não obstante a aproximação ao Direito laboral comum e a semelhança de parte do regime jurídico com o dos trabalhadores com contrato de trabalho, o regime dos trabalhadores com contrato de trabalho em funções públicas oferece, comparativamente, maior estabilidade e segurança ao trabalhador. Quanto ao vínculo da nomeação, o distanciamento face àquele é significativo.

Para além das causas já referidas demissão disciplinar e cessação no período experimental por demérito, a relação jurídica do trabalhador nomeado pode, ainda, cessar: i) por caducidade, por o trabalhador ter atingido o limite máximo de idade para o exercício de funções, por morte ou, nalguns casos, perda de requisito para o exercício de funções públicas; e, no caso da nomeação ser transitória, também, pelo seu termo; ii) por mútuo acordo; iii) por desligamento do serviço para efeitos de aposentação; iv) e por iniciativa do trabalhador.

Quanto ao contrato, constituem causas da respectiva cessação as seguintes: i) caducidade, seja pela verificação do termo que lhe tenha sido aposto, por aposentação ou reforma, fundada em velhice ou invalidez e em caso de impossibilidade superveniente, absoluta e definitiva de o trabalhador prestar o seu trabalho (por exemplo, por extinção de serviço ou ente público empregador, perda de requisito essencial para o exercício das concretas funções públicas e por doença impossibilitante da prestação de trabalho); ii) revogação ou cessação por acordo das partes; iii) resolução do empregador, fundada, seja em inadaptação do trabalhador, seja em facto censurável que lhe é imputável; iv) resolução do trabalhador; v) e denúncia do trabalhador.

Quanto à comissão de serviço segundo o regime geral, qualquer uma das partes lhe pode por termo, a todo o tempo, mediante a observância de aviso prévio. Dado o seu carácter temporário e precário, o interesse relevante do trabalhador é o de não ser afastado do cargo antes do termo previsto para o seu exercício. O pagamento de compensação justifica-se, assim, no caso de o empregador fazer cessar, sem fundamento, a comissão antes do decurso da respectiva duração, para além da possibilidade do seu abono com carácter compensatório no seu termo segundo pensão específica[637].

17.3. A CESSAÇÃO POR INICIATIVA DO TRABALHADOR

17.3.1. A cessação imputável ao trabalhador

O trabalhador pode fazer cessar a relação jurídica de emprego, seja durante o período experimental, seja depois de ultrapassado este[638]. Para tanto deve, no caso da nomeação, dirigir comunicação escrita ao órgão que o nomeou, tornando-se a sua manifestação de vontade eficaz decorrido que seja determinado período de tempo. A moratória acautela os interesses do empregador (designadamente, o da eventual substituição do trabalhador ou reorganização funcional que compense a disponibilidade de menos um trabalhador)[639] sem sacrificar os do trabalhador (artigo 47.°, n.° 1, da CRP), o que aconteceria se a pretensão de desvinculação ficasse dependente da manifestação de vontade do empregador, termos em que, na verdade, a relação de emprego cessaria por acto mesmo, na sequência da iniciativa daquele[640] ou, numa visão mais suavizada, a eficácia da decisão do trabalhador dependeria da aceitação do empregador[641].

---

637 O artigo 34.° da LVCR prevê a possibilidade de pagamento de indemnização, quer o empregador faça cessar a comissão na respectiva pendência, quer no respectivo termo. Faz depender o direito à mesma de previsão em lei especial.

638 Ambas as possibilidades fundam-se no artigo 32.°, n.° 1, alínea b) e n.° 2, da LVCR, no caso da nomeação e no caso de contrato de trabalho em funções públicas no artigo 33.°, n.° 2, da LVCR, e nos artigos 74.° e 286.° e 287.° do RCTFP.

639 Emmanuel Aubin, Droit de la Fonction Publique, cit., p. 104.

640 Numa relação de trabalho concebida em bases não paritárias, aceitava-se que a iniciativa do trabalhador ficava dependente da concordância do empregador. Por exemplo, a alínea d), do § 1 do artigo 469.° do Código Administrativo (revogado pelo artigo 65.°, alínea d), do Decreto-Lei n.° 247/87, de 17 de Junho) dispunha: "A entidade competente para o provimento poderá rescindir o contrato a todo o tempo, a pedido do contratado, se não resultar prejuízo para os serviços".

641 Para Ettore Morone a aceitação da Administração é uma condição de eficácia do despedimento do trabalhador (Impiego pubblico", cit., p. 279). No entanto, ao admitir a recusa "por motivo de serviço ou pela pendência de procedimento disciplinar", parece atribuir à vontade da Administração um carácter constitutivo.

Quanto ao contrato, o trabalhador pode denunciá-lo, no período experimental, sem aviso prévio, invocação de justa causa e pagamento de indemnização[642]. Decorrido o período experimental, fica obrigado à observância de prazo de pré-aviso, sob pena de pagamento da remuneração base correspondente ao período em falta e de eventual responsabilidade civil, ou por prejuízos que sejam devidos a essa inobservância, ou atinentes à "violação de obrigações assumidas em pacto de permanência". A declaração é retractável, isto é, o trabalhador pode revogar em certo prazo a denúncia ou a declaração de resolução do contrato[643].

A impossibilidade do trabalhador prestar trabalho faz cessar o contrato por caducidade quando é superveniente, absoluta e definitiva[644]. Pode ficar a dever-se a motivo atinente ao trabalhador ou a motivo relativo ao empregador. É o que acontece, respectivamente, por exemplo, quando o trabalhador deixa de preencher requisito essencial para o exercício de funções (*v.g.*, ao trabalhador é retirada a carteira profissional[645]; passando a ser obrigatória a inscrição em ordem profissional, esta não vem a ter lugar[646]; ou, sendo militar, perde a nacionalidade[647]) e quando há extinção do posto de trabalho[648] ou da pessoa colectiva pública[649]. Não se confunde, com o conhecimento superveniente de invalidade, que afecta na raiz a relação jurídica.

O contrato caduca, igualmente, pela reforma ou aposentação, funde-se esta em velhice ou no facto de o trabalhador ter atingido o limite de

---

642 Cfr. artigo 74.° do RCTFP.

643 Cfr. artigo 288.° do RCTFP.

644 Reconduz-se a situação de caducidade, que, nas palavras de António Menezes Cordeiro, "corresponde a um esquema geral de cessação de situações jurídicas, mercê da superveniência de um facto a que a lei ou outras fontes atribuam esse efeito (...): traduz a extinção de uma posição jurídica pela verificação de um facto *stricto sensu* dotado de eficácia extintiva" – "Da caducidade ...", cit., p. 819.

645 Cfr. artigo 113.°, n.° 2, do RCTFP.

646 Cfr. Acórdão do STJ de 19 de Dezembro de 2007, processo n.° 3389/2007.

647 Cfr. artigo 8.°, alínea a), da LVCR.

648 Sem prejuízo, sendo excessivo o número de trabalhadores, apurado por alteração do mapa de pessoal fundada em reorganização do órgão ou serviço, deve este começar "por promover as diligências necessárias à cessação das relações jurídicas de emprego público constituídas por tempo determinado ou determinável" (artigo 6.°, n.° 8, e artigo 5.°, n.° 4, da LVCR).

649 Cfr. artigo 18.°, alínea f), da Lei n.° 59/2008, de 11 de Setembro, e artigo 17.° da Lei n.° 23/2004, de 22 de Junho.

idade. A reforma ou aposentação extingue a relação jurídica de emprego público; nasce a relação jurídica de reforma ou aposentação[650], sem prejuízo de, quanto a alguns aspectos, continuar a ser influenciada por aquela. O aposentado fica sujeito ao regime de incompatibilidades; desde logo, em regra, não pode voltar a exercer, a qualquer título, funções públicas e, nos casos em que seja permitido, fica sujeito a limites na cumulação da remuneração com a pensão[651].

17.3.2. A cessação por motivo imputável ao empregador

A cessação imputável ao empregador pode ficar a dever-se, ora ao não cumprimento dos deveres e obrigações que lhe são devidos, ora a circunstâncias objectivas, que relevam na sua esfera jurídica ou pelas quais é responsável. A resolução do contrato pelo trabalhador é justificada quando tem fundamento em actuação ilícita do empregador (por exemplo, na violação por este da sua categoria profissional[652]). A efectivação do rompimento contratual obedece a procedimento, que, em caso de vício, o trabalhador pode corrigir uma vez até à contestação. A resolução é, ainda, passível de retractação[653]. O trabalhador tem direito a uma indemnização

---

[650] Assim, a equiparação da categoria de trabalhador aposentado a categoria inferior no activo para efeitos de alteração ou actualização do valor da pensão – que não se traduz em redução do montante desta – não pode ser analisada à luz do direito à segurança do emprego, "uma vez que pela aposentação se extingue a relação jurídica de emprego público *stricto sensu*" (Acórdão da 3.ª Secção do TC n.° 495/2004, de 12 de Julho de 2004, in DR., II Série, n.° 255, de 29 de Outubro de 2004, p. 15 926).

O TEDH considera que os "litígios em matéria de pensões", quanto aos trabalhadores da função pública, "relevam todos no âmbito do artigo 6.°, n.° 1, [da CEDH], porque uma vez aposentado, o agente rompe o vínculo particular que o ligava à Administração ..." – considerando 67 do Acórdão de 8 de Dezembro de 1999, caso Pellegrin c. França, processo n.° 28541/95.

[651] António Esteves Fermiano Rato, "A possibilidade de um funcionário público na situação de aposentado poder regressar à anterior situação no activo, reocupando o lugar que exercia", in Direito Administrativo – Revista de Actualidade e Crítica, Julho / Agosto, 1980, ano 1, n.° 4, p. 281, artigo 79.° do Estatuto da Aposentação (Decreto-Lei n.° 498/72, de 9 de Dezembro, na versão actualizada) e artigo 254.°, n.° 2, do RCTFP.

[652] Designadamente, pela criação ilícita de obstáculos ao exercício das funções inerentes a determinada categoria profissional – Acórdão do STJ de 12 de Março de 2008, processo n.° 07S4219.

[653] Cfr. artigos 284.° e 288.° do RCTFP.

por todos os danos sofridos, patrimoniais ou não patrimoniais[654]. Fica desobrigado do pacto de permanência e, consequentemente, dispensado de restituir, pela sua observância, a soma de importâncias despendidas com a sua formação[655].

No caso de despedimento colectivo[656], despedimento por extinção do posto de trabalho e despedimento por inadaptação, durante o respectivo pré-aviso, o trabalhador pode denunciar o contrato, mediante declaração feita com a antecedência mínima de três dias úteis, sem prejuízo do direito à compensação pelo despedimento[657].

A extinção da pessoa colectiva ou serviço público que dê lugar à transferência de atribuições importa em geral a transferência das respectivas relações jurídicas de emprego, à luz da Directiva 2001/23/LE do conselho, de 12 de Março de 2001[658].

17.4. A cessação por iniciativa do empregador

A relação jurídica de emprego pode cessar por decisão ou declaração de vontade do empregador, extinguindo-se, para o futuro, por força da mesma. Sendo o vínculo laboral o da nomeação, a cessação unilateral pressupõe justa causa disciplinar. Tratando-se de um contrato, pode resultar, também, da inadaptação do trabalhador e de justa causa objectiva.

Em qualquer dos casos, tem de ter justificação num motivo legítimo, que tem de ser explicitado enquanto tal.

---

[654] Cfr. artigo 282.° do RCTFP.

[655] Cfr. artigo 109.° do RCTFP.

[656] A cessação do contrato é da iniciativa do empregador, que encerra ou reestrutura parte da organização, abrangendo certo número mínimo de trabalhadores.

[657] Cfr. artigos 365.°, 372.° e 379.° do Código do Trabalho e artigo 18.° da Lei n.° 23/2004, de 22 de Junho, e artigo 18.°, alínea f), da Lei 59/2009, de 11.9.

[658] Acórdão do TJUE de 26 de Setembro de 2000, processo C-175/99 conclusões de 27 de Janeiro de 2005 do advogado-geral Poiares Hadmo no processo C-478/03, e AC do TJUE de 11 de Junho de 2009, processo C-561/07.

Pode aplicar-se, aqui, *mutatis mutandis*, o previsto para a resolução, por iniciativa do trabalhador, por justa causa subjectiva (artigo 282.° do RCTFP).

17.4.1. A cessação por motivo imputável ao trabalhador

17.4.1.1. A cessação por justa causa disciplinar

Na cessação da relação jurídica de emprego público por motivo disciplinar está em causa certa conduta do trabalhador que viola, com culpa, deveres e obrigações laborais, em termos que inviabilizam a manutenção da relação jurídica. Esta valoração assenta, por um lado, "na gravidade objectiva dos factos cometidos" – face ao padrão médio de comportamento exigível a um trabalhador num idêntico quadro funcional, relacional e circunstancial. Por outro lado, assenta "no reflexo dos seus efeitos no desenvolvimento da função" ou actividade e "no reconhecimento, através da natureza do acto e das circunstâncias em que foi cometido, de que o seu autor revela uma personalidade inadequada ao exercício dessas funções", isto é, é desvalorosa a sua permanência na perspectiva da prevenção especial[659].

Traduz-se na aplicação da sanção disciplinar de demissão ou de despedimento, assente num procedimento disciplinar que, ao invés do estabelecido no Código do Trabalho, não é específico, mais denso e complexo do que o procedimento susceptível de dar lugar à aplicação de outras sanções disciplinares, embora o seja quando comparado com o previsto naquele código.

17.4.1.2. A cessação por inadaptação do trabalhador ao posto de trabalho

Esta forma de cessação contempla a situação em que, tendo sido introduzidas modificações no posto de trabalho, o trabalhador não se adapta ao exercício funcional postulado por tais modificações, apesar de lhe ter sido propiciada formação[660], um período de adequação e a possibilidade de afectação a um outro posto de trabalho disponível; e sem que se fique a dever à falta de condições de segurança, higiene e saúde no trabalho imputáveis à entidade empregadora pública.

---

[659] Ver Acórdão da 1 Subsecção do CA do STA de 11 de Outubro de 2006, processo n.º 10/06.

[660] Pressupõe que ao trabalhador tenha sido assegurada formação para aperfeiçoamento dos conhecimentos necessários à adaptação ao posto de trabalho, a qual o trabalhador não há-de poder recusar salvo se para tal tiver motivo justificativo bastante.

A inadaptação para ser relevante deve materializar-se na redução continuada falta de produtividade ou de qualidade, em avarias repetidas nos meios ou instrumentos afectos ao posto de trabalho, em riscos para a segurança e saúde, ou do próprio trabalhador, ou dos outros trabalhadores, ou de terceiros e no não cumprimento dos objectivos de desempenho previamente fixados e aceites, por escrito, pelo trabalhador, sendo este trabalhador de carreira ou categoria de grau três[661]. Em qualquer dos casos, é preciso que a inadaptação seja tal que não permita a subsistênia da relação jurídica de emprego.

17.4.2. A cessação por motivo imputável ao empregador

A relação jurídica de emprego público titulada por contrato pode cessar por força da extinção da pessoa colectiva empregadora e por redução da actividade, susceptível de motivar o despedimento colectivo ou a extinção de postos de trabalho. Estas causas não resultam propriamente, no essencial, de circunstâncias alheias ao empregador público, antes são fruto de uma concreta decisão político-administrativa.

No primeiro caso, a circunstância do desaparecimento do sujeito empregador inviabiliza a manutenção do contrato – sem prejuízo da sua transmissão com o prosseguimento das atribuições por outra pessoa colectiva –, que pode, assim, dizer-se, cessar por caducidade.

No segundo caso, as prestações de trabalho abrangidas pela actividade suprimida perdem justificação e, consequentemente, os respectivos contratos[662]. A redução de actividade pode resultar da reestruturação de serviços ou de uma unidade orgânica ou simplesmente do facto de deixar de desenvolver essa actividade. Considere-se, aqui, a título de exemplo, a decisão de externalização da limpeza e segurança das instalações de uma

[661] O não cumprimento dos objectivos é verificado nos termos do sistema de avaliação de desempenho.

Ver, quanto ao regime do despedimento por inadaptação, os artigos 259.° a 279.° do RCTFP.

[662] As reestruturações podem projectar-se sobre as relações de trabalho, modificando-as ou dando causa à sua cessação, em qualquer caso, afectando a respectiva estabilidade, parte da garantia da segurança no emprego. Tal afectação constitui uma "compressão do estatuto jurídico" dos trabalhadores fundada em causas objectivas. Ver Acórdão da 2.ª Secção do TC n.° 233/97, processo n.° 220/96 (parágrafo 11 do ponto 6.3).

dada pessoa colectiva e o efeito que têm sobre a extinção dos correspondentes postos de trabalho[663].

O regime aplicável é, fundamentalmente, o do Código do Trabalho, com a importante diferença do despedimento só se concretizar se, tendo os trabalhadores optado pela situação de mobilidade especial, não for possível obter a sua colocação estável num outro posto de trabalho da Administração Pública[664].

17.5. A reconstituição da situação jurídica laboral no caso de decisão judicial de invalidade da cessação

A decisão judicial de invalidade da cessação da relação jurídica de emprego obriga o órgão autor do acto ou da declaração contratual a actuar no sentido da reposição da situação jurídica e factual do trabalhador em conformidade com o direito fixado. A determinação dos actos jurídicos e/ou operações devidos afere-se pelo dispositivo da sentença e pelos seus fundamentos, que "devem ser respeitados e aplicados"[665], e pelo confronto com os efeitos jurídicos temporal e subjectivamente produzidos por e na sequência de tal cessação.

No caso de despedimento (desde logo, por causa disciplinar), a reconstituição envolve, em regra, a recuperação da relação jurídica extinta, reportada ao momento em que a cessação se verificou, e a actualização da mesma segundo a situação que hoje existiria. Envolve, bem assim, o ressarcimento dos prejuízos sofridos pelo trabalhador com a actuação ilegal. Há que considerar, também, as remunerações que o trabalhador deixou de auferir entre a data do despedimento até à data do trânsito em julgado da sentença[666]. Atende-se à diferença entre as remunerações que o trabalha-

---

[663] Sem prejuízo da transmissão dos respectivos contratos.

[664] Cfr. artigos 16.° a 18.° da Lei n.° 23/2004, de 22 de Junho, artigo 7.° do RCTFP e artigo 33.° da LVCR.

[665] Ac. do TEDH de 9 de Junho de 2009, Nicola Silvestri contra Itália, processo n.° 16861/02 (que destaca a integração da execução da sentença no conteúdo do direito à tutela judicial efectiva), Acórdão do Pleno da Secção do CA do STA de 13 de Novembro de 2007, processo n.° 28957A, e Acórdão da 2.ª Subsecção do CA do STA de 14 de Maio de 1996, processo n.° 22906A.

[666] Cfr. artigo 276.° do RCTFP e artigo 64.° do Estatuto Disciplinar.

dor auferiria pelo efectivo exercício do cargo ou emprego e as que recebeu pelo exercício de outras funções[667] ou a título de subsídio de desemprego.

O trabalhador pode requerer, em alternativa à recuperação da relação jurídica de emprego, uma indemnização[668].

A possibilidade de reexercício do poder disciplinar está cumulativamente limitada. A renovação ou a repetição do procedimento, possível uma única vez, depende: i) de estar em causa vício de preterição de formalidade essencial; ii) de o mesmo não ter sido apreciado em sede de impugnação administrativa recusada ou rejeitada; iii) do não decurso do prazo objectivo de prescrição; iv) de ser desencadeada até à data limite para contestar a acção jurisdicional[669]. A renovação do procedimento disciplinar deveria ser, igualmente, possível quando esteja em causa a qualificação ou a valoração jurídica dos factos quanto à espécie da infracção e/ou sanção e já não, naturalmente, quando resulta da decisão judicial que a infracção não foi praticada ou que a infracção não tem apoio factual bastante.

17.6. A cessação por acordo de revogação

A cessação por acordo de revogação é possível quer a relação jurídica de emprego tenha sido constituída por nomeação quer por contrato. O regime jurídico é diferente no que toca à possibilidade do trabalhador se retractar, fazendo cessar os efeitos do acordo de revogação[670] prevista e regulada *ex professo* apenas quanto ao contrato. Similares são as regras de determinação de compensação e as relativas à incapacidade para o reexercício a qualquer título de funções públicas[671].

---

[667] Acórdão da 2.ª Subsecção do CA do STA de 2 de Julho de 2002, processo n.º 0347/02, e Acórdão da 1.ª Secção do STA de 18 de Fevereiro de 1997, processo n.º 32.774-A.

[668] Cfr. artigo 42.º, n.ºs 8 e 9, e 278.º do RCTFP e artigos 64.º e 65.º do Estatuto Disciplinar.

[669] Cfr. artigo 63.º do Estatuto Disciplinar.

[670] O curto prazo para o fazer esvazia a respectiva operacionalidade – Pedro Romano Martinez, "O Código do Trabalho revisto", in O Direito, Ano 141.º, 2009, II, p. 263.

[671] Cfr. artigos 255.º e segs. do RCTFP e artigo 32.º, n.º 1, alínea c), e n.º 3, da LVCR. Esta última norma dispõe quanto à compensação a atribuir ao trabalhador e à incapacidade para o trabalhador voltar a exercer funções públicas, remetendo para portaria a regulamentação da causa de cessação. No entanto, regulada que está a forma de determi-

PARTE III
As relações laborais colectivas

18. AS RELAÇÕES COLECTIVAS DE TRABALHO

18.1. A ORGANIZAÇÃO DAS RELAÇÕES COLECTIVAS

As estruturas representativas dos trabalhadores constituem uma forma de organização das relações colectivas, assim como o exercício de direitos colectivos por parte de tais estruturas e por parte dos trabalhadores. Entre as primeiras, figuram as comissões de trabalhadores e as associações sindicais, que existem para a defesa, com diferente âmbito subjectivo, dos direitos e interesses dos trabalhadores.

Não há lugar a estruturas representativas dos empregadores. O "princípio da eficácia e da unidade da acção da Administração e dos poderes de direcção, superintendência e tutela dos órgãos competentes" (artigo 267.°, n.° 1, e artigo 199.°, alíneas d) e e), da CRP) coloca o Governo como representante dos empregadores, na negociação e contratação colectiva, cujos membros responsáveis pelas áreas das finanças e da administração pública têm competência para celebrar acordos colectivos de carreiras gerais, assim como, juntamente com aqueles, os membros do Governo das áreas de actividade a que respeite acordo de carreiras especiais e os primeiros, também, para intervir nos acordos colectivos de entidade empregadora pública, a par da participação desta. Têm, também, competência na determinação da lista de árbitros, em sede de resolução de conflitos[672].

---

nar a compensação e prevenida que está a constituição posterior de um outro vínculo laboral, o acordo revogatório é possível. Quanto à forma e formalidades – garantidoras da liberdade e genuinidade do acordo –, é de recorrer às previstas no RCTFP ou a outras que sejam igualmente protectivas, na falta de específica regulamentação. Ou seja, a não existência desta não obsta à aplicação do artigo 32.°, n.° 3, da LVCR.

[672] Cfr. artigo 374.°, n.° 1, alínea b), e n.° 2, alínea b) e artigo 375.°, n.° 1, do RCTFP.

18.2. Os direitos colectivos dos trabalhadores da Administração Pública

Por direitos colectivos compreende-se os direitos de exercício colectivo (como a liberdade sindical e o direito de greve) e os direitos de que são titulares as estruturas representativas dos trabalhadores (como o direito de contratação colectiva das associações sindicais e o direito de participação na elaboração da legislação do trabalho). O título III da Parte I da Constituição, relativo aos direitos, liberdades e garantias dos trabalhadores, é, à excepção do direito à segurança no emprego, dedicado aos direitos colectivos, tratando das comissões de trabalhadores, da liberdade sindical, do direito de contratação colectiva e do direito de greve. São direitos de todos os trabalhadores, incluindo os trabalhadores da Administração Pública. Os parâmetros das restrições aos direitos, liberdades e garantias são os gerais, relevando, do ponto de vista do respectivo fundamento, desde logo, os artigos 269.°, n.os 1 e 2, e o artigo 270.° da CRP[673].

18.2.1. O direito à constituição de comissões de trabalhadores

Os trabalhadores da Administração Pública podem constituir por serviço e por estabelecimento periférico ou unidade orgânica desconcentrada, respectivamente, comissões e subcomissões de trabalhadores. A natureza não empresarial do serviço ou organismo público não afasta a antinomia de interesses das partes, que, por si, as justifica.

Dispõem de direitos de informação, participação e controlo, em certos termos, relativamente à organização, regulação e gestão do mesmo[674-675]. A garantia de exercício de tais direitos assenta no reconhecimento de outros,

---

[673] A. Nunes de Carvalho, "Les droits collectifs des travailleurs du secteur public", cit., pp. 80 e 81.

[674] Por exemplo, respectivamente, direito de informação sobre a "gestão dos recursos humanos, em função dos mapas de pessoal", direito de "participação nos procedimentos relativos aos trabalhadores no âmbito dos processos de reorganização de órgãos e serviços", direito de participação na elaboração da legislação do trabalho (Acórdão do TC n.° 15/88, de 14 de Janeiro, processo n.° 103/84 (DR., I Série, n.° 28, de 3 de Fevereiro de 1988, pp. 373 e segs.) e direito de "promover a adequada utilização dos recursos técnicos, humanos e financeiros" (artigos 234.°, alínea c), 232.°, n.° 1, alínea c), e 238.°, alínea b), do RCTFP).

[675] O conteúdo relativamente preciso destes direitos não prejudica o poder de direcção, superintendência e tutela do Governo. Sobre esta articulação, ver A. Nunes de Carvalho, "Les droits ...", cit., pp. 85 e 86.

de cariz instrumental – como, por exemplo, o direito de certo crédito de horas e o direito de reunião nos locais de trabalho, necessariamente conciliáveis como funcionamento e a actividade do serviço – e na protecção específica dos trabalhadores da respectiva direcção (por exemplo, protecção em caso de despedimento e em caso de mudança de local de trabalho[676]). O regime relativo às comissões de trabalhadores da Administração Pública é tendencialmente unitário, não variando, no essencial, em função do tipo de vínculo laboral[677]. A respectiva constituição e a aprovação de estatutos, que assenta num procedimento eleitoral, é legalmente controlada pelo ministério responsável pela Administração Pública[678].

18.2.2. A liberdade sindical

Os trabalhadores da Administração Pública gozam de liberdade sindical[679], com excepção de estritas categorias, em nome de prevalecentes "valores mais relevantes titularizados na própria comunidade" (como os militares e os agentes militarizados, em relação aos quais são invocáveis a defesa da própria comunidade e da independência nacional[680]). A Liberdade Sindical compreende vários direitos ou faculdades, como o de dispensa de serviço ou de faltar justificadamente[681], o de realizar reuniões, em certos termos[682], a protecção contra decisão de mobilidade e cessação

---

676 Cfr. artigos 294 e 295.° do RCTFP.

677 Cfr. artigo 8.°, alínea g), do RCTFP.

678 Cfr. artigo 230.° do RCTFP.

679 Cfr. artigo 55.° e 270.° da CRP, Acórdão do TC, proferido em sessão plenária, n.° 451/87, de 3 de Dezembro (DR., I Série, n.° 286, de 14 de Dezembro de 1987, pp. 4305 a 4307), processo n.° 125/84, Acórdão do TC n.° 15/88, de 14 de Janeiro, processo n.° 103/84, Acórdão do TC, proferido em sessão plenária, n.° 229/94, de 8 de Março, processo n.° 174/92, Acórdão do plenário do TC n.° 362/94, de 3 de Maio, processo n.° 346/93, e Acórdão, proferido em plenário, n.° 360/2003, de 8 de Julho, processo n.° 13/2003.

680 H. Nascimento Rodrigues, O Direito Sindical na Função Pública, cit., pp. 17 e 18.

681 A ausência ao serviço por motivo de actividade sindical constitui uma falta no sentido próprio, sem que o facto de contar para todos os efeitos legais releve para divisar aí uma outra figura, qual seja a de um "crédito de não trabalho". Com efeito, uma coisa é a fixação ou o doseamento de efeitos outra a análise conceptual da figura. Sobre o assunto, ver Parecer do Conselho Consultivo da PGR n.° 19/97, de 9 de Novembro de 2000, em particular, o voto de vencido.

682 Cfr. artigos 331.° e 335.° do RCTFP e Acórdão do 2.° Juízo do CA do TCA Sul de 8 de Maio de 2008, processo n.° 03561/06 (que destaca competir "exclusivamente aos

da relação laboral[683], o direito de participar na elaboração da "legislação do trabalho"[684-685] e na formação de convenções reguladoras de forma colectiva de aspectos do regime do trabalho subordinado[686] (como, por exemplo, das condições de trabalho e, em parte, de remuneração dos trabalhadores) e o direito das associações sindicais de iniciar e intervir em procedimentos administrativos e judiciais para defesa dos interesses colectivos e individuais dos seus associados[687].

A perspectiva da intervenção das associações sindicais é subjectiva – têm a "função genérica de representação e defesa dos interesses dos trabalhadores", que não requer a sua filiação, pois assenta "na própria natureza sindical do grupo", num carácter representativo próprio[688] – e não a da defesa abstracta da legalidade[689].

---

sindicatos o poder de qualificar de excepcionais as circunstâncias para a realização de reunião sindical durante as horas de serviço, não sendo legalmente admitida a intervenção conformadora do outro sujeito da relação jurídica laboral").

683 H. Nascimento Rodrigues, O Direito Sindical na Função Pública, cit., p. 68.

684 Não ausência de critérios de participação, esta terá que ser assegurada a todas as associações sindicais, salvo se não representar trabalhadores afectados pela legislação em causa.Ver A. Nunes de Carvalho, "Les droits ...", cit., p. 100, e Acórdão do plenário do TC n.° 360/2003, de 8 de Julho, processo n.° 13/2003. Estes critérios, estão, hoje, previstos no artigo 347.° do RCTFP.

685 A audição é devida quando a legislação tenha carácter inovatório – Acórdão do plenário do TC n.° 362/94, de 3 de Maio, processo n.° 346/93, e Acórdão, proferido em sessão plenária, n.° 229/94, de 8 de Março, processo n.° 174/92. No primeiro acórdão, o tribunal, aplicando o conceito de legislação de trabalho, considerou que a definição do quadro de pessoal, da estrutura das carreiras e do respectivo conteúdo funcional tinham carácter organizatório, não dispondo sobre as relações individuais e colectivas de trabalho.

686 Acórdão do TJUE de 11 de Dezembro de 2007, processo C-438/05, considerando 65.

687 Acórdão da 2.ª Subsecção do STA de 25 de Maio de 2004, processo n.° 061/04, Acórdão do 2.° Juízo do CA do TCA Sul de 1 de Junho de 2006, processo n.° 01565/06, e Acórdão do pleno da Secção do CA do STA de 29 de Março de 2007.

A Constituição não reserva a intervenção das associações sindicais à defesa dos interesses colectivos dos trabalhadores ou de direitos (individuais) de exercício colectivo.

A defesa dos interesses individuais pressupõe que os trabalhadores singularmente considerados o pretendam ou, pelo menos, a tal não se oponham, pois de outra forma estar-se-á a admitir o cerceamento da liberdade individual em nome da «liberdade colectiva» (artigo 26.°, n.° 1, e artigo 56.°, n.° 3, da CRP).

688 STC n.° 210/1994, de 11 de Julho, registo n.° 2.366/1993.

689 A legitimação das associações sindicais para a impugnação de normas pressupõe a afectação imediata dos interesses que defende, cabendo ao Ministério Público a defesa da legalidade objectiva (artigo 73 do CPTA).

O exercício da actividade sindical não prejudica os termos da relação laboral, continuando os trabalhadores obrigados pelos respectivos deveres, designadamente, de assiduidade[690]. Não deve ser abusivo, em prejuízo dos interesses do serviço e da continuidade do seu funcionamento. Também os direitos dos trabalhadores e o trabalhador não devem ser prejudicados por virtude da filiação ou do exercício de actividade sindicais[691].

As associações sindicais têm diferente representatividade, em função do seu âmbito subjectivo, isto é, das categorias e do número de trabalhadores que representam. Tal influencia a sua participação na contratação colectiva e em órgãos com membros representativos dos trabalhadores. A liberdade sindical tem no direito à greve e no direito à negociação colectiva formas destacadas de expressão[692].

18.2.3. O direito à greve

Aos trabalhadores da Administração Pública é reconhecido o direito à greve; como em geral, é um instrumento de defesa dos seus interesses sócio-profissionais. É admissível a proibição ou a restrição quando se trate de trabalhadores que exercem funções de autoridade pública e de trabalhadores de serviços essenciais, isto é, serviços cuja interrupção põe em perigo a vida, a segurança e a saúde das pessoas[693]. O critério é funcional e não estatutário[694]. A prestação de serviços mínimos oferece-se como um

---

[690] Cfr. Acórdão da 3.ª Subsecção do CA do STA de 14 de Janeiro de 2004, processo n.° 01055/03, e, por exemplo, artigo 331.° do RCTFP.

[691] Cfr. artigo 4.°, n.° 2, da Convenção da OIT n.° 151, de 1978.

[692] Bernard Gernigon, Alberto Odero et Horacio Guido, "Les principes de l'OIT sur le droit de grève", p. 17, in http://www.ilo.org/wcmsp5/groups/public/ed_norm/normes/documents/publication/wcms_087988.pdf., e H. Nascimento Rodriges, O Direito Sindical na Função Pública, cit., p. 8.

[693] Bernard Gernigon, Alberto Odero et Horacio Guido, "Les principes..., cit., pp. 13, 14 e 17, A. Nunes de Carvalho, "Les droits ...", cit., p. 103, Francisco Liberal Fernandes, "A greve na função pública e nos serviços essenciais: algumas notas de Direito Comparado", in Estudos em Homenagem ao Prof. Doutor Afonso Rodrigues Queiró, II, Coimbra, 1993, pp. 57 a 106, e Acórdão do STA de 26 de Junho de 2006, processo n.° 0078/2006.

[694] Tal é ademais evidenciado pela aplicação – em termos gerais – do regime jurídico de exercício do direito à greve dos trabalhadores contratados aos trabalhadores nomeados (artigo 8.°, alinea i), da Lei n.° 59/2008, de 11 de Setembro).

compromisso face à exclusão do exercício do direito de greve, seja porque a separação entre os trabalhadores que exercem ou não funções de autoridade é, algumas vezes, uma questão de grau, seja porque as necessidades colectivas, quando essenciais, podem ser contemporaneamente asseguradas sem preterição dos interesses dos titulares do direito à greve[695].

Os serviços mínimos e os meios para os assegurar devem ser definidos, de forma fundamentada e proporcionada[696], com referência às atribuições e competências específicas do sujeito empregador[697]. A definição deve ter lugar por instrumento de regulamentação colectiva de trabalho ou por acordo, anterior ao aviso prévio, com os representantes dos trabalhadores. Na falta de um e outro, há lugar a iniciativa governamental para a respectiva negociação entre as partes e, frustrada esta, por decisão de um colégio arbitral[698]. É possível através de contratação colectiva modelar o exercício do direito de greve, no que se refere à forma de resolução de conflitos susceptíveis de conduzir à greve e no que respeita à limitação da respectiva declaração, por parte dos sindicatos outorgantes de instrumento de regulamentação colectiva, quando vise modificar o conteúdo de acordo colectivo de trabalho[699]. Quando não esteja garantida a satisfação de necessidades sociais impreteríveis ou dos serviços necessários à segurança e manutenção do equipamento e das instalações, segundo a demonstração feita pelo empregador, pode haver lugar à contratação de empresa para o

---

[695] Bernard Gernigon, Alberto Odero et Horacio Guido, "Les principes..., cit., p. 23, e Parecer do Conselho Consultivo da PGR n.° 52/1998, de 17 de Agosto (P000521998).

[696] Acórdão do 2.° Juízo do CA do TCA Sul de 31 de Março de 2005, processo n.° 00452/04.

[697] Parecer do Conselho Consultivo da PGR n.° 52/1998, de 17 de Agosto (no caso da greve dos guardas prisionais, estão em causa, em síntese, necessidades de vigilância e segurança, sobretudo, dos estabelecimentos prisionais), Parecer do mesmo órgão n.° 32/99, de 4 de Abril ("VII – Atingindo a greve um sector ou sectores particularizados da empresa, estabelecimento ou serviço dotados de atribuições ou competências específicas, delimitadas mercê de normas legais ou organizatórias, a definição dos serviços mínimos a prestar deve pautar-se pela matriz referencial dessas atribuições e competências.") e Parecer do mesmo órgão n.° 22/89-C, de 29 de Outubro de 2005, in DR., II Série, n.° 39, de 23 de Fevereiro de 2006, pp. 2723 e segs. (a disponibilidade funcional permanente do pessoal de investigação criminal da Polícia Judiciária inclui nos períodos de greve os dias não úteis e os períodos nocturnos).

[698] Cfr. artigo 400.° do RCTFP.

[699] Cfr. artigo 407.° do RCTFP.

efeito e, bem assim, a requisição ou a mobilização, os quais não devem, contudo, afectar desproporcionadamente o direito à greve[700].

18.2.4. O direito à contratação colectiva

A Constituição consagra o direito à contratação colectiva sem distinguir ou ressalvar os trabalhadores da Administração Pública[701].

A concretização legal quedou-se, tradicionalmente, pela negociação, enquanto discussão entre associações sindicais e o Governo, de questões remuneratórias, de "regalias de acção social e de acção social complementar" e de "pensões de aposentação ou de reforma" ou, em geral, do regime de trabalho, sem a obrigatoriedade de conclusão de acordo e/ou sem que o acordo obtido tivesse, em geral, efeitos jurídicos vinculativos[702]. A expressão legal limitada do direito à contratação colectiva era explicada pela indisponibilidade dos interesses a cargo dos empregadores públicos, dificuldade de articulação com o poder auto-organizativo em matéria de trabalho público e pelos limites financeiros decorrentes das normas do Orçamento do Estado[703]. A composição adequada à garantia de tais interesses e da legalidade financeira, da responsabilidade do contraente público, não justifica, em geral, restrições ao exercício do direito. A prevalência não modelável de tais interesses e a expressão da autoridade pública podem justificar a subtração a definição do direito aplicável a certas categorias de trabalhadores à contratação; é o caso dos militares das forças armadas e dos agentes de polícia, dos "trabalhadores da função pública de nível superior" que exercem poderes de direcção e participam na formulação de políticas e dos "trabalhadores da função pública cujas responsabilidades tenham um carácter altamente confidencial"[704].

---

[700] Cfr. artigos 397.° e 402.° do RCTFP e Acórdão da 1.ª Subsecção do CA do STA de 26 de Junho de 2006, processo n.° 078/06.

[701] Cfr. artigo 56.°, n.os 3 e 4, da CRP.

[702] Ver artigo 6.° do Decreto-Lei n.° 45-A/84, de 3 de Fevereiro, artigo 6.° da Lei n.° 23/98, de 26 de Maio, e A. Nunes de Carvalho, "Les droits ...", cit., pp. 90 a 93, 104.

[703] Francisco Liberal Fernandes, "O direito de negociação colectiva na Administração pública", Questões Laborais, Ano V, 1998, 12, p. 222.

[704] Cfr. artigo 1.°, n.os 2 e 3, da Convenção n.° 151, de 7 de Junho de 1978, relativa à protecção do direito de organização e aos processos de fixação das condições de trabalho na função pública.

A aproximação ao direito laboral comum traduziu-se na assunção dos instrumentos de regulamentação colectiva como fonte do Direito da função pública e na afirmação do princípio da promoção da contratação colectiva[705]. Negociar e contratar são realidades distintas. Se bem que a negociação colectiva se associe à segunda, por tender para a conclusão de convenções colectivas[706], não pressupõe que as partes acordem quanto à respectiva definição, nem o reconhecimento de que o acordo obtido é fonte de direito – que vincula por si os sujeitos abrangidos pelo respectivo âmbito de aplicação, para os quais passa a constituir parâmetro normativo regulador de certos aspectos das respectivas relações jurídicas –, o que preserva o carácter estatutário do regime[707]. A negociação e a simples participação são formas de bilateralizar a elaboração do regime jurídico, corporizado, *a final*, em actos normativos formalmente unilaterais[708]. A contratualização implica a co-autoria do regime. A preservação do conteúdo essencial do direito exige "um conjunto minimamente significativo de matérias aberto a essa negociação"[709] e a vinculação ao acordo obtido; constitui um limite fundamental à liberdade conformativa do legislador, sob pena de inconstitucionalidade[710]. Por outro lado, o exercício de direito

---

[705] Cfr. artigo 346.° do RCTFP: "O Estado deve promover a contratação colectiva, de modo que os regimes previstos em acordos colectivos de trabalho sejam aplicáveis ao maior número de trabalhadores e entidades empregadoras públicas."

[706] Bernard Gernigon, Alberto Odero et Horacio Guido assinalam esta associação a partir dos artigos 4.° a 6.° da Convenção da OIT n.° 98, in "Les principes ...", cit., p. 43.

[707] Bernard Gernigon, Alberto Odero et Horacio Guido, "Les principes de l'OIT ..., cit., p. 52.

[708] Contratualizar é mais do que "procedimentalizar decisões mantidas formalmente nas mãos da entidade empregadora" – Franco Carinci, "Le fonte della disciplina del lavoro alle dipendenze delle pubbliche amministrazioni", in La Privatizzazione del Pubblico Impiego, cit., p. 43. A negociação é uma aplicação temperada do direito à contratação.

[709] Acórdão do plenário do TC n.° 374/2004, de 26 de Maio de 2004, processo n.° 132/2004.

[710] Francisco Liberal Fernandes, "O direito de negociação...", cit., p. 221.

A Lei n.° 23/98, de 26 de Maio, que regula o exercício do direito à negociação colectiva pelos trabalhadores com o vínculo da nomeação (artigo 1.°, n.° 1), não é qualificável como lei com valor reforçado, não prejudicando, nesta medida, a legalidade das normas legais elaboradas sem observância do nela disposto (Acórdão n.° 374/2004/T. Const. – Processo n.° 132/2004, DR., II Série, n.° 152, de 30 de Junho de 2004, pp. 9780 a 9785). Se não pode concluir-se pela ilegalidade de acto legislativo que a desrespeite, não deve também a ausência de garantias legais efectivas precludir o exercício do direito. Independentemente daquela, os diplomas relativos ao regime jurídico de trabalho dos trabalhadores da Admi-

à contratação colectiva tem de ser feita a articulação com a reserva de competência legislativa da Assembleia da República e os princípios constitucionais relativos à Administração Pública e às finanças públicas[711]. A contratação do regime jurídico depõe no sentido da necessidade de superação das reservas à fiscalização de normas "fundadas na autonomia colectiva"[712].

18.3. A RESOLUÇÃO DE CONFLITOS COLECTIVOS

Para a resolução de conflitos colectivos, os trabalhadores com contrato de trabalho em funções públicas contam com a conciliação e a mediação e com a arbitragem, que, respectivamente, auxiliam na negociação e obtenção de acordo e dirimem o conflito. A conciliação prefere sobre a mediação, envolvendo esta uma intervenção acrescida do terceiro. Para além da condução do respectivo processo, a mediação passa pela elabora-

---

nistração Pública devem ser elaborados no respeito do conteúdo mínimo do direito à contratação colectiva. Assim não acontece quando, devendo determinadas matérias ser objecto de negociação colectiva, "nos termos da lei", a mesma não tem lugar e quando, sendo-o e tendo sido obtido acordo, este é, depois, desconsiderado.

[711] Laura Rainaldi, "Impiego pubblico", cit., p. 152.

Estão em causa princípios como o da prossecução do interesse público, o da igualdade no acesso a um emprego na Administração Pública e os da legalidade financeira, da unidade do orçamento (respeito da compatibilidade financeira com os compromissos financeiros anuais e plurianuais).

[712] Embora no emprego público se pode dizer que sejam de natureza mista (pública e privada).

Ver Laura Rainaldi, "Impiego pubblico", cit., p. 150. Jorge Miranda, explicitando as "normas ou actos normativos públicos" objecto de fiscalização de constitucionalidade, exclui desta as normas "fundadas na autonomia colectiva (convenções colectivas de trabalho)" – Manual de Direito Constitucional, Tomo II. Constituição e Inconstitucionalidade, 3.ª edição, reimpressão, 1996, pp. 416 e segs., *maxime*, p. 417. Diferentemente, Gomes Canotilho e Vital Moreira destacam o reconhecimento constitucional de carácter normativo às convenções colectivas e "a consequente possibilidade de fiscalização da inconstitucionalidade" – Constituição da República Portuguesa Anotada, Vol. I, 4.ª edição revista, 2007, p. 749. Ver, também, Acórdão do TC n.° 241/2005, de 4 de Maio, processo n.° 962/2003, DR, 2.ª Série, n.° 114, de 16 de Junho de 2005, Acórdão do TC n.° 224/2005, processo n.° 68/2005, in DR., 2.ª Série, n.° 138, de 19 de Julho de 2006, pp. 11 776 a 11785, e Acórdão do TC n.° 98/95, de 22 de Fevereiro, processo n.° 27/94.

[713] Cfr. artigos 383.° e segs. do RCTFP e Alfonso Masucci, "El procedimento de mediación como medio alternativo de resolución de litigios en el Derecho Administrativo. Es-

ção de proposta de resolução do conflito[713]. A arbitragem implica a resolução do conflito – por um colégio arbitral sobre cuja composição dispõem as partes – e, como tal, à decisão arbitral aplicam-se, "com as necessárias adaptações, as regras sobre conteúdo obrigatório e depósito previstas para os acordos colectivos de trabalho"[714]. O recurso à arbitragem é, nalguns casos, obrigatória. É o que acontece nas situações de caducidade dos acordos colectivos de trabalho[715].

Sobre os meios de resolução dos conflitos laborais, colectivos e individuais, devem incidir os acordos colectivos de trabalho, o que facilita a respectiva utilização aquando da sua ocorrência.

Lisboa, 22 de Outubro de 2009

---

boço de las experiencias francesa, alemana e inglesa", Revista de Administración Pública, 178, Madrid, enero-abril (2009), pp. 15 e 16 e 31 a 35.

[714] Cfr. artigo 371.° e segs. do RCTFP.

[715] Cfr. artigo 364.°, n.° 5, do RCTFP.

ÍNDICE GERAL

DIRETO DAS AUTARQUIAS LOCAIS

JOSÉ DE MELO ALEXANDRINO

CAPÍTULO I

Princípios fundamentais do ordenamento local

CAPÍTULO II
Princípios e regime comuns

DIREITO DO CONTENCIOSO ADMINISTRATIVO AUTÁRQUICO

ISABEL CELESTE M. FONSECA

O DIREITO DA FUNÇÃO PÚBLICA

ANA FERNANDA NEVES

PARTE I
Conceito, fontes e princípios

PARTE II
A relação jurídica de emprego público

PARTE III

As relações laborais colectivas